复旦大学
古代文学研究书系

陈尚君 主编

考官·命题·文风

明代乡会试四书文命题研究

陈维昭 著

国家社科基金重大项目"海外藏中国科举文献整理和数据库建设"(批准号 23&ZD296)阶段性成果

目　录

绪　论 ... 1

第一章　"五经取士"与"四书文取士" ... 25
引言 ... 25
第一节　唐宋以来经义科的演变 ... 30
一、唐代以来的分场分科试士 ... 30
二、王安石的废明经诸科与元明清三代的"有科无目" ... 31
三、经学的理学化与四书文 ... 33

第二节　"五经取士"与"五经文取士" ... 36
一、五经取士与五经配额 ... 36
二、"以某经中式"与科举身份标识 ... 45
三、五经魁、中式举人排名与三场综合考量 ... 56
四、首艺、首场与五经取士 ... 61

第三节　关于"四书文取士" ... 67
一、因四书文优秀而中式 ... 68
二、从制义选本和制义理论专书看"四书文取士" ... 73
三、"书主理"与"四书文取士" ... 76

第二章　明代乡、会试帘内考官与明代官制结构 ... 82
第一节　帘内考官的选聘 ... 86
第二节　考试官的职责 ... 92
一、自主权 ... 94

二　命题、阅卷、取舍、填榜　　96
　　三　编纂考试录　　102
　第三节　考官来源与科举的政治权力　　105
　　一　考官来源与权力制衡　　105
　　二　官方意识形态与考官命题　　112

第三章　四书文命题与明代政治文化生态　　118
　第一节　科场与官场　　118
　第二节　命题与公共空间　　122
　第三节　四书文命题的政治隐喻性　　127
　第四节　命题与政治禁忌　　132
　第五节　命题与党争　　137
　　一　构陷与献谄　　139
　　二　谲谏与弹劾　　142

第四章　明代历科乡、会试四书文命题的数据分析　　151
　第一节　明代乡、会试四书题目存佚情况　　151
　　一　现有文献　　152
　　二　明代历科乡会试四书题的数量　　154
　　三　现存明代乡、会试四书题的基本数据　　158
　第二节　历科命题在四书中的分布　　162
　　一　历科四书题在四书中的分布　　164
　　二　相同的命题　　172
　　三　四书中未被命题部分与《孟子节文》　　173
　第三节　明代乡、会试历科四书文题型分析　　181
　　一　明代制义题型理论的发展　　182
　　二　明代乡、会试四书文题型述要　　188

第五章　讲章与制义写作　212

第一节　经义之试与政事之儒　214
一、讲章盛行与经籍存废　214
二、儒之三途与经义之试　217
三、先书后经与四书讲章的盛行　219
四、四书讲章与政事之儒　223

第二节　讲章的三种类型与经义的认题解题　225
一、经筵讲章　228
二、《大全》《蒙引》《存疑》与《四书讲录》《四书删正》　230
三、"决科"讲章　239

第六章　四书文命题与制义修辞　247

引言　247

第一节　冠冕正大与顺题挨讲　251
一、何谓命题冠冕正大　251
二、顺题挨讲与作文害理　257

第二节　截题、串题与截做、滚做　269

第三节　单句题的一滚做与挑剔法　276

第四节　奇扇题与奇股文　287
一、"八股文""制义"与"板六股"　287
二、如何理解"体用排偶"　294
三、奇扇题与奇股文　298

第五节　截搭题与钓渡挽　310
一、什么是截搭题　310
二、对待截搭题的两种立场　315
三、截搭题与制义文风　321

第七章　命题意向的延伸与变异　337

第一节　如何观察明代制义流变　337

一、如何观察明代制义流变 337
　　二、道学——古文立场 342
　　三、以历科程墨为观察点 346
　第二节　导致命题边界延伸与变异的诸因素 358
　　一、考官理学观念、阅卷的制度环境与四书题目的修辞策略 361
　　二、文稿刊刻、文人结社与四书题目的修辞革命 366
　第三节　命题的现实意向与制义大结 372
　　一、宋元经义文的结语 375
　　二、明代制义的入口气与大结 377
　　三、明代制义大结的政治文化指向 381
　第四节　题目的凌驾与异端的解构 391
　　一、语意浑然与变序凌驾 392
　　二、认题差异与驭题凌驾 400
　　三、老释、心学思潮与义理凌驾 404

结　语 417

附录　明代乡试、会试四书题总汇 421

参考文献 556

后　记 579

绪 论

中国科举史始于隋炀帝大业元年,终于光绪三十一年,前后经过了隋、唐、五代、宋、辽、金、元、明、清等朝代,延续了1300年。在这过程中,不仅各个朝代的科举制度互有差异,而且每个朝代的科举制度自身在不同的历史阶段也一直处于变化之中。影响科举形态的形成及其变化的原因很多,政治、经济、哲学、学术、教育等方面的因素都起到了重要的作用。在科举诸文体中,对科举制度的性质、结构和功能产生最主要影响的是经义文。20世纪90年代,美国汉学家艾尔曼开始研究清代科举与经学的关系,由此开启了一个重要的学术研究维度。新世纪以来,科举与经学的关系受到了越来越多学者的关注,出现了一批研究成果,唐、宋、元、明、清各断代与经学的关系,都有专门的论著进行讨论。这些研究大都将科举史与经学史两相对照,着重从经学流变对历代科举制度的影响展开讨论,从而揭示了历代科举制度形成与变化的思想根源。

然而经学只是一种观念形态,它仍然是被决定的,在影响经学形态的形成和发展变化的诸多因素中,政治文化起着决定性的作用。在政治文化与经学流变的错综复杂关系中考察科举制度史,方能更贴近问题的实质。比如,朱元璋驱逐胡元、重建汉人政权之后,其科举制度为什么不继承宋代的多元取士制度,而是取法于元代?乾隆中后期高宗开始表现出对程朱理学的质疑,理学开始出现衰颓的趋势,为什么四书文在清代科举中一直占据首要位置?仅从经学内部的汉学与宋学之争、义理与考据之争,或古文经学与今文经学之争去考察,都很难触及问题的实质。又如,对于王安石的贡举改革,人们往往注意到他的"罢诗赋、专试经义",往往聚焦于"诗赋取士"与"经义取士"之争(这的确也是宋代科举的焦点问题),但是,王安石的"罢明经、诸科"同样应该引起我们重视,它究竟是经学科目内部的结构调整,还是有更为深远的政治、思想方面的考虑?

自晚清皮锡瑞的《经学历史》问世以来,经学的历史流变被作过各种形式的梳理,从汉代的今文经学、汉唐的古文经学,到宋代以及其后的理学、心学,其发展脉络被梳理得越来越清晰,复杂性与系统性也越来越被彰显。不过,对于科举史来说,一般意义上的经学史认知已不足以描述科举史的特殊性。经学流变不仅影响着宋代以来科举中经义科的义理形态,而且直接影响着历代科举经义科目的设置、考试文体的选择与定位。那么,究竟是哪些经学因素起到了直接的决定性的作用?它们起于何时?又是如何受制于特定的政治文化的?当元代把四书作为一个整体设置为科举的科目时,经义从此便分为四书文与五经文。在经学与科举的关系上,元代是一个分界线。对于元、明、清三代来说,区分四书文与五经文,对于科举史观察来说,至为重要。

一、通经致用与"文辞取士"

以经试士,始于汉代,汉武帝接受董仲舒的政治理论,罢黜百家,独尊儒术,置五经博士。博士弟子通一经即可为官,经学成为考核人才的一个尺度。隋朝创立科举制度,以笔试的形式选拔人才,即所谓"以文辞取士"。所设科目有明经、进士两科。明经科即是以经学考核人才。

经学作为一种知识类型,与科举的笔试形式产生了一种天然的矛盾。一方面,六经本为六艺,具有强烈的事功实用性。《史记·滑稽列传》记载:"孔子曰:'六艺于治一也。'《礼》以节人,《乐》以发和,《书》以道事,《诗》以达意,《易》以神化,《春秋》以义。"[①]六经从一开始就具有强烈的实践性,"致用"是"通经"的目的。董仲舒的今文经学即具有强烈的现实指向,他用天人感应、阴阳理论去论证西汉政权的合法性。

另一方面,经学作为一种知识体系和思想体系,其自身无论从字义的训诂,思想的领悟,都具有强烈的专门性和特别的难度。西汉中期以后,

---

① 《史记》卷一二六《滑稽列传》,第3197页。

随着古文经的发现,今文经学逐渐衰微。东汉末年贾逵、马融、郑玄等人遍注古文群经,成为汉代经学集大成者,形成了古文经学。而恰恰是这种注疏经学影响了唐代经学,形成了汉唐连称的古文经学。班固说,汉人章句说经,动辄万言,如景帝时丁宽作《易说》三万言,元帝时秦恭增饰其师夏侯建之说《尚书》至万言,景帝时韩婴作《诗》的内外《传》数万言,武帝时后苍说《礼》数万言,号曰《后氏曲台记》,宣帝时于大议殿中与群儒讨论《公羊》《穀梁》的异同,议三十余事,尹更始据此作《左氏传章句》。这种动辄万言的解经方式一方面显示了汉代经学的繁琐,但另一方面也说明五经之学是一种需要长期钻研才能获得通识的学问。班固说:"古之学者耕且养,三年而通一艺……三十而五经立也。"①可见通经尚如此艰难。唐、宋科举的"文辞取士"性质决定"通经"之无法达成。唐代与宋初的明经科采用帖经和墨义的形式,考核的是士子对儒家经典的记诵能力,远远达不到通经致用的目的。

而更重要的是,科举的目的并不是选拔经学人才,而是选拔具有一定经学修养的官员。把候选官员定位在具有三四十年经学"学龄"的士子身上,显然并不符合科举的目的,也不符合现实政治的需要。科举所能考核的只是士子的经学常识,而无法考核士子的道德秉性或以经治国的能力。对于士子来说,科举是任官之前的准备阶段,用最短时间去顺利通过各级考试,进入仕途,开始理烦治众的现实实务,这是士子的普遍心理。宋代毕仲游说:"汉、唐诸儒,亦多抱经白首,然后名家。近世如孙复治《春秋》,居泰山四十年,始能贯穿,自成一说,人犹以为未尽《春秋》之旨意。而熙宁、元丰之进士,今年治经,明年则用以应举。……圣人之经术,遂但为卜利禄之具,要之应举得第而已,岂有正心、诚意、治经术、谋圣人之道者哉?"②这是站在经学的立场去表达对士子不通经现象的失望。但是,科举考试的目的并不是要选拔、培养"通经"的专业人才,而是选择既通晓经学大义,又具备理烦治众能力的管理人才。由于经学在科举制度的设计中一直具有"立本"的性质,"通经"就一直成为苛求于士子的制度

---

① 《汉书》卷三十《艺文志》,第 1723 页。
② (宋)毕仲游撰,陈斌校点《西台集》,第 2 页。

要求。

考虑到科举的时效性与通经的难度之间的矛盾,唐代有三经、二经、学究一经等专科,宋代王安石改革采用士子占治一经的制度,至元、明、清,士子各占一经应试,成为常规的制度,都是出于通经之难的考虑。但是,从理论上来说,只有通六经才能通一经,其结果是,应试的考生总难免于"徒事记诵""空疏不学"之讥。

王安石的科举改革罢帖经、墨义的考试形式,改为大义,强调从义理去解经。元、明、清的经义考试沿袭这种形式,但它以有限的字数去诠解经义,考官难以据此判定考生真正的经学水平。尤其是明、清的经义文,明初五经义每道 300 字以上,至隆庆、万历间开始限定经义文的字数上限,经义文不得超过 500 字,清乾隆四十三年始定为 700 字,永为定例。如此短小的篇幅相对于五经作为一种专门的学问来说,便于写成陈词滥调,而字数的限制又是科举作为一种标准化考试的性质所带来的。

如何在"文辞取士"的框架中真正实现通经致用的经学目的,这是历代科举制度设计者所忧心思虑的。

二、诗赋取士与经义取士

尽管汉代以来即有"五经取士"的传统,但在隋唐以来的科举制度中,在试士的诸科目中,经义并非唯一的或最主要的科目。唐、宋、辽、金时期即有进士科与明经科的并立(当然同时还有许多其他科目并存),而"诗赋取士"在很长时期内成为科举考试中十分突出的现象。诗赋取士与经义取士的关系问题,体现了官方对官员素质的基本设定。

冯梦祯《历代贡举志》所载"至炀帝好文词,始置进士科,专诗赋取士,不复阅行能",①虽不被今天的学者采信,但隋唐人才观在一定程度上承南朝之旧,则是有迹可寻的。南朝的皇帝多有嗜好诗文者,至梁朝达到巅峰,昭明太子之《文选》成为人才文采风流的测试标杆。在南朝的人才选拔中,"以文取士"的趋势越来越明显,世俗崇尚文词,"连篇累牍,不出

---

① (明)冯梦祯《历代贡举志》,第 2 页。

月露之形;积案盈箱,唯是风云之状。世俗以此相高,朝廷据兹擢士"。①唐代文章风尚承六朝而来,唐初科举自高祖至高宗,虽然基本上沿五代之旧,进士科仅试策,但其策对的文风却承袭六朝骈文的绮靡华丽。文采风流是人文修养到了相当程度之后才能达致的境界。唐高宗在谈到其第六子章怀太子李贤时说:"此儿已读得《尚书》《礼记》《论语》,诵古诗赋复十余篇⋯⋯"②《旧唐书·后妃传》记德宗朝的宋庭芬教育五位女儿都是"始教以经艺,既而课为诗赋",③都将能诗赋视为人文修养的标志。倘能文质彬彬,则"诗赋取士"也属于对人才的高层次期许。唐代以诗赋取士正是沿袭南朝的人才观而作出的科举科目设置。唐代几位皇帝(尤其是唐玄宗)对文学的喜爱更强化了"以诗赋取士"制度的推行。

关于唐代科举制度的特点,人们往往以"唐以诗赋取士"称之。所谓"唐以诗赋取士",不是说唐代的科举仅仅用诗赋来考士子。唐代科目甚多,最主要的有秀才、明经、进士、明法、明字、明算等。其中,只有进士科以诗赋取士。唐代进士科的考试内容一直处于变化之中,唐初的进士科仅试策,唐高宗调露二年,考功员外刘思立奏请加试帖经与杂文,文之高者始放入策。后因武则天当政,事复因循。太宗贞观八年以后进士科始帖经史。④ 至中宗神龙元年始行三场之试,并开始以诗赋试士。天宝十三年,玄宗御勤政楼试四科制举人,策外加诗赋各一首。制举加诗赋,自此始。⑤ 也即是说,唐代的进士科也不仅仅考诗赋,而是策、经史、杂文(即诗赋)数科并考。因进士科在唐代众科目中最为瞩目,"进士科始于隋大业中,盛于贞观、永徽之际;缙绅虽位极人臣,不由进士者,终不为美",⑥而进士科中的诗赋之试也越来越受重视,故把"诗赋取士"作为唐代科举的标签。唐代科举独尊诗赋,这也与它对经学的科举定位有关。

唐代是一个思想多元的时代,儒学虽为官方主要的意识形态,但皇帝

---

① 《隋书》卷六六《李谔传》,第1544页。
② 《旧唐书》卷八六《李贤传》,第2831页。
③ 《旧唐书》卷五二《后妃传》,第2198页。
④ 金滢坤《中国科举制度通史·隋唐五代卷》,第88页。
⑤ 《旧唐书》卷八六《李贤传》,第229页。
⑥ (五代)王定保撰,姜汉椿校注《唐摭言校注》,第10页。

崇尚道教,科举中有"道举"的科目,其帖经也包括《老子》,社会上佛学又大盛,可见思想界并非全是儒学的天下。其政治体制为中央集权,但其思想领域并未着意于思想管制。其科举中经义采用帖经、墨义的形式,可见官方也仅是以经学知识要求考生。故唐人对"诗赋取士"并未产生争议或反感。苏轼说:"矧自唐至今,以诗赋为名臣者,不可胜数,何负于天下,而必欲废之?"①当文章辞采成为人文素质水平的体现而不是掩饰内心空虚的饰词的时候,"以诗赋取士"也可以得名臣,这是不足为奇的。

就如真正通经者必是六经子史皆通一样,真正善诗赋者也不会只识卖弄浮词。宋代毕仲游说:"盖诗赋虽若无足为者,而题目或出于经,或出于史,或出于诸子百家,而习诗赋者,必须涉猎九经,泛观子史,知其节目精华,始可从事。"②清代顾炎武也说:"今之经义、论、策,其名虽正,而最便于空疏不学之人。唐、宋用诗、赋,虽曰雕虫小技,而非通知古今之人不能作。"③高水平的诗赋是一个人实学充盈时向外迸发的火花而已。

至于不识义理,不懂治术而徒事文辞,则属浮文虚词。宋代欧阳修说,中唐以后,进士科越来越重诗赋:"大抵众科之目,进士尤为贵,其得人亦最为盛焉。方其取以辞章,类若浮文而少实;及其临事设施,奋其事业,隐然为国名臣者,不可胜数,遂使时君笃意,以谓莫此之尚。及其后世,俗益媮薄,上下交疑,因以谓按其声病,可以为有司之责,舍是则汗漫而无所守,遂不复能易。"④这种浮文少实者当然不属于真正的人才。在每一科成百上千应试士子中出现部分徒事浮辞者,这对于科举作为标准化考试制度来说,也是再正常不过的事情。

唐代的诗赋取士与帖经试士,表达了文学才华与经学知识相融合的人才观。至宋代,庆历、熙宁的改革,开始强调经学义理,在义理诉求的背景下,诗赋取士就被视为一种崇尚浮华的制度,而理学家"作文害道"的价值观更使得"诗赋取士"与"经义取士"的对峙关系空前紧张。宋代的

---

① 《宋史》卷一五五《选举一》,第3617页。
② (宋)毕仲游撰,陈斌校点《西台集》,第3页。
③ (清)顾炎武撰,(清)黄汝成集释,栾保群校注《日知录集释》卷一六,第950页。
④ 《新唐书》卷四四《选举志上》,第1166页。

诗赋取士与经义取士之争,其本质是义理与辞华之争。

每一种政治文化都有它的人才观,人才观在科举中是通过特定的科举文体的选择、确定去体现的。北宋元祐元年侍御史刘挚上言提议采用四场试士制度:"进士第一场试经义,第二场试诗赋,第三场试论,第四场试策。经义以观其学,诗赋以观其文,论以观其识,策以观其才。"①在他看来,候选官员必须有经学的学问、诗赋的文辞和论策的才识。这种人才观认为,一位官员,不仅要恪守经典,有立本之正,不仅要有理烦治众的能力,而且要有文采风流之丰姿,博通百家之学识。此后,历代的分场试士,大要不过经义、诗赋、论策等文体,其考核目的大致不出此范围。至于经义与诗赋,究竟何者为先,唐宋以来一直存在着争议。

其实,这两种科举制度能否选拔出具有真才的官员,关键并不在于考试文体(诗赋还是经义),而是在于:在试士与授官之间是否还有实际行政能力的考核环节,这才是明清科举制度最关要害的一点。明代的选举制度是举子一获出身,便予授官。顾炎武指出:"至今代则一入词林,更不外补,二甲之除,犹为部属。崇浮长惰,职此之由。所以一第之后,尽弃其学,而以营升纳贿为事者,以其得之浅而贵之骤也。"②因为科举考的是文辞,而不是实才。吴宽于弘治十五年典会试时说:"然自古之宾兴法废,舍德与行,惟于艺而考之。文词亦艺也,出于心思而著为手迹,犹夫言也。惟于言而取乃可疑焉。……取士徒据纸上数千言,能合乎理,通乎政务而文采可诵,以为能尽其人,可乎?"③但吴宽这么说,并不是要否定明朝的科举制度,而是认为,虽然中式举子一获出身便予授官,但授官之后有众多的考核环节:"仰惟皇祖立法,万世常行,而于科举一事,悉罢前代诗赋诸科,必以明经为本端,其习尚已为近古。至廷试复赐之策问,以观其志。既第其人,则授以官;授以官,则试以事;试以事,则考其绩。其在外服而来朝者,又使各述所职以察之。是故取之于前者,虽据乎文词;考之于后

---

① (宋)李焘撰《续资治通鉴长编》卷三六八,第8859页。
② (清)顾炎武撰,(清)黄汝成集释,栾保群校注《日知录集释》,第1016页。
③ 《弘治十五年会试录》,《明代进士登科录》第五册。

者,必本乎政绩,实与古敷言试功之意同,则其人亦何所掩哉?"①这种考绩于后的补救方法是否真正有效,明、清人已多批评。

在王安石之前,罢诗赋的呼声已时有出现。至王安石科举改革,始彻底罢诗赋。哲宗元祐元年,王安石新法尽废,出现了诗赋取士与经义取士并峙的局面,进士科也分诗赋进士与经义进士。但哲宗亲政之后,重新行王安石新法,直至北宋灭亡。两宋除了推行王安石新政的四十多年之外,诗赋与经义并试仍是主流。但有一个变化值得注意,元祐之后,在诗赋取士与经义取士并峙时期,则是经义处于首场的首要位置,而诗赋则退居于第二场。同时,《孟子》也与《论语》一起作为兼经而与五经之试并列,这是王安石变法的成果。

在宋代"诗赋取士"与"经义取士"此消彼长、最终并峙共存的过程中,我们看到了政治文化对科目设置的决定性影响。

诗赋取士与经义取士之利弊的判定,取决于政治理念与人才观。将擅诗赋视为徒事雕饰,这是不能令人信服的。肃宗宝应二年,针对朝中罢诗赋之议,李栖筠说:"夏之政忠,商之政敬,周之政文,然则文与忠敬皆统人行。且谥号述行,莫美于文,文兴则忠敬存焉。故前代以文取士,本文行也,由辞观行,则及辞焉。"②以辞观行,最后仍是落实在德行上,则以文辞取士是有其合理性的,而诗赋也为文辞之一,它是士人内在境界的外现,是人文素质水平的体现。李栖筠以"由辞观行"去论证诗赋取士的合理性。绍兴间杨椿说:"今时经学者白首一经,如蠹书之鱼;词赋者骈四俪六,如儿女之戏,而皆不读史。"③把经学者与词赋者等量齐观。若不通古今之变,不知时务,则试经义与试诗赋都难得真才。

在熙宁二年的应诏上疏中,苏轼直击问题的核心,他说:"得人之道,在于知人,知人之法,在于责实。"④如果朝廷有知人之明,责实之政,那么人才到处都有。隋朝以来文章取士制度之所以一直没有废除,无非就是

---

① 《弘治十五年会试录》,《明代进士登科录》第五册。
② 《新唐书》卷四四《选举志上》,第 1167 页。
③ 刘琳、刁忠民、舒大刚、尹波等校点《宋会要辑稿·选举四·贡举杂录》,第 5333 页。
④ 《宋史》卷一五五《选举一》,第 3616 页。

祖宗认为,"设法取士,不过如此也",①不管是诗赋,还是论策,都不过是一种考试形式,真正能够收天下之人才的原因,在于朝廷必须有"责实之政",必须有核实被选者实际才能的制度。这才是关键,如果没有这种制度,不管考诗赋,还是考论策,都不能确保人才。

元代采用王安石的科举理念,不仅在于罢诗赋(事实上它仍保留古赋之试)而重经义,而且继承了王安石的"有科无目"制度,元代仅有进士一科,其进士科也即明经科,由此开始了一个"有科无目"的独木桥时代。至此,诗赋取士也就失去了现实政治基础而不复进入科举制度考虑的范围。明代则更彻底,完全罢诗赋而重经义,正德间谢铎说:"是故今之科举罢诗赋而先之经义,以观其穷理之学,则其本立矣。次制、诏、论、判,而终之以策,以观其经世之学,则其用见矣。穷理以立其本,经世以见诸用。是虽科举之学苟于此而尽心焉,则古之所谓德行道艺之教盖亦不出诸此,而其所以成人材、厚风俗、济世务而兴太平也,亦岂有不及于古之叹哉!"②在他看来,所谓人才不在于诗赋之文辞,首场经义之试旨在重理而立本,二三场各文体之试则可以见士子经世之才。

三、"一学术""一道德"与禁释老

对元、明、清三代的科举制度影响最大的是王安石的科举改革。在王安石看来,唐代独美进士科,专尚诗赋,其结果是专尚辞华,经学空疏。鉴于此,王安石对科举制度进行改革。《宋史·选举志一》:神宗熙宁四年"二月丁巳朔,罢诗赋及明经、诸科,以经义、论、策试进士"。③ 人们对这一事件的关注往往集中于"罢诗赋",集中于王安石等人在"诗赋取士"与"经义取士"之间的选择。但是,王安石的"罢明经、诸科"举措影响更为深远,这一点应该引起我们的重视。王安石不仅在科举诸文体中罢去诗、赋,而且在科举的科目上罢去进士科之外的其他科目,使得科目变得"有科无目",经义、论、策(尤其是经义)等文体成为士子由科举出身的单一

---

① 《宋史》卷一五五《选举一》,第3617页。
② (明)谢铎《桃溪净稿》,《四库全书存目丛书》集部第三八册。
③ 《宋史》卷一五《神宗本纪》,第278页。

考核文体。在中国科举史上,王安石首创"有科无目"的科举制度,以单一的尺度收编天下人才。

王安石"罢明经、诸科",实际上是他的专制政治理念的具体实施。当宋神宗认同苏轼关于"责实"的观点时,王安石说:"今人材乏少,且其学术不一,异论纷然,不能一道德故也。一道德则修学校,欲修学校,则贡举法不可不变。……今以少壮时,正当讲求天下正理,乃闭门学作诗赋,及其入官,世事皆所不习,此科法败坏人材,致不如古。"①"一学术""一道德"是王安石科举改革的核心。程颢说:"熙宁初,王介甫行新法,并用君子小人。君子正直不合,介甫以为俗学不通世务,斥去;小人苟容谄佞,介甫以为有材能知变通,用之。"②王安石的这一特点可以概括为"一政见"。"一学术""一道德""一政见",就是要把天下人的思想、道德统一在官方认可的框架里面,这才符合专制政体的需要。如果像唐代那样,既崇儒术,又尚道、释,既尊经义,更重诗赋,那当然是不能统一学术、统一道德的。学术不一,异论纷然,专制统治的根基就会动摇。对此,苏轼尖锐地指出:"文字之衰,未有如今日者也,其源实出于王氏。王氏之文,未必不善也,而患在于好使人同己。自孔子不能使人同,颜渊之仁、子路之勇,不能以相移,而王氏欲以其学同天下!地之美者,同于生物,不同于所生。惟荒瘠斥卤之地,弥望皆黄茅白苇,此则王氏之同也。"③

不管在义与利、王道与霸道上,二程与王安石有何分歧,在"一道德"上,他们都有相同的思路。二程说:"天理云者,百理俱备,元无少欠,故'反身而诚'。"④"理则天下只是一个理,故推至四海而准。"⑤程朱强调义、利之辨,强调"去人欲,存天理"。实际上,程朱理学所做的事情就是"一道德"。

王安石的新政虽然在元祐初年被废,但其后不仅又被实行了三十多

---

① 《宋史》卷一五五《选举一》,第 3617—3618 页。
② (宋)邵伯温撰,李剑雄、刘德权点校《邵氏闻见录》,第 164 页。
③ (宋)苏轼《答张文潜县丞书》,(宋)苏轼著,张志烈等主编《苏轼全集校注》第一六册,第 5322 页。
④ (宋)程颢、(宋)程颐撰,潘富恩导读《二程遗书》,第 82 页。
⑤ (宋)程颢、(宋)程颐撰,潘富恩导读《二程遗书》,第 89 页。

年,而且老庄思想受到了明确的禁止。监察御史上官均于元祐元年建言,强调"经术以理为主","禁用释典,不得专援《庄》《老》"。① 哲宗元祐二年,即规定科场文章不许引用申、韩、释氏之书,考官则不许于《老》《列》《庄》内出题。直至徽宗、孝宗,仍然在强调禁用释老,并使之成为定制。禁佛老正是贯彻"一学术""一道德"总方针的重要措施。

崇尚理学的元代对于"一道德"的意义心领神会。袁桷说:"维昔先皇,历选群彦。一道德以垂统,严诰命以兴文。"②又说:"大江以南,地为荆扬,郡不过百十,其言语风俗、起居饮食之异,邈不相近。世方理文治,而士大夫言词章高下,复人人殊。数十年来,文益媮,体益弊,乘高驾浮,滑稽恣睢,恍乎其不可诘絜,而至于道者,不惧则偾。溯源而论之,盖方承平时,师表日增,士以其类至,尊其所传,过于自守,而乐凡近者,尤矜矜然秘重不妄与。一道德而同风俗,先王之教,诚不若是也。"③我们在柳贯、虞集、程端礼等元代文人那里都可以听到"一道德而同风俗"的政治理想。程端礼更是直接点明元代科目改革与"一道德而同风俗"之间的关系:"自圣朝取士科目革前代涉猎剽窃之弊,明经主朱子说,使经术理学举业毕贯于一,以便志道之士。其一道德以同风俗,岂一日之力。"④

明代官方一直对八股文写作中出现的偏离儒家思想的异端提出警戒,这与明代的专制政治体制是相呼应的。弘治七年,"令作文务要纯雅通畅,不许用浮华险怪艰涩之辞,答策不许引用缪误杂书"。⑤ 这恐怕就与考生的杂用子书有关。嘉靖十七年题准,会试校文,"其有似前驾虚翼伪、钩棘轧苗之文,必加黜落,仍听考试官摘出,不写经传本旨,不循体制,及用《庄》《列》背道不经之言,悖谬尤甚者,将试卷送出,以凭本部指实奏请除名,不许再试"。⑥ 在明代科举史上首次鲜明提出,科举文不许引入《庄子》《列子》等书,这些非儒思想属于背道不经之言,所谓"驾虚翼伪、

---

① (宋)李焘撰《续资治通鉴长编》卷三七四,第9061页。
② (元)袁桷《翰林学士承旨荣禄大夫知制诰兼修国史遥授平章政事阁复赠光禄大夫大司徒上柱国追封永国公谥文康》,《全元文》卷七〇九,第57页。
③ (元)袁桷《曹邦衡教授诗文序》,李修生主编《全元文》卷七一七,第244页。
④ (元)程端礼《重修奉化儒学记》,李修生主编《全元文》卷八一〇,第540—541页。
⑤ (明)申时行等重修《明会典》卷七七,第1792页。
⑥ (明)申时行等重修《明会典》卷七七,第1792页。

钩棘轧茁"即是引入《庄》《列》之后的结果。陶望龄说：

> 古罗士之科尝众，而士亦多方矣。至百家黜而六籍尊，诗赋停而明经重，笺疏废而传注专，其歧愈窒，轨愈端，而途亦加约。聚四方秀异，积数百年文治之盛，酝酿成就者，并骛于其中。一道同风，于斯为盛，而巧拙之数、能不能之故，亦毕呈而无遁矣。①

陶望龄为万历三十一年应天乡试主考官，其立场自然是立足于本朝制度，对明代经由"有科无目"制度而形成的"一道同风"大唱赞歌。陶望龄又说："臣不敏，窃以为衡士莫善于格。上必悬格，而始辨材；下必赴格，而始呈材；众耦之胜负，必并就于格，而后可以角材。逾格而旁游者，易而拙；操格而中人者，难而巧。如此，则臣等尊令守法之指，与翘材之术合而非歧，而是非巧拙难易之路，可以晓然告于天下而不惑，庶其有俊志乎？"②科举的目的就是要使天下人才"并就于格"。

嘉靖以来，在心学盛行的时代思潮影响下，一些会试的主考官（如徐阶、李春芳等）也成为心学的倡导者，这使制义文风发生了翻天覆地的变化，"一学术""一道德"的专制政治受到严峻的挑战。朝廷开始警惕，于是对制义文风的整肃可谓三令五申。至万历十五年，礼部尚书兼翰林院学士沈鲤说："自臣等初习举业，见有用六经语者，其后以六经为滥套，而引用《左传》《国语》矣，又数年以《左》《国》为常谈，而引用《史记》《汉书》矣，《史》《汉》穷而用六子，六子穷而用百家，甚至取佛经道藏，摘其句法口语而用之。凿朴散淳，离经叛道，文章之流敝，至是极矣。……断圣贤语脉以就己之铺叙，出自己意见以乱道之经常。"③实际上，沈鲤所意识到的问题就是考生在制义中引用《庄》《列》《释》《老》等书语句，使得经学思想不醇正。礼部的担忧是有其现实基础的。崇祯间魏禧说："予观近

---

① （明）陶望龄《癸卯应天乡试录序》，（明）陶望龄撰，李会富编校《陶望龄全集》上册卷三，第138页。
② （明）陶望龄《癸卯应天乡试录序》，（明）陶望龄撰，李会富编校《陶望龄全集》上册卷三，第139页。
③ （明）王世贞撰，魏连科点校《弇山堂别集》卷八四，第1596页。

日文率意妄作，玩忽经传，窃有生心害政之忧。"①令明人困扰的是考生并不切实阐发经典，而是追求新奇。可以看出，从嘉靖到崇祯，士子在八股文中不仅引用六经，而且引用《左传》、《国语》、《史记》、《汉书》、六子、百家，甚至取佛经道藏。沈鲤从维护儒家独尊地位出发而对士子这种广泛引用子史百家的状况表示忧虑。晚明五十余年，阳明心学大行其道，程朱理学备受唾弃。这在恪守程朱理学立场的人看来，是一个文风佻巧、猖狂自恣、横议倾陂风气的泛滥时期。②

由顾炎武等人所引发的清代学术转向导致了诸子之学的兴盛，《老》《庄》研究作为诸子之学成为学者的基本修养。曾经被艾南英、顾炎武所猛烈抨击的佛光道影，大量出现于清初的制义中。但是，否定阳明心学与重建程朱理学信仰，是清初官方政治思想文化的一大特点。从官方立场来说，程朱理学在清代前期仍然是科举的指导思想，程朱理学是确保"一学术""一道德"的思想武器。

到了晚清，康有为、梁启超之所以对八股文进行彻底否定，则是因为在他们看来，八股文试士制度无法选拔出真正的人才，甲午战争的失败宣告中国传统人才观的坍塌。除了策、论之外，无论是经义，还是诗赋、表、判，统统都属于不切实用的空言，懂洋务、经济、声光化石者才是真正的人才，于是《中庸》里"车同轨，书同文"中的"车"在光绪十四年浙江乡试凌师皋的墨卷中变成了"汽车"，"车""文"与"火车""电报"相关联。别说是诗赋取士，就是经学取士，也不能得真才，因为经学自身已不能适应近代中国的政治命运。

四、"罢明经、诸科"与"有科无目"

自隋朝创立科举制度以来，曾出现经义取士、诗赋取士、策论取士，甚至表文取士等不同的取士倾向，这些倾向分别强调了不同的人才素质，但每一种取士方式都有其弊端，如空疏不学、无实用、专务辞章、徒事雕琢

---

① （明）杨廷枢、（明）钱禧辑评《皇明历朝四书程墨同文录》第八册。
② （清）永瑢等《四库全书总目》卷一九〇，第1729页。

等。这一类指责或讨伐其实只是涉及科举弊端的后果,而实质上,造成这些后果的大多指向同一个制度:"有科无目。"顾炎武说:"唐制:取士之科有秀才,有明经,有进士……见于史者凡五十余科,故谓之'科目'。今代止进士一科,则有科而无目矣,犹沿其名谓之'科目',非也。"①即使隋朝科举制度创立之初,也有明经、进士二科。科目的多寡意味着士子进身途径的宽窄,也意味着官方人才观念的不同:究竟是不拘一格降人才,还是通天河上独木桥?中国古代科举制度从唐、宋、辽、金的多科目取士,到元、明、清的"有科无目",这一独木桥机制是如何逐步形成的?这种渐趋独科的趋势与中国古代政治文化走向有着怎样的关系呢?

思想多元是不利于专制政治体制的。早在汉代,董仲舒在提出"罢黜百家"的理由时就指出:

> 今师异道,人异论,百家殊方,指意不同,是以上亡以持一统,法制数变,下不知所守。臣愚以为诸不在"六艺"之科孔子之术者,皆绝其道,勿使并进。邪辟之说灭息,然后统纪可一而法度可明,民知所从矣。②

旨在对"师异道,人异论,百家殊方,指意不同"现象进行统一。这应该是古代选举制度中最早提出的"一思想""一学术""一道德"的主张。尽管汉武帝的"罢黜百家"并非禁止儒家之外的"百家"的存在,但他通过"独尊儒术",将儒家的经学纳入选官机制中,通过仕进制度影响士子的思想。这种独尊儒术的设计在接下去的魏晋南北朝时期,由于长期战乱分裂的局面而未能真正达成,到了唐代反而出现了思想多元的局面,促成了唐代文化的繁荣,体现在科举制度上则是多科目取士制度。

唐、宋的多科目取士制度首先在王安石的改革中被改变了。王安石通过"罢明经、诸科"把隋唐以来多科目取士删减成进士独科,成了一种

---

① (清)顾炎武撰,(清)黄汝成集释,栾保群校注《日知录集释》,第940—941页。栾注的标点有误,"学究一经"是唐宋经学专科考试中的一科。
② 《汉书》卷五六《董仲舒传》,第2523页。

有科无目的制度。王安石的新政仅推行了十几年，经义取士与诗赋取士仍长期并存。宋朝的"君臣共治天下"体制曾被视为中国古代政治制度的美谈，但宋朝终亡于蒙元之手。一个游牧民族的政权入主中原之后，管制空前严厉，而汉族文人为配合这种集中专制，也纷纷出谋献策，将原来中国传统的政治制度改造成空前专制的制度，通过对程朱理学的推崇，把程朱理学定为官方意识形态，相应的，在科举制度上，把取士的科目萎缩成"有科无目"的独木桥，并把这一独木桥纳入程朱理学的框架之中，这是元代的重大改变。宋代理学以四书为阐述思想的主要载体。程朱理学自元代立为官学，进入科举，四书学就变成了经学，四书学也从宋代的学术文化转变为政治文化，成为元代政治专制性的工具。

"科目"一词的涵义，在《元史·选举志》里发生新的变化，在《唐书·选举志》或《宋史·选举志》里，科目指分科取士的名目，如秀才、明经、进士等。到了《元史·选举志》，"科目"指的是进士科所考的经义、古赋、表、策等文体。因为自元代开始，科举中只有"进士"一科，这就是顾炎武所说的"有科无目"，故"科目"一词降而指进士考试中的各文体。

这种"有科无目"的制度对于官方来说，有利于把所有的士子统一到一定的思想框架里，但对于士子来说，"有科无目"形同构筑起一座独木桥，所谓的"人才"变成了一个固定的单一模式。它在明清时期导致了一系列科举弊端的出现，是诸多科举弊端的总根源。

首先通过推重四书去推崇程朱理学、通过推崇理学去实现"一学术""一道德""一政见"政治意图的，是元代的儒者。元太宗窝阔台于1234年灭金之后，始得中原，便用耶律楚材言，以科举选士。其制基本沿宋、金之旧，以论、经义、词赋三科试士，后因廷议而中止。元世祖一统中国之后，虽未实行科举制度，但学校的教育却在大力推行儒学。至元初，许衡为国子监祭酒，仁宗皇庆元年，吴澄任国子监司业，"用程纯公《学校奏疏》，胡文定公《六学教法》，朱文公《学校贡举私议》，约之为教法四条：一曰经学，二曰行实，三曰文艺，四曰治事"。① 在元初的儒者中，许衡、吴

---

① 《元史》卷一七一《吴澄传》，第4012页。

澄是具有代表性的。在儒家经典中，他们特别强调四书的重要性。至皇庆二年设定科举定式，这些理学家的思想起着重要的作用。

朱元璋以驱逐胡元、重建汉人政权而被后世所称颂，明初的高启说："我生幸逢圣人起南国，祸乱初平事休息。从今四海永为家，不用长江限南北。"①但朱元璋却选择了与宋朝"君臣共治天下"的政治体制背道而驰的制度，继承的是元代的绝对专制主义，废除宰相制度即是一个标志性的政治举措。相应地，将程朱理学定为官方意识形态。在科举制度的设定上，不是继承唐、宋的多科目，诗赋与经义并考的制度，而是采用了元代的"有科无目"、首重四书文模式。不仅如此，明初的制度设计者把四书文精致化，定下了理据程朱、代圣人口气、体用排偶等格式要求，这一基本格式在洪武二十年就已经基本定型（而不是顾炎武所说的至成化才定型），这种文体后来被称为"八股文"。科举的科目和文体的限制都与明代政治文化相呼应。成化间丘濬说："至于有宋，濂、洛、关、闽诸儒者出，然后经旨大明于世。而我列圣又表章之，遂为千古不刊之大典、不易之定论。是以道德一而无歧辙之差，风俗同而无疆界之别，斯世斯民得以见天地之纯全、识圣贤之至理、享帝王之盛治，一何幸欤！"②旗帜鲜明地回应王安石的"一道德"主张。清初理学家陆陇其说："及考有明一代盛衰之故，其盛也，学术一而风俗淳，则尊程朱之明效也。其衰也，学术歧而风俗坏，则诋程朱之明效也。每论启、祯丧乱之事而追原祸始，未尝不叹息痛恨于姚江。故断然以为今之学非尊程朱而黜阳明不可，而闻此说者或以为怪。"③强调了"一学术"与"尊程朱"之间的内在关联。

在经义文中"自摅己见"，这是宋代以来科举经义文体的一贯要求，在明代制义中则以"大结"的结构形式固定下来。"洪、永、成、弘间，先辈大结，其长几与八股埒，于道理却合。述圣贤说话，不过数言可了，正须以

---

① （明）高启《登金陵雨花台望大江》，（明）高启著，金檀辑注，徐澄宇、沈北宗校点《高青丘集》，第451页。
② （明）丘濬《大学衍义补》，第575页。
③ （清）陆陇其《周云虬先生四书集义序》，（清）陆陇其《三鱼堂文集》卷八，日本内阁文库藏清刊本。

我意论断耳。"①这个"自摅己见"当然不是鼓励发表自由思想,而是鼓励士子发表对于儒家经典的个人心得。但在晚明,制义大结的"自摅己见"功能逐渐弱化,一些制义选本(如杨廷枢、钱禧的《同文录》)已经把前贤的制义名文的大结删去。至清代康熙十六年议准,八股文取消大结,其理由是为了防止考生在大结部分作弊,但实质上,它更彻底地消除了制义文体中表达个人见解的空间。同时,"犯下""禁用后世书暨人名"等文章修辞惯例到了嘉庆朝转变成了科场厉禁,于是,在"有科无目"的进身独木桥上,制义这一独尊文体越来越成为思想与情感表达的枷锁,真正成了锢蔽性灵的庸腐套子。从科目的萎缩到文体的限定,所谓"科目取士"制度的一步步单一化,这正与政治文化上的专制主义的逐步强化相呼应。

  由"有科无目"单一形式而选拔的举子,究竟能否胜任临民治众之实务,这个问题在明、清两代尤为突出。科举是选举制度中重要的一环,士子在科举中获得出身之后,究竟采用何种形式授官,这同样需要建立切实有效的制度。唐代进士科采用所谓的"以诗赋取士",虽也是"以文辞取士",但士子及第之后未便解褐,还必须通过吏部之试,韩愈三试吏部无成,则及第十年后犹是布衣。试吏部是一个"责实"的考核环节,它确保以诗赋中式者确实具有实务之才。自宋太宗于太平兴国二年不仅赐进士、诸科出身者多至五百余人,而且第一、二等进士均立即授官,余者也皆优等注拟。明代也采用这种制度,出身与授官之间没有了考核环节,一旦中了一甲,即入词林,而"一入词林,更不外补,二甲之除,犹为部属。崇浮长惰,职此之由。所以一第之后,尽弃其学,而以营升纳贿为事者,以其得之浅而贵之骤也"。② 元、明以来,一方面是出于专制主义政治需要而使"设科取士"变成"有科无目",又在三场试士的诸文体中独重首场,甚至独重首艺,使得空疏不学、人品低下者也可以侥幸获售;另一方面,一旦在乡、会试上中式,即予授官,于是幸获者临民治众时陋态百出,也就不难预见了。这就是明代以来选举制度最大的弊端。

---

① (清)李光地撰,陈祖武点校《榕村语录·榕村续语录》,第877页。
② (清)顾炎武撰,(清)黄汝成集释,栾保群校注《日知录集释》卷一七,第1016页。

五、独重四书文与理学试士

为了强化政治文化上的专制主义,元代不仅沿袭了王安石的"有科无目"制度,而且首重四书文,把理学试士推到了经义科的首重地位。

隋代以来,经学成为科举考试中必不可少的科目。当我们进一步探究,经学在科举诸科目和诸文体中的地位的时候,我们发现,同是"明经"科,各个朝代的经学内容和考试方式有很大的不同。唐代的明经科、宋代的诸科(宋代的诸科即是唐代的明经科)的考试方式采用的是帖经、墨义,宋代明经科则采用大义,虽同是选择以五经为核心的经学作为考试内容,但帖经、墨义的考试形式是把五经当成常识来考核,而大义则把五经视为义理进行考核。元代科举的经学考试仍称明经科,由经疑与经义组成。至此,科举中的明经科由四书文与五经文组成。明、清两代的乡、会试虽无明经之名,而实际上是元代模式,即四书文与五经文并峙,且成为科举诸文体中最重要的文体。

在唐宋时期,《孝经》《论语》作为兼经进入科举,考试形式仅是帖经、墨义或大义。唐宋的经义考试仍以五经为重。元代第一次把四书作为一个整体放入了科举制度的设定中。在元仁宗皇庆二年所定的考试程式中,第一场为明经,包括经疑和经义,经疑在四书中出题,实即四书文,经义在五经中出题,即五经文。对于蒙古、色目考生,只考四书文。可见在中国科举史上,元代第一次把四书提到了至高无上的地位。因为四书本来就是宋代道学的产物,四书以道学为宗旨,以义理、性理为宗旨,谈的是"修己治人之道",当然也可以称之为"经术",而五经则是"经学",四书学重在义理,五经学重在学术。在元代的学校教育中,同样是先四书,后五经:"凡读书必先《孝经》《小学》《论语》《孟子》《大学》《中庸》,次及《诗》《书》《礼记》《周礼》《春秋》《易》。"①理学与经学(学问)就此分隔。

元、明、清三代"首重四书文"是有其政治文化上的考虑的,重四书,即是强调"为学当先立本"。《论语·学而》说:"君子务本,本立而道

---

① 《元史》卷八一,第2029页。

生。"①而四书,正是立本的关键。四书之成为经典,是与理学的兴起密切相关的。四书文在科举诸文体中一步步走向独尊地位,则与元代以来官方将程朱理学定于一尊的政治文化相表里,而这种政治文化的最大特点就是"一思想""一学术""一道德"。这是宋代王安石在熙宁新政中所提出来的。

宋代理学家又把四书作为通往五经的门径。程颐认为:"学者当以《论语》《孟子》为本。《论语》《孟子》既治,则《六经》可不治而明矣。读书者当观圣人所以作经之意,与圣人所以用心,与圣人所以至圣人,而吾之所以未至者,所以未得者,句句而求之,昼诵而味之,中夜而思之,平其心,易其气,阙其疑,则圣人之意见矣。"②程颐说:"今人若不先明义理,不可治经。"③朱熹在此基础上,从《礼记》中选出《大学》《中庸》,与《论语》《孟子》合而为四书。朱熹说:"四子,六经之阶梯。"④后来之强调四书独尊地位者,往往继承这一观点,如清代康熙皇帝说:"有四子之书而后五经之道备。四子之书得五经之精意而为言者也。"⑤既然四书已得五经之精意,掌握了四书的基本精神,也就可以提纲挈领地驾驭五经了,而四书学正是宋、明程朱理学的最主要载体。为了说明这种制度的合法性,艾南英说:

《易》《书》《诗》《春秋》《戴记》,各占其一以为业;而《学》《庸》《语》《孟》四子之书,则士皆合而治之。呜呼!祖宗朝取士之法,可谓尽伦尽制矣!窥其意,盖以为六经之精微,尽于四子之书也。《诗》三百篇,其引见于四书者,什而六七。圣贤之说《诗》,与诸儒之说《诗》拘牵文义者,可谓殊矣。其语及于《易》《书》《春秋》者尤寡,然而吉凶、消长、进退、存亡之理,若四时行而百物生,无往不寓也。进而告其列国之君大夫,退而与其子弟言政,皆古帝王修身齐家、臧

---

① (宋)朱熹撰《四书章句集注》卷一,第48页。
② (宋)程颢、(宋)程颐撰,潘富恩导读《二程遗书》,第379页。
③ (宋)程颢、(宋)程颐撰,潘富恩导读《二程遗书》,第64页。
④ (宋)黄士毅编,徐时仪、杨艳汇校《朱子语类汇校》卷一〇五,第2604页。
⑤ 中国第一历史档案馆整理《康熙起居注》,第340页。

否得失褒讥之林。至于礼乐,尤约言之,乃在视听言动、治其性情之事。盖六经之精微至四书而源流愈合,践履见矣,其神存,是以略其器。①

在这里,我们看到了科举中首重四书文与当时政治文化之间的关联了。

从这个角度,我们就不难理解,明清科举"只重首场"现象为何屡禁不止。元、明、清乡、会试的三场取士制度本是以首场的四书五经义,第二场的古赋(元)、论、表、判(明、清)和第三场的策等多种文体试士,但这种制度在推行的过程中由于各种各样的原因(如考官懒政渎职、考官阅卷时三场的时间分配不合理等)而出现了"三场止重首场",甚至"七艺专重首艺"的现象。在晚明时,黄淳耀就指出:"三场之所重者止于七义,七义之所重者止于三义。"②所谓"三义"就是首场前三篇八股文,也即四书文(后四篇八股文为五经文)。黄宗羲更进一步指出:"二场三场,置之高阁,去取止在头场;头场之六义,亦皆衍文,去取定于首义。"③至清代,四书文的独尊地位越来越明显。直至乾隆间,吴兰陔还在批评当时"三场专重首场,首场尤重首篇"④的现象。咸丰间,福格指出当时科场仅以首艺定去取的情形,他说:"五策果能条对切实,亦可征其学问。所惜主司去取,皆以第一场四书文为鹄,他艺概置之不论。"⑤这些对重四书文、重首义现象的批评,主要还是着眼于考官的渎职懒政。

但是,推重四书文是有其义理上的必要性的,有其思想控制上的必要性的。康熙三年起,移原来的第三场五道策于首场,废八股文体,表现出重时务而轻经义。但只推行三科,于康熙八年又恢复旧制,仍然首重经义文。为什么康熙不得不收回成命,恢复他极不喜欢的八股文?其背后的

---

① (明)艾南英《今文待序篇中》,(明)艾南英《天傭子集》卷一。
② (明)黄淳耀《科举论序》,(明)黄淳耀《陶庵文集》卷三。
③ (清)黄宗羲《蒋万为墓志铭》,(清)黄宗羲著,吴光主编《黄宗羲全集》第二〇册,第502页。
④ (清)吴懋政《八铭塾钞二集》"闱试总论",乾隆四十九年序本。
⑤ (清)福格《听雨丛谈》卷四,第68—69页。

原因值得深思。

尽管时贤已有专文指出,"止阅首场"并非元、明、清科举的常态,更多的时候仍是三场综合考量。① 我也可以进一步地指出,明、清时期历科《乡试录》《会试录》中的"中式举人"名单,就是三场综合考量的结果。但是,在元、明、清的科举文化中,从"三场专重首场"走向"七艺专重前三义"、从"专重经义"到"首重四书",这是一个必然的趋势。"重首场",尤其是"首重四书文"是有其政治文化上的深层原因的。

中国古代科举史经历了从多科目取士到"有科无目"的变化过程;在取士文体上出现过"诗赋取士"与"经义取士"的不同倾向;在经义科目中又经历了从五经取士到四书文取士的不同侧重。所有这些,既是历代人才观念的反映,也都与经学的流变(尤其是四书进入经学系统),与"一学术""一道德"的专制主义政治文化紧密呼应。在这过程中,王安石的"罢诗赋及明经、诸科,以经义、论、策试进士"对当时及元、明、清三代的科举制度产生深远的影响。从"有科无目"到"专重四书文",专制政治色彩越来越浓烈,而科举的路径也越来越狭窄,最终也因凋蔽人才、不能适应近代世界剧变而被历史所抛弃。

六、聚焦四书文命题

本书着意强调四书文与五经文的不同功能,强调四书文与理学、政治意识形态、政治文化生态、传统文章美学、时代文章风尚之间的直接而深刻的关联。在科举与经学、理学、政治意识形态、人才观念、文章审美等的关系网络中,四书文占据了中心枢纽的位置。而命题,则是其枢纽功能产生作用的原发点。四书文命题是我们考察上述关系的一个绝佳观察点。

本书的写作,起因于对明代文章风尚问题的关注。文章风尚与时代的政治意识形态、经学思潮、哲学思潮、教育思想、文学思潮等密切相关,但我不准备把这部书写成一部明代文章的意识形态史。我希望能够找到一个制度层面上的入口,从历史呈现开始,真实呈现明代文章风尚的制度

---

① 耿勇《止阅初场?——明代科举考试后场论、策地位考辨》,《史林》2019 年第 3 期。

基础。于是我选择了四书文命题这一现象。

在明代科举三场试士制度中,四书文是试士诸文体中的一种,但它具有独特的地位。它与五经文作为首场经义考试的内容,在诸文体中处于首要的地位。与五经文考核的主要是经学知识相比,四书文考核的则是士子对理学的认知,关乎士子的"立本",关乎士子的"思想素质",故为各体中首重之文体。"《四书》一编为群经之纲维,万理之渊海",①四书文自是经义考试中的重中之重。而理学,正是代表明代学术的最主要特色。今人动辄斥明人空疏不学,但晚清朱一新说:

> 近人学为大言,未知其生平读书若何,而开口便斥明人不读书,不知此嘉、隆以后则然耳,乌可以该一代!国朝惟小学、骈文优于明代,其他理学、经济、朝章、国故及诗、古文之学皆逊之。②

正如清初黄宗羲所说:"尝谓有明文章事功,皆不及前代,独于理学,前代之所不及也。"③一代有一代的学术,我们不能站在五经之学的立场去否定明代理学的学术水平和思想成就。如果说,五经学主要与经学学术史相关,那么,元代以来的四书学则更多地与当代政治意识形态和哲学思潮相关。明代理学体现在科举考试制度上,便是首场四书文的考核。

明代科举四书文考试是采用命题闭卷考试形式的,题目出自四书,通过在四书中出题,用朱熹集注为答案,考核士子的理学认知。在这样的考试制度中,命题的主体——考官的来源就是一个值得首先关注的问题。明代乡试、会试的考试事务并非由专门的考试机构或教育部门负责,其帘内官(负责命题、衡文、取士的考官)由朝廷或地方政府聘任,帘内官即是朝廷及各级政府、学校的官员,随着科举的逐科举行,考官制度越来越完善,考官的官阶越来越高,乡、会试四书文命题主体的政治地位也越来越

---

① 吴剑杰等点校《张之洞全集》第一二册,第210页。
② (清)朱一新著,吕鸿儒、张长法点校《无邪堂答问》卷四,第150页。
③ (清)黄宗羲《明儒学案发凡》,(清)黄宗羲《明儒学案》,第17页。

高,四书文命题越来越牵连到政府高层。乡、会试考官三年一任(当然存在着连任现象),四书文命题已经成为朝廷及各省政府的一项例行政务。举子中式,意味着获得候选官员的资格,于是,衡文取士,对于考官来说,也是一项可以获得政治资源的工作,衡文取士始终牵动着明代的政治生态。

考官虽有其政治背景,一些命题也出于特定时期政治动向的考虑,如嘉靖朝,经过叶经事件之后,其四书文考试有时会选取与忠君主题相关的句子为题目,但从总体上来说,明代科举四书文命题仍然主要是考官从其自身对四书的认知出发,其经学思想和理学观念会引导着他对题目的选取。四书文命题关联着时代对理学、经学的关注点。

题目的来源被限定在四书里,为了防止"拟题"(即考试前预测考题从而预构文章以应试)现象的发生,选取独特题型(比如三扇题、九扇题)或变换题目形态(如截搭题),就成为必然发生的现象。考官对特定题型的选取或改变,直接导致特定的文章修辞形态的形成。

考官入闱锁院,科举考试制度的这一环节设置,旨在防止传递之类的作弊现象的发生,保证考试的公平性。但是,贡院的大门,内帘的帘幕,其实是关不住考场与整个社会的内在关联的。成化以来,一种"乖谬""险怪奇崛"的文风已经出现在科场上,它多少与士子乃至考官对《列子》《庄子》文风的崇尚有关。嘉靖以来,随着王阳明心学的盛行,一些考官成为心学的追随者,应试士子也纷纷效法。面对四书文题目,考官所撰写的程文和士子中式的墨卷,出现了对四书的心学阐释倾向。

由于四书思想的丰富性,由于圣贤之言有其特定的语境,四书语句的准确含义需要解释,汤宾尹说,四书中有些话,虽属"圣贤心曲,托于言而亦外,脱于口而已陈,第令六经、《语》、《孟》圣贤复说一过,亦必有另出一局、再开一新者"。[①] 而对于士子(包括撰写程文的考官)来说,四书文的写作也是一个义理解释的开放性过程。陶望龄说:"盖尺幅之中,一题之

[①] (明)汤宾尹《汤睡庵太史论定一见能文》卷三,陈广宏、龚宗杰编校《稀见明人文话二十种》上册,第1065页。

义,求之而弥有,浚之而弥新。因叹圣贤之言,无穷若是!"①士子(或撰写程文的考官)作为解释的主体,其个人历史、个人知识结构的多样性更加强化了这种解释的开放性,而个人历史、个人知识构成又是时代文化思潮、文化积淀的产物。

本书试图选取"四书文命题"作为聚焦点,呈现一个由制度、政治、思想、学术、文章、文风、士习等构成的文化生态。考官—命题—文风,是本书历史考察的一根横轴。

既然选取四书文命题作为制度研究的入口,那么,首先是明代历科乡试、会试的四书题目文献和程文墨卷文献的搜集。经过几十年来一批机构和学人的努力,大量的明代乡、会试文献的出版为我们的研究提供了基础。对于本书的写作来说,基本文献包括明代历科乡试、会试的四书题目、历科四书程文、墨卷、历科考试录,还有明代的讲章系列。2014年以来,本人一直致力于这些文献的搜集、整理,已有《稀见明清科举文献十五种》《日本所藏稀见明清科举文献汇刊》《稀见清代科举文集选刊》的出版。尽管目前所搜集到的四书题目和四书程墨远非全貌,但充分占有文献是本书立论的基础。本书所使用的文献,有很多至今未为学界所使用,其中有一些就是我这几年收集所得,本书中一系列个人心得即是通过对这些稀见文献的研读而得出,如《新镌翰林评选历科四书传世辉珍》《新刻张先生批选四书程墨清商》二书保留了明代四书文的大结,呈现了明代四书文的原貌,本书关于明代制义具有"自摅己见"文体功能的观点即据此而得出,而在方苞的《钦定四书文》(这是学界讨论明代八股文的主要文本依据)中,这些大结基本上已被删除干净。

本书附录部分是本人从明代历科会试录、乡试录、程墨选集、科举文论集、文人别集中搜集整理出来的,共2148道题目,约占应有的题目总数的二分之一强。期待学界同仁能进一步发现更多的科举文献,以使我们对明代科举制度有更加准确的认识。

---

① (明)陶望龄《癸卯应天乡试录序》,(明)陶望龄撰,李会富编校《陶望龄全集》上册卷三,第138页。

第一章 "五经取士"与"四书文取士"

引 言

关于明代科举的取士制度，人们曾从不同的角度予以表述，有从场次的角度，称之为"三场取士制度"，即把不同科目分置于三场以考核士子；有从阅卷制度和配额制度的角度称之为"五经取士"；有从关键性科目的角度，称之为"四书文取士"。这些表述只涉及明代科举取士制度的某方面特征，都不是对明代科举取士制度的全面概括。"三场取士"只涉及考试科目，而未澄清取士标准；"五经取士"只涉及录取配额与阅卷体制；"四书文取士"旨在强调取士过程中四书文的独特地位。这三种表述中的任何一种，都不能真正体现明代科举取士制度的本质特征。而且，这些表述所涉及的制度在实行的过程中因出现偏差而被扭曲，或者因表述的简化而引起误解。比如，三场取士制度由于特定的原因而在实行的过程中变成"三场专重首场""去取止在头场"，清人以诗讽之："三场只看一场文，七艺全凭首艺精。"① "四书文取士"本是强调在三场取士制度中，首场的四书文是最为重要的考核科目，但在实行的过程中却变成考官仅仅根据考生的四书文而决定取舍；而"五经取士"的表述是最易引起误解的（详后文）。这三种表述从不同角度指称明代科举的取士制度，它们之间又是互有关联的。

撇开制度实行过程中仅仅依据某一科举文章（如五经文、四书文）的优劣而进行取舍的弊端，从科举制度的发展历史来看，"五经取士"与"四

---

① （清）司徒德进《举业度针》，陈维昭编校《稀见明清科举文献十五种》，第1483页。

书文取士"既代表科举史不同历史阶段的特点,又表明了官方在经义试士方面的不同理念。元代之前,不存在所谓的"四书文取士","五经取士"与"四书文取士"的关系问题是元代以来由新的科举制度带来的科举取士问题。

在汉代以来的选举制度中,以《易》《书》《诗》《礼记》《春秋》五经为核心的儒家经典成为官员选拔的依据。儒家的社会理想是建立一个讲信修睦的大同世界,能够建立这样的社会的人才首先必须是通经博学,通儒家之经典。通经博学成为鉴别人才的最为重要的标志。由于儒家经典在汉武帝时代获得了独尊的地位,经学从此进入了选举制度之中,成为考核士子的一种科目。明代何良俊说:"经者常也,言常道也。故六经之行于世,犹日月之经天也。世不可一日无常道,犹天地不可一日无日月。一日无日月,则天地或几乎晦矣。一日无常道,则人世或几乎息矣。故仲尼之所以为万代师者,功在于删述六经也。先儒言经术所以经世务,则今之学士大夫有斯世之责者,安可不留意于经术乎?"[1]科举的目的就是要"成人材而厚风俗,济世务而兴太平",[2]以经学为试士的第一科目,这种情况一直延续到清末科举制度的废除。

在这漫长的两千多年的选举制度中,经典的数量时有增减,考核的形式也不断发生变化。这些变化既体现出历代的人才观,也与历代经学的发展变化相联系。

汉武帝的独尊儒术体现在官制中,便是"五经博士"制度的建立。"其时,方罢黜百家,表章六经。太学以五经课士,而以博士任教授。初设五经博士,后增至十二人。王莽时增《乐经》,共六经,每经博士五人,共六十人。太学各经考试,都规定了标准读本,比如宣帝末《易》则施、孟、梁丘;《书》则欧阳,大、小夏侯;《诗》则齐、鲁、韩;《礼》则后氏;《春秋》则公羊、穀梁。"[3]五经博士是专门教授儒家经典的学官,《易》《书》《诗》

---

[1] (明)何良俊《四友斋丛说》卷一,第1页。
[2] (宋)朱熹《学校贡举私议》,(宋)朱熹撰,朱杰人、严佐之、刘永翔主编《朱子全书》第二三册,第3356页。
[3] 金滢坤《中国科举制度通史·隋唐五代卷》,第8页。

《礼》《春秋》每经置一博士。五经博士的选任即是在选举中以五经为科目进行考核,据《汉书·张禹传》,张禹"从沛郡施雠受《易》,琅邪王阳、胶东庸生问《论语》,既皆明习,有徒众,举为郡文学。甘露中,诸儒荐禹,有诏太子太傅萧望之问。禹对《易》及《论语》大义,望之善焉,奏禹经学精习,有师法,可试事。奏寝,罢归故官。久之,试为博士"。① 博士弟子课试也以五经为考核内容,"能通一艺以上,补文学掌故缺……其不事学若下材,及不能通一艺,辄罢之"。② 尽管汉代的选举不止五经博士一职,但五经毕竟进入了选举制度之中了。

在后来的科举考试中,"五经试士"越来越成为考试科目的中心。唐代有五经科、九经科,均以五经为核心,同时又令士子兼习《论语》《孝经》《尔雅》。宋代科举有进士、诸科。其诸科包括九经、五经、三礼、三传等,五经仍然是诸科经学考试的核心。

虽然唐代科举中《礼记》(内含《大学》《中庸》)、《论语》已进入考试科目,宋代在此基础上又有《孟子》进入考试科目,但这并不等于唐、宋时期已有四书文的考试。刘熙载说:"实则宋制已试《论》《孟》《礼记》,《礼记》已统《中庸》《大学》矣。"③意思是宋代已试四书。事实上,唐代的《论语》、宋代的《论语》《孟子》都只是作为兼经进入考试,其在科举中的重要性无法与五经相提并论。《礼记》中的《大学》《中庸》,只是作为"礼"的一部分知识而成为考核的内容。南宋朱熹开始定四书,其实是将《大学》《中庸》《论语》《孟子》理学化,从而建构一个理学体系。明代天顺间杨守陈说:"汉之代,《论语》次六艺,而《大学》《中庸》具《戴记》中,《孟子》列儒家,判然也。至宋程子始尊《语》《孟》,表《庸》《学》,而朱子为之集注章句,以示人。于是前四书者合而行世,凡孔、曾、思、孟之微言精义,近之切于身心,而远之极于天地万物,粗之为世粟帛,而精之为圣贤堂奥者,七十二子或不闻,历世诸儒或不通,而今虽穷荒鄙屋三尺童子皆能诵而味

---

① 《汉书》卷八一《张禹传》,第3347页。
② 《汉书》卷八八《儒林传序》,第3594页。
③ (清)刘熙载撰,袁津琥校注《艺概注稿》,第815页。

之,朱子之功伟矣。"①这种"近之切于身心,而远之极于天地万物"正是理学的思想视野。但终南宋之世,四书并未作为整体进入科举考试制度中。只有到了元代,《大学》《中庸》《论语》《孟子》才作为一个整体,成为考试科目。它标志着,在中国科举史上,理学第一次成为考试科目。当四书作为整体成为经义考试科目时,它考核的就是士子对理学的认知。

从元代开始,科举考试中的经义科就分为四书科和五经科,也即经义考试由理学考试与经学考试构成,而且四书科被置于五经科的前面。经义分为理学的思想意识形态与经学的知识体系。

于是,在具体的衡文取士过程中,考官是如何处理四书文与本经文的关系的?元代之前以五经为核心的取士制度在元、明、清时代是否还保有以往的崇高地位?这些问题是我们研究元、明、清时期首场经义考试的核心问题。

我们先来看看"四书文取士"的表述。在元代,四书考试采用"四书疑"的形式,即采用合题的问答题形式,经义考试仍然是明经科的重点。明初继承元代科举制度,在洪武三年至五年的乡、会试中,五经义置于四书疑之前,其重要性在四书疑之上。但到了洪武十七年定科举程式,四书义置于五经义之前,其重要性越来越明显。清初黄宗羲在批评明代科举时说:"二场三场,置之高阁,去取止在头场;头场之六义,亦皆衍文,去取定于首义。"②如果明代科举是"去取定于首义",则不仅是"四书文取士",而且是以第一篇四书文取士。所谓"去取定于首义"即是对四书文在科举考试中的首要性的反映。四书文在科举诸文体中的重要位置,至清代而更加明显,尤其是乾隆二十二年移五经文于第二场,从此,四书文在科举诸文体中的首要地位已非其他文体所能企及。故清人多将重首场表述为"四书文取士",如雍正十年上谕:"制科以四书文取士,所以觇士子实学,且和其声以鸣国家之盛也。"③乾隆十年上谕:"国家设制科取士,

---

① (明)杨守陈《书〈重锓标题四书〉后》,(明)杨守陈《杨文懿公文集》卷五,沈乃文主编《明别集丛刊》第一辑第四九册,第338页。
② (清)黄宗羲《蒋万为墓志铭》,(清)黄宗羲著,吴光主编《黄宗羲全集》第二〇册,第502页。
③ (清)昆冈等修《钦定大清会典事例》卷三三二。

首重者在四书文,盖以六经精微尽于四子书。"①这是为清代的置理学于经学之上的做法进行理论上的解释。晚清宋恕说,清代"功令以四书文取士,固博古通今是期,清真雅正是尚",②认为"四书文取士"乃功令所定。这些说法也影响到今人对明代科举的认知。

但是,明代科举中的另外一类表述却在表明五经在科举考试中的首要性,这就是所谓的"五经取士"。明代科举制度的一系列特点加强了人们关于"五经取士"的印象,比如考生按本经(即五经中的一经)报考,考官按五经分房阅卷,中式举人前五名分别由五经选出(即五经魁。此制度自明代宣德八年起即为定制),关于人物履历、传记常出现"以某经中式"的固定表述方式,所有这些,都似乎在明示:明代是根据考生的五经文的优劣进行取舍的,即所谓的"五经取士"。那么,明代科举究竟是"五经取士"还是"四书文取士"? 明代的制义文选家在编选制义选集时为什么大都只选四书文,而极少会去编选五经文? 为什么明代的制义理论家在论述制义理论的时候,一般只以四书文为例,而极少以五经文为例? 明万历刊本《举业正式》为明代历科三场文选,但首场仅选四书文而不选五经文,编者说:"初场止刻四书,不及五经者,谓其体裁无二,自可因此识彼也。"③这一说法显然缺乏说服力。

制义包括四书文和五经文,但两者之间却又若隐若现地存在着某种区隔,在学界眼中、考官眼中,四书文与五经文,在功用、评价标准上存在着某种不同。五经文所偏重的是传统经学的知识体系,官方往往以实学视之,它在经义考核中的重要性从来是不容置疑的。而从意识形态的角度,强调四书文显然更具有政治的迫切性。历朝上谕、官方功令在强调文风、士习时,大都在四书文上做文章。

"五经取士"的真正含义是什么? 它与三场试士制度乃至"四书文取士"的关系如何? "五经取士"等于"五经文取士"吗? 澄清这些问题,是我们讨论"四书文命题"的前提。

---

① (清)昆冈等修《钦定大清会典事例》卷三三二。
② (清)宋恕《才难篇》,(清)宋恕著,胡珠生编《宋恕集》上册,第8页。
③ (明)佚名《举业正式》"凡例",万历刻本。

第一节　唐宋以来经义科的演变

一、唐代以来的分场分科试士

科举是一种选拔官员的制度，政府由不同职能的行政部门构成，其所需人才也必须是不同的类型。同时，每一种类型的行政人才，其基本素质也不单一。故隋唐以来的科举通过设立多种科目，分多个场次去考核士子各方面的素质。

隋唐以来，历代试士的科目不尽相同，场次的数量各不相同。在三场试士或四场试士制度中，虽然在理论上诸场诸文体并重，但首场无疑是最关键的，这无论对于官方还是对于应试士子，都是如此。首场科目正是体现了官方的核心人才观。

唐代考试科目甚多，如秀才、明经、进士、明法等。各科多为分场试士，如明经科分帖经、口试、答策三场。帖经考十经：大经《礼记》《左传》，中经《诗》《周礼》《仪礼》，小经《易》《尚书》《公羊》《穀梁》。进士科分两场试士：时务策五道，帖一大经。后期分四场试士，第一场诗赋，第二场论，第三场策，第四场帖经。据《新唐书》："唐制，取士之科，多因隋旧……其科之目，有秀才，有明经，有俊士，有进士，有明法，有明字，有明算，有一史，有三史，有开元礼，有道举，有童子。而明经之别，有五经，有三经，有二经，有学究一经；有三礼，有三传，有史科。此岁举之常选也。其天子自诏者曰制举，所以待非常之才焉。"①明经科、进士科等都有自己的科目构成，都是分场进行的。之后，五代至辽、宋、金、元都是分科分场进行。宋代的科目，设进士、九经、五经、开元礼、三史、三礼、三传、学究、明经、明法等科。宋代进士科分四场，第一场诗、赋、杂文各一首，第二场策五道，第三场帖《论语》十帖，第四场对《春秋》或《礼记》墨义十条。可见，在进士科中，宋初继承了唐代后期的做法，诗赋是最重要的科目。至宋神宗熙宁四年王安石科举改革，进士科罢诗赋、帖经、墨义，应试士子各

---

① 《新唐书》卷四四《选举志上》，第 1159 页。

占治《诗》《书》《易》《周礼》《礼记》一经,以《论语》《孟子》为兼经。每试四场,首场即试本经、兼经和大义。经学取代了诗赋在进士科中的位置。十五年后,宋神宗病逝,哲宗继位,司马光当政,一反王安石之制。侍御史刘挚提出经义与诗赋兼用的改革方案:

> 进士第一场试经义,第二场试诗赋,第三场试论,第四场试策。经义以观其学,诗赋以观其文,论以观其识,策以观其才。前二场为去留,后二场为名次。①

刘挚主张经义与诗赋兼用,学术与文辞并重。至元祐四年,最终进士科采用了折衷的制度,分进士科为经义兼诗赋进士和经义进士两科。

纵观历代科举,首场科目主要有三种:策、诗赋、经义。一般来说,重实务者,先试策,如唐代秀才科省试方略策五条,进士科两场试士,首场时务策五道,第二场帖一大经。宋仁宗庆历四年,范仲淹进行科举改革,"进士并试三场:先试策二道,一问经史,二问时务;次试论一首;次试诗、赋各一首。三场皆通考去留。旧试帖经、墨义,今并罢"。② 重风华者,先试诗赋。唐代后期,四场试士,第一场即是诗赋。重教化者,先试经义。

二、王安石的废明经诸科与元明清三代的"有科无目"

宋代科举长期在试诗赋与试经义之间徘徊。

宋神宗熙宁四年,王安石改革贡举,罢明经、诸科,专以进士一科试士。这一改革在中国科举史上具有重大的转折性意义。它改变隋唐以来多科目取士的格局,科举仅剩进士一科,进士科又废诗赋、帖经、墨义,而试以经义、论、策。由此形成士子进身的独木桥。这一改革是与政治专制主义相表里的。由这一制度选拔出来的人才仅仅在经义、论、策上合格,人才失去了应有的多样化与丰富性。或者说,他的这一改革,把天下士子收编进他的"新三经"的狭隘框架之中。王安石的制度虽然只是推行了

---

① (宋)李焘撰《续资治通鉴长编》卷三六八,第8859页。
② 刘琳、刁忠民、舒大刚、尹波等校点《宋会要辑稿》第九册,第5298页。

十五年(后来曾短暂地、部分地延续),但它开启了"有科无目"的科举新时代。这种"有科无目"的制度为元、明、清三代所继承,它适应了元、明、清三代政治专制主义的需要。

司马光主政之后,进士科出现了经义取士与诗赋取士的长期对峙,进士科也分为经义进士与诗赋进士。进士这一士子进身的独木桥上还有经义与诗赋的选项存在。而且此时虽然有张载、二程的理学,但四书尚未作为整体进入科举。等到元朝首次把四书引入首场明经科,"有科无目"的独木桥设计与理学取士的思想收编意图便一起完成了行政人才与专制主义政治体制的统一。

元代采用三场试士制度,第一场明经,包括经疑和经义二科目。经疑二道,在四书内出题;经义一道,为本经义。第二场考古赋、诏、诰、表。第三场考经史时务策一道。可以看出,元代是把王安石改革的第一场和第二场科目合并为一场,并且以五经为经义考的内容,把四书科目置于五经科目之前。在科举中,四书的地位开始超过了五经的地位。元代科举考试程式即规定:"经疑二问,《大学》《论语》《孟子》《中庸》内出题,并用朱氏《章句集注》,复以己意结之,限三百字以上。经义一道,各治一经,《诗》以朱氏为主,《尚书》以蔡氏为主,《周易》以程氏、朱氏为主,以上三经兼用古注疏,《春秋》许用《三传》及胡氏《传》,《礼记》用古注疏,限五百字以上,不拘格律。"①不仅经义题目出自四书五经,而且其标准答案规定为程朱一系的理学。这是在明确表示,一个理学化的经学体系进入科举考试,并成为考试中最重要的科目。

元代在中国古代科举史上的重大变化,是开始了真正意义上的"有科无目"的科举独木桥时代。不仅士子进身只有进士一科,而且进士一科首场即为经义。明代基本沿袭了元代这一考试程式。永乐间,颁《四书五经大全》,废古注疏不用,以更多的程、朱一系的宋儒注解作为四书五经的标准答案,其理学化更加彻底。

元代科举于第二场考古赋,明代则首重经义而彻底罢诗赋(中进士之

---

① 《圣朝科举进士程式》,(元)刘仁初编《新刊类编历举三场文选》卷首。

后的庶吉士之选,则有诗赋之试)。元代经疑采用"四书疑"的问答题形式,旨在激发士子的综合能动思维。明代则采用更加格式化的四书义形式,完成了理学试士的制度形态。

清代前期学术界逐渐出现经学转向、理学衰落的趋势,但在清代科举中,理学却是坚挺到底,直到清末八股试士制度取消。清人自称其科举制度为"四书文取士",其背后的深刻思想根源即在于"四书文"的理学性质。

三、经学的理学化与四书文

在唐、宋以来的场次、科目的变化中,我们可以看到其人才观念的变化。

若以躬行于己、化成天下的德治实践而言,则经学、理学均关乎士子的基本素质。元祐元年,在刘挚所提出四场试士的建议中,四场考试的科目对应四种人才观:"进士第一场试经义,第二场试诗赋,第三场试论,第四场试策。经义以观其学,诗赋以观其文,论以观其识,策以观其材。"① 元祐五年,朱长文也说:"凡命教之法,以经术观其学,以词赋观其文,以论策观其智。"② 具备学、文、识、材等素质,才是完整的人才。在元代乡、会试三场试士制度中,第一场考经疑、经义,第二场考古赋、诏、诰、章、表,第三场考策问,古赋之试是对行政人才的文辞素质提出要求。其三场科目的设置,考核目的是:"初场在通经而明理,次场在通古而善辞,末场在通今而知务。"③ "善辞"要求则是由第二场的诏、诰、表、判等公文写作去体现。从文体的角度看,"经疑、经义,以观其学之底蕴;古赋、诏诰、章表,以著其文章之华藻;复策之以经史、时务,以考其用世之才"。④ 其中,四书疑之试,目的是以理学试士。元统乙亥,建安虞氏务本斋刊行《类编历举三场文选》,共十集,其甲集为"经疑"集,编者称:"圣朝科举首开四书以

---

① (宋)刘挚《论取士并乞复贤良科疏》,曾枣庄、刘琳主编《全宋文》第七六册,第 238 页。
② (宋)朱长文《苏州学记》,曾枣庄、刘琳主编《全宋文》第九三册,第 164 页。
③ (元)吴澄《跋吴君正程文后》,(元)吴澄《吴文正集》卷六三。
④ (元)郑玉《送唐仲实赴乡试序》,高明编纂《中华文汇·辽金元文汇》第一册,"国立"编译馆中华丛书编审委员会 1985 年印行,第 3420 页。

观所造,用人之意,猗欤深哉！本斋谨以延祐甲寅初科迄今八举高中程文类聚梓行,以见当今理学大明,文治日盛。"①点明了四书试士与"理学大明"之间的关系。义理之学、文辞之才、时务之策三者的完备,这就是元代以来的人才观,它通过科目设置而体现出来。

虽然五经试士传统形成于汉代,但元代以来科举中的经义考试却有着与前代截然不同之处。汉代五经博士,所治者为《易》《书》《诗》《礼》《春秋》五经。汉代五经博士张禹虽然精通《易经》与《论语》,但《论语》并未在汉代进入选举科目。在唐代的帖经考试中,《论语》作为兼经,也采用帖经的考试形式。宋代的兼经在《论语》的基础上,又增加了《孟子》,其考试形式仍是经学常识测试。

宋儒之注四书,是在汉唐古注疏的基础上进行的,但他们所作的工作是以理学体系重新解释四书。比如《大学》开篇"大学之道,在明明德,在亲民,在止于至善",郑玄的注比较简单:"明明德,谓显明其至德也。"②唐代孔颖达又作了进一步的疏解:"积德而行,则近于道也。在明明德者,言大学之道在于章明己之光明之德。谓身有明德,而更章显之,此其一也。在亲民者,言大学之道,在于亲爱于民,是其二也。在止于至善者,言大学之道,在止处于至善之行,此其三也。言大学之道,在于此三事矣。"③但朱熹的《大学章句》以其理学体系对此作出新的阐释。他先引程子的话:"亲,当作新。"把孔颖达所理解的"亲爱于民"解释为对"民"进行"新","亲民"变成了"新民",也即对"民"进行教化。故朱熹接着说:"明,明之也。明德者,人之所得乎天,而虚灵不昧,以具众理而应万事者也。但为气禀所拘,人欲所蔽,则有时而昏,然其本体之明,则有未尝息者。故学者当因其所发而遂明之,以复其初也。新者,革其旧之谓也,言既自明其明德,又当推以及人,使之亦有以去其旧染之污也。"④在朱熹的理学化解释之下,《大学》已不是原来的《大学》,其意蕴被作了实质性的改变。不管

---

① （元）刘仁初编《新刊类编历举三场文选》甲集目录。
② （汉）郑玄注,（唐）孔颖达疏《礼记注疏》卷六十,乾隆四年广东书局重刊本。
③ （汉）郑玄注,（唐）孔颖达疏《礼记注疏》卷六十,乾隆四年广东书局重刊本。
④ （宋）朱熹撰《四书章句集注》,第3页。

是元代的四书疑文,还是明代的四书义,都必须以程朱的诠解为标准答案,从理学的角度展开论述。真正对元、明、清三代产生直接影响的是被理学化的四书。

这种理学化倾向体现在科举的衡文取士过程中。我们先来看元代延祐甲寅浙江乡试四书疑题第一问:

> 曾子曰:"夫子之道,忠恕而已矣。"《中庸》曰:"忠恕违道不远。"同一"忠恕"也,而圣人、学者异焉。先儒谓:"迹虽同而心实异,其论确矣。"然直与"施诸己而不愿,亦勿施于人"者言之,以至若"我不欲人之加诸我也,吾亦欲无加诸人",则与"勿施于人"异矣。使子贡果及此,可谓与圣人之心不异乎?抑犹有间乎?毋率尔而对,将以观所造焉。①

考官批黄溍之文:"子贡果能无加诸人,只是以己及物之仁,视'圣人全体不息'同乎'天命乾道无心而成化'者,其间甚远。此卷拈出不欲、亦欲,谓子贡果能无加诸人,其欲为之之心固在,说同而拈掇不同。"完全以宋儒之注褒扬黄溍。该科江西乡试,考官评夏镇(字定远)的四书疑文:"答问甚明,辞皆造理。"②"理"是元代考官对四书疑文进行评判的最高标准。

明代四书文的评价,考官大多持理学的立场,内容上看士子之文是否对四书"体认真切",是否以程朱理学为诠释依据。景泰五年会试考官评卓天锡《子在川上　昼夜》题文:"此作能融会其意,而词足以发之,必精于理学者也。"③天顺七年会试,考官批彭教《仁者先难而后获可谓仁矣》题文:"仁至难言也,而此作能融会成文,是必用心于理学者矣。"④考官批林批的《诚身有道　道也》题文:"《中庸》题不难于遣辞,而难于造理。此

---

① (元)刘仁初编《新刊类编历举三场文选经疑一卷》甲集。
② (元)刘仁初编《新刊类编历举三场文选经疑一卷》甲集。
③ 《景泰五年会试录》,龚延明主编《天一阁藏明代科举录选刊·会试录》上册,第233页。
④ 《天顺七年会试录》,龚延明主编《天一阁藏明代科举录选刊·会试录》上册,第331页。

作理胜,故录之。"①嘉靖三十八年会试,同考官赵批张烈《禹稷当平世三过其门而不入孔子贤之》题文:"得时行道,乃孔子贤禹、稷之旨。是作体认真切,必有志于用世者,宜录以式。"②另一同考官批此文:"孟氏平生执衷于孔子,孔子贤禹、稷处,正在遇时勤事。场中不能体贴,作文雷同蹈袭,殊令人厌观。近来举业大坏,士子专务记诵,旧套利取,科第无复穷理实学矣。此篇能发孟氏言意,用录为式。"③明人所说的"举业大坏""文体大坏",往往是因为科举文章出现了没有坚守理学立场的现象。

四书文试士,首先是理学试士,然后才是文法修辞的优劣评判。

第二节 "五经取士"与"五经文取士"

一、五经取士与五经配额

汉武帝时代的选举制度,除了察举制度以外,还有一些补充式的人才选拔方式,其中有博士弟子课试,设五经博士教太学生以五经,五经即成为历代经义试士的主要内容。汉唐的经学考试采用多经选试、分经取士制度,如汉代五经博士"能通一艺以上,补文学掌故缺"。④ 唐代经义考试有五经、三经、二经、学究一经、三礼、三传,宋代的经义考试有九经、五经、开元礼、三礼、三传、学究等。汉代至宋代的"五经取士"或"分经取士",其取舍自然是根据考生的本经文。这就给人一种印象:元代之前的科举考试是以五经为核心的"分经试士"制度,"五经取士"自然是一种根据考生五经文的优劣进行取舍的制度,"五经取士"即等于"五经文取士"。

自元代至清代,四书正式作为一个整体进入科举考试中,其乡、会试的经义考试分为四书义和五经义两大类,而且将四书义置于五经义之前。这使得"五经取士"的说法变得复杂起来,称元代以来的科举制度为"五

---

① 《天顺七年会试录》,龚延明主编《天一阁藏明代科举录选刊·会试录》上册,第332页。
② 《嘉靖三十八年会试》,龚延明主编《天一阁藏明代科举录选刊·会试录》下册,第444页。
③ 《嘉靖三十八年会试》,龚延明主编《天一阁藏明代科举录选刊·会试录》下册,第444页。
④ 《汉书》卷八八《儒林传序》,第3594页。

经取士"，显然遗漏了四书义在衡文取士上的重要性。元、明、清三代的科举制度究竟是"五经取士"还是"四书文取士"？这个问题需要我们在不同的层面上进行澄清。由于明代科举制度的不少环节的设置与五经有关，衡文取士依据的复杂性变得十分突出。

明代一些"五经取士"的表述，是在特定语境下说的，比如在论及经学时说"五经取士"，在论及四书文时则说"四书文取士"，在总论首场时则说"四书五经取士"，这些都是宽泛意义上的表述，并没有取此舍彼的意思。明初的梁寅因博通五经，被称为"梁五经"，他说："今朝廷以五经取士，业《春秋》者亦多居上第。"①这是因送别对象李行简以《春秋》经文冠江西乡试而提及"五经取士"。明末张园真说："今国家功令以五经取士，《小戴记》列于学宫，俾博士弟子员分曹习之，凛不敢越。若引经以议服，不犹之制乎哉。"②这是张园真因与凌濛初论及引经以议服而提及"国家功令以五经取士"。梁寅、张园真所说的"五经取士"并不是指朝廷功令不以三场取士，而是因谈五经而及之。万历间吕维祺说："前朝多以词赋杂流取士，惟国朝以四书五经取士。"③这里是四书与五经并称，强调明朝以经义取士，但这也并不意味着明朝仅以首场取士。

夏征农主编的《辞海·历史分册·中国古代史》在解释"经魁"时说："明代科举有以五经取士，每经各取一名为首，名为经魁。"④这一解释并不清晰，明代"五经取士"制度的具体做法是什么？"每经各取一名"的根据是什么？是考生的三场各体文章还是仅仅根据其本经文？五经魁是指其本经文排名第一，还是指该经科在其经房中三场各体综合成绩排名第一？这些问题，《辞海》就没有说清楚了。

相比之下，《大清会典》以及清代梁章钜的注释要明晰一点。对于五经取士制度，梁章钜《称谓录》引《大清会典》："各省乡试士子，分经肄业，不能无人数多寡之殊，其《诗》《书》《易》三经，习考人多，故中额亦多。即

---

① （明）梁寅《送李行简序》，（明）梁寅《石门集》卷七，《文渊阁四库全书》本。
② （明）张园真《凌子服缌麻答》，魏同贤、安平秋主编《凌濛初全集》第十册，第113页。
③ （明）吕维祺《明德先生文集》卷二十三，本衙藏板。
④ 夏征农主编《辞海·历史分册·中国古代史》，第254页。

《春秋》《礼记》，习者甚少，亦必设一房取中数名者，诚以并列学宫，欲士子不废诵读也。"①并在其下注解说：

> 国初乡试，士子必先陈明所习何经，其中额亦即分经取中。……中额既分经酌定，即每科自第一名至第五名，必于五经各中一名，而每名各居一经之首，故世有五经魁之称。②

齐如山的《中国的科名》把这个意思进一步表述为："明代科举，分五经取士。"③这仍然与配额有关。

《大清会典》和梁章钜这段话涉及清代五经取士制度的四个特点：一是所谓"五经取士"仅与乡试相关；二是与分经肄习有关，应乡试的士子已是分经学习备考；三是分经肄业又与报考乡试的手续有关，士子报考乡试时，"必先陈明所习何经"，这是士子参加乡试的身份标识；四是之所以要标明占经，是因为各省乡试有解额的限定，朝廷通过限定各经中额，以鼓励更多的士子诵习《春秋》《礼记》这两种冷门。梁章钜《称谓录》说的是清代的情况，但它是沿袭自明代，这段解释正是符合明代科举的情况的。

可以说，"五经取士"是一种录取制度。五经义蕴丰富复杂，涉及面广，如果要求士子应试时已经会通五经，这是不现实的，极少士子可以做到。宋代曾巩说："然九经言数十万余，注义累倍之，旁又贯联他书，学而记之乎？虽明者不能尽也。今欲通策之，责人之所必不能也。苟然，则学者必不精，而得人必滥。欲反之，则莫若使之人占一经也，夫经于天地人事，无不备者也，患不能通，岂患通之而少邪？"④五经的字数虽比九经少，但也是四书字数的五倍以上。这对于考生掌握知识和把握考试范围来说难度较高，因而唐代以来的科举即采用士占一经的制度，即士子在五经中

---

① （清）梁章钜著，王释非、许振轩点校《称谓录》，第444页。
② （清）梁章钜著，王释非、许振轩点校《称谓录》，第444页。
③ 齐如山《中国的科名》，第113页。
④ （宋）曾巩《上欧阳舍人书》，（宋）曾巩撰、陈杏珍、晁继周点校《曾巩集》卷一五，第236页。

任选一经作为自己的本经以参加考试。但五经之间,难易程度不同,《春秋》《礼记》的字数都远远超过《诗》《书》《易》,为了使《春秋》《礼记》不致遭士子冷落,故朝廷采用分经定额录取制度。历科会试及各省乡试,其录取总数有限额。在限定的录取总数中,不仅各省配额相对均衡,而且强调五经各经之间的相对均衡。如洪熙元年,定各省乡试取士额数,南京国子监并南直隶共八十名,北京国子监并北直隶共五十名,江西五十名,浙江、福建各四十五名,湖广、广东各四十名,河南、四川各三十五名,陕西、山西、山东各三十名,广西二十名,云南、交趾各十名。会试则分南卷、北卷:会试取士,不过百名,南卷取十之六,北卷取十之四,后复以百名为率,南北各退五卷为中卷。浙江、江西、福建、湖广、广东、应天、直隶、松江、苏州、常州、镇江、徽州、宁国、池州、太平、淮安、扬州十七省府,广德一州,为南卷;山东、山西、河南、陕西、顺天、直隶、保定、真定、河间、顺德、大名、永平、广平十三省府,延庆、保安二州,辽东、大宁、万全三都司为北卷;四川、广西、云南、贵州、庐州、凤阳、安庆七省府,徐、滁、和三州为中卷。正德十二年会试,严嵩为同考官,在《诗》四房,其工作是于南一百二十五卷中取十四卷,于北一百十三卷中取九卷,于中四十卷中取三卷,共二百七十八卷,共取二十六名。

为了引导考生五经并重,这些录取名额又必须在五经中做相应的均衡,如成化十年甲午科江西乡试,其录取定额为九十五名,其中,治《易》者十八名,治《书》者二十四名,治诗者三十七名,治《春秋》者九名,治《礼记》者七名。"其次第一等之以三试之优劣,其各经所以取之之差,一均之就试者之多寡也。"①

主考官在限额总数内录取考生,需要做两件事,一是以中式士子三场综合成绩之优劣进行排名,二是根据考生所选本经的多寡情况做相应的均衡。五经与考官的阅卷、录取的限额比例相关,如万历十四年,王锡爵主试,杨起元为同考官,在《书经》二房,其录取名额限定为二十八名。万历二十二年甲午科顺天乡试,主考官张位提到闱中三区与各房配额情况:

---

① (明)林智《成化十年江西乡试录序》,龚延明主编《天一阁藏明代科举录选刊·乡试录》第六册,第4725页。

"中卷《诗》二房多一卷,应裁。而北卷少《易》一卷,应《易》三房补之。"①在北、中、南三区中,中卷《诗》二房拟取人数超出限额一名,应当裁去;而北卷《易》尚有一个录取名额,从《易》三房的落卷中选出一名,以填足限额数。

从这个角度上说,"五经取士"就是一种考生按本经报考应试、考官按各经限额录取的一种制度。

本经,是士子在科举应试过程中的个人标识,有司按士子申报的本经将其归类,这极大地方便了考官阅卷、录取名额分配等方面的操作。

既然考生分经应试,既然占经是考生在考试事务中的个人标识,那么考官阅卷也就采用按经分房阅卷制度。顾炎武说,按经分房阅卷制度始于南宋理宗绍圣二年。②但在此之前,宋宁宗嘉定间,已有分房阅卷制度,将三场试卷分置甲、乙、丙三房,"分房互考,不欲局一人之见"。③ 元、明、清三代也沿袭这种制度,以经为单位,对考卷进行归类,并由在相应的经学有专长的考官参与阅卷(如由擅长于《易》学的考官参与《易》房的阅卷,由擅长于《书》学的考官参与《书》房的阅卷)。在这一点上,"五经取士"就不局限于乡试,会试考官阅卷也采用按经分房形式。所谓"十八房"即是考官按五经分房阅卷,因以《诗》《书》《易》三经为本经的考生较多,故会根据实际的报考情况一经分成多房,就会出现虽仅五经,阅卷却有十几房的情况。从这个角度上也不妨说,明代的取士制度是一种"五经取士"制度。

考生墨卷,按五经分别以千字文编号。其三场朱卷由房考官初审,拟定初中者,送主考官定夺。选定者三场朱卷再送同经各房同考试官审阅加批,然后各经房将本房中式者按成绩顺序进行排名,第一名为房首。考官虽然是按经分房阅卷,但所阅的不仅仅是考生的本经文,而是三场各体文。各经房考生成绩排名也不仅仅依据其本经文,而是三场各体文章综合考量的结果。

---

① 《王思任会试墨卷》,中国国家图书馆藏本。
② (清)顾炎武撰,(清)黄汝成集释,栾保群校注《日知录集释》卷一六,第947页。
③ 刘琳等校点《宋会要辑稿·选举六》第九册,第5367—5368页。

这里，我们可以以万历十四年丙戌科会试为例，它的中式举人名单的前七十名排列如下（见下页表），其中，"书1""诗2"等，指《书经》一房"《诗经》二房"，其余类推。

该科共十六房，各房房首是：易一房吴道光，易二房罗大纮，易三房徐成楚，易四房林祖述，易五房陈应龙，书一房袁宗道，书二房叶重第，书三房王建中，书四房陈所职，诗一房钱允元，诗二房林茂桂，诗三房薛三才，诗四房周著，诗五陈果，春秋房吴应宾，礼记房黄汝良。

此科《诗经》《易经》都分五房，《书》分四房，加上《春秋》房、《礼记》房，共分十六房。各房已有排名，中式举人名单大致按各房名次交错排名，各房房首排完之后，再排各房第二名、第三名、第四名……前五名为五经魁，袁宗道为经一房房首，黄汝良为礼记房房首，陈应龙为易五房房首，林茂桂为诗二房房首，吴应宾为春秋房房首。接着排剩下十一位房首，然后依次排十六房的第二名、第三名、第四名……

但也有个别例外，如第十名彭遵古，《春秋》房第二名，却排在第十名。第六至第十名为"文魁"，但它并没有按五经来排，第六名钱允元和第八名陈果都以《诗经》为本经，第七名吴道光和第九名徐成楚都以《易》为本经。《礼记》房第二名王一鸣被排到了第十七名。如果是排完十六房房首再排各房第二名，则彭遵古不应出现在第十名，王一鸣不应排在陈所职（《书》四房房首）之前。

《会试录》选文情况：四书文：袁宗道，黄汝良，袁宗道。易：徐成楚（易3第1名），吴道光（易1第1名）。书：袁宗道（书1第1名），项德桢（书1第2名）。诗：周著（诗4第1名），林茂桂（诗2第1名）。春秋：李大武（春秋第3名），彭遵古（春秋第2名）。礼记：黄汝良（礼记第1名），杨光训（礼记第5名）。论：袁宗道。表：钱允元（诗1第1名）。策：黄汝良，薛三才（诗3第1名），陈应龙（易5第1名），吴应宾（春秋第1名），王建中（书3第1名）。

一般来说，入选程文者，即是该体文章的最优秀者。此科程文基本上是在十六房房首中选取，但也有例外。《春秋》义程文选入第二名彭遵古和第三名李大武，这或许可以解释为《春秋》房房首吴应宾的策文已入

万历十四年丙戌科会试前七十名中式举人名单

第1—5名	袁宗道/书第1名	黄汝良/礼记第1名	陈应龙/易5第1名	林茂桂/诗2第1名	吴应宾/春秋第1名
第6—10名	钱允元/诗1第1名	吴道光/易1第1名	陈果/诗3第1名	徐成楚/易3第1名	彭遵古/春秋第2名
第11—15名	周奢/诗4第1名	林祖述/易4第1名	王建中/书3第1名	罗大纮/易2第1名	叶重莘/书第2名
第16—20名	薛三才/诗3第1名	王一鸣/礼记第2名	陈所职/书4第1名	萧云举/诗2第2名	项德桢/书第2名
第21—25名	黄之俊/诗4第2名	李大武/春秋第3名	陆大成/易5第2名	闵文卿/书第2名	张一栋/诗5第2名
第26—30名	熊鸣夏/易1第2名	陈濂/诗1第2名	陶明礼/礼记第4名	戴燝/易2第2名	吴洪绩/诗3第2名
第31—35名	黄道月/易3第2名	郭应时/易3第3名	刘黄裳/诗1第3名	梁赞化/易4第2名	彭好古/春秋第4名
第36—40名	刘道隆/书4第2名	夏国宝/诗2第3名	彭烊/易1第3名	吴弘济/书1第3名	李启美/诗3第3名
第41—45名	傅庆诒/易2第3名	綦才/礼记第3名	龚懋/书3第3名	田大益/易3第3名	郭如鲁/书2第3名
第46—50名	卢明瞰/诗5第3名	李元实/易4第3名	颜文选/诗1第4名	邵鋆/春秋第5名	陆应川/易5第3名
第51—55名	刘源澄/诗2第4名	孙继有/书3第4名	刘宪宠/诗3第4名	杨道宾/易1第4名	陆经/诗4第4名
第56—60名	杨光训/礼记第5名	马邦良/诗5第4名	徐之孟/易2第4名	王图/诗1第5名	柴尧年/易3第4名
第61—65名	陈容亭/书4第3名	魏继有/书3第3名	李承槐/春秋第6名	张涛/书1第4名	张辅之/易4第4名
第66—70名	刘曰梧/诗3第5名	沈鏊/诗2第5名	周嗣哲/易5第4名	刘道亨/诗4第5名	闵远庆/春秋第7名

选，但《礼记》义却选入了房首黄汝良和第五名杨光训的经义，没有选入王一鸣（第二名）、綦才（第三名）或陶明礼（第四名）的本经义，这只能解释为，各经房的排名并不仅仅是依据其本经文，在《礼记》房，本经文写得最好的是第一名黄汝良和第五名杨光训，由于其他文体写作水平的原因，杨光训排在了《礼记》房的第五名。袁宗道不仅《书》义入选，而且四书文入选两篇，论体文也入选，而《易》二房房首罗大纮、《书》四房房首陈所职、《诗》五房房首陈果都没有任何文章入选。

若从单独一经来看，也不全是按各房顺序来排中式举人名单，比如《礼记》，其顺序是黄汝良（房首）、王一鸣（第二名）、陶明礼（第四名）、綦才（第三名）、杨光训（第五名）。

从五经魁来看，袁宗道入选《书》义程文，黄汝良入选《礼记》程文，林茂桂入选《诗》义程文，陈应龙、吴应宾的本经文却没有入选程文。

可见《会试录》的选文是以文章本身的代表性为依据，而不是按五经铺排、按五经房平均分配。

考官按五经分房阅卷并不是指仅阅其本经文，而是指按士子的应试个人标识——本经为单位，将士子的三场卷子归入其本经房。据张位、于慎行等的《词林典故》，房考官"取定试卷，或陆续送主考，或类送不拘。候钦定正榜名数，各照主考分定数目，取中正卷若干，送同经房会批，批定次日填草榜"。① 即是说，每一位考生的卷子，都是由本房考官初批意见，然后送主考官批阅，待钦定正榜录取名额数公布，由主考分定各房录取限额，再送同经各房会批，批定次日填榜。《词林典故》又说："凡外帘进卷到内帘，主考即上堂，令掌卷官当堂查收，随手掣取，分派各房，用小印子印毕，登记号簿，然后分送各同考官。二场、三场，则令掌卷官径收，查照原号分送。"② 也就是说，每场的考生卷子，是被装订成一卷，编上编号，再送入各房。第二场的编号是根据第一场的编号分送各房的。应该是，同一考生的三场卷子是在同一经房的。然后房考阅完之后，如果是不取中的话，可能就是房考一人阅过；如果送主考后取中，则送同经各房会批，次

---

① （明）张位、（明）于慎行等《词林典故》，《四库存目丛书》史部第二五八册，第268页。
② （明）张位、（明）于慎行等《词林典故》，《四库存目丛书》史部第二五八册，第268页。

日即填取中的草榜。

隆庆元年起，又对按经分房阅卷制度作出改革："隆庆元年题准，主考官阅卷，除初场仍旧分经外，其二三场改发别房，各另品题，呈送主考，查果三场优取者，即置高选，其后场俊异而初场见遗者，务必检出详看，虽未尽纯，亦为收录。若初场虽取，而后场空疏者，不得一概滥中。"①这一题议旨在解决考官只重首场的弊端，具体的做法是，初场仍是按经分房阅卷，第二、三场则同一考生的卷子另送别经房审阅。只有这样，他才能够对考生的综合水平有一个总体的评判。从隆庆元年起，各省乡试，首场制义仍按经分房评阅，而第二、三场考卷，则不分于同一房中，最后三场卷子汇总于主考官，按编号三场综合考量。这实质上仍是按经分房阅卷，只是每一考生的三场卷子，初场与二、三场的卷子分别发入同经别房批阅，这样做的目的是使评阅更加客观。

俞宪《皇明进士登科考》说："会试去取在同考，参定高下则主考柄之。"②这是就一般情况而言的，主考官当然也有权决定去取，有权于落卷中取中合格的卷子。据李诩《戒庵老人漫笔》："万历辛卯科，浙江乡试主考为九我李公廷机，同考经房有州府推官吴炯，当呈卷之时，辞色甚不逊于主考，李公怒之，因索其房落卷亲阅，遂摘出一奇卷批中。吴哓哓争驳，且悍然欲束卷解职出场，李公不顾，命署于别房中第六十四名，拆出，乃宁波府学生陈恪也。先是，初场完后，都台常公居敬索堪中魁元卷于学道李公同芳，学道取两卷上呈，其一即陈恪。使吴不忤于主考，则落卷何由见赏哉？而学道之拟送者，亦当失色矣。又有嘉兴李日华，初场已抹坏，因中式中论不堪刻程，特拔其论窜数语刻之录中，置之第九十名榜末云。观陈、李二君之得隽，场中信有天命在，不可强也。"③李诩记述这件事，本意是要说明"场中信有天命在"，但我们可以从这里了解到当时乡试判卷程序上的一些真相。第一，初场完后，常居敬向李同芳索取堪中魁元的卷

---

① （明）林景旸《玉恩堂集》卷二，沈乃文主编《明别集丛刊》第三辑第五〇册，第75—76页。
② （明）俞宪《皇明进士登科考》卷一，《明代史籍汇刊》第一辑。
③ （明）李诩《戒庵老人漫笔》卷八，第349页。

子,这至少存在着"首场定去取"的倾向。李同芳呈上两卷,算是一种推荐,而不是最后的决定。第二,主考官李廷机毕竟没有因李同芳的推荐而决定陈恪等二人的取舍。吴炯向主考官李廷机呈卷,自然是三场之卷阅毕,却将陈恪黜去。说明起码在万历辛卯科浙江乡试中,考生的取舍是三场综合考量的。只是房考官吴炯的评卷标准有问题,反而将陈恪黜落。第三,李日华的例子,的确有"首场定去取"之嫌,"初场已抹坏",即其初场的经义文写得不合格,而列于黜落之列,但仍不是最后结果。后因其论题文有数语刻于考试录中而被名列榜末,则其第二场的文章仍是被考量的对象。

当然,在强调"五经取士"不等于"五经文取士"的同时,不应忽略本经文在乡、会试考试中的重要性。按经分房阅卷、按经均衡录取配额,这种制度必然导致考生对本经文的重视,由此导致家族专经、地域专经现象的出现。

二、"以某经中式"与科举身份标识

还有一种表述却极容易令人产生误解,以为考官对考生的取舍只是根据其五经文。这种表述的基本格式是"某人以某经中式"。

由于明代采用五经配额制度,故明代的"某人以某经中式"的记述存在着两种情形:一是因士子本经文优秀,而考官又出现"三场专重首场"的情形,故以士子的本经文为依据而予以录取;二是举子以某经为本经而应试、中式,简称为"以某经中式",它与考生的报考程序、考官的阅卷程序相关。

1. 因本经文优秀而中式

通常情况下,士子既然选择某经作为本经,自然是在该经的学习上尤为用力,在其乡试、会试的"决科"上,其最终成绩尤为得力于其本经成绩,这也是地域专经、家族专经现象形成的主要原因。[①] 李舜臣说:"余年十二三时,先大夫议所读经,忆为三字入覆皿中,默祷于庭曰:《易》《诗》

---

① 参见陈时龙《明代科举与地域专经》、丁修真《决科之利科举时代专经现象述论》等文。

《书》,惟吾所当为。手焚香探得'书'字,余盖用《书》叨举进士。"①这里说得更明白,李舜臣是以《书经》中进士的。当然也有例外,李贽说:"余自幼治《易》,复改治《礼》。以《礼》经少决科之利也,至年十四又改治《尚书》,竟以《尚书》窃禄。"②李贽这里提到,如果选择《礼记》为本经,则少"决科之利",于是他选择《尚书》为本经,最终竟以《尚书》中式。可见李贽并不以治经为意,他之所以选择《尚书》,实是出于"决科之利"的策略性考虑。至于地域专经,吴宽的一段话最具代表性,他说:"士之明于经者或专于一邑,若莆田之《书》、常熟之《诗》、安福之《春秋》、余姚之《礼记》皆著称天下者,《易》则吾苏而已。"③地域性、家族式的专经现象表明,该地域、该家族在该经的研究上已经具备长期的历史积累,形成传统,建立起科举竞争中的绝对优势。《明史·选举志》曾经提到明代有"五经中式"的情况:

>　　(崇祯)七年甲戌,知贡举礼部侍郎林釬言,举人颜茂猷文兼五经,作二十三义。帝念其该洽,许送内帘。茂猷中副榜,特赐进士,以其名另为一行,刻于试录第一名之前。五经中式者,自此接迹矣。④

这里记载了崇祯七年会试举人颜茂猷把首场三篇四书文和二十篇五经文(即二十三义)全作了,这样的考生近乎具备了"通经"之能了,自然是应该鼓励的,崇祯帝念其该洽,许送内帘,特赐进士,以示鼓励。这里所说的"五经中式"表明,颜茂猷的确是因其五经文而中式的。据清代赵翼所考,明代以兼作五经二十篇而中式者,有姓名可考者有五人:

>　　乡、会试由五经中式者,有明一代仅二三人。洪武二十三年闽人黄文忠,试南畿,五经题兼作,以违式取旨,特置第一,免会试,授刑部

---

① (明)李舜臣《愚谷集》卷六《四经读自序》,《文渊阁四库全书》本。
② (明)李贽《李温陵集》卷一一《易因小序》,《续修四库全书》本。
③ (明)吴宽《家藏集》卷三四《三辰堂记》,《文渊阁四库全书》本。
④ 《明史》卷七〇《选举二》,第1707页。

主事。此五经之始也。至崇祯甲戌会试,则福建颜茂猷,丁丑则江西揭重熙,癸未则浙江谭贞良、冯元飙。入本朝则指不胜屈。①

在备考阶段,相对于乡、会试的三场各文体,考生对自己的本经会给予更多的用力,如果本地或本家族有治某经的传统,那么考生的本经文将会在乡、会试中超出竞争对手。如果碰上"三场专重首场"的考官,那么他就能"以本经文中式"(当然也可能是"以四书文中式")。即使考官是三场并重,这类考生也会因其本经文在其三场各体综合得分中占的大比重而被录取,这种情况下可以视为该考生"以某经文中式"。

当然,如果三场综合考量,考生不仅有可能"以本经文中式",也有可能"以四书文中式""以表中式""以论中式""以策中式"。它们相同的特点是,考生因三场文体中的某一体文章写得优秀而中式。嘉靖间陈垲说:"近时士子应试,率多作表取中。……夫斯刻(指《名家表选》——引者)也,虽似戾于敦本尚实之教,导人以雕虫篆刻为者,然科目以此取士,士不工此不足以应主司。"②依据"以×取士"的句式,这种现象可以表述为"以表取士"。明代黄汝亨说:"以表取士,古未有也。此祖宗所以教事君也。盖论以极其情,策以尽其略,草野倡侩者未尝无焉。试之以表,而君臣之体绝,廊庙之文严,虽猖狂无忌,亦必谐宫商、肃仗伍,始晓然知告君者当如是。"③以表取士,古未有也。言下之意:以表取士,今有之也。若从应试举子的角度来表述,这种情况则可称为"以表中式"。

嘉靖四十四年会试,归有光卷子落于翰林院编修余有丁经房中,余有丁以其首场卷子问其他考官:"此可中否?"众考官都认为不可取中。余有丁说:"此去有司之绳墨甚远,然非凡品,姑置之,俟检后场以定去留。"等到读归有光第二场卷子,余有丁感叹说:"真巨儒笔也。"此科主考官为

---

① (清)赵翼《陔余丛考》卷二九,第571页。
② (明)陈垲《名家表选序》,(明)陈垲《名家表选》,《四库全书存目丛书·补编》第一三册,第95页。
③ (明)黄汝亨《表衡序》,(明)茅维《皇明表衡》卷首,陈维昭、侯荣川主编《日本所藏稀见明清科举文献汇刊》第一辑第八册,第5—6页。

高拱,丁有余担心归有光因首场经义文不合格而被黜落,便"不敢送初场文字,但以二、三场送阅,遂得中选"。① 归有光的占经为《易经》,余有丁不敢以其初场文字送高拱,归有光是因其第二场论题文而被录取的,可称为"以论中式"。若从四书文或五经文看,归有光都不可能被取中。

即使是在晚明时期,也并非都是专重首场。崇祯四年会试,陈仁锡任同考试官,他从一前辈那里得到了启示:

> 辛未之役,分较一经,如二十六人额,阅二场得八人焉,阅三场得四人焉,径舍额取十二人,而自首卷至三卷,皆初场败卷。中人有一奇士,撰论良苦,语人曰:"必以论蹶。"乃予批是卷曰:"非此论,几失子矣。"虽然,一房之英岂可以概全豹哉? 闻诸某前辈云,某科会元,本房已落,某前辈过之,读其论,大惊赏,遂置第一。是科遂皆以后场殿最。予日体味此言,故凛凛从事,凡二、三场进卷,竟夜朗吟,虽门外雪盈尺,罔闻知也。②

某考官典试时于落卷中得一论卷,大为惊赏,遂取此人为会元。此事给陈仁锡留下深刻印象,于是,他在阅卷时甚至不以首场制义为重,而是专阅二、三场。其经房本有 26 个录取名额,但他阅完第二场的论卷之后录取了 8 名,阅第三场策对后又录取了 4 名,最后仅录取此 12 人,宁缺毋滥。而这 12 名入围者,前 3 名都是于落卷中取中的。这 12 名中式者可以说是"以论中式"或"以策中式"。

2. 各省按经配额、考生以本经为考试身份标识、考官按经分房校文

在通常情况下,明代考官对于士子的考卷是三场并阅的。成化十年江西乡试主考官林智,副主考官汪云,按经分房校文,《易》两房,《书》一房,《诗》三房,《春秋》《礼记》各一房,共八房。其衡文取士的程序是:

---

① (明)袁黄《游艺塾续文规》卷三,(明)袁黄撰,黄强、徐姗姗校订《〈游艺塾文规〉正续编》,第 210 页。
② (明)陈仁锡《皇明乡会试二三场程文选序》,(明)陈仁锡《皇明乡会试二三场程文选》,第 5B—8A 页。

"其次第一等之以三试之优劣,其各经所以取之之差,一均之就试者之多寡也。"①也即是,中式举人的排名是按"三试之优劣",即林智《乡试录序》所提到的"本之初试,以观其本领之渊源,参之次试以观其辩论酬应与夫裁决之微者,又参之三试以观其博而有用"。而其录取,则按各经的参试者的多少按比例而录取排名靠前者。在这里,"以某经中式"并不是据其本经文之优秀而录取,而是指以经房为单位,按录取限额与参试人数的比例而做出取舍。

吴宣德、王红春指出:"在明代科举的会试中,考生最终的成功与其所属分卷区域以及所习经书有相当紧密的关系,并非全由自由竞争而取得。"②具体地说,明代自洪武三十年刘三吾事件之后即采用北、中、南三区配额录取,而在每区的限额中,五经各经之间又有不同的限额。士子之中式,是在录取限额的框架内,以三场各体成绩为依据,以经房为单位,而衡文录取的结果。从这个意义上说,"某人以某经中式"是"某人以某经为本经而应试、中式"的简略表达法。

万历十七年正月,礼部郎中高桂题参黄洪宪,指其在万历十六年任顺天乡试主考官时被买通关节,黄洪宪上疏申辩:

> 王衡、张毓塘系《春秋》,是行人邹德泳取;李鸿、屠大壮系《书经》,是原任行人司正沈璟取;茅一桂系《易经》,是进士苏舜臣取;任家相系《易经》,是沈璟检出、进士康梦相取;潘之悰系《诗经》,是进士章宪文取;郑国望系《易经》,是沈璟检出、教谕王心取。臣与臣盛讷分经总裁,臣阅《书经》《诗经》,臣讷阅《易经》《春秋》《礼记》,亦不过涉笔序次,交互批评,如是而已矣。③

在这里,黄洪宪不说王衡、张毓塘"以《春秋》中式",李鸿、屠大壮"以

---

① 《成化十年江西乡试录》,龚延明主编《天一阁藏明代科举录选刊·乡试录》第六册,第4725—4726页。
② 吴宣德、王红春《明代会试试经考略》,《教育学报》2011年第1期。
③ (明)黄洪宪《碧山学士集》卷八。

《书经》中式",而是说"系《春秋》""系《书经》",即是其三场之卷乃至录取事务归《春秋》房、《书经》房,与"以某经中式"的表述相比,这种表述更加正式。

在一般的文集、地方志对某一人物的履历、传记中,对人物的科举经历的记述往往出现这样的句式"以某经中式""以某经领乡荐""以某经登乡试第"。如《王静学先生文集·送郑生序》:"洪武丁卯春,余始领训经事于仙居邑庠。是时郑生亦始来就学,余授以蔡氏《尚书》,越四年,以是经登乡试第。"①郑生学的是《尚书》,其登乡试第也是因《尚书》。杨士奇《东里集》记邵圮"以《诗经》中永乐乙酉浙江乡试"。② 王直《王抑庵集》说:"海宁沈公志行初以《易经》中浙江乡试第二。"③这给我们一种印象:这些科举人物在乡试中是因为他的本经义写得出色而被录取的。"以《易经》中浙江乡试第二"岂不是因其《易经》义写得特别优秀而在浙江乡试中得了第二名?

"以某经中式"的表达式尤其为地方志所惯用,如《嘉靖思南府志》卷六记本府自明初至嘉靖乡试中式者21人,每位中式者名下均标明所占何经,如:"勾天禄,水德司人。宣德四年以《春秋》中式。周冕,印江县人。宣德七年以《诗》中式,授黄州府儒学教授。邹庆,婺川人。正统五年以《诗》中式。任云南北胜州知州,治行卓异,升姚安府知府,勤政爱民。嘉靖十五年知府洪价采士论,举入乡贤祠。"这些标志,并非表明,这21人都是以所占本经文得以中式。

在《登科录》一类的官方文件中,一般不作"某人以某经中式"的表达。按《登科录》的一般体例,先记科举人物籍贯、生源、本经、父祖、乡试名次、会试名次。它关于本经的记载,一般记作"治某经",而不记作"以某经中式"。如《天顺元年进士登科录》记黎淳:

---

① (明)王叔英《王静学先生文集·送郑生序》,沈乃文主编《明别集丛刊》第一辑第二〇册,第24页。
② (明)杨士奇《东里集》,此处引自沈乃文主编《明别集丛刊》第一辑第二五册,第638页。
③ (明)王直《王抑庵集·太仆寺少卿沈公墓表》,沈乃文主编《明别集丛刊》第一辑第三三册,第734页。

> 黎淳,贯湖广岳州府华容县军籍,县学增广生。治《书经》。字太朴,行五,年三十四,十月二十九日生。曾祖……湖广乡试第二十四名,会试第二十五名。①

对比一下《登科录》这一类正式的官方编写的科名录与一般的地方志对同一科举人物的记述,我们可以对"以某经中式"表述的真正含义有更准确的认识。如敖宗庆,嘉靖十七年进士《登科录》记作:

> 贯贵州思南府水德江长官司,民籍,江西新喻县人。国子生。治《诗经》。字汝承,行一,年三十,二月二十五日生。曾祖勖勤。祖利贞。父元佑。前母简氏、母董氏。慈侍下。弟国庆、家庆。娶田氏,继娶罗氏。云贵乡试第五十名,会试第九十四名。②

《登科录》没有"以某经中式"的记述方式,这里的"治《诗经》",在地方志中则记作"以《诗》中式":

> 敖宗庆,水德司人,字汝承,号梅坡。嘉靖戊戌科,以《诗》中式,登茅瓒榜,官行人,历官都察院右副都御史,巡抚云南,扬历中外,惠政甚多,原籍江西新喻。③

可见,所谓的"以《诗》中式"并非指敖宗庆以其《诗经》义特别优秀而被录取,"以《诗》中式"即是"以《诗经》为本经,参加会试而中式",只是一种简略的表述方式,其完整的表述应是:"治《诗经》……云贵乡试第五十名,会试第九十四名。"

既然"五经取士"并不是指考官仅凭五经文去衡文取士,既然四书文与二、三场其他各文体同样重要,那么,士子平时的学习内容就不仅仅是

---

① 《天顺元年进士登科录》,台湾学生书局编《明代登科录汇编》第二册。
② 方芳点校《天一阁藏明代科举录选刊·登科录》中册,第687页。
③ 李建军主编《屯堡文化研究》2012卷,第52页。

五经,也包括四书及论、策等。这一点,从明代一些对士子平时学习、写作的记述也可以看出。

从明代的地方教育来看,乡试、会试三场各文体都受到同等的重视。这里以正德、嘉靖间的顾潜为例。顾潜(1471—1534),江苏昆山人,字孔昭,号桴斋,弘治九年进士,官至直隶御史,以忼直忤尚书刘宇,宇谄之刘瑾,出为马湖知府,未任,罢归。有《静观堂集》十四卷。顾潜于督学京畿时颁布《申严条约事》,从中我们可以看到当时府学的教育学习情况:

> 一、讲书乃学者要务,讲贯既明,体认既切,则发而为文,词有所根据;措而为事,业有所持循,是之谓有本之学。其或徒事记诵以资为文,而于圣贤立言之意漫不融会,甚者窃听穿凿主意,专记刊印时文,而并传注亦有未解,则其所学何得于心,何益于用哉?自今师生,其必究心于此,先四书,次各经,依所定规程,每旦授讲,次日令复讲,提调官朔望诣学,必详叩之。有不能讲及讲而不明,量行惩责,能讲者赏。其岁贡科举,本院考毕,仍验其讲贯何如,若讲贯工夫未至,文词虽美,不在取列。
>
> 一、作文贵纯正明白,戒用尖新险怪之语。又须博学强记,四书五经之外,旁及诸子诸史并唐韩、柳、宋欧、苏、曾、王诸家之文,庶几临文资取不穷,或用其事,或师其意,或仿其格,无不可者。若徒记诵近时刊印时文并讲义、活套等书,苟应考校,则其立志不远,取法已卑,验出必行惩责。其州县或因僻远,前项书籍艰得,提调官宜悉心访求,或翻刻,或抄写,各发该学,以便诸生。候本院按历之日开报。
>
> 一、月课教官于程内出题,已成材者及愿报科举者,每月作四书、经义各三篇,论、策、判语各一道,诏、诰、表内科一道;其未成材者,四书、经义九篇;未通经者,四书义九篇;未行文者,破题、对句逐季置簿,分日于斋内,训导监视作完,墨笔批改讫,送掌教官用朱笔重加批校。每季终送提调官收,候本院按临查考,毋容在外传抄塞白,违者重治。

一、教官每月考试，提调官每季考试，已习举者，四书、经义各一篇，论、策各一道；未习举者，量考四书、经义及破承、对句，务在严慎公明。月考校定高下，量为惩劝，卷存本学备查。季考高下，显书揭于本学堂壁，以验次季消长，仍随其等第赏劝戒责，庶人知激昂，并臻成效，其无故不与考，月考三次，季考二次者，申呈本院施行。①

在顾潜所严申的府学教规中，学校教育首重经学，旁及诸子诸史并唐韩、柳、宋欧、苏、曾、王诸家之文。而经学中，"首四书，次各经"，四书列于本经之前。校规所规定的月课，"每月作四书、经义各三篇，论、策、判语各一道，诏诰表内科一道；其未成材者，四书、经义九篇"，这是三场各体并重。在顾潜所严申的校规中，我们看不到本经文有何突出的地方。如果"以某经中式"是指仅凭本经文中式，那么学校的教育中会把五经文提升到鹤立鸡群的地位。

在明清时期，"某人以某经中式"这一句式一般只用于乡试，而极少用于会试。只有当乡试、会试连称时，或者会试改占另经时，才会用到这一句式。（有个别例外）这种现象值得注意。

梁潜《泊庵先生文集》在记述胡直(字敬方)深于义理之学时说："远近知慕其文，而独不知其于义理之学尤深也。凡从之学《诗》《书》《春秋》以决科者，皆中进士高第。"②这是一种笼统的表述，并未表明学各经与中进士之间的关系。陈琏《琴轩集》说："桂林钟震，蚤从予学举子业，文辞日进，如水涌而山出，已尝见称于人。今以一经膺乡荐，将与群士会试春官，显仕有日。而欲求其所以能不配而常存者，其惟文辞乎。虽然，文虽工，不载乎道，不足以传。"③这是"乡荐""春官"连称，"一经"首先与"乡荐"相关。

---

① （明）顾潜《静观堂集·提学公移》卷八，沈乃文主编《明别集丛刊》第一辑第八四册，第148—149页。
② （明）梁潜《泊庵先生文集·胡敬方传》卷之十二，沈乃文主编《明别集丛刊》第一辑第二〇册，第531页。
③ （明）陈琏《琴轩集·送钟震会试序》，沈乃文主编《明别集丛刊》第一辑第二九册，第84页。

3. 以儒士中式

为什么这一句式只用于乡试？当我们注意到明代人物履历或传记的另一种类似句式时，或者可以受到启发。这一句式就是"以儒士中式"。

文徵明之父文林为李应祯写墓志铭：李应祯宣德辛亥八月生于南京，"自少警朗，攻举子业，即迥出流辈。景泰癸酉，以儒士中应天府乡试第九人，会试礼部，中乙榜，不就，卒业太学，文名日盛"。① 这一记述可以简化为"李应祯以儒士中乡试"，这是"以某经中乡试"的另一种表述。

"以儒士中乡试"的句式并不少见。如薛应旂记王尚絅"自其童稚时已立志为圣贤之学矣。比长，尽通五经诸子，尤邃于《三礼》。年十八，以儒士中弘治乙卯乡试，壬戌第进士"。② 王尚絅尤邃于《三礼》，《乡试录》于其名下也标明所占经为《礼记》，但因他以儒士身份参加乡试，故本应记作"以《礼记》中弘治乙卯河南乡试"，薛应旂则把它记作"以儒士中弘治乙卯乡试"。因为"以儒士应乡试"的记述更具有应试身份的特点。此外如萧镃《习詹事传》，记习经(字嘉言)"遂从其伯父国子学录怀清受《诗经》，已而随侍湘潭，改习《春秋》，日夜刻苦自励。永乐丁酉，以儒士中湖广乡试，魁其经。明年登进士第"。③ 习经先学《诗经》，后学《春秋》，若由府学应试，则应记为"以《春秋》中湖广乡试"，但他是以儒士身份应试，故记为"以儒士中湖广乡试"。萧镃该书又记罗恭"其孙通、骥方弱冠，皆盛礼币遣就国子黄先生习举子业。岁戊子，通年始十八，以儒士中应乡试第二"。④ 罗恭之孙罗通并非国子监生，故私下"盛礼币"请国子监教师黄先生当老师，年十八时，以儒士身份参加乡试，故记为"以儒士中应乡试第二"。

本来，儒士应乡试，同样是占经应试，但对于参加乡试的各地方学校

---

① (明)文林《文温洲集·南京太仆少卿李公墓志铭》，沈乃文主编《明别集丛刊》第一辑第六二册，第83页。

② (明)薛应旂《方山薛先生全集·苍谷先生传》卷三六，沈乃文主编《明别集丛刊》第二辑第五五册，第297页。

③ (明)萧镃《尚约文钞·习詹事传》，沈乃文主编《明别集丛刊》第一辑第三九册，第480页。

④ (明)萧镃《尚约文钞·赠资政大夫太子少保兼都察院右都御史罗公神道碑铭》，沈乃文主编《明别集丛刊》第一辑第三九册，第539页。

的生员来说,"儒士"更具个人身份标识意义。国子监生,府、州、县学生员应乡试,以其所占经为应试标识。儒士非在校生员,则以"儒士"作为应试标识。

据《明会典》,洪武十七年定,可以应试者包括:"国子学生,府、州、县学生员之学成者,儒士之未仕者,官之未入流而无钱粮等项黏带者。"① 可见,明代参加乡试者,除国子监生,府、州、县学的生员外,学校之外的儒士或官之未入流者也可参加。这种现象自明初直至崇祯三年,一直存在。

郭培贵《明代卷》举出一系列例证:

> 据《明英宗实录》卷二六八载,景泰七年阁臣陈循奏言,江西吉安府,"生员之外,儒士报科举者往往一县至有二三百人"(第5690—5691页)。另据《福建通志》卷三七(《景印文渊阁四库全书》第529册,第167—213页)和卷三八(第214—256页上)对福建明代举人来源的记载,自洪武三年至崇祯三年,福建共有儒士二百六十五人考中乡试。其中,莆田县黄初、黄文琳和闽县张燮还分别考中天顺六年壬午榜、成化四年戊子榜、弘治十四年辛酉榜第一名,闽县亢思谦还以"山西儒士"的身份考中山西嘉靖十三年甲午榜第一名。又据《浙江通志》卷一三四至一三九(《景印文渊阁四库全书》第522册,第510—629页),浙江自永乐十二年甲午科至万历二十二年甲午科,共有二百五十三人以"儒士"身份中乡试。明代成化十七年辛丑科状元王华(浙江余姚人)、正德六年辛未科会元探花邹守益(江西安福人)、正德十二年丁丑科会元榜眼伦以训(广东南海县人)都是以儒士身份中式。儒士中式要到嘉靖以后才明显减少,浙江截止到万历二十二年甲午科、福建截止到崇祯三年庚科还有儒士中式者。②

士子占何经以中式,这在乡试阶段已经是清楚的,故会试一般不记以何经中式。彭时《文宪公文集》卷四:刘实"从吉水周学士功叙、张贡士篪

---

① (明)申时行等重修《明会典》,第1798页。
② 郭培贵《中国科举制度通史·明代卷》,第6页。

永受《书经》。二先生见其聪敏,所业日进,亟加称许。以《书》中宣德丙午江西乡试、庚戌进士第"。① 虽然后面续以"庚戌进士第",但毕竟是因记乡试而连及会试。萧镃《尚约文钞》记刘立(字执礼)之子萧升,"以《诗经》中正统丁卯乡选、会试凡再,中乙榜,皆不就"。② 同样属于这样因乡试而及会试的情况。

但如果会试改经,则会记述。如李腾芳《李文庄公全集》卷七,《右通政韩公墓表》,记韩某,"通《易》《诗》《书》《礼》《春秋》五经,以《礼记》举于乡,以《春秋》中会试第四人"。③ 据《新安名族志》,"(蒋)贯,正德庚午以《诗》乡荐,以《易》中庚辰会试"。④ 都是因会试时改本经,故也使用"以某经中式"的句式。

可见,对于第二种情况,所谓"以某经中式"的句式,其真正的意义是"以某经为本经参加乡试而中式",而不是"因其某经文写得优秀而在乡试上中式"。这种情况更为普遍。

三、五经魁、中式举人排名与三场综合考量

1. 五经魁不一定是本经文最优秀者

明宣德八年以前,尚未有"五经魁"的说法,考试录里中式举人的前五名,不一定是五经之魁首,"其所取士五名内,或经魁不备,如洪武辛未第一人许观,第五人胡泰皆《书》是已"。⑤ 意思是,前五名本来应该分别是五经的第一名,但有时某经各卷的确都水平不高,只好在高水平的经义中同经选取两名作为经魁。

宣德八年起,考试录里中式举人前五名必是五经魁,这使人觉得,中式举人的排名是根据考生的本经文。宣德八年会试《书经》的经魁是曾鹤,考官批其《书》义:"此卷发明畏天图治之意,其词达,其理至,虞廷气

---

① (明)彭时《文宪公文集》,沈乃文主编《明别集丛刊》第一辑第四三册,第550页。
② (明)萧镃《刘处士传》,(明)萧镃《尚约文钞》卷八,沈乃文主编《明别集丛刊》第一辑第三九册,第479页。
③ (明)李腾芳《右通政韩公墓表》,(明)李腾芳《李文庄公全集》卷七。
④ (明)戴廷明、(明)程尚宽撰,朱万曙等点校《新安名族志》,第597页。
⑤ (明)黄瑜撰,魏连科注解《双槐岁钞》卷五,第92页。

象，可想见也。宜冠本经。"①考官据其《书》义建议定曾犟为《书》经经魁。

考试录是每一科乡、会试之后由主考官编定的官方文献，所录程文既显示该科文章的最高水平，也意在为天下士子确立为文程式，所谓"科举之文必依经傍注，于义理有所发明，然后为明经，然后为合式，故曰'程文'"，②故程文应该是三场各科目中写得最好的文章。按理，《乡试录》或《会试录》上的前五名，应该分别是《易》《书》《诗》《春秋》《礼记》五经的魁首，他们的本经文应该入选考试录，从明代历科的乡、会试的考试录来看，一般情况也确是如此。日本学者大野晃嗣说："在会试录中，作为程文作者收录的及格者中，各经第一房第一位的人占绝大多数。即使有《诗经》五房，《易》《书》四房，也都偏于一方。这说明上位的同考官负责的经房优先选择程文。……我们可以说，至少从会试判卷制度来看，'五经'与包括'四书'在内的其他科目相比，占据的比重较大。"③他的意思是，在会试录中，被选入程文者，以各经第一房的第一名者，占绝大多数。比如，易一房的第一名，往往就是该科《易》经魁。但我们在明代的乡试录、会试录中，还是可以看到本经文未被收入考试录的五经魁。

五经魁的本经文没有入选考试录的情况大量存在。正德十五年《会试录》的《诗》义程文不录《诗》经魁廖道南之文，而是收录第十四名朱篚和第十名杨维聪之文；其《书》义不收《书》经魁彭汝实之文，而是选第八名詹泮和第十六名郑文之文，如果说，彭汝实有四书文入选，顺延以《书》为本经者入选，则詹泮之后应是第十一名周祚，但周祚并没有任何文章入选《会试录》。嘉靖十一年《会试录》的《书》义不录《书》经魁来汝贤之文，而是收录第二十一名钱亮和第十三名王英之文，而同样以《书》经为本经文的第八名扈永通、第十名的冯汝弼都没有任何文章入选《会试录》。嘉靖二十三年《会试录》的《易》义程文不收经魁皇甫濂之文，而收

---

① 《宣德八年会试录》，龚延明主编《天一阁藏明代科举录选刊·会试录》上册，第44页。
② （明）林希元《重刊〈蔡虚斋先生批点四书程文〉序》，（明）林希元撰，何丙仲校注《林次崖先生文集》，第247页。
③ ［日］大野晃嗣《明代会试考官初探——以会试录为中心》，《科举文献整理与研究第八届科举制与科举学国际学术研讨会论文集》，第156页。

第七名邵稷和第九名唐禹之文;《书》义程文不收经魁周士佐之文,而收第六名林光祖和第十四名裘仕濂之文;《诗》义程文不收经魁瞿景淳之文,而收第八名徐学诗和第十三名章士元之文。此后,嘉靖二十九年、三十二年、四十一年、四十四年,隆庆五年的《会试录》都存在这种五经程文不录经魁之文的情况。这种情况说明什么呢?是说明考试录的程文选择是按照平均分布原则吗?即经魁如果有四书文或论、策文入选程文,则本经文选入第六名之后的中式文?但我们在明代的乡、会试考试录里常常会看到一人的各体文被同时选入,如成化二十三年会元程楷的四书文、本经文、论、策被同时选入《会试录》;嘉靖八年会元唐顺之的四书文、本经文、表、策被同时选入,而且其策对被选入两篇。更有甚者,嘉靖二十九年庚戌科汤日新名列第二,为《书》经魁,但他入选该科《会试录》的仅有一篇四书文。可以说,汤日新被定为《书》经魁,其主要根据就是他的四书文。汤日新,浙江秀水人,此科会试名列第二,《书》经魁,但殿试时名列三甲,后官至兵科给事中、通政司右参议。方苞的《钦定四书文》选入他的《君赐食 一节》题文,可见其四书文水平非同一般。因此,中式举人排名并非仅仅以本经文为依据。以隆庆五年会试为例,此科会元为邓以赞,其批语依次为沈鲤、许国、李维桢、王缉、陈栋,可见此科有诗五房,诗一房至诗五房的房官依次为陈栋、王缉、李维桢、许国、沈鲤。按大野晃嗣的说法,则邓以赞在诗一房,然而邓以赞所作十九篇文章,有三篇入选《会试录》,分别为四书文首篇、论、策问第三问。其《诗》经文并未入选。《诗》经文入选程文的是第六名刘克正(占《诗》)和第八名萧彦(占《诗》)。对于这一现象,或许有人会这样解释,因为邓以赞的四书文首篇特别优秀,故定为会元;刘克正为《诗》义第二名,是五经魁之后的第一名,由于《诗》义第一名的邓以赞已定为会元,故《诗》义程文即选第二名的刘克正与第三名的萧彦。如果这样解释,依然会得出结论,五经魁之排定并非仅仅根据五经义,当四书义特别优秀的时候,即据四书义。万历十四年会试,第一名袁宗道(书),第二名黄汝良(礼记),第三名陈应龙(易),第四名林茂桂(诗),第五名吴应宾(春秋)。袁宗道入选程文的有四篇:四书义的第一、第三篇,《书》义,论。其《书》义入选程文,其四书文也同时入选程文,可见四书文的入选并不妨碍本经义的入选。邓以赞的《诗》义没有入选,这只能理解为邓以赞是"以四书文中式"。

由此我们可以得出结论,五经魁的选定也不一定是以考生的五经文为根据,也即,五经魁不一定是因为其本经文是同经考卷中写得最好的。

2. 中式举人排名与三场综合考量

五经魁是对入选举子的排名,但这一排名是通过对举子三场成绩进行综合考量之后决定的。

宣德五年会试,同考官曾鹤龄评方熙《书》义:"经义贵平正精实,无浮词,无冗意,此作盖得之矣。况诸篇皆称,后二场又有发越,宜置前选。"副主考官钱习礼评:"全场之文,皆有可观。此篇平实中有精□□胜他作,必专于是经者。后场俱优,宜居□等。"主考官王英评:"此卷七篇皆佳,而此篇尤为详实,允宜中选。"①由"此卷七篇"等评语,可见虽然按经分房阅卷,但考官看到的是七篇合成一卷,考官阅卷时,虽然考卷糊名,但是考官所阅的是同一考生的三场全部答卷,所以考官才会有"此卷七篇皆佳""后二场又有发越""后场俱优"等批语。方熙最终被排为该科会试第五名,他与会元陈诏都是以《书》为本经,未知两人谁是《书》经魁,但方熙名列第五显然是考官对其三场各体文章综合考量之后的决定。

明代乡、会试之取士,基本上还是三场并重的,正统十三年会试,主考官高穀,副主考官杜宁。会元岳正。据黄崇兰记述,房考官初阅卷时,岳正之卷被置于落卷中。副主考杜宁于落卷中见之曰:"此我辈中人!"不仅录取了岳正,而且把他定为会元。事实上,黄崇兰的记述或有夸大"落卷中复得"的戏剧性之嫌,岳正占《书》经,其文仅一篇入选该科会试录,即他的《书》经义,其四书文并未入选。房考官林勤批其文曰:"此成王授使者,复周公定洛告卜之词。其曰恒吉,曰天休,实主于卜洛定洛而言。此卷得之,且遣词苍古,迥出诸作。况后二场亦称。本房凡四百卷,未有能出其右者。擢居魁选,孰曰不宜。"杜宁也批曰:"此作词理优赡,笔力

---

① 《宣德五年会试录》,龚延明主编《天一阁藏明代科举录选刊·会试录》上册,第22页。

老成，必深于经学者，高荐无忝。"①这与黄崇兰的记述不符。既然房考都说据其《书》义及后二场，宜擢魁，副主考杜宁也说"高荐无忝"，则不致让岳正弃于落卷中。不过这可以让我们看到正统时考官阅卷三场并重的情形。

直至万历时依然是三场并重的，万历十七年正月，礼部郎中高桂题参黄洪宪，指其于万历十六年典顺天乡试时被买通关节，取大学士王锡爵之子王衡为解元，取内阁首辅申时行之婿李鸿中举人。史孟麟则指黄洪宪以监生孙坤浩之文进呈，却以巢士洪之名中式。黄洪宪申辩说："《礼记》系庶子盛讷总裁。据讷场中语云：初阅洪字四号卷，《乐在宗庙》篇，拟欲刻程，后得地字二号卷更胜。且洪四表不合式，遂以易之。洪四即监生孙坤浩，地二即今中式巢士洪也。"②《乐在宗庙》篇，是《礼记》题目，这虽不能说是"以《礼记》取士"，但盛讷本来要把孙坤浩的《乐在宗庙》题文刻为《乡试录》的程文，后发现地字二号巢士洪的同题文水平更高。在决定取舍时，盛讷还是三场各体综合考量，认为孙坤浩第二场的表文不合式，最终以巢士洪中式。

王思任参加万历二十二年甲午科顺天乡试，同考试官中书舍人胡璞完批曰："七篇尊古卑今，锋铓镞利，每谈玄理，无不抉微入妙，绝人之资，超世之学，见一班矣。论以博学运藻思，以雄才谈卓识。表有声有骨。判有实有华。五策如观乐洞庭，怡神骇目，无所不有也。子其服闲老骥乎？其汗血神驹乎？驽骀何敢后先矣？高荐。"③第二年赴乙未科会试，成进士。其会试试卷入《易》三房，考试官黄慎轩批曰："七篇雅徤宏特，古秀高深，卓然名笔。论博学多致，神机独行。表以风骨胜。而五策稽古谈今，具见雄富精当。佳士也，亟取之。"④最后，主考官张位批曰："中卷《诗》二房多一卷，应裁。而北卷少《易》一卷，应《易》三房补之。阅此号卷四、五稍弱，其前后五篇可以入彀。至一论、五策，则该博古宕，此必以

---

① 《正统十三年会试录》，龚延明主编《天一阁藏明代科举录选刊·会试录》上册，第171页。
② （明）黄洪宪《碧山学士集》卷八。
③ 《王思任乡试墨卷》，中国国家图书馆藏本。
④ 《王思任会试墨卷》，中国国家图书馆藏本。

千秋自命者，宿士也。收之。"①无论是乡试还是会试，考官都是对王思任三场各体文进行综合考量后录取的。张位的批语更让我们了解考官的阅卷录取过程：首先，从配额上，北卷《易》还有一个名额，张位决定在《易》三房中录取，王思任三场试卷正好在此房中。其次，张位认为，王思任首场七艺，《易》义四篇，前两篇稍弱，而三篇四书文和后两篇《易》义达到了录取水平。《易》为王思任之本经，而他被录取，则是三场综合考量的结果。

总的来说，"五经取士"制度是指朝廷按经配额、考生选治一经、考官按经分房阅卷、考卷按经归档的制度，而不是指根据（或主要根据）考生的五经文之优劣进行取舍。

四、首艺、首场与五经取士

考生"以本经中式"或者"以四书文中式"，这与明代乡、会试出现过的"三场专重首场，七艺专重首艺"的阅卷现象有关。这种现象并非制度本身的设计，反而是官方一直提出警诫的。三场并重，目的是要考核士子的多方面能力。黄宗羲说，三场之试，本来是考核士子多方面素质："今第一场经义，第二场论、表、判，第三场策五道。经义当依朱子之法，通贯经文，条陈众说，而断以己意，不必如今日分段、破题、对偶、敷衍之体。论以观其识见，表以观其绮靡，判当设为甲乙，以观其剖决。策观其通今致用，所陈利害，其要如何，无取谰言僻语，剿袭套话。"②三场试士制度在推行的过程中出现了偏差，项乔说："主司校文全在头场。"③这是一种现象，不是一种制度，故主司校文也并非全都如此。项乔谈到首场与二、三场在主司校文取士中的不同作用与地位："凡考文者于头场取中，然后吊号看二、三场，若头场已落地下，虽二、三场便是锦绣，安得到主司之手而入其目？然取中后校定高下却在二场、三场。故二、三场工夫亦不可废。"④结合按

---

① 《王思任会试墨卷》，中国国家图书馆藏本。
② （清）黄宗羲《科举》，（清）魏源编《皇明经世文编》卷五七，光绪二十五年中西书局石印本，第 6B 页。
③ （明）项乔《举业详说》，（明）项乔撰，方长山、魏得良点校《项乔集》，第 133 页。
④ （明）项乔《举业详说》，（明）项乔撰，方长山、魏得良点校《项乔集》，第 133 页。

经分房阅卷制度,项乔的话可以这样理解:明代科举阅卷,按五经分房阅卷,考生的三场试卷按编号排在同一房中,考官先阅其首场七艺,决定是否录取。录取之后还有一个排名的问题,则根据其二、三场的试卷,所谓"校定高下却在二场、三场"。

关于明代乡、会试的"五经取士",严嵩曾经详细地记录正德十二年会试的全过程,他是该科会试《诗》房的房考官。他在《南省志》里记录如下,二月七日入贡院,八日、十一日、十四日分别出三场题目,九日、十二日、十五日分别为三场的第一天。在二月十日戌时,就有部分第一场的卷子送入严嵩的《诗》房,十一日,送进去的卷子越来越多。也就是说,初九为首场的第一天,考官于初十就开始阅首场的经义文。二月十六日午时,第二场的卷子开始送入各房,考官开始阅第二场卷子。十九日寅时,第三场卷子送入,全部三场卷子于二十四日阅毕。二十五日,各房房考将本房拟录取的卷子呈送主考官,由主考官批定名次,成草榜。午刻,知贡举礼部二公、监试二侍御皆入序坐,主考同礼部四公上坐,二侍御前对坐,提调官以墨卷入,各同考官以所取朱卷对号。置朱箱五只,分五经,三场取中,对号俱同,取中者纳于相应的经箱。廿六日拆卷,填乙榜。廿七日填正榜,以第十七名为始。填毕,又以第六名为始,填至第十六名,最后拆五魁卷。全部衡文取士工作到此结束。这是一种常规的三场阅卷程序。

可惜在制度实行的过程中,"主文者相习成风,去取只在经义。经义又以首篇为主,二场三场,未尝过目。逮夫经义已取,始吊后场以充故事。虽累经申敕,褒如充耳"。① 据《神宗显皇帝实录》,万历三十四年,"是时取士率重首场,首场既收,二三场苟非悖谬,无复落者"。②这就是所谓的"始吊后场以充故事",二、三场卷也是要并阅的,只是这类考官过于护初场成见而已,以至有"三场只看一场文,七艺全凭首艺精"的谑词。③ 这是考官的懒政消极,而不是制度本身所设计的。如果考官懒政渎职,甚至会出现"首艺止阅四行"的极端情形。据李调元《制义科琐记》卷三,崇祯甲

---

① (清)黄宗羲《科举》,(清)黄宗羲著,吴光主编《黄宗羲全集》第一册,第 188—189 页。
② 《明神宗实录》卷四二五,1940 年影印江苏国学图书馆传写本。
③ (清)薛鼎铭《墨谱》,陈维昭编校《稀见明清科举文献十五种》,第 1379 页。

戌会试,艾南英落选,领遗卷时知道自己的卷子是在项煜之房,其卷中首篇四书文只句读了四行。艾南英愤极,遂刊行其七艺,其序曰:"士子三年之困,不远数千里走京师,而房官止点四行,弃置不顾,此岂有人心者乎?"①这就不只是"去取定于首义",而是"去取定于首义前四行"。后人不管黄宗羲的语境,直接取其"科举之法,所以破坏天下之人才,唯恐不力",②来彻底否定科举制度,以"去取定于首义"来显示科举制度的荒唐。晚清戊戌诸君子就曾采用这种策略,今人更是很乐意接受这种简单化的理解,对此我曾撰文③进行辨析。

在多场试士制度中考官专重首场的现象,在唐宋科举中即已出现。隋唐以至宋代,不论首场为诗赋还是经义,都出现过只重首场的弊端。蔡襄《论改科场条制疏》:"臣伏见隋唐以来,以进士、明经二科取士,迄今以为永制。进士虽通试诗赋、策、论,其实去留专在诗赋。"④这也可以表述为唐代进士科考试,去留止在首场。金朝三场试士,也以诗赋为重。"金朝取士,止以词赋为重,故士大夫往往无暇读书为他文。……泰和间,有司考诗赋已定去留,及读策、论,则止用笔点庙讳、御名,且数字数与涂注之多寡。有司如此,欲举子辈专精难矣。"⑤首场定去留,二、三场定名次,这样一种取士现象可谓由来已久,有鉴于此,明代出台了相应的考官会同重校落卷制度,于落卷中重新校检,以避免遗失真才。

造成专重首场现象的原因,除了个别考官偷懒渎职之外,以及顾炎武所说的"护初场所中之卷"⑥的原因之外,考卷繁多,难以尽读,也是考官独重首场的一个客观原因。黄宗羲在批评考官"去取只在经义"之后说:"亦以时日迫速,不得不然也。"⑦这种客观上的困难一直到清代依然存在。清顺治二年科场条例:"闱中阅卷,须立程限计,自分卷以至撤棘,约

---

① (清)李调元《制义科琐记·止逗四行》卷三,《制义科琐记·常谈》,第104页。
② (清)黄宗羲《蒋万为墓志铭》,(清)黄宗羲著,吴光主编《黄宗羲全集》第二〇册,第502页。
③ 陈维昭《戊戌变法运动与八股文的近代命运》,《文艺理论研究》2022年第4期。
④ (宋)蔡襄《论改科场条制疏》,《全宋文》第四六册,第393页。
⑤ (元)刘祁《归潜志》卷八,第80页。
⑥ (清)顾炎武撰,(清)黄汝成集释,栾保群校注《日知录集释》,第956页。
⑦ (清)黄宗羲《科举》,(清)黄宗羲著,吴光主编《黄宗羲全集》第一册,第189页。

可半月。以八日完前场,以七日完后场。"① 从字数分配看,每一位考官要用超过一半的时间去评阅占总字数的四分之一的经义文,用近一半的时间去评阅占总字数的四分之三的二三场文,的确存在无暇顾及二三场的时间问题。雍正帝也注意到阅卷的时间问题,他说:"考试官如以限于时日,不能细心校阅后场,不妨奏请展限,务得真才以收实用。"② 关于偏重首场而轻忽二、三场的原因,除了阅卷时间有限之外,郭培贵提出另一个原因:首场考试内容是经、书义,其内容本身相对固定,在三场考试中,其客观性最强。③ 因而在评卷时具有明显的可操作性,比起论、策等科举文来,更契合科举考试的标准化特点。

黄宗羲曾提出他自己的科举之法,仍然是一个"三场取士"模式,但具体的考法不同。他以浙江为例:

> 即浙江而论,举子万人,分房十余人,每人所阅,不及千卷,日阅二百卷,五日可毕。第一场取一千卷,揭榜,其不在千卷内者,不得进第二场。第二场千卷,每人阅一百卷,一日可毕。当取五百卷,揭榜,其不在五百卷内者,不得进第三场。第三场方依定额揭榜,始谓之中式。如此,则主文者不得专以经义为主,而二场三场为有用,举子亦不敢以空疏应世。会试亦然。此亦急救之术,行之数科后,取朱子之议行之,又何患人才之不出乎!④

他提出这样一种三场模式,以此减缓考官阅卷的压力,也调和人才与限额的矛盾。他的这种提议并未为官方所采纳。

在明代历科乡、会试的取士中,三场并重,综合考量,这是一种常态,而"去取止在头场""去取定于首艺",则是个别考官的个别现象。即使"去取止在首场",也不能仅仅理解为"五经文取士",因为首场还有四书

---

① (清)伊桑阿等纂修《大清会典》(康熙朝),第 2522 页。
② (清)昆冈等修《钦定大清会典事例》卷三三二。
③ 郭培贵《中国科举制度通史·明代卷》,第 227 页。
④ (清)黄宗羲《科举》,(清)黄宗羲著,吴光主编《黄宗羲全集》第一册,第 189 页。

文。在这种情况下,究竟是"五经文取士"还是"四书文取士",仍然取决于考官。

黄宗羲说,"去取定于首义",如果首义指的是第一篇四书文,那么明代考官的"去取定于首义"实际上就是一种"四书文取士"。这里还牵涉到一个问题,"首义"(或称"首艺")指的是四书文的第一篇,还是五经文的第一篇?

明清人所说的"首艺""首义""首篇"等,一般是指第一场的第一篇四书文。如万历三十五年,李廷机上《覆条陈科场事宜疏》曰:"昨闻国子监考送举人会试首题《知者不失人亦不失言》,尚有以'建言国是'讲者,此为讥切。次题《且天之生物使之一本》,尚有以'本立道生'讲者,此为不通。其文字中仍用'一得''永得''出机''入机'等恶语,何士之难化一至是乎!"①首题出自《论语·卫灵公》,次题出自《孟子》,两题均出自四书,则"首题"指四书文题。崇祯间杨士聪提到他不仅对许獬的人品有微词,而且对他那篇备受赞誉的八股文《畏圣人之言》的水平大不以为然。他说:"然许之文,吾亦未敢服。首义《畏圣人之言》,特'三畏'中一事耳。起中突用'非言无由寻,非畏无由入',于书意题脉,有何干涉?而谀者以为双擒直入,余不能昧心附和也。"②《畏圣人之言》出自《论语·季氏》,则"首义"即指第一篇四书文。

但却有学者认为,"首艺"是指本经文的第一篇。龚笃清先生曾断言:"首艺即为本经文。"他说:

(乾隆朝)将五经文改在第二场考。原本五经文比四书文重要,首艺即为本经文。从此,四书文的地位大大高于五经文,因为自明中叶之后,科举考试名为三场,实则"专注头场"。五经文既改于第二场考,自比四书文低了一等。一些学者不明底里,总以清代乾隆之后的科场规则来代替此前的做法,以为明、清科场总是四书文地位最

---

① (明)李廷机著,沈云龙选辑《李文节集·覆条陈科场事宜疏》卷四,第373—374页。
② (明)杨士聪《玉堂荟记》卷下,第80页。

高,这是不对的。①

如果根据乾隆二十二年之后的科场规则,就认为明、清科场总是四书文地位最高,这当然不符合实际,也忽略了问题的复杂性。但认为乾隆之前"原本五经文比四书文重要",则同样是忽略了问题的复杂性。至于说乾隆之前,"首艺即为本经文",则显然是一个缺乏文献支持的断言。龚著还推出一个更加大胆的断言:"因为明代承继宋代的做法,士子各自认习一经,在乡、会试中以此一经的试题作为首艺而决定取录与否的首要条件。"②又说,文震孟"以《春秋》为首艺而获取天启二年壬戌科状元"。③龚先生这一描述的文献依据大约是《明史·文震孟传》"震孟弱冠以《春秋》举于乡"④的记载,这实际上是把"五经取士"理解为"五经文取士"。

不管是明代,还是清代,"首艺"只能是指首场第一篇四书文。据《明实录·世宗肃皇帝实录》载,嘉靖二十二年山东《乡试录》上,世宗指出:"此录不但策对含讥,即首篇《论语》义'继体之君不道'……"⑤首篇为《论语》义。清代道光间司徒德进在"论头场四书三篇文"时说:"前人词云:'三场只看一场文,七艺全凭首艺精。'(前时头场用七篇,故云七艺)此说盖专重头篇也。薛苇塘云:'头篇要极研炼,第二、三篇以词充气沛为主,但题窍总不可失。且主司意见不同,有专重首篇者,有兼留意二、三篇以觇其人之火候者。……'此说盖谓首艺固重,而二、三艺亦要匀称也。"⑥

事实上,龚先生《中国八股文史·明代卷》所引两则事例,可以说明首艺即四书文的第一篇。龚著引梁章钜《制义丛话》中的一段话,乃胡应麟《家大人历履迹》所记其父胡僖的事迹:"是秋赴省,以名高,谋僻寓习

---

① 龚笃清《中国八股文史·明代卷》,第 65 页。
② 龚笃清《中国八股文史·明代卷》,第 571 页。
③ 龚笃清《中国八股文史·明代卷》,第 572 页。
④ 《明史》卷二五一《文震孟传》,第 6495 页。
⑤ 《世宗肃皇帝实录》卷二七八,嘉靖二十二年九月十七日。
⑥ (清)司徒德进《举业度针》,陈维昭编校《稀见明清科举文献十五种》,第 1484—1485 页。

静,得潘氏园。夜束书,至则群蚁垒集室中,无隙地。一仆夫请纵火焚之,家君瞿蹙曰:'若以是蠕蠕非生类耶?一举火,数万命立尽,胡忍也?'遽踉跄还寓。越数日入试,精思首义至日晡,竟三义,阁闱烛矣,复属四义草,忽蚁集笔端如蝟,阁笔稍稍去,再举笔,再如前,时漏且二鼓,家君顾事急,则不复属草,而录三书义甫竟,夜过半,旋纵笔书四义,文思辄溢出如泉涌,而蚁亦绝不来辍卷,申旦矣,已中式。谒座主方祥先生谢,方先生迎谓:'吾读子四经,似非人间物也!'始信群蚁报云。"①"竟三义"是完成三篇四书文;"复属四义草"是指接着起草四篇本经文。可知"首艺"即指四书文的第一篇,而非本经文。龚著又记:"天启甲子科,艾东乡先生诚中流一砥柱也,而乡墨多不满人意。其首艺《君子坦荡荡 一句》题文……"② "君子坦荡荡"一句即出自《论语·述而》。四书三艺在前,首艺为四书文,这本来不会有歧义。但"以某经中式"的句式容易使人产生误解,遂有"首艺即为本经文"之断言。

第三节　关于"四书文取士"

在厘清"五经取士""以本经中式"的确指之后,我们可以来正面讨论"四书文取士"的问题了。

在中国科举史上,元代首次将四书作为整体定为科举考试科目。明沿元制,但明初乡、会试,五经文位于四书文之前。至洪武十七年定科举程式,开始出现先书后经的情形,自此成为定制,并延续至清末。朱彝尊说:"朱子注《论语》,从《礼记》中摘出《中庸》《大学》,为之章句,配以《孟子》,曰'四书'。由是淳熙而后,诸家解释四书渐多于说经者矣。元皇庆二年定为考试程式,第一场于《大学》《论语》《孟子》《中庸》内出题,明代因之,亦先四书而后经。"③元、明科举中的这种先四书而后五经的倾向被称为"四书文取士",它表明,一个重理学、重政治意识形态的时代已经

---

① （明）胡应麟《少室山房集》卷八九,《四库全书》集部第一二九〇册,第650页。
② 龚笃清《中国八股文史·明代卷》,第686页。
③ （清）凌扬藻《蠡勺编》卷二五,第413页。

到来。

就如"五经取士"具有多层含义一样,当人们提起"四书文取士"的时候,每个人的所指并不相同,有的是指在科举考试中,某人因其四书文特别优秀而被录取;有的指考官在阅卷衡文过程中,懒政渎职,或因时间紧迫,只阅首场四书文便决定士子的取舍;有的指四书文在本质上是一种理学文章,因强调理学在科举中的首要位置,便以"四书文取士"统称科举取士制度。四书文在清代科举中的地位越来越重要,尤其是在乾隆二十二年科举改革之后,五经科移于第二场,使得四书文与试帖诗独占鳌头,于是清人越来越倾向于以"四书文取士"去指称整个科举制度。

一、因四书文优秀而中式

在明代的乡、会试上,的确长期存在着专重首场的弊端,这种现象到了隆庆、万历时期尤为引人注目,这一点,从当时大臣上疏情况就可以看出。万历元年,林景旸上《条陈科场事宜疏》,其第三条针对当时考官重初场的弊端,提出应该兼"重后场",他说:"顾帖括之习胜,则《性理》《通鉴》诸书尚有未识面者,安望其通今博古也。甚者各经转换,弊不可言矣。臣愚以为欲觇实学,必责成于阅卷诸臣,勿徇吊取之便,勿惮遍观之劳,勿避互异之嫌,一取正于总裁焉。苟得绩学之士,虽前场稍有未称,必兼录以寓激劝之机。苟空疏雷同,即使经书可观,亦不得概取。如是,则剽窃者绝幸进之望,而人知实学之当崇矣。"[①]万历七年,林景旸又上《申明敕旨以隆宾兴盛典疏》,提出"正文体"等五事,其第二条"核实学"指出:"国家设科,先之经义以观其穷理之学矣,必次之论、表以观其博古之学,终之策问以观其时务之学,法至善也。后来偏重经义而忽论策,以致士子学日谫而识日卑,殊失祖宗抡才初意。……查得隆庆元年题准,主考官阅卷,除初场仍旧分经外,其二三场改发别房,各另品题,呈送主考,查果三场优取者,即置高选,其后场俊异而初场见遗者,务必检出详看,虽未尽纯,亦

[①] (明)林景旸《玉恩堂集》卷二,沈乃文主编《明别集丛刊》第三辑第五〇册,第41—42页。

为收录。若初场虽取，而后场空疏者，不得一概滥中。"①万历二十年前后，礼部尚书兼翰林院学士范谦《申饬科场事宜疏》，谈到当时《春秋》科的命题情况："策论两场果有能扬榷古今，条悉时事，绰有抱负者，即初场稍有未纯，亦宜斟酌收录，以示激劝。其止工时文而后场空疏，及后场虽工，而初场文字故违禁约、崇奇说者，俱毋轻取。至于较阅末场，毋得以时日迫促、精神加倦、头场已在取中，惟恐失之。不为博览以求相称，解卷时阅出，定以违例参奏。"②这些上疏都是针对当时普遍存在的考官只重首场的弊端而提出的。

到了清代，这种重首场、重首义的现象不仅没有消除，而且有愈演愈烈之势。乾隆九年上谕："至于主司衡文，向来专重四书文字，而忽于经义、后场。其实经文所以考其学，后场所以验其用，各有深意，无容轩轾其间。"③又说："且专意头场，而不重后场。头场之中，又专意四书，而不重经文。夫设科之始，定有经义、论、表、判、策者，经所以考其根柢，论所以试其识见，表所以觇其淹洽，判所以观其断制，策所以验其经济，事事皆切于士人之实用，而不可偏废，夫然后明通淹雅之儒，经纶干济之士，庶几出于科目之中。"④由专重八股文发展到专重四书文。"从来科场取士，首重头场四书文三篇，士子之通与不通，总不出四书文之外。"⑤形成这种愈演愈烈之势的内在原因值得深思。

先来看明代考试录的情况。宣德五年会试，陈诏为《书》经魁，会元，但他的《书》经义并未入选《会试录》，《会试录》仅录其四书题文。这只能理解为陈诏"以四书文中式"。第九名李若林并非五经魁，但其四书文《立则见其　后行》题文入选该科《会试录》，文后考官评语："理明词畅，可取！可取！"⑥此可视为"以四书文中式"。成化二年《会试录》，四书义

---

① （明）林景旸《玉恩堂集》卷二，沈乃文主编《明别集丛刊》第三辑第五〇册，第75—76页。
② （明）范谦《范文恪先生双栢堂集》，沈乃文主编《明别集丛刊》第三辑第六一册，第353页。
③ 《高宗纯皇帝实录》卷二二一，乾隆九年七月二十四日。
④ 《高宗纯皇帝实录》卷二二一，乾隆九年七月二十四日。
⑤ 《高宗纯皇帝实录》卷二二三，乾隆九年八月二十四日。
⑥ 《宣德五年会试录》，龚延明主编《天一阁藏明代科举录选刊·会试录》上册，第20页。

选入袁鲁训一篇,章懋两篇。同考官郑环评章懋《为之难言之得无切乎》题文:"题虽平易,作手自别。此篇措词新,笔力健,一洗场中陈腐,其佳士与? 宜在高选。"①郑环因章懋的四书文措词新,笔力健,不仅将其拟取,而且建议"宜在高选"。同考官邢让批此文:"《论语》义,好者固多,陈腐雷同比比而是。此作义理精纯,文词光莹,非初学所能到也。"②虽不能说章懋"以四书文中式",但章懋《为之难言之得无切乎》题文显然成为他"高选"的根据。他虽是《易经》魁首,但入选《会试录》的《易》义仅一篇,而四书文则有两篇,这至少说明,章懋得中会元,其四书文起到了重要的作用。隆庆五年辛未科会试,五经魁依次是邓以赞(《诗》)、黄洪宪(《书》)、吴秀(《春秋》)、熊惟学(《易》)、史钶(《礼记》),《会试录》中《易》义入选者为第十一名李时英和第十四名胡时化,《诗》义入选者为第六名刘克正和第八名萧彦,《礼记》义入选者为第九名张程和第二十五名赵用贤,邓以赞、熊惟学、史钶的本经义均未入选。但邓、熊、史三人的四书文和策对文则入选(邓以赞的论体文也入选)。可见,四书文和策对文是邓、熊、史三人名列五经魁的主要原因。

乡试录方面,嘉靖七年顺天府乡试,会元马一龙本经为《书》,第二名王健本经《易》,第三名孟绂本经《诗》,第四名徐九皋本经《礼记》,第五名张镐本经《春秋》,这是五经魁。但《乡试录》中入选《书》题程文的是第六名的钱萱和第二十四名周臣(周臣之前以《书》为本经的还有第十一名沈谥、第十七名安如山);入选《易》题程文的是第十三名杨守谦(第九名江良才也是以《易》为本经)和第七名的樊深;入选《诗》题文的是第八名杨维诚和第十三名田泽(第十名李纶也是以《诗》为本经)。前三名马一龙、王健、孟绂都有四书文入选,没有本经文入选。这种情况说明什么呢? 如果是从三场综合考量的角度,这种情况起码说明,在马一龙、王健、孟绂三人被录取、被确定为五经魁的过程中,他们的四书文比他们的五经文起更大的作用。如果单是考虑首场的情况,此三人被录取、被确定为本经魁,其四书文起到关键性的作用。

---

① 《成化二年会试录》,龚延明主编《天一阁藏明代科举录选刊·会试录》上册,第377页。
② 《隆庆五年会试录》,龚延明主编《天一阁藏明代科举录选刊·会试录》下册,第377页。

从一些有关考场阅卷的记述中也可以看到四书文在录取、排名过程中的重要性。嘉靖四年乙酉科浙江乡试,主考官为邹守益,其第三道四书题为《其日夜之所息,平旦之气,其好恶与人相近也者几希》,钱楩墨卷中有"复之也微"数语:

> 有所好也,好出于仁心之发,而不拂乎当然之理。好人之所好,好与人相近也,但其放之也久,故其复之也微,微固其真也,而岂能常见其真乎?是其相近之好,不过几希已耳。
>
> 有所恶也,恶出于义心之萌,而不失乎至当之则,恶人之所恶,恶与人相近也,但其往之而复,故其复之而渐,渐固其体也,而岂能尽见其体乎。是其相近之恶,不过几希已耳。

考官们称这两股为绝妙之句,便定他为解元。[①] 也即是说,钱楩主要是因其四书文而被定为解元的。

嘉靖间内阁学士张治(号龙湖)无论是在主考乡试还是主考会试,其阅卷始终极为看重首艺四书文。张治于嘉靖十九年典应天乡试,"得熙父(指归有光——引者)卷,大加叹服,称为天下士,然以其经书义涉古奥难识",[②] 也即对其四书文大加叹服,但终因其本经义过于古奥,因而没把归有光列为榜首。庚戌会试,张治因同考官章焕与归有光为同乡,识其文字,让章留意归有光卷。章得一卷,词旨也古奥,便向张治荐卷,张治看后,认为必是归有光之卷,便定为第一名。此时中式举人排名已定,该科知贡举徐阶看了五经魁卷之后,认为第二名才是会元正脉,结果拆卷之后,发现第一名是傅夏器,第二名则是汤日新。汤日新本经为《尚书》,但他的《尚书》义并未入选考试录,反而是四书文入选。徐阶说他的文章"和雅精粹,是会元正脉",应是指他的四书文。

嘉靖四十三年甲子乡试,林燫为顺天乡试主考,因眼疾不能阅卷,便

[①] (明)杨廷枢、(明)钱禧辑评《皇明历朝四书程墨同文录》第一一册。
[②] (明)袁黄《游艺塾续文规》,(明)袁黄撰、黄强、徐姗姗校订《〈游艺塾文规〉正续编》,第210页。

命遍读同考官所取之卷,认为都没有达到解元的水平,于是在落卷中,得到了章礼的四书文《舜有臣五人而天下治》,认为这才是真正的解元。然后读他的三场文,综合考量,遂置乡试第一。可见章礼的四书文是他被取中并被定为解元的关键。

万历间袁黄提及,隆庆二年会试,《诗经》第二房试官翰林院编修李自华(号见亭)曾告诉他阅卷的情况:"场中卷千篇一律,甚可厌。偶见一卷云:'心者,理之会,而是非不出乎一念之中;知者,心之明,而真知不在乎见闻之迹。'看到此处,头颅迥然不同,后面只信笔扫去,便是极好文字。"①此科《诗经》四题为:《有严有翼　王国》《仪刑文王万邦作孚》《三后在天　嗣服》《敷天之下　之命》,论题都与"心""知"无关。从李自华所引两股的内容来看,以"心"论"知",这与该科四书题《由海女知　知之》相关,主考官李春芳所作程文,以"心"论"知"(这是王阳明心学的特点),后来受到艾南英的激烈抨击。可见,李自华为《诗经》房的房考官,他没有对该考生的《诗经》义发表意见,而是对他的四书文大为赞赏,可见李自华阅卷的兴奋点在于四书文。

万历五年,袁黄参加会试,本因其《何如斯可谓之士矣　三节》题文被取为房首,后因第三场五篇策对不合格式而下第,结果冯梦祯被取为会元。袁黄这一遭遇可描述为先因"四书文取士"而被定为房首,最终却"以策黜落"。

崇祯七年甲戌科会试,主考官温体仁(乌程人)所命的四书文首题是《其行己也恭其事上也敬其养民也惠其使民也义》,为孔子所说的"有君子之道四"。温体仁被《明史》列入《奸臣传》,应试举子漆园(字自潭,江西新昌人)在其墨卷中痛斥不恭不敬之害,房考官文震孟大为感佩,在其卷上批曰:"伸眉抗手,想见其人!"②并取漆园为《易》一房第三名。温体仁也深知其现实指向,他说:"外人说我们要进场收几个门生,我们今日地位,也靠不着门生了,况场中即有人骂我。……他篇末竟讫不恭之臣如

---

① (明)袁黄《举业彀率》,陈广宏、龚宗杰编校《稀见明人文话二十种》上册,第158页。
② (明)文秉《烈皇小识》,第78页。

何,不敬之臣如何,岂不是骂?"①虽然最终碍于舆论,不敢不录漆园,但最终中式举人名单上,漆园被排到了三甲第 225 名。可见文震孟是以四书文取漆园的,而温体仁对漆园的取舍,其依据同样是在漆园的四书文上。

在对三场各体文章综合考量的基础上,因考生某一文体(四书文、五经文、论、表或策)写得特别优秀而被取中,这是明代科举取士的常态。

二、从制义选本和制义理论专书看"四书文取士"

科举是一种关涉到整个社会的公共事务,备考也是牵动着千家万户的普遍现象,于是,举业用书因其巨大的需求量而为书坊所瞩目,举业用书的编纂出版也处于长盛不衰的状态。在明代热销的举业用书中,制义选本(包括历科乡、会试程墨选本)、制义理论专书占据了重要的位置。

明代的制义选本虽也有五经文选本,如张以诚、顾起元选校的《皇明历科诗经》,杨守勤选评的《诗经程文炉冶》,但绝大多数著名选本仍是四书文选本。蔡清初为官时,乡子弟曾向他请教举业,他从自永乐壬辰至弘治壬子共八十一年的二十七科会试录中选取四书程文中之优等者数十篇,并加评点。后视学江右时,诸生将其《批点四书程文》刊刻行世。嘉靖癸丑,林希元接着编《批点四书程文》,选文自弘治癸丑至嘉靖癸丑,共二十科会试程文。万历间,张榜选辑的《四书程墨清商》,黄洪宪、陶望龄等选评的《四书传世辉珍》,崇祯间艾南英的《今文定》《今文待》,陈名夏的《国朝大家制义》等,都是四书文的选本。即使以"房选"为名的选本,仍是以四书文为内容,如艾南英于《今文定》《今文待》这两部四书文选集中选出自万历丁未至戊辰之文为《八科房选》,后又增选为《十科房选》。艾南英将自明初以来 270 余年历科四书文程墨卷 500 多篇汇辑为《历科四书程墨选》,称所选之文为"士子逢时之牍与主司所录以式多士",②意为这些四书文是士子的中式之文,也是主司立为程式之文。选家之推重四书文,正反映出四书文在科举考试中的突出重要性,这种重要性超过了

---

① (明)文秉《烈皇小识》,第 78 页。
② (明)艾南英《历科四书程墨选序》,艾南英《天傭子集》卷一。

五经文。

  明代讨论制艺的理论专书,同样是以四书文为主。这些理论家在讨论"文"的时候,其"文"往往是指四书文,如袁黄《举业彀率》一书,专以隆庆、万历年间历科会试之"元魁"论制艺,"元"指会元,"魁"指前五名五经之魁,该书旨在说明这些人之所以能够得中"元魁"的原因所在,所谓"大率元之作,多纯多雅,多正多的当。新而未纯,奇而未正,时有一段精光,咄咄逼人,此魁作也"。① 而他所举之例均为四书文,可见,至少在袁黄看来,这些人得中元、魁的原因在于其四书文,四书文"多纯多雅,多正多的当"则为会元,四书文"新而未纯,奇而未正,时有一段精光,咄咄逼人"则为经魁。如评隆庆戊辰会试田一隽《由海女知之乎　节》题文,袁黄指出其炼格特点之后说,其"格最雅驯,其为会元无疑也"。② 在评完隆庆辛未会试邓定宇的《先进 全章》题文后,袁黄说:"得此二比,机局便别。次实讲二比,末用'盖'字单收,此会元也。"③指出邓定宇此文的炼格水平是他被定为会元的依据所在。评此科第二名黄洪宪此题文与邓文不相上下,并说:"是科无邓,黄其元矣。"④邓为会元、《诗》经魁,黄为第二名、《书》经魁,只因邓之四书文写得比黄略好,故被定为会元。

  万历间李叔元的《新锲诸名家前后场肄业精诀》,本是论三场(即"前后场")各文体的,但他在讨论为文的基本原则时是以四书文为例的,在论"文有五得"时说:"明文自王、唐、瞿、薛而下无论矣。近来会元每评品,必屈指冯开之。及阅《中庸》《回之为人》题本旨,分明是择轻守重,渠作却并重,则于识犹未为透也,亦仅称得养而已。故文贵得识,一得识,则数者一以贯之矣。"⑤李叔元此书分元、亨、利、贞四篇,元、亨两部分是论前场,利部为科举文常用关键词的类编,贞部论二、三场。其专论第一场的元、亨两部,论八股文的二十七种题式作法,所举之例全是四书文,且都

---

 ① (明)袁黄《举业彀率》,陈广宏、龚宗杰编校《稀见明人文话二十种》上册,第158页。
 ② (明)袁黄《举业彀率》,陈广宏、龚宗杰编校《稀见明人文话二十种》上册,第157—158页。
 ③ (明)袁黄《举业彀率》,陈广宏、龚宗杰编校《稀见明人文话二十种》上册,第158页。
 ④ (明)袁黄《举业彀率》,陈广宏、龚宗杰编校《稀见明人文话二十种》上册,第159页。
 ⑤ (明)李叔元《新锲诸名家前后场肄业精诀》,陈广宏、龚宗杰编校《稀见明人文话二十种》下册,第602页。

是历科乡、会试中的程墨，而没有一篇是属于五经题。且时时"以新科会试元魁玩之"，①可见"元墨"主要指乡、会试中的四书文墨卷。"一句未工，几经推敲，一字未妥，累费推敲，寸心几呕，修髯尽枯，何容易哉？看近科元魁讲中自见。"②而他所举的元魁墨卷即是许獬会试墨卷《畏圣人之言》。在举了诸多新科会试元魁墨卷之后，李叔元说："以上元魁，其缴束处，俱透露隽永，而可舒便舒、可缩便缩，其丰度矩墨不让前辈，所以高压场屋，巍然魁元。"③也就是说，近科这些元魁是因其四书文"高压场屋"才中了魁元的。

此书利部之末录了一些制义名家的"举业"专论，如茅坤的《举业要语》，也仅以四书文为例。茅坤的举业四要对后人影响很大，常被引用。其第一要为"认题"："予尝论举子业，浅视之，则世所剿袭帖括亦可掇一第，苟于中得其深处，谓之传圣贤之神可也。孔、孟学问，宗旨虽同，其间浅深小大，亦自迥别。学者苟以孟子论学之言而搀入孔子，便隔一层矣。予故论为文须首认题。"④可见在茅坤看来，举业的"认题"，即是认四书之题。虽然在"炼格"一则中茅坤说"世之名家往往能深于六经"，⑤但这里他强调的是要写好四书文必须有"深于六经"的修养。茅坤《评八大家文》，最末一家为瞿昆湖文："昆湖会试墨卷，四书义当为第等文字。其他稿虽不见奇伟遒古处，而情词典则，往往令人解颐。科场利器也，非苦心积学必不能到。"⑥

《汤霍林先生衷选大方家谈文》谈到"立格"时说："士得所命之题，亦岂可遽操笔札而为之文哉？必先定其格式于心焉：曰此经题当为某格，

---

① （明）李叔元《新锲诸名家前后场肆业精诀》，陈广宏、龚宗杰编校《稀见明人文话二十种》下册，第602页。
② （明）李叔元《新锲诸名家前后场肆业精诀》，陈广宏、龚宗杰编校《稀见明人文话二十种》下册，第621页。
③ （明）李叔元《新锲诸名家前后场肆业精诀》，陈广宏、龚宗杰编校《稀见明人文话二十种》下册，第630页。
④ （明）李叔元《新锲诸名家前后场肆业精诀》，陈广宏、龚宗杰编校《稀见明人文话二十种》下册，第646页。
⑤ （明）李叔元《新锲诸名家前后场肆业精诀》，陈广宏、龚宗杰编校《稀见明人文话二十种》下册，第647页。
⑥ （明）李叔元《新锲诸名家前后场肆业精诀》，陈广宏、龚宗杰编校《稀见明人文话二十种》下册，第670页。

其分截何在,其纲领何在……"①此处的"经题"不全是指五经题,因为其所举之例全是四书题,如《此谓国》《由也升堂》《亚饭干适楚》等,没有一篇是五经题。

总之,在明代的制义文选家和制义理论家眼中,制义主要是指四书文。他们所树立的元、魁典范,所确立的为文典范,都是四书文的典范。从这个角度看,"以四书文取士"可以从一个侧面表达明人对于科举的认知。

三、"书主理"与"四书文取士"

如果"去取止在头场"不是指"二场三场,置之高阁"现象,而是指考官在对考生三场各体文章进行综合考量的过程中,偏重于四书文,则不能简单地归因于考官的懒政渎职。这种"四书文取士"体现了考官对四书文的思想价值的认知,体现了考官对四书文在科举各文体中的独特价值的判断,甚至体现了一个时代在对待意识形态与学术思想的关系问题上的倾向性。

即使是同为制义的五经文,其受重视的程度也不如四书文。四书文与五经文虽同用排偶文体,但两者所考核的是不同性质的知识体系,这一点必须引起我们的重视。艾南英说,六经的精微尽于四子之书。但作为知识体系,六经毕竟不同于四书。离开科举文化,从经学传统看,五经显然具有更高的地位。但在科举考试中,五经文所考核的是学,而四书文所考核的是理,是文,是载道之文。这也是谈八股文法者不谈五经文而多以四书文为载体的主要原因之一。

晚明顾大韶在谈到《诗》义与四书义的不同时说:

> 夫《诗》义与四书义等耳。然世之名能四书义者,无虑数十百家,而《诗》义则寥寥也。其名能四书义者,辄欲驾先辈而上之。至

---

① (明)汤宾尹《汤霍林先生衷选大方家谈文》,陈广宏、龚宗杰编校《稀见明人文话二十种》下册,第801页。

论《诗》义而及王、唐、瞿、薛、顾、汪、陶、向诸先进,则必逊谢以为弗如。抑又何也?将弗为与?其弗能也。盖《诗》义之倍难工者有二:《书》主理,《诗》兼主情。理可以臆论,而情必期于体物。不近于情,则文而非诗也;近于情而远于理,则魏晋以后之诗,而非商周之诗也。不博乎物,则《诗》之志匿而弗彰。昔王元美论诗,谓一涉议论,便是鬼道。又谓师法欲高,取材欲博。通于此语者,可与言诗矣。①

顾大韶认为,《诗》义的特性是"兼主情",即既像《书》义之说理,又属诗歌之主情,集理与情于一身。"书主理"正是点明四书文的文体性质。

我们可以从这里来讨论四书文与五经文的不同性质和不同的考核目的。朱彝尊说:

试士之法,宜仿洪武四年会试之例,发题先《五经》而后《四书》,学使府、州、县、卫宜经、书并试,亦先经后书。盖书所同而经所独,专精其所独,而同焉者不肯后于人,则经义、书义庶几并治矣。②

这里提出了"书所同而经所独",指的是每一位考生所面对的四书题是一样的,而五经题则各有专经。言下之意,五经题才能考出考生的精专所在。从这个角度看,五经文比四书文重要。"书所同而经所独"的科目设置是值得重视的,如果四书文考核的是理学,五经文考核的是经学,那么,学术可以各有专攻,而意识形态则必须统一规范。

清初学人更多的是从文体角度讨论四书文与五经文的差异,我们可以借助他们的讨论来反思明代四书文与五经文的关系。康熙间徐枚臣说:"论文体,经艺与书艺不同,而《春秋》尤异。盖书艺必体口气立言,而经艺总由后人论断。"③指出在"入口气"的文体要求上四书文与五经文的

---

① (明)顾大韶《诗经野语旧序》,(明)顾大韶《炳烛斋稿》,《四库禁毁书丛刊》集部第一〇四册,第548页。
② (清)顾炎武撰,(清)黄汝成集释,栾保群校注《日知录集释》卷一六,第959页。
③ (清)徐枚臣《春秋正业例言》,(清)金瓯《春秋正业传删本》卷首,《四库全书存目丛书》经部第一三二册,第14页。

不同。而且《春秋》义在文体上也不拘泥于八股格式。

道光间的路德说：

> 经义觇人才学，与四书文迥别，名为制艺，实古作也。若仍以四书文律之，则头场三艺已足定优劣矣，奚必更试以五篇耶？自嘉庆己未，人才辈出，标新领异，各展所长。而《诗经》一艺，六义兼该，凡工词章者尤喜为之。远祖风骚，近宗徐庾，俱无不可。曩曾选刻《五经文澜》，所登《诗经》文润古雕今，无体不备。而用之今日，不无龃龉。窃见近日直省乡试录所载进呈经义，大率轻清谨饬，与四书文无别。其古雅博奥之作，十无一二。恐此后经义亦竟尚白描矣。士生今日，惟当敛才就范，虽有屈宋扬马之才，不得尽情发抒。①

路德认为，五经义的考核是要"觇人才学"，而这一点正是它与四书文的不同之处。他指出当时五经文出现重词章、竞风华的倾向，认为这不应该是五经文的本来面目。他认为，五经文应该追求古雅博奥，与四书文的轻清谨饬不同。若从汉学与宋学的关系看，所谓"实古作也"，指的是五经文的汉学传统，与四书文的宋学传统自是有别。

关于五经文的古雅博奥，嘉、道间司徒德进提出过类似的观点："二场五经文，以不失经旨为要。……作经文与四书文不同，不必拘以理法，只须文气磅礴，古色烂斑，得骚选子史话头来写最妙。若能每经各写本经语，如《诗经》作诗赋体，《春秋》作《公》《穀》体之类，更能出色。然此亦不易事。但能照常格做得词充气沛，笔有余妍，则亦必售之技也。"②把顾大韶所说的"书主理"与路德所说的"经义觇人才学"结合起来看，则四书文的本质是"主理"，乃理学文章；五经文则是学术意义上的经学。尽管宋儒在五经上多有建树，尽管元、明科举五经之试多以宋儒之说为旨归，

---

① （清）路德《饯秋试诗二十八首》，（清）路德《柽华馆全集·柽华馆杂录》，第30B—31A页。

② （清）司徒德进《举业度针》，陈维昭编校《稀见明清科举文献十五种》，第1488—1489页。

但五经之学毕竟有其汉学渊源。

从官方立场来看,在意识形态与学术思想的关系上,意识形态的整肃显然更为重要,更为迫切。四书的理学性质使得它受重视的程度超过了五经。程子曰:"学者当以《论语》《孟子》为本。《论语》《孟子》既治,则六经可不治而明矣。"①为推行其理学,甚至认为六经之学可以不治。故新安陈氏纠正说:"《语》《孟》既治,学正识精,由是而治六经,根本正而易为力矣,非谓真可不必治而自明也。"②朱熹说:"《语》《孟》工夫少,得效多;六经工夫多,得效少。"③说明重《语》《孟》而轻六经,是有其实际原因的。

在谈到明代以一经四书取士的制度时,艾南英说:

> 《易》《书》《诗》《春秋》《戴记》,各占其一以为业;而《学》《庸》《语》《孟》四子之书,则士皆合而治之。呜呼!祖宗朝取士之法,可谓尽伦尽制矣!窥其意,盖以为六经之精微,尽于四子之书也。《诗》三百篇,其引见于四书者,什而六七。圣贤之说《诗》,与诸儒之说《诗》拘牵文义者,可谓殊矣。其语及于《易》《书》《春秋》者尤寡,然而吉凶、消长、进退、存亡之理,若四时行而百物生,无往不寓也。进而告其列国之君大夫,退而与其子弟言政,皆古帝王修身齐家、臧否得失褒讥之林。至于礼乐,尤约言之,乃在视听言动、治其性情之事。④

在艾南英看来,四书已合六经之神。艾南英首重四书的立场甚为鲜明。

清乾隆间蔡焯在为陈兆仑的《紫竹山房制艺全稿》作序时说:

---

① (明)胡广、(明)杨荣、(明)金幼孜纂修,周群、王玉琴校注《四书大全校注》,第311页。
② (明)胡广、(明)杨荣、(明)金幼孜纂修,周群、王玉琴校注《四书大全校注》,第311页。
③ (明)胡广、(明)杨荣、(明)金幼孜纂修,周群、王玉琴校注《四书大全校注》,第311页。
④ (明)艾南英《今文待序篇中》,(明)艾南英《天傭子集》卷一。

先生（指陈兆仑——引者）曰：古人立言有本，其成也有物。四子艺又言之纯粹精者也，无稽弗询而可以与于言乎？所谓本且物者何耶？理与事乘之以载者是已，理于六经，事于二十二家之史，理实而幻，事同而歧，旁见侧出，于子林说部以极类而尽变，而四子书为之总。是四子书者，经史百氏之大纲，而经史百氏其目也。世未有以空纲致物者。今为四子艺，废经史百氏，是弃纲而操绳者也。今夫古服物礼器，见者亦罕矣。得图款而摹识之，亦驯与古会焉。①

提出四子书为经史百氏之大纲。张之洞旗帜鲜明地说："《四书》一编为群经之纲维，万理之渊海。"②正是基于四书的理学性质。一方面，不通群经决不能通四书；但另一方面，由四书而通群经，则可以提纲挈领，妙会万理。

在清代，四书文的重要性并非迟至乾隆朝才超过五经文。康熙"二十四年议准，会试第一场，四书题目恭请钦定……五经及二三场题目仍令考官拟出"。③ 雍正壬子谕礼部："制科以四书文取士，所以觇士子实学，且和其声以鸣国家之盛也。"④只是到了乾隆二十二年之后，五经文移至第二场，才出现了这种极端现象："盖中式后进呈者，惟四书首艺。闱墨之刊刻者，亦只首艺。其余文字，皆束置如弃。虽有磨勘，亦属具文。"⑤于是，在清代，"四书文取士"就成了一种流行的说法。钱大昕说："乡、会试虽分三场，实止一场。士子所诵习，主司所鉴别，不过四书文而已。"⑥阮元则在其学海堂里让诸生作《四书文源流考》，诸生对四书文源流的探讨颇具学术史深度，但阮元并未让学生探讨五经文之源流。清代的院试也是以四书文为主。钟毓龙谈到清代院试初试后，例有复试："然县、府试复试之题，除《四书》题外，有经题、诗赋题、策论题、算学题等，任考生自择，不

---

① （清）陈兆仑撰《紫竹山房制艺全稿》卷首，光绪三年长沙重刻本，第 3A 页。
② （清）张之洞撰，赵德馨主编，吴剑杰等点校《张之洞全集》，第 210 页。
③ （清）昆冈等修《钦定大清会典事例》卷三三一。
④ （清）昆冈等修《钦定大清会典事例》卷三三二。
⑤ （清）福格《听雨丛谈》卷四，第 68—69 页。
⑥ 转引自（清）顾炎武撰，（清）黄汝成集释，栾保群校注《日知录集释》卷一六，第 957 页。

能者不强,仍以《四书》题之八股文为主。院试提复,则纯用《四书》题……"①

清人不仅把清代的科举取士制度称为"四书文取士",而且认为明代也是以"四书文取士"。嘉道间阮元说:"唐以诗赋取士,何尝少正人,明以《四书》文取士,何尝无邪党。惟是人有三等,上等之人无论为何艺所取,皆归于正;下等之人无论为何艺所取,亦归于邪。中等之人最多,若以《四书》文囿之,则聪明不暇旁涉,才力限于功令,平日所诵习,惟程朱之说,少壮所揣摩,皆道理之文,所以笃谨自守,潜移默化,有补于世道人心者甚多,胜于诗赋远矣。"②贺熙龄也说:"四书文取士垂数百年矣。"③把明代以来的三场取士制度称为"四书文取士",都是旨在强调四书文在科举诸文体中的独一无二的重要地位。

"四书文取士"意味着,在明、清科举中,理学考核具有主流意识形态嵌入的性质。

---

① 钟毓龙《科场回忆录》,第27页。
② (清)阮元《四书文话序》,《揅经室集》续三集卷三。
③ (清)贺熙龄《习矗斋惠斋两先生时文稿序》,(清)贺长龄、(清)贺熙龄撰,雷树德校点《贺长龄集·贺熙龄集》,第36页。

第二章 明代乡、会试帘内考官与明代官制结构

中国古代选举制度经历过荐举、征辟、察举、九品中正制等不同形态，与察举等选拔制度不同，隋代以来的科举制度最大的特征是"以文取士"，即采用特定的文体以考核士子的才能。比如唐代采用帖经、墨义、诗赋、策论等文体，宋代采用大义、诗赋、策论等文体，元代采用经疑、经义、诏、诰、表、策等文体。明代科举采用三场试士制度，三场分别采用制义、论、表、诏、诰、判、策等文体。这种"以文取士"制度以文章作为考官与考生之间的中介，避免了因人定去取的人为因素，这对于来自不同社会阶层的考生来说，是一种公平的选拔制度。

在科举时代，曾出现过一些关于某人素有文望却于场中落选的记述。记述者往往于此要表达科名自有命定的宿命观，但从另一角度看，这正反映出科举制度不因人取士，而是"以文取士"的公平性。比如，顾起元妻子的祖父王銮（字汝和，号西冶）为诸生时即有文名，府尹请他为塾师。府尹于正德丁卯为顺天乡试考官，在填写录取名单时不见王西冶名字，便对主考官说，王銮是应天府学中的优秀人才，国士无双，如果没有此人名字，此份录取名单缺乏说服力，不可出榜！是科应天参试者三十名，主考拆卷至第二十九名，仍不见王銮名字，但时间已到，只好填榜上交。之后拆开案上第三十份卷子，正是王銮之卷。于是顾起元感叹："登第有定命。"①王銮并没有因为平时的名气而被录取，因为考官是根据自己的衡文标准取士的。

---

① （明）顾起元《客座赘语》卷五，第186页。

嘉靖间归有光参加乡试之前就素以博洽而享盛名。嘉靖十九年，张治为应天府乡试主考官，阅至归有光的卷子，大加叹服，称为天下士，但因其本经文写得古奥难识，最终还是没有取为榜首。张治自认为是独具只眼能识归有光的伯乐。二十九年庚戌科会试，张治任主考官，特别叮嘱同考官章焕说："你是归有光的同乡，一定能读出哪份卷子是归有光的。"章焕也自谓志在必得。当他阅至一份用词古奥的卷子时，便推荐给张治说："这必是归有光无疑！"张治再加细读，喜出望外："这真是归有光卷子。"即把此卷拟定为会元，并对此科知贡举官徐阶说："这第一名卷子必定是归有光的，当年我主试应天乡试没取他为第一名，深以为憾，这一次一定要取他为会元。"但是，等到拆卷时，发现不是归有光，而是傅夏器。张治大为失望，感叹："归生负我！"①考官首先面对的是归有光的文章，其去取以文章的优劣为准。

袁中道，字小修，万历十五年初次参加乡试，三十一年始中举人，然文名已远播。三十五年丁未科会试，礼部左侍郎李廷机知贡举，考试官为杨道宾、黄汝良。袁中道参加了此科会试，同考官顾天埈、李腾芳、汤宾尹、姚文蔚等久闻袁中道之名，雅重其才，阅卷时都颇予留意。阅卷数日，姚文蔚忽于半夜以纸片驰示顾天埈和李腾芳，纸上写着："阿胖已落吾手矣。"阿胖为袁中道的外号，意思是根据试卷内容，姚文蔚认为袁中道的卷子已在他手中。顾、李二人看了卷子之后说："不是袁中道的文字。"再阅至《书经》二房，见一卷有气骨，几位同考惊喜地说："这个一定是阿胖的卷子了。"便建议定此卷为《书经》魁首，但主考官甚不以为然，结果定该卷为经二房之房首。等到最后拆号填榜时，才发现依然不是袁中道的卷子。②

从这三则记述可以看出，考官张治、府尹、姚文蔚等之所以"按图索骥"，目的是要求得名实相符的真才，但从他们最终未能如愿，可以看出科

---

① （明）袁黄《游艺塾续文规》卷三，（明）袁黄撰，黄强、徐姗姗校订《〈游艺塾文规〉正续编》，第210页。
② （明）袁宏道《墨畦》，（明）袁宏道《钟名伯增定袁中郎全集》卷一一，《明代论著丛刊》本，第598—599页。

举"以文取士"有它的相对公平性,"以文取士"为大多数的考生提供了公平的机会。

"以文取士"的具体过程是考官命题、衡文、定去留、排名次,其执行主体就是考官,是考官在执行"以文取士"的职责。丘濬说,考场"分帘内外以隔绝交通之弊,自帘以内,考试官主之;自帘以外,监试官主之;而提调官则兼总内外焉"。① 会试考官群体由知贡举总其事,乡试考官群体由监临总其事。考官群体分帘内官与帘外官,帘内官为主考官、副主考官与同考试官。首先决定举子入围的是房考官,但主考官具有最后决定录取与名次的权力,万历十四年丙戌科会试,主考官王锡爵立意以简劲风世,故取袁宗道为会元。"榜初出,人望不甚归,太仓公岸然不屑。"②尽管公众舆论不认同此榜,但主考官王锡爵可以"岸然不屑"。在命题、衡文、取士等关键性环节,主考官具有相对的决定权。同时,主考官的衡文取向甚至影响到同考官,该科同考官杨起元在《书经》二房,已经初拟了十八份卷子入围,但同考官陆葵石看了他所取的卷子之后说:"今公所取,皆平平无奇者,恐不足当荆石先生之鉴赏。"③荆石先生即主考官王锡爵。于是杨起元遍游各经房,发现他们所取的卷子都是"新奇出色,可喜可玩",众同考官已经投王锡爵之所好而取士。于是杨起元回到自己的经房,在落卷中重新取出十六卷,可见王锡爵的衡文标准引导着该科取士的方向。

从理论上来说,帘内官是实施朝廷科举功令的官员,其命题宗旨与衡文标准自然应该是与官方功令相一致,但事实上并非如此。陶望龄于万历三十一年典应天乡试,曾提出官方"信令"与考官"怜材"之间的矛盾。他说:"臣自持槖以来,至滥官次,每比岁,所闻广厉条令甚饬,然仍陋踵误,无损其故而加侈焉。法之所禁,下之所趋。当事者往往虑信令与怜材不能两遂,而士亦谬信以为主司之好果异于令也。夫谓材也而曲收之,谓材也而曲废之,以为号也,举不足以服天下而洒濯其心。若臣所谓材,则能奉诏令者也,守经制者也。舍是,非臣所谓材也。夫好高嗜胜,士之恒

---

① (明)丘濬撰,金良年整理《大学衍义补》卷九,第95页。
② (明)沈德符《万历野获编》卷一六,第416页。
③ (明)袁黄撰,黄强、徐姗姗校订《〈游艺塾文规〉正续编》,第475页。

态也。夷为之途而不必入,宽为之格而不必趋。惟齐之以至一,而守之以至严,若悬的以射,取决径寸,而万镞赴焉,然后乐尽其心,而务展其力。善程士者,不能梏其好高嗜胜之心,而能轨之于正,一而精之。故上无失法,而下无失人。"①所谓"信令与怜材不能两遂"实际上指的就是官方功令与考官好恶的不统一,而应试举子也确信其间的差异而致力于捕捉考官的好恶。命题考官对四书的理解、对经学的理解、对当务之急的经学命题的选择、对考试制度的利弊的认识,对应试士子的学风、文风的认识,等等,都影响到其对四书文试题的选择、命定。

  考官的水平也影响到其所选人才的质量。要选拔出千里马,首先必须有伯乐。明代乡试、会试的主考官、同考官的聘选经历了从一开始的以翰林官为主、地方儒学教官为辅,到全部以京官(翰林院、詹事府、给事中、部曹)充任的过程。前期充任考官的地方儒学教官有一些是会试落榜者,"以此身份出任选拔进士人选的会试考官,无论在逻辑还是能力上显然都缺乏说服力"。②如正统六年,江西乡试中式举人胡皞的《易》义把九五阳刚误作六五柔顺,但考试官礼部主事林璧、湖广岳州府通判林文秸、同考官浙江鄞县儒学致仕教谕钱绅却没有看出问题,反而把其文录入《乡试小录》中。后来,随着明代中后期乡、会试考官逐步用京官,衡文取士的水平也随之得到普遍的提高。

  影响考官"以文取士"的因素还有朝廷的政治生态,这主要是因为考官与政府官员之间的关系问题。一方面,考官是由朝廷聘任的朝官或地方员,另一方面,由于明代的选举制度是举子一旦获得出身,便予授官,所谓"一入词林,更不外补,二甲之除,犹为部属",③故无论是选拔者(考官)还是入选者(考生),都是朝廷政治生态的一部分,因而考官的"以文取士",从命题至衡文、取士,整个过程始终牵动着朝廷的政治。

  因此,在我们对明代乡、会试四书文命题进行讨论之前,有必要对明

---

  ① (明)陶望龄《癸卯应天乡试录序》,(明)陶望龄撰,李会富编校《陶望龄全集》上册卷三,第138页。
  ② 郭培贵《中国科举制度通史·明代卷》,第320页。
  ③ (清)顾炎武撰,(清)黄汝成集释,栾保群校注《日知录集释》卷一七,第1016页。

代科举中的考官制度进行梳理,尤其有必要对命题的执行主体——主考官的来源、聘任、职责进行讨论。

第一节　帘内考官的选聘

鉴于元朝因权豪势要攫取高位,使得真正的贤才耻于仕进,甘隐山林,朱元璋特重科举,要"使中行文武,皆由科举而选,非科举,毋得与官"。① 洪武三年庚戌科乡试,中式者七十二人,未及会试,悉授予官职,可见当时政府机构急需管理人才。但是,举行了两科乡试、一科会试之后,洪武六年,朱元璋决定停止科举,其原因是"有司所取多后生少年,观其文词,若可有为,及试用之,能以所学措诸行事者甚寡"。② 于是罢科举,令有司察举贤才,以德行为本,而文艺次之。至洪武十七年三月,朱元璋命礼部颁行科举程式,重启科举,正式设定乡试、会试各种程式。乡试、会试考官制度也从此开始健全起来。由于洪武至永乐间,国家多故,有关考官的官方记录也多有阙失。清代黄崇兰说:"洪、永间,国家多故,百官触法坐削籍仆碑,故考官姓氏多佚。"③他所编的《贡举考略》所记洪武间乡试,往往只有应天、江西、河南、福建等三五个省,其他多失载。有的乡试主考官记录不全,如洪武二十六年癸酉科仅有河南乡试四书文首艺题目和解元姓名,考官姓名则付诸阙如。直至嘉靖七年之后,各省乡试考官情况的记录才渐渐齐全。

明代乡、会试考官分为帘内官和帘外官。知贡举官、监临官、提调官、监试官、巡绰官、弥封官、誊录官、对读官等为帘外官,主考官和同考官为帘内官。负责命题、阅卷、取士工作的正是帘内官,下面我们主要考察明代乡、会试帘内官。

帘内官直接与衡文取士事务相关,其命题合理与否,衡文公平与否,取士能否名实相符,所有这些,不仅要受到朝内外官员的监督,也受到社

---

① (明)王世贞著,魏连科点校《弇山堂别集》卷八一,第1539页。
② (明)王世贞著,魏连科点校《弇山堂别集》卷八一,第1543页。
③ (清)黄崇兰辑《贡举考略》卷一。

会广泛的关注。因而帘内官的选聘就关系着考务的成败。

明代科举帘内官的选聘制度一直处于变动、优化的过程中。洪武三年，应天府乡试，主考官为前御史中丞刘基、待制秦裕伯，因为是首都，考试官用的是朝官，而各省的考试官则为当地教官，如江西乡试主考官为蔡深(字渊仲，江西乐平人)，元时为徽州路学教授。副主考官曹孔章(字子文，长兴人)，任乌程教谕、湖州教授。四年会试，主考官为礼部尚书陶凯，副主考官为前翰林院侍讲学士潘庭坚；应天乡试主考官为兵部尚书吴琳，副主考官为司业宋濂；福建乡试主考官为鲍恂(字仲孚)，元时为温州路学正，副主考官宋僖(字无逸)，元时为繁昌教谕。洪武二十年河南乡试主考官为饶佃(字仲恭)，其官职为纪善，乃亲王之属官，掌讲授之职。副主考官为滕克恭，字安卿，元顺帝至正二年进士，累官至集贤院直学士。洪武间曾两次任河南乡试考试官。此二人已非一般的教官。永乐六年，顾文以教谕身份任江西乡试主考官，而此科福建乡试主考官郑宏则是郎中之职。可见，明初会试及京畿乡试，考试官均为朝官，而各省乡试的考试官则为当地教授、教谕、学正。

景泰三年，"令凡科举，布、按二司会同巡按御史公，同推保见任教官年五十以下，三十以上，平日精通文学、持身廉谨者，聘充考官"。① 即由各省布、按二司会同朝廷派下来的巡按御史推举教官来充当考试官，于是教官主试遂为定例。

成化元年，两京及会试的主考都出自朝命，各省则四面访请有学行者，儒士亦在所聘，后专用教官，刻文取士，御史主之，故主考多缺。②

成、弘间曾有过一些改革的提议，成化十五年，监察御史许进上言：

国家以科目取士，慎选考官，甚为详备。近各布政司每遇开科，辄拘私情，所聘以为考试及同考试官者，多非其人，以致校阅不精，有遗才之弊。窃见两京俱命翰林官主试，故所取得人。乞各布政司亦

---

① (明)李东阳等重订《正德大明会典》卷七七。
② (清)黄崇兰辑《贡举考略》卷二。

如两京例,命翰林官主考为是。①

但宪宗以"布政司乡试自聘主司,乃祖宗旧制"为由否定了许进的提议。

弘治四年,"令各处提学官,平日巡历地方,将教官考定等第,以备科举聘取"。② 这些教官,有的是来自前科会试下第者。弘治十七年开始,各省乡试渐有用京官者。此年礼臣上言:"各省主考宜用京朝官为之,不拘现任、致仕。"③结果杨廉以服阕主试浙江乡试,王守仁以病痊主试山东乡试。考试结束后,言官弹劾杨廉不孝、王守仁不忠,此法遂不推行。

嘉靖七年,世宗听从张璁之请,遣京官翰林部科等官每省二人,典各省乡试,而教官之用渐少。至万历四年乃用知县分校。

全面实行京官或进士主试各省乡试的是万历十三年的改革,在礼部的奏请中,明确规定在"礼节坐次之间……典试诸臣,在监临、提调之上"。④ 自此年始,各省主试复用京朝官二员,自此成为定制。⑤ 浙江、江西、福建、湖广四省为科举大省,由翰林编修、检讨主考;其他省则派六科给事中及礼部主事主考。

乡试同考官方面,景泰之前,各省乡试同考官由地方儒学教官与耆儒组成。景泰三年,定两京乡试考官仍用翰林,各省考官不再用"耆儒",只由布政司和按察司会同巡按御史在本省教官中推举五十岁以下、三十岁以上,"平日精通文学、持身廉谨者"充任。二司和巡按对乡试主考官的聘选有直接决定权。同考官的人数于天顺三年之后随着考生人数的增加而逐渐增多。天顺三年,顺天府尹王福上言,称本府应试生员中《春秋》《礼记》二经人数少,而《诗》《书》《易》三经每经有四五百卷,请求《诗》《书》《易》三经每经增加同考官各一员,获准。南京乡试也依此例。

洪武、建文间,应天府乡试有特殊的地位,洪武三年庚戌科,应天乡试的主考官为御史中丞刘基、治书侍御史秦裕伯,同考官为翰林侍读学士詹

---

① 《明宪宗实录》卷一九八,成化十五年十二月壬子朔。
② (明)李东阳等重订《正德大明会典》卷七七。
③ (清)黄崇兰辑《贡举考略》卷二。
④ (明)王世贞撰,魏连科点校《弇山堂别集》卷八三,第1587—1591页。
⑤ (明)杨廷枢、(明)钱禧辑评《皇明历朝四书程墨同文录》第一三册。

同、弘文馆学士睢稼、起居注乐韶凤、尚宝丞吴潜、国史编修宋濂。永乐之后，乡试分两京与十三布政使司。其中，两京乡试的考官聘选较为特别。乡试之年八月开考之前，由府尹奏请钦命主考官。永乐元年始，"应天府各科乡试主考官的选任一般出自翰林院及春坊司经局官"。虽然明成祖于永乐十九年始正式迁都北京，但永乐十二年起，北京行部乡试主考官也由皇帝钦命翰林、春坊官担任。① 迁都北京之后，应天府乡试考官的选聘仍然保持高规格。"主应天试者，自正、嘉以来，必用宫僚及讲读，近则讲读亦少，惟万历壬午副考以修撰沈公懋孝耳。考前此永乐癸未则编修王达，戊子则检讨王洪，甲午则编修周述，正统丁卯则检讨钱溥，成化乙酉则编修彭华，皆主应天试。编检得主乡试两京，先朝之制固然。尔时若宫坊史官主会试，亦恒有之，自成化后则制乃大异矣。"②

至嘉靖六年，两京乡试，除主考照例奏请简命礼部，仍会吏部于两京六科部属等官内访举，每经一员，随考试官入院，各总校本房，其余仍用教官。各布政司预呈礼部，亦会举京官或进士，每处二员，主考监临官不许干预内帘职事。③

嘉靖四十三年，礼部批覆南道御史史官所陈两京乡试革弊事宜疏："今后两京主考不用本省人，如资序挨及，南人用北，北人用南，以别嫌疑。"④同考用京官进士出身者，《易》《诗经》各二员，《春秋》《礼记》各一员，其余参用教官，以便觉察。隆庆元年，直隶提学、御史耿定向在有关科场事宜的奏疏中提出："两京乡试主考宜简学行兼长者，毋拘年资。"⑤

关于明代会试帘内官的选任，据郭培贵《中国科举制度通史·明代卷》，第一，永乐之前，聘选考试官，唯以品学声望，而不论官阶高低。第二，自永乐起，会试考试官由内阁于大学士、学士等官内具名奏请钦命，即会试考试官必须是阁臣或翰林学士，由内阁提名，皇帝钦命。由二员阁臣主考会试的定制虽迟至天启二年始定，但永乐初年已出现这种情形。不

---

① 郭培贵《中国科举制度通史·明代卷》，第146页。
② （明）顾起元《客座赘语》卷三，第73页。
③ （明）申时行等重修《明会典》卷七七，第1796页。
④ 《世宗肃皇帝实录》卷五三一，嘉靖四十三年闰二月三日。
⑤ 《穆宗庄皇帝实录》卷六，隆庆元年三月十五日。

过,自永乐至天启之前,"凡遇会闱,以阁臣典试,而詹、翰一人副之",①仍是常例。自天启二年至崇祯十六年八科会试,各科两员主考皆命阁臣充任。第三,随着阁臣充任会试主考的常态化并形成定制及其加官品级的不断提高,充任主考的官员品级也在不断升高中。第四,隆庆、万历时期,由阁臣充任主考已成定制,会试之前,主考官人选已可预知。②

可以看出,明代会试主考试官的身份和品级越来越高,也越来越接近政治漩涡中心。洪武四年会试,考试官是陶凯和潘庭坚,陶凯是嘉议大夫礼部尚书,潘庭坚虽为告归官员,但也非等闲之辈。潘庭坚,字叔闻,当涂人。元末为富阳县教谕,曾是朱元璋为吴王时的翰林侍讲,因年事已高而告归。洪武四年,复召主会试。③ 洪武十八年会试,聘任时已告归官员聂铉为副主考。聂铉,字器之,洪武四年进士,曾献《南都赋》及《洪武圣德诗》,授翰林院待制,后赐归。洪武十八年复召典会试。④ 把这些已经告归的前翰林复召为会试考官,无非是借重于他们已有的名望。他们也曾是政治漩涡中心的风云人物。总之,会试主考官是整个政治生态中的焦点人物。

洪武十八年定,会试主考官二人,由翰林官担任。据《明会典》载:"凡两京乡试及会试考试官,礼部奏行本院,会试于大学士、学士等官,乡试于春坊、司经局及本院讲读修撰内,内阁具名奏请钦命。"⑤张位、于慎行《词林典故》:"凡会试主考,或钦命中堂一人,以詹、翰一人为副,或俱用詹、翰。"⑥由大学士担任会试主考官,副主考官则在詹事府或翰林院选聘。两京乡试及会试考试官,由礼部奏行内阁,由内阁提名,被提名对象是大学士、学士等官及詹事府、春坊、司经局官员,最终由皇帝确定任命。

---

① 《明熹宗实录》卷一九,天启二年二月辛未。
② 以上内容见郭培贵《中国科举制度通史·明代卷》,第304—319页。
③ (清)徐乾学等撰《徐本明史列传》,周骏富辑《明代传记丛刊》第一册卷一四,第533—534页。
④ (清)徐乾学等撰《徐本明史列传》,周骏富辑《明代传记丛刊》第一册卷一四,第454页。
⑤ (明)申时行等重修《明会典》卷二二一,第4384页。
⑥ (明)张位、(明)于慎行《词林典故》,《四库全书存目丛书》史部第二五八册,第268页。

宣德五年会试，主考官王英，其身份是右春坊大学士兼翰林院侍讲学士，是詹事府官与翰林官的双重身份。宣德八年会试主考官是户部尚书兼武英殿大学士黄淮，副主考是詹事府少詹事兼行在翰林院侍读学士王直，同考试官由詹事府右春坊右谕德黎恬、翰林院侍讲刘永清及部曹、地方儒学教官组成。"正统四年奏准，会试考官翰林、春坊专其事。京官由科第有学行者，兼取以充，教官不许。"①至天启二年，会试的正副主考都由内阁大学士担任。

可以说，内阁对两京乡试及会试考试官人选的聘选具有决定性影响。

会试同考官方面。明初，由于人才的匮乏，会试也有用前朝（包括朱元璋的吴政权）的翰林、贡士，地方官学的教授、教谕者，如洪武四年的考试官就有前贡士鲍恂。至洪武十八年，"令会试主考官二员，并同考官三员，临期具奏，于翰林院官请用。其余同考官五员，于在外学官请用"。②宣德五年会试的同考试官就有地方府学教授程赐、县儒学教谕熊子维、杨寿夫，熊、杨为儒士出身。

正统元年，同考试官八人，第一名为太常寺少卿魏骥，第二名右春坊右谕德黎恬，后六人全为翰林官。正统四年会试，同考试官八人全是进士出身，前四人翰林官，第五人童孟韬为宗人府经历，第六名洪英为承德郎、行在吏部考功清吏司主事，第七名金实为奉议大夫、卫府左长史，第八名为浙江等处提刑按察司佥事花润生，全不用地方儒学教官。

但到了正统七年会试，同考官的聘选又有新变化，其中有知县陈员韬（庚戌进士）、京卫武学教授纪振（戊戌进士）和湖广永州府祁阳县儒学教谕彭举（甲午贡士）。正统十年会试同考官有府儒学教授刘惟勉、县儒学教谕严敏、县儒学教谕董谘，都是贡士出身。正统十三年会试，同考官八人，前四人为翰林官，后四人为府儒学教授孙曰让、县儒学教谕林勤、县儒学教谕陈宾、县儒学训导蒋辅，都是贡士出身。

至景泰时，礼部尚书胡濙上言："翰林院及春坊以文艺为职业，宜专其

---

① （明）申时行等重修《明会典》卷七七，第1800—1801页。
② （明）申时行等重修《明会典》卷七七，第1800页。

事,京官由科第有学行者,宜兼取以充,教官不许充,请着为令。"①"以文艺为职业",即由翰林及春坊官阅卷,能够更好地把握各科举文体的"艺"的特点。正德六年,令增会试用同考官共十七员,翰林官十一员,科部各三员,内分《易经》四房,《书经》四房,《诗经》五房,《春秋》二房,《礼记》二房。②

万历十四年丙戌会试,"是科同考试官用科臣议,广额一员,十八房自此始"。③ 万历四十四年丙辰会试,"是科房考始用二十人"。④ 天启五年乙丑科会试,"是科房考止用十五人"。⑤ 崇祯四年辛未会试,"是科与甲戌同考皆十八人"。⑥

通过对帘内官的来源、官阶、文化构成的考察,我们对明代四书文命题的文化环境、制度环境可以有一个总体性的认知。

第二节 考试官的职责

明代的考场,自入院至撤棘,考官锁于贡院中约二十天。而在这过程中,除了命题、阅卷、取士等正事之外,考官们是如何度过这二十天的?从相关资料来看,考官们于阅卷衡文之余,有时也会作诗消遣。天顺七年会试,主考官为彭时、钱溥,共分十二房,同考官有杨守陈、王廷贵等十二人。先是杨守陈作诗四首,同考官们纷纷作诗和之,最后杨守陈又再和二十首,并将这些诗写成长幅,请副主考钱溥题序于诸作之首。杨守陈声称,历来考官试士,多有于闱中作诗者,如宋代欧阳修即有《礼部贡院阅进士试》的名诗,闱中作诗并不妨废科举之校文。景泰七年,太常寺少卿兼翰林院侍读刘俨主顺天府(今北京)乡试,刘俨为人,端介不阿,因当时内阁大学士陈循、王文并以其子私属刘俨,刘俨拒不徇私,因而遭到陈、王的弹

---

① (明)余继登《典故纪闻》卷一二,第 223 页。
② (明)申时行等重修《明会典》卷七七,第 1801 页。
③ (明)杨廷枢、(明)钱禧辑评《皇明历朝四书程墨同文录》第一三册。
④ (明)杨廷枢、(明)钱禧辑评《皇明历朝四书程墨同文录》第一三册。
⑤ (明)杨廷枢、(明)钱禧辑评《皇明历朝四书程墨同文录》第一四册。
⑥ (明)杨廷枢、(明)钱禧辑评《皇明历朝四书程墨同文录》第一五册。

劾。在王文的弹劾中,"近年以来"的科场不法现象:有的受赃卖题,有的入贡院之后即腌肉喂牲口,有的是酣饮高卧全不视考卷,等到揭晓填榜的时候,仍在酒意之中,朦胧醉眼,不分美恶,任意批取。王文是为了弹劾刘俨此次乡试录取不公,便将刘俨的衡文取士描述成酒意朦胧中的瞎取。不过他说得如此具体,比如入贡院后腌肉喂牲口、酣饮高卧,恐非虚言。严嵩也曾提到首场前一天考官揭书出题完毕,"各色匠厨人役、釜灶食饮诸物毕具一堂,灯烛辉映,煬燎熏炙"①的情形,这也让我们看到了明代闱中的烟火气。

当然,这些只是入院后考官的花边新闻,考官的真正职责是衡文取士。

科举者,以科目取士,网罗天下英才,使野无遗贤,沧海无遗珠,"使天下皆曰科举真足以得贤才,斯善矣"。② 国家养贤以学校,取之于科目。考官不仅有责任选拔来自各级学校的生员,对于那些在会试、乡试之前已是文名藉甚的士子,考官尤以错失遗珠为耻。嘉靖二十九年会试,主考官张治叮嘱同考官章焕一定要留意归有光的卷子,万历三十五年会试,同考官顾天埈、李腾芳、汤宾尹、姚文蔚等同时留意袁中道的卷子,已经到了魂牵梦绕的程度,他们这样做并不是出于结党营私的私心,而是把能够网罗天下名士视为考官的荣耀。对于一位主考官来说,最高的评价无过于"时称得人"。据彭韶《云南丘副使拙庵公墓表》,"辛卯浙江乡试,公(指丘山,字安重——引者)自帘外以凤望入补帘内,所举士,时称得人。壬辰满三载,考绩赴京,擢江西道监察御史"。③ 冯琦为汪镗作传,称"先生三分校礼闱,以及是役,所收多知名士,其后多为名公卿大夫云"。④ 万历间黄洪宪在申辩自己作为主考官的业绩时说:"伏念臣行能浅薄,滥厕清华,十有九年,无一善状,惟是一再典试,矢公矢明,以求无负皇上抡才至意。每

---

① (明)严嵩《南省志》,(明)严嵩《钤山堂集》卷二七,《故宫珍本丛刊》第五二六册。
② 《正统元年会试录序》,龚延明主编《天一阁藏明代科举录选刊·会试录》上册,第55页。
③ (明)彭韶《彭惠安集》卷七,《文渊阁四库全书》本。
④ (明)冯琦《远峰汪先生传》,(明)冯琦《冯用韫先生北海集》卷一三。

贤书一出,远近称为得人,谁不知之?"①由其典试的会试所选拔的人才得到了朝廷的认可,得到了社会的公认,这就是考官的职责与荣誉。

为了达到这个目的,以考试官为首的帘内官必须在命题、衡文、取舍与排名等重要环节尽心尽责。

一、自主权

帘内官是在知贡举官或监临官的领导下进行科举的具体工作的。但是,在命题、衡文、取士上,帘内官有相对的自主权。科举以命题、阅卷、录取为核心,这些都由帘内官负责。为了防止作弊,功令规定,不允许帘外官干涉帘内事务。一般情况下,帘内官与帘外官各司其职,但有时知贡举官或监临官还会直接干预考生的录取或考试录的选编。景泰三年规定,各省教官由布、按二司会同巡按御史公同推保,这一做法,导致另一个弊端的出现,即在录取人才方面,巡按御史大权独揽。据黄崇兰《贡举考略》,成化元年,两京主考官出自朝命,"各省则方面访请有学行者,儒士亦在所聘。后专用教官。刻文取士,御史主之。故主考多缺"。② 所谓"主考多缺"应是指因御史、给事中直接拥有取士之权,所以在这部《贡举考略》中,这一时期的各省乡试主考官多有失名者。自此科至弘治十四年辛酉科,除两京乡试外,各省乡试的主、副考官的姓名大都未详(有个别例外)。成化十三年科场条例即规定"不许监临等官干预"。③ 弘治四年,更是给予考试官以独立自主权:"令各处乡试,帘内事不许帘外干预,考官务以礼待,不许二司并御史欺凌斥辱。文章纯驳,悉听去取,不得帘外巧立五经官以夺其权。"④正德十年,南京礼科给事中徐文溥上言"重选举五事",其四曰:"近年场屋之权一归御史,二司俯仰承风,考官局缩听命,五经分校于各所,去取一听于监临,且据所习之经以为所举之首,或用字号以示内帘,或进帘内以谕己意,或临榜而执卷强填,或割榜而私自换易,为

---

① (明)黄洪宪《碧山学士集》卷八。
② (清)黄崇兰辑《贡举考略》卷二。
③ (明)申时行等重修《明会典》卷七七,第1792页。
④ (明)李东阳等重订《正德大明会典》卷七七。

弊多端，所害不少。"并提出"今后御史专令纠察奸弊，毋得仍前侵夺，如违旧制，或专恣，听考官指实陈奏，二司互相纠举，吏部严加访察，黜之示戒"。①

嘉靖十年，浙江巡按御史李信言："各省乡试考官宜会同监临等官揭书出题，考试官取定试卷，先期将号数发出，听监临官参之墨卷，以定去取。"②对此，礼部覆议："考试、监临，各有职掌。先大学士张孚敬题奏，各省外帘官豫结生徒，密通关节，不公之弊，莫甚于斯。今复令外帘官参之墨卷，不惟非祖宗糊名易书之法，亦非今日补偏救弊之意。宜照先奉钦依事例，未出榜之前，监临官不许干与，以挠职守；出榜之后，内帘果有不公等弊，据实纠举。"世宗上谕："各处乡试事宜，俱照原题准事例行，监临并外帘官不得干与，主考官务同分考官从公揭书出题，三场策题亦不许主考官预构，以防奸弊。以后会试俱遵照行。乡试录提调官与考试官序名只照旧规，不许更变。"③嘉靖四十三年，礼部覆南道御史史官所陈两京乡试革弊事宜，再次强调"各省务精选才望内帘官，无令外帘干预去取"，"解原卷到部，以凭稽查，不用公据得旨。各省乡试但照旧规，令监临官公同考官揭书出题，提调、监试等官不得干预，余皆如议行"。④

在考试事务中，虽然帘外官与帘内官各司其职，但既是科目取士，那么，帘内官的地位尤为重要，这一点在入院宴席仪式上也体现出来。知贡举为全面负责考试事务的官员。但在考试事务中，帘内考官更重要。而从考官与中式士子的关系来看，知贡举官、监临官与中式士子的关系不如帘内官来得更加密切。虽然中式士子名义上也是知贡举官的门生，但往往只是名义上的。清代董含在谈到知贡举官的时候说，知贡举官享有文望之殊荣，不仅录取的士子要以门生之礼谒见，门生以后成为考官，也必须带着他的门生拜见师公，于是就出现了"往往有门孙之门孙相聚一时者"的一幕。但门孙太多，"然或终身不识一面，或相遇如路人。世谊既

---

① 《武宗毅皇帝实录》卷三二，正德十年十二月二十三日。
② 《世宗肃皇帝实录》卷二四，嘉靖十年四月十四日。
③ 《世宗肃皇帝实录》卷二四，嘉靖十年四月十四日。
④ 《世宗肃皇帝实录》卷五三一，嘉靖四十三年闰二月三日。

疏,情分益薄,事虽盛而实则衰,不足荣也"。① 相比之下,帘内官更直接决定士子的命运。

二、命题、阅卷、取舍、填榜

凡会试,其陛辞、入院、命题、按经分房阅卷、呈卷、填榜等,均有详尽严格的程序。钦命主考官之后,命下之日,礼部堂上官送聘,行拜礼,次日考官辞朝。候礼部请赴宴。正主考中席,礼部正卿左席,副主考右席,俱上坐。礼部亚卿及衙门、同考官、掌科及监试道长俱下坐,部属旁坐。

凡乡试,试官入贡院之后,提调官、监试官封钥内外门户,不许私自出入。入贡院当晚,有焚香告天、发誓公正取士的环节,如成化十六年浙江乡试,考官们(巡按、提调、监试及主考官、同考官)于入贡院当晚深夜"肃容致恭,焚香矢心告天,精白惟谨,而后揭书命题,昭至公也"。② 又如弘治十四年八月顺天乡试,翰林院学士梁储、翰林院侍讲张灿被任命为主考官,遂与"同考试官臣聪等同入内帘,精白供事。每命题之夕,必瓣香上祝曰:'国家将以此求贤才,吾辈亦以此图报称,今所拟经书题目则取其有传注明白者,曰无为以一端之说而取人也。嗟尔多士,安得沉潜经传、约文会理如吾前辈诸君子者乎? 于诏、诰、论、策、表、判题曰,则取其典故易知有关于王体、国论、民生日用之常者,曰无为以隐僻之说而困人也,又安得博雅不杂、辞尚体要如前辈诸君子者乎?'"③又如,弘治十四年河南乡试,"八月辛亥锁院,癸丑之夕,相与焚香告天:矢得真材,启经命题,杜革私弊"。④ 正德二年江西乡试:"八月七日戊寅锁院,己卯夜分出题,祯等焚香相与誓告曰:科目兴贤在国家为第一大事,在天下焉为第一公道,隶兹

---

① (清)董含撰,致之点校《三冈识略》卷六,第133页。
② (明)徐昌《成化十六年浙江乡试录后序》,龚延明主编《天一阁藏明代科举录选刊·乡试录》第七册,第6079页。
③ (明)梁储《弘治十四年顺天乡试序》,龚延明主编《天一阁藏明代科举录选刊·乡试录》第一册,第148页。
④ (明)逯萧《弘治十四年河南乡试序》,龚延明主编《天一阁藏明代科举录选刊·乡试录》第四册,第3152页。

事者苟怠以私,明有法律,幽有鬼神,可不念哉！可不慎哉！"①

宴毕入帘。至公堂有宴,多不坐,直接与外帘官告别,将内帘门封锁讫,各考官于会经堂分班相向而揖,揖毕至聚奎堂与两位主考官相见,作二揖。两位主考官各还揖讫,送至屏后,不过槛相别。两位主考官随至会经堂总答揖,揖毕,同考官送至过道,候主考进槛到屏间而别,随上堂谢揖。

同考官之间又有自己的礼仪,同考官初入帘,揖主考后,各房彼此相揖,不拘先后。以后每日俱于会经堂序立相揖,或内有门生,另出班与座主一揖,儒士于阶下向上东、西各一揖,揖毕,俱上堂揖主考。如看卷之日,主考传免揖,则三日一上堂。

候钦定正榜名数,同考官各照主考分定数目取中正卷若干,然后送同经房会批,批定次日填草榜。

每场考毕,外帘进卷到内帘。首场考完之后,外帘官送试卷到内帘,主考即上堂令掌卷官当堂查收,随手掣取,分派各房,用小印子印毕,登记号簿,然后分送各同考官。至第二、第三场考完送卷,则由掌卷官直接收查,照考生原来编号分送各房。

乡试、会试的三场,都是在考试的前一天出题。出题时,为了保证不泄漏试题,各同考官饭毕,副主考先将各经房门封讫,将屏后总门封锁,匠人、儒士俱不许出堂,中书及儒士则负责于两主考房内各写进呈题一张,候知贡举官领题出,各同考官回本房。

严嵩在《南省志》记录了他于正德十二年会试任同考试官时自陛辞、入院至命题的全过程:

> 正德十二年丁丑,礼部当会试,以考试官请。二月六日命下,大学士戒庵靳公、少詹学士东江顾公为考试官,予叨与同考。是日午刻,仪部主事倪本端以币至予家。初七日陛辞宴礼部,入院复宴至公

---

① （明）田祯《正德二年江西乡试录序》,龚延明主编《天一阁藏明代科举录选刊·乡试录》第六册,第4872页。

堂,乃锁院入帘。八日出初场题,晡时,主考二公遍视各同考房,灭火局吏于房内,乃偕诣聚奎堂。序坐故事,主考上坐,同考翰林年深二人前对坐,余皆傍坐。是岁,二公特请前席四人:滕子冲洗马、崔子钟侍读、陆子渊编修,而予亦与焉。揭书出题毕,即付工刻,且刻且印不停手,各色匠厨人役、釜灶食饮诸物毕具一堂,灯烛辉映,煬燎熏炙。予等坐达旦,疲甚,用黄纸书进呈,题纳筒,裹以黄袱。五鼓击板揭帘,大宗伯至立帘下,距内丈余,执事者以筒授宗伯,捧而出,不交一言。礼部提调官领题出,散诸士,予等乃揖而退。盖严密如此。十一日出二场题,十四日出三场题,皆如之初。①

而各省乡试,监临官是参与考试官的命题的,但提调官、监试官则不得干预命题。②

各省乡试三场试题由主考官命定,但京畿乡试及会试,其试题必须由礼部尚书领题进呈御览。据郭培贵《中国科举制度通史·明代卷》,在两京十三布政司乡试中,只有京师所在的京闱有一个"进题"程序,京师在南京时,则应天府乡试需要进题;永乐迁都北京后,则顺天府乡试需要进题,三场题目,皆府尹面进。③ 也就是说,明代京闱乡试的试题是经过御览的。会试则有知贡举,其职责之一是领题进呈,把内帘考官所拟三场考题进宫呈送皇帝,"弘治后,这一任务一般由任知贡举官的礼部尚书完成,且成为其唯一的任务"。④ "嘉靖三十二年,令礼部尚书止是领题进呈。有子入试者,不必回避。"⑤概括起来说,在明代,会试及京闱乡试三场题目由主考官命题,然后由知贡举(会试)或府尹(乡试)入宫进题,呈送皇帝。会试及京闱乡试的三场题目是经过皇帝钦准的。

万历十三年乙酉,礼部议覆科场事宜的奏疏中有"议进题"一则:

---

① (明)严嵩《南省志》,(明)严嵩《钤山堂集》卷二七,《故宫珍本丛刊》第五二六册。
② 《世宗肃皇帝实录》卷五三一,嘉靖四十三年闰二月三日。
③ 郭培贵《中国科举制度通史·明代卷》,第215页。
④ 郭培贵《中国科举制度通史·明代卷》,第344页。
⑤ (明)申时行等重修《明会典》卷七七,第1801页。

议进题。查得京闱乡试、会试进题御览,一以见臣子执事之恪,一以慰圣明侧席之怀,所来久矣。顾缮写不正,则蹈欺慢,进呈不早,则致稽迟,不得不预择善书之人彻夜书写,以图早进,乃泄漏之弊,往往在此。夫以京闱近在辇毂之下而不以题闻,臣子所不敢也,以进之故而时刻转相泄漏,致辱盛典,尤臣子所不安也。合无拟题已定,先装写一通,向阙设案,捧至,其考试等官行一拜三叩头礼,待士子散题已毕,然后进呈,大约不出辰卯二时,则庶乎不失臣子敬慎之忱,而亦可免先时泄漏之患,此进题之所当议也。①

可见,京闱乡试及会试之命题进呈御览,只是走一下程序,表达"慰圣明侧席之怀"的敬意。为了防止漏题,礼部提议在考场上发题完毕之后,马上进呈,不出两个时辰,"御览"即可完成。可见命题之内容,皇帝也只是过过目而已。

在乡、会试的"以文辞取士"事务中,命题环节是第一个关键性环节。三场各文体,均有其具体的考核目的:"乃辛巳之日,初试以孔、曾、思、孟之为书,《易》《诗》《书》《春秋》《礼记》之为经,微辞奥旨,发扬以类,盖根本之学也。越三日甲申,再试以论义理,敷君上德意,陈臣下恳诚。判决政刑,散言俪语,唯所当则,葩藻之艺也。又越三日丁亥,终试之以古今策牍,山蕴海藏,百为庶务,其施于用者奚宜,斯又枝干之材然也。"②而首场经义,自应以程朱之说为正解:"其养士之法,必以三代、孔孟、程朱复性之说为本……虽曰科目以文章取士,然必根于义理,能发明性之体用者,始与选列,类非词章无本者之可拟也。"③一般情况下,命题的主旨是强调儒家义理,并不提倡离奇命题以为难考生。我们可以在明代的乡、会试《考试录》中看到考官对命题宗旨的表白,如"揭书命题,固无择于难易也",④

---

① (明)王世贞撰,魏连科点校《弇山堂别集》卷八四,第1589页。
② (明)刘定之《成化二年会试录序》,龚延明主编《天一阁藏明代科举录选刊·会试录》上册,第358页。
③ (明)薛瑄《天顺元年会试录序》,龚延明主编《天一阁藏明代科举录选刊·会试录》上册,第253页。
④ 《成化十七年会试录》,龚延明主编《天一阁藏明代科举录选刊·会试录》上册,第460页。

"揭书出题,无分难易",①"揭书出题,初无难意",②指出考官命题不是故意为难考生,故考生为文,不必钻牛角尖。

正因为首场经义的题目出自四书五经,因而题目本身具有严肃性和神圣性,这对命题提出了完整性和严肃性的要求。正统六年,为强调经典的神圣性和文风的淳正,官方功令即从考官命题和阅卷入手,规定:"出题不许摘裂牵缀,及问非所当问。取文务须淳实典雅,不许浮华,违者从风宪官纠劾治罪。"③成化十三年再次强调:"出题校文,须依经按传,文理纯正。"④

虽然命题以义理为根据,但究竟从四书五经的哪些部分出题,则采用掣签拟题的形式,即考官把各经书分成多个部分,然后掣签,得出在某一部分出题,同考官都在该部分各拟一题,最后由主考官择取。

关于考官阅卷的时间,正德九年会试主考官梁储在该科《会试录序》说:"自三试既毕,朱卷续入之后,臣等各鞠躬尽瘁,夜以继日,惟恐简阅或不当,无以称上意旨。简阅既久,甄别既明,于三千八百余卷中奉宸断取其文之中式者四百人,第其姓名,列为正榜。又择其文之明畅者二十篇刻之试录,将以进呈乙览而传之于四方远迩,以昭科目盛事。"⑤说是在三场结束之后,考官才开始阅卷,但严嵩《南省志》对阅卷过程记述得更加具体,不是三试完毕之后,朱卷才进入帘内,而是首场第二天,试卷即开始入帘内,否则在二十天的时间里就很难完成阅卷取士工作:

> 十日戌时分,初场数卷入,十一日,数十卷入,后乃渐多。诗房共卷一千四百,予房南一百二十五卷,后取十四;北一百十三卷,后取九;中四十卷,后取三。共二百七十八卷,共取二十六名。十六日午

---

① 《正德十一年陕西乡试录》,龚延明主编《天一阁藏明代科举录选刊·乡试录》第五册,第4114页。
② 《弘治五年江西乡试录》,龚延明主编《天一阁藏明代科举录选刊·乡试录》第六册,第4828页。
③ (明)申时行等重修《明会典》卷七七,第1791页。
④ (明)申时行等重修《明会典》卷七七,第1792页。
⑤ (明)梁储《顺天府乡试录序》,(明)梁储《郁洲遗稿》卷六,沈乃文主编《明别集丛刊》第一辑第六九册,第331页。

时,二场卷入,十九日寅时,三场卷入,阅卷至廿四日毕,廿五日,各房以所取卷俱呈主考看详,批定名次,成草榜。①

严嵩的记述应该更加可信。考官按经分房阅卷,阅的是士子的三场各体文章。其阅卷,在考试期间即已开始。考卷即由掌卷官按考生编号分别派送各经房,其编号按千字文(如天、地、玄、黄、宇、宙、洪、荒)编,如万历十一年会试,考生孙坤浩的编号为"洪字四号",巢士洪的编号为"地字二号",万历十六年应天乡试,《春秋》房曹祖正的编号是"荒字十号"。当考生进行第二场考试时,各房考官已经开始批阅其首场卷子。第二场、第三场结束时,掌卷官再根据考生原来的编号分送各经房,所以同考官是按考生编号阅其三场卷子的。

阅卷时,原则上各房负责审阅、覆阅本房考卷,各房之间互阅卷子,主考则遍阅各卷。各房之佳卷有多寡,不妨以彼之有余补此之不足。② 因考生人数较多,考卷多,正、副主考官也有分工,正考阅《易》《书》二经,副考阅《诗》《春秋》《礼记》三经。

考官评卷,虽各房主之,但有时也有"标准答案"。如万历三十二年甲辰科会试,朱赓任主考官,所命首题为《不知命 章》,其全章如下:"子曰:'不知命,无以为君子也。不知礼,无以立也。不知言,无以知人也。'"全章分"不知命""不知礼""不知言"三大块,故命题之后,朱赓与其他考官约定:"必三段平做,不失题貌,始可抡元;若违式,即佳卷亦难前列。"③

"看卷之时,各房取过正卷送主考总裁,其不堪者尽数退下另取。二主考总裁,旧有分经者,或一人总裁《易》《书》,一人总裁《诗》《春》《礼》,或二人公同裁定不拘。(但无一经分二主考之例)会场,先二日,送卷对号;乡场,先一日,提调、监试同拆卷。填正榜之日,主考与提调、监试皆上

---

① (明)严嵩《南省志》,(明)严嵩《钤山堂集》卷二七,《故宫珍本丛刊》第五二六册。
② 《神宗显皇帝实录》卷三一八,万历二十六年正月二十一日。
③ (明)沈德符《万历野获编》卷一五,第386页。

坐,其余旁坐。"①

填草榜时,副主考亲写字号。如果同考有十八房的话,填榜则从第十九名填起。因为前十八名即是十八房的房首。填榜毕,即传外帘送进墨卷。进毕,仍将内帘门封锁讫,同考官各认本经,挨号查对,三场俱不差,即将朱、墨卷并束一处,同考官各用纸封记入箱,主考官封锁明白,安放堂上。各房首卷俱送主考收贮,等候第二天填正榜。

填正榜之日,知贡举官、监试官、提调官俱入内帘,同考官俱上堂,封锁各房。主考官、知贡举官上坐,同考官及监试御史下坐,其余旁坐。拆卷亦从第十九名起。填完始拆各房首卷,正主考写朱卷名次,副主考写纸条付儒士填榜,知贡举官写墨卷名次。严嵩《南省志》云:

> 午刻,知贡举礼部二公、监试二侍御皆入序坐,主考同礼部四公上坐,二侍御前对坐,提调官以墨卷入,各同考先生以所取朱卷对号。卷堆积诸箱,搜阅甚艰,偶一号不对,即弃不敢取。五经置朱箱五,三场取中,对号俱同,取中者纳诸箱。主考、知贡举、监试官各用封纸署判贮堂中。廿六日拆卷,填乙榜。廿七日填正榜,以第十七名为始。填毕,又以第六名为始,填至第十六名既,乃拆五魁,每拆一卷,唱名,众共称为佳士,然后取者乃自慰。予谓有司求士之切,甚于士之求知于有司也。榜成已暮,乃宴。宴毕,退舍束装。②

开榜即入朝,部中有宴,仪节与入帘时一样。送出时,宫坊以下俱在二门外阶下上马,学士以上在二门内。考官任命之后,顺天府尹送聘,次日宴于顺天府,其余在帘内事宜俱同会试。乡试程序大致如会试。

三、编纂考试录

考务全部结束后,考官需要编考试录。"揭榜之日,先以题名录恭进,

---

① (明)张位、(明)于慎行《词林典故》,《四库全书存目丛书》史部第二五八册,第269页。
② (明)严嵩《南省志》,(明)严嵩《钤山堂集》卷二七,《故宫珍本丛刊》第五二六册。

其试录限四月初一日进呈,庶场中不以撰文而妨阅卷,场前不以预拟而致漏泄也"。① 考官将中式举人"第其姓名,列为正榜。又择其文之明畅者二十篇刻之试录,将以进呈乙览而传之于四方远迩,以昭科目盛事"。②

明代的考试录,初为《小录》以传,但仅列董事之官、试士之题及中选者的等第、籍贯、经业而已。其录前后虽各有序,但犹未录士子之文作为程式。至洪武二十一年戊辰科会试,《会试录》才开始录程文,自此之后,永为定例。但此后五科,其命官列衔尚未统一,永乐之后才形成固定的格式。

考试录均有前后序,一般惯例,前序由主考官撰写,后序由副主考撰写。"万历六年奏准,试录序文,必典实简古,明白正大,俱若成化、弘治年间文体,督抚等官,不许妄加称奖,以蹈浮靡之弊。"③

由于编考试录的目的是"昭科目盛事",而举子的文章毕竟难免瑕疵,于是便有主考官拟文作为程文的现象发生,并逐渐成为惯例,如隆庆二年《会试录》上首题《由诲女知　全章》的程文便是出自主考官李春芳之手。嘉靖之后,礼部不时提出袪弊的主张。嘉靖六年奏准:"试录只依士子本文,稍加润色。"④万历十三年题准:"程式文字,就将士子中式试卷纯正典实者,依制刊刻,不许主司代作,其后场果有学问该博,即前场稍未纯,亦许甄录。中间字句不甚妥当者,不妨稍为修饰,但不许增损过多,致掩本文。"⑤考试录中的程文原则上不允许主司代作,但后场文章入选者,如有字句不妥,考官可稍为之修饰。"凡进呈《试录》,先期令儒士填考官名,仍将录文逐字修饰停当,二主考仍逐字看过,方可装潢。"⑥崇祯间杨廷枢、钱禧编有《皇明历朝四书程墨同文录》,把明代历科乡、会试上同一四书题的考官程文与举子墨卷编排在一起,故称"同文录",这一同文的

---

① 《神宗显皇帝实录》卷三一八,万历二十六年正月二十一日。
② (明)梁储《顺天府乡试录序》,梁储《郁洲遗稿》卷六,沈乃文主编《明别集丛刊》第一辑第六九册,第331页。
③ (明)申时行等重修《明会典》卷七七,第1792页。
④ (明)申时行等重修《明会典》卷七七,第1792页。
⑤ (明)申时行等重修《明会典》卷七七,第1793页。
⑥ (明)张位、(明)于慎行《词林典故》,《四库全书存目丛书》史部第二五八册,第269—270页。

编排方式让我们看到了考官程文与举子(多是会元、经魁、解元)墨卷之间的明显不同。考官程文往往仅三百字,精练简洁而又准确传达圣贤义理,举子墨卷则往往需要五百字左右。成化十七年会试,钱禧评四书题《出门如见　二句》主考官徐溥的程文与赵宽(该科会元)的墨卷说:"程用虚,元用实,题意各醒。"①总的来说,考官程文老成精实,举子墨卷生气盎然。

会试知贡举官、乡试监临官对考试录负有第一的、直接的责任。嘉靖二十二年,世宗于山东乡试录中发现"讥讪"文字,追究责任时说:"各省乡试出题刻文,悉听之巡按,考试教官莫敢可否。此录不但策对含讥,即首篇《论语》义'继体之君不道',叶经职司监临,事皆专任,并周矿等,陈儒等,俱令锦衣卫差官校逮系至京治之。"②世宗据该科山东《乡试录》而廷杖山东乡试监临官叶经致死。

程文本有"为天下程式"的典范作用,正统四年会试,礼部侍郎兼侍读学士王直任主考官,第二名张穆,其第四问的策文入选《会试录》,其文起句为:"兵所以卫民也,非兵无以安夫民之生;马所以资兵也,非马无以足夫兵之用。"王直在《会试录》中把它改为:"兵以卫民,非兵无以安民生;马以资兵,非马无以足兵用。"此后应试士子都以造语简严典重为尚。③ 嘉靖戊子(七年)、辛卯(十年)各省乡试皆用京官主试,于是"程文雄杰一时,其后罕及"。④ 制度改革对制义文风的转向、制义文水平的普遍提高起到了示范作用。

如果考官不拟题,导向作用也就缺失了。针对万历十三年提出的不许考官撰程文的功令,崇祯间钱禧说:"是科从礼臣议,考试官不许撰文,将中式卷稍加删润刊刻,此固旧制。丘文庄曾申明之。但文体渐坏,士子文未必可式,不若出主司手尚有可观,如万历四科乡会诸程多嘉、隆人笔,自觉与墨卷不同,此议既行,程文无复有典型之风矣。事固有当与时宜之

---

① (明)杨廷枢、(明)钱禧辑评《皇明历朝四书程墨同文录》第八册。
② 《世宗肃皇帝实录》卷二七八,嘉靖二十二年九月十七日。
③ (明)叶盛《水东日记》卷二五,第245页。
④ (明)杨廷枢、(明)钱禧辑评《皇明历朝四书程墨同文录》第一一册。

不必尽复古者,然近日程文与墨卷无大分别,自撰与改墨亦无大关系也。"①万历二十六年,礼部作出修正:"程式止润饰墨卷之优者,试官不得自创。"②考官可以修改优秀的墨卷,但不能自创。

第三节 考官来源与科举的政治权力

一、考官来源与权力制衡

礼部是掌管礼仪、祭祀、筵宴、贡举的政令的最高行政机构。自洪武十七年重开科举之后,会试总管知贡举官例由礼部尚书或侍郎担任,会试三场试题由帘内主考官、同考官拟定,"进题"的仪式由知贡举官完成。礼部也是帘内考试官的重要来源。

既然科举采用"以文取士"的制度,那么,翰林院、詹事府这些"以文艺为职业"的部门,"宜掌其事"。③ 明代翰林院是一个特殊的政府职能部门,它"职掌内制、专内命,素有内相、亚相、储相之称;而翰林院既是国家考议制度、详正文书、咨议政事的机构,又是国家重要的储才之所,它对于强化中央集权,提高各级官员的思想素质和政治素质,促进政治清明和文化发达,都具有重要作用。"④《明史·选举志》:"成祖初年,内阁七人,非翰林者居其半。翰林纂修,亦诸色参用。自天顺二年,李贤奏定纂修专选进士。由是,非进士不入翰林,非翰林不入内阁。南、北礼部尚书、侍郎及吏部右侍郎,非翰林不任。而庶吉士始进之时,已群目为储相。通计明一代宰辅一百七十余人,由翰林者十九。盖科举视前代为盛,翰林之盛则前代所绝无也。"⑤"近侍以翰林六科为清要,观洪武中文华、武英之选,可知已。"⑥可见翰林既位居清要,又职掌文事,这种位置决定他们一旦典会试、乡试,其命题、衡文、取士都将与政务直接相关。据洪武十八年所定官

---

① (明)杨廷枢、(明)钱禧辑评《皇明历朝四书程墨同文录》第一三册。
② 《神宗显皇帝实录》卷三七三,万历三十年六月二日。
③ (明)余继登《典故纪闻》卷二,第 223 页。
④ 武东生、徐曼、安祥仁编著《中国古代思想政治教育史》,第 191 页。
⑤ 《明史》卷七〇《选举二》,第 1701—1702 页。
⑥ (明)黄瑜撰,魏连科注解《双槐岁钞》卷四,第 76 页。

制,翰林学士为正五品,官阶并不高,但职掌制诰、史册、文翰之事,备顾问于天子。翰林官修撰、编修、检讨掌修国史,也属于专司文事之官,科举在其职司范围之内。明初的翰林学士绝大多数来自荐举,由科举而入翰林者不多。沈德符说:"国初官制未定,词林晨星,故有一人而三主会试者。……至成化以后,词林大备,渐不复然。"①沈德符在谈到明朝官制"重词林而抑坊局"②的倾向时以会试中内帘考官序次为例,指出主、副考试官,房考等序次与其原本官职高低并不对称,而实际上则是以翰林为重。可以说,翰林院主导着会试的命题与判卷。

帘内考官的另一个来源是詹事府。洪武十五年置文华阁大学士以辅导太子读书,后相继设左、右春坊官,司经局。詹事院设立于洪武二十二年,二十五年改名詹事府,通管左春坊、右春坊、司经局,为侍从、训导太子读书的机构。洪武至天顺,詹事由尚书、侍郎、都御史兼领,是六部和都察院官员的兼职机构。从成化开始,则由专主文事的礼部尚书、侍郎和翰林院官员兼任詹事,从机构职能看,詹事府与翰林院一样,都是主管讲读、修书、科举等文事的。

明朝设六科给事中,其职责是侍从、谏诤、封驳诏旨,驳正百司奏章、监察六部、弹劾百官,是一种直属于皇帝的监察官员。在科举事务中,给事中于殿试充受卷官,会试充同考官,乡试充主考官,增强了科举事务中的监察功能。

明代前期,由于缺少考官,地方儒学教官也有被聘为同考官者。但在考试官名单中都列于末尾。命题时他们虽也按例拟题呈交主考,但他们所拟题目一般不会被采用。景泰五年之后,考试官、同考试官均用京官:翰林官、詹事府官、给事中、部曹。这四个职能部门的官员参与了命题、判卷、录取,瓜分了门生资源。

以各省府学教官为主考官,与以京官或进士为主考官,这两种制度对科举的推行产生了不同的作用。从文化角色看,京官自是处于文化价值体系的中心,代表着主流意识形态;而教官则更贴近基层教育,其价值观

---

① (明)沈德符《万历野获编》卷一四,第 368 页。
② (明)沈德符《万历野获编》卷一四,第 370 页。

自然是追随着主流意识形态,但多少会有文化边缘色彩或地域色彩。从四书文的命题看,如果把乡、会试视为大试,把岁试、科试、院试视为小试,那么,出于技巧训练的离奇命题方式(如截割、拼搭四书句子以成题)会更为地方教官所熟知并使用。

通过主考官、同考官的官阶和结构化调整,明代乡试、会试的衡文水平和录取的公正性得到了一定的保证。同时,由于翰林院、詹事府、六科给事中、六部等机构的同时参与,考试事务处于各方势力的制衡之中,命题的性质与意义有时会溢出考试事务的制度性质之外。

科举通过考试的形式使贤能之士进入官僚系统,由于明代科举在出身与授官之间没有面试、见习之类的中间环节(庶吉士另论),举子中式,便给予授官。顾炎武说:"宋初用人之弊有二:进士释褐,不试吏部,一也;献文得旨,召试除官,二也。今炫文之途已革,而入官之选尚轻,二者之弊,其一尚存,似宜仍用唐制。"①明代进士释褐即予授官的特点,使得考官取士的环节在政治格局的形成与变化上显得意义重大。

明初,科举获得出身者虽即予授官,但并没有立即进入权力中心。洪武四年会试,状元吴伯宗授员外郎,其余及出身者俱授主事,同出身者授县丞,会元俞友仁亦授县丞。洪武四年八月和五年,又举行两科乡试,但至洪武六年,朱元璋因中式者"能以所学措诸行事者甚寡"②而诏天下罢科举,为了安置已中式举人,也为了尽快完善官员队伍,朱元璋于河南、山东等省解额内选出九名举人,皆拜翰林编修。又选国子监蒋学等五人官拜给事中,于文华堂肄业,命太子赞善大夫宋濂、太子正字桂彦良分教之。此举被认为是后来庶吉士制度的滥觞。洪武十七年重开科举,中式者迅速进入高层官僚机构。洪武十八年廷试,状元丁显,二甲马京、吴文等一中进士即入翰林院。永乐二年,正式建立庶吉士制度,为未来选用高级官员培养、储备人才。庶吉士有"储相"之称,即可能入阁而成为辅臣。在这过程中,考官与被取中的考生之间的关系,就不仅仅是座主与门生的关系,也是今后政治集团的关系。座师与门生的关系也被延续到其后的行

---

① (清)顾炎武撰,(清)黄汝成集释,栾保群校注《日知录集释》,第1017页。
② (明)王世贞撰,魏连科点校《弇山堂别集》卷八四,第1543页。

政环境中,因科举关系而延续至官场关系,这从唐代就有。清代赵翼说:"门生谒座师、房师,将出,师送至二门外,不出大门。及门生为主考、同考官,例须亲率所取士谒己座师、房师。"①据《五代史·裴皞传》,裴皞以文学在朝久,宰相马嗣孙、桑维翰皆裴皞所取进士。后来马嗣孙知贡举,引新进士拜见裴皞,裴皞作诗曰:"门生门下见门生。"世传以为荣。桑维翰后来为宰相,过访裴皞,裴皞不迎也不送。他的理由是:"我见桑公于中书,庶僚也;桑公见我于私第,门生也。何迎送之有?"②座主与门生的关系,在朝廷官僚体系中已经形成了关系链、关系网。明代更是如此,"至于有明,则遂公然谓之座师,谓之门生,乃其朋党之祸亦不减于唐时矣"。③王世贞《觚不觚录》说得更具体:"京师称谓极尊者曰老先生,自内阁以至大小九卿皆如之,门生称座主,不过曰老先生而已。至分宜当国,而谀者称老翁,其厚之甚者称夫子,此后门生称座主俱曰老师。"④

在科举事务中,由礼部官员担任的知贡举官"负责全面'综理'该科会试事务的官员,可谓是会试总管"。⑤ 命题、阅卷、录取等关乎士子命运的事务由帘内主考官、同考官所负责。考官群体由内阁、翰林院、詹事府、给事中、六部这五个机构的官员组成,他们共同在主考官的领导下完成甄别、选拔人才的工作,同时也一起分享了政治资源。由于这些官员来源于不同的职能部门,分属于不同的政治集团,因而一方面,在命题、阅卷和取舍的过程中会有不同的意见,另一方面,他们也可能会因为不同的集团利益而以命题、阅卷、取舍作为弹劾政敌的武器,这使得乡、会试命题远不止是一件标准化考试的事务。

一方面,科场弊窦丛生,另一方面,科场也为利益纷争之所,于是议论频数,翰林、御史、给事中等纷纷严控科场,随时准备发难与反击。御史一般担任监试官或乡试监临官,以帘外官的身份监督着帘内。这里略举数例:"景泰四年,山西乡试录内,考官徐霖批《中庸》义云:'文与人同,理与

---

① (清)赵翼《陔余丛考》,第582页。
② 《新五代史》,第661页。
③ (清)顾炎武撰,(清)黄汝成集释,栾保群校注《日知录集释》,第1007页。
④ (明)王世贞《觚不觚录》,第11页。
⑤ 郭培贵《中国科举制度通史·明代卷》,第336页。

人异。'都御史李秉云:'果若所言,则为蹈袭雷同之文,而有戾指背理之失,然此篇文不背理,乃霖之不明也。'诏治霖罪,夺采币表里入官。"①此科山西《乡试录》今已佚,我们无法判断其所选《中庸》义是否有蹈袭雷同、戾指背理之失,但这里可以看出,每科乡试考试录送抵朝廷时,是要受到各方的监督的。都御史显然不参加具体的考试事务,但他是监察官员,有权审核考试录。弘治十二年"二月,会试未晓,给事中华㫤、林廷玉劾副主考礼部尚书程敏政鬻题举子徐经,诏下㫤狱。既晓,同考给事中复疏敏政可疑六事,并逮敏政。廷鞫经,词伏,并连南畿解首唐寅,问黜举子十余人。经、寅咸充吏。坐程贿不真,谪㫤太仆寺典簿,廷玉海州判,敏政致仕。"②这是明中叶著名的科场案,会试尚未结束,给事中即弹劾副主考程敏政鬻题,其结果是徐经、唐寅充吏,程敏政致仕。弘治十七年,科礼臣建言,各省主考宜用京朝官,不管是现任的,还是致仕的,因此,守丧期刚刚期满的少卿杨廉任浙江乡试主考官,刚刚病痊的主事王守仁任山东乡试主考官,考试结束后,南京监察御史王蕃即予以弹劾,称杨廉不孝,王守仁不忠。这种弹劾显然已经溢出了考试事务之外,也使"乡试主考用京朝官"的制度迟迟未能确立。郭培贵指出:"王蕃虽打着'乞复乡举里选'之制,也即罢京官主考、复教官主试的旗号,但其所代表或维护的绝不是教官的权利,而是监临御史的利益。从上所述可知,所谓教官主考仅是形式,乡试取士权实际掌握在监临御史手中,故在争论主考官是由教官充任还是由京官充任的背后,实际上反映了监临御史和京官争夺主考权的斗争。"③因为地方教官主考是由巡按监临御史与布政、按察二司选定的。

下面我们从万历十六年黄洪宪的典试事件,来具体看看围绕着考官命题、衡文、取士,内阁、翰林院、六科给事中、部曹等官员是如何以科场为战场,进行政治角力的。

黄洪宪于万历十六年典顺天乡试。他深知闱中雷区,受命典试,陛辞

---

① (明)余继登《典故纪闻》卷二,第223页。
② (清)查继佐《罪惟录·帝纪卷之十》,第176页。
③ 郭培贵《中国科举制度通史·明代卷》,第159页。

入闱前,上了奏疏,将可能受到的中伤,"不得不预鸣于皇上之前"。① 在黄洪宪的奏疏中,当时的考场帘内外,简直就是战场。考官们"或彼此相仇而互揭,或才名相忌而腾谤,变诈多端,是非难辨"。② 而当时的应试士子,也充分利用舆论以影响科场:"且今士风薄恶,人心险危。或未事而惮主司之严明,先为浮言而计阻;或既事而忿主司之摈弃,肆为诬揭以中伤考官。临期题请,甲乙未定也,而即为如鬼如蜮之计;场中糊名易书,鬼神莫测也,而先有避亲避仇之疑。簸弄百端,险巇万状,故今目文场为惧府,而谓主衡为厉阶。"③此科顺天乡试,内阁首辅申时行之婿李鸿、王锡爵之子王衡参加此科乡试,结果王衡被取为解元,李鸿也中式。礼部主事于孔兼疑举人屠大壮及李鸿有私,尚书朱赓、礼科都给事中苗朝阳欲寝其事,第二年正月,礼部郎中高桂遂发愤谪可疑者八人,称:"我朝二百余年公道,赖有科场一事。自权相作俑,公道悉坏,势之所极,不能亟反。十年前,张居正挟私求进,倖门四启,私属公行,王篆、朱琏等尤而效,若以为定例牢不可破者,何哉?"④言官将矛头指向主考官黄洪宪,指其被买通关节,实际矛头是指向首辅申时行和大学士王锡爵。其所持证据,概括起来便是中式士子之文有"不经之字",乃"不通之文"。其中,李鸿为吴中人,高桂指其《论语》题文中有"囡"字,此字为吴方言,显然是为通关节而设下的文字标志。因为李鸿是申时行的女婿,而王衡是王锡爵之子,故高桂将申时行比为张居正。

黄洪宪首当其冲,即于正月二十六日上疏申辩,指出,乡、会试试卷里出现文字瑕疵,这很正常,不能因此而指为"关节","且'浮游'本古字,'刱''刱'亦同文"。⑤

万历帝下旨复试,王衡仍为第一,说明黄洪宪所选者俱为真才。于是,二月七日,内阁大学士王锡爵不得不介入,上疏称:

---

① (明)黄洪宪《陛辞入闱疏》,(明)黄洪宪《碧山学士集》卷八。
② (明)黄洪宪《陛辞入闱疏》,(明)黄洪宪《碧山学士集》卷八。
③ (明)黄洪宪《陛辞入闱疏》,(明)黄洪宪《碧山学士集》卷八。
④ (明)王世贞撰,魏连科点校《弇山堂别集》卷八四,第1604页。
⑤ (明)黄洪宪《陛辞入闱疏》,(明)黄洪宪《碧山学士集》卷八。

> 臣男覆试卷见经多官会拟第一，皇上准留会试，臣之心迹明矣。顾念祖宗二百年来，辅臣子见疑而覆试，自臣始；北京解元见疑而覆试，自章礼与臣男始。使臣男班于章礼权门狗盗之例，此为谁辱？而又可使再辱乎？臣男本官生，望退回荫籍，量授一官，臣身在事外，亦可昂首谭科场之事。文章自古无凭，虽前辈名家，尚未识真是真非。乃今新进初学，以字句小讹，被以关节之名，幽不有鬼神，明不有公论乎？……国家欲惩张居正之覆辙，则真赃实犯不惜重处。欲复弘、正以前之文体，则僻字险语量为戒饬。岂可诬天下清白之士，尽行罗织！臣诚不见自古有此淳美风俗也！……总之，正文体，防奸弊而已。文体责在帘内，关防责在帘外。若因字讹目为关节，或据风闻信为实事，则文场取士之典，反为陷穽。且覆试已明，求过不已，士子蒙无稽之谤，考官抱不白之冤，大伤国体，莫甚于此也！①

同日，黄洪宪上第二疏，称：

> 王衡、张毓塘系《春秋》，是行人邹德泳取；李鸿、屠大壮系《书经》，是原任行人司正沈璟取；茅一桂系《易经》，是进士苏舜臣取；任家相系《易经》，是沈璟检出、进士康梦相取；潘之惺系《诗经》，是进士章宪文取；郑国望系《易经》，是沈璟检出、教谕王心取。臣与臣盛讷分经总裁，臣阅《书经》《诗经》，臣讷阅《易经》《春秋》《礼记》，亦不过涉笔序次，交互批评，如是而已矣。②

复试之后，黄洪宪涉嫌作弊一事并未昭雪，工部主事饶伸上疏继续弹劾三事：一谓辅臣王锡爵之子衡不宜居首。"其一谓势高者录婿"，这里说的是申时行的女婿李鸿。"其一谓利厚者录孙"，盖谓张国颜之孙张毓塘也。对此，黄洪宪申辩："惟时《春秋》房考行人邹德泳首取之，主考右庶子盛讷先评之，臣见其前后相称，果称擅场，复合五魁卷，令同考官十四

---

① 《神宗显皇帝实录》卷二百八，万历十七年二月七日。
② （明）黄洪宪《碧山学士集》卷八。

人,相与上下之,又复示提调、监试诸臣共阅之,靡不同声称《春秋》昃字号卷宜第一者,臣因与众定之,而拆卷,乃得王衡。"①"李鸿乃《书》一房行人司正沈璟所取,第一卷其文多警策,而后场亦佳,臣遂准为本房首卷,亦焉能预知为辅臣之婿而戒同考官不取乎?"②"毓塘本系《春秋》,亦是邹德泳所取,盛讷所评定。至会卷时,送臣一过目耳。"③

二月十四日、十五日,工科给事中李汝华、吏科给事中史孟麟连章论黄洪宪科场情弊。李汝华说:"复试特以论文,而关节则干法纪。"史孟麟则弹劾黄洪宪"改正朱卷以行私,而失去墨卷以灭迹,又谓墨卷尚在臣家"。④ 对此,黄洪宪的申辩是:"屠大壮系《书》一房沈璟所取,璟初入帘时,以同乡士子多习《书经》,坚请回避,而众论不可。其后将本房监生卷尽送二房、三房检阅,大壮之卷,实教谕汪让所取,批评皆出其手。当高桂、饶伸疏论之时,让挺然自任,明璟无私,此人所共闻者。"⑤

在这一事件中,内阁大学士王锡爵、申时行,礼部主事于孔兼、礼部尚书朱赓、礼科都给事中苗朝阳、工科给事中李汝华、吏科给事中史孟麟、礼部郎中高桂、礼部侍郎于慎行、都御史吴时来等,几乎内阁、翰林院、都察院、六科给事中、部曹都有官员介入此事。最终,王锡爵、申时行杜门求去,万历帝慰留之,削饶伸官籍,贬高桂三秩,调边方。

至公堂前的帘幕可以隔断帘外官对帘内考务工作的干预,却无法阻挡帘外、闱外乃至朝廷政治势力的干预与制衡,科场始终处于政治生态之中。

二、官方意识形态与考官命题

宣德帝强调:"朝廷尚典实,则士习日趋于厚;朝廷尚浮华,则士习日趋于薄。"⑥强调了朝廷对一个时代的文风士习的导向作用。科举即是朝

---

① (明)黄洪宪《碧山学士集》卷八。
② (明)黄洪宪《碧山学士集》卷八。
③ (明)黄洪宪《碧山学士集》卷八。
④ (明)黄洪宪《碧山学士集》卷八。
⑤ (明)黄洪宪《碧山学士集》卷八。
⑥ (明)张朝瑞《皇明贡举考》,鲁小俊、江俊伟校注《贡举志五种》,第37页。

廷引导文风士习的一条重要渠道,考官即是文风士习的导航员。清代乾隆皇帝则更具体地指出考官命题对时代的文风士习的直接影响,他说:"盖试题为制艺所由出,若务为新巧,恐士子揣摩弋获,趋入纤佻,文风纯驳之分,即士习端邪所系,而民俗之淳薄实因之,其机不可不慎。"①考官的命题内容与方式是时代文风士习的指挥棒,命题是官方约束、引导思想与学术方向的重要机制。官方意识形态通过科举命题,对应试士子的思想进行收编。在洪武初年的科举程式中,对首场经义文命题范围与标准答案就做出了统一规定:乡、会试第一场试五经义二道、四书义一道,命题范围在五经四书。标准答案方面,《易》主程、朱注,《书》主蔡氏传,《诗》主朱氏传,《春秋》主左氏、公羊、穀梁、胡氏、张洽传,各经均同时参以古注疏。至洪武十七年重开科举,定科举程式,始置四书义于五经义之前,将意识形态置于首位。标准答案是,四书义主朱子集注,经义方面,《诗》主朱子《集传》,《易》主程、朱传义,《书》主蔡氏传及古注疏,《春秋》主左氏、公羊、穀梁、胡氏、张洽传,《礼记》主古注疏。至永乐,胡广等人奉敕编《四书大全》《五经大全》,标准答案从古注疏,到宋儒传注,再到两部《大全》,离儒家原典越来越远,而宋儒(尤其是程朱及其后学)的经学思想遂成为科举考试中经学阐释的思想依据。

官方这一通过科举以实现思想与学术导向的意图,在推行的过程中受到诸多因素的影响。其中,命题方式是最为重要的影响方式之一。

命题是甄别人才的选拔机制,也是一种淘汰机制。每科乡、会试都有录取名额的限定,洪武三年,参加乡试的只有一百三十三人,最后录取七十二人,录取人数仅有参试人数的一半强,试题自是冠冕正大之题。随着社会生活的日趋稳定,教育水平的日渐提高,应试考生的人数也与日俱增。当报考人数大大超过限定名额时,强化淘汰机制就成为当务之急。增加题目的难度或陌生程度,或者提高判卷标准,划定中式起点,都可以达到强化淘汰机制的目的。

从考官方面来看,在第一场经义文进行命题时对儒家经典原文进行

---

① (清)礼部《钦定科场条例》卷一五,乾隆四十四年增订本,日本内阁文库藏本。

技术化处理,这有其积极和消极两方面的原因。从积极的方面看,灵活命题,可以激发考生的主观能动性,考核其对儒家经典的融会贯通能力。比如洪武四年《会试录》的四书文试题采用"四书疑"的形式,其题为:

> 孟子曰:"由尧舜至于汤,五百有余岁,若禹、皋陶,则见而知之。若汤,则闻而知之。"夫禹、皋陶、汤,于尧、舜之道,其所以见知闻知者,可得而论与? 孟子又言:"伊尹……乐尧舜之道。"《中庸》言:"仲尼祖述尧舜。"夫伊尹之乐,孔子之祖述,其与见知、闻知者,抑有同异欤? 请究其说。

这是沿袭元代四书文的命题形式,性质上近似于问答题。该题分别在《孟子》和《中庸》里选取三段话,让考生发表看法。考生只有对四书五经达到融会贯通,才能真正回答这道题目。

《春秋》经的考试,自宋代以来便有"合题"的形式,即把《春秋》中的相关事件合在一起提问,考核学生对历史演变规律性的思考。明代沿用了这种命题方式,但这种方式在天顺间即受到指责。天顺间,浙江温州府永嘉教谕雍懋言:"朝廷每三年开科取士,考官出题多摘裂牵缀,举人作文亦少纯实典雅。比者浙江乡试《春秋》,摘一十六股,配作一题,头绪太多。及所镂程文,乃太简略而不纯实。且《春秋》为经,属词比事,变例无穷,考官出题,往往弃经任传,甚至参以己意,名虽搭题,实则射覆,遂使素抱实学者,一时认题与考官相左,即被出斥。乞敕自后考官出题,举子作文,一惟明文是遵,有不悛者,罪之。"①英宗善其言,命礼部议行。

洪武十七年取消了"四书疑"的命题形式,此法遂废。清末陶福履说:"十七年,改定格式,此法遂废。自后惟行本经义、四书义,士皆杜撰无根之语,无复经义遗意矣。"②陶福履认为,取消四书疑的命题方式,导致考生出现死读书的倾向。可见四书疑的拼题形式有助于激发举子的融会

---

① (明)余继登《典故纪闻》卷一三,第 236 页。
② (清)陶福履《常谈》,江西省高校古籍整理领导小组整理《豫章丛书》史部二,第 651 页。

贯通能力。

从消极方面看,考官在命题时对四书五经原典进行技术化处理,有其不得已的原因。这里,我们可以把清高宗的例子作一个典型的个案来说明问题。乾隆三十九年甲午科四川乡试首艺题《又日新康诰曰》为截搭题,取自《大学》传之二章第一节"汤之盘铭曰'苟日新,日日新,又日新'"的末三字与第二节"康诰曰'作新民'"的前三字。乾隆皇帝指出:"考试固当避熟习拟题,以防剿袭,然亦不可割裂牵搭,致碍文义。盖试题为制艺所由出,若务为新巧,恐士子揣摩弋获,趋入纤佻,文风纯驳之分,即士习端邪所系,而民俗之淳薄实因之,其机不可不慎。"①因下旨将所有礼部堂官交部察议。于是礼部马上进行覆勘,称:"各省试卷,见试题渐趋佻巧割裂,其最甚者,如四川头场首题《又日新康诰曰》六字,牵上连下,全无义理,既不足以见人之学问书卷,而稍知机法者便可侥幸获售。……考官出题,自宜庄重,以端风尚,虽熟习拟题向有禁例,亦须有义理可以发明。若随意割截,不顾文义,持衡者既开以纤佻之端,应试者得骋其诡遇之技,诚如圣谕,士子揣摩弋获,恐文风不醇,即士习不端,而民俗浇薄之源,亦由此而启。"②于是将此科四川乡试主、副考官交与吏部议处。事实上,清高宗亲自命题的甲子科顺天乡试试题,其首艺题《此谓一言偾事一人定国》,为结上题,截去本章章旨之根,"此"指上文的"一家仁,一国兴仁;一家让,一国兴让;一人贪戾,一国作乱"。乾隆四十二年顺天乡试,其所命次艺题《回之为人也》,为虚冒题,题旨在下文。两题与一般的截题一样,题意不能自足。清高宗一方面强烈反对割裂牵搭命题,另一方面则亲自出截搭命题,可见避免熟习拟题正是出于对标准化考试的科场规律的重视,而截搭命题实有其不得已处。

科举考试是一种命题考试,它自然而然地导致"拟题"现象的发生,即考生于考试前预测考试中可能出现的题目,预拟相关的答案。这是任何标准化考试制度下必然出现的现象。由于明代乡试、会试第一场经义文的命题范围是固定的,即在四书五经里出题,因而拟题的难度大大降

---

① (清)礼部《钦定科场条例》卷一五,乾隆四十四年增订本,日本内阁文库藏本。
② (清)礼部《钦定科场条例》卷一五,乾隆四十四年增订本,日本内阁文库藏本。

低。一些考官为了防止拟题现象的出现，以便考核出真正的有才之士，或者说以便淘汰录取限额以外的应试士子，于是对四书五经的原文进行"摘裂牵缀"，即截取四书五经的章、节甚至句子的一部分，然后进行重新组合，这种题型后来被称为截搭题。从防止拟题来看，这种命题方式显然是有效的。

但是，从宋元至明清，截搭命题始终被视为一个意识形态的问题。正统六年，科举通例规定，考官命题时"不许摘裂牵缀，及问非所当问"。① 嘉靖朝的夏言说得更明白："会试所命三场题目俱要冠冕正大，有关理道，不许截裂牵缀。"② 把命题上的技术化处理与经典的严肃性联系起来，于是，摘裂牵缀就是一个亵渎经典的态度问题。出现这种命题现象，"违者从风宪官纠劾治罪"，③ 由风宪官去纠劾治罪，可见是一个意识形态的风纪问题。成化十三年，官方功令重申，考试官"出题校文，须依经按传，文理纯正"。④ 万历四年应天府乡试主考官戴洵提出："诸所命题，皆明白正大，不复摘抉隐僻，以难诸士。"⑤ 认为命题上的摘抉隐僻是在作难士子。从儒家经典的严肃性来看，截搭命题显然是把经典割裂了，不利于加强考生"经明行修"的思想修养。

作为文化专制主义表征之一的文字狱，也出现在明代乡试、会试的考官命题中。最典型的例子出现在嘉靖朝（具体的分析见第三章）。明世宗之猜疑，导致了文字狱的发生，也导致了一些文字即使出自四书五经，也不能成为乡、会试的题目。在四书中，为了说明问题，往往是"君子"与"小人"并举，"君"与"臣"并举，但"小人"一项或不利于"君"的一项，就不能成为题目。比如这些对句："君之视臣如土芥，则臣视君如寇雠。""君仁莫不仁，君义莫不义。"这样的文字就不能成为第一场的考试题目。而嘉靖朝为了避免文字狱，考官往往提取一些可以表忠的句子，如"事君

---

① （明）申时行等重修《明会典》卷七七，第1791页。
② 《世宗肃皇帝实录》卷一三四，嘉靖十一年正月二十三日。
③ （明）申时行等重修《明会典》卷七七，第1791页。
④ （明）李东阳等重订《正德大明会典》卷七七。
⑤ （明）戴洵《应天府乡试录序》，龚延明主编《天一阁藏明代科举录选刊·乡试录》第二册，第1718—1719页。

能致其身"(嘉靖四十一年会试)、"臣事君以忠"(嘉靖三十五年会试)等,最为特别的是,嘉靖三十七年的应天乡试、江西乡试、陕西乡试不约而同地以"为人臣者怀仁义以事其君"一句作为四书文的题目,表现出对命题文字狱的深深恐惧。

一些科场现象虽然谈不上是文字狱,但士子墨卷触犯当局的时务观念,也可能会导致被黜落。万历五年,袁黄参加会试,第一场七艺毕,黄洪宪阅其文后认为袁黄一定会被取为会元。但最终不仅没有取为会元,而且遭到黜落。原来他在第三场回答策问的第五问时,其意见与主考官相左。此科主考官为张四维,当时俺答封贡,朝廷争议很大,王崇古(字鉴川)主其事,力主和议,张四维为王之内侄,也主张议和,不久议和之事宣告成功。张四维任万历五年会试主考官时,便以此为问。袁黄在答卷中深辟和议之非,因而触张之怒,遂弃弗录。后来袁黄查检《世宗实录》,读到"报入礼部,左侍郎张四维首以为可",才明白自己的答卷深触张四维之忌。当然,这只是袁黄的一面之词,是否属实,则待考。

第三章 四书文命题与明代政治文化生态

由于明代科举重理学,以及某些考官在主观(如渎职懒政)或客观(阅卷时间分配不合理)方面的原因,出现了"三场尚重首场,首场尤重首篇"①的情形,因而在具体的阅卷取士过程中,四书文有着远高于其他科举文体的地位。故从命题、阅卷到录取,四书文成为朝野上下高度关注的焦点。命题的考官由朝廷任命的官员担任,四书文的命题牵动着整个政治文化生态。本章从四书文命题的角度考察明代科举制度与政治文化生态之间的关系。

第一节 科场与官场

科举者,即以科目举人,通过特定的科目考试选拔中式士子进入职官系统,成为各级的管理人才。由于中式者将直接进入职官系统(庶吉士除外),因而科举考试并非仅由教育部门实施完成,而是由朝廷委派内阁、翰林院、六部、詹事府、六科等部门的官员去执行,科举成为朝政的一项常规事务。主掌会试者为知贡举官,主掌乡试者为提调官,而科目考试、选拔的具体事务则由内帘官即考试官、同考试官负责。考试官与同考试官对命题、判卷、取舍有着直接的决定权。其中,尽管副主考官、同考试官可以对命题提出建议,同考试官对判卷有更直接的作用,也有荐卷的责任,对取舍可以提出建议,但主考官则有最终的最主要的决定权。主考官既以

---

① (清)吴懋政《八铭塾钞二集》"闱试总论"条,渔古山房藏板,道光间刻本。

命题试士,又主取士之权;既受命于朝廷,获得荣誉与地位,又招收一批门生,积聚个人的政治资源。一旦受命主试,即被视为主天下之文柄,故主考之职往往成为朝官们争夺的美差,同时也成为一些政治纷争的中心。顾炎武说:"生员之在天下,近或数百千里,远或万里,语言不同,姓名不通,而一登科第则有所谓主考官者,谓之座师;有所谓同考官者,谓之房师;同榜之士,谓之同年;同年之子,谓之年侄。座师、房师之子,谓之世兄;座师、房师之谓我,谓之门生;而门生之所取中者,谓之门孙;门孙之谓其师之师,谓之太老师。朋比胶固,牢不可解。书牍交于道路,请托遍于官曹。其小者,足以蠹政害民,而其大者,至于立党倾轧,取人主太阿之柄而颠倒之,皆此之由也。"①主考官、同考官在这个关系网中处于核心位置,是最大的得益者。虽是因科场而联结,却是由官场而统御。从正面的意义上说,官员典试科场,是为天子选拔贤才;从消极的意义上说,则是招收门生,以广羽翼。崇祯朝奸臣温体仁就说过:"外人说我们要进场收几个门生,我们今日地位,也靠不着门生了。"②温体仁从崇祯朝初年迁尚书,协理詹府事,到最后入阁辅政,蔽贤植党,以致国事日坏。他把典试重任当成结党营私的机会,而天下人也以此视之。

主考官的位置既然如此关乎利害,因而便成为各方政治利益集团争夺的焦点。而一旦受聘典试之职,其入院、命题、衡文、取士等各个环节便会成为各方关注的对象。

命题是一个聚焦点,它反映出考官的经学旨趣、当下的经学流向。每一科乡试,两京和十三个行省所形成的十五个聚焦点构成了全国的命题系统,由此可以考察各省的同一性与差异性。随着乡、会试的逐科举行,这些聚焦点连成了一条历史的演变链条。因此,我们可以通过命题这一聚焦点去认识明代的科举制度以及与科举文化相关联的政治文化生态、社会思想文化思潮、各历史时段的文章风尚与士林习气。

明初,会试帘内官的来源并不单一。考试官由本部敦请,主考试官二

---

① (清)顾炎武《生员论中》,黄珅、严佐之、刘永翔主编《顾炎武全集》第二一册,第70—71页。
② (明)文秉《烈皇小识》,第78页。

员,同考试官八员。洪武十八年,"令会试主考官二员,并同考官三员,临期具奏,于翰林院官请用。其余同考官五员,于在外学官请用"。① 景泰四年准奏:"会试考官,翰林、春坊专其事,京官由科第有学行者兼取以充,教官不许。"②会试主考官由阁臣出任,郭培贵认为,这种情况始于永乐二年。据他所列出的"明代各科会试正副主考官统计表":"永乐二年至崇祯十六年共 81 科会试,由阁臣充任主考者有 50 科,占总数的 61.73%;正统十年至崇祯十六年共 67 科,由阁臣充任主考者有 46 科,占总数的 68.66%;正德三年至崇祯十六年共 46 科,由阁臣充任主考者有 33 科,占总数的 71.74%;嘉靖二十九年至崇祯十六年共 32 科,由阁臣充任主考者有 25 科,占总数的 78.13%。可见,随着时间的推移,阁臣充任会试主考的比例呈不断上升趋势。"③同考官方面,洪武十八年同考官八名,至正德六年,随着考生人数的增加,会试同考官数量也有大幅度的增加,"令增会试用同考官共十七员,翰林官十一员,科部各三员,内分《易经》四房,《书经》四房,《诗经》五房,《春秋》二房,《礼记》二房"。④ 同考试官的来源较杂,包括京官、地方官,各省的府、州、县儒学教官。

  乡试方面,弘治以前,地方教官对乡试的评卷起着重要的作用。景泰三年,"令凡科举,布、按二司会同巡按御史公,同推保见任教官年五十以下,三十以上,平日精通文学、持身廉谨者,聘充考官"。⑤ 即由各省布、按二司会同朝廷派下来的巡按御史推举教官来充当考试官,于是教官主试遂为定例。景泰三年所定的由布、按二司会同巡按御史公同推保教官的做法,又导致了另一个弊端的出现,即在录取人才方面,巡按御史大权独揽。弘治十七年甲子科,礼部建议各省考试用京官。⑥ "今制,则先期请于朝,皆以词林谏垣及部属中行出典省试,遂为成例,不可改矣。"⑦其后有司徇私,聘取或非其人,监临官又往往侵夺其职掌。

---

① (明)李东阳等重订《正德大明会典》卷七七。
② (明)李东阳等重订《正德大明会典》卷七七。
③ 郭培贵《中国科举制度通史·明代卷》,第 305 页。
④ (明)申时行等重修《明会典》卷七七,第 1801 页。
⑤ (明)李东阳等重订《正德大明会典》卷七七。
⑥ (明)沈德符《万历野获编》卷一四,第 376 页。
⑦ (明)沈德符《万历野获编》卷一四,第 376 页。

郭培贵指出:"嘉靖六年(1527年),在明代各省乡试考官选聘发展史上是值得重视的一年。"①此年六月,署都察院事兵部左侍郎兼学士张璁提出:"各省乡试宜如两京例,择翰林、科、部官为之主考,毋令权归外帘,得预结生徒,暗通关节。"②得到了嘉靖皇帝的允准。"这首先得益于嘉靖皇帝正处于锐意进取、改革的鼎盛期,其次得益于此时的张德正因'大礼议'而受到嘉靖帝的特别眷宠,故对其建议,几乎是言听计从。"③但随着嘉靖十二年礼部尚书夏言奏请的获准,各省乡试主考官之推举仍用"祖宗旧制"。其后,乡试内帘考官的官阶呈现逐渐高阶的趋势。万历十一年,部议复举张璁之说,各省皆命京官。浙江、江西、福建、湖广等省皆用编修、检讨(即用翰林官),他省用科部官,而同考亦多用甲科,教职则仅取一二而已。至万历十三年,全面实行张璁之说。沈德符说:"各省改遣京官主试,定于今上之乙酉(万历十三年),至辛卯则三举矣。"④

万历十三年的改革明确规定,在"礼节坐次之间","典试诸臣在监临、提调之上"。⑤ 此年乡试,两京及各省乡试主考官、副主考官,已是清一色的翰林、六部主事、员外郎、六科给事中。自此年京朝官之典乡试,"而御史不甘文柄之见夺,每科必有争执",至万历二十一年,"纷纷互讦愈不休",后经九卿科道会议,形成统一意见,为万历帝所采纳:"一应科场之事,在外听御史纠劾,在内听礼部礼科参覆。"⑥科场之事关联着政坛,御史、礼部、礼科与主考官,各方势力在科场中互相制衡、互相倾轧。命题的意义已不局限于考官与考生之间的关系。命题由主考官负责,甚至出于钦命,则命题与朝官乃至皇帝相关;命题体现了命题者对经史传统与当下时务、朝政的关注;命题事务既可以为执事官员的政绩加分,也可以是致政敌于死地的证据。阁臣、京官皆为时政的主体,以科举命题暗切

---

① 郭培贵《中国科举制度通史·明代卷》,第160页。
② 《世宗肃皇帝实录》卷八十,嘉靖六年九月二十四日。
③ 郭培贵《中国科举制度通史·明代卷》,第160页。
④ (明)沈德符《万历野获编》补遗卷二,第862页。
⑤ (明)王世贞《弇山堂别集》卷八三,第1588页。
⑥ (明)沈德符《万历野获编》,第383—384页。

时事,既是心理定势使然,又是一种政治行为的延伸。

第二节　命题与公共空间

每当乡试、会试,考官入闱锁院,将考场与外界隔绝,以防传递作弊。但是,贡院的大门与棘闱并没有隔绝考场与整个文化公共空间的联系。考官把文化空间带进了棘闱,考官的衡文取士最终以考试录的形式传向社会,引发舆情,进入社会的公共空间。事实上,早在三场考试的每一场结束时,随着考生走出考场,棘闱中的一切已进入公众视野,在三场考试还未全部结束之前,棘闱已处于社会公共空间的舆论监督之下。以命题为发端的衡文取士事务成为科举公共空间关注的焦点。

明代乡试、会试均为三年一科,子、午、卯、酉年乡试,辰、戌、丑、未年会试。三年中只有一年没有科举,科举事务已是朝廷与各省的行政常务。科场牵连着官场,科场即是官场的一部分,科场文化成为官场叙事的一种方式。

随着科举在行政事务中的常态化,科举命题也逐渐形成为一种文化生态,一些命题形态的意义已经溢出科举的范围。弘治六年会试,礼部尚书耿裕知贡举,入帘即设大宴,太常寺少卿李东阳任主考官,与之争席,并有言语冲突。等到揭经命题之时,李东阳便以《伯拜稽首让于夔龙》为《书经》首艺之题,以御调笑。

明代会试,考官分帘内官与帘外官,帘内官指负责命题与判卷的考试官,包括主考官和同考试官。帘外官指负责考试事务的各种执事官,包括监临官、提调官、搜检官、供给官等。贡院的戒慎堂之前有门通向帘内,帘外官负责把考生的试卷送进去给考试官评阅。知贡举为全面负责考试事务的官员,但在具体的考试事务中,帘内考官更为重要,因此在入帘后的大宴中,主考官坐于正位。据《明会典》,永乐七年,令会试考官,赐宴于礼部,并未提及宴请执事官及入闱大宴的排座规定。据张位《词林典故》,会试主考官、副主考辞朝之日候于东长安门板房,礼部请赴宴,宴席上的座次排定是:正主考中席,礼部正卿在左席,副主考官坐右席,都属于上座，礼部亚卿及同考官坐下座。清代《科场条例》有关于乡试入闱大宴的排座规定："乡试筵宴，正考官居中，副考官居左，监临官居右，其同考各官俱旁坐。"可见在入闱大宴中，主考官的地位比知贡举、监临等帘外执事官的地位高。这种规定应是沿明代而来。正因为如此，才有李东阳与耿裕争席之说。李东阳碍于耿裕的官阶与资历，最终让出了主位，但心里很不痛快，故于命题时以《尚书》的"伯拜稽首让于夔龙"命题。题目取自《尚书·虞夏书》，记虞舜令众臣施政，令禹去治水，禹跪拜叩首谦让，把职务让给稷、契和皋陶（禹拜稽首，让于稷、契暨皋陶）。轮到伯夷的时候，舜帝令伯夷担任祭祀礼官，伯夷跪拜叩首谦让，把这个职务让给夔和龙（伯拜稽首，让于夔、龙），众臣表现出社稷为重的胸怀与诚意。但这句话到了李东阳这个语境，味道就变得酸溜溜的。夔、龙虽为辅弼良臣，但地位毕竟比伯夷低。这种居高临下的出让姿态，使李东阳感到快意。

题目本身无损于《尚书》的神圣性，但出题的语境与态度却于经典略有不恭。这种命题的游戏态度一直存在于科举时代，清代乾隆间彭元瑞的命题游戏是一个典型的例子。翰林学士彭元瑞博学能文，督学江苏时，所出之题俱有巧思。乾隆八十万寿节时，彭元瑞出试八所学校，所命八题为《臣事君以忠》《彭更问曰》《恭则不侮》《祝鮀治宗庙》《天子一位》《子服尧之服》《万乘之国》《年已七十矣》，八题第一字合成"臣彭恭祝天子万年"，为乾隆祝寿。他也曾以此藏头诗法以命题施恶谑，出试四所学校时，提调官王某，绰号王二麻子，彭元瑞命四题：《王何必曰利》《二吾犹不足》《麻缕丝絮》《子男同一位》。其视学浙江，所命之题也多"触景生情，机趣横溢"，①这在当时传为美谈。但这种"触景生情"的态度，对于儒家经典来说，则不免有亵渎轻浮之憾，它已溢出科举考试制度之外而向社会的公共空间扩散，从而成为一种科举文化。

科举关系着官僚系统的活力，关系着社会人才的流动、社会结构的变化，尤其是关系着下层士子的前程命运，故每一科的乡、会试，其命题的合理与否，其取舍的公平与否，直接牵动着朝廷，也强烈地刺激着社会的舆

---

① （清）徐珂《清稗类钞》"考试类"，第611页。

情。命题遵循着官方的人才理念,而它的另一端,则经由士子的应试,连结着整个社会。考官命题,士子应试,于是官方意图与民间舆情便连接在一起。

每科乡试、会试之后,考试录一出,就会成为整个社会的焦点,命题是否合理,取士是否名副其实,都会受到整个社会的严厉审视。在士子参加乡试、会试之前,其举业水平基本上是众所周知的,民间有其心理期待,对于考试录的中式举人排名,乃至会元、解元、五经魁的排名,人们都会依据心理期待进行评判。万历间黄洪宪说他多次典试,"每贤书一出,远近称为得人,谁不知之"。① 远近的一双双眼睛代表着社会的舆情,监督着考试的公正性。万历四十四年会试,中式三百五十名,沈同和为第一。但都下传言,沈同和为白丁,平日好冶游,拈笔不能成句,以挟带作弊而得中举人,会试时贿赂考场役吏,安排他与赵鸣阳三场同号舍,遂中会元,故都下称之为"白丁会元"。于是遂予复试,结果沈同和文理荒悖,甚至连《孟子》题的出处都不知道,最后被议罪遣戍。

社会舆情审视着科举的公正性,而考官命题即是舆情审视的焦点之一。明英宗天顺元年会试,主考官为薛瑄,是著名理学家,《明史》称其"日探性理诸书"。② 钱溥、吴节、孙贤为此科同考试官,钱溥以治《春秋》起家。此科因考官为权贵所荐,结果录义谬误,去取徇情,阁臣许彬之子许起会试被取为第九十六名,殿试为二甲第十二名,忠国公石亨之侄石后会试第一百三名,殿试二甲第五十三名,时人不服,以诗讽之:

> 圣主开科取俊良,主司迷谬更荒唐。薛瑄《性理》难包括,钱溥《春秋》没主张。吴节只知贪贿赂,孙贤全不晓文章。问仁既是无颜子,配祭如何有太王。告子冒名当问罪,周公系井亦非常。阁老贤郎真慷慨,总兵令侄独轩昂。榜上有名谁不羡,至公堂作至私堂。③

---

① (明)黄洪宪《碧山学士集》卷八。
② 《明史》卷二八二《薛瑄传》,第 7228 页。
③ (清)褚人获辑撰《坚瓠集》,第 282 页。

诗中对薛瑄等人的评判是否公允,可以存疑,沈德符即认为,"吴节只知通贿赂,孙贤全不晓文章"二句即"固为仇口",①即出于仇家的肆意攻讦。孙贤为景泰五年甲戌科状元,翰林院侍讲,当不至于"全不晓文章"。不过,关于孙贤得中状元,《明朝小史》如此记述:"甲戌科会试,当廷试日,上偶行,至其处,问其姓名,对曰孙贤。上因口诵'但愿子孙贤'之句。诸臣疑上注意于贤,遂举状元。"②其被点为状元,实属偶然,故民间舆情视其为"全不晓文章",也并非空穴来风。此诗的第七至第十句则涉及该科会试首场制义文的命题。第七句"问仁既是无颜子",指该科会试次艺题《一日克己　勿动》,题出自《论语·颜渊》:"颜渊问仁。子曰:'克己复礼为仁。一日克己复礼,天下归仁焉。为仁由己,而由人乎哉?'颜渊曰:'请问其目。'子曰:'非礼勿视,非礼勿听,非礼勿言,非礼勿动。'颜渊曰:'回虽不敏,请事斯语矣。'"③考官命题时把"颜渊问仁"截去,故诗称"问仁既已无颜子"。在明代乡、会试四书文试题的书写形式中,那些取自"子路问强""子路问政""子贡问友""子张问明"开头的章、节的题目,往往可以省去这个开头,而直接书写其问的内容。这首排律只是因科场舞弊现象而以此题目取乐而已。第八句"配祭如何有太王",指该科《诗》题所录王塥程文。此科《诗》题为《思文后稷克配彼天立我烝民莫匪尔极》,王塥文中有"斯时也,欲尊太王以配天,而太王克勤王家而已"之语。④ 沈德符认为,"尊太王以配天",此说难通。⑤ "告子冒名当问罪",指此科四书文第三题《仁义礼智　者也》,题目出自《孟子·告子》:"仁义礼智,非由外铄我也,我固有之也,弗思耳矣。故曰:求则得之,舍则失之。或相倍蓰而无算者,不能尽其才者也。"公都子引告子关于"性无善无不善"的话问孟子,这一题目即是孟子回答公都子的话。诗句只说"告子",用以代替"公都子",无非是讽刺此科会试存在"冒名"的问题,应当问罪。"周公系井亦非常"指此科《易》题第一题:《六四井甃无咎象曰井甃无咎修

---

① (明)沈德符《万历野获编》卷一四,第374—375页。
② (明)吕毖《明朝小史》卷八,清初刻本,第1A页。
③ (宋)朱熹《四书章句集注》,第131—132页。
④ 《天顺元年会试录》,龚延明点校《天一阁藏明代科举录选刊·会试录》上册,第272页。
⑤ (明)沈德符《万历野获编》卷一四,第375页。

井也九五井洌寒泉食象曰寒泉之食中正也上六井收勿幕有孚元吉象曰元吉在上大成也》。该科《会试录》选入应瀚之文,其中有"至若上六,周公以为井以上出为功,而六居井体之上"之语。① 沈德符指出,《周易》井卦却引周公,此说出自明初赵东山,但此说有可议之处。②

如果说,第八、第十句是讽刺考官所录非材,墨卷写得义理不通,那么,第七、第九句则是借四书文的命题特点进行讽刺。许彬、石亨固为徇私,不过把薛瑄、钱溥、吴节、孙贤等的专业水平也一起否定则不符事实,但科举命题之足以牵动舆情,于此可见一斑。

科场如此敏感地牵动着民间的舆情,乃至于科场中发生的一切都被关联到考官的身上。天顺七年会试,贡院发生火灾,"御史焦显扃其门,烧杀举子九十余人"。③ 知贡举邹干及监试官俞钦、唐彬、焦显等受到处罚,民间舆情偏偏对"扃其门"的焦显的名字感兴趣,说是:"御史原姓焦,科场被火烧。"④正德三年戊辰科会试,考场发生火灾。会试之前,负责观察天象的官员曾多次警告:"荧惑守文昌不移。"⑤火星居文昌星座不动,恐有火灾。会试考场也已做好防火的准备,但至第三场考试,火灾还是发生了,甚至连至公堂也被烧。考场失火事件,在明代偶有发生,但到了清代,却被牵扯到考官的命题上。从明代以来,首场四书文共三题,《论语》和《孟子》为必出题,剩下的一题在《大学》或《中庸》里出题。清代有一种迷信,江南乡试不能以《大学》命题,否则,"或贡院被火,或主司有祸。尤忌圣经一章"。⑥ 乾隆五十三年戊申科江西乡试出《大学》题《十目所视十手所指其严乎》,并无火灾,据说因主考官赵佑为文祭告方无恙。嘉庆三年戊午科广东乡试,誊录所发生火灾,主考官吴烜以《大学》"此之谓絜矩之道"命题。据《霞外攟屑》卷二"直省不宜出大学题",光绪五年己卯科浙江乡试,次题于《大学》中命题,监临闻知,便以"浙闱出《大学》题必遭

---

① 《天顺元年会试录》,龚延明点校《天一阁藏明代科举录选刊·会试录》上册,第269页。
② (明)沈德符《万历野获编》卷一四,第375页。
③ (清)张廷玉等《明史》卷二九《五行志二》,第463页。
④ (明)陈洪谟《治世余闻》下篇卷四,148页。
⑤ (明)沈德符《万历野获编》,第409页。
⑥ (清)平步青《霞外攟屑》,第116页。

火灾"的传闻而请求换题,最后改为《国有道不变塞焉强哉矫》(《中庸》题)。以《大学》命题,则必有火灾,这自然是迷信,但清代浙闱,自康熙二十九年庚午科以《大学》的"是故君子无所不用其极"命题之后,就再也没有在《大学》里出题了。戒出《大学》题,成为一条官场箴言。清人的科场迷信同样是其来有自的。这种科场迷信既是一种官场叙事,也是民间舆情所乐意关注的。

第三节　四书文命题的政治隐喻性

明代科举以命题作文的形式试士,三场各体的命题因各自的文体特点而各有自己独特的方式和目的。祝允明说:"本之初场求其性理之源,以论观其才华,诏、诰、表、判观其词令,策问观其政术。"①对于考官的命题,朝廷功令有明确规定:"出题校文,须依经按传,文理纯正。"②"令出题不许摘裂牵缀,及问非所当问。"③首场经义,出题要冠冕正大。第二场的诏、诰、表、判等科目,考核的是士子的词令,实际上也是考核其行政公文的写作能力,科目的设立具有鲜明的现实事务指向。第三场和殿试均试策,策问的出题可以包括君道、臣道、事功、用人、理财、人品、士风、书史、兵政、时务等题。从历史价值看,乡、会试的第三场和殿试的策试提供了各个历史时段的时务焦点。朝廷出于解决现实时务难题的考虑而设计策问,并要求考生直陈己见,不必顾忌。李衷纯认为,在三场各体中,策对最具有经世致用的指向:"昭代若兼三季(指元代若兼有汉、唐、宋三代的特点——引者),然明经而至举子业,不过腐儒糟粕,小儿嗄饭。语、诏、诰、表,虽沿词赋之遗,无当实际,皆朝取青紫,夕覆酱瓿矣,乌足垂世?惟是制策,所问有不自黼扆宫壸以迄人才礼乐、边陲河渠、钱谷刑狱三事之所平章、六曹之所职掌者乎?射策所对,有不淹古贯今、导利规害、识若观火、画若破的、以箴主德、赞国政、襄民瘼者乎?即非世务而谭理学子史,

---

① (明)祝允明《贡举私议》,《怀星堂集》。
② (明)李东阳等重订《正德大明会典》卷七七。
③ (明)申时行《明会典》卷七七,第1791页。

有不剖一人独见、抉千古疑奥、为木天石渠之秘解乎？故揽一策而一朝时事可稽也，揽群策而累朝故实可考也。盖视汉策尤鸿巨，与金匮所藏正相表里。不朽之文，要惟此耳。岂明经、词赋可仿佛乎！"①正因为二、三场各体的命题具有明确的时务指向，故其命题也要求明白完整。

相比之下，首场制义文命题的现实指向不像二、三场各体那么直接。题面取自四书五经，题意来自原典，其命题的义理指向本应对准儒家原典，但考官在截取原典的章、节、句作为题目时是否具有现实指向，其现实指向究竟是什么，这有时候却是一个见仁见智的问题。本来，四书文命题，其目的在于考核士子对儒家经典的掌握程度，但是，当考官在命题时，"一手二牍""目送手挥"，在依经按传的同时关注时政世务，甚至进行别有用心的影射，其四书文命题就成了一个政治隐喻。有时，命题者无意影射，解读者却以意逆志。沈德符说："古来考试，以题讥人者，与见讥于人者，其出时未必有意，而揣摩者多巧中之。"②这话应该是符合实际的。题文来自四书五经，在一般情况下，命题者着眼于经典本身的含义，即使是旨在谄媚或意在讥讪，命题者都不会昭示世人。故命题者是否有意，这往往是无法确证的。命题者无意，这也分两种情况，一种是的确无意，只是揣摩者过度解读；另一种是虽无明确的故意，但在平时的政务中形成特定的关注，命题时或出于潜意识地倾向于选取四书五经中的某一部分，所谓"揣摩者多巧中之"，其依据或即在此。由于四书文命题表面上以四书文字为题，与时务策相比，其现实隐喻性反倒更加强烈，成了官场中乃至社会上大家心照不宣的交流媒介。

首场七艺，三篇四书文，四篇本经文。两者虽都是"体用排偶"，但两者的考核目的实各有所偏重。清代司徒德进说："作经文与四书文不同，不必拘以理法，只须文气磅礴，古色烂斑，得骚选子史话头来写最妙。"③可以这么说，五经科目考核的是士子的"学"，四书科目考的是士子的

---

① （明）李衷纯《皇明策衡序》，（明）茅维《皇明策衡》卷首，万历三十三年序本。
② （明）沈德符《万历野获编》卷一五，第387页。
③ （清）司徒德进《举业度针》，陈维昭编校《稀见明清科举文献十五种》，第1488—1489页。

"理"。由于五经题更重视实学，四书文更显示"文"的修辞性，明代科举文的命题隐喻更多地发生在四书文的命题上。更具体地说，乡、会试的四书题一般是由一道《大学》(或《中庸》)题、一道《论语》题和一道《孟子》题组成，而《孟子》题往往是政治隐喻剧的舞台。

科举命题是官方人才观的具体呈现，也引导着士子的为学方向，故历来为朝廷所重视，礼部对考官的命题阅卷也时有警诫，洪武二十四年，强调"凡出题，或经或史，所问须要含蓄不显，使答者自详问意，以观才识"，①这主要是针对第二、三场的论、策命题而言。正统六年，"令出题不许摘裂牵缀，及问非所当问"，②这是从命题的题型上要求命题考官保证经典的完整性和严肃性。嘉靖十七年题准，考官于会试校文时，对"引用《庄》《列》背道不经之言，悖谬尤甚者"予以黜落处分。③ 这是要求考官对考生卷中出现悖离儒家思想的老、庄思想予以贬斥。礼部的告诫只是强调命题与经典之间的关系，为命题限定大方向，而明代考官在命四书题时，有时却是一手二牍，目送手挥，指桑骂槐，借题发挥，把明代的政治生态暗寓于命题行为之中。有的命题者忠实于经典，揣摩者则心有别解；有的命题者别有用心，士大夫与士子也是心知肚明，由此演成了一种政治生态。

虽然题目取自四书五经，但被截取的语句已经脱离了四书五经原典的整体语境，如果完整地截取某章、某节，其题意可能保留了原典的含义；但如果截取某几句或某一句为题，题目的意旨则可能会偏离原典。比如，以"学而时习之"全章为题，要讨论的就是君子如何通过学习而务本的问题，学之不已以明善复初；以善及人，而信从者众；学由悦而得，故人不知而不愠。如果截取第一句"学而时习之"为题，则其题旨在"时习"；如果截取"有朋自远方来"为题，其题旨则在"以善及人，而信从者众"。截取的部分不同，论题的中心自然也就不一样。

考官究竟以什么为根据来选取四书五经的内容，这其实是受到很多

---

① （明）申时行等重修《明会典》卷七七，第1791页。
② （明）申时行等重修《明会典》卷七七，第1791页。
③ （明）申时行等重修《明会典》卷七七，第1792页。

因素的影响的。一般来说,考官不会漫无目的地在四书五经里随意划出语句作为题目,其命题总有特定的目的。他对四书五经的某部分感兴趣,都与他的特定的心理定势相关。

建文元年,应天府乡试主考官为侍讲方孝孺,副主考为少卿高逊志,此科四书文的三题是:《行夏之时乘殷之辂服周之冕乐则韶舞》《亲亲而仁民仁民而爱物》《可以托六尺之孤可以寄百里之命临大节而不可夺也君子人与君子人也》。① 方孝孺在《建文元年京闱小录》的序文中表达了"将见仁人君子为时并出,辅成宽大之化,养育黎民,登于太和,以传助于无穷"②的愿望。方孝孺所命之四书题,其第三题历来被认为是别有用意。关于此题,沈德符《万历野获编》有"场题成谶"条:"建文元年己卯,应天乡试,首题为《可以托六尺之孤 一节》。是燕邸靖难兵已渐动,衡文者有意责备方、黄诸公耶? 抑偶出无心耶? 即云无心,与时事暗合,亦不祥甚矣。"③沈德符不知道此科应天乡试主考正是方孝孺,故把这一命题理解为主考官旨在责备方孝孺。如果此时方孝孺已经得知朱棣靖难之兵已渐动,则方孝孺之命此题,正为深忧时局、激励正气。上海图书馆藏本《建文元年京闱小录》的收藏者、著名藏书家莫棠指出,此《小录》得以幸存流传至今,是因为上天有扶植名教纲常之意:"若是录则主试即为方正学,而举首刘政与桐城方法皆以靖难致陨,岂非天之所以扶植纲常名教者,虽此类之微,亦使不绝于人世。"④刘政,江苏府吴县人,为此科解元;方法,安庆府桐城县人,中此科第一百九名。从方孝孺对刘政之文的批语来看,他取刘政为第一名,是寄以厚望的。《小录》中选入的四书义程文是第一名刘政的《可以托六尺之孤 一节》文,方孝孺在其文末另加批语:"此群乌之孤凤,他日必有益于纲常者,当虚左以处之。"⑤上海图书馆藏本《建文元年京闱小录》于刘政之程文处有眉批:

---

① 《建文元年京闱小录》,陈维昭编校《稀见明清科举文献十五种》,第8页。
② (明)方孝孺《京闱小录序》,陈维昭编校《稀见明清科举文献十五种》,第8页。
③ (明)沈德符《万历野获编》补遗卷二,第861页。
④ (清)莫棠《建文元年京闱小录序》,上海图书馆藏抄本,陈维昭编校《稀见明清科举文献十五种》,第68页。
⑤ 见陈维昭编校《稀见明清科举文献十五种》,第33页。

明郁衮《革朝遗忠录》载:"政字仲理,己卯以春秋发解,京闱第一,考官侍讲方孝孺得其文,惊曰:'此他日临大节而不可夺者也。'批之有'众鸟中之孤凤,君当虚左以处之'之语。……太宗登极,孝孺被戮,政悲忿不食死。"①

我们不能确定方孝孺的命题是否别有用心,但不妨这样理解,方孝孺于建文帝即位之初,对时局之严峻有深深的忧虑,这一命题正是表达了他的忧虑,当然也存在着通过四书文的命题去唤醒、激励考生的正气的可能。而刘政的文章也确实不负所望:

今有人焉,其才足以有为也,其德足以有容也,可以为社稷之臣,可以受付托之任,此其可以辅幼君也。施政教以治万民,位高责重而不以为难;立纲纪而理庶务,国大政繁而不以为扰,此其可以摄国政也。至于临利害之时,虽吉凶荣辱系于须臾,得失不足论焉;遇事变之际,虽刀锯鼎镬加于先后,死生有不足较焉。此其节操至于死生之际而不可夺也。其才既可以辅幼君而摄国政,其节至于死生之际而不可夺,则可谓成德之士矣。

题目是《论语》引曾子的话,对于这段话,朱熹的注解是:"其才可以辅幼君、摄国政,其节至于死生之际而不可夺,可谓君子矣。"②才、节兼备,即可称为君子。刘政此文正是依朱注而展开论述的。而方孝孺注重的是"节"字,刘政文中的"遇事变之际,虽刀锯鼎镬加于先后,死生有不足较焉"正是后来方孝孺的写照。故后人有叹方孝孺"此他日临大节而不可夺者也"之语,或视方孝孺所命此题乃是不祥之谶语,也是事出有因的。

永乐元年癸未科,应天乡试主考官为胡广、王章,其四书文首题为《周监于二代郁郁乎文哉吾从周》,题出自《论语·八佾》第十四章。孔子这

---

① 陈维昭编校《稀见明清科举文献十五种》,第73页。
② (宋)朱熹《四书章句集注》,第104页。

里所说的"二代"指夏、商。胡广之命此题,或许也有时局之用意。如果把"二代"理解为洪武、建文,那么,题中之"周"不正是永乐朝吗?"吾从周"者即是对新朝之拥戴也。我们当然没有必要作这种穿凿的附会,但从题目寓意来看,《周监于二代郁郁乎文哉吾从周》之题,正与《可以托六尺之孤可以寄百里之命临大节而不可夺也君子人与君子人也》之题耸然对峙。

方孝孺与胡广,他们不一定以命题去影射特定的政治,但他们对题目的选择、确定,则与他们在特定的政治生态中的位置和动机有关。

第四节 命题与政治禁忌

科举是朝廷政务的一部分,它不仅考核士子的才学,也以官方意识形态限定士子,故其命题被设定在官方意识形态的框架之中。首场的四书文因其理学性质而尤其成为官方意识形态所关注的焦点。

对于明代采用制义试士制度的目的,清初以来一直有一种"阴谋论",认为这是明代官方以一种僵死严厉的文章套格,让天下士子往里钻,从而达到愚民易治的目的。清初廖燕说:"明太祖以制义取士,与秦焚书之术无异,特明巧而秦拙耳,其欲愚天下之心则一也。"①晚清冯桂芬的座客饶廷襄说得更严厉:

> 明祖以枭雄阴鸷猜忌驭天下,惧天下瑰伟绝特之士起而与为难,以为经义诗赋,皆将借径于读书稽古,不啻傅虎以翼,终且不可制。求一途可以禁锢生人之心思材力,不能复为读书稽古有用之学者,莫善于时文,故毅然用之。其事为孔孟明理载道之事,其术为唐宗英雄入彀之术,其心为始皇焚书坑儒之心,抑之以点名搜索防弊之法,以折其廉耻,扬之以鹿鸣琼林优异之典,以生其歆羡。三年一科,今科失而来科可得,一科复一科,转瞬而其人已老,不能为我患,而明祖之

---

① (清)廖燕《明太祖论》,(清)廖燕著,林子雄点校《廖燕全集》上册,第12页。

愿毕矣。意在败坏天下之人才,非欲造就天下之人才。①

虽然不能说明代科举三场试士的目的是使天下士子更无知,但朱元璋之所以继承元代科举"有科无目"的独木桥制度,的确与他的政治文化专制主义目的有关,其潜在的目的是要将天下士子的思想意识拘束于特定的壳中,其人才观的设计是以朝廷的政治理念为基础的,其命题自然也是从维护官方政治利益、政治秩序方面而设计的。这一点,从朱元璋为《孟子》一书划定命题范围可以看出。

在春秋战国时期,孔子或孟子思想都只是诸子中的一子,代表个人的社会政治思想。自从汉武帝"独尊儒术"之后,儒家思想成为政治专制主义的工具。四书本来是宋儒所确立的儒家理学经典,当元代把它引入科举制度之后,其思想导向的作用更是显而易见。但孟子思想中的民本思想与明代政治文化上的专制主义则是格格不入的。对此,朱元璋表现出一种愤怒。据《明史·钱唐传》:"帝尝览《孟子》,至'草芥''寇雠'语,谓非臣子所宜言,议罢其配享,诏有谏者以大不敬论。唐抗疏入谏曰:'臣为孟轲死,死有余荣。'时廷臣无不为唐危。帝鉴其诚恳,不之罪。孟子配享亦旋复。然卒命儒臣修《孟子节文》云。"②所谓"草芥""寇雠"指的是《孟子·离娄下》:"孟子告齐宣王曰:'君之视臣如手足,则臣视君如腹心;君之视臣如犬马,则臣视君如国人;君之视臣如土芥,则臣视君如寇雠。'"在专制皇帝朱元璋看来,君主自然是视臣下如犬马,如土芥,但臣下则不能视君主如国人,如寇雠。清代全祖望的《辩钱尚书争孟子事》说得更加具体:"上读《孟子》,怪其对君不逊,怒曰:'使此老在今日,宁得免耶?'"③如果孟子生活在朱元璋时代,一定会受到政治上的迫害。《孟子》中的民贵君轻思想导致了朱元璋要罢孟子配享,更导致了朱元璋于洪武二十七年命刘三吾修《孟子节文》,把《孟子》全书删去八十五条,只留下一百七十多条,约二万字。刘三吾说:"《孟子》一书,中间词气之间,抑

---

① (清)冯桂芬《变科举议》,(清)冯桂芬《校邠庐抗议》,第107—108页。
② 《明史》卷一三九《钱唐传》,第3982页。
③ (清)全祖望《辩钱尚书争孟子事》,(清)全祖望《鲒埼亭集》卷三五,第1477页。

扬大过者,八十五条,其余一百七十余条,悉颁之中外校官,俾读是书者知所本旨。自今八十五条之内,课试不以命题,科举不以取士。"①《孟子》一书共35 589字,只剩下约二万字可以命题,因为《孟子》一书严重触犯了朱元璋文化专制主义的政治禁忌。

洪武三十年会试,考官刘三吾等出题,内有讥讽朝廷及凶恶字,并考试有不公,御史劾奏治以重罪。永乐七年会试,考官邹缉等出题,有《孟子节文》及《尚书·洪范九畴》偏经论题,被御史劾奏,也获重罪。永乐二十二年甲辰科廷试,本来取孙曰恭为第一,但觉得"曰恭"二字形似"暴"字,于是取邢宽为状元,孙曰恭为一甲第三名。孙曰恭因名字触及政治禁忌而与状元失之交臂。景泰七年顺天府乡试,其《小录》累有凶恶犯讳之字,如四书程文"人欲自绝伤于日月"等语,《易》题故犯宣宗章皇帝御讳,策题则言正统有无等词。② 该科顺天乡试第一道四书题是《君子惠而不费劳而不怨欲而不贪泰而不骄威而不猛》,题目出自《论语·尧曰》,是子张所说的从政"五美"。该科顺天乡试录所录程文有"人欲自绝伤于日月"之语,出自《论语·子张》:"人虽欲自绝,其何伤于日月乎?"是子贡赞美孔子的话:孔子如日月之光芒普照,即使有人欲以谤毁自绝于孔子,始终无伤于孔子。但仅取"人虽欲自绝,其何伤于日月乎"一句入制义,则被视为"凶恶"字眼。命题若犯政治禁忌,就要受到严厉处治。

沈德符说:"古来人主多拘避忌,而我朝世宗更甚。"③嘉靖二十二年,④山东乡试首艺题即是《子曰无为而治者其舜也与夫何为哉恭己正南面而已矣》,因其试录所收程文语涉讥讪,监临官按巡御史叶经被逮,死于杖下。此事的起因是诸朱氏争夺袭爵而重贿礼部尚书严嵩,叶经以此事弹劾严嵩。严嵩惧而疏辩,嘉靖帝置嵩而不问罪。严嵩由此衔恨叶经。嘉靖二十二年叶经以巡按御史任山东乡试监临官,"《试录》上,嵩指发策

---

① (明)刘三吾《孟子节文题辞》,(明)刘三吾《孟子节文》,孟子文献集成编纂委员会《孟子文献集成》第一五册,第769页。
② 《英宗睿皇帝实录》卷二六九,景泰七年八月二十九日。
③ (明)沈德符《万历野获编》卷二,第57页。
④ (明)沈德符《万历野获编》误为万历二十八年,见该书补遗卷二,第861页。

语为诽谤,激帝怒。廷杖经八十,斥为民。创重,卒"。①

世宗在严嵩的提示下阅此科山东所进《乡试录》,手批其第五问防边御虏策目曰:"此策内含讥讪。"②于是尚书张璧等言:"今岁虏未南侵,皆皇上庙谟详尽,天威所慑。乃不归功君上,而以丑虏餍饱为词,诚为可罪。考试官教授周矿、李弘,教谕刘烨、陶悦、胡希颜、程南、吴绍曾、叶震亨、胡侨,率意为文,叛经讪上,法当重治。监临官御史叶经,漫无纠正,责亦难辞。"③世宗进一步指出:"此录不但策对含讥,即首篇《论语》义'继体之君不道',叶经职司监临,事皆专任,并周矿等、陈儒等,俱令锦衣卫差官校逮系至京治之。"④此科山东乡试,监临官为巡按山东监察御史叶经,提调官为陈儒、张杲,监试官为谈恺、潘恩,主考官为周矿(湖广永州府儒学教授)、刘烨(浙江金华府永康县儒学教谕),同考官为李弘、陶悦、胡希颜、程南、吴绍曾、叶震亨、胡侨(为直隶、应天、浙江、河南、湖广各府县学儒学教谕)。嘉靖帝将山东此科乡试的监临官、外帘官和内帘官全都处罚。

令世宗大怒的有三点,一是首场《无为而治 已矣》题文,二是策对第五篇,三是叶经"狂悖不道"。此时的世宗正痴迷于道教,嘉靖二十一年建大高玄殿,从此不再上朝,开始了他的"无为而治"。九月,员外郎刘魁谏营雷殿,予杖下狱。此科山东乡试主考官以此命题,是否意在讥讽,不得而知。但世宗则是杯弓蛇影,在严嵩的挑唆下,感到此题正是讥讽自己。所谓的"继体之君不道",出自此科解元许邦才之四书文。此科四书文的首艺题目是《无为而治 已矣》,题取自《论语·卫灵公》第四章:子曰:"无为而治者,其舜也与?夫何为哉?恭己正南面而已矣。"据朱熹注:"无为而治者,圣人德盛而民化,不待其有所作为也。独称舜者,绍尧之后,而又得人以任众职,故尤不见其有为之迹也。恭己者,圣人敬德之容。既无所为,则人之所见如此而已。"⑤许邦才此墨卷的小结是:"尝谓继体之君,未尝无可承之法,天下亦未尝有无才之世,但德非至圣,未免作

---

① 《明史》卷二一〇,第 5554 页。
② 《世宗肃皇帝实录》卷二七八,嘉靖二十二年九月十七日,1940 年梁鸿志据传写本影印。
③ 《世宗肃皇帝实录》卷二七八,嘉靖二十二年九月十七日,1940 年梁鸿志据传写本影印。
④ 《世宗肃皇帝实录》卷二七八,嘉靖二十二年九月十七日,1940 年梁鸿志据传写本影印。
⑤ (宋)朱熹《四书章句集注》,第 162 页。

聪明以乱旧章,好自用而不能任人,其如有为何哉?"①这简直就是为世宗量身定做。

第五道策问本是问防边御虏之策,提及"承平既久,法渐废弛,黠虏乘虚,累岁深入,而沿边将帅未闻一战以挫其锋,何与?"②但考生丁懋儒(中式举人第九名)的策对则曰:"天下之患,莫大于名为治平无事,而其实有不可测之变伏乎其中……迩年以来,北虏为寇,越宣大而入雁门,践太原而扰泽潞,肆然无忌。……今岁虏骑不南,或者遂谓边方处置得宜,先声慑服之故,此未可遽信以为安也。盖御虏之道,不可幸彼之不来,而在吾守备之足恃。今兹丑虏餍饱而去,非有挫折,安知惩创?"③世宗责令礼部严查此事,尚书张璧说,今岁虏骑没有南侵,应该归功于皇上的英明决策,怎么可以归因于"丑虏餍饱而去"? 这是对朝廷的绥虏政策的否定。

叶经因四书文的命题、《乡试录》的录文而罹祸,既是严嵩的借题制敌,也是世宗的借题立威。

文字须避御名、庙讳,历代都有这一文字程式。明初官方功令也曾规定:"(洪武)十七年,令文字回避御名、庙讳……成化十三年,令举人文字,凡遇御名、庙讳下一字,俱要减写点画。"④不过到弘治七年,便取消这一禁令:"御名、庙讳及亲王名讳,仍依旧制,二字不偏讳,不必缺其点画。"⑤嘉靖前期,世宗似乎对试题犯讳并不在意。嘉靖十六年丁酉,顺天乡试次题为《天地之道博也厚也高也明也悠也久也》,则犯御名朱厚熜的"厚"字。次年戊戌会试,出《博厚所以载物 一节》,又犯御名。十九年庚子,福建出《至诚无息 五节》,凡四犯御名:"故至诚无息。不息则久,久则征,征则悠远,悠远则博厚,博厚则高明。博厚,所以载物也;高明,所以覆物也;悠久,所以成物也。博厚配地,高明配天,悠久无疆。"⑥至嘉靖

---

① 《嘉靖二十二年山东乡试录》,明刻本,美国加州大学图书馆藏。
② 《嘉靖二十二年山东乡试录》,明刻本,美国加州大学图书馆藏。
③ 《嘉靖二十二年山东乡试录》,明刻本,美国加州大学图书馆藏。
④ (明)申时行等重修《明会典》卷七七,第1791页。
⑤ (明)申时行等重修《明会典》卷七七,第1792页。
⑥ (宋)朱熹《四书章句集注》,第34页。

三十七年戊午,山西、云南、贵州俱出《征则悠远　一节》,俱两犯御名。这些考官都没有因为命题犯讳而被论处。但倘若是对世宗有语含讥讽,则必受到严惩。

嘉靖四十四年会试,以高拱、胡正蒙为考试官,其四书文的三道题目是:

绥之斯来,动之斯和。

人道敏政,地道敏树。夫政也者,蒲卢也。

诗曰:"天生蒸民,有物有则。民之秉夷,好是懿德。"孔子曰:"为此诗者,其知道乎!故有物必有则,民之秉夷也,故好是懿德。"

第一题取自《论语·子张》,题目的下文是"其生也荣,其死也哀,如之何其可及也",此时的世宗正走到生命的末路,怀疑这一命题是有意以其下文"其死也哀"来诅咒,便问首辅徐阶此题的全文,徐阶回答说:"臣老耄健忘,止记上文有臣名与字。"①徐阶字子升,而题目的上文是《论语》此章的"犹天之不可阶而升也"。于是世宗明白高拱之命题出于无心,怒意顿消。对此,沈德符说,如果当时徐阶"具述讳语,高无死所矣"。② 徐阶之化解,可以说是救了高拱一命。而最触及禁忌的则是第三题,题目取自《孟子·告子》,令世宗不适的不是题目的义旨,而是题中有两个"夷"字。当时明朝正受到北方俺答的侵扰,世宗不想听到这些令他烦心的事,所以对于"夷""狄"等字眼,最为讨厌,"每写'夷''狄'二字必极小,凡诏旨及章疏皆然。盖欲尊中国卑外夷也"。③ 把"夷""狄"二字写得极小,与其说是为了"尊中国而卑外夷",不如说是为了逃避烦心事的刺激。

第五节　命题与党争

党争,是晚明政治的一个十分突出的现象,它甚至被认为是明朝灭亡

---

① (明)沈德符《万历野获编》卷一五,第386页。
② (明)沈德符《万历野获编》卷一五,第386页。
③ (明)沈德符《万历野获编》卷二,第57页。

的三大原因之一。日本明治时期盐谷宕阴在为廖燕《二十七松堂文集》的和刻本作序时说:"朱明之季,制义败才,奄竖败正,党祸败人,而闯贼鞑虏遂败国矣。"①至嘉靖、隆庆时期,党争现象已经十分令人瞩目,至万历而至极。吴应箕说:

> 尝观国家之败亡,未有不起于小人倾君子之一事,而小人之倾君子,未有不托于朋党之一言。……然党锢之祸,其流甚烈,而其源有渐。……昭代之党祸极于万历丁巳,而嘉、隆诸政府已开其渐。故自张凤磬(四维)以前,溯而上之,如张太岳(居正)、高中元(拱)、徐存济(阶)、严介溪(嵩)、夏桂洲(言),其权专,其党同伐异显行于好恶之间而人莫之敢议。然其局专于攻击前人,故一相败露,而为其鹰犬、为其斥逐者,一转盼而升沉互异,是以君子不久锢林泉,小人不终据要津也。自申瑶泉(时行)以后,递而下之,如王荆石(锡爵)、张淇阳(位)、赵瀫阳(志皋)、沈蛟门(一贯)、朱金门(赓),其术巧,其掌同伐异诡托于官府之内而人莫之能测。又其局专于汲引后人,故衣钵相传而为其所庇护、所排击者,纵易地而用舍如前,是以君子竟同硕果,而小人终等延蔓也。②

吴应箕把嘉靖以来的党祸分为两个阶段:嘉靖、隆庆为明代党祸之源,万历为其流。前期以夏言、严嵩、徐阶、高拱、张居正、张四维为代表,后期则以申时行、王锡爵、张位、赵志皋、沈一贯、朱赓为代表。其中,除了张位之外,其他都曾是内阁首辅,这些首辅均以党同伐异为能事,前期首辅的党同伐异是显行于好恶之间,其局在于专攻前任;后期首辅的党同伐异则诡托于宫府之内,尤为可怕。两者的共同结果导致了明朝的灭亡。

这些首辅在为官期间也都曾任会试或乡试的考试官,如夏言任嘉靖二年会试同考试官、嘉靖十一年会试知贡举官,严嵩任正德十二年会试同

---

① [日]盐谷宕阴《刻二十七松堂集序》,廖燕著《二十七松堂文集》,东京书肆柏悦堂梓行,卷首。
② (明)吴应箕《东林本末》卷上。

考试官,徐阶任嘉靖十六年江西乡试主考官、嘉靖二十九年会试知贡举官、嘉靖三十二年会试主考官,高拱任嘉靖十年会试知贡举官、嘉靖三十七年顺天乡试副主考官、嘉靖四十四年会试主考官,张居正任嘉靖三十二年会试同考试官、隆庆五年会试主考官,张四维任嘉靖四十一年会试同考官、隆庆元年顺天乡试副主考官、万历五年会试主考官,申时行任隆庆四年顺天乡试副主考官、万历五年会试副主考官、万历八年会试主考官,王锡爵任隆庆五年会试同考试官、万历元年顺天乡试主考官、万历二年会试同考试官,赵志皋任隆庆五年会试同考试官,沈一贯任万历二年会试同考试官,朱赓任万历五年会试同考试官、万历十年顺天乡试主考官。朝官与考试官的两重身份的叠合,使得现实政务和朝廷党争自然而然地对科举命题产生辐射。

明代科举考试的命题主体既然来自朝臣,会试的命题主体甚至来自权力中心,那么四书文命题的政治隐喻被使用于党争之上,则也是水到渠成的事情。会试的主考官来自内阁,同考试官来自翰林院、詹事府、六科给事中、六部部曹。万历十三年起,乡试主考官、同考官来自京官,他们分属不同的利益集团,他们把朝廷的政治生态带入了棘闱。命题、衡文、取士等科举关键环节是考官贯彻朝廷人才观念、经学观念与文章观念的重要节点,但有时也会成为政治集团较量的战场。

一、构陷与献谄

弹劾政敌,是党争的一种常用手段,如果政敌是科举考试的贡举官、监临官或主考官,则其命题和考试录将成为弹劾的靶子。

景泰七年丙子科顺天乡试,刘俨任主考官,黄谏为副主考,试题为《君子惠而　五句》《致广大而　不倍》《其为气也　生者》。户部尚书、大学士陈循之子陈瑛和吏部尚书、大学士王文之子王伦都未被取中,陈循与王文都衔恨在心,奏刘俨等出题讥讪。嘉靖三十二年癸丑科会试,主考官为徐阶,同考官所命第三题取自《孟子·尽心下》第三十八章中的三节:"孟子曰:'由尧舜至于汤,五百有余岁,若禹、皋陶,则见而知之;若汤,则闻而知之。由汤至于文王,五百有余岁,若伊尹、莱朱则见而知之;若文王,则闻而知之。由文王至于孔子,五百有余岁,若太公望、散宜生,则见而知之;若孔子,则闻而知之。'"①此题被视为同考官谀意命题之极致,指其取媚于徐阶。隆庆元年,高拱被弹劾而离任,于是顺天府②乡试首艺题为:《行夏之时乘殷之辂服周之冕乐则韶舞放郑声远佞人郑声淫佞人殆》。高拱为河南新郑人,此题以《论语》此章中的"放郑"影射、奚落高拱,从而献媚于徐阶。

万历七年,正是张居正炙手可热之时,此科山东、贵州乡试第二题均为《敬大臣则不眩》,意在媚张。此科应天府乡试主考官为高启愚,副主考罗万化,其所命首艺题为《舜亦以命禹》,为单句题,其全章如下:"尧曰:'咨!尔舜!天之历数在尔躬。允执其中。四海困穷,天禄永终。'舜亦以命禹。曰:'予小子履,敢用玄牡,敢昭告于皇皇后帝:有罪不敢赦。帝臣不蔽,简在帝心。朕躬有罪,无以万方;万方有罪,罪在朕躬。'"③朱熹《集注》解释"舜亦以命禹"一句时说:"舜后逊位于禹,亦以此辞命之。"④当时的应试者因此题属于偏题,在考试前备考时大都没有预想到,故多有不能下笔者,便扬言:考官借用《论语》中的禅受事以取媚于张居正。张居正死后,御史丁此吕遂以此弹劾高启愚:"启愚以《舜亦以命禹》为题,殆以禅受阿居正。"⑤指出这一命题有"劝进"之意,谋反之心。于是高启愚被罢官。这次事件,既是革弊之举(辅臣子不宜中式),也是阁臣与言官之间的一次较量。

张居正之后,"谀风稍衰,而讽讪者渐出"。⑥ 万历二十二年甲午科,应天府乡试主考官为李廷机,副主考为周应宾,其所命首艺题为《管仲之器　章》,以"管仲之器小"讥讽张居正之器量。湖广⑦乡试首艺题为《鄙夫可与　章》,全章如下:"子曰:'鄙夫可与事君也与哉?其未得之也,患

---

① (宋)朱熹《四书章句集注》,第376页。
② (明)沈德符误记为"应天",见(明)沈德符《万历野获编》卷五,第387页。
③ (宋)朱熹《四书章句集注》,第193页。
④ (宋)朱熹《四书章句集注》,第193页。
⑤ 《明史》卷七〇《选举二》,第1704页。《明史》误记为万历四年顺天乡试,又误高名为"汝愚"。
⑥ (明)沈德符《万历野获编》卷一五,第387页。
⑦ 沈德符误记为福建,见(明)沈德符《万历野获编》卷一五,第387页。

得之;既得之,患失之。苟患失之,无所不至矣。'"也被视为对张居正的声讨。正所谓墙倒众人推。

万历三十七年己酉科,湖广乡试第三艺题为《孙叔敖举于海》,题出自《孟子·告子下》第十五章:"孟子曰:'舜发于畎亩之中,傅说举于版筑之间,胶鬲举于鱼盐之中,管夷吾举于士,孙叔敖举于海,百里奚举于市。'"①时礼部尚书郭正域因查楚太子事被弹劾居家,方负天下厚望。湖广乡试主考官龚三益,副主考顾士琦"故以此题默寓拥戴,亦真能识时趋者"。② 以命题助趋附。

崇祯元年,言官对魏忠贤余党进行清算,礼科给事中仇维桢言,魏忠贤炙手可热之时,耿介如余大成,未见甄拔。而奸邪逸臣如徐时泰、孙之獬、陈具庆、张士范等人,投身魏忠贤,拜为干父。这些人利用其主考官之便,在乡试中命题献媚,如天启七年,顺天乡试主考徐时泰、副主考孙之獬,应天乡试主考陈具庆,浙江乡试副主考张惟一等都是魏党,顺天乡试《书经》题《我二人共贞》,以周公比魏忠贤。"我二人共贞"出自《周书·洛诰》。仇维桢指出:"最可恨者,'我二人共贞'一语,是何意义?不几与当日'朕与厂臣'之并拟同一僭逼耶?"③魏忠贤权势炙手之时,大学士黄立极、施凤来、张瑞图等人为皇帝拟定批答时不敢称魏忠贤之名,而是称之为"厂臣"。此科广东乡试题为"是以声名洋溢乎中国,施及蛮貊;舟车所至,人力所通;天之所覆,地之所载,日月所照,霜露所队;凡有血气者,莫不尊亲,故曰配天",取自《中庸》第三十一章,仇维桢指出,题目的"声名洋溢"是在向魏忠贤献媚。这种对命题动机的解读可能并不符合事实,此科广东主考官张茂颐并非魏党,但科举上的命题已然成为党同伐异的工具。

考官命题与朝廷的忠奸贤不肖的斗争紧紧相连,"出题献媚"成为魏忠贤奸党政治罪名的证据。

---

① (宋)朱熹《四书章句集注》,第348页。
② (明)沈德符《万历野获编》卷一五,第388页。
③ 史语所藏抄本《崇祯长编》卷一二,史语所1967年据该所旧藏抄本影印,第682页。

二、谲谏与弹劾

明代会试及京闱乡试,有"进题"的环节,"凡每三年乡试,本府(指顺天府——引者)奏请翰林院官为考试官,先一日,府丞与考试官及各执事官早朝,面辞入院,三场题目皆府尹面进",①会试则由知贡举官入宫进题。这意味着会试及京闱乡试的试题,是由皇帝亲自过目并许可的,至少理论上是这样的。在御览圣裁、众目睽睽之下,一些乡、会试考官的命题可以隐喻时务、谲谏时政,甚至弹劾政敌。在严肃的科举制度推行的过程中把自己的政治意图隐然带出,这种情形当然不局限于四书文的命题。嘉靖二十九年,内阁学士张治典会试。张治为人虚怀高朗,临事果断,秉直不挠。但当时严嵩用事,张治于政务上也只能脂韦涴忍,不敢与抗,只能于会试的命题中提出敏锐的政治问题,其策问的第一问即是:

> 自古明君必得良辅以兴治理,贤臣必托显任以致事功,此其相求之志,交勤于上下,往记所载非少矣,何后代相成之效卒鲜获与?意者,人之材术各异,而心之邪正难辨邪?我太祖高皇帝肇启王业,首以四方豪俊用集大勋。后乃因一二委信失称,慨然有感,遂命儒臣掇汉以下诸史所载者,类为《贤奸传》以昭示中外。宣宗章皇帝重念古明良相戒之义,取春秋至元二千年间人臣行事善恶,辑为《臣鉴》以赐群臣。夫二书指要,圣制诸序备矣,可悉举其义言之与?古今言臣之品,无出孟氏之论。后世乃又有为重臣权臣之说者,其所列述,不知一书之义有相发明否与?诸士抱器业以求施用,其必熟于人臣事君之道。矧诵绎圣训之久,得无独识其深者乎?幸悉举前后臣事得失,推于理乱相成之效,反复究之。执事者固欲观所向往焉。

让士子一起来关注时政,表达见解。傅夏器的策文被选入程文,张治批其文曰:"《贤奸传》与《臣鉴》二书,我祖宗所以教天下人臣事君之义,

---

① (明)申时行等重修《明会典》卷二一六,第4316页。

至详切也。子能敷绎其说,而援证有据,其亦知为臣之道者。他日立朝,必有可观矣。得士若此,良以自庆。"①已对傅夏器他日立朝抱以期望,其命题的现实意图昭然若揭。傅夏器最终被取为此科会元。

意图明显、立场鲜明的"题切时事",在明代可谓是司空见惯。顾炎武把这种有意识的"题切时事"视为考官之谲谏,他说:

> 考试题目多有规切时事,亦虞帝"予违汝弼"之遗意也。《宋史·张洞传》:"试开封进士,赋题曰《孝慈则忠》。时方议濮安懿王称'皇'事,英宗曰:'张洞意讽朕。'宰相韩琦进曰:'言之者无罪,闻之者足以戒。'上意解。"古之人君,近则尽官师之规,远则通乡校之论,此义立而争谏之途广矣。②

明代的言官制度甚为成熟,科举命题有时也成了进言的一种方式。万历三十四年丙午科,湖广乡试主考官为翰林院检讨张邦纪,其所命四书文次艺题为《周公谓鲁　章》,题出自《论语·微子》:"周公谓鲁公曰:'君子不施其亲,不使大臣怨乎不以。故旧无大故,则不弃也。无求备于一人。'"③这是一道"君道"题,周公之子伯禽前往受封之国,临行之前周公对他训戒道:为君之道,不弃其亲,不使大臣怨恨没有被任用,不要抛弃没有重大过失的老臣故友,对每一个人都不要求全责备。

张邦纪此题是否别有用心,是否在影射万历皇帝,不得而知。但他于该科第三场所命策问之题则具有鲜明的时政针对性,其题为:"批答者,百司庶府咽喉所系也。而今何如也? 自帝陛峻绝,群臣累岁不得闻声,所赖疏瀹上下之情,联合主臣之脉,独此批答一窍。乃曩古朝拜疏而夕报闻,今则濡滞数月不下,甚且沉阁竟不发矣。夫此章奏也者,皆系策国机宜,人材是废。裁决稍缓,已怫当机,况复留中,立睹偾事。天下宁有咽喉已

---

① 《嘉靖二十九年会试录》,龚延明主编《天一阁藏明代科举录选刊·会试录》下册,第314页。
② (清)顾炎武撰,(清)黄汝成集释,栾保群校注《日知录集释》,第961页。
③ (宋)朱熹《四书章句集注》,第187页。

闭,呼吸不续而众体能效其纲维,寿命能保其延长者?"①自万历十五年开始,万历帝差不多二十八年不上朝,造成"曹署多空"局面。从万历二十四年吏部尚书孙丕扬辞去吏部尚书,万历帝不予理睬并且没有选拔一个新的尚书任职以后,到万历四十一年,北京、南京两都都缺尚书和侍郎这种级别的官员4名,都察院、副都御史缺5名,总督、巡抚缺4名。由此造成很多政务得不到处理,军饷无人解运,刑部对案件处理不积极,冤案堆积,官场因循拖沓之风大长、吏治腐败。张邦纪这一命题简直是将万历帝游街示众,树为众矢之的。而考生也毫不含糊:"至我皇上……迩来深居崇摄,不复延见群臣,群臣终岁不得一瞻天表。一切机务厘厘禀受于批答一脉,今并此批答亦留滞不时发矣。留滞不已,渐成寝阁。寝阁不已,渐成闭塞。下虞其塞也,切切焉抱咫尺之牍以救之;上虞其眎也,汲汲焉操重关之键以塞之。下几幸其旦夕之开,不惮反复以牖之;上掩覆其留滞之故,问发一二以饰之。或有自外而塞者,无论其轻重,概闭之使不入。或有自内而塞者,无论其甘苦,概匿之使不出。或有惧其将通而百计旁挠之者,狎邪之说中而弥坚其塞矣。或有安于不通而一味故塞之者,锢蔽之形成,而难冀其开矣。嗟乎!批答一窍,特人材登废,生民愉惨,胥囊钥于此。又大之而天命予夺,人心离合,胥萌蘖于此。人主奈何使之常塞而常不通也哉!"②万历帝怠政,深居于内廷,所谓居内之日多,居外之日少,这种现象与宋代魏了翁所说的理想明君正好相反。魏了翁说:"夫以贵为天子,富有四海之内,而自朝至暮,兢兢业业,居内之日常少,居外之时常多,盖所以养寿命之源,保身以保民也。"③万历间吴道南在《四请东宫出讲疏》里即说:"臣闻日就月将,学始缉熙于光明,兼以居外之日多,居内之日少,即皇上圣神天纵,多历年所,犹且借此以精明其圣德,强固其圣躬,

---

① (明)李廷机编《刻九我李先生评选丙丁二三场群芳一览》,陈维昭编校《稀见明清科举文献十五种》,第451页。
② (明)李廷机编《刻九我李先生评选丙丁二三场群芳一览》,陈维昭编校《稀见明清科举文献十五种》,第453—454页。
③ (宋)魏了翁《被召除授礼部尚书内引奏事第三札》,曾枣庄、刘琳主编《全宋文》卷七〇五八,第147页。

矧皇太子睿质方茂,圣功伊始者乎?"①他在主试万历二十二年浙江乡试时,其策问第一问便是以"居内之日常少,居外之时常多"的君道发问:

  宋儒有曰:君德之清明,君身之强固,正人君子所深愿,是固爱君者所宜效矣。乃有谓与贤士大夫处,久熟则生敬爱,以养成圣德者,有谓居内之日常少,居外之时常多,以养寿命之源者,此其机果可必之于臣欤?且居外则必亲贤矣,而两者之言各有所指,何欤?《周礼》一书,朝士所不至者惟内廷,《月令》所纪,天子四时所居各异向,此其裨益可殚述欤?或谓内外之分起于汉,人主始与左右习,乃决事斋居,谈经虎观,文学更直内殿,辅臣召对天章,未尝寥寥旷绝也,而治不古若,何欤?我太祖高皇帝独禀全智,成祖文皇帝德备明圣,忧勤惕励,度越千古,其所为亲贤人、居外廷,亦可指其梗概欤?列圣相承,并隆兹道,皇上率而由之有年矣,乃自命辅臣撰四箴,以后不无少逊于初者。意者深宫独处,时有所傲欤?果尔,岂无有真功实验可质诸经训者欤?兹二书俱在,诚欲采其至要以为圣德圣躬之一助,尔诸士其各摅所愿以对。②

  而李之藻(中式举人第四十名)之策对也洋洋洒洒,纵论君王养德养身之旨,最后发出"愿陛下处乾清宫之时少,处文华殿之时多"的愿望。同考试官马从龙(绍兴府余姚县知县)批曰:"讽议从容,而末借二书为喻,尤足为黼扆箴铭。"③黼扆为古代帝王座后的屏风,此处借指帝王。考官明目张胆借阅卷以警诫万历皇帝。

  将历科四书文命题与策问之题两相对照,可以帮助我们更为准确地理解考官四书文命题的深层寓意。张邦纪于首场所命的《周公谓鲁章》题与其第三场的策问题同属君道题,在"谲谏"的用意上是一致的。

  天启朝,魏忠贤用事,炙手可热,朝臣交相上章弹劾,前仆后继。天启

---

① (明)吴道南《吴文恪公文集》卷之一三,《四库禁毁书丛刊》集部第三一册,第497页。
② 《万历二十二年浙江乡试录》,万历刊本,第10A—11B页。
③ 《万历二十二年浙江乡试录》,万历刊本,第63A页。

四年甲子科,浙江乡试主考官为陈子壮,副主考为周之纲,所命第三题为《君之视臣如手足则臣视君如腹心》,顾炎武认为其命题背景是"以杖杀工部郎万燝也"。① 天启初,万燝上章纠弹魏忠贤,魏无所发忿,想借万燝以立威,遂假传圣旨将万燝廷杖一百致死。虽然题目本身尚属正大,但题目的下文是"君之视臣如土芥,则臣视君如寇雠",这是对杖杀万燝事件的直接控诉。赵维寰《雪庐焚余稿》说:"甲子科各乡试录语多触忌,魏珰一切绳之,如陈子壮、方逢年、顾锡畴、章允儒辈几二十人,前后俱削夺。"②顾锡畴为此科福建乡试主考官,方逢年为湖广乡试主考官,章允儒为副主考。顾锡畴所命第三题为《杨墨之道不息孔子之道不著》,借杨墨之道骂魏阉之必亡。方逢年、章允儒所命之第三题为《长幼卑尊皆薛居州也》,借题目之下文"王谁与为不善"痛斥魏阉。

天启七年,监生陆万龄上疏,请求以魏忠贤之芟除东林党比于孔子之诛少正卯,以魏党顾秉谦、冯铨任总裁的《三朝要典》比于孔子之作《春秋》,请求为魏忠贤建祠于国子监,与孔子并尊。此年江西乡试主考官为倪元璐,副主考为薛国观,其所命第三题为单句题《皜皜乎不可尚已》,取自《孟子·滕文公上》:"昔者孔子没,三年之外,门人治任将归,入揖于子贡,相向而哭,皆失声,然后归。子贡反,筑室于场,独居三年,然后归。他日,子夏、子张、子游以有若似圣人,欲以所事孔子事之,强曾子。曾子曰:'不可。江汉以濯之,秋阳以暴之,皜皜乎不可尚已。'"③以孔子洁白得无以复加讽刺那种"欲以所事孔子事之"的庸妄之为。

顾炎武认为,以上这些命题,"皆可以开帝聪而持国是者"。④ 科举命题承担起净谏的重任。当考官寓"他意"以命题的做法为大家所熟知之后,科举命题在朝野的视阈中都有可能是一种隐喻,这为以题献谄或借题讥讽的达成奠定了语言修辞的基础。

当然,需要指出的是,考官命题可能有其政治隐喻,但这并不意味着

———————

① (清)顾炎武撰,(清)黄汝成集释,栾保群校注《日知录集释》,第962页。
② 转引自(清)顾炎武撰,(清)黄汝成集释,栾保群校注《日知录集释》,第962页。
③ (宋)朱熹《四书章句集注》,第260—261页。
④ (清)顾炎武撰,(清)黄汝成集释,栾保群校注《日知录集释》,第962页。

考官即以此隐喻为尺度去衡文取士,应试士子对于命题与政治生态的关系不一定了解,其应试的四书文也不因考官的一手二牍、目送手挥而写成当朝的政治寓言。他们仍是在儒家义理的层面上解读题目。

将乡、会试四书文命题当成党争的手段者,毕竟属于少数。而将命题当成政治文化隐喻或意识形态隐喻,对于明代考官来说,则是有意无意之间的事情。更为常态的是,每一个历史时段的理学关注,都会直接或间接,或多或少地反映于四书文命题中。

洪武三年江西乡试题是:

《大学》曰:"国治而后天下平。"《中庸》曰:"君子笃恭而天下平。"《孟子》曰:"人人亲其亲,长其长而天下平。"又曰:"修其身而天下平。"天下平一也,所以致天下平有四者之不同,何欤?

新朝建立,天下太平,四书中关于"天下平"的说法正可以用来论证新朝统治的合法性。但考官通过把《大学》《中庸》《孟子》中关于"天下平"的几种说法合在一起,作为四书疑的题目,从而实现了政治理念和个人理学修炼之间的衔接。吴伯宗文章的破题是:"《大学》言'国治而后天下平'者,循其序而言也;《孟子》言'修其身而天下平'者,推其本而言也;曰'亲其亲,长其长而天下平'者,即修身国治之事;《中庸》之言'笃恭而天下平'者,则圣人至德渊微之应,中庸之极功也。"理出了一条由国而家、由家而身的逻辑链条。修身齐家,是治国平天下之本。

而应天府的乡试题则同具此心,其题为:"大学曰:'古之欲明明德于天下者,先治其国;欲治其国者,先齐其家;欲齐其家者,先修其身;欲修其身者,先正其心;欲正其心者,先诚其意;欲诚其意者,先致其知;致知在格物。物格而后知至,知至而后意诚,意诚而后心正,心正而后身修,身修而后家齐,家齐而后国治,国治而后天下平。'孟子曰:'道在尔而求诸远,事在易而求之难。人人亲其亲、长其长而天下平。'问二书所言平天下大指同异。"都是以修齐治平为题。

从一些考官的评语,我们可以了解到,一些命题与当时的理学异见相关。宣德五年会试,四书第三题为《洋洋乎发育万物,峻极于天。优优大哉!礼仪三百,威仪三千,待其人而后行》。对于"洋洋乎发育万物,峻极于天。优优大哉"一节,朱注只是简单的一句:"此言道之极于至大而无外也。"①但饶鲁的解释是:"发育万物,以道之功用而言。万物发生,养育于阴阳五行之气,道即阴阳五行之理,是气之所流行,即是理之所流行也。峻极于天,以道之体段而言。天下之物,高大无过于天者,天之所以为天,虽不过阴阳五行浑沦旁薄之气,而有是气必具是理,是气之所充塞,即此理之所充塞也。"②饶鲁的解释,对当时士子的制义写作具有重要的指导作用,他将"发育万物""峻极于天"分别对应于"道之功用""道之体段"。宣德五年会试,会元陈诏的四书文即以"道之功用""道之体段"立柱分股:"飞潜动植,物之所以为物也。然发生滋长者,无非一阴阳五行之气耳。是气之流行,即斯理之流行。此道之功用,有以发育万物矣。包含遍覆,天之所以为天也。然浑沦磅礴者,不过一阴阳五行之气耳。是气之充塞,即斯理之充塞。此道之体段,峻极于天矣。"③考试官钱习礼批陈诏之文:"场中诸作于此题,多用饶氏之言,先后不伦,无可人意。惟此篇敷绎详明,允为作者,宜在选列。"④场中其他士子都没有很好地理解饶鲁的话,独陈诏此篇领悟独到。

正德十二年会试,首题为《夫仁者己欲立而立人己欲达而达人》,题取自《论语·雍也》第二十八章的中间一节,此章记子贡问孔子:"如果有一个人能广施恩惠于人民、周济人民,这可以算得上是仁人吗?"孔子回答说:"这哪里仅是仁人!简直就是圣人了!尧舜恐怕也做不到。仁德的人,要想自己站得住,也让别人站得住,要想自己通达,也让别人通达。"对于"夫仁者,己欲立而立人,己欲达而达人"这一节,朱熹的解释是:"以己

---

① (宋)朱熹撰《四书章句集注》,第35页。
② (明)胡广、(明)杨荣、(明)金幼孜纂修,周群、王玉琴校注《四书大全校注》,第224页。
③ 《宣德五年会试录》,龚延明主编《天一阁藏明代科举录选刊·会试录》上册,第20—21页。
④ 《宣德五年会试录》,龚延明主编《天一阁藏明代科举录选刊·会试录》上册,第20页。

及人,仁者之心也。于此观之,可以见天理之周流而无间矣。状仁之体,莫切于此。"①《四书大全》又引朱熹的话:"子贡所问,只就事上说,却不就心上说,夫子所以就心上,指仁之本体而告之。"②这里的意思容易让人误以为朱熹的意思是由己之心而推及万物。此章最后的一句话是:"能近取譬,可谓仁之方也已。"以我之欲立而知人之欲立,以己之欲达而知人之亦欲达,这就是求仁的方法。

该科副主考官少詹事顾清所写程文,其破为:"圣人指言仁者之心,正以教贤者之识夫仁也。夫以己及人,仁者之心也,于此观之,则仁可识矣,而何高远之求哉?"此文若除去大结部分,则仅有三百二十字,有人嫌此文太短,顾清说:"此题多做不得,恐失圣人浑然语意也。"③钱禧说,当时作此题者大都感到此题难做。究竟难在何处,他们都没说。同考试官郭维藩评顾清此程文:"场中作此题者多以推己及人为言,甚失圣人本旨。是篇见理精到,语意浑成,可以式矣。"④对于这一节,心学者有其自己的解释,如聂豹说:"仁者,以天地万物为一体。既是一体,痛则皆痛,痒则皆痒,天理浑然,动以天也。识得仁体,则知求仁之学,不待于博济,惟求其心而已矣。其次,惟近取诸身,盖及人之道,不远于己而得之。"⑤同样是以己推人,但朱熹理学与阳明心学有不同的阐释。顾清的仅求"浑然"或即不愿意在朱熹与阳明之间作出明朗化的选择。

从明代的会试录、乡试录,不时可以从考官的批语中了解到当时的文风士习,如天顺四年会试,同考试官编修王与说:"近时学《礼》者多尚奇僻,而于先王之制之明白简要者,或易之不讲。"⑥弘治十二年会试,主考

---

① (明)胡广、(明)杨荣、(明)金幼孜纂修,周群、王玉琴校注《四书大全校注》,第468页。
② (明)胡广、(明)杨荣、(明)金幼孜纂修,周群、王玉琴校注《四书大全校注》,第468页。
③ (明)杨廷枢、(明)钱禧辑评《皇明历朝四书程墨同文录》第十册。
④ 《正德十二年会试录》,龚延明主编《天一阁藏明代科举录选刊·会试录》下册,第20页。
⑤ (明)聂豹撰,吴可为编校《双江聂先生文集》卷一四,第587页。
⑥ 《天顺四年会试录》,龚延明主编《天一阁藏明代科举录选刊·会试录》上册,第306页。

官李东阳提道:"近来士习多厌平易,喜奇怪,论场尤甚。"①这些都或多或少让我们窥见考官命题的时代背景。

明代乡、会试四书文命题与明代政治文化生态的关系是建立在题目的隐喻性上面的,这种隐喻性多少具有"见仁见智"的特点。以四书文命题作为党争的工具毕竟属于非常态,更普遍的情形是,考官命题主要仍是着眼于四书的义理。下面我们通过对明代历科乡、会试四书文题目的数据进行梳理、归纳,把对四书文命题与明代经学流变、理学思潮、制义文风、民风士习等的关系分析建立在一个确切可靠的数据量化分析的基础上。

---

① 《弘治十二年会试录》,龚延明主编《天一阁藏明代科举录选刊·会试录》上册,第593页。

第四章　明代历科乡、会试四书文命题的数据分析

前文说过，与五经文相比，四书文更注重理学的阐发，因考官的政治身份，四书文命题与明代的政治生态密切相关。然而，本书无意把明代乡、会试四书文的命题史描述成一部意识形态思想史，而是尽力呈现明代科举史的系统丰富性和原生的生动性。从这一章开始，我们调整一下叙述的方向，首先从历科四书文命题数据出发，然后从文体、考官、制度、理学旨趣、文章风尚等维度向整个文化透视。

第一节　明代乡、会试四书题目存佚情况

命题试士，并非科举时代才开始。汉文帝亲策贤良能直言极谏者时，即以"明于国家大体""通于人事终始"等题试士，"时贾谊已死，对策者百余人，唯错为高第，由是迁中大夫"。① 这是以时务策试士。以经书命题者，始于宋代。据《宋史》，宁宗庆元四年，"以经义多用套类，父子兄弟相授，致天下士子不务实学。遂命有司：六经出题，各于本经摘出两段文意相类者，合为一题，以杜挟册雠伪之计"。② 宋代的经义命题方式采用合题的方式，从六经中摘出两段文意相类者合为一题。这种命题方式到了元代即成为"经疑"的形式，它以四书提问，故也称四书疑。明初沿袭元代的四书疑形式，至洪武十七年改革科举考试制度，始抛弃合题形式，而直接以四书原文命题，这种命题方式一直延续到了清末。

---

① 《汉书》卷四九《晁错传》，第 2299 页。
② 《宋史》卷一五六《选举二》，第 3635 页。

关于明代乡、会试的考试制度、文章风尚及其与经学历史、时代思潮的关系，本书决定从四书文命题的基本数据入手。考官究竟是如何从四书中出题的？其命题方式与四书义理之间的关系如何？《明实录》《明会典》中多次提及的考官命题"割裂"，其具体所指究竟是何种命题形态？明代历科乡、会试四书文命题究竟存在着多少种题型？经历过怎样的历史演变？只有把这些问题弄清楚，我们才能真正有效地探讨明代制义与科举制度、时代的文风士习之间的关系。而要把这些问题弄清楚，其前提则是最大限度地掌握明代历科乡、会试四书文的命题数据。

一、现有文献

明代乡、会试四书文命题数据主要保存在历科《乡试录》《会试录》、明清人所编《贡举录》、明代四书文选本、制艺理论专书中，个别存在于文人文集、笔记中。

洪武三年始行乡试，四年会试，每科乡、会试之后，官方都会刻印《乡试录》（初期称"乡闱记录""试录""小录"①）和《会试录》，历科乡、会试的试题主要即赖考试录记录下来。

但由于明代前期乡、会试考试录文献的散佚，尤其是洪武、永乐间，因国家多故，大批官员触法坐削籍仆碑，因而考官姓氏多有失佚者，试题记录也多付阙如。我们今天对明代科举命题的研究面临着最为基本的难题。

自20世纪60年代以来，与乡、会试四书文试题相关的文献陆续有大型丛书的出版。台湾学生书局于1969年编印《明代登科录汇编》，共收录明代登科录、会试录、乡试录等文献66种。宁波市天一阁博物馆编《天一阁藏明代科举录选刊：会试录》（宁波出版社2007年版），影印天一阁所藏会试录38种。2010年，宁波市天一阁博物馆又编辑了《天一阁藏明代科举录选刊：乡试录》，影印天一阁所藏乡试录276种，由宁波出版社出版。这两套书是目前为止最为大型的明代科举录丛书。后龚延明先生又

---

① 郭培贵《中国科举制度通史·明代卷》，第270页。

对天一阁所藏明代科举录进行点校整理。龚先生说："我国历代科举考试的文献，以明代保存得最完整，明以前各代已属寥寥，清代虽然开科多，而所存也不及明代的五分之一。现存明代科举录的百分之八十收藏在天一阁里。"①这里说的主要是科举录，而且是与前代、清代相比较而言的。如果就明代本身来说，天一阁所收藏的科举录，至万历十年而止。自此之后直至崇祯十六年的科举录文献，就需要我们做进一步的搜集。而洪武三年至万历十年的科举录，天一阁所藏也并非全部，比如建文二年会试录，天一阁即未予收藏。

此后，陆续有与试题文献相关的丛书出版，如姜亚沙、经莉、陈湛绮主编《中国科举录汇编》，2010年由全国图书馆文献缩微复制中心出版，该书共辑录宋、元、明、清科举录52种，其中，明代的有29种。其同年所编《中国科举录续编》为清代科举录的汇编。拙编《稀见明清科举文献十五种》（复旦大学出版社2019年版），及与侯荣川合编的《日本所藏明清科举文献汇刊》（第一辑，广西师范大学出版社2020年版）也收入部分明代试题文献。

除了上述大型丛书之外，明代制义选家关于明代历科四书文的选集（如杨廷枢、钱禧所选《皇明历朝四书程墨同文录》）、明代制义理论家的理论著作（如汤宾尹的《一见能文》、袁黄的《游艺塾文规》及续编）都保存了一些四书题。其中，杨廷枢、钱禧所选《皇明历朝四书程墨同文录》，保存了自洪武十八年至崇祯七年历科乡、会试四书文，是迄今四书题保存最全的程墨选集。当然它仍有大量的阙失。明代张朝瑞《皇明贡举考》载洪武四年至万历十一年历科会试试题，清代黄崇兰《增补贡举考略》载洪武三年至崇祯十六年历科乡试、会试试题。但张朝瑞《皇明贡举考》所载仅有会试四书题，黄崇兰所载则时有误记（如天顺三年江西乡试题《鸡鸣而起　节》误记作《鸡鸣而起　章》，成化十三年广西乡试题《乐天者保天下》误记作《乐天下者　句》）。一些明人文集有时也会收入其乡试、会试的墨卷，这也是本书搜集四书题目的方向之一，如洪武三年江西乡试的四

---

① 《前言》，宁波市天一阁博物馆编《天一阁藏明代科举录选刊·洪武四年会试录》卷首，第2A页。

书疑题目即于明人文集中搜得。

此外,尚有《四书程文》二十九卷、《国朝试录》(成化间黎淳编,六百四十卷,辑明成化前试士之文,丘濬为之作序)两套大型程墨选,可惜这两套书今已不存。

笔者多年来关注这一领域,于国内外图书馆多方搜求,于明人文选、文集细心披阅,所搜集到的题目共 2 418 题。明代乡、会试历科四书题目总数大约有四千题,则笔者目前所已搜集到者超过其一半以上。本书一系列重要的论断即建立在这 2 418 题的数据基础上。

二、明代历科乡会试四书题的数量

据郭培贵《中国科举制度通史·明代卷》,明代会试共举行 88 科,① 两直十三布政司乡试大都举行 90 科,其中,北平、江西各开考 89 科,四川 88 科,云南 78 科,贵州 36 科,合计 1 280 科。②

明洪武间的京畿及各直省乡试的科名,大多因历年久远,难以稽查。各省方志中的选举志,大多从各州邑志勾稽而成,故其正误待辨。比如一般认为,明代乡试始于洪武三年,然后连续三年举行三科,即三年庚戌、四年辛亥、五年壬子。但一些方志记录了本地的洪武二年己酉举人,据清岳濬监修、杜诏编纂《山东通志》:"自洪武二年己酉科起至崇祯十五年壬午科止,凡八十八科。"③"洪武己酉、庚戌连举乡试,至辛亥会试以后,遂停科举。至甲子又开,定为三年大比之制。"④乾隆后期抄本《前明山东历科乡试录》的记述与此相同。⑤ 如果自洪武二年己酉科算起,至崇祯壬午,应该有 91 科,而不是 88 科。

据《明会典》,"凡开科,洪武三年诏,设科取士,以今年八月为始"。⑥ 并规定了乡试、会试的考试时间和科目。洪武三年始下诏开科取士,则洪

---

① 郭培贵《中国科举制度通史·明代卷》,第 293 页。
② 郭培贵《中国科举制度通史·明代卷》,第 144 页。
③ (清)岳濬监修,(清)杜诏编纂《山东通志》卷之一五《选举志一》。
④ (清)岳濬监修,(清)杜诏编纂《山东通志》卷之一五《选举志一》。
⑤ 清抄本《前明山东历科乡试录》。
⑥ (明)申时行等重修《明会典》卷七七,第 1789 页。

武二年不应有乡试。一些明刊方志所载举人也多从洪武三年庚戌开始。据弘治《徽州府志》，"洪武庚戌诏各省，是秋八月开科乡试，明年春二月会试"。① 正德间陈威、顾清纂修的《松江府志》卷二十六，其乡贡自洪武三年记起。清田易编纂《畿辅通志》、沈翼机等撰《浙江通志》、陶成编纂《江西通志》，同上。

一些方志则记载了洪武七年甲寅、八年乙卯、九年丙辰均有乡试，如明代陈道、黄仲昭纂修《八闽通志》记福州府于洪武三年庚戌、四年辛亥、五年壬子、七年甲寅、九年丙辰均有乡试，并记有举人姓名。② 清代《江南通志》记明代乡试自洪武三年起，但也记洪武八年乙卯科举人奚壳。③ 光绪刻本《抚州府志》记有洪武六年癸丑科举人揭季同，七年乙卯科举人杨季律、傅彦成，十一年戊午科举人何忞、曾远，修订者于傅彦成名下加了按语："按《金溪癸未志》跋云：按《明史》，洪武六年诏科举暂停，至十七年乃复举行，则八年无乡试。查省志及历朝登科录，俱无乙卯榜，辛未志乃有陆缉、傅彦成，府志则有杨季律，二者互异，俱误。自洪武六年诏停乡试，至十七年复举，是戊午并无乡试，《通志》亦未载此榜，旧志误，姑留之。"④认为洪武六年诏停科举，则六年至十一年关于乡试举人的记述均属误记。

一些记述则存在着版本上的差异，如王世贞《弇山堂别集》（翁氏初刻本）卷八《同考试官作试录序》："洪武二年，《京畿乡试录序》出于国史院编修宋濂。"⑤但广雅书局本《弇山堂别集》则作"洪武三年"。⑥

有一些关于洪武二年的乡试记述则是有明显的错误，如嘉靖《淳安县志》卷十科贡条载有："周潼，洪武二年乡试，三年登进士。"这里应该是误记，因为可以确定的是，洪武三年没有举行会试。光绪《淳安县志》卷七，甲科（即进士）载"明洪武四年吴伯宗榜，周潼（主簿）"，可知周潼为洪武

---

① （明）彭泽、（明）汪舜民纂修（弘治）《徽州府志》卷六。
② （明）陈道、（明）黄仲昭纂修（弘治）《八闽通志》卷四八。
③ （清）赵弘恩监修，（清）黄之隽编纂《江南通志》卷一二五。
④ （清）《抚州府志》，光绪二年刻本。
⑤ （明）王世贞撰，吕浩校点，郑利华审订《弇山堂别集》，第190页。
⑥ （明）王世贞撰，吕浩校点，郑利华审订《弇山堂别集》，第197页。

四年吴伯宗榜进士,官至主簿。该书于乙榜载:"明洪武三年,周潼(进士)。"可知周潼为洪武三年举人,周潼名字后面的"进士"二字不是指洪武三年中进士,而是标明,周潼这位举人最终的科名是进士。县志的这一记载体例导致后人误以为周潼为洪武三年进士。

或许是鉴于年代久远无法厘清,清代张晋生编纂的《四川通志》干脆以"洪武年""永乐年""天启年""崇祯年"来记录明代本省举人科名,而不记其具体科次。①

本书认同通行说法,即明代乡试始于洪武三年,连续三年举行乡试之后,洪武六年诏停科举,至十七年始复科举。

明代乡试始于洪武三年,但并非从一开始即有两京十三省乡试。据张朝瑞《皇明贡举考》,洪武三年"八月,应天府及河南、山东、山西、陕西、北平、福建、江西、浙江、湖广、广东、广西十一行中书省各乡试。(《会典》)……五年,乡试增四川行中书省……十七年,乡试增云南布政使司",②则洪武三年乡试有十一行省举行乡试,洪武四年有十二行省举行乡试,洪武五年有十三行省举行乡试,洪武十七年恢复科举时则有十四行省举行乡试。

关于洪武四年乡试,黄崇兰《贡举考略》载:"京畿乡试合河南、陕西、北平、山东、山西、湖广、浙江、广东、广西、福建十一省之士,高丽亦与,凡二百人,中式百二十人。"③《贡举考略》还录应天府和福建乡试的情况,应天乡试主考官吴琳,副主考官宋濂,试题《自天子以 节》,解元郑真,字千之,鄞县人。福建乡试主考官鲍恂,副主考官宋僖,试题《礼之用和节》。据《中国目录学家辞典》"郑真"条:"郑真(约1346—1416),字千之,鄞县(今属浙江)人。洪武四年(1371)中乡试第一,授临淮县教谕,升广信府教授。"④此外,据《明史》:"又萧执者,字子所,泰和人。洪武四年乡举,为国子学录。"⑤张朝瑞《皇明贡举考》:"洪熙元年,令贵州愿试者

---

① (清)黄廷桂监修,(清)张晋生编纂《四川通志》,第五六一册。
② 鲁小俊、江俊伟校注《贡举志五种》,第39页。
③ (清)黄崇兰辑《贡举考略》卷一。
④ 申畅等编《中国目录学家辞典》,第79页。
⑤ 《明史》卷一三七《萧执传》,第3955页。

就试湖广。(《会典》)"①记录了试题两道《自天子以 节》《礼之用和节》，可知洪武四年是有乡试的。洪武五年，应天乡试主考官为曾鲁、詹同，浙江乡试主考官为贝琼、沈梦麟。《贡举考略》记录了试题一道《为政以德 章》，可能有误，洪武五年乡试的四书题应该仍是采用四书疑的形式，不过此年是举行过科举的。

明洪武三年、四年、五年均举行乡试，洪武四年举行会试，其四书题均采用"四书疑"的形式。当时乡试仅有应天府与河南等十一行省举行乡试，则洪武三年、四年乡试的四书疑题目共 24 题，洪武五年增加四川乡试，三年乡试四书疑题一共是 37 题。加上洪武四年会试四书疑 1 题，明初科举中的四书题共 38 题。

自洪武十七年至嘉靖二十二年，②共 54 科乡试，贵州乡试附于云南，则每科乡试有两直隶与 12 省，14×3 题，应有 42 题，54 科则应有 2 268 道四书题。自嘉靖二十五年至崇祯十五年，共 33 科乡试，每科均有两直隶与 13 省，每科应有 15×3＝45 道四书题，33 科则有 1 485 题。

也就是说，自洪武三年至崇祯十五年，乡试四书题一共应该有：37＋2 268＋1 485＝3 790 题。明代会试共 88 科，每科三道四书题，共 264 题，但洪武四年会试仅一道四书疑，则明代会试共 264－2＝262 道四书题。故明代乡、会试四书题一共应该有：3 790＋262＝4 052 题。

据《元史·选举志》卷八一："汉人、南人，第一场明经，经疑二问，《大学》《论语》《孟子》《中庸》内出题……经义一道，各治一经……"③可知元代科举，初场为经义科，共三题，经疑（即四书疑）二道，经义（即五经义）一道。明初首场试四书疑一道，本经义一道。据《太祖实录》卷五五："洪武三年八月，京师及各行省开乡试。初场四书疑问，本经义及四书义各一道。第二场论一道。第三场策一道。"④《太祖实录》的表述略嫌含混，给人的感觉似乎初场是"四书疑问"之外，还有"本经义"和"四书义"各一

---

① 鲁小俊、江俊伟校注《贡举志五种》，第 39 页。
② 据龚延明主编《天一阁藏明代科举录选刊·乡试录》，至嘉靖二十五年乡试，贵州始独立乡试，嘉靖十九年、二十二年乡试，因文献缺失，未知其详，此处姑以嘉靖二十二年为界。
③ 《元史》卷八一《选举一》，第 2019 页。
④ 此据(清)顾炎武撰，(清)黄汝成集释，栾保群校注《日知录集释》卷一七，第 952 页。

道,这样的话,岂不是初场有两种四书文的题型? 结合《元史·选举志》的"经疑"指"四书疑",可知洪武初的第一场是本经义(即五经义,因士各占一经,故称本经)和四书义各一道,四书义采用"四书疑"的问答题形式。顾炎武在注释《太祖实录》这段话时说:"元制有四书疑、本经疑。"①这并不符合实际。查日本静嘉堂所藏《新刊类编历举三场文选》可知,元代科举首场考"经疑"和"经义"两种,"经疑"即"四书疑","经义"即"五经义",不存在"五经疑"或"本经疑"的考试形式。晚清的陶福履说:"元制,经义外有经疑。分本经疑、四书疑,明初尚沿之。"②据此,元代科举首场考试采用三种形式:经义、本经疑和四书疑。这显然是一种误解,它把顾炎武的失误进一步放大。

总的来说,洪武三年至五年的乡试、会试,其四书文仅一道,采用"四书疑"的形式。如果洪武三年、四年的乡试,其四书疑题目共为24道题,洪武五年增加四川乡试,为13道题,三科乡试共37道题,加上洪武四年会试一道四书疑,从洪武三年至五年,乡试、会试一共应有四书疑题38道。

洪武十七年恢复科举,定科举程式,首场四书文3题。据张朝瑞《皇明贡举考》,洪武"十七年,乡试增云南布政使司",③则从洪武十七年起,应以14省来计算乡试试题。

三、现存明代乡、会试四书题的基本数据

由于各种原因,大量的《乡试录》《会试录》并没有保存下来,一些有关乡、会试命题的记述(如黄崇兰的《贡举考略》)所记各科四书题也时有缺失。从时间的维度看,明代前期,永乐二十二年之前,历科会试题多有残缺;正德元年之前,各省乡试的试题不仅多有残缺,甚至不少直省某些科次的试题完全没有保存下来。由于个别特殊的原因,明代后期(如崇祯

---

① (清) 顾炎武撰,(清) 黄汝成集释,栾保群校注《日知录集释》卷一七,952 页。
② (清) 陶福履《常谈》,江西省高校古籍整理领导小组整理《豫章丛书》史部二,第 651 页。
③ 鲁小俊、江俊伟校注《贡举志五种》,第 39 页。

朝)的四书题也有一些失载。

现将基本数据梳理如下：

现存明代乡试、会试四书文总题数2 418道,总字数55 482字,同题出现于6科次(包括乡、会试。下同)的有2题,5科次的有12题,4科次的有33题,3科次的有82题,2科次的有352题,一共有481题出现重复命题现象,占现存2 418题的近五分之一。不仅重复次数多,而且重复命题现象直至崇祯十六年明代最后一科会试仍在发生,其《中也者天下之大本也》题重复了嘉靖三十四年乙酉科云南乡试题。

出现过6次的是以下两题：

　　立,则见其参于前也;在舆,则见其倚于衡也。夫然后行。(一节题)论语·卫灵公五

　　唯天下至诚,为能尽其性;能尽其性,则能尽人之性;能尽人之性,则能尽物之性;能尽物之性,则可以赞天地之化育;可以赞天地之化育,则可以与天地参矣。(一节题)中庸·第二十二章

出现过5次的题目有12道：

　　致中和,天地位焉,万物育焉。(一节题)中庸·第一章
　　人莫不饮食也,鲜能知味也。(一节题)中庸·第四章
　　齐明盛服,非礼不动,所以修身也;(三句题)中庸·第二十章
　　上天之载,无声无臭,至矣!(三句题)中庸·第三十三章
　　君子之所不可及者,其唯人之所不见乎。(二句题)中庸·第三十三章
　　生而知之者,上也;(单句题)论语·季氏九
　　舜有天下,选于众,举皋陶,不仁者远矣。汤有天下,选于众,举伊尹,不仁者远矣。(一节题)论语·颜渊二十二
　　子贡问曰:"乡人皆好之,何如?"子曰:"未可也。""乡人皆恶之,何如?"子曰:"未可也。不如乡人之善者好之,其不善者恶之。"(全

章题)论语·子路二十四

　　子曰:"天何言哉? 四时行焉,百物生焉,天何言哉?"(一节题)论语·阳货十九

　　子曰:"为政以德,譬如北辰,居其所而众星共之。"(全章题)论语·为政一

　　孟子曰:"人有不为也,而后可以有为。"(全章题)孟子·离娄下八

　　圣人治天下,使有菽粟如水火。菽粟如水火,而民焉有不仁者乎? (四句题)孟子·尽心上二十三

至于交叉的题目同样是一种十分普遍的现象,暂不计入"重复命题"中。如以下七题:

　　博厚,所以载物也;(单句题,万历二十八年山西乡试)

　　博厚,所以载物也;高明,所以覆物也;(二段题,正德二年河南乡试)

　　博厚,所以载物也;高明,所以覆物也;悠久,所以成物也。(一节题,嘉靖七年福建乡试、嘉靖十七年会试)

　　博厚,所以载物也;高明,所以覆物也;悠久,所以成物也。博厚配地,高明配天,悠久无疆。(二节题,永乐十九年会试)

　　悠远则博厚,博厚则高明。博厚,所以载物也;高明,所以覆物也;悠久,所以成物也。(截节+一节,成化十三年浙江乡试)

　　久则征,征则悠远,悠远则博厚,博厚则高明。博厚,所以载物也;高明,所以覆物也;悠久,所以成物也。博厚配地,高明配天,悠久无疆。(截节+三节,嘉靖四十三年广东乡试)

　　故至诚无息。不息则久,久则征,征则悠远,悠远则博厚,博厚则高明。博厚,所以载物也;高明,所以覆物也;悠久,所以成物也。博厚配地,高明配天,悠久无疆。(五节题,嘉靖十九年福建乡试)

本书把这七题分别计入总题数，因为截取范围不同，题旨也就发生变化，要求考生讨论的焦点也各不相同，对四书文的篇章结构乃至修辞作法都有不同的要求，就不是同一题目了。但从四书被用来命题的文字来看，第七题已包括了前面六题的文字。可见，虽然四书只有五万多字，但明代乡、会试四书文的命题仍然相对集中于考官认为重要的部分，四书仍有大量文字未被命过题。

去掉重复题，现存明代乡、会试四书文题共1 715题，共40 682字。如果去掉交叉题，则仅有1 301题。

明代乡、会试四书题文献的缺失主要集中在明代前期，洪武十七年乡试仅存应天1题，自永乐二十二年甲辰科起，历科会试四书题基本上保存完整。自洪武至正统，乡试四书题大都只有顺天、应天、浙江、福建、山东等少数几个省有记载，而且三题往往会缺一两道。正统十二年丁卯科虽存两京和福建、山东两省乡试题，但均有缺题。即使是会试，如洪武十八年乙丑科会试缺第二题，二十一年戊辰科会试仅存一题，永乐十九年辛丑科会试缺第三题。天顺起，四书题文献保存下来的省份渐渐多起来，天顺四年、七年都有两京五省的四书题保存下来，弘治八年乡试有两京八省四书题保存下来（其中江西、湖广各缺一题），正德八年癸酉科乡试，两京十行省均有四书题保存下来，嘉靖十六年丁酉科乡试，两京十一行省四书题保存下来，而且各省的三题全都保存下来，嘉靖四十三年甲子科两京十二行省除贵州仅存一题外，其他均三场俱全。万历四年丙子科乡试，除四川乡试缺第三题之外，其余两京十三藩的四书文试题全备。至万历七年己卯科，两京十三藩的四书文题保存完备，这种情形一直保持到崇祯十五年最后一科乡试。中间也出现一些特殊情况，如万历十六年戊子科山东乡试四书文题缺第二题，陕西乡试和贵州乡试均缺第三题；万历十九年辛卯科山东乡试缺第三题，云南乡试缺第二题；万历四十三年乙卯科陕西乡试缺第二题，云南乡试缺第二、第三题；崇祯三年庚午科四川乡试缺第一题，云南乡试缺第一、第二题，贵州乡试缺第二、第三题；最为严重的是崇祯九年丙子科，山西、陕西、四川、广西、云南、贵州等省乡试共缺7道四书题。会试方面，自永乐二十二年甲辰科起，历科会试，三题俱全。

如果按题型来分,现存单句题341道,二句题469道,三句题150道,四句题114道,多句题139道(包括五句题31题,六句题15题,七句题2题,多句题91),一节题486道,二节题94道,三节题42道,四节题10道,多节题18道(包括五节题13,六节题3,七节题1,八节题1),截节题136道,段题35道,全章题381道,四书疑3道,共2 418题。

其中,一节题486道,全章题381道,二句题469道,但有些全章题或一节题只有两句,实际上,在现存明代乡、会试的四书题中,二句题最多。

第二节　历科命题在四书中的分布

四书为理学之书,然四种书之间又各有自己的特点。袁黄说:"《学》《庸》之文其气邃,故浅近而造理不深者,类不能工;《孟子》之文其气激,故卑弱委靡者,类不能工;《论语》之文其气平,故涵养不深、胸襟不粹者,类不能工。邃者可以理造,激者可以勇及,而平者则理路不能到,意气不能及,最难工者也。是故作文以涵养为主。"①于各书中取题,则题旨即可能具备该书的某些特性,而考生的答题也必有相关的应对策略,故袁黄又说:"学者苟以孟子论学之言而搀入孔子,便隔一层矣。"②因而分析历科命题在四书中的分布,一定程度上可以呈现明代乡、会试的某种义理取向。

明代的考官很少直接表明其命题意向,我们可以在考试录中找到一些蛛丝马迹。以下仅举嘉靖之前的例子。正统十三年会试,四书题《耕也馁在其中矣学也禄在其中矣》,取自《论语·卫灵公》:"子曰:'君子谋道不谋食。耕也,馁在其中矣;学也,禄在其中矣。君子忧道不忧贫。'"同考试官裴批:"此题是以'君子谋道不谋食'一句统说,中分两股,又恐人

---

① (明)汪应鼎《流翠山房辑选八大家论文要诀》,陈广宏、龚宗杰编校《稀见明人文话二十种》下册,第1339页。
② (明)刘元珍辑《从先文诀内篇》,陈广宏、龚宗杰编校《稀见明人文话二十种》下册,第1287页。

错认,教人谋道以求食,故下面又缴一句'君子忧道不忧贫'。"①这是考官的取舍标准,也表达了命题意图。

景泰二年会试,四书题《百世以俟　不厌》,题目全文是:"百世以俟圣人而不惑,知人也。是故君子动而世为天下道,行而世为天下法,言而世为天下则。远之则有望,近之则不厌。"这其实是一道截搭题。同考试官主事钱博批:"此题头绪似多,不过'俟后圣,征诸庶民',要终原始之意。作者多轻重、详略失伦,不能归一。此篇独能得之,一结尤佳。"同考试官修撰李绍批:"此题作者多以功效言,分截不明,甚失本旨。此篇于'俟后圣,征诸庶民'处,说理明白,足见本领之学。"②

天顺七年会试四书题《诚身有道　道也》,同考官刘济批:"此题,诚者天之道,以人所禀之实理言。场中作者多主在天之道、圣人之德立说,殊失本旨。此作体认既真,而通篇词理纯正,优于众作。"③同考官杨守陈批:"《中庸》题不难于遣辞,而难于造理。"④

成化二十三年会试,四书题《先有司赦小过举贤才》,同考官徐鹏批:"以三者平说最是。"⑤此批指"先有司""赦小过""举贤才"三者应该平说,这涉及对题旨的理解,即三者应该并重,因而论述上应该三者平说,其结果也会规定着文章的结构。

正德六年会试,同考试官王绖批马性鲁墨卷:"作文字须要尽发旨趣,如此题,场中作者无虑数千篇,说道学自修处,除集注数字外,便旁出浮语衬贴,何以文为? 此作因文命意,吻合传注,而词旨灿然,当是作手。"⑥此科会试,湛若水、王守仁同为同考试官,一起参加阅卷。

正德八年顺天乡试四书题《十室之邑必有忠信如丘者焉不如丘之好学也》,此题的题旨是"圣人勉人为学",题中有"不如丘之好学",并非孔

---

① 《正统十三年会录录》,龚延明主编《天一阁藏明代科举录选刊·会试录》上册,第166页。
② 《景泰二年会试录》,龚延明主编《天一阁藏明代科举录选刊·会试录》上册,第197页。
③ 《天顺七年会试录》,龚延明主编《天一阁藏明代科举录选刊·会试录》上册,第332页。
④ 《天顺七年会试录》,龚延明主编《天一阁藏明代科举录选刊·会试录》上册,第332页。
⑤ 《成化二十三年会试录》,龚延明主编《天一阁藏明代科举录选刊·会试录》上册,第541页。
⑥ 《正德六年会试录》,龚延明主编《天一阁藏明代科举录选刊·会试录》上册,第668页。

子自夸。同考官高岳批："是题士子类能下笔,但词多夸,非圣人谦己诲人意。"同考官佘大纲也批："《论语》一题,作者于'十室'上类叠陈语,于'忠信'上强析为对,到'不如'处却涉自夸,便不似夫子口气。此篇能以典雅之词讲出夫子诲人本意,非平素潜心本领者不能,故特录之。"①

正德九年会试,四书题为《欲诚其意者先致其知致知在格物物格而后知至知至而后意诚》,同考试官孙绍先批蒋承恩墨卷："此是《大学》最紧要工夫,主司命题,岂漫无意谓?"②主考官梁储批此文："能融会《章句》与《或问》之意以成文,此其所以可录也。"③

正德十二年会试,对于《敬大臣则　畏之》题,同考试官刘栋元批曰："此题朱注、《或问》互相发明,难于通贯。"④指出该题考核的重点是考生能否将朱注与《或问》进行互相发明。对于《老者衣帛　有也》题,同考试官闻渊批："孟子告齐王保民而王,通章意思归宿在此。"⑤

总之,考试录中的考官批语,是我们了解考官命题意图或衡文标准的重要依据。结合乡、会试四书题在四书中的分布情况,我们可以获得明代不同时期、不同地域的理学旨趣。

一、历科四书题在四书中的分布

关于四书的字数,据黄侃《手批白文十三经提要》,《周易》引郑耕老所计 24 270 字,《尚书》引郑耕老所计 25 800 字(今古文合计。黄侃精计:除伪古文除篇题,并经及序合计 17 925 字),《毛诗》引郑耕老所计 39 224 字,《周礼》引郑耕老所计 45 806 字,《仪礼》引阎若璩所计 56 624 字(严州本:56 115 字),《礼记》引郑耕老所计 99 020 字,《春秋左传》引郑耕老所记 196 845 字(欧阳公所计:《春秋》18 000 字),《春秋公羊传》据阎若

---

① 《正德八年顺天乡试录》,龚延明主编《天一阁藏明代科举录选刊·乡试录》第一册,第 288 页。
② 《正德九年会试录》,龚延明主编《天一阁藏明代科举录选刊·会试录》上册,第 718 页。
③ 《正德九年会试录》,龚延明主编《天一阁藏明代科举录选刊·会试录》上册,第 719 页。
④ 《正德十二年会试录》,龚延明主编《天一阁藏明代科举录选刊·会试录》下册,第 21 页。
⑤ 《正德十二年会试录》,龚延明主编《天一阁藏明代科举录选刊·会试录》下册,第 22 页。

璩所计为 44 075 字,《春秋穀梁传》据阎若璩所计为 41 512 字,《论语》引郑耕老所计 13 700 字(欧阳公《读书法》: 11 705 字),《孝经》1 903 字,《尔雅》13 113 字,《孟子》据赵岐计为 34 685 字(欧阳公、郑耕老同。陈士元所计: 35 410 字)。

如果据黄侃《手批白文十三经提要》所引郑耕老的统计,《论语》13 700 字,《孟子》34 685 字,《大学》《中庸》按通行的算法,《大学》1 753 字,《中庸》3 568 字,则四书共 53 706 字。

日本学者宫崎市定曾经对四书五经的字数进行统计:《论语》11 705 字,《孟子》34 685 字,《易经》24 107 字,《书经》25 700 字,《诗经》39 234 字,《礼记》99 010 字,《左传》196 845 字。① 《大学》《中庸》是《礼记》中的内容,宫崎市定未给出具体数字。

本书以中华书局 1983 年版《四书章句集注》为数据统计依据。全书含朱熹集注文字、标点符号,共 24.6 万字,白文(删除朱熹集注文字、书名、篇名和标点符号)共 56 829 字。其中,《大学》1 753 字,《中庸》3 556 字,《论语》15 931 字,《孟子》35 589 字。

从现存 2 418 道四书文题来看,四书被命过题的文字共 21 072 字,其中,《大学》1 300 字,占《大学》全书 74%;《中庸》3 167 字,占《中庸》全书 89%;《论语》7 266 字,占《论语》全书 45%;《孟子》9 339 字,占《孟子》全书 26%。

四书未被命过题的字数共 35 757 字,其中,《大学》453 字,《中庸》389 字,《论语》8 665 字,《孟子》26 250 字。

现存明代乡、会试四书文题共 2 418 题,其中包括四书疑 3 道,为综合题,洪武三年应天乡试四书疑题由《大学》和《孟子》合题而发问,江西乡试四书疑题由《大学》《中庸》《孟子》合题而发问,洪武四年会试四书疑题由《孟子》和《中庸》合题而发问。据黄崇兰《增补贡举考略》,洪武四年、五年乡试共有三题保存下来,但两道是一节题,一道是全章题,都不是四书疑形式,黄崇兰所载恐怕有误,直至洪武五年,其四书题的形式应该还

———————
① [日]宫崎市定著,宋宇航译《科举》,第 10 页。

是四书疑。但目前未见其他文献记载，姑存黄说。

《大学》题126道，主要集中在经、传之三章、九章、十章；《中庸》题共676道，主要集中在第一、十三、十七、二十、二十六、二十七、三十一、三十三章，其中以第二十章最多，共有154道《中庸》题出自此章；《论语》题共836道，命题最多的是《卫灵公》篇，最少的是《微子》篇；《孟子》题共782道，命题最多的是《尽心上》篇，最少的是《公孙丑下》篇。

明代乡、会试四书题的出题范围前后出现过一些变化，同一科乡试，不同的行省也会有自己的一些特点，这些差异或特点的形成不一定是考官有意为之，因为每一科的考官都在发生变化，但仍有一些特点值得我们注意。

为分析明代乡、会试四书题的历史变化，我们首先来为其命题历史划分阶段。关于明代制义的发展的阶段性，清人曾作出过多种划分。方苞从明人制义与传注、经史的关系把明代划分为四个阶段：洪武至弘治，正德至嘉靖，隆庆至万历，天启至崇祯。他说：

> 明人制义，体凡屡变。自洪、永至化、治，百余年中，皆恪遵传注，体会语气，谨守绳墨，尺寸不逾。至正、嘉作者，始能以古文为时文，融液经史，使题之义蕴，隐显曲畅，为明文之极盛。隆、万间，兼讲机法，务为灵变。虽巧密有加，而气体荼然矣。至启、祯诸家，则穷思毕精，务为奇特，包络载籍，刻雕物情，凡胸中所欲言者，皆借题以发之。①

乾隆间四库馆臣也分之为四个阶段，但显然是以文章与国运的关系为依据去划分。《四库全书总目》：

> 有明二百余年，自洪、永以迄化、治，风气初开，文多简朴。逮于正、嘉，号为极盛。隆、万以机法为贵，渐趋佻巧，至于启、祯，警辟奇

---

① （清）方苞《钦定四书文凡例》，（清）方苞编，王同舟、李澜校注《钦定四书文校注》，第1页。

杰之气日胜，而驳杂不醇。猖狂自恣者，亦遂错出于其间。于是启横议之风，长倾诐之习，文体蟿而士习弥坏，士习坏而国运亦随之矣。①

吕留良则从义旨与文法的关系、从主考官的文章旨趣对士子的影响等角度，以科为单位，揭示出明代制义"三年一变"的阶段性特点：

> 洪、永之文，质朴简重，气象阔远，有不欲求工之意，此大圭清瑟也。成、弘、正三朝，犹汉之建元、元封，唐之天宝、元和，宋之元祐、元丰，蔑以加矣。嘉靖当极盛之时，瑰奇浩演，气越出而不穷，然识者忧其难继。隆庆辛未，复见弘、正风规，至今称之。文体之坏，其在万历乎？丁丑以前，犹厉雅制；庚辰令始限字，而气格萎薾；癸未开软媚之端，变征已见；己丑得陶、董中流一砥，而江湖已下，不能留也；至于壬辰，格用断制，调用挑翻，凌驾攻劫，意见庞遑，矩矱先去矣；再变而乙未，则杜撰恶俗之调，影响之理，剽弄之法，曰圆熟，曰机锋，皆自古文章之所无，村竖学究喜其浅陋，不必读书稽古，遂传为时文正宗。自此至天启壬戌，咸以此得元魁，展转烂恶，势无复之。于是甲乙之间，继以伪子伪经，鬼怪百出，令人作恶。崇祯朝加意振刷，辛未、甲戌、丁丑，崇雅黜俗，始以秦汉唐宋之文，发明经术，理虽未醇，文实近古，名构甚多，此犹未备也；庚辰、癸未，忽流为浮艳，而变乱不可为矣。此三百年升降之大略也。②

清代乾隆初杨绳武更明确把成化、弘治、正德、嘉靖四朝归为一类，他说：

> 制义之体起于宋，而明代用为取士之制，本朝因之。洪、永之时规模草创，元气浑沦，至成、弘而称盛。成、弘、正、嘉之文理胜而法

---

① （清）永瑢等《四库全书总目》"钦定四书文四十一卷"条，第1729页。
② （清）吕留良《东皋遗选前集论文》，（清）吕留良撰，俞国林编《吕留良全集》第一册，第176—177页。

具,隆、万之文法密而才寓,天、崇之文才盛而法变。①

这些分法各有其依据,各有其道理。本书从数据统计的角度,首先考虑时间长度、乡会试科次数量。故首先把明代制义发展分为三个阶段:洪武至天顺(1368—1464,共 97 年,共 58 科),成化至嘉靖(1465—1566,共 102 年,共 68 科),隆庆至崇祯(1567—1644,共 78 年,共 52 科)。这样,三个时段的时间长度和科次大致接近,如此方使数据具有可比性。同时,考虑到四书文命题义旨与制义文风、时代风尚的关系,在具体的分析中又取杨绳武的划分法,把明代制义划分为四个阶段:洪武至天顺,成化至嘉靖,隆庆至万历,天启至崇祯。这样更可以通过数据的考察,分析隆、万与天、崇之间的变化。由于有近一半的试题尚属未知,且集中于明代前期,洪武至天顺间考试录文献的散佚,试题多有失载,保存下来的只有 223 题,仅占第二个阶段的五分之一强,故此这阶段的数据主要是作为参考,而成化至嘉靖,与隆庆至崇祯,这两个阶段的数据则可以作更有效的比较。

明代乡、会试首场四书文的命题一开始并未强调在《大学》《中庸》《论语》《孟子》四部书中均衡取题。杨廷枢说:"国初出题,不拘《学》《论》《庸》《孟》,统、泰间犹然。"②洪武二十年丁卯科应天乡试,三道四书题《老者安之 三句》《兴于诗立 三句》《克己复礼 三句》均为《论语》题。永乐十三年乙未科会试一道《论语》题《老者安之 三句》和两道《中庸》题《中也者天 育焉》《故君子不 知天》。宣德五年庚戌科会试,两道《论语》题《孔子于乡 全章》《立则见其 一节》和一道《中庸》题《洋洋乎 后行》。

从景泰元年起,首场四书文的三道题,一道在《论语》里出,一道在《孟子》里出,另外一道在《大学》或《中庸》里出。第一题若为《大学》或《中庸》题,则第二题为《论语》题;若第一题为《论语》题,则第二题为《大

---

① (清)杨绳武《钟山书院规约》,邓洪波主编《中国书院学规集成》第一卷,第 193—194 页。
② (明)杨廷枢、(明)钱禧辑评《皇明历朝四书程墨同文录》第一册。

学》或《中庸》题；第三场则固定是《孟子》题。这一命题体例一直延续到清末。

下面我们来对这四个阶段进行具体的数据分析。为方便行文，洪武至天顺段称"洪天段"，成化至嘉靖段称"成嘉段"，隆庆至崇祯称"隆崇段"，隆崇段中，隆庆至万历称"隆万段"，天启至崇祯称"天崇段"。

按朱熹的划分，《大学》经一章，传十章。从明代乡、会试四书题的分布情况来看，经一章一直是命题的关注点。这一章是《大学》的纲领，全章如下：

> 大学之道，在明明德，在亲民，在止于至善。知止而后有定，定而后能静，静而后能安，安而后能虑，虑而后能得。物有本末，事有终始，知所先后，则近道矣。古之欲明明德于天下者，先治其国；欲治其国者，先齐其家；欲齐其家者，先修其身；欲修其身者，先正其心；欲正其心者，先诚其意；欲诚其意者，先致其知；致知在格物。物格而后知至，知至而后意诚，意诚而后心正，心正而后身修，身修而后家齐，家齐而后国治，国治而后天下平。自天子以至于庶人，壹是皆以修身为本。其本乱而末治者否矣。其所厚者薄，而其所薄者厚，未之有也。

在这一章里出题的，成嘉段最多，共12科次，而隆万段仅有1科次。

接下去，第一章释"明明德"，第二章释"新民"，第三章释"止于至善"，第四章释"本末"，第五章释"格物""致知"（此章仅二句："此谓知本，此谓知之至也。"程颐认为这两句是"衍文"。此章从未被命题)，第六章释"诚意"，第七章释"修身"，第八章释"修身""齐家"（此章也从未被命题，不知何因，大概是该章从反面论证，提到了"敖惰""恶"），第九章释"齐家""治国"，第十章释"治国""平天下"。

对于第十章，第二阶段68科，有11科次于第十章取题，而隆万段36科，则有14科次；天崇段的16科，则有10科次。可见隆崇段对第十章的重视。此外，第三章和第九章也是颇受重视的。

《中庸》中出题最多的是第一章、第十二章、第十三章、第二十章、第二十六章、第二十九章、第三十一章、第三十三章。再进一步仔细分析,可以看出,成嘉段对第二十章、第二十六章、第三十章和第三十三章特别重视,隆万段对第一章、第十三章、第十四章、第二十章特别重视,天崇段对第二十章特别重视。

总结起来说,被命题科次多的,一般都既是内容冠冕,又是篇幅较长;而不被命题者,多因内容为负面价值者。但也并非绝对。

《论语》题的出题情况:《学而》篇,洪天段取题的有第二、七、十、十二等章。成嘉段与隆崇段的相同在于均取题于第一、二、五、七、八、十二、十五章,不同在于成嘉段不取题于第十、十三章,而隆万段则有取题于第十四章。

各阶段对《论语》的取题相对来说都有覆盖,但也有不同。取题较少者为《乡党》篇、《先进》篇、《微子》篇、《尧曰》篇。其中,成嘉段没在《微子》篇取题,天崇段没在《乡党》篇、《先进》篇、《微子》篇取题。《乡党》共十八章,天崇段一题都不出,隆万段仅出一题,洪天段有3题,成嘉段则有10题。《先进》共二十五章,天崇段于《先进》篇也是0题。《微子》篇共十一章,成嘉段和天崇段都不在此篇取题。此篇负面意义的章节较少。

取题较多者,成嘉段在《里仁》第十五章取7题,于《雍也》篇第二十一章取6题,第二十八章取5题,于《泰伯》篇第十九章取13题,于《子罕》篇第十章取9题,于《先进》篇第二十五章取5题,于《颜渊》篇第一章取8题,第二十二章取7题,于《季氏》篇第十章取5题,于《阳货》篇第六章取5题,第十九章取5题,于《子张》篇第二十五章取5题。

隆崇段于《为政》篇第二十章取5题(隆万2,天崇3),于《里仁》篇第六章取9题(隆万7,天崇2),于《雍也》篇第二十八章取8题(隆万、天崇各4),于《颜渊》篇第二十二章取12题,(隆万9,天崇3),于《子路》篇第十五章取7题(隆万5,天崇2),第二十五章取5题(隆万4,天崇1),于《宪问》篇第十三章取5题(隆万4,天崇1),于《季氏》篇第九章取5题(隆万2,天崇3),于《尧曰》篇第一章取8题(隆万6,天崇2),第二章取8题(隆万6,天崇2)。总的来说,隆万、天崇对各章取题较为平均,较少某题特多的情况。

《孟子》题的出题情况：从今存题目看，洪天段未在《梁惠王上》《梁惠王下》《公孙丑下》《滕文公下》等篇取题，除了《尽心上》篇之外，其他《孟子》的篇章也较少命题，这或许与洪武朝的禁令有关。永乐七年会试，考官邹缉等出题有《孟子节文》及《尚书·洪范》九畴偏经论题，被御史劾奏，亦罪考官，命他官复考。（详下文）

成嘉段在《孟子》中较为集中取题的是《梁惠王下》篇第四章5题，《公孙丑上》篇第二章28题，第三章5题，《滕文公上》篇第一章5题，第三章11题，第四章13题，《离娄上》篇第二十七章5题，《离娄下》篇第十四章7题，《万章上》篇第七章11题，《万章下》篇第一章13题，《告子上》篇第六章6题，第七章6题，《告子下》篇第四章6题，《尽心上》篇第一章5题，第十三章9题，第二十三章5题，第二十四章8题，第四十六章5题，《尽心下》篇第三十二章6题，第三十八章7题。

与成嘉段不同的是，隆崇段于《梁惠王上》篇的第七章取题12题（隆万7题，天崇5题），于《梁惠王下》篇第七章取7题（隆万6，天崇1），第九章6题（隆万5，天崇1）。对《公孙丑上》篇的第二章虽取题17题，但比成嘉段少11题；第四章隆崇段7题，第五章6题，第六章10题，第八章12题。于《滕文公下》篇第九章取题10（隆万7，天崇3）。成嘉段对《尽心上》篇较为重视，于第十三章取13题，第二十四章取8题；隆崇段于第十三章只取1题，于第二十四章只取2题。成嘉段对《尽心下》篇于第三十二章取6题，第三十八章取7题；隆崇段于第三十二章只取3题，第三十八章只取1题。

成嘉段与隆崇段一样，都重视《滕文公上》篇第三章和第四章，成嘉段于第三章取11题，隆崇段取13题（隆万8，天崇5）；成嘉段于第四章取13题，隆崇段取20题（隆万15，天崇5）。于《离娄上》篇都重视第一章，洪天段取1题，成嘉段取6题，隆崇段取11题（隆万9，天崇2）。

成嘉段于《离娄下》各章均匀取题，而隆崇段的覆盖面要比成嘉段少一半。

上面对现存明代乡、会试四书题数据进行一些梳理，这些数据可以帮助我们进一步去分析明代的理学发展变化。但究竟如何得出结论，得出何种结论,尚须对每一时段的理学史、经学史、意识形态乃至考官的价值取向作进一步的研究。

二、相同的命题

考官命题,原则上不重复出题,清代的《科场条例》即有"磨勘出考官出熟习拟题及割裂小巧牵连无理,或诗题引用僻书私集者,照出题错字例议处"。① 但重复出题,无论是在明代还是清代,都是十分常见的。事实上,明、清科举乡、会试首场前三题取自四书,命题范围是固定的,这就难免有重复的现象。杨廷枢说:"国初试题,取经书中大道理、大制度、系人伦治道者出以课士,当时题目无多,士专心于大且要者,用功有伦序,得以余力及他经、子、史。或疑此题与乙丑同,不知设科之始,固不拘也。"②考官注重的是义理,至于是否重复,"固不拘也"。

根据笔者对明代乡、会试四书文命题数据的梳理,发现这种重复现象不仅是难免的,而且其重复的普遍程度大大地出人意料。

明代乡、会试四书文出题在四书中相对集中于某些章节,而且频繁出现相同命题现象。通过这些数据分析,我们可以纠正以往一些认识,形成对明代科举的一些新的、正确的看法。

一直以来有一种流行的看法,认为明代中后期出现截搭等割裂命题现象是由于考官面临"题库危机"。这种观点认为,明代科举考试,其八股文题出自《四书》《五经》,这在明代前期,可供出题选择的经文尚多,但随着乡、会试的逐科举行,"这种出题的路子很快走到尽头。因为用作科举考试标准化的试题库——《四书》《五经》的容量是有限的。《大学》《中庸》《论语》《孟子》四种书加在一起才五万余字。其中《论语》一万一千七百零五字,共五百一十二章,这是郑晓《今言》所说。《大学》《中庸》,连同程颐、朱熹的注释,都只有几千字。"③这种观点非常流行,它常被用来解释明清乡、会试上出现截搭题等小题命题方式的原因,即题库有限不

---

① (清)礼部《钦定科场条例》卷五十,《故宫珍本丛刊》本,第 173 页。
② (明)杨廷枢、(明)钱禧辑评《皇明历朝四书程墨同文录》第一册。
③ 龚笃清《中国八股文史·明代卷》,第 16 页。

得不变换题型。

笔者也曾经认同这种判断,但现在看来,明代的四书题库并未出现危机,一方面,四书中仍有大量的内容尚未被命题,另一方面,则是重复出题的现象十分普遍,这表明考官在命题时所考虑的是题目在义理上的重要性,是否重复并不需要他们刻意去避免。截搭题等"怪题"出现的直接原因并非题库危机,而是有其更加内在而复杂的原因。

三、四书中未被命题部分与《孟子节文》

从现存2 418道四书文题来看,四书被命过题的文字共21 072字,未被命过题的字数共35 757字。也即被用以命题的文字占四书全部文字的五分之二,而未被出过题的文字占五分之三。

明代乡、会试考官的命题,更多的是出于经学义理方面的考虑,他们的命题总是相对集中于四书的某些内容,而不是想着如何去全面覆盖四书。

四书中一些句子字面上明显具有负面意义,这些句子从未出现在明代乡、会试上。魏禧《制科策中》:"凡命题,毋割裂章句以巧文(如虚缩、巧搭、拈难题之类),毋亵而不经(如钻穴、逾墙、杀鸡、攘羊之类)。"①我们还可以再举出一些,如"丧,与其易也,宁戚""小人喻于利""无道则隐""小人同而不和""小人难事而易说也""小人下达""邦无道""小人求诸人""其生也荣,其死也哀""朕躬有罪,无以万方;万方有罪,罪在朕躬""不推恩无以保妻子""以力服人者,非心服也,力不赡也""非所以内交于孺子之父母也,非所以要誉于乡党朋友也,非恶其声而然也""子之兄弟事之数十年,师死而遂倍之""有小人之事""吾君不能谓之贼""君之视臣如犬马,则臣视君如国人;君之视臣如土芥,则臣视君如寇雠""从其小体为小人""杀一无罪,非仁也;非其有而取之,非义也""小人闲居为不善,无所不至,见君子而后厌然,掩其不善,而著其善。人之视己,如见其肺肝然,则何益矣""孰谓鄹人之子知礼乎""谟盖都君咸我绩""岂不尔思"

---

① (清)魏禧《制科策中》,(清)魏禧撰,胡守仁等校点《魏叔子文集外篇》卷之三,第185页。

"逾东家墙""弥子之妻与子路之妻""则慕少艾""男女居室"等。考官们在命题时对这种具有负面意义的语句的规避是有意识的,像《孟子·梁惠王上》第七章"老吾老"一节,所有的文字都曾被命过题,唯独中间一句"不推恩无以保妻子"不曾被命题,因为它不属于冠冕正大之题。之所以不能以负面人事为题,纪昀道出了其中的原因,他说:"既以魔语命题,不得不随之作魔语,譬如八股以'若是乎从者之廋也'命题,不能不作成入口气诬孟子门人作贼也。"①晚清谢若潮也说:"若如前人《在陈绝粮》及《公伯寮愬子路》等题文,虽善设想,究不免为名教罪人。司文衡者不出此等题可也。"②商衍鎏说,制艺"措词隘于诗赋,而又以数千年以后之人,追模数千年以上发言人之语意,曰代圣贤立言。圣贤而为孔子、曾子、子思、孟子及孔门之弟子等尚可也,倘题目非圣贤语,而为阳虎、孺子、齐人妻妾,与夫权臣、幸臣、狂士、隐士之流,亦须设身处地,如我身实为此人,肖其口吻以为文,不可不谓为文格之创体也"。③ 万历二十二年应天乡试以《恶佞,恐其乱义也》为题,则是令人意外的。

对于命题忌讳,汤宾尹还提出一种特殊情况,他说,四书中有些话,虽属"圣贤心曲,托于言而亦外,脱于口而已陈,第令六经、《语》、《孟》圣贤复说一过,亦必有另出一局、再开一新者"。④ 此类题如《因不失其亲亦可宗也》《吾党之小子狂简斐然成章》《欲仁而得仁,又焉贪》《取人以身》。不过以下这些题目仍然在明代乡、会试上出现过,如《有子曰信近于义言可复也恭近于礼远耻辱也因不失其亲亦可宗也》为嘉靖七年福建乡试题,《择可劳而劳之又谁怨欲仁而得仁又焉贪》为万历二十五年湖广乡试题,《取人以身》为崇祯三年山西乡试题。对此,汤宾尹提出运用"洗发题式",使题目的真正义旨更加明朗。

另一方面,大量属于冠冕正大语并未被命过题,如"国家将兴,必有祯祥","弟子入则孝,出则弟,谨而信,泛爱众,而亲仁","温故而知新,可以

---

① (清)纪昀《馆课我法诗笺》,陈维昭编校《稀见明清科举文献十五种》,第2106页。
② (清)谢若潮《枕中秘》,陈维昭编校《稀见明清科举文献十五种》,第1754页。
③ 商衍鎏著《清代科举考试述录》,第256页。
④ (明)汤宾尹《汤睡庵太史论定一见能文》卷三,陈广宏、龚宗杰编校《稀见明人文话二十种》上册,第1065页。

为师矣"等。

四书中,《孟子》的情况比较特殊。《孟子》全书 35 589 字,被命过题的只有 9 339 字,占《孟子》全书的 26%。这与《孟子》的内容有关。

明代至洪武三年始行科举,这与朱元璋对待孔子的态度有关。洪武"二年,诏孔庙春秋释奠,止行于曲阜,天下不必通祀"。① 把祭孔局限于曲阜一隅。钱唐伏阙上疏言:"孔子垂教万世,天下共尊其教,故天下得通祀孔子,报本之礼不可废。"侍郎程徐也疏言:"古今祀典,独社稷、三皇与孔子通祀。天下民非社稷、三皇则无以生,非孔子之道则无以立。尧、舜、禹、汤、文、武、周公,皆圣人也,然发挥三纲五常之道,载之于经,仪范百王,师表万世,使世愈降而人极不坠者,孔子力也。孔子以道设教,天下祀之,非祀其人,祀其教也,祀其道也。今使天下之人,读其书,由其教,行其道,而不得举其祀,非所以维人心扶世教也。"②朱元璋并没有立即听从劝谏。朱元璋对《孟子》一书的民本思想非常愤怒。据《明史·钱唐传》:"帝尝览《孟子》,至'草芥''寇雠'语,谓非臣子所宜言,议罢其配享,诏有谏者以大不敬论。唐抗疏入谏曰:'臣为孟轲死,死有余荣。'时廷臣无不为唐危。帝鉴其诚恳,不之罪。孟子配享亦旋复。然卒命儒臣修《孟子节文》云。"③洪武二十七年,朱元璋命刘三吾修《孟子节文》,把《孟子》全书删去八十五条,只留下一百七十多条。刘三吾说:"自今八十五条之内,课试不以命题,科举不以取士。"④

那么,洪武二十七年之后,明代科举是不是就严格按照《孟子节文》去命题呢？据《明英宗实录》卷二百六十九,景泰七年八月,吏部尚书兼东阁大学士王文因其子王伦落第、户部尚书兼文渊阁大学士陈循因其子陈瑛落第,上疏弹劾考官。陈循在其奏疏中称,自洪武三十年刘三吾删《孟子》以来,"出题内有讥讽朝廷及凶恶字,并考试有不公,御史劾奏,治

---

① 《明史》卷一三九《钱唐传》,第 3981 页。
② 《明史》卷一三九《钱唐传》,第 3981—3982 页。
③ 《明史》卷一三九《钱唐传》,第 3982 页。
④ (明)刘三吾《孟子节文题辞》,(明)刘三吾《孟子节文》,孟子文献集成编纂委员会编《孟子文献集成》第一五册,第 769 页。

以重罪"。① 并提及永乐七年考官邹缉因以《孟子节文》之外的《孟子》文字命题而被下狱的事件。陈循特意在刘三吾《孟子节文》针对出题的禁令之后附上"并考试有不公",目的是借永乐七年的严治考官去诱导明代宗严治当科考官刘俨、黄谏。不过从这里我们也看到了洪武三十年之后"课试不以命题,科举不以取士"的禁令确实在执行。

但我们能否因此而相信,明代科举的"孟题"就一定是在《孟子节文》的范围里呢?有人认为:

> 作为明代科举考试的一个标准化作文的试题库,《四书》《五经》的容量是有限的。……而《孟子》一书,原有三万四千六百八十五字,因为其中有"君视臣如草芥,则臣视君如寇仇"等具初步民本思想……全书总共删去八十五条,只留下一百七十多条,二万字,更名为《孟子节义》,刻板颁行全国学校。规定删除部分"课士不以命题,科举不以取士"。……这么少的篇幅,别说意义完整的句、节、章的数量有限,即使每个句子、每节、每章都用来出题,数量又能有多少呢?而一个容量这么小的标准化作文试题库要应对的考试出题量却是无穷尽的。②

这八十五章的内容究竟如何?该书今存中国国家图书馆,两相对照,可以一目了然。但学界大多根据容肇祖先生的《明太祖的〈孟子节文〉》③一文而形成对《孟子节文》的认知,该文刊于1947年的《读书与出版》,带着鲜明的时代色彩,即秉承五四以来反专制、反封建的民主主义立场与文风,在文章一开始介绍朱元璋和刘三吾时,我们便可以感受到这种时代气息。文章说:"朱元璋——无赖和和尚都做过的——是中国第二个平民出身的皇帝,叫做明太祖。……他需要人才,同时他也惧怕人才,在矛盾中他想出了一个聪明而在国家民族的发展上是犯罪的方法,就是用

---

① (明)《明英宗实录》卷二六九,景泰七年八月。
② 龚笃清《明代八股文史》,第118—119页。
③ 容肇祖《明太祖的〈孟子节文〉》,《读书与出版》1947年第2年第4期,第16—21页。

经义取士……"在反专制的民主主义的时代风潮影响下,容先生对《孟子节文》进行第二度的"节文",他在比对了《孟子节文》和《孟子》之异同后,把《孟子节文》的内容归结为11类:"不许说人民有尊贵的地位和权利""不许说人民对于暴君污吏报复的话""不许说人民应有革命和反抗暴君的权利""不许说人民应有生存的权利""不许说统治者的坏话""不许说反对征兵征实同时并举""不许说反对捐税的话""不许说反对内战""不许说行仁政救人民""不许说君主主要负善良或败坏风俗的责任"。

容先生这种古为今用的学风很快便为学界所效仿。出版于1949年的丁易的《明代特务政治》基本上抄袭了容先生的文章,从"现在《孟子节文》已经不容易见到了"到"这在明代以前是不曾有过的",这八百多字是该书介绍《孟子节文》的主要内容,但基本来自容先生的《明太祖的〈孟子节文〉》一文,只是在文字顺序、句式、类型分合上作了一番技术性处理。

明太祖、刘三吾之删《孟子》,自然是出于维护其专制统治的需要,《孟子》中的民本思想自然是不符合明太祖那种"天下一君"的极权政治形势,所以删去《孟子》一书中这些内容是符合统治者的政治利益的,《孟子节文》一书的确体现了这种政治意图。但容先生的概括是否全部都符合实际?比如把"若民,则无恒产,因无恒心"一段解释为"不许说人民应有生存的权利",则显然不符合《孟子》原文的意思,当然也就不能令人信服地解释朱元璋、刘三吾的用心。其实容先生也知道他的概括并不能涵盖刘三吾的《孟子节文》的全部内容,他说:"但是常常有些极平常的话,没有提到人民和君主的也被删节。"他把这种情况解释为"可见统治者的疑神疑鬼"。事实上,"专制与民主的对峙"框架不能涵盖《孟子节文》。

我们可以从三个方面来看《孟子节文》一书:第一,明太祖、刘三吾编此书的动机,可以肯定是为其专制统治服务的,但其目标仍然希望落实在科举上,故刘三吾说:"课试不以命题,科举不以取士。"第二,《孟子》全书共260章,刘三吾删去85章,保留172章(章数的差额可能是版本不同的缘故),在刘三吾所保留的172章(即《孟子节文》一书)中,仍有大量的句子没有被用于明代的乡、会试命题,这说明那种"明、清乡会试八股文命题面临题库危机"的说法是不成立的。第三,被刘三吾删去的85章,仍有大量的章、节、句被用于明代的乡、会试四书文的命题上,这一点很重要,它说明,尽管刘三吾提出的"课试不以命题,科举不以取士"得到朱元璋的赞同,但事实上,它在相当长的一段时期并没有被严格执行。

就在"课试不以命题,科举不以取士"的禁令颁行的六年之后,建文二年会试孟题为《孔子之谓集大成集大成也者金声而玉振之也》,即出自《孟子·万章下》第一章,该章为刘三吾所删。此后,宣德十年乙卯科顺天乡试孟题、正统十年乙丑科会试孟题、景泰四年癸酉科福建乡试孟题、景泰五年甲戌科会试孟题、景泰七年丙子科顺天乡试孟题、天顺三年己卯科应天乡试孟题、天顺六年壬午科应天乡试孟题等,都属于《孟子节文》之外的被删去的章节。可见,虽然在永乐九年因孙芝之奏言而复《孟子》全书,但建文二年会试已不遵《孟子节文》而命题了。永乐九年之后,《孟子节文》对科举命题越来越明显地失去了约束作用。到了成化元年顺天乡试的孟题,更是与朱元璋令刘三吾删《孟子》的意图背道而驰。其题为《君仁莫不仁君义莫不义君正莫不正一正君而国定矣》,这与那句令朱元璋恼怒的"君之视臣如土芥,则臣视君如寇雠"已经非常接近了。刘三吾那句代表朱元璋旨意的"课试不以命题,科举不以取士"即被考官们视为一纸空文,以被刘三吾删去的《孟子》文字作为题目的比比皆是。下面列出部分明代乡、会试题目,它们都是被刘三吾《孟子节文》删去的文字:

　　文王以民力为台为沼。而民欢乐之,谓其台曰灵台,谓其沼曰灵沼,乐其有麋鹿鱼鳖。古之人与民偕乐,故能乐也。(成化八年壬辰科会试)

　　天子适诸侯曰巡狩,巡狩者巡所守也;诸侯朝于天子曰述职,述职者述所职也。(弘治二年应天乡试)

　　乐民之乐者,民亦乐其乐;忧民之忧者,民亦忧其忧。乐以天下,忧以天下。(弘治八年浙江乡试)

　　未有仁而遗其亲者也,未有义而后其君者也。(正德二年丁卯科应天乡试)

　　有布缕之征,粟米之征,力役之征。君子用其一,缓其二。(正德

十一年丙子科湖广乡试、万历四年丙子科陕西乡试和河南乡试）

老者衣帛食肉，黎民不饥不寒，然而不王者，未之有也。（正德十二年会试）

夫明堂者，王者之堂也。（嘉靖元年广西乡试）

老吾老，以及人之老；幼吾幼，以及人之幼。天下可运于掌。诗云："刑于寡妻，至于兄弟，以御于家邦。"言举斯心加诸彼而已。故推恩足以保四海。（嘉靖四年乙酉科陕西乡试）

曰："国君进贤，如不得已，将使卑逾尊，疏逾戚，可不慎与？"（嘉靖七年福建乡试）

使天下仕者皆欲立于王之朝，耕者皆欲耕于王之野，商贾皆欲藏于王之市，行旅皆欲出于王之途。（嘉靖十年湖广乡试）

今之乐犹古之乐也。（嘉靖十年福建乡试）

谨庠序之教，申之以孝悌之义。（嘉靖十一年会试）

文王以民力为台为沼。而民欢乐之，谓其台曰灵台，谓其沼曰灵沼。（嘉靖四十一年壬戌科会试）

权，然后知轻重；度，然后知长短。物皆然，心为甚。（万历十三年乙酉科江西乡试）

大戒于国，出舍于郊。于是始兴发补不足。召大师曰：'为我作君臣相说之乐！'盖徵招角招是也。（万历十三年应天乡试）

先王无流连之乐，荒亡之行。（万历十九年河南乡试）

此四者，天下之穷民而无告者。文王发政施仁，必先斯四者。（万历二十二年甲午科广东乡试）

孟子见齐宣王曰："所谓故国者，非谓有乔木之谓也，有世臣之谓也。王无亲臣矣，昔者所进，今日不知其亡也。"王曰："吾何以识其不才而舍之？"曰："国君进贤，如不得已，将使卑逾尊，疏逾戚，可不慎与？"（万历二十二年广西乡试）

曰："可得闻与？"曰："独乐乐，与人乐乐，孰乐？"曰："不若与人。"曰："与少乐乐，与众乐乐，孰乐？"曰："不若与众。"（万历二十八年山西乡试）

是心足以王矣。(万历二十九年辛丑科会试)

王曰:"善哉言乎!"曰:"王如善之,则何为不行?"(万历三十七年顺天乡试)

在我者,皆古之制也(万历四十年壬子科湖广乡试)。

然则一羽之不举,为不用力焉;舆薪之不见,为不用明焉;百姓之不见保,为不用恩焉。(万历四十六年戊午科江西乡试)

如此,然后可以为民父母。(万历四十六年云南乡试)

古之人所以大过人者无他焉,善推其所为而已矣。(天启二年壬戌科会试)

仁者无敌。(天启七年丁卯科应天乡试)

文王以民力为台为沼。(天启七年丁卯科浙江乡试)

曰:"德何如,则可以王矣?"曰:"保民而王,莫之能御也。"(崇祯三年庚午科广东乡试)

王如施仁政于民,省刑罚,薄税敛,深耕易耨。壮者以暇日修其孝悌忠信,入以事其父兄,出以事其长上,可使制梃以挞秦楚之坚甲利兵矣。(崇祯三年庚午科河南乡试)

可以看出,《孟子节文》颁行之后,大约严格执行了五六年。建文二年起,尤其永乐九年之后,抛开《孟子节文》而命题的乡、会试考官越来越多。甚至一些被刘三吾删去的而内容又有悖"冠冕正大"宗旨的题目也出现于乡、会试上。如成化二十二年山西乡试以《孟子·告子》中被删去的文字《为人臣者怀利以事其君》为题,弘治十七年江西乡试更是把三句负面意义的文字《为人臣者怀利以事其君,为人子者怀利以事其父,为人弟者怀利以事其兄》作为题目。

《孟子节文》的颁行的确对洪武二十七年之后几年的乡、会试四书文命题产生了影响,但我们不能过分地夸大其影响。本书所提供的这些数据足以说明永乐之后,考官命题越来越不受制于《孟子节文》。关于"《孟子节文》导致四书题库狭窄、导致截搭命题出现"的说法是经不起推敲的。

第三节　明代乡、会试历科四书文题型分析

明代乡、会试四书文题型数据

	洪武至天顺（1368—1464，共97年，共58科）	成化至嘉靖（1465—1566，共102年，共68科）	隆庆至万历（1567—1620，共54年,36科）	天启至崇祯（1621—1644，共24年,16科）
单句题	0	50	144	147
二句题	25	223	137	85
三句题	16	62	48	24
四句题	11	67	24	12
多句题	16(包括五句题共7题，六句题共1题，多句题8)	64(包括五句题共12题，六句题共7题，多句题45)	49(包括五句题共11题，六句题共6题，七句题2，多句题30)	10(包括五句题共1题，六句题共1题，多句题8)
一节题	47	255	145	39
二节题	15	37	41	1
三节题	4	14	20	4
四节题	3	4	3	0
多节题	2(五节题1,八节题1)	9(五节题6,六节题3)	7(五节题6,七节题1)	0
截节题	24	46	48	16
段题	2	12	14	7
全章题	55	171	140	16
四书疑	3	0	0	0
小计	223	1 014	820	361
合计	2 418			

一、明代制义题型理论的发展

题型问题不仅关乎制义写作的构思立意、布局谋篇,而且特定的命题型态又与标准化考试制度的变革相关。每一种题型都有其相应的修辞形态,由此升华为特定的美学形态,同时,时代的理学思潮和文章风尚也会对题型的传统修辞形态进行改造。题型是联结考官、制度、社会、文化的节点。

四书文的题目是选取四书中的某一部分而构成的,可以是选取一章、数章,也可以选取一节、数节,可以选取一句、数句,还可以截取一节中的一两句与另一节搭并成题,或截取一节中的一两句与另一节的一两句拼搭成题,甚至截取一句话中的数字然后与另一句话搭并成题。这样,四书的文字可以形成的题目就会大大地超过原来的语句数量。

四书的命题形式又是有规律可循的,明代制义论家通过题型分类的方式对多变的命题方式进行归类。关于归类的依据,清代高嵣说:"读文分类,前人久著成法,有当从义理分类者,如天文地理、朝聘兵农等类是也;有当从体格分类者,如单句虚冒、一滚两截等类是也。然余以为学人果能沉浸于古籍,自能通晓大义,博稽典故,否则挂一漏万,撮拾字句,亦未见其能融贯也。至各题分位不一,体制迥殊,即才充学博,而欲舍法律以为之,未有能工者,是体格之分类,较之义理之分类为尤切也。"[①] 不过从实际情况来看,明人的题型分类往往是义理分类与体格分类同时共存。

李廷机说:"经书题目千变万化,虽不可胜纪,然以规矩约之,不外二三十个样子。规矩熟而方圆不可胜用矣。"[②] 说题目类型不外二三十种,这只是出于强调掌握"规矩"的重要性,到了李廷机时代,明代乡、会试四书文的题型显然已经不止二三十种。或者说,李廷机是较早重视四书文题型的,但尚未深研其复杂性,尤其是对题型与作法的关系,研究得并不

---

① (清)高嵣《论文集钞》,黄秀文、吴平主编《华东师范大学图书馆藏稀见丛书汇刊》第二四册,第 153 页。
② 转引自(清)高嵣《论文集钞》,黄秀文、吴平主编《华东师范大学图书馆藏稀见丛书汇刊》第二四册,第 153 页。

深入。他只是注意到两截题与两扇题之异同。李廷机曾任万历三十五年会试知贡举及多科会试、乡试主考官,他的制艺观更多地代表着官方的文章理念,即以雅正为主。他在任国子监祭酒期间写了《太学文体》,为国子监太学生立下了为文的规范:在思想上以遵朱注为第一义,对持异说者则予以扑责;"至于秦汉子史,尤当取其醇正者用之,要以典雅为佳。近来不知此意,故文体不正"。① 文风以雅正为主,"文字股段起束,自有定体,以齐整紧切、无一剩语为佳,毋得任意驰骋"。② 此时他注意到两截题与两扇题,他说:"题目两截者两截做,两扇者两扇做,乃为作家。惟语意紧串如《敬其事而后其食》之类,则当串做。"③对于其他题型,李廷机并未予以深究。

较早专门论述四书题型的是万历间的李叔元。李叔元,万历二十年进士,崇祯初年卒,享年七十,约出生于嘉靖三十五年前后,所著《诸名家前后场元部肄业精诀》分题型为二十式,开始注意到题型的复杂性。他对搭截题的界定是:"搭截题,乃除头截尾。"④如《在邦必闻,在家必闻。子曰是闻也》,题目截取自《论语·颜渊》第二十章第三节与第四节的前一句。第四节"是闻也"下文还有"非达也"。题目截去了下文。

从他所举的例子可以看出,搭题的判定是以"节"为单位的。四书原不分节,至南宋朱熹为四书作章句时始为它分节。节是句的上一级语意单位,节与节之间的语意往往有相连贯者,但毕竟各节在语意上相对独立,如《百里奚不谏知虞公之不可谏而去之秦》,该题截取自《孟子·万章上》第九章的第二节末句和第三节前二句搭并成题,李叔元立足于"节",称此题为搭截题。

章与章之间的语义关系同样是考察题型特点的重要依据,《论语》往往每章记述一事,相互之间不一定直接关联,当截取相邻两章的首尾以成题时,这样的题目就具有截搭题的特点,李叔元举了《传不习乎　带下

---

① (明)李廷机著,沈云龙选辑《李文节集》,第 2162 页。
② (明)李廷机著,沈云龙选辑《李文节集》,第 2161 页。
③ (明)李廷机著,沈云龙选辑《李文节集》,第 2161—2162 页。
④ (明)李叔元《新锲诸名家前后场肄业精诀》卷二,陈广宏、龚宗杰编校《稀见明人文话二十种》下册,第 638 页。

子曰道千乘之国》,其原文是:

> 曾子曰:"吾日三省吾身:为人谋而不忠乎? 与朋友交而不信乎? 传不习乎?"(《学而》第四章)
> 子曰:"道千乘之国:敬事而信,节用而爱人,使民以时。"(《学而》第五章)

"传不习乎"与下章开头的"子曰道千乘之国"并无语义上的关联,这样的题目清代制义论家称之为"无情搭"或"巧搭题"。李叔元把这种题型命名为"自立意题式",其解释是:"题有圣贤经传,原无此意,乃主司自家牵合附会,寓有于无。"①他所举的例子是《孔子谓季氏 合下三章》,是一道联章题,同样属于无情搭:

> 孔子谓季氏:"八佾舞于庭,是可忍也,孰不可忍也?"(《八佾》第一章)
> 三家者以雍彻。子曰:"'相维辟公,天子穆穆',奚取于三家之堂?"(《八佾》第二章)
> 子曰:"人而不仁,如礼何? 人而不仁,如乐何?"(《八佾》第三章)
> 林放问礼之本。子曰:"大哉问! 礼,与其奢也,宁俭;丧,与其易也,宁戚。"(《八佾》第四章)

四章显然在记述四个不同的话题。从现存2 418道四书题来看,明代乡、会试的四书题都是在一章的范围内出题,并未出现"无情搭"题。

在李叔元所列的二十种题式中,除"搭截题"之外,未见有以"截题"命名的题式,但其中有"未尽题式",其实即是截下题。所谓"未尽题式",其特点是:"题有意未尽露、其说话俱在下面者,此却难于发挥,须是弄假

---

① (明)李叔元《新锲诸名家前后场肄业精诀》卷二,陈广宏、龚宗杰编校《稀见明人文话二十种》下册,第645页。

成真，无情做出有情。而至收束处，亦要稍含下意，方不落空，但不可太露耳。"所谓"至收束处，亦要稍含下意，方不落空，但不可太露"，其实即是防止"犯下"之病的具体做法。他举了六个例子：《与其媚于奥》《始吾于人也》《如其礼乐》《礼云礼云》《有复于王者》《子思以为鼎肉》，这些题目貌似单句，其实是截下题或虚冒题，都属于小题，戴名世作有《与其媚于奥》题文，汪份的《庆历小题行远集》收入此文，并评曰："'与其'是追悔语，着一篇商量，便是两句题。"指出其截题形式影响着文章修辞。李元度《小题正鹄》二集收入刘岩《与其媚于奥》题文、周扬之《始吾于人也》题文，并都标明为"截下"题。

李叔元虽然已经开始注意到截、搭的命题方式，但尚未注意到截题的多样性。

明代乡、会试四书文命题方式一直处于变动之中，而且越来越朝着多样化的方向变化，而相应的写作修辞必然随之发生相应的变化，也越来越朝着多样化的方向变化。命题越是支离，则修辞越须灵动。与李叔元同时的汤宾尹，其题型分类最为细致。

汤宾尹，万历二十三年榜眼，被誉为明代制义八大家之一。他所著的《一见能文》是明代制义理论史上第一部体大思精、体系严整的理论著作。汤宾尹充分认识到命题的复杂性及其与作文方法的关系。他说："文取其一肖而止，题极之万变乃全。故既会其全者则信手拈来，固已头头是道，而欲穷其变者，非分途亲历，未许处处皆员。"[①]此书从制义的字法、写作前的准备（读书、看书、认题、会神、养气）、作文的构思（布局谋篇、布势运度），到作文的句式构件、制义的结构文式（破题式、承题式、起讲式、八股式）、命题型式及相应作法，涉及了制义写作的四大方面：作文前准备、字法、章段法和肖题法（包括题型与相应作法），可以说是体大思精之作（遗憾的是未论及制义的风格理论）。

汤宾尹分制义的题型为七十三种。其分类的根据是多种多样的，而且不完全是从考官命题的角度分类，也有从写作应对方法的角度进行分

[①] （明）汤宾尹《汤睡庵太史论定一见能文》卷三，陈广宏、龚宗杰编校《稀见明人文话二十种》下册，第1051页。

类。从题文的外观结构分类者,如两扇(至九扇)题式、一头两脚(至五脚)题式、二头(至四头)一脚题式、下纽上式、叠语题式(如《人焉廋哉人焉廋哉》)等。有从题文字句关系、性质分类,如相因递过题式(如《有德此有人有人此有土有土此有财有财此有用》)、下释上题式(如《武王周公 二节》,即《子曰武王周公其达孝矣乎夫孝者善继人之志善述人之事者也》)。有从作法修辞的角度分类,如串作题式(如《君子贞而不谅句》)、罗纹滚作题式(如《事君敬其事而后食》)。所谓"罗纹滚作题式","罗纹"指罗旋,回旋的花纹、螺圈形封闭式指纹;"滚作"则是向前推进。"罗纹滚作题式"即罗旋式推进,不是指题目的结构,而是指文章作法。汤宾尹说:"墨卷讲《事君敬其事》题,先讲'敬事'一二句,下即搭'后食'意一二句,通篇皆如此者。《先难后获》亦然,此乃为滚作格。必有开合相间者,方为罗纹,不然,则滚作矣。故罗纹题必加'滚作'二字!因文之似者而取之也。"①所谓"通篇皆如此",即"先讲'敬事'一二句,下即搭'后食'意一二句",对这种一讲一搭进行多次反复,通篇如此,这样才能形成罗纹式,如果一滚作下而不回环,则是滚作格。对于《先难而后获》题,也可采用这种罗纹滚作的修辞格。

汤宾尹的题型分类之所以既可以从考官命题的角度,又可以从写作修辞的角度,源于他对命题作文的认识,他认为:"文取其一肖而止。"②肖题,可以说是制义写作的第一纲领。肖题就是要求作者认清题目,在说理上契合题目的特点。

汤宾尹题型分类的多样化,反映了当时考官命题的多样化。比如扇题,他分出了两扇、三扇、四扇、五扇、六扇、九扇等题式。以分句为题者,他分出了一头两脚、三脚、四脚、五脚题式,或一脚两头、三头、四头等题式。不同的题式即有不同的肖题方式。

比如九扇题式,题目有九项并列,则为九扇题式,可见题文的空间形

---

① (明)汤宾尹《汤睡庵太史论定一见能文》卷三,陈广宏、龚宗杰编校《稀见明人文话二十种》下册,第1059页。
② (明)汤宾尹《汤睡庵太史论定一见能文》卷三,陈广宏、龚宗杰编校《稀见明人文话二十种》下册,第1051页。

式影响了文章的结构。汤宾尹说：

> 九扇题，当九扇平讲，五对叠下，变五样文法。然有首扇另讲，末八扇作四对者，若"九经之目"是也。有前八扇作四对，末扇另讲者，若《九思》是也。有以前八扇作四大对，后扇为尾，变三样文法者，若云南程文《九思》题是也。已上自两扇至九扇，文皆有变格如此，可见间架轻重之不可不定也。①

"九经之目"的原文是："凡为天下国家有九经，曰：修身也，尊贤也，亲亲也，敬大臣也，体群臣也，子庶民也，来百工也，柔远人也，怀诸侯也。"因为题目有九扇，若九扇平讲，则成"九股文"，因而有的作者把首目写成起讲或入题，其他八目便写成八股。

这里的"云南程文《九思》题"指的是嘉靖二十五年云南乡试首艺程文，选的是石雷之文，其题为《孔子曰君子有九思视思明听思聪色思温貌思恭言思忠事思敬疑思问忿思难见得思义》，即：

> 孔子曰："君子有九思：视思明，听思聪，色思温，貌思恭，言思忠，事思敬，疑思问，忿思难，见得思义。"

《九思》是汤宾尹的省略写法。

汤宾尹之后，有张溥的《初学文式》。此书列了三十三种题式，虽然其题型大致不超出汤宾尹的范围，但也有所发展。比如对于虚缩题，张溥直接指出这类题型在写作上容易出现"犯下"的毛病，他说："此等题，乃不了语。拖意犯下，题神便走；收煞太死，文气又滞。作如是题，须知空中布景法，擒定题目，虚虚含意，婉婉生情，结想局外，构词局内，另有一种光

---

① （明）汤宾尹《汤睡庵太史论定一见能文》卷三，陈广宏、龚宗杰编校《稀见明人文话二十种》下册，第1054页。

景。如镜花,如水月,毫无束缚拘挛之苦,乃称圣手。"①

与李叔元、汤宾尹不同的是,张溥明确提出"截题式":"或题首有'虽'字,题尾有'与'字、'乎'字者,口气未截,难于行文,当用截题之法。或截了头上字不实讲,或截了尾边字不实讲,不过前后点缀而已。"②可见,张溥所说的"截题式"是包括截上题和截下题的。

张溥也提出"滚作题式",但他的滚作题式与汤宾尹的滚题式有所不同,其所面对的题面往往是语意并列或递进的两句话或两个词组,如《学如不及犹恐失之》《枉己者未有能直人者也》《敬其事而后其食》等,故相应的写作修辞自与一滚式有所不同:"凡题目,虽分两事,而实一气贯下者,便宜滚作。滚法之妙,尽于孙月峰《学如不及》一首。……然其最得力处,要在中比识得倒跌法。不然,直率无味,一往正自易尽尔。"③《学如不及犹恐失之》题曾出现于正统四年己未科会试、成化元年乙酉科应天乡试、正德十四年己卯科浙江乡试和万历二年甲戌科会试。所谓"孙月峰《学如不及》一首",即指孙鑛于万历二年甲戌科会试夺元之文,此文被誉为滚作题的典范之作。其滚法并非一滚到底,而是两个义项互串互滚,其中有"倒跌法"在内,所呈现出来的文章风格自与"一滚格"大异其趣。

从万历间李叔元、汤宾尹至崇祯间张溥,他们的四书文题型分类法是对当时四书文命题的一种总结与回应。

二、明代乡、会试四书文题型述要

明代乡、会试四书文题型千变万化,制义理论家的分类也各不相同,且有日渐趋繁的趋势。这里仅选择几种最具特点、与明代制义文风之嬗变关系最为密切的类型,按出现的时间顺序作一个简单的梳理,以见其概貌。

---

① (明)张溥《新刻张太史手授初学文式》,陈广宏、龚宗杰编校《稀见明人文话二十种》下册,第1370页。
② (明)张溥《新刻张太史手授初学文式》,陈广宏、龚宗杰编校《稀见明人文话二十种》下册,第1374页。
③ (明)张溥《新刻张太史手授初学文式》,陈广宏、龚宗杰编校《稀见明人文话二十种》下册,第1370—1271页。

1. 命题史概述

关于明代经义文的成熟和八股文的定型，乃至明代制义的历史流变的阶段性，顾炎武的一段话影响深远，我想对这段话进行补充和推衍。这段话是：

> 经义之文，流俗谓之"八股"，盖始于成化以后。股者，对偶之名也。天顺以前，经义之文不过敷演传注，或对或散，初无定式。其单句题亦甚少。成化二十三年，会试《乐天者保天下》文，起讲先提三句，即讲"乐天"，四股；中间过接四句，复讲"保天下"，四股；复收四句，再作大结。弘治九年，会试《责难于君谓之恭》文，起讲先提三句，即讲"责难于君"，四股；中间过接二句，复讲"谓之恭"，四股；复收二句，再作大结。每四股之中，一反一正，一虚一实，一浅一深。其两扇立格，则每扇之中各有四股，其次第文法亦复如之。故今人相传，谓之"八股"。若长题则不拘此。嘉靖以后，文体日变，而问之儒生，皆不知八股之何谓矣。①

这一段话提出几个论断：一、八股文定式始于成化之后，天顺以前，经义文或对或散，初无定式；二、八股文的定型与单句题的出现有关，成化二十三年会试，有单句题《乐天者保天下》，主考官吴宽的程文即是八股格式；三、嘉靖以后，又不拘八股，故儒生不知八股为何物。

首先，天顺以前的四书文，其中间主体部分基本上都是骈偶，散体者极为罕见。其次，八股格式天顺以前就已经出现，清代侯康认为，于谦的《不待三然则子之失伍也亦多矣》题文、王恕的《知者乐水　一节》及《乡人皆好之　一节》题文之类，都是八股格。② 文两扇，扇各四股的格式也非始于成化，如商辂的《父作之子述之》题文。③ 侯康甚至认为宋人的论体文即有八股格，如汪立信的《躬自厚而薄责于人　一节》题文："则居然

---

① （清）顾炎武撰，（清）黄汝成集释，栾保群校注《日知录集释》卷一六，963页。
② （清）侯康《四书文源流考》，（清）阮元辑《学海堂集》卷八。
③ （清）侯康《四书文源流考》，（清）阮元辑《学海堂集》卷八。

八股矣。然则八股之法,殆开于绍兴、淳祐,定于洪武,而盛于成化以后者乎?"①把八股格的出现追溯至宋代,未免过于宽泛,但明代在成化之前的确已经出现八股格。再次,单句题于成化十一年会试即已出现,其题为《周公兼夷狄驱猛兽而百姓宁》,如果考虑到《论语》中全章只有一句话的情形,则单句题的出现更早,景泰七年丙子科应天乡试题为全章题,但此章只有一句话《君子不器》,故也可以视之为单句题。正统十二年丁卯科顺天乡试题为全章题,也仅一句《君子耻其言而过其行》。单句的全章题在修辞上提供了多种可能性。如果说,题目有两个义项,每义项四股,则可以成八股,那么,宣德元年丙午科应天乡试题《人能弘道非道弘人》,也可以形成八股文格式。最后,尽管从成化起经义文多有以八股为格式者,但就笔者目力所及,隆庆之前,尚未见到有"八股文"之称。嘉靖间何良俊说:"自程朱之说出,将圣人之言死死说定。学者但据此略加敷演,凑成八股,便取科第,而不知孔孟之书为何物矣。"②何良俊《四友斋丛说》初刻于隆庆三年,此书已提及"八股"之成例,但何良俊仍未称之为"八股文",而是称之为"经义"。"八股文"之称主要流行于隆庆以后,顾炎武说嘉靖以后儒生不知八股为何物,如果把这句话理解为儒生已经不懂八股文是一种什么文体,则与事实不符。顾炎武这句话只能理解为:"嘉靖以后,经义文虽然仍以八股为常例,但出现了新的变体,这些人简直不知八股为何物。"

顾炎武这段话,给今天学者一个重要的导向:明代制义发展以成化为分界线。

笔者的意见是,一旦死守这条分界线,我们对成化之前就可能会做出错误的判断,也因此而对明代制义流变做出不正确的判断。钱禧说:"今学士家未得见国初文字,故溯源成、弘耳。"③由于成化、弘治之前的程墨文献的缺失,人们对明代制义发展的正与变的判断就只能以成、弘为界。当杨廷枢、钱禧搜集到大量成化以前的程墨文献时,他们对明代制义流变

---

① (清)侯康《四书文源流考》,(清)阮元辑《学海堂集》卷八。
② (明)何良俊《四友斋丛说》卷三,第22页。
③ (明)杨廷枢、(明)钱禧辑评《皇明历朝四书程墨同文录》第九册。

的梳理就显得丰富而真实。

梳理明代制义发展史，我们只能采用归纳方法，即从明代四书文命题和写作的历史实际出发，最大限度地掌握相关数据，在此基础上进行归纳。这样，我们就可以发现，明代四书文从命题、制义格式、到制义文风，一直处于变化之中。

从官方公布的科场条例来看，洪武二十四年定文字格式，要求"出题或经或史，所问须要含蓄不显，使答者自详问意，以观才识"。① 即要求考官命题时，一是出题范围在经史，二是出题不能太简单浅显。这是洪武十七年恢复科举之后对命题的一般性要求。

正统六年，开始出现有针对性的条例："令出题不许摘裂牵缀，及问非所当问。取文务须淳实典雅，不许浮华，违者从风宪官纠劾治罪。"②说明当时有考官出题存在着摘裂牵缀的现象，考生三场文章出现浮华不实的文风。嘉靖十七年题准："会试校文……其有似前驾虚翼伪、钩棘轧苴之文，必加黜落……引用《庄》《列》背道不经之言，悖谬尤甚者，将试卷送出，以凭本部指实奏请除名，不许再试。"③十八年，令乡试录文字，"如有叛经离道，诡辞邪说，定将监临考试等官罪黜，取中举人，辨验公据得实，革退为民"。④ 可以看出，从正统开始，官方就有针对性地提出一些科场条例，命题割裂、文风浮华险怪，这恐怕与考官的命题求新以及应试文章中引用《庄》《列》有关。从实际的情况来看，官方的科场条例并没能阻止考官出题求新、考生文风变异的趋势。袁黄说："场中出题，不新则不足以得士，新而无理则不足以服人。"⑤尽管出重复题的现象时有出现，但出题求新，这是科场的性质所决定的。

明代乡、会试四书文命题从宣德朝就已经开始出现一些有别于"冠冕正大"命题的苗头，如宣德七年壬子应天乡试题《斯民也三代之所以直道而行也》，"斯民也，三代之所以直道而行也"是《论语·卫灵公》第二十四

---

① （明）申时行等重修《明会典》卷七七，第1791页。
② （明）申时行等重修《明会典》卷七七，第1791页。
③ （明）申时行等重修《明会典》卷七七，第1792页。
④ （明）申时行等重修《明会典》卷七七，第1792页。
⑤ （明）袁黄撰，黄强、徐姗姗校订《〈游艺塾文规〉正续编》，第352页。

章最后一节,是对上文的感叹,其功能在于结上。这类题被万历间的制义论家称为"结上题",汤宾尹则称之为"找结题"。这一题型导致了制义修辞出现新的变化,汤宾尹说:"找结题者,或通章关键已明,到此只为咏叹,或全节精神未聚,至此始而申明。各各不同,心心互印。或现成覆述,或收振完全;或如回龙顾祖,乃见名山;或如江海逆潮,用知巨浸。此等气脉,大都贵紧凑一分,虽不可犯秃头之患,然不可有埋头之患,则两得矣。"①所谓"结上题""找结题",也可以视为截上题的一种特殊形式。截搭题在明代乡、会试上的出现,其实是为时甚早的。成化十年甲午科广东乡试、正德三年戊辰科会试、崇祯十五年壬午科广东乡试,都出过此题,差不多四十年出现一次。先看成化十年甲午科广东乡试的情况。考官纷纷指出这道题目之难,副主考官江西广信府铅山县儒学教谕刘玑说:"此题极难作,盖欲发孤妍于既枯,求至味于不和,非老手笔不能也。此篇得之。"②主考试官江西吉安府万安县儒学教谕吴孜说:"作《论语》题者直致则无华,强合则昧旨。此篇详赡当理,足破群疑。"③对于这道题,茅坤指出:"题有两句而实是一句者,此题与《于季桓子 二句》是也。将题目揉作一团讲去,无端无始,无前无后,期于意尽而已,不必将题目逐字说。"④茅坤的这段话,是否可以理解为,他把此题理解为"滚做题",把王鏊的修辞理解为"滚做"。题两句,实是一句,这个一句不是如一般的滚做题,连动而下,而是"斯民也"与"三代"之间有话语被省略了,即钱禧所说的"今之民与三代之民皆然"。正德三年会试,主考官王鏊所作程文的后比,束比说:"三代之于民,一以直道行之而不能枉其是非之实,吾于斯人,又安得有所枉而致毁誉于其间哉?是知世有古今而民无古今,民有古今而理之在人心无古今。"⑤将两句揉作一团做去,故杨廷枢说:"'三代于

---

① (明)汤宾尹《汤睡庵太史论定一见能文》卷三,陈广宏、龚宗杰编校《稀见明人文话二十种》上册,第 1073 页。
② 《成化十年广东乡试录》,天一阁博物馆整理《天一阁藏明代科举录选刊》,宁波出版社 2010 年影印。
③ 《成化十年广东乡试录》,天一阁博物馆整理《天一阁藏明代科举录选刊》,宁波出版社 2010 年影印。
④ (明)杨廷枢、(明)钱禧辑评《皇明历朝四书程墨同文录》第十册。
⑤ (明)杨廷枢、(明)钱禧辑评《皇明历朝四书程墨同文录》第十册。

民''吾于斯人',关应最紧。"①题目中的"斯民也"本身具有关应下一句的功能,故两句必须揉作一团讲去。成化十年甲午科广东乡试刘实的同题文也是把"古今"揉成一团讲去的。

正统十二年丁卯科福建乡试题《畜马乘不察于鸡豚伐冰之家不畜牛羊百乘之家不畜聚敛之臣》,唐顺之称此题为俗题、死题,题涉鸡、豚,毕竟不雅。出题已有偏离"冠冕正大"之嫌。正统十三年戊辰科会试题《耕也馁在其中矣学也禄在其中矣》、成化壬辰会试题《百工居肆以成其事君子学以致其道》均为兴比题,义理的重心已向题目两句中的一句倾斜。

至景泰二年辛未科会试,主考官江渊所出之题《百世以俟　不厌》,全文如下:"百世以俟圣人而不惑,知人也。是故君子动而世为天下道,行而世为天下法,言而世为天下则。远之则有望,近之则不厌。"该题取自《中庸》第二十九章第四节最后两句,再搭上第五节。钱禧说此题"题似求新",指出该科考官命题已经有"求新"的主观意识。

即使是成、弘并称的成化、弘治二朝,其命题与文风也非铁板一块。焦循说:"大抵化、治、正、嘉为正,而隆、万、启、祯为变。"②用诗史之正变来论制义之流变,也只是大体而论。其实变化一直在发生。顾炎武说:"时文之出,每科一变。"③考官每科一换,导致《考试录》每科一变,天下文风也随之而变。顾炎武的这一说法更符合明代科举史的真实情况。

成化元年乙酉科乡试,丘濬任应天主考官。"时经生文尚险怪,濬主南畿乡试,分考会试皆痛抑之。"④丘濬为国子监祭酒时,向太学生出了三道策问《太学私试策问》,其二曰:"近年以来,书肆无故刻出晚宋《论》《范》等书,学者靡然效之,科举之文遂为一变。说者谓宋南渡以后无文章,气势因之不振,殆谓此等文字欤!伊欲正人心,作士气,以复祖宗之旧,使明经者潜心玩理,无穿穴空疏之失;修辞者顺理达意,无险怪新奇之

---

① （明）杨廷枢、（明）钱禧辑评《皇明历朝四书程墨同文录》第十册。
② 转引自刘咸炘《〈四书〉文论》,刘咸炘《推十书》戊辑第一册,第63页。
③ （清）顾炎武撰,（清）黄汝成集释,栾保群校注《日知录集释》,第979页。
④ 《明史》卷一八一《丘濬传》,第4808页。

作;命题者随文取义,无偏主立异之非。二三子试策之,其转移之机安在?"①成化十三年起,丘濬任国子监祭酒逾十载。在此期间,太学教官"亦不知所以自重,以致监规废弛,官属、生徒放肆纵横,殊无忌惮,风俗教化至此已极"。②而国子监生们则"群然居学校中,博奕饮酒,议论州县长短、官政得失。其稍循理者,亦惟饱食安闲以度岁月……惟积日待时以需次出身而已。其有向学者,亦多不务正学,而学为异端小术;中有一人焉,学正学矣,而又多一暴十寒,半途而废"。③由学风而及于士习,使丘濬决心予以整顿。廖道南说:"明兴举业,尔雅自文庄知贡举始。"④可见,明代制义并非走了一个"从典雅庄重到支离破碎"的过程,而是经过宣德间李时勉、成化间丘濬等人的一番整顿之后才出现"尔雅"的局面。但也并非自此以后即告别险怪文风,而是险怪与浑厚交替出现。

成化戊子顺天乡试题《举尔所知尔所不知人其舍诸》其实是一道截题,截自《论语·子路》第二章第二节:"曰:'焉知贤才而举之?'曰:'举尔所知。尔所不知,人其舍诸?'"把讨论的中心"知贤才而举之"截去。这样的命题导致了修辞的变异。副主考彭华为《举尔所知尔所不知人其舍诸》题文所作程文将题目"三句作两股讲",对此,敖英说:"三句作两股讲,只要体贴圣人口气,不贵骋词耳。其学力才华都在起讲、束题中发之。成化时多取此等文法,弘治后专取队仗森严、词华丰蔚者为优等。至若两股文字,人尤厌其简朴,矧两股文字枯淡无味,主司以为不足观人才,士子以为不足展才气。间有作者,起讲、束题又无此等学力、才华,于是人益厌之,作者寥寥矣。"敖英指出成化与弘治两朝的文风是不同的,成化时犹崇尚简朴学力,弘治以后(应该包括弘治)则崇尚队仗森严、词华丰蔚。

而士子对心学的崇尚,也非在嘉靖初阳明心学盛行之后才开始,而是在弘治、正德时已有崇尚陆九渊心学之风。嘉靖元年,礼科给事中章侨就说:"近有聪明才智足以号召天下者倡异学之说,而士之好高务名者靡然

---

① (明)丘濬《太学私试策问》,(明)丘濬《重编琼台会稿诗文集》卷二,沈乃文主编《明别集丛刊》第一辑第四五册,第98—99页。
② 《宪宗纯皇帝实录》卷八九,成化七年三月二十五日。
③ (明)丘濬撰,金良年整理《大学衍义补》,第1116—1117页。
④ (明)杨廷枢、(明)钱禧辑评《皇明历朝四书程墨同文录》第八册。

宗之,大率取陆九渊之简便,惮朱熹为支离。及为文辞,务崇艰险。乞行天下痛为禁革。"①于是在嘉靖二年癸未科会试,其策题第二问便以"朱子果一一皆能集其大成欤"为问,其题如下:

> 问:《宋史》取周、程、张、朱诸大儒言行,述为列传,而以《道学》名焉。盖前无此例,而创为之,以崇正学也。大儒在当时,挺然以道学自任,而未尝辄以道学自名。流俗乃从而名之,又因而诋之,后又以伪学目之。时君不察,顾严为之禁焉,何也?说者谓,朱子集诸儒之大成,今以其同时诸儒言之。有东嘉之学,有永康之学,有金溪之学,有金华广汉之学,其入德之门,不能无异也。朱子果一一皆能集其大成欤?数子之学,亦可得而闻其概欤?其间有与朱子鼎立而为三者,《道学》列传或载焉,或不载焉,其不载者,岂以其学犹有可议欤?

朝廷通过科举命题、通过考官去扭转时风。该科四书题《君子博学于文约之以礼亦可以弗畔矣夫》,主考官蒋冕所作程文被称为"潜心理学之文","文至此真堪羽翼经传,制科以来,仅有之篇……程式之文平正精实如此,则挽回文运,非君相不能也"。②

成、弘之后的四书文命题,即使是重复前人的题目,也会被赋予新的命题意识。嘉靖三十一年顺天乡试首题《诗云邦畿千里惟民所止》,这道题目早在永乐十年会试就出过,但袁黄认为,嘉靖三十一年顺天乡试出这道题目,有其新意。他的理解是:"凡书各有宗旨:《大学》以学为宗,《中庸》以性为宗。论学则不重本体而重工夫,故不言'至善'而言'止';论入大学之道,则先'知止'后'能得',故不言'得止'而言'知止'。如此出题,非大有学识者不能也。"③

总的来说,成、弘之后的四书文命题,在义理上仍是以探求四书原典

---

① 《世宗肃皇帝实录》卷一九,嘉靖元年十月二十三日。
② (明)杨廷枢、(明)钱禧辑评《皇明历朝四书程墨同文录》第一一册。
③ (明)袁黄撰,黄强、徐姗姗校订《〈游艺塾文规〉正续编》,第352页。

真义为目的,而题型上则是形式更加多样。

2. 四书疑

明代乡试始于洪武三年,采用三场试士制度,第一场试五经义、四书义各一道。明初科举沿元代之旧,其四书义采用四书疑的形式。

元代四书疑,现存文献有元代刘仁初编《新刊类编历举三场文选》,其甲集即为延祐元年至元统元年历科四书疑中式的程文。四书疑即是分别从《大学》《中庸》《论语》《孟子》四书中选取相关内容以形成问题,是一种"合题"的形式,考核的是士子对四书义理的融会贯通的能力,故四库馆臣说,面对四书疑的题目,考生"非融贯经义,昭晰无疑,则格阁不能下一语"。① 当时相关的科举用书则有袁俊翁的《四书疑节》,"其例以四书之文互相参对为题,或似异而实同,或似同而实异,或阐义理,或用考证,皆标问于前,列答于后,盖当时之体如是,虽亦科举之学,然非融贯经义,昭晰无疑,则格阁不能下一语,非犹夫明人科举之学也"。② 袁俊翁之编此书,"其于四书,直欲从一圣三贤腹中过,尽见一圣三贤肺肝"。③ 这正是明人制义"入口气"所要达到的目的。

关于明初四书疑的文体,黄崇兰说:"洪武三年,诏自今年八月始,特设科举,务取经明行修博通今古名实相称者,朕将亲策于廷,第其高下而任之以官,使中外文臣皆由科举而进,非科举者毋得与官,是科称京畿十一行省乡试制艺皆用论体。"④并列出两题《古之欲明 二节》《道在迩而 节》。这一记述并不准确。据梁章钜《制义丛话》:"明太祖洪武三年,开科以《大学》'古之欲明明德于天下者' 二节、《孟子》'道在迩而求诸远'一节合为一题,问二书所言平天下大指同异。"⑤这是一道"四书疑",采用合题的形式,如洪武三年应天四书疑题把《大学》《孟子》中有关"天下平"的三段话合在一起以发问,此科江西乡试四书题把《大学》《中庸》《孟子》中有关"天下平"的四段话合为一题以发问。或许是因为四书

---

① (清) 永瑢等撰《四库全书总目》卷三六,第 300 页。
② (清) 永瑢等撰《四库全书总目》卷三六,第 300 页。
③ (元) 彭元龙《四书疑节序》,(元) 袁俊翁《四书疑节》卷首,《文渊阁四库全书》本。
④ (清) 黄崇兰辑《明贡举考略》卷一。
⑤ (清) 梁章钜《制义丛话》,第 416 页。

疑采用的是问答题的合题形式,让考生论述自己的看法,故黄崇兰称之为"论体"。

洪武三年江西乡试题为四书疑：

> 《大学》曰："国治而后天下平。"《中庸》曰："君子笃恭而天下平。"《孟子》曰："人人亲其亲,长其长而天下平。"又曰："修其身而天下平。"天下平一也,所以致天下平有四者之不同,何欤?

因为吴伯宗的答卷是明代首科四书疑墨卷,现全文转录如下,以见四书疑的真实面貌,也作为后来八股文体的一个参照：

> 《大学》言"国治而后天下平"者,循其序而言也。《孟子》言"修身而天下平"者,推其本而言也。曰"亲其亲,长其长而天下平"者,即修身国治之事。《中庸》之言"笃恭而天下平"者,则圣人至德渊微之应,中庸之极功也。
>
> 何以言之?天下之本在国,国之本在家,家之本在身。是故古之欲明明德于天下者,先治其国;欲治其国者,先齐其家;欲齐其家者,先修其身。是修身、齐家、治国、平天下之本。而所施之序不能无先后焉。故循其序而言,则自身而家、而国、而后及于天下。《大学》之言"国治而后天下平"是也。二书之言各有攸当,不可以二观之矣。况《大学》既历言身修、家齐、国治。而下文又总结之曰："自天子至于庶人,壹是皆以修身为本。"则本曷尝不本于修身也哉?
>
> 若夫《孟子》言"亲其亲,长其长而天下平"者,盖亲长在人为甚迩,亲之长之为甚易,而道初不外是也。身之所以修者此也,家之所以齐者此也,国之所以治者亦此也。故在己而能亲其亲,长其长,则身修矣。一家而能亲其亲,长其长,则家齐矣。一国而各亲其亲,各长其长,则国治矣。推而达之,则天下莫不皆然。是则亲亲长长,即修身、国治之事,而非修身、国治之外,别有所谓"亲亲长长"也。此其为意,亦不异矣。

至若《中庸》言"君子笃恭而天下平"者,盖自学者为己谨独之事。推而言之,以驯致乎圣人,不显之盛。所谓君子者,指圣人而言也。笃恭者,圣人至德渊微,不显之妙也。圣人所过者化,所存者神,上下与天地同流。是以绥之来,动之和,有莫知其所以然而然者,人但见其恭己无为,而天下自平矣。此《中庸》之极功,圣人之能事,岂初学之所能及哉!

　　虽然,学者苟能从事于格物致知之功,诚意正心之学,以修其身,以齐其家,则治国平天下之道不外乎是矣。虽圣人之笃恭亦何以异哉!是故《大学》一书,以格物致知、诚意正心为修身之要,而《中庸》复以戒惧谨独为下学立心之始。《孟子》于"尽心知性"之语亦拳拳焉,是或一道也。不然何以曰"曾子传之子思,子思传之孟子"?

吴伯宗的答卷是先破题,然后逐一解释《大学》《中庸》《孟子》三书中关于"天下平"的义理。

　　洪武四年的四书文考试也采用"四书疑"的形式。至洪武十七年重开科举,定科举程式,四书文再也不采用四书疑形式,而是三道题分别在《大学》《中庸》《论语》《孟子》中出题,从此永为定例。

　　3. 二句题

　　洪武十七年恢复科举,定科举程式,四书题不再采用四书疑的形式,而是直接截取四书文字作为题目。洪武十七年以后的四书题,最初出现的是二句题。明代乡、会试各种题型中,出现次数最多的也是二句题。

　　所谓"二句题",只是就其外部形式而言。若从语义的角度,二句题有多种多样的形态。有些二句题,其二句是原典中多个义项中的两项,或分句中的两句,这种题目被后来的制义理论家称为"关动题"或"半面题",即它的语义与上、下文的其他义项具有比较密切的关系。半体题曾大量出现于明代乡、会试的四书文命题上,比如洪武十七年应天乡试题《事父母能竭其力事君能致其身》,是语意相对完整的二句题,但它毕竟是截取了"虽曰未学,吾必谓之学矣"的五种表现中的两种。洪武十八年会试首题《天下有道则礼乐征伐自天子出》(另半面是"天下无道则礼乐征伐自诸侯出")、二十四年会试首题《尧舜帅天下以仁而民从之》(另半面是"桀纣帅天下以暴而民从之")、三十年会试次题《君子不可小知而可大受也》(另半面是"小人不可大受而可小知也"),正统三年戊午科顺天乡试和广东乡试的首题《他人之贤者丘陵也犹可逾也》(另半面是"仲尼日月也无得而逾焉")、十二年丁卯科山东乡试第二题《君子之中庸也君子而时中》(另半面是"小人之中庸也,小人而无忌惮也"),天顺六年壬午科浙江乡试第三题《达不离道故民不失望焉古之人得志泽加于民》(上文另半面"穷不失义故士得己焉"、后文另半面"不得志修身见于世"),嘉靖四十三年甲子四川乡试题《君子喻于义》(另半面是"小人喻于利"),万历二十五年丁酉顺天乡试题《古之学者为己》(另半面是"今之学者为人")、三十一年贵州乡试题《居之无倦》(另半面是"行之以忠"),崇祯六年山东乡试则以另半面《行之以忠》为题,天启四年江西乡试题《君子坦荡荡》(另半面是"小人长戚戚")。这类关动题,其制义文的修辞形态自然与单纯的二句题(如《事君敬其事而后其食》《道不同不相为谋》等)不同。

而最具修辞上的变数的二句题则是两截题与相因题。两截题也称"平题",其题目的两句是并立对列的关系,如洪武十八年会试第三题《见其礼而知其政闻其乐而知其德》,两句的地位为并列关系。这类题目将会形成两扇文,适合于"平做"的修辞手法,一般会形成平稳、正大的美学形态。相因题也叫"串题",其特点是:"功效相因,治效相因,理势相因,上为根,下为干,即前辈所谓串题。"①如洪武二十四年会试首题《尧舜帅天下以仁而民从之》,上一句为下一句之因。宣德七年应天乡试题《君子深造之以道欲其自得之也》,下一句是上一句的目的。面对这类题目,明代前期的作者往往仍是以两截题视之,并未在装饰性上去玩弄修辞手段。而到了明代中后期,制义家开始强调这类题目在修辞上的独特性。张溥说:"此等题,上面为根,下面为枝,根稳则枝自茂。起处根枝宜平提,中二股从上一直说下,末二股或浑合做,或倒吊起,再从上做下,小结仍要归重

---

① (清)高嵣《论文集钞》,黄秀文、吴平主编《华东师范大学图书馆藏稀见丛书汇刊》第二四册,第 228 页。

根上。"①清代的制义论家越来越强调相因题的炫技性。高嵣指出,这类题修辞上"在滚与截之间者也。或逆提顺落,或平提侧落,或截发立局,或滚串递做,照干立根,顶根疏干,固取上下纽结,亦不可重轻倒混"。②吴侣白引《筌蹄》说:"串题贵在知倒跌法者,谓股中间将下句意插入上句中,股末仍从上句递出下句,以还题面,故谓之倒跌法。如此,则文情虽逆,而题面却不倒置。所谓文章止有逆势,断无逆脉也。"③

4. 三扇题与九扇题

明代制义从晚明开始出现一个俗称,叫"八股文"。事实上,虽然明代科举条例中的文体格式要求"体用排偶",即制义的中间主体部分采用排偶的形式,但并未规定排偶的数量。成化之前的制义,其股数尚未定型,出现过六股、八股、十二股的制义文。成化之后,采用八股体格的比较多,但也并非全是如此。成化之后八股体格的相对定型,应是文体格式标准化之后的结果,即格式上的相对稳定,方便于标准化阅卷。"八股文"只是一个俗称,用来称呼明代制义,显得很不严谨,也很不严肃。不仅明代、清代的制义存在着大量非八股的格式,而且,还有一种股数为奇数的制义,如三股文、五股文、七股文、九股文。这些奇股文的形成是因为有三扇题、五扇题、九扇题的出现。三扇题、五扇题、九扇题的出现甚早,而且贯穿了整个明代,奇股文并不因为制义修辞的不断发展而被骈偶化。

奇扇题与奇股文现象,至今尚未受到学界的关注。但笔者认为这类现象十分重要,本书将腾出一定篇幅来分析、讨论这类现象,这将有助于加深我们对明代制义文体的认识。

三句题如果三句为并列关系,则形同三扇,称三扇题,如洪武二十年应天乡试,三道四书题中就有两道是属于"三扇题",如首题《老者安之朋友信之少者怀之》,次题《兴于诗立于礼成于乐》,首题三分句语义并列,次题三分句虽有递进的关系,但三句的句子结构一样,题型仍呈现为三扇

---

① (明)张溥《新刻张太史手授初学文式》,陈广宏、龚宗杰编校《稀见明人文话二十种》下册,第1373页。
② (清)高嵣《论文集钞》,黄秀文、吴平主编《华东师范大学图书馆藏稀见丛书汇刊》第二四册,第228页。
③ (清)唐彪《读书作文谱》卷八,王水照编《历代文话》第四册,第3520页。

形式,均为三扇题。制义本来就不必追求辞采,顺题挨讲是成化之前最被认可的修辞法则。面对三扇题,如果三句逐一展开论述,全文主体的排偶部分自然就形成三大段,明人有时称之为"三段文"。如果我们从分股的角度来看,可以把它称为"三股文"。李叔元说:"句有三平提者,则作文便依三扇体格。"①依三扇体格之文即是三股文。汤宾尹也说:"三扇题原无轻重,当三扇平讲。每扇首尾遥对,中间自作小对,不妨小异。"②

同理,如果题目有九个并列的义项,其制义文有时会被写成"九股文"。(详本书第六章)九扇题的出现也甚早,洪武二十三年庚午科应天乡试题与嘉靖五年丙戌科会试同题:《凡为天下国家有九经,曰:修身也,尊贤也,亲亲也,敬大臣也,体群臣也,子庶民也,来百工也,柔远人也,怀诸侯也》为一节题,九经的内容包括九个义项。嘉靖二十五年丙午科云南乡试题与二十八年己酉科浙江乡试同题:《孔子曰:君子有九思:视思明,听思聪,色思温,貌思恭,言思忠,事思敬,疑思问,忿思难,见得思义》,九思包括九个义项。万历十一年癸未会试题《修身则道　畏之》,共九个义项,为九经之效:"修身则道立,尊贤则不惑,亲亲则诸父昆弟不怨,敬大臣则不眩,体群臣则士之报礼重,子庶民则百姓劝,来百工则财用足,柔远人则四方归之,怀诸侯则天下畏之。"

汤宾尹说:"九扇题,当九扇平讲,五对叠下,变五样文法。然有首扇另讲,末八扇作四对者。"③所谓"首扇另讲",是指有些制义作者为了防止出现"奇股"现象,遵循"排偶"的体例而作出变通的处理,把首扇处理成入题。这实际上是一种凌驾驭题的处理方法。

当我们关注、重视奇股文时,我们对八股格式的起源与定型问题就不至于那么执着。尽管明代制义文体形态在逐步走向标准化,逐步走向以八股为常格,但明代制义的文体形态自始至终是多样化的,奇扇的题型影

---

① (明)李叔元《新锲诸名家前后场肄业精诀》卷二,陈广宏、龚宗杰《稀见明人文话二十种》下册,第644页。
② (明)汤宾尹《汤睡庵太史论定一见能文》卷三,陈广宏、龚宗杰《稀见明人文话二十种》下册,第1052页。
③ (明)汤宾尹《汤睡庵太史论定一见能文》卷三,陈广宏、龚宗杰《稀见明人文话二十种》下册,第1054页。

响着奇股文的文体格式,直至明末,依然如此。

5. 单句题

单句题变化莫测,因为它本身的句子结构以及它与上下文的关系充满了多种多样的可能性。成化文风发生巨变与单句题始现于成化有关。最早的单句题出现于成化十一年会试,其题《周公兼夷狄驱猛兽而百姓宁》截取自《孟子·滕文公下》第九章第十一节三个分句中的一句,三个并列义项中的一项。虽题目自身语意明晰,但毕竟在语义上紧密关联于上下文。

有些全章题只有一句话,如正统十二年顺天乡试题《君子耻其言而过其行》,景泰七年应天乡试题《君子不器》(只有四个字),成化四年浙江乡试题《君子贞而不谅》等。有些制义论家把仅一句的全章题也视为单句题,如清代方苞的《方灵皋全稿》即把《君子不器》标为"一句"题。这类全章题虽仅一句,章旨自是完整,但句子自身结构也是多种多样的,不同的修辞形态适用于不同的句子结构,如《君子贞而不谅》题,"君子贞"与"不谅"在语意上贯串而下,汤宾尹称之为"串作题式",①其作法修辞自是与《君子不器》大异其趣。

关于单题式,汤宾尹说:"时义惟一句为最难。"②由于只有一句,故其法多有讲究:

> 大凡作单题者,贵前不突,后不竭。如溪壑之水,渐入江淮,江淮之水,渐入河海,其中激沺滔腾,迭见层出,始称奇观。若突然起,蹶然涸,便不佳。

又曰:单题正意,止可讲六比,起处须用客意为佳。若实讲八比,则不免前突后竭之病。

又曰:单题闲字,最不可忽略。

---

① (明)汤宾尹《汤睡庵太史论定一见能文》卷三,陈广宏、龚宗杰《稀见明人文话二十种》下册,第1058页。
② (明)汤宾尹《汤睡庵太史论定一见能文》卷三,陈广宏、龚宗杰《稀见明人文话二十种》下册,第1061页。

又曰：作单题，提起最要着意思，或反振，或正提，不可染尘俗，不可离题旨。入讲小二股要精练。大讲二股立意要新，不可腐俗，要逶迤、纡婉、顿挫，不可直致，如直致，文便无起伏波澜。后二比要生意，如层峦迭嶂，赏玩不厌；如百尺竿头，更进一步；如宜僚弄丸，千仞之上方佳。束意要一步紧一步，词精语健，气雄力劲，方扶得一篇之气，古人所谓锐如蜂针。如《过秦论》结句"仁义不施，而攻守之势异也"，一语有千钧力。

又曰：单题之难，难在布置，其股中意略重复，便不佳矣。须一层进一层，有无中生有、死中求活之意方妙。①

张溥说，单句题式，"此等题，旧有反正、虚实、倒顺、宾主之说矣。然其得力处，全在一起。起处得手，后便势如破竹，故善作者，起处多用反照。其全篇作法，又不外于以实字作骨、虚字斡旋而已"。② 清代楼溯说："单题语气完全，道理充足。……圆浑严密之中，道理之表里精粗，源流本末，无所不备。非心思尖利者，不能分拆题字，安排先后。非心思周到者，不能刺入题局，刻画玲珑。非学问深远者，不能于清晰中含敦厚笃实之思。非见识高超者，不能于切实中行挫顿起伏之势。此所以古今来人人执笔，而窥其堂奥者绝少。乃世间更有一种钝根伧父，半死冬烘，每逢单题到手，不知先后次第，即以六股八股了之。"③ 单句题由于题面字数少，因而，在"字缝"里构思，在题面之外运思，便成为拓展文思的必经之路。这样的一种认识，是制义写作实践发展到一定程度之后才能形成的。

《乐天者保天下》是成化十三年广西乡试题和成化二十三年会试题，《责难于君谓之恭》为弘治九年会试题，顾炎武认为八股的文体格式的定型，与这一类单句题有关。这种单句题本身具有两个义项，每义项讲四股，自然也就形成了八股的结构特点。

---

① （明）汤宾尹《汤睡庵太史论定一见能文》卷三，陈广宏、龚宗杰《稀见明人文话二十种》下册，第1061—1062页。
② （明）汤宾尹《汤睡庵太史论定一见能文》卷三，陈广宏、龚宗杰《稀见明人文话二十种》下册，第1368页。
③ （清）楼溯《举业渊源》，陈维昭编校《稀见明清科举文献十五种》，第1282页。

弘治五年福建乡试第二题《舜好问而好察迩言》，这是串题式，它将催生滚做法。其第三题《故沛然德教溢乎四海》，这是结上题，它将催生结上法。同科山西乡试题《吾岂若使是君为尧舜之君哉》，题中多虚字，它将催生挑剔字法。正德五年广东乡试题《君子喻于义》，为"关动题"。万历三十四年贵州乡试题《平旦之气》和万历四十三年四川乡试首题《务民之义》，貌似单句题，其实只是一个偏正结构的词组，在句子中充当主语，至于谓语、宾语，则在题目之外。万历四十年湖广乡试题《王天下有三重焉》，这是趋下题（或叫虚冒题），题旨的重心在题目的下文。崇祯六年广东乡试题《抑而强与》，实是截上题。

单句题中的半面题是截取语义紧密相连的两句话中的一句而成题。从语义上看，这类题目具有截题的特点。汤宾尹说："曰关动者，两语原相关，两意原相印。命题者先出上句，若呆定发挥，便失下句之脉；倘笼头布置，又非两句之神。此处直用照顾，须句句是本题面目，又句句是下题张本。击东可应西，呼上可照下，活活生动，不得下了十成死语，以至转口之难也。转关留脉，俱有化工。"①如《一则以喜》，截去了下文"一则以惧"；《女为君子儒》，截去了下文"无为小人儒"；《益者三友》，截去了下文"损者三友"；《道善则得之》，截去下文"不善则失之"。这类题都是题面关动着被截去的下文，故在写作修辞上与截下题遵循相似的规则。清代高嵣沿袭了汤宾尹的这种题式，并进一步阐述了这一类题型在写作修辞上的特点："此等题，前幅须用全冒侧落之法，中后须用对面写照之法，句句发挥本文，句句关会下句，所谓击东应西，呼此觑彼也。若只呆抒本句，不特无下文，本句先无神气矣。"②

清代论家把关动题式也叫作"半体题"或"半面题"。唐彪说："半体题者，题止分得上文一半也。"③如《善必先知之》题，题截自《中庸》第二十五章"祸福将至：善，必先知之；不善，必先知之。""祸福将至"统摄善

---

① （明）汤宾尹《汤睡庵太史论定一见能文》卷三，陈广宏、龚宗杰《稀见明人文话二十种》下册，第1063页。
② （清）高嵣《论文集钞》，黄秀文、吴平主编《华东师范大学图书馆藏稀见丛书汇刊》第二四册，第173—174页。
③ （清）唐彪《读书作文谱》卷八，王水照编《历代文话》第四册，第3506页。

与不善两面，而题目只截取"善"的半面。关于半体题的写作修辞，凌文起说："题半面，文露全体，是失题面也。题半面而文不见全神，是失题意也。以全者运意，以半者运笔，如人之五官百骸，运一体而全神注之，斯极虚题之妙矣。按此等题，与截下不同，截下意全语半，此则语全意半，而作法相通。手挥五弦、目送飞鸿二语，深得此中三昧。"① 半体题的题面在语意上是相对自足的，往往呈现为独立的单句或两句，但毕竟是半体，被截去的另半面直接影响着该题的写作修辞。

法随题生。单句题因句子的内部结构多种多样，与上下文在语义上关系密切，导致相应的制义结构与文法也变化多端。

6. 截搭题

在科举史上，选取四书五经不同章节的文字以搭并成文，这种命题方式最早出现于宋代的《春秋》经命题中，其时被称为"合题"。宋宁宗庆元间，礼部侍郎胡纮上言："惟经义一科，全用套类，积日穷年，搜括殆尽，溢箧盈箱，无非本领。主司题目，鲜有出其揣拟之外。欲令有司，今岁秋试所出六经，各于本经内摘出两段文意相类、不致牵强者，合为一题，庶使举子有实学者得尽己见，足以收一日之长，而挟策儰伪者或可退听矣。"② 即选取《春秋》中语意相类的不同段落合为一题，目的是考核士子对经典的认知。这种命题方式在元代、明代的科举中一直被沿用。

早在建文元年顺天乡试，其《春秋》经科四题均以合题的形式出现，比如其最后一题即由《春秋》定公九年的"得宝玉大弓"、定公十年的"齐人来归郓讙龟阴之田"和定公十二年的"公围成公至自围成"三部分合成。《春秋》经科的合题形式是一个特例，它的目的是使题目更具综合、比较的性质，一般不会受到"割裂经典"的指责。但天顺间浙江乡试之《春秋》经科"摘一十六股配作一题"，不仅受到了"头绪太多"的批评，而且把它上升到"出题多摘裂牵缀"，"名虽搭题，实则射覆"的高度。永嘉

---

① （清）高嵣《论文集钞》，黄秀文、吴平主编《华东师范大学图书馆藏稀见丛书汇刊》第二四册，第174页。
② 刘琳、刁忠民、舒大刚、尹波等校点《宋会要辑稿》，第5351页。

教谕雍懋因此上言请禁止合题现象,英宗"善其言,命礼部议行"。① 雍懋请禁止的是《春秋》经科的合题现象,还不是针对四书文命题。

有人认为,永乐间即已出现截搭题现象,其根据是叶盛《水东日记》的一则记述:"永乐中,俞行之试'记里鼓',正统中,冯益试'事道',皆不知所谓,莫能措一辞。所谓'名浮于实,君子弗贵'者欤。"②有人在谈到截搭题时提到叶盛的这则记述,把它视为截搭题。③

事实上,这里所谈到的考试,不是乡试或会试,而是拔贡的考试。黄佐《翰林记》"考保举诸科"条说得最清楚:

> 凡各处举到经明行修、怀才抱德之士,宣德以前送本院考试,后止令吏部考,又其后诸科亦废。正统十四年,诏各处举到儒士,照永乐年间事例,送本院严加考试选用,不中者发原籍为民。叶盛曰,永乐中,清江俞行之以文学举,试'记里鼓',正统中,冯益试'事道',皆不知所谓,莫能措一辞。所谓"名浮于实,君子弗贵"者欤? 如复诸科考艺观德,付诸翰林可也。④

这是地方学政保举被推荐的"经明行修、怀才抱德之士"的特别考试,考试的目的本来就是"严加考试"。俞行之,永乐中有能诗盛名,善草书及章草,俱工妙,因其文学而被举荐,冯益也是被举荐者。考官从严,自然是非常规出题。所以这一则记述还不能作为明代乡、会试截搭命题的证据。

洪武十七年所定科举程式,四书义三道,于《大学》《中庸》《论语》《孟子》四书中出题。但具体如何出题,并没有一个官方设定的模板。它不采用问答题形式,而是把四书中的内容直接作为题目。究竟是取出一章还是几章,一节还是几节,一句还是几句,都没有官定程式。

---

① 《英宗睿皇帝实录》卷三〇七,天顺三年九月二十五日。
② (明)叶盛《水东日记》卷一,第 12 页。
③ 漆永祥《清学札记》,第 306 页。
④ (明)黄佐《翰林记》卷一四,第 185 页。

随着乡、会试的逐科举行,命题考官面临的考验越来越尖锐:第一,如何在恪守经典完整性、严肃性的同时防止出熟习题?第二,如何出更能考核应试士子的应变、综合能力,更具挑战性的题目?命题考试在本质上是一种标准化考试,是一种在一定录取名额限制下的淘汰制度,故命题又不仅仅与儒家义理相关,也与名额、淘汰机制相关。如果报考人数大大超过录取名额,那么,通过特定的技术手段以提高题目的难度,则是势在必行的。既然命题限定在四书的范围里,那么,技术性处理只能在四书原文中进行,这就出现了以语意不全的半节、一句为题的情况,这就是所谓的"截题";有时又以半节、一句、半句与另一节(或半节)、另一句(或半句)合成一题,这就是所谓的"搭题"。这两种题型合称"截搭题"或"搭截题"。截搭题最典型的特征是语意不全。

截搭命题现象越来越多,其题义的自足性也出现不同情形,其题旨的位置也越来越偏离题目本身。宣德元年丙午科福建乡试首题《唐虞之际于斯为盛》,这样的题目不能称为截题,但离开上文,题目便难以理解。该题选自《论语·泰伯》第二十章,说的是"才难"(人才难得)的问题,先说"舜有臣五人而天下治",后说武王"有乱臣十人",最后记孔子之言"唐虞之际,于斯为盛"。朱熹集注把孔子这句话解释为:"言周室人才之多,惟唐虞之际,乃盛于此。"如果这样理解的话,那么这一章前两句的舜和武王就有所偏重,即唐虞之际的人才比周盛。《四书蒙引》说:"才难一条,夫子本为周言而援及唐虞耳。当时门人听言者亦甚高识,便敢把舜之五人为过于周之十人,故以五人列其十人之上,以起夫子之言,而不以为嫌。盖人才不以多寡为盛衰,顾其人物地位何如耳。"①把"斯"理解为周,即唐虞之际的人才(虽止五人)比周时还盛。

林希元则是另一种理解,他认为这一章是要强调周室人才之盛,由此而提及唐虞,重点仍在周。"此本言周室人才之多而引唐虞之人才以形之,谓古云:人才难得,不其然乎何也,我周人才之多,自开辟以来,惟唐虞交会之间五臣分治,比于我周为差盛。"②认为周才是重点所在,故孔子

---

① (明)蔡清撰《四书蒙引》卷六。
② (明)林希元《连理堂重订四书存疑》卷五。

的下文说:"周之德,其可谓至德也已矣。"

《四书大全》引陈定宇的话,提出第三种理解:"此言人才难得,自古而然。尧舜以圣圣继作,而后禹皋之徒,圣贤之才出焉;文武亦以圣圣继作,而后周召之徒,圣贤之才出焉。此天地间真元会合之运,亘古而仅两见者也。"①即认为前两句舜与武王是并列并重的,何焯采信这种解释,并说此章"绝无欹檣侧柁之说。必须如此平放,然后徐徐找出'惟'字、'乃'字口气,为下文二句收足'难'字转捩地,终八面俱到。"②

这三种不同理解都可能对八股文的写作产生影响。主考官余鼎批林时望(此科解元)此文:"此题场中作者多不绎上文之义,故不得其本旨。此卷深得吾夫子论唐虞有周人才之本意,发明亲切,辞融理会,可谓卓然不群者矣。承最切当。"③主考官显然采用了朱熹的说法。对上文的不同理解,将导致制义结构的不同设置。

宣德七年应天乡试首题《斯民也三代之所以直道而行也》,虽然题目本身的语义是明晰的,但它是紧承上文而来,因而具有截题的特点。题取自《论语·卫灵公》第二十四章:"子曰:'吾之于人也,谁毁谁誉? 如有所誉者,其有所试矣。斯民也,三代之所以直道而行也。'""斯民也"指三代直道而行之人,但"斯"字承上文而来,新安陈氏说:"此句缴上一截'谁毁谁誉'之意。"④双峰饶氏说:"下面'民'字,即上面'人'字,但人对己而言,民对君而言。"⑤离开上一节的"谁毁谁誉",这个题目的语意便是不完整的。若要对这一命题上纲上线的话,也可称之为"割裂经典"。宣德十年乙卯科浙江乡试题《不如乡人之善者好之其不善者恶之》,虽由两句话组成,但从语意上看,实是半句话,它是针对上文的选择题"乡人皆好之""乡人皆恶之"而给出的答案。

---

① (明)胡广、(明)杨荣、(明)金幼孜纂修,周群、王玉琴校注《四书大全校注》,第521页。
② (清)何焯《义门读书记》,第52页。
③ 龚延明主编《天一阁藏明代科举录选刊·乡试录》第八册,第6594页。
④ (明)胡广、(明)杨荣、(明)金幼孜纂修,周群、王玉琴校注《四书大全校注》,第677页。
⑤ (明)胡广、(明)杨荣、(明)金幼孜纂修,周群、王玉琴校注《四书大全校注》,第677页。

天顺六年开始出现较为典型的截搭题。天顺六年壬午科浙江乡试次题为《夫焉有所倚肫肫其仁渊渊其渊浩浩其天》,取自《中庸》第三十二章,这是一道截搭题,是截其首节末句,与第二节搭并成题。题目所论的核心是上文的"天下至诚","夫焉有所倚"指的是上文的"经纶天下之大经,立天下之大本,知天地之化育"之外,天下之至诚何尝倚仗着别的呢?"夫焉有所倚"一句在语意上是不完整、不明确的。

朱熹说:"自家都是实理,无些欠阙。经纶自经纶,立本自立本,知化育自知化育,不用倚靠他物事然后能如此。所谓'为仁由己,而由人乎哉'之意,他这道更无些空阙。经纶大经,他那日用间底,都是君臣父子夫妇人伦之理,更不必倚著人;只是从此心中流行于经纶人伦处,便是法则。此身在这里,便是立本。'知天地之化育',则是自知得饱相似,何用靠他物?"①题目是承上文而来,"肫肫其仁"三句是描述至诚的境界,"夫焉有所倚"指至诚之圣人经纶天下,只是从心中流行于人伦处,不需倚靠他物。也就是说,题目是围绕上文的"天下至诚"而言的。

万历四年云南乡试开始出现最为典型的截搭题《三者天下之达德也所以行之者一也》,"知仁勇三者"被截去半句,仅剩"三者"二字,然后与下两句搭并成题。万历四十三年贵州乡试题《其严乎 体胖》,题目取自《中庸》传之六章的第三节与第四节:"曾子曰:'十目所视,十手所指,其严乎!'//②富润屋,德润身,心广体胖,故君子必诚其意。"把第三节截上,第四节截下,然后搭并成题。其文义已被割裂。崇祯三年庚午科四川乡试第三题《礼下取于民有制》,把"是故贤君必恭俭礼下"一句截剩下"礼下"二字,然后与"取于民有制"一句搭而成题,这是更典型的截句题。

题型蕴含着考官对儒家义理或考试性质的理解,题型也导致特定制义修辞、文风的形成。当截搭题发展到割裂文义时,就会引起朝廷的警惕,成为朝廷意识形态关注的焦点。成化十三年,翰林院侍读黎淳上疏奏请考官"出题较文并刊录文字必须依经按传,文理纯正",③强调考官命题

---

① (宋)朱熹撰,(宋)黎靖德编,王星贤点校《朱子语类》,第1596—1597页。
② 本书以//符号标示朱熹《四书章句集注》的分节。
③ 《宪宗纯皇帝实录》卷一七三,成化十三年十二月十八日。

应保证经典的纯正。正德十年,南京礼科给事中徐文溥上言"重选举五事",其一曰:"近日主司务为谲怪命题,摘掇一句二句,或割裂文义,或偏断意旨。宜如成化初年以前,出题必章句成段,义理贯属;取文必讲理亲切,措词淳雅。其有浮艳险怪、不根义理者,并皆黜落。"①明确指出,"成化初年以前",即洪武至天顺,其命题必章句成段。(其实成化之前也非全是如此,只是从总体上说的)单句题、二句题等题型被视为"割裂文义"。万历二十六年,礼部复议科场事宜五款,其一曰:"场中出题,皆要冠冕正大,阅卷仍以正文体为主,房考有执迷者,听主考参处。"②万历三十九年,意识形态化达到顶点,南京河南道御史张邦俊论学臣命题割裂破碎,或牵扯扭搭,其于圣贤立言大旨,甚相悖戾,恐文体日纤,世风日巧,因及于条约。礼部侍郎翁正春具覆,列为三款。一谓:试卷宜解部。每岁试士,年终将真卷类解。其有文体险怪、出题穿凿者,摘出参处。一谓:小试兼重后场,考较诸生,前四书义二,次经义一,而论表策必兼出,篇数不完者,即文可观,不列优等。有文无论者,即列优等,不准帮粮,庶乎士务实学,不以幸进。一谓:弊窦不可不严,传递之弊,千溪百径,虽新奇其题目,亦何以异?学臣除一切关防严密,仍洗绝此弊。至条约,亦卧碑所载,及先辈各督学规条,采择汇成一册,刊刻颁布。如巡方总约,然令之,永为遵守,则学臣既不烦区画,而士子亦便持循,不可不亟为议行也。上报可,仍谕科场文体诡怪日甚,屡禁不遵,科举在即,迩部还详议申饬,务法在必行,以挽敝习。③ 张邦俊把截搭命题现象提高到"于圣贤立言大旨,甚相悖戾"的高度,而翁正春的具覆进一步支持这种意识形态化的立场,提出"每岁试士,年终将真卷类解。其有文体险怪、出题穿凿者,摘出参处。"神宗同意他们的提议,认为"科场文体诡怪日甚,屡禁不遵"。④ 把"命题割裂""出题穿凿"与"文体险怪""于圣贤立言大旨,甚相悖戾"联系起来,命题、文风、宗经,三者被连上了必然性。万历四十年,乡试之年,

---

① 《武宗毅皇帝实录》卷一三二,正德十年十二月二十三日。
② 《神宗显皇帝实录》卷三七三,万历三十年六月二日。
③ 《神宗显皇帝实录》卷四八八,万历三十九年十月二日。
④ 《神宗显皇帝实录》卷四八八,万历三十九年十月二日。

礼部重申:"慎出题。科场题目须正大冠冕。《春秋》题必以圣经为主,以胡传为宗,不得穿凿附会。"①显然把合题、截搭题等视为与"正大冠冕"题相对立的题型。

① 《神宗显皇帝实录》卷四九二,万历四十年二月十日。

第五章　讲章与制义写作

清代制义论家楼冘从理体、题体和文体三个方面去建构其制义理论体系。文体指制义的风格,题体是指制义题目的类型,而理体则指题目的义理类型。制义写作的第一步是认题,第二步即是把对题目的理解疏解在文章的结构与修辞之中。认题不仅是题型的辨认,而且是题理的辨认。楼冘总结出四书题目的56种题理类型,这可以提醒初学者"何题最易,何题紧要,何题闲冷,令他一目了然。然后循序加功,自无多寡不匀之患"。① 题理还有更深层次的问题,如题神究竟是在题目的何字何词,还是在题目的上文下文,题目义理的内在脉络如何,等等,这类问题则是明代四书讲章主要讨论的内容。

对于考官所命之题,士子首先要做的就是认题,辨析、认清题目真正的意图。题目取自四书,那么题目与它在四书中的上下文的关系就必须理清,这是认题的深层次问题。认题准确、深刻,甚至有补于原典,其所作制义就离中式不远了;如果认题偏差,那么文辞再好,技巧再炫,也会落选。正如顾起元所说的:"文章之妙,不在排比铺张,第一义在认题说理。"②所以历来的制义作法指南书都会在一开始即提出认题的问题。宋代周敦颐说:"文章犹存理词状,第一本事,第二原情,第三据理,第四按例,第五断决。本事者认题也,原情者明来意也,据理者守正也,按例者用事也,断决者结题也。"③把认题置于作文法的首位。明代的制义论家更

---

① (清)楼冘《举业渊源》,陈维昭编校《稀见明清科举文献十五种》,第1280页。
② 转引自(明)武之望《举业卮言》,陈广宏、龚宗杰编校《稀见明人文话二十种》,第495页。
③ 转引自陈广宏、龚宗杰编校《稀见明人文话二十种》,第319页。

是如此,茅坤示诸生习举业之法,第一条即是认题:"题精神血脉处,学者须先认得明白,了了印之心中,方可下笔,然后句句字字,洞中骨理。孔、孟学问,宗旨虽同,其间深浅大小,亦自迥别。学者苟以孟子论学之言而搀入孔子,便隔一层矣。"① 茅坤所提出的"认题布势"论被后来的制义论家奉为圭臬。汤宾尹论"文家五蕴",首条即是"认理":"盈天地间,皆道也。道之条理谓之理,如山中之石璞,皆有脉理可寻也。……五经者,经此理也;四书者,书此理也。"如能体认此理,"虽未下笔为文,以求其格局词气之善,然理定而格自定,理足而词自足,理顺而气自顺,不必苦思力索,而天下之至文,于此乎出"。② 这是义理层面的认题。汤宾尹的著名指南书《一见能文》专列"认题"一则,说得更具举业针对性:"认题者何?认题之关节脉理、字句窾郤也。虽极小题,有无限妙理……后学题目到手,闭目定想,此题如何出,当如何做;如何方不粘上,如何方不犯下,何句是宽松,何句是钩两;如何为正旨,何处是客意。题中之肯綮,题外之神情,恍然心目,则意到笔随,自然一毫不走作。此是搦管首著工夫。"③这是脉理层面的认题。

明代四书讲章是向初学者讲解四书义理的专书,它对士子的认题、论述重心的设定、制义结构的设置、修辞手段的选择等,都具有重要的指导作用。

讲章有三种类型:一类是宫廷中的经筵讲义,它旨在指导皇帝或皇子读经。一类是以《四书大全》为代表的讲章,这类讲章书籍不一定以科场应试指导为直接目的,但它们对士子的认题起到非常关键的作用。还有一类是坊间印制的"决科"指南书,其中充斥着大量的粗制滥造者。第三类因其书籍在版式上采用分栏的形式而被称为"高头讲章"。

明末清初以来,第二类和第三类讲章受到了强烈的批判,人们认为它

---

① 转引自(明)汪时跃《举业要语》,陈广宏、龚宗杰编校《稀见明人文话二十种》,第394页。
② (明)汤宾尹辑《汤霍林先生裒选大方家谈文》,陈广宏、龚宗杰编校《稀见明人文话二十种》,第799页。
③ (明)汤宾尹《汤睡庵太史论定一见能文》,陈广宏、龚宗杰编校《稀见明人文话二十种》,第871页。

们无补于经学,甚至有损于经学。由于这些批判者大多是著名经学者,因而他们的批判强有力地影响着后人对明代经学史、学术史的判断。但是在笔者看来,从经学史的角度,他们的批判具有一定的道理;但从科举制度的本质来看,他们的批判或者是忽略了标准化考试的内在规律,或者是只适用于坊间粗制滥造的应试指南。我们应该首先在制度的框架内讨论科举现象,然后在此基础上去提出价值判断,而不能跳出制度框架去大谈讲章的弊端。

第一节　经义之试与政事之儒

一、讲章盛行与经籍存废

科举之试首重经学,但科举制度与经学之间似乎存在着天然的拒斥。清代皮锡瑞曾指出科场特性导致科场经义越来越悖离经学的本质,他说:"科举取士之文而用经义,则必务求新异,以歆动试官;用科举经义之法而成说经之书,则必创为新奇,以煽惑后学。经学宜述古而不宜标新。以经学文字取人,人必标新以别异于古。一代之风气成于一时之好尚,故立法不可不慎也。"①指出科举制度本身的特点(考官命题求新以防止考生拟题,考生墨卷求新以期达到鹤立鸡群的效果)决定它与经学之间凿枘不合的关系。

更有甚者,科举的经义之试旨在考核士子的基本经学修养(而不是选拔经学家),士子达到经学的普及水平(而不是专业水平)即有可能中式,其结果导致士子不深究儒家原典,甚至抛开原典而径自取法于应试指南书,形成了"束书不观"的现象。清代戴殿江说:"科举兴而经籍废,士之怀铅握椠者,但抱兔园十余册,剿袭成篇,即可以致通显,若是则奚事于书?"②所谓"兔园册",指的是唐代杜嗣先按应试策文体例,引经据史,编成策文的应试指南书。戴殿江的话很有代表性,他代表一种站在经学立

---

① (清)皮锡瑞撰,周予同注释《经学历史》,第200—201页。
② (清)戴殿江《九灵山房藏书记》,(清)戴聪《建溪集后编》卷二,道光癸巳九灵山房藏板,第3B页。

场而不是科举立场的论断。士子抱兔园十余册即可致通显,这从经学的立场来说,则是"科举兴而经籍废",因为士子不需要去读儒家原典即中式为官,他们为官之后可以"束书不观",其后果即导致"经籍废"。

士子能够"抱兔园十余册,剿袭成篇,即可以致通显",这在很大程度上得力于讲章,甚至得力于"决科"指南书一类的讲章。其结果导致士子"束书不观",不学无术。黄宗羲说:"科举之弊,未有甚于今日矣。余见高、曾以来,为其学者,五经、《通鉴》、《左传》、《国语》、《战国策》、《庄子》、八大家,此数者,未有不读以资举业之用者也。自后则束之高阁,而钻研于《蒙》《存》《浅》《达》之讲章。又其后则以为泛滥,而《说约》出焉。又以《说约》为冗,而圭撮于《低头四书》之上,童而习之,至于解褐出仕,未尝更见他书也。此外但取科举中选之文,讽诵摹仿,移前缀后,雷同下笔已耳。"①《四书蒙引》《四书存疑》《四书浅说》《四书达指》《四书说约》等书正是《四书大全》之后讲章类的代表。这类讲章为士子的"致通显"提供捷径。

人们力攻明代理学汇编的开山之作《四书大全》,顾炎武说,《四书大全》全剿剟元代倪士毅的《四书辑释》,特小有增删。"自是而后,经义试士,奉此为则,不惟古注疏尽废,即宋儒之书,学者亦不必寓目矣。"②吴任臣说:"《大全》虽奉敕纂修,而实未纂修,朝廷可罔,月给可糜,赐予可要,天下后世,讵可欺乎?"③顾炎武也说:"将谓此书既成,可以章一代教学之功,启百世儒林之绪,而仅取已成之书,抄誊一过。上欺朝廷,下诳士子。唐宋之时,有是事乎? 经学之废,实自此始。"④阮元也说:"至明永乐间,胡广等四书、五经《大全》出,而经学遂微。自后掇科之士,率皆剿说雷同,习为应举之业,汉唐传注从是束之高阁。"⑤束书不观而可以致通显,是因为有讲章乃至"决科"指南书之助,故讲章被视为经学的敌人。

一些论者则把《四书大全》与其他坊章盛行的四书讲章区别开来,认

---

① (清)黄宗羲《科举》,(清)黄宗羲撰,吴光主编《黄宗羲全集》第一册,第188页。
② 马宗霍《中国经学史》,第133页。
③ 马宗霍《中国经学史》,第133页。
④ 马宗霍《中国经学史》,第133页。
⑤ (清)阮元《诂经精舍文集》,第3页。

为后者是宋儒的敌人。成化辛丑会试有四书题《执其两端用其中于民》，取自《中庸》第六章，对于"执其两端，用其中于民"，朱熹强调这不是指执善恶之两端，而是"于善之中又执其两端"。① 这一点很重要，宋儒叶氏曰："两端，非如世俗说是非善恶之两端，乃是事已是而不非，已善而非恶，已皆当为之事，自斯道之不明，往往以是非善恶为两端而执其中，则半是半非、半善半恶之论兴。君子不必为十分君子，小人不必为十分小人，乃乡原贼德之尤者也，可不辨哉！"②明末钱禧评该科会试副主考王献所作该题程文说："讲章盛行而宋儒解经之意亡，时文盛行而先辈明理之文废。"③指的应该就是坊间的这种"世俗"讲章。钱禧之所以反对讲章时文，是因为讲章时文不仅妨碍士子研读圣贤原典，也妨碍士子究心宋儒之正解，其结果不仅是经籍废，而且经学亦亡。

对于明代的学术成就，《明史·儒林传》持消极的态度，它说："要之，有明诸儒，衍伊、洛之绪言，探性命之奥旨，锱铢或爽，遂启岐趋，袭谬承讹，指归弥远。至专门经训，授受源流，则二百七十余年间，未闻以此名家者。经学非汉、唐之精专，性理袭宋、元之糟粕，论者谓科举盛而儒术微，殆其然乎？"④认为有明二百七十余年间，其经学和理学都没有突出成就。这一论断影响深远。值得注意的是，《明史·儒林传》把专门经训的儒术与科举关联起来，让科举的推行去为儒术的衰落负责。这种关联法自明清以来一直非常流行，但这种关联实际上并不能真正揭示儒术衰落的原因，而对于科举制度来说，则是一种极不公平的论断。

"科举兴而经籍废""《大全》出而经学微"，这类"A而B"句式充其量表达了一种关联性关注，而不是因果性判断。它表明"经籍废"与"科举兴"有关，"经学微"与"《大全》出"有关，而不是说"科举兴"必然导致"经籍废"。如果《四书大全》不被定为科举的标准答案，那么，不管是"科举兴"还是"《大全》出"，都不会导致经学之废。把经籍、经学的存废的责任

---

① （宋）朱熹《四书章句集注》，第20页。
② （明）胡广、（明）杨荣、（明）金幼孜纂修，周群、王玉琴校注《四书大全校注》，第158页。
③ （明）杨廷枢、（明）钱禧辑评《皇明历朝四书程墨同文录》第八册。
④ 《明史》卷二八二《儒林传》，第7222页。

推到科举或《四书大全》身上,实在是找错了债主。科举的经义之试本来就不是为了选拔经学家,经籍的存废,必须由经学家去负责。

作为学术史上的经学与作为科举中的经义,其性质有何不同?能否以学术意义上的经学来要求科举中的经义考试?分辨这其间的差异,可以帮助我们认识那种以学术价值评估科举价值的流行做法的不合理,帮助我们认识讲章对于制义写作的积极指导作用。

对此,魏源关于儒之三途的划分可以帮助我们来理解这个问题。

二、儒之三途与经义之试

魏源说,本来儒者应是德、位一体,但是,自孔、孟出而有儒名,于是世之有位君子始自外于儒矣,于是有位与有德,泮然二途,治经之儒与明道之儒、政事之儒,又泮然三途。因此他提出应该"以经术为治术"。① 本章虽然对魏源提出的"以经术为治术"不全认同,但他的治经之儒、明道之儒、政事之儒的三分法却有助于我们的讨论,下面就从这三类儒者的差异来开始我们的讨论。

魏源为学,主张通经致用,故对于专事考据的治经之儒与专谈心性的明道之儒均予贬抑。他所推崇的是能够"以经术为治术"的政事之儒。事实上,孔、孟之后的历史已经无法回到三代,魏源所说的"治经之儒与明道之儒、政事之儒,又泮然三途",已是不可逆转的历史趋势。我们就从这三途的区隔来判断讲章的价值。

治经之儒以治经为终生志业,对他来说,是否由科举入仕,已无关宏旨,甚至,这类儒者会视科举为经学的天敌,顾炎武就说:"自八股行而古学弃,《大全》出而经说亡。"②胡广等人的《五经大全》《四书大全》被这类儒者视为导致经学衰亡的罪魁祸首。对于治经之儒来说,如果有人一旦为官,便"束书不观",那便是一种不可饶恕的恶习。对于治经之儒来说,语录、讲章,尤其是应试的四书五经指南书都是经学的天敌。

明道之儒以理学为终生志业,对他来说,阐发性理、安身立命是生死

---

① (清)魏源《学篇九》,(清)魏源著《魏源全集》第一二册,第23页。
② (清)皮锡瑞撰,周予同注释《经学历史》,第205页。

攸关的大事,一切学问,包括经学,都是体悟义理、阐发性理的资源(或叫工具)。四书学是明道之儒的主战场。

  政事之儒显然有别于上述两种。对于政事之儒来说,通经是为了致用,而致用恰恰是科举选拔人才的目的。洪武十七年定科举程式,以经义试士,"圣祖之意原谓,士子能发挥题意透彻,则通达事体,可以治民,故当时经义卓然可观"。①经义试士的目的是"通达事体,可以治民"。士子一旦通过考试,入朝为官,要考虑的是如何"掌献替可否,奉陈规诲,点检题奏,票拟批答,以平允庶政"。②凡车驾郊祀、巡幸则扈从。知经筵讲读,修实录、史志,摄行春秋祭祀事,等等。若为外官,他所要做的事情是掌一方之政,宣风化、平狱讼、均赋役、管粮、治农、水利、屯田、牧马、刑名、计典,等等。这时,他并不以经学为终生志业,倘若他束五经之书不观,也不妨碍他成为一名理烦治众的能臣。当然,作为一种基本修养,阅书已是一种终生习惯,但是否要治"经术",则也因人而异。明代科举也曾选拔出经学人才,曾出现过几位淹贯五经的考生,洪武二十三年闽人黄文忠,崇祯甲戌会试颜茂猷、丁丑江西乡试揭重熙,癸未浙江乡试谭贞良、冯元飙均以兼作五经而中式,属于科举史上的特例,他们会以经术为终生志业,如颜茂猷。这是他们的个人志趣,并非科举的基本设定。

  科举考试是一种官员选拔制度,其三场科目设置体现了朝廷对官员基本素质的要求。正德间梁储说:"经义求其醇以正者,论、判求其明以畅者,诏、诰、表求其能宣上德、达下情者,五策求其能学古适用者。"③作为主考官,梁储在这里没有要求士子达到经学家、法官、文章家、政治家的高度,而只是提出候选官员应该达到的基本要求。谢铎说:"先之经义,以观其穷理之学,则其本立矣。次制诰论判,而终之以策,以观其经世之学,则其用见矣。穷理以立其本,经世以见诸用。"④这里虽然把试经义的目的提高到"穷理"的高度,但实际上是落实于"立本",即试经义的目的是使

---

① (明)袁黄《四书删正凡例》,(明)袁黄《四书删正》卷首,袁衙藏板,明刊本。
② 《明史》卷七一《选举三》,第1732页。
③ (明)梁储《会试录后序》,《正德三年会试录》,明刻本。
④ (明)谢铎撰,林家骊点校《谢铎集》,第627页。

士子端正思想，提高思想修养。而"经世之学"则通过二、三场的诏、诰、论、判、策去考核。这些说法都是符合科举制度的自身设定的。

政事之儒并不以治经为毕生志业，而是以治术为人生事业。因此，在其备考应试阶段，通过掌握以一御万的应试技巧，以最短时间顺利通过考试，进入仕途，开展其"治国平天下"的事业，这是无可厚非的。在这种情况下，不仅《四书大全》《蒙引》《存疑》等高级讲章可以助其备考，就是《题旨元脉》《四书从信》之类的"决科"指南书也可以成为其以一御万的利器。如果从经学立场视之，则会感叹："自八股行而古学弃，《大全》出而经说亡。"① 如果从科举制度的选拔目的视之，通达事体，才是治民的基本素质。

三、先书后经与四书讲章的盛行

在唐代的明经科中，《论语》已作为兼经而进入考试中，《孟子》在宋代科举中也获得兼经的资格，但唐、宋以来的明经科中，五经始终是处于最主要的位置。从元代开始，四书不仅作为一个整体进入科举，而且位置排于五经之前。清代朱彝尊曾经这样描述四书如何经由科举而跃居于五经之上的过程：

> 五经垂世，昔贤方之于海，比之日月，久而长新，挹而不竭，盖合羲、农、轩、尧、舜、禹、汤、文、武、周公、孔子数圣人而成，非一人一家之言也。朱子注《论语》，从《礼记》中摘出《中庸》《大学》，为之章句，配以《孟子》，题曰四书，谆谆诲人以读书之法，先从四子始。由是淳熙而后，诸家解释四书渐多于说经者矣。元皇庆二年定为考试程序，凡汉人、南人第一场试经疑二问，于《大学》《论语》《孟子》《中庸》内出题，并用朱氏《章句集注》。经义一道，各治一经。若蒙古、色目人，第一场试经问五条，以《大学》《论语》《孟子》《中庸》内设问，亦用朱氏《章句》，则舍五经而专治四书矣。明代因之，学使者校

---

① （清）皮锡瑞撰，周予同注释《经学历史》，第205页。

士,以及府、州、县试,专以四书发题。惟乡、会试有经义四道,然亦先四书而后经。沿习既久,士子于经义,仅涉略而已。至于习《礼》者,恒删去经文之大半。习《春秋》者,置《左氏传》不观,问以事之本末,茫然不知。经学于是乎日微,海其可枯乎?日月其可晦乎?此学者之所深惧也。①

以经术为终生志业的治经之儒一直对这种现象痛心疾首,并一直呼吁恢复五经的独尊地位。但是,科举之所以置四书于科举诸文体之首,这是由科举的性质决定的。科举选士,并不是要选经学家,而是要选拔具备明体达用的基本素质的官员,而四书、五经之试,即是试其明体的程度。对于现实政治和社会稳定来说,在"明体达用"这一点上,四书显然比五经更重要。清代徐乾学说:

> 国家欲得明体达用之材,必先教人以穷理尽性之学,用是首以四子之书训天下。自六岁以上入小学,塾师即口授句读,俟其义理精熟,然后使之治六经。其通一经以上者,后使之泛滥诸子百家言及历代纪事、编年、古今兴亡。郳廓捃摭者终或入于踏驳,浸淫渐染,又大违圣贤设教之初心,不得已悬宋儒朱紫阳注以示之鹄曰:凡读四子书者,必遵朱注。有不遵朱注者,其人为怪民,则其书即为邪说。是议一定,于是上之矩矱齐而下之志气一,三尺童子守一先生家言者,亦斤斤律度之内而莫敢逾。②

徐乾学这里指出了重四书、尊朱注与限天下士子于统一"律度"之间的关系,首重四书、专尊朱注,目的就是要达到"上之矩矱齐而下之志气一"的专制主义局面。阮元说:"终明之世,学案百出,而经训家法,寂然

---

① (清)朱彝尊《经书取士议》,(清)朱彝尊《曝书亭集》,第699—700页。
② (清)徐乾学《四书集注直解序》,(明)张居正、(明)顾梦麟合著《四书集注合参说约直解阐微》卷首。

无闻。盖科举盛而儒术衰,理学昌而经学微,亦其势然也。"①指出科举与理学之间的内在关联。尽管清代出现理学衰颓的趋势,但在清代科举中,理学独尊的局面一直保持到清末,清人将其科举制度称为"四书文取士",是有其理学上的依据的。

先四书而后五经,这更加重了人们对明代"经学衰微"的印象。四库馆臣称其著录《四书大全》,目的是:"以著有明一代士大夫学问根柢具在于斯,亦足以资考镜焉。"②这些论断都在指向这样一个流行的断言:明代学术空疏。

由于明代士大夫基本上是由科目出身的,他们在四书文的写作上大都是优胜者,他们往往编纂过四书讲章类的著作,如申时行的《书经讲义会编》、李廷机的《易经讲义会编》《新镌翰林九我李先生家传四书文林贯旨》、张崇仁的《新刻邓翰林订正张先生书经举业节解》、王应选的《新刻翰林真传举业全旨日讲意诗经发微集注》、刘前的《新刻翰林六进士参定刘先生诗经博约说钞》,等等,这就更加强化我们这样一种印象:"有明一代士大夫学问根柢具在于斯。"事实上,四书讲章类只是明代学术的一个特殊领域而已,明代学术成就集中在理学领域。

《明史·儒林传》所说的明代二百七十余年间,"经学非汉、唐之精专,性理袭宋、元之糟粕",③并非公论。晚清以来已有学者指出,《明史》的这一类论断并不公允,明代是有其学术的。晚清朱一新说:

> 近人学为大言,未知其生平读书若何,而开口便斥明人不读书,不知此嘉、隆以后则然耳,乌可以该一代! 国朝惟小学、骈文优于明代,其他理学、经济、朝章、国故及诗、古文之学皆逊之。至说经之书,明人可取者固少,而不肯轻为新说,犹有汉儒质实之遗。近人开读书之门径,有功于后世者固多,而支离穿凿以蠹经者亦正不乏。康熙

---

① (清)阮元撰,邓经元点校《揅经室集》一集卷二,第 37 页。
② (清)永瑢等《四库全书总目》卷三六,第 302 页。
③ 《明史》卷二八二《儒林传》,第 7222 页。

时，儒术最盛，半皆前明遗老。乾、嘉以后，精深或过之，博大则不逮也。①

理学——四书之学，正是明代学术的典型代表。

虽然五经也有讲章体，但经学的讲章体以四书讲章最有成就，故人们在痛骂讲章的时候，其实是在批评《四书大全》所带来的四书讲章风气。皮锡瑞说："明自永乐后，以《大全》取士，四方秀艾，困于帖括，以讲章为经学，以类书为策府，其上者复高谈性命，蹈于空疏，儒林之名，遂为空疏藏拙之地。"②皮锡瑞的"以讲章为经学"，其真正的意思是四书讲章妨碍了五经学的发展。清代学者立足于五经之学（或叫六经之学、六艺之学），视五经学为真学术、真学问，皮锡瑞的《经学历史》便是一部五经学史，他的经学并不包括四书之学。

由于这类学者立足于五经之学，因而对四书讲章尤其极尽攻击之能事。吕留良说：

> 儒者正学，自朱子没，勉斋、汉卿仅足自守，不能发皇恢张。再传尽失其旨，如何、王、金、许之徒，皆潜畔师说，不止吴澄一人也。自是讲章之派日繁月盛，而儒者之学遂亡，惟异端与讲章觕互胜负而已。异端之徒遂指讲章为程朱，而所为儒者，亦自以为吾儒之学不过如此，语虽夸大，意实疑馁，故讲章诸名宿，其晚年皆归于禅学。然则讲章者，实异端之涉、广，为彼驱除难耳，故曰独存异端也。永乐间纂修《四书大全》，一时学者为靖难杀戮殆尽，厪存胡广、杨荣等苟且庸鄙之夫主其事，故所撮掇多与传注相缪戾，甚有非朱子语而诬入之者，盖袭通义之误，而莫知正也。自余《蒙引》《存疑》《浅说》诸书纷然杂出，拘牵附会，破碎支离，其得者无以逾乎训诂之精，其失者益以滋后世之惑，上无以承程朱之余绪，下适足为异端之所笑非，此余谓讲章

---

① （清）朱一新著，吕鸿儒、张长法点校《无邪堂答问》卷四，第150页。
② 马宗霍《中国经学史》，第134页。

之说不息,孔孟之道不著也。腐烂陈陈,人心厌恶,良知家挟异端之术,窥群情之所欲流,起而决其篱樊。聪明向上之士喜其立论之高,而自悔其旧说之陋,无不翕然归之。隆万以后遂以背攻朱注为事,而祸害有不忍言者。识者归咎于禅学,而不知致禅学者之为讲章也。①

四库馆臣在《四书大全》提要里说:四书"初与《五经大全》并颁,然当时程式,以四书义为重,故五经率皆庋阁,所研究者惟四书,所辨订者亦惟四书。后来四书讲章浩如烟海,皆是编为之滥觞。盖由汉至宋之经术,于是始尽变矣。特录存之,以著有明一代士大夫学问根柢具在于斯,亦足以资考镜焉"。②《四书大全》成了经术衰亡的罪魁祸首。

四、四书讲章与政事之儒

究竟应该如何看待讲章的价值？这可以有多种立场,比如经学立场、理学立场,甚至文章学立场。这里我们从科举制度立场来讨论讲章与制义写作的关系问题。

如果以经学为尺度去评估科举中经义之试的价值,显然超出了科举制度的自身设定。如果从制度的角度看,科举是一种官员选拔制度,而不是经学家选拔制度。明宣宗对翰林儒臣说:"国家取士,科目为先,所贵得真才以资任用。"③清康熙间徐乾学也说:"国家欲得明体达用之材。"④所谓"用",即政务之用。为了胜任政务,官员必须具备理学(四书文)、经学(五经文)、公文写作(诏、诰、表、判)、辨识能力(论)和经史论断或时务决策(策)等方面的基本素质。虽然三场诸体涉及的是理学、经学、文章学、修辞学、历史学、时务等,但科举的目的并不是要选拔理学家、经学家、文章学家、文学家,而只是选拔在理学、经学、文章学、文学、史学、时务等方面具备基本修养的官员。这些能力构成了官员"治术"的基本内容。

---

① (清)吕留良《晚村天盖楼偶评》凡例,康熙戊午(1678)曹度序本。
② (清)永瑢等《四库全书总目》卷三六,第302页。
③ 《宣宗章皇帝实录》卷二六,宣德二年三月一日。
④ (清)徐乾学《四书集注直解序》,(明)张居正、(明)顾梦麟著《四书集注合参说约直解阐微》卷首。

清光绪间谢若潮在其举业指南书《帖括枕中秘》里为有志"实学"者列了一份长长的书单,从十三经、二十四史、表谱考证类、纪事本末类、传记类、通典类,到词章之书(古文、词赋、骈体、诗词、丛书、诸子、别集、总集),"无论经史正书,虽文集,虽野史,亦可以充拓心思。'开卷有益',诚哉是言"。① "开卷有益",读书多多益善,这道理总是正确的,但谢若潮也意识到存在一个时间分配的问题,于是把他的读者分为"不务举业者"和"兼为举业计"者,然后为兼为举业者列出一份"简便"的目录。② 我们可以把"不务举业者"和"兼为举业计"者对应于"以经术为终生志业者"和"兼为经术者"。不务举业者可以把经学作为自己终生的志业,以淹贯精通为终生目标。但科举考试不应该把淹贯精通六经作为经义考试的考核标准。科举考试所设立的三场各文体,所要考核的,是士子是否具备"治术"的基本素质,选拔的是具有理烦治众能力的官员。

王守仁说得最为通达,他认为士君子如果有志于圣贤之学(六经之学)的话,当然不能专求于举业,但举业是士子求见于君的见面礼。③ 如果站在科举的立场,士子所要考虑的,是在具备为官的基本素质的前提下,以最短的时间通过科举考试。从这个角度理解,那么,举业就是完成由举子向官员蜕变的临时性环节,一旦为官,其职责便是理烦治众,治经与否,作诗与否,便只是一种个人修养而已。通古今之变当然有助于政务决策,但是否精通十三经、二十四史,与他的治国平天下的能力已没有直接关系。举业只不过是一种标准化考试而已,既然是标准化考试,它就有自身的规律。用终生志业的经术或诗学来要求举业,显然无助于科举考试的推行。

正因为举业是完成由举子向官员蜕变的临时性环节,在这种情况下,如何掌握提纲挈领、举一反三、以一御万的方法,就显得十分重要。宋代冯元任江阴尉时,朝廷诏流内铨(官署名)以明经者补学官,冯元自荐通五经。谢泌笑话他说:"古治一经,或至皓首,子尚少,能尽通邪?"冯元对

---

① (清)谢若潮《帖括枕中秘》,陈维昭编校《稀见明清科举文献十五种》,第1832页。
② (清)谢若潮《帖括枕中秘》,陈维昭编校《稀见明清科举文献十五种》,第1854页。
③ (明)王阳明《〈文章轨范〉序》。

曰:"达者一以贯之。"①冯元显然已经掌握了以一御万的方法。

讲章,作为一种理学入门之书,它教会士子理解四书五经的义理。它用浅显的语言梳理四书五经的义理脉络、勾勒各章各节各句各字之间的内在关联,它通过肢解经典,然后重构经典的义理世界。这种重构具有鲜明的个人特点,是讲章作者与经典之间的"视界融合"。这种肢解与重构往往会被严肃精深的经学研究者指责为"支离"。但对于四书五经的初学者来说,肢解正是启蒙的有效手段。

第二节 讲章的三种类型与经义的认题解题

在洪武十七年所颁行的科举程式中,四书义主朱熹《四书集注》,《诗》主朱熹《集传》,《易》主程、朱传义,《书》主蔡沈《蔡氏传》及古注疏,《春秋》主三传及胡安国、张洽传,《礼记》主古注疏,以陈澔的《集说》为正统。虽重程、朱一脉,但仍给古注疏留下位置。永乐十二年,明成祖命胡广、杨荣、金幼孜等纂修五经、四书《大全》和《性理大全》。永乐十三年,《四书大全》编成,颁行天下。于是,科举程式中所规定的古注疏至此废而不用。

在治经之儒看来,废古注疏形同废除经学的根基,黄宗羲批评明人讲学,袭语录之糟粕,不以六经为根柢,束书不观,正是从经学立场来说的。

但是,对于一种标准化考试来说,《大全》等讲章为初学者(而不是经学专研者)提供学习四书五经的入门途径,为初学者讲解四书五经的义理文脉,为初学者归纳提纲挈领、以一御万的方法论,《大全》等讲章可谓功在千秋,它让士子能够在最短的时间里以最有效的方式掌握儒家经典的要义、基本精神。能够通过这样的标准化考试,候选官员在义理方面的基本素质就算是合格了。

四书中《论语》《孟子》用记叙体,人物言行的具体语境并不明晰。《大学》《中庸》由《礼记》辑出,并由朱熹重新编排,富于思辨性。这些特

---

① 《宋史》卷二九四《冯元传》,第9821页。

点造成了四书文字理解上的困难,是准确了解圣贤语意的障碍。汤宾尹说,四书只是圣贤在特定的情景下说的话,圣贤的心意或许字面所不能涵盖,"且圣贤心曲,托于言而亦外,脱于口而已陈,第令六经、《语》、《孟》圣贤复说一过,亦必有另出一局、再开一新者"。① 于是,准确诠解圣贤心曲,梳理四书的义理脉络,诠释字词的确切含义,就成为四书启蒙的第一步。汉唐学者以训诂之法解开文字第一关,宋儒不愿止步于文字训诂,而致力于四书义理的阐释,是为理学,元代首次把四书规定为首场明经科的考试内容。从此,四书成为科举制度的一部分,在学校教育和科举考试中,四书进入了启蒙教育、普及教育和人才素质考核(即所谓科举)之中。在这样的制度环境下,四书已经主要不是经学研究的对象。讲解四书,首先是一件经典启蒙、经典普及教育的事情。元、明学者采用了"直解""讲章""讲义"的形式,向四书的初学者讲解四书的语境、上下文关联(即所谓的"文脉"),向初学者传授学习四书的最简便、最直接、最富于提纲挈领性的方法。

这类方法历来受到经学研究者的讨伐与鄙弃,但这类讨伐与鄙弃其实是忽略了普及教育与学术研究之间的本质差异。作为高深的学术研究,当然不能用碎片化、机械化的理念与方法去肢解四书。但是,对于启蒙和普及教育来说,使用最为经济便捷的方法使学生在最短的时间里能够对经典提纲挈领、举一反三,这才是最为有效、最为成功的教育方法。科举所面对的不是经学家、理学家,而是刚刚接受过启蒙教育、普及教育的士子。

明代讲章的发展,经历过不同阶段。崇祯末年,吴当说:"书有讲义,莫备于我明。顾为说屡变,各自名家,不可概一。如姚江即无专著,然建鼓为招,与考亭左。而二溪尊奉师说,弥益浸淫,此一变也。嗣后株守籓篱,渐沦市井,如《达说》《折衷》之属,此又一变也。厌庸喜异,跳而越焉,初混以诸子杂家,究入于禅玄诡说,如《理解》《蠹编》之属,甚至《删正》

---

① (明)汤宾尹《汤睡庵太史论定一见能文》卷三,陈广宏、龚宗杰编校《稀见明人文话二十种》上册,第1065页。

《说书》，蛊眯一世，而悖极矣，此又变中之变者也。"①吴当是站在程朱理学的立场来描述明代的理学流变的。明初定科举程式，首以经术为重，自五经四书、《性理》、《鉴纲》、正史诸书而外，不列于学宫。四书始表章朱子《章句》为准，虽《论语》有包、周、王、何之解，《孟子》有赵、陆、张、丁之义，一切报罢。吴当认为，通过这样一番"罢黜百家"之后，"自洪、永以迄隆、万，士风醇厚，文体浑雅，而事功节义之士后先相望"。②认为至隆庆、万历，其文风士习依然醇厚，这样的描述当然是不符合历史事实的，其目的只是要突出其《四书定解》如何接续《蒙引》《存疑》而坚守朱熹传注的。他认为，自天启以来，"士习亦寖漓，人各置喙，家各争鸣。始而厌薄平常，稍趋纤靡；纤靡不已，渐骛新奇；新奇不已，渐趋诡僻。始犹附诸子以立帜，继且尊二氏以操戈，背弃孔孟，非毁程朱。惟《南华》、卤竺之语，是宗是竞。以名教为桎梏，以纪纲为赘疣，以放言恣论为神奇，以荡弃行简、扫灭是非廉耻为广大，取佛经之本心本性者，窜入于儒宗，取圣言之涉空涉无者，强同于禅寂"。③吴当的这一描述，应该说符合嘉靖以来理学的基本状况。

从吴当的这一描述，再根据明代的讲章文献，我们可以重新梳理明代讲章的大致情形。

所谓讲章，可分三类：一是指宫中经筵讲读时所进呈的讲稿，是翰林院侍读学士、侍讲学士为皇帝或东宫讲解经史的讲义，往往采用"直解""直讲"的形式，即采用直白的串讲形式。二是官学或书院讲学时的讲义，永乐间编《四书大全》，为明代讲章之肇始，之后有蔡清的《四书蒙引》、林希元的《四书存疑》、陈琛的《四书浅说》，这是尊程朱的四书讲章；嘉靖以后，王学盛行，出现了一批以王学为宗旨的四书讲章。不管是朱学，还是王学，这一类讲章都有讲解、辩明儒家义理的目的，因而对在校学子或应试考生的备考来说，都是有直接的指导作用的，但它们并不以"决科指南"为功利目的。三是"决科指南书"，专门为了科举备考而编撰的，

---

① （明）吴当《四书定解叙》，（明）吴当《合参四书蒙引存疑定解》卷首。
② （明）吴当《四书定解叙》，（明）吴当《合参四书蒙引存疑定解》卷首。
③ （明）吴当《四书定解叙》，（明）吴当《合参四书蒙引存疑定解》卷首。

这类书因在版式上往往分上下两栏或三栏,下栏是朱熹的《四书章句集注》或《四书大全》,上栏则是有明确的举业指导目的的指南书,故这类讲章往往被称为"高头讲章",历来引起非议的主要是这一类。

一、经筵讲章

关于讲章的起源,陶福履说:"《汉书·张禹传》:'初,禹为师,以上难数对己问经,为《论语章句》献之。'此讲义之始。"① 则讲章、讲义本是帝师为皇帝进讲经史而产生。

明代于翰林院设侍读学士、侍讲学士,除掌制诰、史册、文翰之事、备皇帝顾问外,还负责在太学向皇帝讲学。讲章即是侍读学士、侍讲学士向皇帝讲学时的讲义。如万历元年,张居正为万历帝编写四书讲义,进《四书直解》,其中,《大学》《中庸》《论语》为张居正所解,《上孟》为申时行所解,《下孟》为赵志皋所解。"直解"者,直白之解释也。用白话直接译释经书,而不是像《四书大全》那样汇聚诸儒之说,显得浅显易懂。如对于"大学之道,在明明德,在亲民,在止于至善",张居正直解道:

> 这一章是孔子的经文,这一节是经文中的纲领。孔子说,大人为学的道理有三件:一件在"明明德",上"明"字是用工夫去明他,"明德"是人心虚灵不昧、以具众理而应万事的本体,但有生以后,为气禀所拘,物欲所蔽,则有时而昏,故必加学问之功以克开气禀之拘,克去物欲之蔽,使心之本体依旧光明。譬如镜子昏了,磨得重明一般,这才是有本之学。所以大学之道在明明德,又当推以及人,鼓舞作兴,使之革去旧染之污,亦有以明其德,譬如衣服垢了,洗得重新一般,这才是有用之学,所以大学之道在新民。一件在"止于至善",止是住到个处所不迁动的意思,"至善"是事理当然之极。大人明己德、新民德,不可苟且便了,务使己德无一毫之不明,民德无一人之不新,到那极好的去处,方才住了,譬如赴家的一般,必要走到家里才住,这才

---

① (清)陶福履《常谈》,第7页。

是学之成处，所以大学之道在止于至善。这三件在《大学》如网之有纲，衣之有领，乃学者之要务，而有天下之责者，尤所当究心也。①

这样的直解语言已经非常接近今天的白话文了，而且在直解的过程，还不时用浅显的日常事例加以比喻。

到了万历三十九年，长庚馆重订此书时，将杨文奎《邹鲁指南》与张居正此书合刻，上栏为《指南》，下栏为《直解》，"盖因业举家朝读《直解》，暮读《指南》，二书持为修身珍宝，不敢缺一，以故并刻，以为合璧全书云"。② 进一步增入了大量明代学者的四书学著作，如苏濬(号紫溪)的《四书解醒》、李光缙(字衷一)的《四书要旨》、姚舜牧(号承庵)的《四书疑问》等。长庚馆的重订，其实是把张居正的《直解》转化为应试指南的高头讲章。正如刘勇所说："经筵、日讲、东宫讲章，一如既往地严格遵循标准化的朱子文本和解释，由讲章汇编而成的《四书直解》书籍，同样恪守着官方正统。不过，一旦当这些'直解'书流出宫廷高墙、流向社会海洋时，它们很快就被社会改造。在讲官和教官的孜孜笔耕中，在穷老名士的寻章摘句中，在刻工书贾的勤勉劳动中，这些宫廷宝典遭到拆分和重组，《大学》新文本和新解释陆续渗透其中。"③

申时行的《书经讲义会编》也是明代经筵讲章的代表性著作。他是针对当时举业讲章的弊端而编此书的："盖余向所采录，第以举业从事多寻摘章句，拘牵艺文，未能超然于章缝，铅椠羔雉筌蹄之习，而广厦细旃之上，直以阐发大旨，剖析微言，要在启沃圣聪，敷陈理道，不为笺疏制义所束缚，其简切明畅，有不待深思强索而昭然如发矇者，独是书藏于乐中，惟阁臣讲僚乃蒙宣赐，学士大夫罕获睹焉。"④旨在保持经筵讲章的严肃性。

---

① (明)张居正选,(明)焦竑校订《重刻内府原板张阁老经筵四书直解指南》,万历长庚馆刊本。
② (明)詹谅《四书经筵直解指南凡例》,(明)张居正选,(明)焦竑校订《重刻内府原板张阁老经筵四书直解指南》卷首。
③ 刘勇《变动不居的经典 明代改本研究》,第 324 页。
④ (明)申时行《书经讲义会编序》,(明)申时行《书经讲义会编》卷首。

二、《大全》《蒙引》《存疑》与《四书讲录》《四书删正》

作为针对科举而设的讲章,元代已甚为盛行。陶福履说:"元以四书试士,于是四书有科举之学。袁敏斋《四书疑节》、王与耕《四书经疑贯通》,或阐义理,或讲考证,犹近诂经。倪士毅合陈栎《四书发明》、胡炳文《四书通》,名曰《四书辑释》,始专为经义而设。明永乐三年,胡广等修《四书大全》,取倪书稍加点窜,颁行天下,尊为取士之制,是为讲章之始。"①

永乐十三年九月,《四书大全》编成,颁行天下。此书的编纂目的虽不是出于科举目的,但该书颁行之后,科举中四书五经的标准答案中的古注疏,就废而不用了。《四书大全》成为永乐十三年之后考官衡文取士的官方标准,也是士子撰写制义的义理依据。

实际上,讲章并没有一个统一的体例。胡广、杨荣、金幼孜的《四书大全》专主程朱,翼以濂、洛、关、闽诸说,其疏解有字义上的训诂,更有义理上的诠释,是一部程朱一脉的宋儒理学的集成之作。书中所辑程朱后学的诠释往往有对程朱的话起了补充、延伸的作用,甚至比程朱说得更加具体、明白。比如,关于四书与六经的关系,程子曰:"学者当以《论语》《孟子》为本。《论语》《孟子》既治,则六经可不治而明矣。"②为推行其理学,甚至认为六经之学可以不治。程子的话显然有矫枉过正之嫌。故新安陈栎纠正说:"《语》《孟》既治,学正识精,由是而治六经,根本正而易为力矣,非谓真可不必治而自明也。"③《四书大全》所引程朱后学的观点固然不尽同于程朱,书中固然"有非朱子语而诬入之者",但《四书大全》对四书的阐释无疑为士子的学习提供了相对准确的丰富的思想资源。《四书大全》的汇辑体例虽然没有被后来的所有四书讲章所继承,但它的讲解方式成为明代四书讲章的一般方式,它对四书的阐释,从字义、章旨到四书

---

① (清)陶福履《常谈》,第6—7页。
② (明)胡广、(明)杨荣、(明)金幼孜纂修,周群、王玉琴校注《四书大全校注》,第311页。
③ (明)胡广、(明)杨荣、(明)金幼孜纂修,周群、王玉琴校注《四书大全校注》,第311页。

前后脉理,解说甚详,这对士子的认题极为重要。

嘉靖三十八年会试,四书文第二题《德为圣人尊为天子》,截取自《中庸》第十七章。"德为圣人,尊为天子"这两句是承上文"舜其大孝也与"而说的。对于这一节,朱熹《集注》只注:"子孙,谓虞思、陈胡公之属。"但《四书大全》引了真德秀、赵德的解释。真德秀说:"舜以圣德居尊位,其福禄上及宗庙,下延子孙,所以为大孝。舜所知孝而已,禄位名寿,天实命之,非舜有心得之也。"①强调了舜之孝非有心得之。此科会元蔡茂春在其文中以两长股诠释舜的"非有心得之":

  盖以欲显亲者存乎德,而德非圣人,则显矣而非其至也。乃舜之德,则为圣人焉。观其乐取之诚,舜固未尝自居其圣者。然浚哲中涵,精一启心学之秘,伦物察而非有所思也;温恭外著,重华协帝德之明,仁义由而非有所勉也。是以天下法焉,后世传焉。虽有作者,而舜为弗可及矣。夫德则归舜,而本其笃生之自,则有贻之以名,而名由以无穷者。舜非显亲之至而何哉?

  欲尊亲者存乎位,而位非天子,则尊矣而非其至也。乃舜之尊,则为天子焉。观其南河之逊,舜固未尝自期于位者。然帝王历数,天心默定于受终,主祭而神享之也;朝觐讴歌,人心久归于历试,治事而民安之也。是以中国践焉,元后陟焉。虽有爵者,而舜为弗可上矣。夫尊则归舜,而展其报本之诚,则有从之以尊,而尊由以特异者。舜非尊亲之至而何哉?

同考试官王秩批蔡茂春此卷:"认题精切,措辞简奥。发明大舜显亲之孝处,非浅学可到者。"同考试官王希烈批:"大舜尊显其亲,类能言之。此作独归本其不自圣、不自尊之心,尤见渊源之学。"②可见,《四书大全》

---

① (明)胡广、(明)杨荣、(明)金幼孜纂修,周群、王玉琴校注《四书大全校注》,第183页。
② 《嘉靖三十八年会试录》,龚延明主编《天一阁藏明代科举录选刊·会试录》下册,第443页。

对蔡茂春的"认题精切"起到了指导作用。

《四书大全》在讲解义理时,往往会采用对举的形式,如性与理、体与用、知与行、良知与良能,等等,这在制义写作的拓展思路上起到了引领作用。如对于《中庸》"洋洋乎发育万物,峻极于天。优优大哉"一节,朱注只是简单的一句:"此言道之极于至大而无外也。"①但饶鲁的解释是:"发育万物,以道之功用而言。万物发生,养育于阴阳五行之气,道即阴阳五行之理,是气之所流行,即是理之所流行也。峻极于天,以道之体段而言。天下之物,高大无过于天者,天之所以为天,虽不过阴阳五行浑沦旁薄之气,而有是气必具是理,是气之所充塞,即此理之所充塞也。"②将"发育万物""峻极于天"分别对应于"道之功用""道之体段"。宣德五年会试,会元陈诏的四书文即以"道之功用""道之体段"立柱分股:"飞潜动植,物之所以为物也。然发生滋长者,无非一阴阳五行之气耳。是气之流行,即斯理之流行。此道之功用,有以发育万物矣。包含遍覆,天之所以为天也。然浑沦磅礴者,不过一阴阳五行之气耳。是气之充塞,即斯理之充塞。此道之体段,峻极于天矣。"③《四书大全》所集宋儒的解释中,这些对举往往成为制义"立柱"的根据,成为排偶的两大支柱。如万历七年己卯科浙江乡试四书文题为《质之鬼神 二节》,即以完整的第四节和第五节作为题目:

质诸鬼神而无疑,知天也;百世以俟圣人而不惑,知人也。//是故君子动而世为天下道,行而世为天下法,言而世为天下则。远之则有望,近之则不厌。

对于第四节,朱熹之注较简:"知天知人,知其理也。"《四书大全》则引北溪陈氏:"鬼神,天理之至也;圣人,人道之至也。惟知天理之至,所以

---

① (宋)朱熹撰《四书章句集注》,第35页。
② (明)胡广、(明)杨荣、(明)金幼孜纂修,周群、王玉琴校注《四书大全校注》,第224页。
③ 《嘉靖三十八年会试录》,龚延明主编《天一阁藏明代科举录选刊·会试录》下册,第20—21页。

无疑;惟知人道之至,所以不惑。"①这无疑为士子打开作文思路。该科解元陈懿典之文的提比以"鬼神"与"后圣"立柱:

是故幽如鬼神,而君子之制作乃能质之而无疑者,是遵何道哉?盖天者理之原,而鬼神则效天之灵者也。君子心通乎天,而于动静通复之端、盈虚消息之故,为能穷其神而知其化焉,则所作者合于天之机也,而亦所以泄鬼神之机也,质之夫何疑哉?

远如后圣,君子之制作乃能俟之而不惑者,非曰亿之也,盖理不远于人,而后圣则立人之极者也。君子心通乎人,而于欲恶取舍之情、升降汙隆之宜,为能探其微而推其变焉,则所作者合于人之心也,而亦所以符后圣之心也,俟之又何惑哉?

《四书大全》颁行之后,儒者纷纷著讲章以陈述自己对经典的认知,《蒙引》《存疑》《浅说》等即是其中最有代表性的。

蔡清《四书蒙引》著于弘治甲子,嘉靖八年,其子蔡存远以《四书蒙引》进于朝,诏为刊布。该书是对朱熹《四书章句集注》和朱熹《或问》的注解,性质与《四书大全》相同,只不过他把《四书大全》所集宋儒(程朱的后学)的注解都舍去不取,或选取朱注,或另选他注,或自注,或对《四书大全》所选宋儒之注表示不同意见,如《大学或问》"察夫义理,措诸事业",《大全》引玉溪卢氏曰:"察夫义理,大学始事,格致是也;措诸事业,大学终事,齐治平是也。"②蔡清的《蒙引》先引玉溪卢氏此说,然后说:"愚谓'事业'兼'诚意''正心''修身'在,或行之于身,或措之天下国家者,皆实事业也。或谓'诚''正''修'是事,'齐''治''平'是业,此说未稳。盖'事业'二字,对上'义理'而言;'义理'二字,固不容分属'格物''致知'也。"③

---

① (明)胡广、(明)杨荣、(明)金幼孜纂修,周群、王玉琴校注《四书大全校注》,第232页。
② (明)胡广、(明)杨荣、(明)金幼孜纂修,周群、王玉琴校注《四书大全校注》,第85页。
③ (明)蔡清选,(明)敖鲲校订《四书蒙引》卷一。

蔡清门人李墀说："夫子没而微言绝，七十子丧而大义乖，四书故在也，历汉而唐而宋，注四书者数千家，至《章句集注》出而后其说始定。自宋而元至今，训《章句集注》者亦数千家，至《蒙引》出而后其说始定。"①此书本为举业而编，作者指出当时很多士子"不务深于理而徒务辨于文"的现象，因撰此书，希望有资于童蒙，故曰"蒙引"。由于此书为逐章逐句细致讲解，故有人觉得过于繁琐，不便于"捷得"。对此，嘉靖间林希元说："是何言与？圣人之道，有舍博而趋约者与？举子之学，有舍道而攻文者与？夫圣人之道，载诸经，备诸考亭，蔡子之书则攻坚发微而考亭是翼也。间其蔓词赜义，若近于繁琐，然皆非有驰于外，固反约者之所不废也。夫苟由此以入道，则自博而之约，是书固吾之筌蹄也，何轧于圣人？夫苟由此以业举，则据理而成章，是书固吾之根本也，何妨于举业？"②

讲章在体例上采用逐章、逐节、逐句、逐字讲解，这种说经方式最容易被视为"支离"。对此，林希元又说："圣人作经以明道，贤人因经以作传，学者以传而求经。传注，圣人所不废也。支离之说起于陆氏，而非圣人之所予也。夫陆氏自处太高，观其六经注我之言，则正经犹在所忽，况传注乎？然非学者之所可及也。且如性善之说，有汉、唐、宋诸儒之不了，今三尺童子能言之，岂三尺童子贤于杨、韩、苏、胡诸公与？毋亦传注之功尔！如必以传注为支离，则圣人赞易数言足矣，乃有十翼，而文言之旨至于叠见而不已，毋亦支离之甚与？"所谓"支离"，实即分解，分解之后重组，经典的义理就可以令三尺童子都可以明了。

林希元于嘉靖间著《四书存疑》，对宋儒和蔡清的注解进行补充，并提出不同意见。与蔡清的《四书蒙引》相比，林希元此书开始强调上下文的关系，即所谓的文脉。如《有子曰其为人也孝弟　全》，林希元说："此章主意在下文，孝弟为仁之本，其曰人能孝弟，则不好犯上作乱，是先说个意思，至下文始的言之，以见为仁必本于孝弟。学者务此，则仁道自此而生，不好犯上作乱，即道生也。"③强调这一章的最后两句是该章的章旨所

---

① （明）蔡清选，（明）敖鲲校订《四书蒙引》卷首。
② （明）林希元《重刊四书蒙引叙》，（明）蔡清选，（明）敖鲲校订《四书蒙引》卷首。
③ （明）林希元著《重刊次崖林先生四书存疑》卷四。

在。又说:"'本立道生'一句最难看,要见本是何物,道是何物,方见得立生处明白。看来总是一个事,本者,事之本也,其根本切要处是也。道只是那个事中自有许多道理,故谓之道耳。'本立道生'一句,当以事为主,本即事之根本切要处,其余许多节目条理,即是道,亦只是那事也。"总的来说,林著与蔡著一样,都是重在阐释义理。此二书对后来的讲章著作、对士子的经典学习以至备考应试,都产生了深远的影响。明末吴当说:"盖自《大全》而下,斯二书实为入道之津梁矣。先辈以经术起家,往往潜心于此。唐荆川尝曰:'吾生平无他嗜,惟《蒙引》足以娱神,即风雨晦明,亦以是书为枕藉,未尝委顿。瞿昆湖每谓门人曰:汝辈看书,若不将《蒙引》《存疑》讲解,只依傍时说,毕竟因仍耳食,终身无出人头地。'苏紫溪亦尝语人曰:'吾作文字无他过人,惟于书旨颇有体认,然所以体认书旨与庸吻稍别者,其根源在《蒙引》《存疑》二书。'然则二书所关于学术宁浅鲜耶?"①

林希元的《四书存疑》之后,又有陈琛的《四书浅说》。蔡清曾见陈琛之文而异之,感叹:"吾得友此人足矣。"后见陈琛之后说:"吾所发愤沉潜辛苦而仅得者,以语人常不解。子已尽得之,今且尽以付子矣。"②陈琛成为蔡清的门人。陈琛与林希元为同年进士,《明史·林希元传》称林希元所著《存疑》与陈琛所著《易经通典》《四书浅说》"并为举业所宗"。③但明人提及讲章,往往是《蒙引》《存疑》并称。至李维桢,则三书并列:"于是蔡、林两先生书与《浅说》盛行于世。近乃厌之,后进且不复知有是书。……夫浅说者,言之人可知,知之人可行,岂惟为时义?举而措之天下国家,安往不宜?此其理在天地为易简,在圣贤为中庸,深莫大乎是,属有司诸博士取其说,校订而传之,使学者以陈先生为蔡、林二先生羽翼,以三先生为朱子鼓吹,以朱子为四子六经津筏,父兄所诏告,子弟所服习,童昏里塾、耆耉皋比所授受,官师所督课,儒林文苑所论著,恪守本朝功令,信如四时,坚如金石,以成孔子春秋大一统之治,于古不倍师,于今不倍

---

① (明)吴当《四书定解叙》,(明)吴当《合参四书蒙引存疑定解》卷首。
② 《明史》卷二八二《陈琛传》,第7235页。
③ 《明史》卷二八二《林希元传》,第7235页。

上,其功宁浅鲜哉!"①描述了一条从朱熹到蔡清、林希元、陈琛的四书注释路线,并提出将它贯彻到教育、科举、士林著述之中。

此后,讲章编撰蔚然成风,如黄士俊《四书要解》,选取《四书大全》朱熹及宋儒观点加以辨析,仍讲义理,但明显简约了。此书有万历四十七年序本。顾梦麟著《四书说约》,采用《四书大全》的体例,然后先选取《大全》《或问》《蒙引》《存疑》部分内容,加以旁批,最后结以"愚按",出自己意见。其按语多对语意关联作出解说。杨彝著《四书大全节要》,是崇祯间的讲章名著。此外还有唐汝谔的《四书增补微言》、缪昌期的《四书九鼎》等。

嘉靖初阳明心学盛行,四书的王学诠释也风靡一世,焦竑、袁黄、唐汝谔是代表人物。讲学是王学传播的重要方式,故王学一脉的讲章在嘉靖之后也是盛行于世的。焦竑的《四书讲录》,初刻于万历二十一年。该书借《高皇帝讲义》对宋儒的否定,从而为他的倡扬王学开路。此书不为科举而著,但时时会说:"时文且依他说。""他"指朱熹。所谓"时文且依他说",一方面,朱注是科举制义写作的标准答案,故若应试写时文,自然是要依他的;另一方面,这句话表明,此书不在科举的框架里谈四书义理的体认。全书首遵阳明学,每将"晦庵子"(朱熹)与"阳明子"(王守仁)进行比较,当两者意见不同时,焦竑便选择阳明子而否定朱熹。可以说,焦竑的《四书讲录》就是一部心学四书讲章。比如关于《中庸》"舜其大知也与"章,焦竑的解释是:"此说行道者须要以舜之智为法。吾心自有良知,舜不是全在闻见上用工的,然好问、好察亦不离却闻见,可见闻见亦是良知之助。但要以致良知为主。"②显然有别于朱熹,也有别于《四书大全》所引宋儒。

又如《论语·颜渊》第一章第一节:

颜渊问仁。子曰:"克己复礼为仁。一日克己复礼,天下归仁焉。

---

① (明)陈琛《重刊补订四书浅说》,《四库未收书辑刊》第一辑第七册,第39—40页。
② (明)焦竑《四书讲录》中庸卷三,《续修四库全书》第一六二册,第30页。

为仁由己,而由人乎哉?"

朱熹解释说:"己,谓身之私欲也。"但孔子的下文又说:"为仁由己。"若按朱熹的解释,这里便出现悖论,即"己"已被克去,又如何还有一个"己"去为仁?但阳明后学王畿说:"既克去之,又欲由之,是二'己'也。"①焦竑同样反对"二己"说。

关于"一日克己复礼,天下归仁焉",朱熹的解释是:"言一日克己复礼,则天下之人皆与其仁,极言其效之甚速而至大也。"但王畿说:"'天下归仁',言天下皆归于吾仁之中,是为仁之功,非与之以效言也。"②焦竑在《四书讲录》中对王畿的意见进一步展开,他说:"'一日克己复礼'不是一日便能到此,由其平日积累功深,故一日而功自成也。"重要的是要长期做克己功夫。"仁是人心所同然,先天下而得之,天下未有不归心者。然既说了功效,复说为仁由己者何?盖此等功效,孰不以为难,而有借于人,却不知为仁是由己而不由人者,功由己而尽效亦由己而致也,可诿之于难乎?"③

万历三十年,袁黄《四书删正》刊行。该书在承认朱熹为吾辈之明师的前提下,对朱注的不正确(即违背孔孟)之处予以指出,故曰"删正"。袁黄认为:"朱元晦继程、张诸儒之后,释经立言,《离骚》、韩文之属,各有论注,意至勤矣,且饬躬励行,修仪范俗,践古人之成迹,振诗礼之门墙,诚儒者之高蹈,吾辈之明师也。但宋时理学初倡,讲究未悉,其所论著,容有与经意不合者,《蒙引》《存疑》等书即有所指陈,而意犹未畅。"④袁黄是王畿的及门弟子,他说:"我在学问中,初受龙溪先生之教,始知端倪。后参求七载,仅有所省。"⑤这部《四书删正》下栏是四书正文及朱注的删节,上栏则是袁黄正面表达自己的观点。其阐释多有依王学之处。比如在"颜渊问仁"这一节,袁黄加了一则批语:"初从先师闻阳明之教,约周继

---

① (明)王畿撰,吴震编校《王畿集》卷三,第75页。
② (明)王畿撰,吴震编校《王畿集》卷三,第75页。
③ (明)焦竑《四书讲录》卷六,《续修四库全书》第一六二册,第137页。
④ (明)袁黄《四书删正凡例》,(明)袁黄《四书删正》卷首。
⑤ (明)袁黄《袁了凡文集》,第9页。

实、蔡复之同做克己工夫,要将好名、好货、好色等私心尽情拔去,做了月余日,转觉心头迷闷,一毫不得力。忽思克己既是胜私,如两军相对,必有我兵,然后可以胜敌,岂有不练我兵而专寻外敌之理?胜私复礼,须是有礼方可胜私,不然,谁去胜也?克即'克明德'之克,己者我也,我能去复礼,则为仁矣,六合功勋,皆为他事。为仁工夫,断然由己不由人,克己由己,总来只是一事,今恐不便举业,姑依旧解。"①

不管是焦竑还是袁黄,他们的解说强调的都是,仁是人心所同然,克己为仁即是感悟自己本有之仁心。袁黄对"克"字还做出了特别的解释,朱熹释"克"为"胜也",袁黄则说,"克即'克明德'之克",把"克"解释为"能","克明德"就是能够发扬善良的德性。这显然来自阳明心学。

明代科举官方功令规定,制义写作必须以朱熹之说为准,但功令规定是一码事,实际推行过程又是另一码事。在"依朱注"的功令规定推行过程中,考官是一个变数,因为考官会受到各自时代的经学思潮的影响,其衡文标准就不一定全依朱注。上面提到的"颜渊问仁"一节,曾经被正统元年会试,嘉靖十九年应天乡试、河南乡试取为试题。正统元年会试主考官为刘定之,他所作程文,基本上是朱熹注释的铺叙,其破、承题为:"圣人告大贤以为仁之功,其效甚速,而人无不与;其机甚易,而人无所预。盖为仁之功,不外乎胜私复礼而已。"②这是对朱熹"极言其效之甚速而至大也。又言为仁由己而非他人所能预,又见其机之在我而无难也"的敷衍。到了嘉靖十九年应天乡试再命此题,其时已是阳明心学最强劲之时,其《乡试录》所录程文(未著作者姓名)全以心学演绎此题,其破题是:"大贤之学求乎心,圣人告以作圣之要焉。"其中间两股是:

> 然仁者人心所同得也,其或异之者,公私之别耳。一日之间,能变其异而反其同焉,则无我之公通乎人而无间,同此心也,同此理也,一德之浑融,天下共由之道矣,人其有不归者哉?

> 仁者吾心所固有也,其或违之者,敬肆之分耳。一念之微,能察

---

① (明)袁黄《四书删正》下论。
② (明)杨廷枢、(明)钱禧辑评《皇明历朝四书程墨同文录》第五册。

之精而守之一焉,则修为之机系乎我而无难,进吾往也,止吾止也,此心之操舍,天理存亡之地矣,人其得而与之也哉?

人之一心,静虚应物者,其本体也。心学的功夫,即是去蔽而重现此善之本心。同考试官颜钥(山东东昌府茌平县儒学教谕)批此文:"是善言心学者。"副主考官龚用卿批:"孔颜传授心法,此作尽之。"

在心学盛行之后,士子应试时究竟应该如何认题,讲章的选择就极为重要了。此文之入选《乡试录》,正因为他的认题契合了考官的心学旨趣。

即使是在程朱理学的体系内,仍有濂、洛、关、闽之不同观点。明代科举中,举子的墨卷也并非都是程朱之解释。袁黄指出了大量的例子,嘉靖丁未会试《中也者 二节》,朱注以"中""和"分配"天地""万物",程、墨皆合而不分,这是采用胡炳文的观点。此外,一些非为科举而作的制义文,也往往有不遵朱注者。如汪文盛的《官盛任使》题文,采用陈孔硕的说法。湛若水《天下归仁》题文采用杨时、吕大临的观点。王鏊《哀公问社 全章》题文采用赵德的观点。桑悦《君子居之何陋之有》题文采用陈栎的观点。一些选家的选本,如董玘批选成化以前程文,其不依朱注者十常八九,其所选浙江《子使漆雕仕 一节》题的程文,采用的是《四书大全》里陈栎的观点。广西乡试《子入太庙 一节》题程文,采用的是《四书大全》里张栻的观点。袁黄的基本认识是,朱熹的注有不少是和孔孟的意思相左的,而《四书大全》上的宋儒却有不少是不同于朱熹注而却更符合孔孟本意的。袁黄这样说,并不是要反对程朱理学,他所引以为正确的宋儒,如杨时、吕大临、张栻、陈栎、胡炳文、陈孔硕、赵德等,要么是程门弟子,要么是学宗朱熹,都属于程朱一派。

不管是《大全》《蒙引》《存疑》,还是《讲录》《删正》,都对士子的认题起到了关键的指导作用。

三、"决科"讲章

当经学诠释与举业相关联时,讲章也就成为书商射利的焦点。其中不乏有严肃诠释经典的,也有在"作法"上详细分析、度初学者以金针的,但粗制滥造、义理腐陋者也纷纷问世,"甚至老学究灯下寻条摘句,杜撰成书,射利坊间,垄断一时,以蒙初学"①者也屡见不鲜。于是,圣贤命脉被支分节解,四书的义理反而被遮蔽,甚至被扭曲。正是这类书籍的泛滥,使得经学研究者奋臂疾呼、奋力抵制,把"讲章"二字骂得狗血淋头。

万历间书坊举业用书多有用"九我李先生"(即李廷机)的名义刊刻的,其真实性往往需要存疑。这类书往往有着非常明确的"举业指南"意向,《新镌翰林九我李先生家传四书文林贯旨》一书首列"九我李先生家传训蒙题式",如破人类式、破物类式。其正文分三栏,下栏为朱熹《四书章句集注》,以旁批形式注释,又以小字夹批的形式进行字词串讲,可以说是直解,也可以说是支离至极。上栏为"新备旨破要览",讲全章要旨,中栏为"简要节旨",讲节旨。如"学而时习之"全章之旨为:"通章总叙为学之全功,首节是成己,次节是成物,三节是成德,三条虽平看,其工夫全在首节为学上,章内以知、行贯。"②其中栏"学而节旨"则说:"首句分上言学务深造,下言有自得之妙也。"逐章逐节以最简要的词句概括,使学生能够提纲挈领。这些概括都是很方便考生的制义写作,立柱立局,都可以说是手到擒来。这种讲解方式,从"以道论艺"的角度看,是支离破碎的。但是从应试的角度看,则是颇具实战意义、能在写作入门方面予士子以启发。

汤宾尹的《四书脉》(有万历四十三年刊本)专门分析四书的脉理,这为士子的认题提供了一个技术层面的帮助。李廷机为其作序曰:"昔人谓焚经经存,解经经绝。追宋之笺注演为今之讲说,正脉如线,不犹绝之绝耶?盖圣贤之言不朽,妙义分行,大概脉定则神定,神定则气完,笔之于口,了之于心,正使绘之于心者亦复了之于口。有真面目焉,而不必乞灵大众;有真骨血焉,而不必借光说铃。学士家乃凿宋人残渖,窃竺乾绪言,骈枝拇指,逐影吠声。外之游言涂抹日繁,而中之面目骨血日闭,是见楛

---

① (明)陈继儒《刻缪先生四书九鼎序》,(明)缪昌期纂要,(明)杨文奎编次《四书九鼎》卷首。
② (明)李廷机《新镌翰林九我李先生家传四书文林贯旨》卷三。

而忘其珠也,有不觉驱风气以从之者。噫!难言之矣,霍林若从习诵中开避真正法眼,有不向语言声色上求真神,惟以心传圣贤之口,复以口传圣贤之心,字字着筋、丝丝见血,岂笔墨之外另有化工耶!"①如何撇开宋人残沈、竺乾绪言,重现圣贤之心,正是这部《四书脉》的主要工作。汤宾尹自叙说:"况夫孔、曾、思、孟上接十六字之心传,语语脉络,如日月之中天,江河之行地,此脉千古不绝矣。无奈腐臭之儒,深者索之气骨之外,令此旨沉晦而脉息;浅者求之皮肤之内,令此旨浮薄而脉枯。"②他认为宋儒之传注、明儒之标宗,都是肤浅的。究其原因,是他们未能就圣贤之旨,按圣贤之脉。他这部书就是为了解决这些问题,故此书名为《四书脉》。

此书具有鲜明的"决科"目的。由文脉分析去把握义理脉络,是这部书的基本思路。"然一章有一章之脉,要看何处发派,何处收缩。一节有一节之脉,要看从何递接,从何转折。一句有一句之脉,要看此句应某句,此句重某字。"③对于四书各章,该书先提全章总意,后乃逐节逐句分解。在分解的过程中,该书具有鲜明的"认题布势"意识,它对四书的讲解,着重在其脉理、轻重、虚实。如第六章:

> 子曰:"舜其大知也与!舜好问而好察迩言,隐恶而扬善,执其两端,用其中于民,其斯以为舜乎!"

汤宾尹说:

> 此章就舜之君临天下说,以"大知"二字为主,首句虚,下正见其"大知"。"大知"要就舜心、体言,人心有一毫遮蔽,"知"便不大。惟舜至虚至公,不亏损其全体,故曰"大知"。不是注"不自用而取诸人"之说。"好问"以下,俱要粘"大知"上说,舜非有心好问,亦非以迩言当察,乃良知发见流行,光明圆莹,无挂碍遮蔽,自然好问好察,

---

① (明)李廷机《题睡庵四书脉序》,(明)汤宾尹《睡庵四书脉》卷首。
② (明)汤宾尹《四书脉自叙》,(明)汤宾尹《睡庵四书脉》卷首。
③ (明)余陛瞻《睡庵四书脉凡例》,(明)汤宾尹《睡庵四书脉》卷首。

好问亦是"迩言","迩言"不是荛荛工瞽,道寓诸庸,至浅至近的,即性命涵微处。二"好"字有精孚神契、欲已而不能已意。"隐""扬"从"察"字来,不是圣人有意隐之、扬之,盖圣心本有善无恶。恶投不觉其消化,善投自为之发扬也。"好"与"隐""扬",皆自人所见而言,舜未尝知也。"两端",是不一之论,彼亦一善,此亦一善,未必皆合于中。执者,执此不一之论,斟酌参详也。"中"字是从圣人权度精切中来。"用其中于民",谓从两端而得中,即以此中而经纶设施于民也,还是用以治天下之意,非说取民之中为我用。"其斯以为舜乎","斯"字关系最紧,即"斯昭昭"之"斯",是见前意,亦无多意,言舜之所以为舜者,只在这些子,无他奇也。切勿插入"大智"字。①

他的解说,是首先精确辨析《中庸》的义旨,认为"舜好问而好察迩言,隐恶而扬善",这只是第三者叙述的结果,舜的好问好察、隐恶扬善,并非有意为之,乃良知发见流行,光明圆莹,无挂碍遮蔽。汤宾尹这种由里而外、强调良知流行的解释,显然是当时心学思潮影响下的解释。通过这种义理辨析、体认,制义的布局谋篇也就被决定了。这既是一种有益圣学的义理辨析,也是一种高水平的制义写作指南书。

汤宾尹此书由建阳书商余应虬于万历四十三年刊行。四年后,余应虬与徐奋鹏商量重镌,请徐奋鹏一起增补,"我两人相与中分其任",成《鼎镌徐笔洞增补睡庵汤太史四书脉讲意》一书。此书采用"高头讲章"典型的版式,分上、下两栏,下栏收入汤宾尹的《四书脉》,上栏则是徐奋鹏和余应虬的增补,其讲解基本上按照汤宾尹的路子,但较少布局谋篇的提示。

崇祯间的《四书从信》直接将科场命题与讲章之学联系起来。此书题"钱希声先生手著四书从信",其实它由两书合成,下栏为钱希声《四书从信》,上栏则是杨廷枢、张明弼、艾南英三人合订的书,书名未知。该书开篇"大学大意"即引李见罗:"李见罗曰:大学一经,论主意,只是教人止

---

① (明)汤宾尹《睡庵四书脉》中庸卷二。

至善;论工夫,只是修身为本。"①李为王阳明再传弟子。此书是否真为钱希声所编,上栏讲说的真实作者是否为杨廷枢、张明弼、艾南英,这些都是应该存疑的。据冯贞群《钱忠介公年谱》,崇祯四年,钱肃乐二十五岁,"公博通群籍,尤熟《大全》《性理》,为制义,遵传注。所刻《制义四书问古篇》以发明传注、体贴理脉为宗,实开风气之始,人争市之"。②这部《制义四书问古篇》今已不存,但此书在当时为开风气之书,以发明朱熹传注、体贴理脉为宗。这或许就是书商伪托他的名字以刊行高头讲章之实的原因。

《四书从信》的版式分上下两栏。上栏分全旨、口讲、节意三部分。下栏分测字、拟题、通考、名解四部分。钱肃乐说:"作文看书,原不是两件工夫。"认题尤为重要。"主司命题,各有妙义,有从上文来者,有从中间暗伏者,有从下面含蓄者,有数句而结聚于一句、数字而结聚于一字者,有不在字句之中,而结聚于字句之外者。本集所载,字字金针,语语衣钵,各相题措词,令读者一披览而精神悉露。"③该书相题措词,为主司可能出的题目量身定做。如何把握圣贤义旨,该书由上栏以"全旨"去驾驭:"圣贤千言万语,自有归着,所谓肯綮是也,则必言约而尽,旨曲而中。本集中章章揣摩所重在何句,精神在何字,详其大义,而曲折毕见。"④其"拟题"部分,专门应对考官命题。如《大学》经第一节,若以此节为题目,"有作三平体者,有递串下者,总要以'明德'为主,不如先讲'明明'作二比,将'德'字串下,'新民'作二比,而'止至善'又承'明''新'作,为正体"。⑤意思是"在明明德,在亲民,在止于至善"三句,有人把这三句看成是并列关系,其文作"三平体"。而该书认为,三句应是递串关系,故其文应采用串体。

还有一种托名钱肃乐的《新锲钱太史四书尊古》,有崇祯十三年刊

---

① (明)钱肃乐《二刻钱希声先生手著四书从信》卷一。
② (明)冯贞群《钱忠介公年谱》,(明)钱肃乐《钱忠介公集》,沈乃文主编《明别集丛刊》第五辑第八一册,第314页。
③ (明)钱肃乐《二刻钱希声先生手著四书从信》凡例。
④ (明)钱肃乐《二刻钱希声先生手著四书从信》凡例。
⑤ (明)钱肃乐《二刻钱希声先生手著四书从信》卷一。

本,前也有自称其友人的序文。此书恐怕也是伪托。此书时引阳明的话,如《中庸》"喜怒"节:"阳明云:慎独而中和出焉,的作从养后得来。"①引入王阳明显然与发明传注相矛盾。此书虽不分栏,却也专谈章旨、节旨、词句轻重。如对于《中庸》第十三章首节,该书说:"首句极重,下句不过足上意耳。吃紧在'人'字。"②

余应虬于天启三年还刊行过《新拟科场急出题旨元脉》八卷,明张鼐著,陈仁锡批评。晚明评点书署"张鼐"之名者甚多,真假混杂。这部《新拟科场出题旨元脉》完全是为应试而编,书名"新拟科场出题"尤其鄙俗,或为书商所加。书的内容则如徐奋鹏之《四书知新》,旨在挑明《四书》各章、节、句之关键性字眼,即所谓的元脉。张鼐虽曾在《山中读书印》中发出三叹:"学人效禅和提唱公案,认影迷头,鼓弄虚花,不征实义;讲学良知,答问称引弟子姓名,辨诘纷纭,略无究竟;又鲰生小儒循习章句,奉龙头四书为符箓,不能独征心得,进步竿头。"但他的《山中读书印》仍是以禅宗、心学说《四书》的路数,故《山中读书印》的和刻本书名改为《经学玄谈》。《题旨元脉》也是一部解经之作,但目的则是专为应试指南而作。然其解经与《山中读书印》有契合之处。(如该书对"学而时习之,不亦悦乎"的诠解)该书前有范绍序所作《题旨元脉叙》。范绍序,会稽人,丙辰进士,刑科给事中。叙文说:"题目之脉即文之法、文之神也。乃所谓脉者何在?姚江有云:'千圣再无心外诀,六经须拂镜中尘。'苟得其心,圣言亦筌蹄耳。心者,圣贤之真脉也。今之制举家不能沉潜体会,透悟圣贤心脉,以故锋颖有余,神理多戾。下笔时便有沾滞,有渗漏,便无头颅,无主张。摹仿粉抹,多涉补缀……侗初张先生窃患之,乃叹三年机运,发僞一人。毕世荣敷,宅灵片晷。于是为家塾弟儿辈暨门下多士索微阐异。曹局暇时,纂《题旨》一册。予细阅之,全在语言文字不着处抽出,圣贤心脉,隐隐自现,直是一片渡世热肠。"

在明代的讲章类中,此书最能代表以"决科"为直接目的一类,而且完全以命题题型的形式讲说,其题型又按章、节、句分别予以讲说。如《论

---

① (明)钱肃乐《新锲钱太史四书尊古》中庸。
② (明)钱肃乐《新锲钱太史四书尊古》中庸。

语·学而》第一章,先讲《学而时习　章》题,称"此题只重'学习'二字,下二节正是学习处"。① 接着讲《学而时习　二句》:"要讲得极细,似圣学不厌趣味,方妙。"②再讲《不亦乐乎　搭下节题》,这是截搭题形式。再讲《人不知　二句》题:"曰'不愠',则不但是分毫芥蒂都忘,依旧是个习不辍、悦不改,并分毫芥蒂之念浑化而不知也。此的是至诚无息、圣学不厌的心境。此'君子'是言君子之心,不就人品说。"③完全针对这一章所可能出现的命题形式,全章题、二句题、截搭题,逐个应对。

对每一道题目的解说,都是提供写作策略,如《巧言　一节》题,该书说:"'巧''令'字不必说到已甚。"④《论语·学而》第四章是:"曾子曰:'吾日三省吾身:为人谋而不忠乎?与朋友交而不信乎?传不习乎?'"编者认为,如果以这全章为题,那么,"题意虽分三项,其真窍宜归重'传习'上。三省只是一省,'忠''信'正'传习'以内事。曰'为人谋而不忠',正自夫子'与人忠'之意来。曰'与朋友交而不信',正自夫子'朋友信'之意来,此皆是圣人真传。……悟此意作文,便得真窍"。⑤ 如果是《吾日三省吾身》单句题,布局谋篇又自不同:"题中虽说'省身',其实省身正所以省心也。天下岂有身外之心?省是退而省私之省,人心中有机微隐匿处,一返观自见明白,最是诚意工夫。讲中脱不得'身'字,语意全要粘'心'上发脉。"⑥单句题题面字数少,文境逼仄,故必须挑剔字眼,如此题则挑一"省"字。

全书正是这样的一种"实战"定位,于义理辨析上并不甚着意。

---

① (明)张鼐著,(明)陈仁锡批评《新拟科场急出题旨元脉》卷一,陈维昭、侯荣川主编《日本所藏稀见明清科举文献汇刊》第一辑第一二册,第13页。
② (明)张鼐著,(明)陈仁锡批评《新拟科场急出题旨元脉》卷一,陈维昭、侯荣川主编《日本所藏稀见明清科举文献汇刊》第一辑第一二册,第14页。
③ (明)张鼐著,(明)陈仁锡批评《新拟科场急出题旨元脉》卷一,陈维昭、侯荣川主编《日本所藏稀见明清科举文献汇刊》第一辑第一二册,第15页。
④ (明)张鼐著,(明)陈仁锡批评《新拟科场急出题旨元脉》卷一,陈维昭、侯荣川主编《日本所藏稀见明清科举文献汇刊》第一辑第一二册,第17页。
⑤ (明)张鼐著,(明)陈仁锡批评《新拟科场急出题旨元脉》卷一,陈维昭、侯荣川主编《日本所藏稀见明清科举文献汇刊》第一辑第一二册,第17—18页。
⑥ (明)张鼐著,(明)陈仁锡批评《新拟科场急出题旨元脉》卷一,陈维昭、侯荣川主编《日本所藏稀见明清科举文献汇刊》第一辑第一二册,第18页。

综上所述,明代讲章存在着这三大类型,经筵讲章的严肃性和重要性自不必说,因其与科举没有直接关系,故本书从略。对于后两类,人们尤其容易因"决科"类直接而强烈的功利目的而予以彻底否定,并进而把骂名覆盖到了《四书蒙引》《四书存疑》《四书讲录》《四书删正》之类的讲章身上。清乾隆间潘世晓说:"凡看讲章,当先取白文涵泳一遍,再将朱注体会一遍……逐一体认。此心若有不明白处,然后取讲章看之。看讲章还有不明白处,然后取《大全》看之。若看《大全》仍有不明白处,然后寻成、宏以来诸大家说理之文看之。"由讲章经《四书大全》,再经朱熹集注,再到四书原典,构成了士子研习经典的完整过程,而讲章则是士子经学启蒙的最初阶段:"舍讲章何由体会朱注? 舍朱注何由体会白文?"[1]《蒙引》《存疑》等书旨在帮助士子正确理解经典,至于他们的讲说是否正确,是否深刻,自可作出评估,但不能因其"分解"的讲说形式而认为它们支离了经典、亵渎了经典。即使是决科类讲章,其直接的功利目的自然是不够高尚宏大,但它们在技术的层面上度人金针,以"分解"的形式帮助士子把握经典的脉理,方便士子认题,或者把写作的方法论教给了初学者,使他们快速掌握制义写作技巧,其积极的意义也是不言而喻的。用经术的高境界来要求讲章,这是不合适的。

---

[1] (清)潘世晓评定《文矩百篇》卷首,光绪十年刻本。

第六章　四书文命题与制义修辞

引　言

　　明代科举以四书五经文字作为命题作文的题目,这在中国古代科举史上是一个创举。四书原本并非为科举命题而设,其词句的意思并非自明自足的。《论语》《孟子》均为记言之书。《汉书·艺文志》:"《论语》者,孔子应答弟子时人及弟子相与言而接闻于夫子之语也。当时弟子各有所记。夫子既卒,门人相与辑而论纂,故谓之《论语》。"①这种语录体并不能全面呈现圣贤的意思。汤宾尹认为,四书只是圣贤在特定的情景下说的话,圣贤的心意或许字面所不能涵盖,"且圣贤心曲,托于言而亦外,脱于口而已陈,第令六经、《语》、《孟》圣贤复说一过,亦必有另出一局、再开一新者"。②《大学》《中庸》二书显然更具逻辑推衍性和关联性,朱熹分《大学》为经、传,经的三纲领八条目为全书总纲,其传则是渐次诠释这个总纲。朱熹分《中庸》为三十三章,各章之间具有密切的逻辑关系。正因为四书这样的一些文本特点,当考官从其中选取章、节、句作为考试题目时,它就不像元代的经疑那样具有清晰的问题意向,考官的问题并不一定直接呈现在题目上,而很可能必须联系题目的上下文,才能准确理解题目的意指。比如弘治十四年辛酉科顺天乡试题《欲仁而得仁又焉贪》,题取自《论语·尧曰》第二章,这是孔子在回答子张关于"五美"中的"欲而不贪"时所说的话,必须参照上文子张所提到的怎样才可以从政、什么是

---

① 《汉书》卷三〇《艺文志》,第1717页。
② (明)汤宾尹《汤睡庵太史论定一见能文》卷三,陈广宏、龚宗杰编校《稀见明人文话二十种》上册,第1065页。

五美等问题,才能明白这道题目的真正问题。据朱熹《或问》:"仁是我所固有,而我得之,何贪之有?若是外物,欲之则为贪,此正与'当仁不让于师'同意。"①显然,只有将朱熹所说的"若是外物,欲之则为贪"加以展开,题目之意始能明确。嘉靖三十一年壬午应天乡试题《君子不可小知而可大受也》,取自《论语·卫灵公》第三十三章。此二句的意思是,不可以用小事情去考验君子,而可以让他承担重大任务。朱熹集注说:"此言观人之法。知,我知之也。受,彼所受也。盖君子于细事未必可观,而材德足以任重。"董其昌认为,这道题目,如果按题面随题讲去,顺题挨讲,其结果会显得君子全不管细事,只做大事。但孙溥墨卷则说:"故以一事之尽善,而谓其为君子焉,吾意君子不如是之隘也;以一事之未善,而谓其非君子焉,吾意君子不如是之浅也。果可以小知乎哉?"君子不以一事定优劣。把"不以一事定君子之善不善"的意思阐发清楚,补足题目所留下的空隙,董其昌把这种修辞方法称为"斡",即在题目的漏处用意斡旋。

可见,即使考官以四书中完整的章、节、句来命题,也不能保证其题义是完全自足的。因而制义的作者就需要来一番"洗发"或"斡",于是,在义理上,作者的个人理解乃至于他的全部主体性就会或多或少改变四书原义;在修辞上,作者会用自己的文章理念去演绎题目、重建题目的义理指向。清代焦循说:

> 时文之法与古文异,古文不必如题,时文必如题也。其原盖出于唐人之应试诗赋。然应试诗赋虽必如题,不过实赋其事而止,无所为虚实偏全之辨也,即无所为连上犯下之病也,亦即无所谓勾勒纵送之法也。时文之题出于《四书》,分合裁割,千变万化,工于此技者亦千变万化以应之,不失铢寸,非童而习之,未有能精者也。是故其考核典礼似于说经,拘于说经者不知也;议论得失似于谈史,侈于谈史者不知也;骈俪撷拾似于六朝,专学六朝者不知也;关键起伏似于欧苏古文,模于欧苏古文者不知也。探赜索隐似于九流诸子,严气正论似

---

① 转引自(明)胡广、(明)杨荣、(明)金幼孜纂修,周群、王玉琴校注《四书大全校注》,第753页。

于宋元人语录,而矢心庄老、役志程朱,又复不知也。其法全视乎题,题有虚实两端,实则以理为法,必能达不易达之理;虚则以神为法,必能著不易传之神。极题之枯寂险阻,虚歉不完,而穷思渺虑,如飞车于蚕丛鸟道中,鬼手脱命,争于纤豪,左右驰骋,而无有失。至于御宽平而有奥思,处恒庸而生危论,聚之则名理集于腕下,警语出于行间,别置一处,不可为典要者,时文之体也。①

在乡、会试逐科举行的过程中,考官为了防止考生拟题宿构,或者为了以独特的方式考察考生对四书整体性的了解,便选取半章、半节或语意不能自足的几句话作为题目,这对于考生的理解力更是一个挑战。无论是冠冕正大、意义完整自足的章、节、句题,还是题义不能自足的截题、搭题,四书题都是在考验考生对四书义理完整性的了解和领悟程度。

然而,一道题目应该如何做,对义理的阐释在程式上、修辞上应该达到什么要求,并没有一个天下共守的细则。官方出台的科场条例,也只是在大方向上规定"词理平顺""务在典实,不许敷衍繁文",②并未有更加具体的文章格式规定。至于"出题不许摘裂牵缀",③其初是针对《春秋》科中的"合题"现象而提出的。在四书题的命题上,什么是"摘裂",什么是"牵缀",并未明确规定。比如宣德七年壬子科应天乡试题《斯民也三代之所以直道而行也》,此题虽未被认为是"摘裂""牵缀",但"斯"字已表明,题目是承上文而来的,必须与上文合观,其义始全。这一类题义不能自足的四书题,在明代的乡、会试上比比皆是。

考官该如何命题,考生该如何答题,科举条例虽未明确规定细则,但在长期的科举实践中还是逐步形成了某些共识。这其间,传统的修辞原则和审美观念起到重要的作用。这些共识具有一定的相对稳定性,但很快就会被新的命题理念和写作理念所代替。这种理念的相对稳定性和快

---

① (清)焦循《里堂家训》,楼含松主编《中国历代家训集成·清代编》第十册,第5828—5829页。
② (明)申时行等重修《明会典》卷七七,第1791页。
③ (明)申时行等重修《明会典》卷七七,第1791页。

速变异性,或许就是四书文的魅力之所在。

四书文的命题具有一定的格式,明人称之为题格,也即题型。题目可以是取自四书的一章、一节、数节、一句、数句。从题型的角度看,四书文题目有全章题、一节题、数节题、单句题、二句题、多句题,截题、搭题则是其变体而已。

从万历朝开始,制义理论家开始建构制义学体系。李叔元的《新锲诸名家前后场肄业精诀》分题体为二十式,汤宾尹《汤睡庵太史论定一见能文》分题体为七十三种,张溥的《初学文式》分题体为三十三种。对于这些题体,理论家们都给出相应的作法指南。

虽然对于命题作文来说,一个题目可以有多种作法。但题型与修辞之间存在着一定的对应关系。清康熙间教育家崔学古在谈到塾师如何教学生做题时说:

> 如出一句题目,看其何字当挑,何字当剔,或该承上,或该含下;其两句者,或该分扇,或该串讲,或该上下半格;三句者,或三段,或一头两脚,两头一脚,或又该串讲等类;四句五句俱如之。次第与之讲明题意文格,令其各各通晓,然后及于搭题、上下题。搭题须两下照应,上下题须两下联络,然尓必先从题目显易明白、易于发挥者先教之,而后及于理题,庶令学者不苦难,而便于措手。①

一句题由于文字较少,文境逼仄,因而需要对其中的重要字眼进行挑、剔,技巧的使用便显得十分必要,而技巧正与先正的浑然文章范式相悖。三句题若三句在语义上处于并列关系,则其文的主体部分往往就是三段,则成了三股文,与八股文对称骈偶的修辞效果明显不同。搭题须前后照应,上下文须互相联络,其道理至为浅显。宣德、景泰之后的文风与截搭题在乡、会试上的出现有直接关系。

崔学古又从题理上谈到对于不同题类的应对策略:

---

① (清)崔学古《少学》,《檀几丛书》二集卷九。

夫小题,有单句者,有双句者,有截上截下者,有短搭长搭者,有旁引曲喻者。理致题,则观其法脉;辨难题,则观其议论;典制题,则以博雅为工;记事题,则以磊落见致。题本枯窘,我出之以波澜;题近粗俗,我运之以风雅;题既虚缩,非顿宕无以宽局势;题既板实,非翻跌无以活文机。映带串插,搭题之胜概也;详略呼应,长题之能事也。若夫题正者利用反,题抑者利用扬,题纤者宜发宏论,题顺者宜用逆势。①

这种对修辞形态与题型的关系的把握,很大程度上来自传统诗学、文章学的影响,是诗学传统、文章学传统在制义中的延伸,但也有植根于科举特性的独特的文章修辞。题型与修辞之间的对应关系并非绝对,但在长期的科举实践中,人们形成了某种共识:以特定的修辞形态应对特定的题型,将可以表达最准确的理学领悟、呈现最佳的理学美境。"求新"的科举制度特性不仅影响考官命题,而且也激发制义修辞的日新月异。命题与修辞的关系,就在这种成规与变异中呈现。

第一节 冠冕正大与顺题挨讲

一、何谓命题冠冕正大

洪武至宣德的乡、会试四书文命题,不管是全章题、全节题,还是二句题、多句题,甚至截节题,虽不能说是每道题都"冠冕正大",但其题目的语意基本上相对自足,没有出现语意残缺的题目。四书义的考试,并不是要存心作难考生,其目的是要考核士子对儒家经典的认知程度,故考官即在四书中选择语义冠冕正大的章、节、二句、多句进行命题。杨廷枢说:"国初试题,取经书中大道理、大制度、系人伦治道者出以课士,当时题目无多,士专心于大且要者,用功有伦序,得以余力及他经、子、史。或疑此题与乙丑同,不知设科之始,固不拘也。"②只有这样,士子才有"余力"可

---
① (清)崔学古《少学》,《檀几丛书》二集卷九。
② (明)杨廷枢、(明)钱禧辑评《皇明历朝四书程墨同文录》第一册。

以在应付科举之余而涉猎其他经、子、史,才可能真正成为一个思与学完整结合的人才。当然,这与明初参加科举人数与朝廷准备录取的人数之间的比例是有直接关系的。

四书题以儒家经典作为题目,故其命题必然与意识形态相关。四书的内容丰富复杂,既是圣贤思想与言行的记录、阐说,又往往以反面人物、负面事件来彰显圣贤。人物如桀、纣、厉王、幽王、阳货等,事件如"在陈绝粮""公伯寮愬子路于季孙""有盛馔,必变色而作""杀鸡为黍而食之""今有人日攘其邻之鸡者""不知足而为屦"等,都不属于冠冕正大的人事。如果以这样的题目考士子,士子一旦在制义中"入口气",岂不是使士子受反面人物、事件的负面影响?所以凡是与亵而不经、浮艳不雅、逆恶顽夫、乱臣贼子相关的字句,都不能作为题目。一些"负面"意义的字句,如"危邦不入,乱邦不居""无道则隐""天下无道,则礼乐征伐自诸侯出""小人喻于利""无为小人儒",等等,也不曾进入明代乡、会试的四书文命题中。

不过,在一些地方小试中或士子的日常练笔中,这类题目可以作为写作技巧训练。比如金圣叹的《小题才子文》选了孙鼎的《今有人日 一鸡》题文,题出自《孟子》:

孟子曰:"今有人日攘其邻之鸡者,或告之曰:'是非君子之道。'曰:'请损之,月攘一鸡,以待来年,然后已。'如知其非义,斯速已矣,何待来年?"

这不仅是截搭题,而且是亵而不经题。金圣叹说:"如曰戏耶,则题先戏矣。且吾亦不问戏不戏,但要相其用笔之法,固不能以戏而废用笔之法也。"①他选入贺鼎的《卒之东郭墦间之祭者》题文,并说:"戏笔文字,不欲存,然亦略复存之,以休养子弟千斤重笔。"②金圣叹说"题先戏矣",把游戏笔墨归责于题目。这样的题目不可能出现在乡、会试上。

故冠冕正大一直成为主流的命题理念。王夫之说:

---

① (清)金圣叹著,陆林辑校《金圣叹全集》第六册,第738页。
② (清)金圣叹著,陆林辑校《金圣叹全集》第六册,第749页。

经义之设，本以扬榷大义，剔发微言；或且推广事理，以宣昭实用。小题无当于此数者，斯不足以传世。其有截头缩脚，以善巧脱卸吸引为工，要亦就文句上求语气，于理固无多也。守溪作此，以翦裁尺幅为式，义味亦复索然，特不似后人作诨语耳。若荆川则已开诨语一路，如"曾子养曾皙"一段文，谓以余食与人，为春风沂水高致。其所与者，特家中卑幼耳。三家村老翁妪，以卮酒片肉饲幼子童孙，亦嘤嘤之狂士乎？诨则必鄙倍可笑，类如此。此风一染笔性，浪子插科打诨，与优人无别。有司乃以此求士，可谓之举国如狂矣。唯有一种说事说物单句语，于义无与，亦无所碍，可以灵隽之思致，写令生活。此当以唐人小文字为影本。刘蜕、孙樵、白居易、段成式集中短篇，洁净中含静光远致，聊拟其笔意以驺宕心灵，亦文人之乐事也。汤义仍、赵侪鹤、王谑庵所得在此，刘同人亦往往近之，余皆不足比数。①

经义之设，本为扬榷经典之大义，剔发经典之微言，故其命题必须冠冕正大，这种题目也叫大题。如果将经典截头缩脚以命题，或者以逆恶顽夫语命题，则属于小题。王夫之所批评的就是这种小题引发的"以善巧脱卸吸引为工""插科打诨""鄙倍可笑"的修辞形态。

王夫之说："逆恶顽夫语，覆载不容，而为之引伸，心先丧矣。俗劣有司以命题试士，无行止措大因习为之，备极凶悖。如'孰谓鄹人之子知礼乎''谟盖都君咸我绩'之类，何忍把笔长言？"②"孰谓鄹人之子知礼乎"句出自《论语·八佾》第十五章，鄹人之子指孔子，此处有讥讽之意。"谟盖都君咸我绩"，取自《孟子·万章上》第二章，舜之弟象所说的话，意为"谋害舜，都是我的功劳"。王夫之认为此语"孰谓鄹人之子知礼乎""谟盖都君咸我绩"都属于"逆恶顽夫语"，不能用来命题。而事实上，明代乡、会试从未用这一类"逆恶顽夫语"命题，只有成化七年广东乡试以此

---

① （清）王夫之《夕堂永日绪论外编》，船山全书编辑委员会编《船山全书》第一五册，第867页。
② （清）王夫之《夕堂永日绪论外编》，船山全书编辑委员会编《船山全书》第一五册，第867页。

"子入大庙"全章为题,其中"孰谓鄹人之子知礼乎"一句只是论述试题背景,孔子的"入大庙,每事问……是礼也"才是论题的中心。这里的"俗劣有司"应是指地方的岁、科小试的考官。王夫之所说的"逆恶顽夫语"题,即属于"亵而不经"题。

当然也有个别例外,如宣德十年乙卯科会试题《君子贤其贤而亲其亲小人乐其乐而利其利》,弘治八年乙卯科湖广乡试题《君子之德风小人之德草》,嘉靖十年辛卯科应天乡试题《君子周而不比小人比而不周》,万历七年己卯科江西乡试题《女为君子儒无为小人儒》,天启四年甲子科山西乡试题《君子贤其贤而亲其亲小人乐其乐而利其利》,等等,虽然"小人"是作为"君子"的衬托,但毕竟出现在题面上。尽管四书中的负面意义文字,在表述上已经予以否定,如"小人喻于利""无为小人儒""小人比而不周"等,已经包含了价值评价,但是,负面意义的文字是不会单独作为题目出现的。

一些"鄙俗"的词句也被认为不适合于命题。唐顺之说:"题目俗的、死的,须点化令雅、令活。如《赤舄几几》,不要死讲'赤舄',形容他不失其常而已。如《速于置邮而传命》,不要死讲'置邮',形容德行速而已。如讲'畜马乘不察于鸡豚','是计小利而失大体,鄙孰甚焉',只融其意,隐其辞。"①"赤舄几几"出自《诗经·国风》,"赤舄"是红色而饰金的鞋,"几几"是鞋头弯曲的样子。"置邮"乃古代之驿站。"马乘""鸡豚"则为畜牲。这些都属于鄙俗或"死"的物件。

唐顺之所说的"讲'畜马乘不察于鸡豚'"指的是正统十二年丁卯科福建乡试《马乘不察于鸡豚伐冰之家不畜牛羊百乘之家不畜聚敛之臣》题许道中的墨卷,其提比为:

> 且夫古者问大夫之富,数马以对,而畜马乘则身为大夫矣。身为大夫而复察于鸡豚,是计小利而失大体,鄙孰甚焉!故畜马乘者不察于鸡豚也。
>
> 卿大夫以上,丧祭用冰,而伐冰之家则家有厚禄矣。家有厚禄而

---

① (明)杨廷枢、(明)钱禧辑评《皇明历朝四书程墨同文录》第五册。

复畜夫牛羊,是图孳息而争民利,贪莫大焉,故伐冰之家不畜牛羊也。

唐顺之认为这两股"只融其意,隐其辞",吴钦说得更明白,他说许道中此文"只讲'不察''不畜'意,不讲'不察''不畜'语",认为这样的修辞处理就可以避免鄙俗之讥。考官命题本已有鄙俗之嫌,唐顺之、吴钦的解释意在点明许道中墨卷的修辞方法化解了鄙俗之题。

《论语》记录了孔子的话:"非其鬼而祭之,谄也。见义不为,无勇也。"赵南星也写过以此为题的名文,传颂一时,但那是赵南星私下的练笔,这样的题目同样不会出现在乡试、会试等正式考试中。

嘉靖朝的命题禁区又有其特殊性,嘉靖朝是一个四书文命题的文字狱时期,乡、会考试官有以题目坐讥讪得罪者,命题只能选用一些规范臣下行为的句子,如"事君能致其身"(嘉靖四十一年会试题)、"臣事君以忠"(嘉靖三十五年会试题)、"为人臣止于敬"、"为人臣者怀仁义以事其君"(嘉靖三十五年应天、江西乡试题)。① 那些诸如"臣视君如国人""臣视君如寇雠"等,就不能成为题目了。

总之,四书题应该在冠冕正大的文字中选取,这是明代乡、会试四书文命题的大方向。所谓"冠冕正大"之题,指其内容对于儒家义理来说属于"正能量"者。正面的、相对完整地呈现儒家义理或圣贤事迹的题目即是冠冕正大之题。明末陆世仪在谈到童试的命题时也说:"童试虽小事,然亦是士人进身之始,命题必须正大,所以端其志趣,国初皆是如此。庆、历之际,始竞为小题,或枯或空,或缩脚,穷工极巧,务极其胜,止取儇慧,不顾义理,不知祖宗取士之意何在。所以庆、历之末,人尚虚夸,士习大坏,亦是世代一大升降处。至后而又变为巧搭,破坏圣经,割裂文义,害义伤教,莫此为甚。后生小子都教坏心术,而不知者尤以为巧。有司以之衡文,督学以之课士,习久成俗,漫然不知,甚可叹也。仲尼曰:'始作俑者,其无后乎?'有圣人起,必为析言破律之诛无疑,不能不追咎庆、历诸公也。"②命题正大,是为了端其志趣;题目割裂牵搭,则会引人心术不

---

① (明)叶权撰,凌毅点校《贤博编》,第25页。
② (清)陆世仪《陆桴亭思辨录辑要》,第60页。

正——这种推衍逻辑虽然显得机械而无理,但因其占据舆论的制高点而被广泛运用。从维护儒家经典的神圣性的角度看,这些"冠冕正大"的命题要求自然是堂而皇之的。

从前面我们对明代乡、会试四书文命题的数据分析来看,考官命题主要并非出于覆盖面的考虑,不执意于出陌生题,重复命题之多已经大大超出今人的想象,而交叉命题更是避免重复命题的方法。四书中尚有大量在语意上冠冕正大的文字未被命过题,这些都可以让我们更加相信,明代考官命题,主要是从义理的角度考虑的。

前文指出,科举考试中的经义与一般意义上的经学毕竟不同。王夫之说:"经义之设,本以扬榷大义,剔发微言;或且推广事理,以宣昭实用。"①这自然是正理,但这是一般意义上的经学。对于科举考试来说,问题就不是这么简单了。科举中的经义之设,本来是为了扬榷大义,但这并不意味着命题只能是"冠冕正大","扬榷大义"的目的与科举的命题题型没有直接关系。从"以艺论艺"的立场看,以反面人物、负面事件来证明圣贤的正确,同样可以达到"扬榷大义"的目的。但是,持"以道论艺"立场者并不这样看,王夫之接着说"小题无当于此数者",显然是把题型与"扬榷大义"的目的直接挂钩了。

尽管有"冠冕正大"的官方功令高悬于前,但考官在实际的命题过程中仍然会偏离官方功令。考官命题追求新变,采用截搭等小题的命题方式,是其制度性质所决定的。明代科举首场经义考试既然是命题作文,那么,题目就不能为考生所事先预知。而冠冕正大之题是最容易被预测到的,冠冕正大题往往就是熟习题,最便于考生宿构。明清时期坊间即有拟题一类的书籍的刻印,如前文提到的《新拟科场急出题旨元脉》一书,专门应对冠冕正大的熟习题。由此便会产生一种弊端,即考生通过拟题而中式,这样就无法真正判别真才与庸才,也就失去了人才选拔的意义了。袁黄说:"近来每科建议只用平正,而于高皇帝发挥道理之意不复讲求,只依朱注,而于成祖编集《大全》之意更不考究。甚至题目只出旧者,使人

---

① (清)王夫之《夕堂永日绪论外编》,船山全书编辑委员会编《船山全书》第一五册,第867页。

人得以揣摩，而帖括饾饤之徒，尽记旧文以入彀。科场本以网罗豪杰，而今反为浅庸易售之地，非法也。"①于是，变换命题的常规形式就成为不可回避的选项，景泰二年会试四书文第二题为《百世以俟　不厌》，题目截去该章第四节的前一扇，再把后一扇与第五节搭并而成了一道截搭题，钱禧曾指出此题"题似求新"。② 为了防止考生预拟宿构，为了求得真才，考官在命题上寻求新变，目的就是使得命题达到陌生化的效果。随着乡、会试的逐科举行，熟习题越来越多，这就迫使考官更致力于变换题型。万历间周汝砺说："近来主师多出搭题，恐人记诵旧文也。"③道出了考官变换题型的真实意图。

明清时期，在各省院试等小试中，截搭命题被作为一种作文技巧的强化训练方式而长期普遍存在。清代路德说："国家取士，师儒训士，不能变而更之，岂崇尚时艺哉？正所以杜剽窃也。试之以策论，则怀挟者滥登；试之以表判，则宿构者易售。惟时艺限之以题，绳之以法，一部《四子书》，离之合之，参伍而错综之，其为题也，不知几万亿，虽有怀挟弗能贼也，虽有宿构未必遇也。"④所谓"离之"，即是截题（包括截上题、截下题、截上下题、虚冒题、承上题），所谓"合之"，即是搭题（即一般所说的截搭题），其结果则是"其为题也，不知几万亿"。这种命题方式在一定程度上扼制了拟题之风。

小题的出现且渐趋频繁的态势，是明代科举制度自身所带来的必然结果。

二、顺题挨讲与作文害理

吕留良说："洪永之文，质朴简重，气象阔远，有不欲求工之意，此大圭清瑟也。"⑤质朴简重，文不求工，这是符合实际的，但把它视为"大圭清

---

① （明）袁黄著，黄强、徐姗姗校订《〈游艺塾文规〉正续编》，第230页。
② （明）杨廷枢、（明）钱禧辑评《皇明历朝四书程墨同文录》第六册。
③ （明）汤宾尹《汤睡庵太史论定一见能文》卷三，陈广宏、龚宗杰《稀见明人文话二十种》，第1071页。
④ （清）路德《时艺辨序》，（清）路德《时艺辨》。
⑤ （清）吕留良《东皋遗选前集论文》，（清）吕留良撰，俞国林编《吕留良全集》第一册，第176页。

瑟",则是"崇古"价值观的表现。杨廷枢在评洪武二十年应天乡试《老者安之　三句》程文时说:"制科之始,未有言词,只将题中大道理发明,便成文字,故风气虽朴略,而圣人语意独能不失,观此文语语是仁心自然、物各付物气象。成弘以后,言词兴而题理隐矣。"①所谓"言词",是指装饰性的表达方式。言词兴则题理隐,实际上即是宋儒"作文害道"的价值观的另一种表达。

在对待理与文、道与文的关系上,宋代二程、朱熹等理学家持"作文害道"的观点。有人问:"作文害道否?"程氏回答说:"害也。凡为文,不专意则不工,若专意则志局于此,又安能与天地同其大也?《书》曰'玩物丧志',为文亦玩物也。……古之学者,惟务养情性,其他则不学。今为文者,专务章句,悦人耳目。既务悦人,非俳优而何?"②朱熹也说:"用力于文词,不若穷经观史以求义理而措诸事业之为实也。盖人有是身,则其秉彝之则初不在外,与其乡往于人,孰若反求诸己;与其以口舌驰说而欲其得行于世,孰若得之于己而一听其用舍于天耶?至于文词,一小伎耳!"③表现出一种对骈偶俪辞的贬抑倾向。

在这种崇古价值观的支配下,"顺题挨讲"的先正之法就被视为制义第一法则。既然考官命题必须冠冕正大,那么士子答题,则必须遵循"顺题挨讲"的修辞原则。

洪、永时期,科举初行,在写法上也属于初创期,没有太多的技巧,其写法是按题目的义理逐一铺叙,后来的制义论家称之为"顺题挨讲"。洪武十八年乙丑会试,四书题《天下有道则礼乐征伐自天子出》,为二句题,也是半面题,其另半面是"天下无道,则礼乐征伐自诸侯出",但明初的作者并无"半面"意识,其制义往往是把天子、诸侯一起论。会元黄子澄的墨卷将礼乐征伐引向《周礼》,故有礼乐之制掌于宗伯、征伐之制掌于司马之说:

---

① (明)杨廷枢、(明)钱禧辑评《皇明历朝四书程墨同文录》第一册。
② (宋)程颢、(宋)程颐著,王孝鱼点校《二程集》上册,第239页。
③ (宋)朱熹撰,朱杰人、严佐之、刘永翔主编《朱子全书》第二三册,第2813页。

若礼若乐，国之大柄，则以天子操之，而掌于宗伯；
若征若伐，政之大权，则以天子主之，而掌于司马。
一制度，一声容，议之者天子，不闻于以诸侯而变之也；
一生杀，一予夺，制之者天子，不闻于以大夫而擅之也。

洪武三十年会试再出此题，主考官刘三吾的程文一如黄子澄，以《周礼》诠释"礼乐征伐自天子出"：

以言乎礼乐也，则其制掌于宗伯，惟天子得以行之，是以大礼与天地同节，大乐与天地同和，而私歌《雍》于三家之堂者，无有也。

以言乎征伐也，则其制掌于司马，惟天子得以命之，是以圣武布昭乎遐迩，王灵丕振于华夷，而私有事于颛臾之国者，无有也。

与黄子澄不同的是，黄子澄文直引题目的下文："一制度，一声容，议之者天子，不闻于以诸侯而变之也；一生杀，一予夺，制之者天子，不闻于以大夫而擅之也。"毫无"题界"观念。刘三吾此文则始终不提诸侯、大夫，却以"私歌《雍》于三家之堂者，无有也""私有事于颛臾之国者，无有也"两股去影射题目的下文："天下无道，则礼乐征伐自诸侯出。自诸侯出，盖十世希不失矣；自大夫出，五世希不失矣；陪臣执国命，三世希不失矣。"三家之堂转引《论语·八佾》"三家者以《雍》彻。子曰：'相维辟公，天子穆穆。'奚取于三家之堂？"季氏将伐颛臾，为题目的上文。刘三吾引入此二事，正是照下文而不犯下文。杨廷枢称此文可"见古人手眼之妙"。郭青螺则称此文"神理中藏，浑噩不露"。

这一墨一程，在顺题挨讲的修辞方式上是一致的，而在不犯下文上，刘三吾的程文显示出更加高超的修辞水平。

明代后期乃至清代的制义论家往往喜欢强调"先辈""先正"的制义只是顺题挨讲，无逆提之法。清代康熙间吴兰在谈到"顺作法"时说："顺题作去，不用逆提、串插诸笔，先正正法也，却极难。用笔在叙次及过渡中见力量。盖圣贤口气,不肯言来语去,自家翻弄也。"①强调顺题挨讲是与经典的文风相对应的,强调了制义写作必须按题目字词顺序进行铺陈。咸丰间钱振伦说:"正、嘉以前,文多顺题挨讲,诸理斋(燮)独以古文段落透入于八股之间,盖借题以自成其文,自先生始。"②认为明代正德、嘉靖之前的制义在修辞上多是采用顺题挨讲之法。这是很多明清制义论家的共识。

比如《学如不及犹恐失之》,正统四年会试、成化元年应天乡试、万历二年会试都出过此题。比较一下三科程墨,我们对"顺题挨讲"之修辞法以及明代前期制义文风可以有更具体感性的认知。

题目为《论语·泰伯》第十七章,陈栎对此章的解释最为明白:"学贵日新,无中立之理,不日进者必日退。如不及者,如不能日进也。犹恐失之者,恐其反日退也。"③题目两句的语意是对等的,正统四年杨贡的墨卷正是采用两句对讲,顺题展开论述,先讲"如不及",后讲"犹恐失":

> 是故为学之道,当勉勉焉以用其功,常若有所未及,譬若掘井也,不及源泉不止焉。
> 当汲汲焉以致其力,常若有所不足,譬如为山也,未成九仞则已焉。
> 其学如不及之心何如?
> 然学固贵乎有日进之功,而或失之病,尤不可不忧也。
> 是故向也学夫诗、书、六艺,而有得于中者,今则犹当恐或失焉。必也,日无忘其所有可也。
> 向也究夫事物细微之理,有得于己者,今则犹当忧或忘焉。必也,月无忘其所能可也。
> 其犹恐失之之心为何如?
> 未得既能致其功,既得又能虑其失,学而至于成也,夫岂难哉?

---

① (清)吴兰《吴苏亭论文百法》,陈维昭编校《稀见明清科举文献十五种》,第1185页。
② (清)钱振伦《制义卮言》,陈维昭编校《稀见明清科举文献十五种》,第1543页。
③ (明)胡广、(明)杨荣、(明)金幼孜纂修,周群、王玉琴校注《四书大全校注》,第519页。

同考官洪实夫批此文"简澹有味",①杨廷枢则认为此文将"学如不及,犹恐失之"二句合讲,显得辞复而意混。② 实际上,不管是"简澹有味",还是"辞复而意混",都与它的顺题挨讲的简朴作法有关。

成化元年应天乡试也出此题,主考官丘濬所作程文,让我们看到了制义文风的新变。丘濬的程文以外功与内心分拆题目,"学"为外功,"如不及""恐失之"为内心之忧虑。以外功言,"学"与"格物致知"相关;以内省言,"学"与"诚意正心"相关。由此确立全文的"知""行"两柱:

学于知也,则必穷至事物之理,推极吾心之知识,以求至乎知至之地,汲汲焉日进不已,如有所追而不及然。

学于行也,则必致夫省察克治之功,躬行实践之力,以求造乎身修之域,孳孳焉唯日不足,如有所求而不逮然。

知也而恒如不及于知,固可以已矣,而其心犹且竦然以兴,曰:吾虽汲汲于知也,得不于是而有所遗忘矣乎?

行也常若不逮于行,固可以止矣,而其心犹且惕然以思,曰:吾虽孳孳于行也,得不于是而有所丧失矣乎?

全文依然是先讲"如不及",再讲"恐失之",但他以"知""行"立柱,把题目引向格物致知和正心诚意的关系,在义理的高层次阐述题目,从而使题目"两句相生、两意相足"。当然,比起万历甲戌孙鑛将两句互滚的炫技修辞,又自有别。杨廷枢称杨贡之文"太板",孙鑛之文"稍时"(即入隆、万时文之局),丘濬之文当为此题第一。钱禧则认为,丘濬之文以知、行立柱,驭题痕迹过于明显(即所谓的断讲),"终不如正统程之浑",即不如杨贡文之浑。虽然褒贬不同,但所谓的"太板"与"浑",正是顺题挨讲所带来的结果。

对于顺题挨讲,不能做机械的理解。有时题目出现多个义项,但在圣

---

① (明)杨廷枢、(明)钱禧辑评《皇明历朝四书程墨同文录》第五册。
② (明)杨廷枢、(明)钱禧辑评《皇明历朝四书程墨同文录》第五册。

贤的言说中,其各项轻重并不相同。如果制义平均用力,逐项铺叙,反而会显得不得要领。万历二十年壬辰科会试,首艺题为《知及之　章》,选自《论语·卫灵公》第三十二章:"子曰:'知及之,仁不能守之,虽得之,必失之。知及之,仁能守之,不庄以莅之,则民不敬。知及之,仁能守之,庄以莅之,动之不以礼,未善也。'"孔子这里谈及为官的三层境界:第一层是智能及之,但不能以仁守之,则虽得必失;第二层是智能及之,仁能守之,但以不庄莅之,则民不敬;第三层是智能及之,仁能守之,以庄莅之,但不能动之以礼,则仍未尽善。题目包括智、仁、庄、礼四个义项。朱熹指出,"此一章,当以仁为主","大抵发明内外本末之序,极为完备,而其要以仁为重……"①该科会元吴默作此文时即依朱注,以"仁"字统摄智、庄、礼。其中两股曰:"人之心非必独知之境,所当操持,即一威仪,一振作,皆吾心出入存亡之会。人之学非必本原之失,乃为人欲,即失之威仪,失之振作,亦此心理消欲长之时。"②将该章第二节的"庄以莅之"和第三节的"礼以动之"俱摄入"仁"字之中。这一修辞法为万历制艺家所击节称赏。

但清代的方苞为了强调简朴无文的顺讲原则,对此提出了批评意见:"立义虽本朱子语,但圣人于虚实本末之序,层次推究,语意浑然。独括'仁'字,联贯前后,乃时文家小数,机法虽熟,体卑而气薄矣。"③方苞认为,机法的圆熟反而使制义的文体卑下。万历壬辰会试,被后人视为明代义风士习走向衰颓的转折点,吕留良说:"至于壬辰,格用断制,调用挑翻,凌驾攻劫,意见庞逞,矩矱先去矣。"④高嵣也说:"万历自壬辰而降,宣城以穿插纤佻为巧,同安以排叠凌促为工,一时靡然从风,真气销亡。"⑤(宣城指汤宾尹,同安指许獬)所谓"断制",即以我驭题,以我断制。"凌驾攻劫,意见庞逞",则是制义的个体色彩过于鲜明。机法圆熟、调用挑翻,即是刻意于作文的装饰性,用杨廷枢的话来说,就是"言词兴则题理隐"。

---

① (明)胡广、(明)杨荣、(明)金幼孜纂修,周群、王玉琴校注《四书大全校注》,第681页。
② (清)高嵣《明文钞》第五编。
③ (清)方苞编,王同舟、李澜校注《钦定四书文校注》,第289页。
④ (清)吕留良《东皋遗选前集论文》,(清)吕留良撰,俞国林编《吕留良全集》第一册,第176页。
⑤ (清)高嵣《明文钞》第五编前按语。

这种观点一直为制义中的道学派所坚持。

方苞所说的"立义虽本朱子语,但圣人于虚实本末之序,层次推究,语意浑然"①是明、清时期那些以道论艺的制义论家讨论制义理论的前提。在这个前提中,四书中圣贤的话语以及对其言行的记述,都是有其铁的秩序,其虚实本末的秩序、行文层次的推进,形成了浑然一体的语意。在以道论艺者看来,阐述四书的经义文,其最合理的修辞方式就是顺题挨讲,技巧的运用只能有损于经典的"语意浑然"。正因此,以道论艺的制义文论家坚决反对机法、机局、凌驾等。弘治甲子浙江乡试题《唐虞之际于斯为盛》,解元萧鸣凤此题墨卷的中比曰:"贞元会于华夏,而百年兴豪杰之期;光岳萃乎人文,而万古仰明良之运。"②袁黄赞赏此文:"不惟音节响亮,而先'华夏'后'人文',先'百年'后'万古',下字皆有次序,可法也。"③赞赏该墨卷展开议论的顺序正是题目的语序。如果不按题文顺序,即是逆提,即是凌驾,都会被道学派视为制义之异端。

成化之后,言词始兴,文法渐密,但顺题挨讲仍有它的生命力。正德二年丁卯科顺天乡试副主考官侍读学士吴俨所作《诗云潜虽 一节》题程文,杨廷枢称其"随题顺讲,不急不慢,而上下文意自联络,先民皆然。今亡矣"。④ 对于明代中后期的作者来说,采用顺题挨讲,其成功与否,很大程度上直接取决于作者的理学水平。杨廷枢称在他所处的崇祯时代,顺讲之法"今亡矣",显然并不符合事实。

对于明代前期之制义,后人多予溢美的另一点是它们大都"敷演传注"、⑤"专衍注疏"。⑥ 这里举一个典型的例子。永乐三年乙酉应天乡试题《大哉圣人之道洋洋乎发育万物峻极于天》,这绝对是一道冠冕正大之题。主考官王景所作程文纯是散体,不作骈偶。郑昕长称其文是"注疏遗裁",是排比汉唐宋儒的注疏以成其文。为了使这种"注疏遗裁"的特点

---

① (清)方苞编,王同舟、李澜校注《钦定四书文校注》,第289页。
② (明)杨廷枢、(明)钱禧辑评《皇明历朝四书程墨同文录》第九册。
③ (明)袁黄《举业彀率》,陈广宏、龚宗杰《稀见明人文话二十种》上册,第182页。
④ (明)杨廷枢、(明)钱禧辑评《皇明历朝四书程墨同文录》第十册。
⑤ (清)顾炎武撰,(清)黄汝成集释,栾保群校注《日知录集释》卷一六,963页。
⑥ (清)钱振伦《制义卮言》卷一,陈维昭编校《稀见明清科举文献十五种》,第1541页。

更加直观,现将宋儒注疏与王景程文列表对照:

宋 儒 注 疏	王景程文(全文)
对于这两节文字,朱熹集注:"此言道之极于至大而无外也。"① 双峰饶氏说:"发育万物,以道之功用而言。……峻极于天,以道之体段而言。"②	道在圣人,而大用全体则极于至大而无外也。 夫圣道所以为大者,以其能尽道耳。圣人能尽道,故其功用发育万物,而其体段峻极于天也。 何以言之?
关于"大哉圣人之道"一句,双峰饶氏曰:"道即率性之谓,虽天下之所共由,而非圣人不能尽,故独举而归之圣人……"③	夫道者,率性之谓。道虽天下所共由,而非圣人莫能尽。故独举而归之圣人焉。
《中庸》"至诚"能"知天地之化育",与此题之"发育万物,峻极于天"相关,朱公迁对此诠释道:"至诚前知,言至诚之能事;至诚赞化,及至诚经论,言至诚之功用;至诚无息,言其德,'征则悠远'以下指其验于天下之气象功效而言也。无息则与天地相配,赞化则与天地相参,知化则与天地相合。"④	然其至诚尽性,至诚前知与至诚无息者,皆圣人参赞化育之事也。 而谓道不在圣人,可乎? 而谓圣人之道不致其极,可乎?
对于"洋洋乎! 发育万物,峻极于天",朱熹解释:"洋洋,是流动充满之意。圣道发育,即春生夏长,秋收冬藏。"⑤	洋洋者,流动充满之意;发育万物者,以其功用而言也。 春而生,夏而长,秋而收,冬而藏,此元亨利贞,天之道也。 盈于两间,何一物不得其所哉?

---

① (宋)朱熹《四书章句集注》,第35页。
② (明)胡广、(明)杨荣、(明)金幼孜纂修,周群、王玉琴校注《四书大全校注》,第224页。
③ (明)胡广、(明)杨荣、(明)金幼孜纂修,周群、王玉琴校注《四书大全校注》,第224页。
④ (明)胡广、(明)杨荣、(明)金幼孜纂修,周群、王玉琴校注《四书大全校注》,第239页。
⑤ (明)胡广、(明)杨荣、(明)金幼孜纂修,周群、王玉琴校注《四书大全校注》,第224页。

续　表

宋　儒　注　疏	王景程文（全文）
朱熹在解释孔子的"敏而好学,不耻下问,是以谓之文也"时说:"裁成天地之道,辅相天地之宜,此便是经纬天地之文。"①	圣人裁成天地之道,辅相天地之宜,即天之道也。 惟其洋洋也,所以发育万物也; 惟其发育万物也,所以峻极于天也。 非发育万物,不足以见其峻极于天之大; 非峻极于天,无以著发育万物之效。 峻极于天者,以其体段而言也。
朱熹《集注》:"峻,高大也。"双峰饶氏说:"天下之物,高大无过于天者,天之所以为天,虽不过阴阳五行浑沦旁薄之气,而有是气必具是理,是气之所充塞,即此理之所充塞也。此言道之大用全体,极于至大而无外有如此者,即前章'语大天下莫能载'之意也。"②	峻者高大之称。天下之物高大者,莫过于天,而天之所以为者,亦不过阴阳五行浑沦磅礴之气而已。 既有是气,必具是理。是气之所充塞,即是理之所充塞也。 此谓道之大用全体,极于至大而无外欤!

因为把自己限死在传注里,主考官竟然文思枯竭,在说了"惟其洋洋也,所以发育万物也;惟其发育万物也,所以峻极于天也"之后,又倒过来说:"非发育万物,不足以见其峻极于天之大;非峻极于天,无以著发育万物之效。"连一贯力挺先正的钱禧也忍不住批道:"不必又说。"③杨廷枢称此文"语本宋儒,意仍独创",④未免强为溢美。此文除了专衍注疏之外,别无创意。

而事实上,命题的复杂性不是"冠冕正大"所能涵盖的,所谓"命题须冠冕正大",只是从义理上说的,它要反对的是截搭题等明显割裂语义的命题方式。而在冠冕正大中,其实存在着非常复杂的情形。在《论语》中,存在着不少只有一句话的章、节。本书附录在统计时把它们都归入

---

① （明）胡广、（明）杨荣、（明）金幼孜纂修,周群、王玉琴校注《四书大全校注》,第426—427页。
② （明）胡广、（明）杨荣、（明）金幼孜纂修,周群、王玉琴校注《四书大全校注》,第224页。
③ （明）杨廷枢、（明）钱禧辑评《皇明历朝四书程墨同文录》第三册。
④ （明）杨廷枢、（明）钱禧辑评《皇明历朝四书程墨同文录》第三册。

"全章题"或"一节题",事实上,由于这类题只有一句话,故题境往往较为逼仄,与单句题面临着相同的修辞可能性。有些题目虽然语义相对完整,但它是总结上文而说的。如上文提到的宣德七年壬子应天乡试题《斯民也三代之所以直道而行也》,是《论语·卫灵公》第二十四章最后一节,是对上文"谁毁谁誉"的感叹,其功能在于结上,汤宾尹则称之为"找结题",他说:"找结题者,或通章关键已明,到此只为咏叹,或全节精神未聚,至此始而申明。各各不同,心心互印。或现成复述,或收振完全;或如回龙顾祖,乃见名山;或如江海逆潮,用知巨浸。此等气脉,大都贵紧凑一分,虽不可犯秃头之患,然不可有埋头之患,则两得矣。"①成化十三年丁酉顺天乡试题《夫微之显诚之不可揜如此夫》,是《中庸》第十六章最后一节,虽为完整一节,却是全章的总结。嘉靖十三年湖广乡试题《是故君子无所不用其极》,"是故"二字表明此句是承上文而来的,题目本身语意不能自足。万历三十三年浙江乡试题《此之谓絜矩之道》貌似单句题,实即是唐彪所说的"结上文数句之意"的结上题。面对结上题,当然无法使用顺题挨讲之法。

由题面的冠冕正大去判断命题的价值,这是远远不够的。命题意图往往并非局限于题面文字。

《四书从信》的编者说:"主司命题,各有妙义,有从上文来者,有从中间暗伏者,有从下面含蓄者,有数句而结聚于一句、数字而结聚于一字者,有不在字句之中,而结聚于字句之外者。"②张溥《初学文式》说得更具体:"结上题者,上文详详说过,此处用一语拦住是也。其实脱上意不得,若多扯了,又似作上文,须要于起讲后接题处紧将结上字面献出,方不走作。前顺铺,后面倒跌,方是探龙得珠手段。又有顺题逆做、逆题顺做、缓题急做、急题缓做者,至数句题,要审所重,步步回顾。先辈有据上游之说,非无谓也。或搭题要于上截呼醒下截,贵埋伏,不贵露祖;下截绾带上截,贵轻逸,不贵叠架。长题要有主张,有断制,有剪裁,却又不尚凌驾。大约意

---

① (明)汤宾尹《汤睡庵太史论定一见能文》卷三,陈广宏、龚宗杰编校《稀见明人文话二十种》上册,第1073页。
② (明)钱肃乐《二刻钱希声先生手著四书从信》第一册凡例。

必钩微,境须入化,局宜臻幻,论欲抒奇,始为得之。"①这种种作法的用意在于不呆守顺题挨讲原则。

汤宾尹、张溥等人这种对题目与其上下文的关系的认识,是明代制义经过长期的科举实践逐步形成的,每位制义论者也因自身的价值观念而表现出不同的认识。

顺题挨讲的所谓先民古法其实并不能解决形态各异的四书题目。制义修辞因题型的多样化而越来越丰富。随着科举的逐科举行,四书文命题也在发生变化,顺题挨讲的修辞方式已经不能适应新的题型。面对长题、偏正题、截搭题,顺题挨讲就显示出它的不合理性。万历二十二年甲午科,各直省多出长题,如顺天首题《子贡问师也　全章》,应天首题出《子曰管仲之器　全章》,浙江第三题为《夫人幼而　玉哉》,湖广第一题《子曰鄙夫　全章》、第三题《有楚大夫　为善》,山东第三题《孟子曰人之于身也　全章》(共27句),山西第三题《孟子曰天下之言性也　全章》,广西第三题《孟子见齐宣王　慎与》,贵州首题《尝独立　学礼》。出现这种情形,究竟是由于考官身处文化高层,出长题以提高题目的挑战性,还是纯属偶然,这有待进一步求证,但长题的命题方式对制义的修辞形态的确产生了巨大的影响。庄元臣说:"凡长题,依文讲则题役我,凌文讲则我御题。"②依文讲者,顺题挨讲也;凌文讲者,凌驾驭题也。左培说得更加具体:"题目既长,作者当自出一机轴,令题为我驾驭,不可令我为题牵制。题情漶漫,我约之以剪裁;题句错综,我当之以凌驾。擒龙捉虎,扼要争奇,如整衣挈领,金针暗渡,任千条万绪,可一索而穿矣。"③又说:"一曰摄神驾局。或头绪多端,旨义涣散,作者于起处,须总摄其神,凌空驾局,则血脉钟聚在前,下便走瓴破竹矣。二曰击首应尾,如弄丸承蜩。三曰参字贯意,使文机联络。"④

钱禧对待长题的态度是矛盾的,他说:"先辈作长题,不用提掇照应,

---

① (明)张溥《新刻张太史手授初学文式》,陈广宏、龚宗杰《稀见明人文话二十种》,第1374页。
② (明)庄元臣《论学须知》,王水照《历代文话》第三册,第2264页。
③ (明)左培《书文式·文式》下卷,王水照编《历代文话》第三册,第3174页。
④ (明)左培《书文式·文式》下卷,王水照编《历代文话》第三册,第3174页。

然或失之太直;万历中季以提掇照应为工,失之太曲;近日失之太乱。调停古今,庶几隆庆,如周若金、黄懋忠乡墨,不远于古,未入于时,可以为法。"①但他仍然承认凌驾法在长题时的必要性。一方面,他说:"是科直省多出长题,一时程墨皆以穿插凌驾为能事,先民步骤荡然无存矣。"②但另一方面,他在万历三十七年己酉科乡试首题文之后又说:"长题势必用凌驾,然亦须有体裁,轻重、宾主,毫不可乱,此篇亦庶几得之矣。"③可以说,长题的命题方式诱发了凌驾体的使用。

长题如此,截搭题更是如此。截搭题被视为与冠冕正大命题背道而驰的歧途。正因为正统以来有求新变异的命题,因而有险怪奇崛的文风,成化间便有"睢盱侧媚之态、浮诞奇诡之词"④制义文风的出现,"近日作者竞以险怪奇崛相高"⑤形成一种新的文章风尚。但截搭题的出现,仍然根源于科举制度本身。明清时期,朝廷深谙科举考试中命题的重要性,因而通过科场条例对考官的命题作出规定。明代科场条例对考官命题提出的禁令主要是两方面,一是禁止偏断意旨,二是禁止割裂命题。嘉靖十一年,礼部尚书夏言条奏科场三事,"乞令考官今次会试所命三场题目俱要冠冕正大,有关理道,不许截裂牵缀"。⑥ 万历三十九年南京河南道御史张邦俊弹劾学臣"命题割裂破碎,或牵扯扭搭,其于圣贤立言大旨甚相悖戾,恐文体日纤,世风日巧",⑦礼部具覆:"其有文体险怪、出题穿凿者,摘出参处。"⑧命题割裂破碎,考官将受到行政处分。此后,这一类来自官方的警示时有出现。

对于明清时期的官方功令,我们应该注意到其复杂的动机。礼部作为实施科举的主管机构,有责任宣示儒家经典的神圣性与完整性,宣告截

---

① (明)杨廷枢、(明)钱禧辑评《皇明历朝四书程墨同文录》第一二册。
② (明)杨廷枢、(明)钱禧辑评《皇明历朝四书程墨同文录》第一三册。
③ (明)杨廷枢、(明)钱禧辑评《皇明历朝四书程墨同文录》第一三册。
④ (明)杨廷枢、(明)钱禧辑评《皇明历朝四书程墨同文录》第九册。
⑤ 《成化二十三年会试录》,龚延明主编《天一阁藏明代科举录选刊·会试录》上册,第542页。
⑥ 《世宗肃皇帝实录》卷一三四,嘉靖十一年正月二十三日。
⑦ 《神宗显皇帝实录》卷四八八,万历三十九年十月二日。
⑧ 《神宗显皇帝实录》卷四八八,万历三十九年十月二日。

搭命题是对经典的亵渎。但实际上,这种态度无视科举考试的特殊性。清代道咸间高骧云说:"书有全章全节,题止数句或一句半句,命题者不过令发明此句之旨,并非断章取义。"①这才是明清制义截搭命题的本意所在,它并非蔑视经典的完整性,而是以特殊的方式诱发士子对经典完整性的领悟。

究竟应该如何对待冠冕正大的题目,顺题挨讲是否为唯一正确或合适的修辞原则,成化以来的作者已做出新的尝试,而隆庆、万历之后以至清代的论者或作者更注意题目的复杂性,从而强调相题立局的写作原则。清雍正间理学家陆陇其就特别强调逆提之法,他说:"先辈固有顺题挨讲而不逆提者矣,然所恶于逆提者,为其不审题之轻重而乱提之也。苟提之而当,何恶于提?"②究竟是顺讲还是逆提,并非一成不变,顺讲也不是制义修辞的最高原则。

第二节　截题、串题与截做、滚做

下面我们从明代科举出现频率最高的二句题,来看看命题与修辞的关系。

明代乡、会试四书文命题,二句题最多,虽然一节题486道,全章题381题,二句题469题,但是,四书中某些章、节只有两句的,在写作修辞上可归为二句题一类。如宣德十年顺天题《德之流行速于置邮而传命》为一节题,应天乡试《人能弘道非道弘人》、成化元年乙酉应天乡试题《学如不及犹恐失之》、正德五年庚午应天乡试题《上好礼则民易使也》都是全章题,其实都只有两句。

二句题,即以四书的两句话作为题目,选本往往简写成《□□□□二句》,如《学如不及犹恐失也》简写成《学如不及　二句》。用单句题、二句题、全章题等来描述明代制义,并不能直接体现修辞上的特点与变化。

---

①　(清)高骧云《漱琴室存稿》"杂著",道光二十七年漱琴仙馆刻本。
②　(清)陆陇其《当湖陆先生评先正制义一隅集》,陈维昭编校《稀见明清科举文献十五种》,第1130页。

比如由两个义项组成的二句题,两个义项有可能是两个主谓结构、两个主表结构、两个谓补结构或两个动宾结构,等等,不同的题型结构对应于不同的修辞策略。有些二句题其实是一句话,因为古汉语的表达方式而被认为是两句话,比如"斯民也,三代之所以直道而行也","斯民也"只是这句话的主语。万历十年壬午科福建乡试题《以约失之者鲜矣》,全章仅一句,被视为单句题,①天启元年辛酉科山东乡试题《和也者天下之达道也》,题型结构与之相似,则为二句题。明清制义论家一般是从两个义项的关系而把二句题分为截题(平题)、串题、相因题、关动题等,这样的分法使两个义项的关系与特定的修辞形态直接相关。因而明、清制义论家在划分题体时并不称之为"二句题",而是根据两句话的关系而分为"两截题""串题""相因题"等。

在明代乡、会试的四书文命题上,除了洪武初年的"四书疑"形式之外,二句题是最早出现的题型。洪武十七年应天乡试题《事父母能竭其力事君能致其身》,从一节中截取两句,是典型的二句题。嘉靖之前,"滚做"的修辞理论尚未成熟,即使出现二句题、单句题,作者一般都是注重说理、演绎朱注。对于文法未备的先民来说,截题截做,与顺题挨做同理,即按题目各义项顺序,先做上截,再做下截。宣德十年乙卯科顺天乡试题《君子贤其贤而亲其亲小人乐其乐而利其利》,为二句题。主考官李时勉所作程文,前四比如下:

> 是故不显惟德,百辟其刑之,此文武德业之盛也。今也,文武既已往矣,而其德业之盛则不与之俱往。后贤仰之而思有以宗其德焉。
>
> 燕及皇天,克昌厥后,此文武覆育之恩也。今也,文武既已远矣,而其覆育之恩则不与之俱远。后王念之而思有以保其绪焉。
>
> 故曰君子贤其贤而亲其亲者,此也。
>
> 怀保小民,惠鲜鳏寡,此文武之所以安民也。今也,文武不可见矣,而其安民之功犹在。后世之民含哺鼓腹,莫不赖之以遂其生焉。

---

① 清乾隆间高嵣所编《国朝文钞五编》、道光铁梅居士所编《墨选欣赏》即把此题标为"一句"题。楼汎的《分法小题潜灵秘书》则把它标为"二句"题。

制其田里,教之树畜,此文武之所以利民也。今也,文武不可作矣,而其利民之惠犹在。后世之民耕田凿井,莫不赖之以得其养焉。
故曰小人乐其乐而利其利者,此也。

提比铺叙题目的上一句,并结以"故曰君子贤其贤而亲其亲者,此也",中比铺叙下一句,并结以"故曰小人乐其乐而利其利者,此也"。上下两截分讲。杨廷枢说:"篇中两对还他两'而'字,两对中四段,还他四'其'字。格庄词雅,正人君子之文。"①"格庄"正是二句截做所形成的修辞效果。

截题也叫平题。平题与串题都是对具有两个义项的题型之命名。关于"平串",刘熙载在谈到诗歌律法的时候说:"起有分合缓急,收有虚实顺逆,对有反正平串,接有远近曲直。"②"平串"是针对"对句"关系而言的。夏敬观《刘融斋诗概诠说》的解释是:"平对,则无反正可言,二句平列;串对,则二句相合为一意,亦谓之流水对。"③这种"流水"的呼应方式在制义中便成为"滚做"修辞法。

制义的题目中也存在着其内部结构呈现为两个义项相承、相对或相因关系的题型,如果两者平列,则为平题,两者连贯,则为串题。平题的两项,以空间关系视之,为并列的两项,故称其分、合的做法为"分做""总做";串题的两项,以空间关系视之,是由前而后、由上而下,故称其分、合的做法为"截做""滚做"。

早期的二句题大多是两句并列整齐,如洪武十八年会试题《见其礼而知其政闻其乐而知其德》、二十一年会试题《君使臣以礼臣事君以忠》,建文元年应天乡试题《亲亲而仁民仁民而爱物》等。即使出现一些因果式、连动式的题目,如洪武十八年会试题《天下有道则礼乐征伐自天子出》、建文二年庚辰科会试首题《事君敬其事而后其食》,当时的作者也仍以简朴出之。

---

① (明)杨廷枢、(明)钱禧辑评《皇明历朝四书程墨同文录》第四册。
② (清)刘熙载著,袁津琥校注《艺概注稿》,第351页。
③ 玄修《刘融斋诗概诠说》,《同声月刊》1942年第2卷第1期,第5页。

宣德以后非并列关系的二句题多起来了，如宣德元年福建乡试题《唐虞之际于斯为盛》、宣德七年应天乡试题《斯民也三代之所以直道而行也》、正统四年会试题《学如不及犹恐失之》、正统十二年顺天乡试题《君子耻其言而过其行》等。天顺七年癸未科会试题《仁者先难而后获可谓仁矣》，以连动句式命题。成化四年戊子科浙江乡试出了一道全章题《君子贞而不谅》，此章虽仅此一句，却有两个义项：贞和不谅，两个义项一气贯下。这种命题方式很难说是考官出于何种修辞目的，也并非必然与某种修辞形态相关联。但是，随着明代中后期文章风尚的转变，制义论家开始对以往历科命题与修辞的关系进行归纳、总结，制义作者和理论家开始重视题目的内部结构，并根据其内部结构提出相应的修辞策略。对于以前出现过的题目，如《学如不及犹恐失之》《事君敬其事而后其食》等题，嘉靖以来的作者和理论家提出应该采用滚做的方法。

洪武十八年会试题《天下有道则礼乐征伐自天子出》，题目的内部结构是因果关系，这是一道因果题。万历二十五年丁酉科江西乡试题《礼乐不兴则刑罚不中》，题目结构与洪武十八年会试题相同，但是，"礼乐不兴，则刑罚不中"是承上文而来，其最初之因是"名不正则言不顺"，其章旨所在是孔子论为政"必也正名乎"。这就要求《礼乐不兴则刑罚不中》在修辞上不同于《天下有道则礼乐征伐自天子出》。万历丁酉科江西乡试主考官董其昌所作程文，将礼乐与刑罚互滚，其后比曰："君人者非故欲淫刑以逞，而惟曰礼不兴则不轨不物，何以考宪贞度而修画一之规？其刑其罚，多所倒置悖理者矣。君人者非不欲祥刑是迪，而惟曰乐不兴则不孙不亲，必且深文峻法以壅众多之口。一刑一罚，罔非残礉少恩者矣。"①

明代中、后期，随着制义修辞手法的日渐丰富、成熟，截题也可以采用滚做的方法。清康熙间黄越说：

---

① （明）杨廷枢、（明）钱禧辑评《皇明历朝四书程墨同文录》第一三册。

（二句两截题）与二句滚作题，同而异，异而同。同者，同此两句；异者，一滚一截。滚者两句合，截者两句分。滚者而分之，两句易判而难亲，非合不足员其神；截者而合之，两句易混而难畅，非分不足发其藏，所以为同而异也。异而同者，一滚虽合，而上自上，下自下，合而未尝不分；滚者其神气，不滚者其眉目也，两截虽分，而上接下，下绾上，分而未尝不合。截者其局，不截者其神也，所以为异而同也。且一滚题亦可截作，但要神气浑沦；两截题亦可一滚，但要眉目清出。知其所以异，则格局稳，知其所以同，则神理密。异者其常，同者其变。

嘉靖壬辰会试，被钱禧称为明代墨卷的"古今分别"的分水岭，桑惟乔的《大哉尧之　全章》题墨卷被视为"开凌驾之端"。① 罗念庵说："此科之后，大变厥初，风藻如许，弘丽如薛，岂不斐然，终伤大雅。"② 嘉靖为明代制义大变时期。该科会试第二题《行而世为天下法言而世为天下则》本是截题，两句话的分量是相等的，位置是并列的。但从章旨来看，它是该章首句"王天下有三重焉"的具体效果。主考官张潮以"三重"为核心，"作将'三重'提掇作一处讲，世则世法，俱以言行尽善意入讲"，③ 这是滚做的方法，而不是截做的方法。而滚做，正是嘉靖以后新的修辞风尚。

汤宾尹在谈到"罗纹滚作题式"时说："墨卷讲《事君敬其事》题，先讲'敬事'一二句，下即搭'后食'意一二句，通篇皆如此者。《先难后获》亦然，此乃为滚作格。必有开合相间者，方为罗纹，不然，则滚作矣。故罗纹题必加'滚作'二字，因文之似者而取之也。"④ 汤宾尹这里所说的《事君敬其事》题，是指嘉靖二十三年甲辰科会试题《事君敬其事而后其食》，所说的"墨卷"应是指瞿景淳的墨卷。汤宾尹认为，瞿景淳此文即

---

① （明）杨廷枢、（明）钱禧辑评《皇明历朝四书程墨同文录》第一一册。
② （明）杨廷枢、（明）钱禧辑评《皇明历朝四书程墨同文录》第一一册。
③ （明）杨廷枢、（明）钱禧辑评《皇明历朝四书程墨同文录》第一一册。
④ （明）汤宾尹《汤睡庵太史论定一见能文》卷三，陈广宏、龚宗杰《稀见明人文话二十种》，第1059页。

是罗纹滚作式。全文处处以"敬事"与"后食"并提而互滚。其提比一股言"敬事",一股言"后食":"孰不有事之当为者乎？是事也,所以熙帝之载也,存乎臣者也。亦孰不有食之当得者乎？是食也,所以恤臣之私也,存乎君者也。"中比将"敬事"与"后食"合说:"是必明乎内外之分,而可贞之守每定于立朝之初;严乎义利之辨,而匪躬之节恒励于策名之日。"后比则详说"敬事",束比则以"敬事"与"后食"之意互滚:"上之求不负吾君也,而非求以自利也。虽曰君之诏禄,因吾事以上下,然吾方惧食之浮于人,而不惧人之浮于食,则亦靖共尔位可矣,而他又何知焉？下之求不负所学也,而非求以肥家也。虽曰君之制食,视吾事之繁简,然吾方以素餐为耻,而不以得禄为幸,则亦无旷庶官足矣,而他又何计焉？""敬事"与"后食"两个义项既并峙,又交汇,从而形成罗纹滚作式。在这种互滚之中,"事"与"食"之间的关系得以明确,臣节之大义也得以阐明。

相比之下,主考官江汝璧所作程文却偏重"后食",钱禧认为此文是明代科举中考官程文"启偏重之端"的始作俑者,"流弊至今,溃败决裂不可挽回"。因为"偏重",没有"肖题",所以被视为流弊。

总的来说,针对串题,嘉靖以前的作者往往是采用截做的方式。清代王己山在谈到《朋友数斯疏矣》这道二句因果题时说:"此种题,化、治旧法,每多上下截讲。隆、万后乃用滚做,上楔下,下绾上,篇法相生相足,似胜前人。"①对于嘉靖以后的作者来说,二句题如果两句语意、语气一贯而下者,则属于"串题",则往往会采用滚做的作法,故也称"滚题式"。隆庆以后的论家和作者更强调题目的两截之间的互滚。汤宾尹说:"又有两扇滚作者,以口气最急,须二扇互滚,方得题意。"②张溥在谈到"滚作题式"时说:"凡题目,虽分两事,而实一气贯下者,便宜滚作。滚法之妙尽于孙月峰《学如不及》一首。盖此等题,自有此等作法,却蚤为高人观破也。

---

① (清)高嵣《明文钞二编》,广郡永邑培元堂杨氏乾隆五十一年刊本。
② (明)汤宾尹《汤睡庵太史论定一见能文》卷三,陈广宏、龚宗杰编校《稀见明人文话二十种》,第1051页。

然其最得力处,要在中比识得倒跌法。不然,直率无味,一往正自易尽尔。"①所谓"倒跌",吴侣白说:"《筌蹄》言串题贵在知倒跌法者,谓股中间将下句意插入上句中,股末仍从上句递出下句,以还题面,故谓之倒跌法。如此,则文情虽逆,而题面却不倒置。所谓文章止有逆势,断无逆脉也。"②题意虽一气贯下,文法上却不宜一滚而下,而应有往返互滚,方可做到情思激荡,又避免直率无味。张溥这种既崇尚滚做、又强调倒跌的修辞策略对清人影响很大。康熙间唐彪说:

滚者紧也。题句虽分,题气则紧,故两句只当一句做去,然合说易于重复,必须以虚实、浅深、反正、顺逆分出次第,方见变化。有前后照应之滚法,或前二股重发上句,下句只于股末轻带,后二股即紧跟前股末说下,重发下句,上句却于股末缴转,此前后照应之滚作也。有本股中合作之滚法,暗照下句意发挥上句,滚到下句,却紧跟上句意;发挥下句,此本股中合作之滚法也。大抵一滚体,不外流水法、回环法、倒跌法、递讲法、顺串法、逆疏法,单句内一滚题同。……其法不可执一而论。《文格》云:实字平提,虚字侧落,回环布局,顺逆相生。③

万历开始,理论家已经注意到对"滚做"进行理论概括。庄元臣论文,特重格、意、调、词四者。他说:"文之有调,如室之有隔节段落。……为文者,格式既定,意思既到,又须遣调有法,使一股之中,前后有伦,响应有势,起伏有情,开合有节,乃臻妙境。"④滚做即是实现"前后有伦,响应有势"的妙法。

---

① (明)张溥《新刻张太史手授初学文式》,陈广宏、龚宗杰编校《稀见明人文话二十种》,第1370—1371页。
② (清)唐彪《读书作文谱》,王水照《历代文话》第四册,第3520页。
③ (清)高嵣《高梅亭读书丛钞·论文集钞》,黄秀文、吴平主编《华东师范大学图书馆藏稀见丛书汇刊》第二四册,第222—223页。
④ (明)庄元臣《行文须知》,王水照编《历代文话》第三册,第2246页。

第三节　单句题的一滚做与挑剔法

顾炎武在谈到明代经义文的对偶八股格式时说,成化之前"其单句题亦甚少",①然后说,成化二十三年会试题《乐天者保天下》,弘治九年会试题《责难于君谓之恭》,说明明代八股格式由此开始。② 其意似是在暗示单句题与八股格式之间的联系。这两道单句题都是由两个义项构成,每义项作四股,自然也就成了八股之文。

八股格式的形成当然不会这么简单,也很难说是因单句题的出现才形成的。不过,单句题的出现的确是较晚。成化十一年乙未首次出现单句题《周公兼夷狄驱猛兽而百姓宁》。但单句题的内部结构较为复杂多样,"旧有反正、虚实、倒顺、宾主之说"。③ 因而单句命题所带来的修辞上的变化同样是丰富而复杂的。历来制义论家多以单句题为最难。郭子章说:"时义最难于单题,故以弁诸首。单题贵前不突,后不竭,如溪壑之水,渐入江淮,江淮之水,渐入河海,其中潋滟滔腾,叠见叠出,始称奇观,若突然起,蹶然涸,便不佳矣。"④

针对单句题的题境逼仄,制义理论家提出"拆字法"。清代朱景昭说:"文有拆字诀,黄小无不饫闻。然此等运用全在明眼人观破题窍,即如单题,须先识得某字在前,某字在后。若《君子不器》题,须先讲得'器'字分际确然,然后落到'君子'。若《君子求诸己》题,则须先说'君子',次清'己'字,再细刷'求'字。本句虽极实,乃是关动题,须有'小人'一面在。"⑤因为字少,所以不仅要把题面的字逐一拆开,而且要善于捕捉"题窍",即文字之间的空白处。而如果单句是关动题的话,则应联想到它的另一面,如《君子求诸己》题,题目来自《论语·卫灵公》第二十章,全章如

---

　　① （清）顾炎武撰,（清）黄汝成集释,栾保群校注《日知录集释》卷一六,963 页。
　　② （清）顾炎武撰,（清）黄汝成集释,栾保群校注《日知录集释》卷一六,963 页。
　　③ （明）张溥《新刻张太史手授初学文式》,陈广宏、龚宗杰编校《稀见明人文话二十种》,第 1368 页。
　　④ （明）袁黄撰,黄强、徐姗姗校订《〈游艺塾文规〉正续编》,第 198 页。
　　⑤ （清）朱景昭《论文蒭说》,王水照编《历代文话》第六册,第 5745 页。

下:"子曰:'君子求诸己,小人求诸人。'""君子求诸己"关动着下一句"小人求诸人",故朱景昭说:"须有'小人'一面在。"这种关动的意识是拓宽文思的妙招。

景泰七年应天乡试即以《君子不器》为题,仅四字,题境十分逼仄,若顺讲,大约三言两语已尽题意。可惜该科应天《乡试录》今尚未见,无法看到成化之前"先正"们是如何应对这道题目的。我们来看看万历制义家是如何展开此题的题境的。

这道题取自《论语·为政》第十二章。对这句话,朱熹的注解是:"器者,各适其用,而不能相通。成德之士,体无不具,故用无不周,非特为一才一艺而已。"①程子曰:"君子不器,无所不施也。若一才一艺,则器也。"②"君子不器"被解释为君子多能,不局限于一才一艺。我们来看杨起元的此题文。

杨起元,隆庆元年广东乡试解元、万历五年会试第二十名。他是明代以禅语入制义的始作俑者,罗汝芳的弟子,崇尚王阳明心学。他以心学重新阐释"君子不器",其中心的观点是君子不滞于物,故曰不器,这种理解显然不同于朱熹的"君子多能",故其破题曰:"圣人论全德者,自不滞于用焉。"完全是一种翻案策略,以阳明心学翻程朱理学之案。他把"器"关联到"道"上,依据《易·系辞上》:"形而上者谓之道,形而下者谓之器。"其文曰:"君子之学,为其形而上者,不为其形而下者。"不器即是不为形而下者。其中比曰:

> 万务纷纭,而欲以身徇之者,器也。君子不然也,以天下才,为吾治天下事。事集矣,而己不劳焉。盖天生之以主器者也。彼岂以其身为器耶?
>
> 万变错综,而欲以身兼之者,亦器也,君子不然也。以天下事,付之天下才。功成矣,而我无与焉。盖人待之以器使者也。彼岂以其

---

① (宋)朱熹撰《四书章句集注》,第 57 页。
② (明)胡广、(明)杨荣、(明)金幼孜纂修,周群、王玉琴校注《四书大全校注》,第 363 页。

器争长耶?

其结语曰:

> 盛矣,此心说也。何者?人之一身,耳目口鼻手足,各有所长,而不能相通,惟心则神明皆到矣。百体惟其令焉,君子之学,为心不为体,故不器也。虽然,稷养契教,夷礼夔乐,皆不必相能,而亦不囿于器,当于心源辨之矣。

冯梦祯批此文曰:"'不器'二字,后人竟看作多能,其误久矣。圣门子贡,亦脱不得一器字,此孔子自道如此,非是文孰能发之。"点明杨起元此文的反传统作法。杨起元的这种心学诠释被后来的艾南英、吕留良予以严厉批判。但从文章修辞的角度,我们可以看到,正因这一翻案,杨起元由"君子不器"四字带入了心学的"惟心则神明皆到","君子之学,为心不为体,故不器也",可谓文思泉涌。

成化十一年乙未首次出现真正的(即截取自章节)单句题《周公兼夷狄驱猛兽而百姓宁》。副主考官丘濬的程文与会元王鏊的墨卷,颇具代表性和象征意义。

此题选自《孟子·滕文公下》,孟子在谈到"圣王不作,诸侯放恣,处士横议,杨朱、墨翟之言盈天下"时提到了三圣事:"禹抑洪水而天下平,周公兼夷狄驱猛兽而百姓宁,孔子成《春秋》而乱臣贼子惧。"题目即是三圣事中的一事。孟子这样说的目的,是要正人心,息邪说,距诐行,放淫辞。这是这道题目的整个语境,而题目自身是语义明晰的。在这一章里面,孟子在回答公都子的"好辩"之问时,分三大段论述:禹治水、周公相武王、孔子作《春秋》。此题目与周公相武王段相对应,故丘濬和王鏊之文都从周公、武王讲起。题目又分为两截意:"兼夷狄、驱猛兽"与"百姓宁"。相应地,制义的上截逐项讲兼夷狄、驱猛兽,下截讲百姓宁。但两文在文章的局法、笔法上却又有明显的区别。

周公兼夷狄驱猛兽而百姓宁　丘濬(程)	周公兼夷狄驱猛兽而百姓宁　王鏊(墨)
惟圣人有以除天下之害,则民生得其安矣。 夫人类所以不安其生者,异类害之也。苟非圣人起而任除害之责,则斯民何自而得其安哉?	论古之圣人,除天下之大害,成天下之大功。 夫天生圣人,所以为世道计也。周公拨乱世而反之正,其亦不得已而有为者与!
昔孟子因公都子好辨之问,历举群圣之事而告之及此,谓夫周公以元圣之德为武王之相。	孟子答公都子之问而言及此,意谓天下大乱之后,必生圣人之才。
斯时也,成周之王业方兴,有殷之遗患未息。	商纣之世,民之困极矣,于是有周公出焉。武王既作之于上,周公则佐之于下。
其所以为天下害者,非独奄飞廉而已。而又有所谓夷狄者焉,夷狄交横,不止害民之生,而彝伦亦或为之渎矣。不力去之不可也。 其所以为中国患者,非独五十国而已。而又有所谓猛兽者焉,猛兽纵横,不止妨民之业,而驱命亦或为之戕矣。不急除之不可也。	彼其夷狄乱华,不有以兼之,吾知其被发而左衽矣。 周公于是起而兼之,而若奄国,若飞廉,皆在所兼。兼夷狄,兼其害百姓者也。 鸟兽偪人,不有以驱之,吾知其弱肉而强食矣。 周公于是起而驱之,而若虎豹,若犀象,皆在所驱。驱猛兽,驱其害百姓者也。
周公生于是时,以世道为己任,宁忍视民之害而不为之驱除乎?	
是以于夷狄也,则兼而并之,而使之不得以猾夏。 于猛兽也,则驱而逐之,而使之不至于偪人。	是以夷狄之患既除,则四海永清,无复乱我华夏者矣。 猛兽之害既息,则天下大治,无复交于中国者矣。
夷狄既兼,则夷不得以乱华,而凡林林而生者莫不相生相养,熙然于衣冠文物之中,而无渎乱之祸。 猛兽既驱,则鸟兽之害人者消,而凡总总而处者莫不以生以息,恬然于家室田畴之内,而无惊扰之忧。	天冠地履,华夏之分截然。人皆曰百姓宁也,而不知谁之功。 上恬下熙,鸟兽之类咸若。人皆曰百姓宁也,而不知谁之力。

续表

周公兼夷狄驱猛兽而百姓宁　　丘濬(程)	周公兼夷狄驱猛兽而百姓宁　　王鏊(墨)
谓之曰百姓宁,信乎无一人之不安其生也,周公以是而相武王,其及人之功何其大哉!	吁!周公以人事而回气化,拨乱世而兴太平,其功之大,何如哉!

历来对此二文的评价,有人认为两文各有千秋,各臻极境,清代王耘渠说:"此题元与程各极其胜,程识见大,气魄雄,学者从何处下手?元运之以神,密之以法,鸳鸯绣出,多少金针度与人矣。平心论之,亦勍敌也。"①方苞则更推崇王鏊的墨卷:"浑厚清和,法足辞备,墨义之工,三百年来无能抗者。"②钱禧更推崇丘濬的程文:"合程文观之,此气象固大,程更大。此笔力固老,程更老。实见得如此,非好低昂先哲也。"③这些评价貌似不一致,其实有其共识,即从文法的角度,王鏊墨卷更胜;从气象境界的角度,丘濬程文更高。丘濬的雄浑气魄与他的修辞策略有关。

王墨于入题处先言"商纣之世,民之困极矣",然后出周公:"于是有周公出焉。"从题前讲起,这是王鏊所设下的伏笔,要与文章下截的"百姓宁"相呼应。丘程则直接从周公开始:"大周公以元圣之德为武王之相。"王墨于出周公之后,又补一句"武王既作之于上,周公则佐之于下",以回应题前的"周公相武王伐纣"。丘程则根本不用补笔,而以"成周之王业方兴,有殷之遗患未息"承上启下。后文处处以周公领起,以"周公生于是时,以世道为己任,宁忍视民之害而不为之驱除乎"为过文,带出周公的兼夷狄、驱猛兽,最后归结到"周公以是而相武王"。丘程虽也回应题前的奄、飞廉、五十国,但基本上刻意于技法。相比之下,王墨在技法上极为用心,前后呼应,中间使用诸多笔法,清代高嵣称此文使用了伏法、提法、

---

① (清)高嵣《明文钞三编》上孟,王鏊《周公兼夷狄驱猛兽而百姓宁》文后评。
② (清)高嵣《明文钞三编》上孟,王鏊《周公兼夷狄驱猛兽而百姓宁》文后评。
③ (明)杨廷枢、(明)钱禧辑评《皇明历朝四书程墨同文录》第八册。

补法、反透法、点缀法、飞渡法。①

而在立意上,还有一个鲜明的不同值得注意。方苞说:"元作重讲'百姓宁',此程重讲'兼驱',是其用意异处。"(丘文后评)这是非常准确的,"百姓宁"是立足于百姓;"兼驱"是立足于周公。高嵣在王鏊文后评曰:"末二比是'百姓宁',不是'宁百姓'。上二比是出之水火,此层则又生息渐摩之久也,'百姓宁'规模气象,得此乃足。"意思与方苞同,"百姓宁",其主体是百姓;"宁百姓",其主体是周公。两文立足点的不同,正是丘濬与王鏊地位不同的表现。丘濬以翰林院侍讲学士、奉训大夫任此科会试副主考官,"周公相武王"正符合他此时的政治姿态。而王鏊作为应试举人,其"百姓"立场也就很好理解了。他用四股的篇幅讴歌四海永清的大治之天下:"是以夷狄之患既除,则四海永清,无复乱我华夏者矣。猛兽之害既息,则天下大治,无复交于中国者矣。天冠地履,华夏之分截然。人皆曰百姓宁也,而不知谁之功。上恬下熙,鸟兽之类咸若。人皆曰百姓宁也,而不知谁之力。"为了讴歌这个"百姓宁"的局面,他的墨卷在一开始便以"民之困极矣"作为伏笔,全文各法也依此而展开。如果说,丘濬程文上承先正矩矱,那么,王鏊墨卷则开启了一个新的时代。从这里,我们也可以看出单句题在修辞上的多种可能性。

从句子的内部结构看,单句题如果具有两个义项,并且两个义项之间的关系互为因果,或前后递进,则被称为相因题,或叫串题,与二句题中的串题相似。这种情况下,这类单句题适合使用一滚格。陆陇其说:"一句题,亦有发八股者,由虚渐实,所谓'一滚格'是也。"②崇祯间陈龙正说,制义中一滚格最难,原因有四:

> 题只一句,本无步骤、首尾,却须于文中自立步骤,自成首尾,所以前半最难。且如起讲,虚则恐不切,切不欲太黏,虚矣切矣,何由警策?此一难也。单领句无下处,凡文有领则头面开,无领则眉目晕,

---

① (清)高嵣《明文钞三编》上孟,王鏊《周公兼夷狄驱猛兽而百姓宁》文夹批。
② (清)陆陇其《当湖陆先生评选先正制义一隅集》,陈维昭《稀见明清科举文献十五种》,第925页。

作者观者翻而不觉。此诀知者既少,知亦不得妄下,此二难也。提股极要议论竦特,方刮目快心。而议论须虚虚笼住题神,未可正讲,未可发尽,未可掀□,未可深入底里。若径用反法,又浅小无趣,此三难也。小比上以承提股,下以起中股,是自家言语中一过脉,而一滚格实无脉可过。吾见从来名程墨,往往将题面填实,如瞿文懿《敬事后食》篇,申文定《如有王者》篇,皆历世传诵,不免此弊。若尔,宜名实比,何名虚比? 此四难也。

作为文章修辞手法,"一滚"的修辞方法在先秦诸子的文章里就已经使用,并成为后世诗文写作中的常用修辞手法,尽管当时并没有"滚做"的命名。这种修辞手法指的是,在行文的前后连接上不采用断截或转折,而是一气呵成、倾泻而下。不是指多种内容的混合叙述,而是指文气的一贯而下。它强调的是行文的连贯和速度。《庄子·缮性》谈论什么才是修养心性的最高境界,全文分三部分,第一部分谈世之俗学,最后一部分与此呼应,对古今之"得志"者作一比较,从而推崇古人。而中间部分则从古之治道者、混芒中的古人、德衰之世的燧人氏、伏羲之为天下到古之行身者等,连贯而下。唐文治先生说:"此篇前后两小段相应,中间一气滚下,包无数小段。其每小段住处皆官止神行,似住非住,起处皆用提笔。司马子长及韩昌黎文妙处皆出于此。"①所谓"一气滚下",指的是其中间每小段均是承前语势而下,由此呈现庄子的恣肆文风。

唐宋古文更是有意识地使用这种"一滚做"的修辞手段。这方面我们可以举一个典型例子,如苏轼的《留侯论》,论张良从匹夫之勇到能忍而佑汉定天下。文章先从圯上老人授书始,以一句"且其意不在书"为转折,然后以一"忍"字贯串全文。归有光称此文"以'忍'字贯说",②所谓

---

① 唐文治《国文经纬贯通大义》卷一,王水照编《历代文话》第九册,第 8253 页。
② (明)归有光《文章指南》,(明)归有光撰,严佐之、谭帆、彭国忠主编《归有光全集》第九册,第 222 页。

"贯说"也即"一滚说下"。茅坤则称:"此文只是一意反复,滚滚议论。"①也是强调了此文在修辞上的"滚做"特点。成片滚去、汪洋恣肆,成为苏轼文章的标志性特点。

一滚做的修辞方式是可以使用于多种题型上的,只要是数股一气而下,如马脱韁,不停顿,不间歇,便是一滚做。一节题也可以采用一滚做的修辞法,这与作者对题目的认识有关。比如万历丁丑会试四书题《我亦欲正人心 节》,题出自《孟子·滕文公下》:"我亦欲正人心,息邪说,距诐行,放淫辞,以承三圣者,岂好辩哉?予不得已也。"三圣指上文的禹、周公、孔子,涉及三件事:禹抑洪水而天下平,周公兼夷狄驱猛兽而百姓宁,孔子成《春秋》而乱臣贼子惧。题目本身分两层意思:一、正人心以承三圣;二、非好辩,乃不得已。冯梦祯、沈季文的墨卷都是两截分开相承而论,先说辟杨墨、正人心,再说"不容已"。如沈季文之墨卷,先以六股阐明正人心、辟邪说,然后以"然则予岂好辩乎哉"进入后半部分,以四股阐发不得已之意。同样,会元冯梦祯之墨卷,下半部分以"予之切切焉与杨氏辨者,予岂好之哉"开始。但主考官张四维的程文则把上下两截打通,一气贯下。禹、周公、孔子之明道以言,此文在起讲中一句带过:"拨乱在人,明道以言,禹、周、孔子,其易乱为治,当世固各有赖焉。"然后以"三圣既往,所以明道;觉民以归于治者,惟予之责也"出题,把题文上下两截打通,两截串说。觉民乃予之责,故必须辩:

> 揭仁义之本原,而于无父无君之教,则遏之,期于经正民兴,以缵平宁之绩。盖尝深切著明其说矣,而非好也。
>
> 究离遁之末流,而于害政害事之弊,则防之,期于拨乱反正,以继春秋之志。盖尝丁宁反复其言矣,而非好也。
>
> 人心之蔽锢已深,则提撕之不容于不力。虽尽吾辞,犹惧道之不白,无以臻廓如之效也。欲相忘于无言,得乎?
>
> 邪说之横流方炽,则诋斥之不容于不严。虽竭吾力,犹惧势之莫

---

① 转引自张志烈等主编《苏轼全集校注》第十册卷四,第357页。

反,无能破执一之非也。欲置之于不论,得乎?

每股都从辟邪说串至不得已。庄元臣指出,这就是一气滚下的修辞方法,这种方法令人"愈觉新奇"。①

单句题因为字少,题境逼仄,所以每一个字都必须尽其所用,于是,在题面本身找空间便成为一种出路。单句题往往是由中心词与动词、连词、介词、语气词等连结而成的,连词、介词、语气词等被称为"闲字""虚字",它们被视为"题神"之所在。于是,"挑剔""播弄"闲字、虚字,就成为重要的修辞手段,由此导致制义文风远离"先辈"。郭子章认为,嘉靖三十五年丙辰科会试题《臣事君以忠》,题中的"事"字、"以"字是最重要的,嘉靖三十七年戊午科四川乡试题《自诚明谓之性》中"自"字、"谓之"字最重要,万历四年丙子科江西乡试题《唯天下至诚为能化》中,"唯"字、"为能"等虚字为构思的重点,它们都是生发文思的关键所在。② 单句题的出现,使得"顺题挨讲"之法派不上用场,制义文风由此不得不变。这在技法上其实就是"以道论艺"者所严厉批评的"挑""剔"文法。王夫之在谈到巧搭题(即章与章之间的截搭,尤其是没有语义关联的截搭,是截搭题的极端形式)时说:"自新学横行,以挑剔字影、弄机锋、下转语为妙悟,以破句断章、随拈即是为宗风,于是科场命题亦不成章句。"③这其实是颠倒了命题与修辞之间的关系,实际的情况是,因题型的特殊,才导致修辞上的"挑""剔"文法的使用。清嘉庆间姚文田说:"然小题自隆庆肇开,作者林立,率以挑剔纤巧为工。"④挑剔纤巧是因小题而生的。虽然这里不是谈单句题,但他们都在强调挑剔文风与小题题型之间的关系。

正德十一年浙江乡试首题《仁者先难而后获》题目取自《论语·雍也》:"樊迟问知。子曰:'务民之义,敬鬼神而远之,可谓知矣。'问仁。曰:'仁者先难而后获,可谓仁矣。'"樊迟问孔子什么是智。孔子说:"把

---

① (明)庄元臣《行文须知》,王水照编《历代文话》第三册,第2233页。
② (明)袁黄撰,黄强、徐姗姗校订《〈游艺塾文规〉正续编》,第198页。
③ (清)王夫之《夕堂永日绪论外编》,船山全书编辑委员会编《船山全书》第十五册,第868页。
④ (清)姚文田《夜雨轩小题文序》,(清)姚文田《夜雨轩小题文》卷首。

百姓引向道义,敬畏鬼神却远离它,这就是智。"樊迟又问什么是仁,孔子说:"仁德之人勇于先承担艰难,而把获得放在第二位,这就是仁。"对于这句话,程子说:"先难,克己也。以所难为先,而不计所获,仁也。"①朱熹说:"董子所谓仁人者,正其义不谋其利,明其道不计其功,正谓此也。然正义未尝不利,明道岂必无功?但不先以功利为心耳。"②这是一道串题,若顺题挨讲,则先讲"先难",再讲"后获",此科解元张怀的墨卷正是如此。全文以朱熹所引董子的"正其义不谋其利,明其道不计其功"为文章框架,以"义""道"两字立柱,提比言道、义所当行者,仁者必先天下而不惮其难,中比强调其躬行不惮之志,后比以董子的"不谋其利""不计其功"论述"后获"(然道未明而计其功者,斯世之常情。仁者则后其所得,而曰此吾性分之所固有耳。功也者,非吾之所计也。义未正而谋其利者,众人之通患。仁者则后其所获,而曰此吾职分之所当为耳。利也者,非吾之所谋也),束比以公、私、理、欲论述"后获"的理由(人固先之,彼固后之,预期之念不介于心胸,是何也?仁之所以为仁,公而已矣。一涉于私,仁不远乎?人固先之,彼固缓之,冀望之心不形于念虑,是何也?仁之所以为仁,理而已矣。一累于欲,仁安在乎)。全文说理平正,对"先难"与"后获"纯用截讲之法,没有太多的技巧。

崇祯间项煜也写过此题文,却是大翻宋儒之案。其起讲曰:"且仁者之少也,正以欲为仁者之人多也。事于仁,非但不欲为仁者之念不可有,即此急于为仁者之念亦不可萌。"真正的仁者是极少数的,其原因正是因为"欲为仁者"太多了,人一旦执着于"为仁"之心,就不是真正的"仁"了。一旦意中存有一"仁"字,其仁就会分成"难"与"获",分别之心一萌,便非纯仁。故真正的仁者,并没有"先难""后获"的分别心。项煜的别解彻底颠覆宋儒的诠释。其中间二比是:

---

① (明)胡广、(明)杨荣、(明)金幼孜纂修,周群、王玉琴校注《四书大全校注》,第460页。
② (明)胡广、(明)杨荣、(明)金幼孜纂修,周群、王玉琴校注《四书大全校注》,第458页。

盖当其获也,固止有仁矣,而初则非止有仁也。夫于众不仁中求一仁,难乎?不难乎?此际计惟有求之而已矣,而遂计其止有仁也,所不暇及也。

　　当其获也,固绝无不仁矣,而初则非绝无不仁也。夫以一仁拒众不仁,难乎?不难乎?此际计惟有拒之而已矣,而遂冀其绝无不仁也,所不暇及也。

　　人惟畏难之极,乃始借获以自宽。力不能胜,则不得不计释肩之地,故夫未施功而先程效者,吾不谓之躁,而反谓之惰也。果其不避难也,则一难之外,不知其他矣。

　　人惟望获之深,遂并所难而自阻。志在速成,或反不屑为攻苦之状,故夫虚愿多而实际少者,不虑其神不清,正叹其力不猛也。果其能为先也,则一先之外,勿有问之矣。

上二比(中比)从"获"字逆入,再说至"仁",这已不是"先正"义法,而是所谓的"凌驾"。再用滚串之法,在"获""难"二字之间滚串,下二比(后比)进一步将"难""获""先""后"打乱,"人惟畏难之极,乃始借获以自宽""人惟望获之深,遂并所难而自阻",故若有"先难而后获"之一念在,即非纯仁。从义理上来说,项煜之解是深刻的,是真正能体会孔子的仁心的。他一举颠覆了历来在这个话题上的庸腐之论,见解之深,立论之高,可谓精警绝伦。

项煜于天启甲子参加应天府乡试,第二题为《非礼勿动》,题仅四个字,项煜的墨卷即把题中四字逐一挑剔:"防非于动者,醒之以真动也。夫礼岂戒动者哉?诚去其非,即探礼于动亦可耳。且己与天下相嘘之脉,其惟动乎?动亦仁中之生趣也。斤斤勿动,得毋助堕黜者之枯心?然而人生动静之故,则礼司其命矣。礼主静者也,乘于动而悔吝旋萌,则欲防非礼,不得不防动也。己之当克者以此。然礼又善动者也,慎于动而几康自饰,则不须禁动,止须禁非礼也。己之当由者以此。"①论家评此文:"思沉

---

① (明)杨廷枢、(明)钱禧辑评《皇明历朝四书程墨同文录》第一四册。

笔锐,世所谓千人亦见,万人亦见者,惟仲昭足以当之。"①

如果善于腾挪,善于翻案,别出奇思,则单句题反而少了限制,而给了作者更多的修辞可能性。

单句题的出现,使得制义的修辞取向自然而然地向着偏离先正文风的方向发展变化。

第四节 奇扇题与奇股文

由于本节将涉及一种股数为奇数的制义文,故本节首先讨论明代制义"体用排偶"的文体规定性的具体内涵,即明代制义究竟是以"八股"为文体特点,还是以"排偶"为特点,这关系到我们对明代制义的文体源流、写作修辞等方面的认知。

一、"八股文""制义"与"板六股"

明代乡、会试以三场试士,首场试经义,三篇四书文和四篇本经文,合称七艺。顾炎武称之为"经义"或"经义之文"。但顾炎武在解释"经义之文"的时候却说:"经义之文,流俗谓之'八股'。"②《明史·选举志》也说:"体用排偶,谓之八股。"③把"经义之文"与"八股文"等同起来。这一表述可以引导出这样的理解:从"诠释儒家经典义理"的角度,称为"经义之文";从文章体段的角度,则称之为"八股文"。

这导致20世纪以来一些学人把"股数为八"视为明清制义的文体规定性。如《中国科举辞典》说:"明清科举考试规定之应试文体……明初开科考试,敷演传注,或骈或散,并无定规,成化后始演为定式,每篇由破题、承题、起讲、领题(入手)、起股(提比)、中股(中比)、后股(后比)、束股(束比)等部分组成。……该四段中,每段均有两股排比对偶之文字,

---

① (明)杨廷枢、(明)钱禧辑评《皇明历朝四书程墨同文录》第一四册。
② (清)顾炎武撰,(清)黄汝成集释,栾保群校注《日知录集释》卷一六,第963页。
③ (清)张廷玉等《明史》卷六九《选举一》,第1675页。

共计八股,故称'八股文'或'八比文'。"①

清代以至今天的一些学人,甚至从"股数为八"的文体认知去追溯明清制义文的渊源,把律赋、律诗视为明代制义的源头,并进而推出"其定为八股之法者,则实始于成化以后"②的论断,视八股之法为成化以后的定法。

其实"八股"之名的出现甚晚,要迟至隆庆以后。何良俊《四友斋丛说》说:"自程朱之说出,将圣人之言死死说定。学者但据此略加敷演,凑成八股,便取科第,而不知孔孟之书为何物矣。"③何良俊此书初刻于隆庆三年,此书已提及"八股"之成例,但何良俊仍未称之为"八股文",而是称之为"经义"。不过从何良俊的"凑成八股,便取科第"看,此时八股已成为制义文体的主流形态。

事实上,八股从来就不是官方功令规定的考试文体格式,也不是考官衡文的根据,"体用排偶"从未被明确规定为八股。八股的文体形态在成化之后逐渐成为通行的文体形态,这既与它便于考官阅卷的原因有关,也与它契合起、承、转、合的传统文章观念有关。八股每两股为一比,八股四比,正好对应于起、承、转、合。制义论家也在各比的结构功能上形成相对稳定的看法,比如,提比需高唱入云,中比发挥正义,后比别起峰峦,束比推阐余波。袁黄则以四季比拟四比,他说:"八股文字,与天地造化相侔。首二比春也,则生而未成,虚而未实,当冲冲融融,轻描淡抹,不可带一毫粗疏造次。中比夏也,当切题渐渐说开来,所谓'天地之大寤在夏,文之大寤在腹也'。至秋则生者成、虚者实矣,文可反复驰骋矣,然亦须养后二比。不可说尽了。末二比冬也,一年好景,全在收拾处,回阳气于阴极之时,发生机于剥落之内,篇章将竭,而令人读来有无穷之趣,此文之大机括也。从源而流,由近而远,血脉条理,各得其序,然后成文。推之而八句之诗亦然,八韵之赋无不然。"④清初毛奇龄说:"唐制试士,改汉魏散诗而限

---

① 翟国璋主编《中国科举辞典》,第3页。
② (清)周以清《四书文源流考》,(清)阮元辑《学海堂集初集》卷八,第29B页。
③ (明)何良俊《四友斋丛说》卷三,第22页。
④ (明)汪应鼎《流翠山房辑选八大家论文要诀》,陈广宏、龚宗杰编校《稀见明人文话二十种》,第1339页。

以比语,有破题,有承题,有领比、颈比、腹比、后比,而后结以收之,六韵之首尾即起结也,其中四韵即八比也,然则试文之八比视此矣。"①八股是由领比、颈比、腹比、后比组成的。律诗为八句,律赋为八韵,在起、承、转、合上有着相似的深层结构。当然,并非只有八股才能体现起、承、转、合的文章学理念,六股、十股、十二股等同样可以体现这种文章学理念,但八股正好整齐对应。

一些学者则从题型的角度考察"八股文"成名的原因。顾炎武在解释流俗为什么称经义之文为"八股"时说:"盖始于成化以后。股者,对偶之名也。天顺以前,经义之文不过敷演传注,或对或散,初无定式,其单句题亦甚少……(成化二十三年会试因单句题而出现八股文法)故今人相传,谓之'八股'。若长题则不拘此。嘉靖以后,文体日变,而问之儒生,皆不知八股之何谓矣。"②顾炎武这段话有两点值得注意。第一,顾炎武指出,股数为八的文本形态的形成与题型有关,这就是单句题(一般是具有两个义项的单句题)。"若长题则不拘此",如果是长题的话,则不拘"八股"之格。可见,"股数为八"并非制义的文体规定性。第二,从明代制义写作史的角度看,"股数为八"只是特定时期的主流文体形态,"嘉靖以后,文体日变,而问之儒生,皆不知八股之何谓矣",他的意思不是说,嘉靖以后,八股文就不存在了,而是说,嘉靖之后,儒生已经纷纷不守"八股"之通例了。

万历间黄汝亨说:"自来经、书艺与策、论不同体,先辈于此循题立格,不越绳尺。而近世高才辈出,变化无穷,不复可以此概量天下。……诸君之才既受异于天,而胸中所苞罗探抉,能独辟户牖,往往缘题起意,驾乎题之上而不为题缚;缘意命格,超乎格之表而不为格囿。翔寥廓而标英灵,岂绳趋尺步之流所能望涯而至哉!"③可以看出,万历年间,在"驾乎题之上而不为题缚;缘意命格,超乎格之表而不为格囿"的时代风潮之下,发生

---

① (清)毛奇龄《唐人试帖序》,(清)毛奇龄《西河集》卷五二,《四库全书本》,第2B页。
② (清)顾炎武撰,(清)黄汝成集释,栾保群校注《日知录集释》卷一六,第963页。
③ (明)黄汝亨《白社草序》,(明)黄汝亨《寓林集》卷七,天启四年吴敬、吴芝等刻本,第33B页。

"不知八股之何谓"的情形,是一点也不奇怪的。

清代陆陇其说:"科举之文,谓之八股。此特为两截题言之耳。题有两截,非上下各自发明,则题意不出。然欲发题意,非虚实并发,则题意亦不出。故先辈于两截题,必将上截发四股,两虚两实;下截发四股,两虚两实。此所以有八股之名也。两截之外如一句题,亦有发八股者矣,由虚渐实,所谓'一滚格'是也。亦有发六股者矣,题意已透,不多赘也。至如二句、三句之题,则用两扇、三扇之格;全章通节之题,则用随题挨讲之格,固不拘于八股。但八股者多,不八股者少,此所以统谓之八股。"①结合顾炎武和陆陇其的话,我们可以这样表述:明清经义文之所以被称为"八股文",是因为在两截题(以单句题和二句题为多)的题型中,历来多以八股发之,上下各四股,便成八股。单句题可以发八股,也可以只发六股。二句题则用二扇(它可以是两大段,也可以同时是八股),三句题则是三扇,全章题则不以八股论。

顾炎武、陆陇其等人对"八股"与制义的关系的判断是非常明确的,顾炎武认为,"八股文"之名与单句题的出现有关,陆陇其认为,"八股文"之名"特为两截题言之耳",而对于其他题型,如三扇题、长题,则不拘八股。可见,"八股"并非明代制义的文体规定。

明代有关科举经义文的官方功令、考试录等正式文件都不提"八股文",《明实录》也不提"八股文""制艺",而是提"制义",可见"制义"是使用于正式场合的名称。明代的制义文集大都题为"制义"或"稿",而不称为"八股文选集",如《中峰制义》《举业正式》《玉茗堂稿》《传世辉珍》《程墨清商》《国朝大家制义》。

万历间人多以"八股文字"泛称制义文的内容,可知其时八股已成常态,但仍未径称"八股文"以代表其文体。冯从吾《关学编·鸡山张先生》记张舜典的话:"误天下人才者,八股也!且八股,士自急之,学博何容以重误人才者督之误乎?况学者苟知圣学为急,即皋夔事业皆将黾勉企及,

---

① (清)陆陇其《当湖陆先生评选先正制义一隅集》,陈维昭编校《稀见明清科举文献十五种》,第925页。

何有区区八股不加力造耶？"①"八股"已明显与负面情绪相关。方应祥，字孟旋，万历四十四年中进士。其《青来阁初集》有多篇文章是为一些八股文集作序的，多以"制举业""四书文""四书义"称之，但当谈及颓丧之情时，则往往以"八股文字"表达。他58岁始中进士，自嘲道："五十岁外博一进士，廷试锁榜，三年守部，方得补官。弟生平好打迟局，造物亦巧成之。然此心固已久誓作无事人，借一日之得，以了八股之局可也。"②在《与严印持忍公无敌》一文中，把举业称为"八股头事业"，③有时又称之为"四比八股头钝货"。④ 万历四十八年，臧懋循在为《秦汉文钞》作序时说："国朝以八股取士，而举业家娴古文词者，什不满二三。夫文不古则无骨，不古则无神，不古则不典而不丽，故必取宗秦汉。"⑤这与何良俊所说的"凑成八股，便取科第"意思相近。崇祯间人也往往以"八股文字"称制义文，如沈宠绥的《度曲须知》。⑥ 陈仁锡的《张君昭稿序》则在称"制举义"的同时提到了先正的"八股文字""八股文章"。⑦ "八股文字""八股文章"，这可以视为"八股文"的称呼了。从这些称呼中，我们可以看到，"八股文字""八股文章""八股头事业""四比八股头钝货"，基本上都是用来表达负面情绪的。可以说，"八股文"之名，从一开始，就具有一种"恶谥"的意味，它往往与"骂名"联系在一起。明末清初那些饱受举业之苦者，则往往骂之为"八股头"，清代小说每当叙及科举考试时，基本上都是痛苦经验的描述。

如果我们把考察的视野扩展到清代，我们更能明白"八股"为成化之后的常态，但这种常态并未能保持到清末。顾炎武说，嘉靖之后，士子不知"八股"为何物，但直至清代前期，八股仍然是制义写作的常规格式。不过，到了清代嘉庆之后，六股之文比八股之文更为流行。

---

① （明）冯从吾《鸡山张先生》，（明）冯从吾撰，陈俊民、徐兴海点校《关学编》，第75页。
② （明）方应祥《与郑见廷》，（明）方应祥《青来阁初集》卷三，第22A页。
③ （明）方应祥《与严印持忍公无敌》，（明）方应祥《青来阁初集》卷五，第10A页。
④ （明）方应祥《奉牛文埜先生》，（明）方应祥《青来阁初集》卷六，第33A页。
⑤ （明）臧懋循《秦汉文钞序》，（明）臧懋循撰，赵红娟点校《臧懋循集》，第173页。
⑥ （明）沈宠绥《度曲须知·曲运隆衰》，《中国古典戏曲论著集成》第五册，第197页。
⑦ （明）陈仁锡《张君昭稿序》，（明）陈仁锡《无梦园遗集》卷三，第54B页。

在成化之后的八股通例中，后比之后还有"束比"两股，这两股同样采用"体用排偶"的形式，却不计入八股之数。袁黄在谈到制义排偶部分的文体格式时，分列破题、承题、起讲、提法、小股、大股、过文、缴、小束、大结十条目，是为十段式文格。其中，提法、小股、大股、过文、缴五条涉及了制义的五比：提比、虚比、中比、后比、束比。每比二股，共十股。（袁黄并不在条目上以提比、虚比、中比、后比、束比排列，而是把虚比、后比、束比的做法分别放在"提法""过文""缴"中论述，这说明他对作法更加重视。）

到了李叔元作《肄业精诀》一书，便列有提股式、虚比式、实比式、末二比式和缴题式，此五式正对应袁黄的提法、小股、大股、过文、缴五条目。至汤宾尹《一见能文》，其"作文式"的排偶部分便由起比式、虚比式、中比式、后比式、束比式五条组成，同样对应袁黄所提及的排偶五式，而条目显得更加清晰。

这五种比式的每一种均有两股，共十股。比较一下徐常吉与汤宾尹对束比的不同表述方式，就不难明白，第五式"束比式"是不算在八股之数内的。徐常吉谈八股文体段，在谈了首二比、三四比、五六比、七八比之后，又谈到"束题"，而不是"九十比"。虽然束题（或称"束比"）也采用比偶的形式，也往往出以二股，但它不在八股之数。

在谈到七八比时，徐常吉说：

> 一篇文字，英华多在七八比上露之。若前面文如锦绣，而至此单弱，终是虎头蛇尾，非全才也。善作者宁可韬光敛锐于前，至此却以奇思粹语层见叠出，方为作手。大抵文至终篇，气宜长而不宜粗，理宜完而不宜杂，词宜富丽而不宜腐冗，味宜委婉而不宜直率。至于八比既完，又当总会前文，咏叹数句，或二小比于后，庶觉气度从容，理趣完具，而为大家手笔矣。①

这一段文字也出现在汤宾尹的《一见能文》里，汤宾尹称之为"后比

---

① （明）袁黄撰，黄强、徐姗姗校订《〈游艺塾文规〉正续编》，第193页。

式",可见,"后比"即七八比。如果束比两股也算入,岂不成了"十股文"? 李廷机与汤宾尹的制义文体观是一致的。

八股之后另有束股,这种制义体段形态直至清代前期仍是如此,康熙间唐彪《读书作文谱》论制艺体裁,在论了八股之后,又有束股,也是骈偶形式,可见束股并不在八股之数。

"八股"只是一种时趋、通例,而非官方功令所限。嘉靖间杜伟(号静台)论文,在谈到文之立格时说:"一滚格如明珠滚盘而不出于盘,有详略而无断续也,荆川先生《此谓国》篇、《由也升堂》篇、《亚饭干适楚》篇是也。大概先提出本题,然后正讲六股足矣,不必以八股为拘也。"①以此段视之,可见万历间已以八股为拘,同时也可见,可以不为八股所拘。

制义体段形态在清代嘉庆后期开始发生变化,六股文开始成为时尚,于是,人们对正讲的体段形态的认识又发生了新的变化。焦循在成书于嘉庆二十四年的《易余钥录》中把时文的体段比拟于戏曲体制,他说:"破题、小讲,犹曲剧之有引子也;提比、中比、后比,犹曲剧之有套数也。"②仅提"提比、中比、后比"三比六股,可见其时已有"六股文"的体制了。道光间司徒德进所著《举业度针》所介绍的制义文体体段是:起讲、领题、提股、中股、后股、结束。并不论及束股,可见其排偶以六股为论。在《各股挨题字顺逆起法》中,司徒德进说:"凡作文,前幅、中幅、后幅各处起法,必须变化错综,乃成章法。得诀只在挨着题字,顺逆变换而起耳。如提比挨题某字逆起,中股则挨题某字顺起,后股则又挨题某字逆起,或挨题某字中间扣起之类。"③三比六股正好对应着前幅、中幅、后幅。到了光绪间,谢若潮说:"八比为正格,现用六比为多。"④光绪末年,有学人说:"咸丰、同治间,其时已废束股不用,大抵短中股,长后股,俗称板六股,是则八股之有名无实者,已三十年于兹矣。"⑤如此,则咸丰以来,"板六股"已成

---

① (明)袁黄撰,黄强、徐姗姗校订《〈游艺塾文规〉正续编》,第196页。
② (清)焦循《易余钥录》卷七,木犀轩丛书本,光绪戊子(1888)德化李氏刊本,第7A页。
③ (清)司徒德进《举业度针》,陈维昭编校《稀见明清科举文献十五种》,第1468页。
④ (清)谢若潮《帖括枕中秘》,陈维昭编校《稀见明清科举文献十五种》,第1793—1794页。
⑤ (清)佚名《八股辨》,《申报》,1898年8月6日。

制义写作的正格。

由于商衍鎏是清代最后一科会试的探花,因此,他在1956年所完成的《清代科举考试述录》便成为今人认识清代科举制度的启蒙书。商衍鎏的科举亲历者的身份,使得此书在相当程度上具备了"文化遗存"的价值。但是,商衍鎏的述录毕竟只是对清代尤其是清代后期的科举制度的记录,他的一些表述,是相对于清代后期的科举制度来说,才是符合历史真相的。商衍鎏说:"八股者,为起二比(亦曰提比),中二比,后二大比,末二小比(亦曰束比)。"①把"束比"算入八股之数,这种做法早在章中如写于1931年的《清代科举制度》一书中已经出现,章中如该书下卷有"文格"一节,介绍制义的文体格式:破题、承题、起讲、领题、提比、出题、中比、后比、束比、落下。②

章中如、商衍鎏等人为什么会把"束股"(即束比)计入八股之数呢?这是因为清代道光以来,制义体段已流行六股形态,而束比两股依然存在。因沿用清代盛行的"八股文"俗称,故道光以来仍称之为八股文。

事实上,章中如是知道清代制义股数的这种变化的,他认为以六股为正格是弃束股不用的结果。他在论束比时说:"前六比意有未尽,再以两比收束,字句亦相同,宜短不宜长,此八比正式也。亦多不用束比,仅作六比者。"③并说:"时文原名八股,固以八比为正格,六比亦为正格。"④在流行六股体段的时期,称制义为"八股文"实际上也就仅仅具有"俗称"的意义了。

二、如何理解"体用排偶"

不管是八股、六股还是排偶,都是指制义的正讲部分的文体格式。

万历间李廷机在其《科甲文式元魁真铎》中把制义文体分为破题、承题、起讲、正讲、缴束、大结六个部分,这是明清制义文体的基本构成。与

---

① 商衍鎏《清代科举考试述录》,第261页。
② 章中如《清代科举制度》下卷,第1页。
③ 章中如《清代科举制度》下卷,第2页。
④ 章中如《清代科举制度》下卷,第3页。

李廷机同时期的袁黄把束股放在正讲中论述,其文体构成为破题、承题、起讲、正讲、大结五部分。而"体用排偶"指的就是正讲部分。

破题有一套大家遵守的破法,如"圣人"破"孔子","贤人"破"孟子",起讲有标志性的"意谓""若曰",而真正显示作者个人特点的,则是正讲部分,也即制义的排偶部分。至于正讲部分,其体段形态究竟是两扇、四段,还是六股、八股、十股,抑或三段、五段、七段、九段,这取决于作者的炼格。而炼格则受制于题目,或者说,受制于作者对题目的理解,这就是所谓的"缘题起意,缘意命格"。

对正讲部分的分股数量和排偶形式的设置,既出于作者应对题型特点的考虑,也受制于作者对题型、义理的理解乃至文章审美取向的制约。

对于正讲部分的构思来说,重要的不是股数,而是布局与修辞。隆万间沈位(号虹台)论制义文体时,只论破、承、开讲、股法、过文、小结、大结,仅以"论股法"综论排偶部分的文法,并不着意于股数。袁黄的《游艺塾文规》,对制义作法的讲解,只讲四部分:破题、承题、起讲和正讲。其"正讲"中的分股排偶部分,所举程墨往往不只八股。如他所举的万历丁酉科浙江乡试张应完墨卷,其正讲部分有十四股(包括束比的两股)。股数的多寡乃是制义文格演变的结果。

那么应该如何理解《明史·选举志》所说的"体用排偶"呢?

排偶,也叫比偶。排,指排比;偶,指对偶。必须重视这个"排"字,我们才能真正认识明代制义的基本特征。

排偶修辞法的起源甚早,六经、先秦诸子散文,已经出现大量的排偶现象。朱光潜说:"说来很奇怪,中国散文讲音义对仗,反在诗之前。《孟子》《荀子》《老子》诸书中常有连篇的排句。这大概是因为作者的思想丰富,同时顾到多方面的头绪,所以造语自然排偶,与辞赋状物易趋于排偶,同一道理。汉人著作,除史书外,大半仍骈多于散。这一方面是承继周秦诸子的遗风余韵,一方面也多少受辞赋的影响。左丘明的《春秋传》和司马迁的《史记》一类史书是中国散文离开排偶而趋向直率的一个最大的原动力。这般作者在秦汉时代是反时代潮流的。史书所以最早有直率流畅的散文,也有一个道理,因为史专叙事,叙事的文章贵轻快,最忌板滞,而排偶最易流于板滞。清朝古文运动中的作者最推尊左、庄、班、马,就是因为这些'古典'所给的是最纯粹的散文。"①六经、先秦诸子和左、《史》开启了中国文章的散、偶两大传统。

而科举考试的标准化性质、经义文与经义策的分工,更加速了唐代律赋、宋代大义、明清制义向着排偶传统靠拢。袁黄说:"四六盛于六朝,然皆风烟月露之词,于政事礼乐、典章文物之体未备也。自唐开元十二载诏以诗赋取士,自此八韵律赋盛行,煅炼研摩,声律始细。然当时作者,如陆贽、裴度、吕温辈,犹未能极工;至晚唐薛逢、吴融辈出于场屋,颇臻妙境;及宋嘉祐、治平间,相传四百余年,师友渊源,讲贯磨砻,口传心授,以骈丽之词,叙心曲之事,寓行云流水之态于抽黄对白之中,而四六始称绝唱矣。"②明代前期制义字数在二三百字间,这使它在修辞形态上贴近四六传统。

阮元甚至认为,四书文比起经、史、子系列的书籍来更接近"文",承接着"文"的正脉。他在《书梁昭明太子文选序后》,认为"必沉思翰藻,始名之为文",③六朝的四六骈俪才是真正的文。阮元不认同唐宋八家的奇偶相生之文,指出"沉思翰藻"之文与唐宋八家之文的分野就在于奇、偶之间。"经、子、史多奇而少偶,故唐、宋八家不尚偶;《文选》多偶而少奇,故昭明不尚奇。"④"是《四书》排偶之文,真乃上接唐、宋四六为一脉,为文之正统也。"⑤钱锺书认为阮元此文乃"拘墟之说","力言经、史、子不得为'文'。盖皆未省'诗'与'文'均可由指称体制之名进而为形容性能之名"。⑥撇开阮元的偏执不论,阮元此论强调了明代制义承接着"沉思翰藻"的文章传统,却是符合事实的。

---

① 朱光潜《诗论》,第258页。
② (明)袁黄撰,黄强、徐姗姗校订《〈游艺塾文规〉正续编》,第227页。
③ (清)阮元《书梁昭明太子文选序后》,(清)阮元撰,邓经元点校《揅经室集》三集卷一,第608页。
④ (清)阮元《书梁昭明太子文选序后》,(清)阮元撰,邓经元点校《揅经室集》三集卷一,第608页。
⑤ (清)阮元《书梁昭明太子文选序后》,(清)阮元撰,邓经元点校《揅经室集》三集卷一,第609页。
⑥ 钱锺书《管锥编》第二册,第226页。

明代制义的正讲部分既存在着两扇、四段、六股、八股等骈偶形态,也存在着三扇、五股、七股、九股等排比形态。排比与骈偶,是明代制义正讲部分的两类基本形态。

"体用排偶"正是沿袭了"沉思翰藻"的诗文传统,但制义毕竟是经义文章,排偶毕竟有悖"作文害理"的理学观念,于是,"以古文为时文"的文章理念在具体的实践中就催生出"以比偶为单行"的修辞策略。"体用排偶"是要求制义的正讲部分必须采用排比、对偶的形式,"以古文为时文"则是要求化偶为散。一旦化偶为散,也就不符合"体用排偶"的文体要求了。于是就出现了"以比偶为单行"的修辞原则。所谓"以比偶为单行",是指采用对偶的两句(两股)去铺排儒家原典或朱熹集注上的一句话,或者说,把儒家原典或朱熹集注上的一句话分拆成对仗的两句话(两股)。从句式上看,是对仗的两股,符合"体用排偶"的要求,而在语义上,两股之间并列语义的重复咏叹,往往是一种顺延、伸展、因果、递进的关系,以此化解句式上因排偶而形成的板滞,从而达到古文在铺叙上的顺畅。"以古文为时文"与"体用排偶"的矛盾统一,是明、清制义文体最具特色的修辞美学。

康熙间制义名家储在文在评价刘子壮的《周监于二代 节》题文时说:"运古于时,运散行于排偶,此法自荆川始。"①他以"运散行于排偶"去描述唐顺之的"以古文为时文"的制义变革。其后,方苞即在《钦定四书文》中引述胡定的《逃墨必归于杨 一章》题文的原评,称此文"以比偶为单行,以古体为今制,唯嘉靖时有之,实制义之极盛也"。② 胡定此文的提比即云:"夫二者非中道,固皆可以久;而人情虽甚溺,亦必有时而悟。"③这实际上是把一个让步从句分列成对偶的两股。

此后,"以比偶为单行""运散行于排偶""易比偶为单行""排偶之体,单行之神"④"以单行之气运排偶之神"⑤就成为清人推崇优秀时文的

---

① (清)钱振伦《制义卮言》,陈维昭编校《稀见明清科举文献十五种》,第1622—1623页。
② (清)方苞等编《钦定四书文·正嘉四书文》下孟,第45A页。
③ (清)方苞等编《钦定四书文·正嘉四书文》下孟,第44A页。
④ 顾廷龙主编《清代朱卷集成》第一二册,第21页。
⑤ 顾廷龙主编《清代朱卷集成》第一二册,第230页。

流行用语,用以推崇能够"以古文为时文"的制义。

"以比偶为单行"是在恪守"体用俳偶"的文体规定性的前提下,向古文传统回归,是制义试图摆脱因排偶而"格卑"的文体陷阱而作出的努力。

三、奇扇题与奇股文

在明清制义理论史上,很多人把"体用排偶"理解为"对仗""骈偶",但笔者一直强调,"排偶"分指排比与骈偶。因为在制义正讲部分的排比中,存在着句式相同(或相似)的三股、五股、七股、九股的排比,笔者把这类股数为奇数的制义称为"奇股文"。① 奇股文是对奇扇题进行应对的结果,是"循题立格"的结果。

明清的制义理论家(如明代的李叔元、汤宾尹,清代的唐彪等)已经注意到奇扇题中的三扇题,并提出相应的作法,即三段文。但到了道光间,司徒德进则认为前人这种以三股文应对三扇题的做法是一种呆板的作法,他说:"《老者安之 三句》,老少朋友,只随举三项以该天下之人。……若呆滞题面,分三大比做,便顾貌失神。……又《上老老 六句》,孝、弟、慈……若呆分三大比做,亦是失神。……而浅学往往依题分股,岂知好走易路,正大输便宜也。"②这种"呆分三大比"(即以三股应对三扇题)不仅在明代制义写作中为常态,在清代仍为很多名家所遵守。司徒德进认为必须以"合做"法去顺应"骈偶"的原则,他说:"凡文格,只有两扇、三扇,极至四扇而止,更无五扇做法。其自五扇以下,如文王'敬止'之目,'九思'之目,'五教'之目,此是段落体,总握大旨合做,是正格,蝉联串插映带做,是变格。不外此两法。"③所谓"蝉联"者,排比也。文王"敬止"之目,指《大学》传之三章中间一节:诗云:"穆穆文王,于缉熙敬止!"为人君,止于仁;为人臣,止于敬;为人子,止于孝;为人父,止于慈;与

---

① 陈维昭《"体用排偶"与明清制义的文体特征》,《兰州大学学报》2024年第1期。
② (清)司徒德进《举业度针》,陈维昭编校《稀见明清科举文献十五种》,第1464—1465页。
③ (清)司徒德进《举业度针》,陈维昭编校《稀见明清科举文献十五种》,第1496—1497页。

国人交,止于信。——为五扇题。虽然司徒德进强调四扇以上的题目以"合做"为正格,蝉联或串插为变格,但毕竟承认变格的存在。

骈偶、对仗并不能涵盖明清制义写作的丰富性。光绪间的谢若潮这样描述当时制义写作中"体用排偶"形态的丰富性:

> 八比为正格,现用六比为多,更有三扇题用三大比,四扇题用四大比,或前三后二,或前二中三后二,看题为之。更有用"非"字格,前后俱用三比,中二短比以关锁之,格局亦新。至两截题用两大比,中间锁以排语,亦一格也。①

"前三后二"为五股文,"前二中三后二"为七股文,"非"字格虽为八股,但前后俱以三股为一个单元,中间以二股为一个单元。不管是五股文、七股文,还是"非"字格的八股文,它们相同的特点是,其排偶部分存在着以三股排比为一个单元的结构特点,这显然不是"骈偶"所能概括的。

排比的股法因特定的题型而产生。在明、清制义论家的题型分类中,有一种是以"扇"来分的,比如李叔元分出二扇题(如《先行其言而后从之》)、三扇题(如《劳其筋骨饿其体肤空乏其身》)。汤宾尹《一见能文》分得更细,有二扇题、三扇题、四扇题(如《考诸三王而不缪建诸天地而不悖质诸鬼神而无疑百世以俟圣人而不惑》)、五扇题(如《父子有亲君臣有义夫妇有别长幼有序朋友有信》)、六扇题(如《知者乐水仁者乐山知者动仁者静知者乐仁者寿》)、九扇题(如《视思明听思聪色思温貌思恭言思忠事思敬疑思问忿思难见得思义》)。这类题型往往不能从"八股"的角度去构思。如三扇题,三句平讲则主体部分为三股。六扇题,其作法是:"当六扇平讲,三对叠,叠变三样六法,若六言六蔽是也。有相承接分为六股

---

① (清)谢若潮《帖括枕中秘》,陈维昭编校《稀见明清科举文献十五种》,第 1793—1794 页。

者……"①有将第一扇提出另讲,下分五股者,则成为五股文。九扇题则可能写成九股文。当然,如果作者死守八股之数,那么九扇题也可以处理成八股的通例。

由于三股、五股、九股等文章结构与骈偶观念相冲突,有些明、清论家并不称之为三股、五股、九股,而是使用另一个概念:段。把这类题称为"段落题"。如清代楼㕙说:"三扇以外,多至四扇、五扇以至八扇、九扇者,皆谓之段落题。"②

在上面所举的各类扇题的例子中,笔者选用了各扇在语义上处于并列关系的例子。而事实上,在明、清论家所说的扇题中,是包括一些各扇语义并非并列关系的题型的,如汤宾尹所举三扇题《足食足兵民信之矣》。这里我们集中讨论各扇语义并列的奇扇题,看看它们是如何形成三股文、五股文、七股文和九股文的。

先看三扇题。三扇题在明代科举史上出现甚早,洪武二十年丁卯科应天乡试题《老者安之朋友信之少者怀之》即是最早的三扇题。正统十三年的《畜马乘不察于鸡豚伐冰之家不畜牛羊百乘之家不畜聚敛之臣》、天顺四年庚辰科会试题《知远之近知风之自知微之显》、成化七年辛卯科顺天乡试题《居处恭执事敬与人忠》、成化十年甲午科应天乡试题《畏天命畏大人畏圣人之言》,一直到崇祯十五年壬午应天乡试题《定而后能静静而后能安安而后能虑》,都属此类。

洪武二十年丁卯应天乡试的三扇题为《老者安之朋友信之少者怀之》,这一题在明代乡、会试上出现过4次:洪武二十年丁卯科应天乡试、永乐十三年乙未科会试、成化五年己丑科会试和天启七年丁卯科应天乡试。该题选自《论语·公冶长》第二十五章第四节中的三句话,虽不是完整的一节,但它完整地表达了孔子的志向。"老者安之""朋友信之""少者怀之"体现了孔子的忠恕之道。孔子之道,一以贯之,这三者即是孔子贯之的具体表现。明代科举之初,八股之格式尚未定型。此文的命题方

---

① (明)汤宾尹《汤睡庵太史论定一见能文》卷三,陈广宏、龚宗杰编校《稀见明人文话二十种》下册,第1054页。
② (清)楼㕙《举业渊源》,陈维昭编校《稀见明清科举文献十五种》,第1305页。

式决定了文章的修辞形态。题目是三句以老少朋友概括众生万物,三句的地位是平等的,考官的程文主体部分以三股(三扇)应之:

> 耆艾期迈,非老者之谓乎? 因老者有安之理,吾则使之以安,然后老者安于我也。曰老者安之,非老者之各得其所乎?
>
> 同门合志,非朋友之谓乎? 因朋友有信之理,吾则与之以信,然后朋友信于我也。曰朋友信之,非朋友之各得其所乎?
>
> 幼而未冠,凡少于我者,皆少也,因少者有怀之理,吾则与之以恩,然后少者怀于我也。曰少者怀之,非少者之各得其所乎?

这显然不是骈偶格式,而是三股排比。该程文即主要由破、承、起讲、结语与这三股构成,不妨称之为三股文。之所以会形成这种三股文,是因为作者遵循"顺题挨讲"原则,对题目的三扇逐项论述,自然也就形成了三股排比的文体结构。

成化五年己丑科会试再命此题,此时驰骋浮词之风已盛,但主考官太常卿兼学士刘珝所作程文仍以三股出之:

> 老者所当安也,不有以安之,则劳而不佚者多矣,我则欲养之以安,而无所劳焉。
>
> 朋友所当信也,不有以信之,则面而不心者多矣,我则欲与之以信而无所伪焉。
>
> 至若少者所当怀也,少而不怀,则失其所者多矣,我则欲恩以抚之,慈以畜之而俾之被其泽焉。

明末杨廷枢认为刘珝此文写得如此简质,目的是为了纠正当时驰骋浮词的文风。不过,与洪武二十年的程文相比,此文的程式化和技巧性仍然体现了成化的时代特点。洪武二十年的程文主体部分的三大股是用圣人口气来写,但它并未以"若曰""意谓"之类的词语带入。成化刘珝的程文则用"想圣人之意若曰"带入圣人口气,这是制义程式的标志性词语。

刘珝又以"在一乡则行乎一乡,在一国则行乎一国,在天下则行乎天下"对洪武丁卯程文的结语进行具体的展开,使文思更活跃,义理更透彻。但总体来说,此文意在扭转时风,故寥寥数语,写得气象廓如。

以三股文应对语义并列的三扇题,这样的写作理念一直保持到清末。

语义并列的三句题有时还会衍生出五股文、七股文的奇观,这是因为作者在三股的前后又加了两股或四股,却不能改变主体的三股格式。

洪武二十年丁卯科应天乡试的第二题《兴于诗立于礼成于乐》,取自《论语·泰伯》第八章,是全章题,也是三节题,由三句组成。虽然三句存在着递进关系,但从题型上看,仍是三扇题。其程文先以三段诠题:

> 今夫诗本性情,有邪有正,其为言既易晓,其感人又易入。善者可以感发人之善心,恶者可以惩创人之逸志,故学者之初,欲兴起其好善恶恶之心,而不能自已者,必于此而得之。
>
> 若夫礼者,天理之节文,人事之仪则,其节文度数之详,可以固人肌肤之会,筋骸之束,故学者之中,欲其卓然自立而不为事物所摇夺者,必于此而得之。
>
> 至于乐,则声音之高下,舞蹈之疾徐,不可旦暮而能,所以荡涤邪秽,斟酌饱满,动荡血脉,流通精神,养其中和之德,而救其气质之偏者也,故学者之终,至于义精仁熟,而自和顺于道德者,必于此而得之。

再加两股论"进德"与"得效",形成了这篇程文的五股文格式。

天启七年丁卯科应天乡试,对于试题《老者安之朋友信之少者怀之》,张采的墨卷把孔子这个推己及人的忠恕之道提升到"王道""治天下"的高度,先以三股写题意:

> 先王之顺齿也,君子不徒行,庶人不徒食,谓孝弟之道行而民可毋相犯也,则当吾世而可思所安矣。兼用三代之文而尊亲有伦,以得恭敬乐事之意,是丘所为虑之以大者也。

先王之慎交也,始必图其终,同必严其与,谓忠厚之谊明而民可毋相欺也,则当吾世而可思所信矣。精求与人之义而本俗有联,以全进退言行之则,是丘所为要之以久者也。

　　先王之降慈也,春则育幼少,秋则养孤子,谓仁爱之意敦而民可毋相凌也,则当吾世而可思所怀矣。博观逮下之仁而任邺有令,以行书版入学之法,是丘所为子之以惠者也。

意犹未尽,再以四股续之,形成全文七股的奇观:

　　夫无其位而欲行其事,似愿虚而不实,抑知开物成务之方,本于其量之深浅,而非贵贱所得殊者也。是以丘未尝有求于世,而于斯要为重者,明乎利济天下之序固然,而岂强图其有济。

　　无其事而徒有其愿,似言远而难征,抑知裁成辅相之责,存于器之大小,而非时数所得制者也。是以丘未尝有成于世,而于斯若可见者,明乎平均天下之势固然,而岂逆取以自难。

　　盖视百姓为一身,惟谨其几微以俟天休之克集。

　　且视万物为一家,惟谋其吉凶以著人纪之肇修。

题意影响着制义的文体格式,语义并列的三句题型导致三股文、五股文和七股文的形成。

　　有些题目虽非三句题,但如果涉及三个意义并重的义项,也可能被写成三股或包括三股的文体格式。正德十四年广东乡试次艺题为《王天下有三重焉其寡过矣乎》,出自《中庸》第二十九章第一节,为完整的一节题。题目语意似自足,实却是承上的,其"三重"的内容在上一章,指议礼、制度和考文三项,可见题目之语意并不自足,这就出现了如何处理题目与其上文的关系的问题,这一问题对制义修辞提出了要求。该科《广东乡试录》选入第二名汪有执之文,其主体部分有三股:"其议礼耶?本乎情而酌乎分,使亲疏贵贱之相接者有一定之体焉。其制度耶?随其位而异其等,使器用章服之分别者有不易之式焉。其考文耶?稽多寡于点画,订异同于形象,必求其精当也,不容于损益焉。"①万历四十年壬子湖广乡试次艺为单句题《王天下有三重焉》,同样面临着如何处理"三重"与"议礼""制度""考文"的关系。第四名罗喻义之墨卷同样采用了三股的形式:

曰五礼,职之宗伯,王天下者有焉。夫岂其手辟乾坤之主哉?其于礼固亦因之也,而一经其藻润至尊为国典,弗可违也,则礼之所重可思也。

曰六量,藏之冬官,王天下者有焉。夫岂其开物成务之圣哉?其于度固亦因之也,而一经其裁定至宪为王制,弗可改也,则度之所重可思也。

曰六书,掌之行人,王天下者有焉。夫岂其结绳书契之世哉?其于文固亦因之也,而一经其表章至比为奎辰,弗可易也,则文之所重可思也。②

杨廷枢对此甚为赞许:"三段,老!"认为这三股笔法老到,既传达了议礼、制度和考文三重意思,又不直犯其字面。此后,凡是作这道题者,其议礼、制度和考文必然分置三股。

嘉靖十六年丁酉科浙江乡试题《知及之 全章》,并非三句题,而是取《论语·卫灵公》的第三十二章为题,全章由三节构成,包括三层意思,其程文用三段散体写其三层意思,成为"三段文",可视为三股文的另一种变体:

如其格致之功已加,知足以明天下之善,而存养之功未密,仁不足以定吾心之知,则是知非真明也,道非深造也,天未几而人已夺之矣。其能以有诸己乎?是故不可不仁也。

---

① 《正德十四年广东乡试录》,龚延明主编《天一阁藏明代科举录选刊》第九册,第7520页。
② (明)杨廷枢、(明)钱禧辑评《皇明历朝四书程墨同文录》第一三册。

夫既知及之,仁能守之,是有以据于德矣。然而道也者,无内也,而亦无外也。苟形于躬者,威不足以淑仪;临之民者,容不足以动众,则是厚内而忘外,信于己而未能一于其人,可以致民之敬乎?是故不可不庄也。

夫既知及之,仁能守之,庄以莅之,是有以诚诸身矣。然而道也者,无我也,而亦无物也。苟推而行之,未协于和衷之道;举而措之,或失夫天叙之典,则是敦厚而不化,尽其性而未能尽人之性,又岂尽善之道乎?是故不可不动之以礼也。

四句题如永乐九年辛卯科浙江乡试题《非礼勿视非礼勿听非礼勿言非礼勿动》,崇祯十二年己卯科顺天乡试题《生之者众食之者寡为之者疾用之者舒》等。由两分句组成的四句题,也称为二段题,如洪武三十年丁丑科会试题《知者无不知也当务之为急仁者无不爱也急亲贤之为务》、永乐三年乙酉科应天乡试题《殷因于夏礼所损益可知也周因于殷礼所损益可知也》,等等。

洪武三十年丁丑科会试,孟题为《知者无不　为务》,全题是:"知者无不知也,当务之为急;仁者无不爱也,急亲贤之为务。"这是二段题,两段中,"智""仁"对举,"知""爱"并观,这样的题型决定其股法结构的整饬对仗。主考官刘三吾将这道四句题写成了四股文(或叫四段文):

今夫知者,心之神明所以妙众理而宰万物者也。惟其妙于众理,周乎万物,固无所不知矣。然岂徒知之遍物而可谓之智哉?要必当务之为急焉。

仁者,心之德爱之理,无一毫私意之蔽,无一毫私欲之累,固无一物不爱矣。然亦岂徒遍爱人而可谓之仁哉?要必急亲贤之为务焉。

盖不知智、仁之全体,则知之不周,爱之不广,而心之所持者狭矣。

不知智、仁之先务,则知之虽周,而精神疲于无用,爱之虽广,而德泽壅于下流,其心又失之泛矣。

九个义项并列的题目较少出现,现存明代乡、会试四书题仅有以下五个科次:洪武二十三年庚午科应天乡试题与嘉靖五年丙戌科会试同题:《凡为天下国家有九经曰修身也尊贤也亲亲也敬大臣也体群臣也子庶民也来百工也柔远人也怀诸侯也》为一节题,九经的内容包括九个义项;嘉靖二十五年丙午科云南乡试题与二十八年己酉科浙江乡试同题:《孔子曰君子有九思视思明听思聪色思温貌思恭言思忠事思敬疑思问忿思难见得思义》,九思包括九个义项。万历十一年癸未会试题《修身则道　畏之》,共九个义项,为九经之效:"修身则道立,尊贤则不惑,亲亲则诸父昆弟不怨,敬大臣则不眩,体群臣则士之报礼重,子庶民则百姓劝,来百工则财用足,柔远人则四方归之,怀诸侯则天下畏之。"

题目有九项并列,则为九扇题式。汤宾尹说:

> 九扇题,当九扇平讲,五对叠下,变五样文法。然有首扇另讲,末八扇作四对者,若《九经之目》是也。有前八扇作四对,末扇另讲者,若《九思》是也。有以前八扇作四大对,后扇为尾,变三样文法者,若云南程文《九思》题是也。已上自两扇至九扇,文皆有变格如此,可见间架轻重之不可不定也。①

《九经之目》指《中庸》第二十章第十一节:"凡为天下国家有九经,曰:修身也,尊贤也,亲亲也,敬大臣也,体群臣也,子庶民也,来百工也,柔远人也,怀诸侯也。"洪武二十三年应天乡试、嘉靖五年会试都命过此题。这里来看嘉靖五年会试副主考官董玘所作程文,此文把经之九目写成九股,以"修身"有统领下面八目之意,故单讲一股,下面八目成八股,两两相对。其九股如下:

> 盖天下国家之本在身,身有未修,则其道废,故修身为九经之本,而治莫有先之者矣。

---

① (明)汤宾尹《汤睡庵太史论定一见能文》,陈广宏、龚宗杰编校《稀见明人文话二十种》下册,第1054页。

然修身以道,进道则在于贤,故于贤焉,则尊之于以资夫师友之益。

道之所进,莫先其家,故于亲焉,则亲之于以振夫敦睦之风。

由家以及朝廷,有大臣焉,政本所系,当敬之以隆其礼,而信任之必专也。

有群臣焉,庶务攸分,当体之以察其心,而恩礼之必至也。

由朝廷以及其国,庶民虽多,本吾一体,必有以子之如父母之爱可焉。

百工虽贱,皆饰五材,必有以来之,俾农末相资可焉。

由其国以及天下,远人所当柔也,而柔之务使抚御有方,而四方宾旅随所处而各遂其愿矣。

诸侯所当怀也,而怀之务使德威并用,而万邦群后随所统而各安其职矣。

万历十一年癸未会试题:

修身则道立,尊贤则不惑,亲亲则诸父昆弟不怨,敬大臣则不眩,体群臣则士之报礼重,子庶民则百姓劝,来百工则财用足,柔远人则四方归之,怀诸侯则天下畏之。

此为一节题,是承九经之目而言,为九经之效,共九个义项。如果说,九思的最后一项"见得思义"有结上之意,那么这一题的第一句"修身则道立"有启下之意,于是,邹德溥、朱长春的墨卷都把后八项写成八股,两两相对,而让第一句"修身则道立"单独成股,总领下文。以下为邹文的九段:

夫君身固天下国家之极也,诚修身焉,则皇极懋建,万民式矣。大观在上,四方刑矣。其斯为治本矣乎!

吾所资启沃者贤也,尊之则论思有赖而聪明日启,何惑焉?

> 吾所当敦睦者亲也,亲之则恩爱既笃而欢洽自深,何怨焉?
> 大臣吾敬之,彼且专思而献计,于是乎宸衷有独断。
> 群臣吾体之,彼且感激而思奋,于是乎朝端有荩臣。
> 以庶民之望德于我,顾有子之而民不劝者乎? 怀保所浃,其感深也。
> 以百工之效技于我,顾有来之而用不足者乎? 甄别所激,其功勤也。
> 远人柔矣,则慕其恩者愿入其疆,能无归与,是吾以其柔之者结之也。
> 诸侯怀矣,则感其德者敬守其宪,能无畏与? 是吾以其怀之者肃之也。

邹德溥此文,全是如题而作,题目是九个义项,为九经之效,其文采用了九股(九段)的结构,每义项为一股。钱禧认为九段是"正格"。朱长春同题墨卷也作九段。

《九思》指《论语·季氏》第十章:"孔子曰:'君子有九思:视思明,听思聪,色思温,貌思恭,言思忠,事思敬,疑思问,忿思难,见得思义。'"嘉靖二十八年己酉科浙江乡试以此为题,周诗和吕焊的墨卷都将此九目写成九股,前八股两两相对,剩下最后一目"见得思义",只好独自一股,此即汤宾尹所说的"前八扇作四对,末扇另讲者",以下为周诗的九股:

> 视以明为用也,非明则蔽矣,则思何以扩吾明焉。
> 听以聪为用也,非则壅矣,则思何以达吾聪焉。
> 色厉非所以导和思,温其容已乎使人即而亲之可也。
> 厚貌非所以作肃思,恭其容已乎俾人则而象之可也。
> 以发言者尚其忠则将思,其所终而表里期如一焉,不然,恐其失之诬也。
> 以执事者尚其敬则将思,其所弊而始终期无怠焉,不然,恐其流于妄也。

二三之疑不可蓄也，则思好问以询其真。

一朝之忿难所伏也，则思痛惩以防其渐。

言有利也，必有义也。吾试思之。

胡友信的墨卷仍然执着于骈偶，他把前八思写成四股，因为原文本身，前八思本来就是两两相对，视与听对，色与貌对，言与事对，疑与忿对，把每一对写成一股，八思即成四股。但剩下最后一思"见得思义"无处安置，只好单独一股以续尾，结果成了五股文。其五股为：

目司视，耳司聪，而聪明者，视听之理也。君子随耳目之所加，而必期于视远，必期于听德者，固其念虑所不容己者矣。

色见于面，貌形于身，而温恭者，色与貌之理也。君子随容色之所发，而必期于辑柔，必期于庄敬者，固其心志所不容己者矣。

以至言不忠则流于易诞，事不敬则失所执持，而言行不得其理矣。故出诸口也而信必由衷，措诸躬也而动不过则，君子之存心于言行者如此也。

疑不释则足以败谋，忿不惩则足以招祸，而疑忿不得其理矣。故有所窒于心也而必缘问以求通，有所拂乎情也而必虞祸以自警，君子之致意于疑忿者如此也。

又以义所以和，利而无所致详，则临财而苟得者有也。

从明代制义中的"奇股文"，我们可以看到题型对制义结构的强势作用。

当然，三扇题、五扇题和九扇题并不一定就必然会写成三股文、五股文和九股文。如果作者执着于排偶，想规避奇数排比，则仍可能会把三扇题、五扇题和九扇题写成八股文。如嘉靖十年辛卯科广东乡试题《知者无不节》全题如下："知者无不知也，当务之为急；仁者无不爱也，急亲贤之为务。尧舜之知而不遍物，急先务也；尧舜之仁不遍爱人，急亲贤也。"全题由四个分句组成，王世贞称之为"四股题格"，本应写成四股之文，但林大钦的墨卷仍把它写成八股,被视为"变体"。嘉靖二十五年云南乡试也出"九思"题,石雷的墨卷将"九思"的前八思,每两"思"写成一股,共得四股,剩下最后的"见得思义",便以散体出之:"见得则利心生焉,人之恒也,君子则以取与之未审,恐性分之有累,如其义焉,斯受之矣,非其义也,肯贷取乎?"虽嫌别扭,但也是不得已而为之。对于万历十一年癸未会试题《修身则道立 畏之》题,汤显祖也没有把它写成九股文,而是以我驭题,出之以八股。

有时题目在句式上是并列的三扇,但在语义上则有所侧重,此时倘出于三股之文格,显然不能得题文之神。明代叶修曾有《是故得乎 大夫》题文,题取自《孟子·尽心下》,题文由三扇"得乎丘民而为天子,得乎天子为诸侯,得乎诸侯为大夫"组成。叶修没有把它写成三股文,而仍是演成八股之格。叶修认为首句"得乎丘民"是最重要的,得民心才能为天子,得天子欢心才能为诸侯,得诸侯欢心才能为大夫,故关键在得民心。对此,陈名夏说:"变三比法,行以八股,归重'得民',老特之境,人人悚易。"①清代俞长城也说:"此节说民为贵,故重在首句,下二句带说耳。平列三段,题神去而万里,故此文法虽变而理实正也。"②

面对语义并列的三句题、五句题、九句题,虽然有些作手采用化三为二、化五为四、化九为八的做法,但顺题挨讲写成三股文、五股文、九股文者,仍然时有出现。这种文体格式并不因明代中后期文风剧变而消失,反而能够与新的修辞手段相融合。

第五节　截搭题与钓渡挽

一、什么是截搭题

明、清四书文命题中,最饱受诟病乃至讨伐的是截搭题。在晚清戊戌变法运动中,截搭题成为八股文罪大恶极的最大证据。康有为说:"若夫童试,恶习尤奇,断剪经文,割截圣语,其小题有枯困缩脚之异,其搭题有

---

① (明)陈名夏《国朝大家制义》第三一部《叶永溪先生文》,第55A页。
② (清)俞长城《可仪堂一百二十名家制义》第二三册《叶永谿稿》,第34A页。

截上截下之奇,其行文有勾伏渡挽之法。"①他把截搭题定性为"断剪经文,割截圣语",把题型提高到意识形态的高度。

康有为在他的声讨中举了《大草》的极端例子。这道题目是把《中庸》"及其广大,草木生之"两句,上句截去"及其广"三字,下句截去"木生之"三字,而以"大草"二字拼搭为题。他以此题作为截搭题割截圣语、匪夷所思的证据。其实这是童试中的极端例子,明代乡、会试从未出现这类极端例子。但从"以截、搭成题"的命题方式看,明代乡试、会试却是有大量的截搭题的,并且其出现的时间并不晚。

首先,如何判定截搭题呢?

有人曾经提出疑问:四书分节,是朱熹《四书章句集注》开始的,之前的四书并未分节,有什么证据可以证明,明代考官是以朱熹的《四书章句集注》来命题的?意思是,明代考官只是从四书中选取几句话作为题目,只要是连在一起的,就不是截搭题。

笔者认为搭题是以节为单位的,这种看法是有根据的。万历间李叔元《新锲诸名家前后场肄业精诀》一书有"搭截题式",他对搭截题的界定是:"搭截题,乃除头截尾。"②他举了两个例子:《在邦必闻 子曰是闻也》,取自《论语·颜渊》第二十章第三节和第四节的前一句。此二节的原文是:"子张对曰:'在邦必闻,在家必闻。'//子曰:'是闻也,非达也。'"第四节的"非达也"被截去了。李叔元所举第二篇搭截题是《百里奚不谏知虞公之不可谏而去之秦》,③取自《孟子·万章上》第二与第三节:"百里奚,虞人也。晋人以垂棘之璧与屈产之乘,假道于虞以伐虢。宫之奇谏,百里奚不谏。//知虞公之不可谏而去,之秦,年已七十矣,曾不知以食牛干秦穆公之为污也,可谓智乎?不可谏而不谏,可谓不智乎?知虞公之将亡而先去之,不可谓不智也。时举于秦,知穆公之可与有行也而相之,

---

① (清)康有为《请废八股试帖楷法试士改用策论折》,杨家骆主编《戊戌变法文献汇编》第二册,第210页。
② (明)李叔元《新锲诸名家前后场肄业精诀》卷二,陈广宏、龚宗杰编校《稀见明人文话二十种》下册,第638页。
③ (明)李叔元《新锲诸名家前后场肄业精诀》卷二,陈广宏、龚宗杰编校《稀见明人文话二十种》下册,第640页。

可谓不智乎？相秦而显其君于天下，可传于后世，不贤而能之乎？自鬻以成其君，乡党自好者不为，而谓贤者为之乎？"截取该章第二节最后一句"百里奚不谏"与第三节前二句"知虞公之不可谏而去，之秦"作为题目。可见，所谓截搭题即是以节为单位的截与搭。至于章与章之间的截搭、截取半句话的截搭，都是极端形式，即所谓的"巧搭题""无情搭题"，除了崇祯三年庚午科四川乡试题《礼下取于民有制》之外，明代的乡、会试四书题并不出现这种巧搭题。

王夫之在谈到搭题时举了以下三个例子《邦畿千里 知其所止》《孟懿子问孝 谓也》《行己有耻使于四方》。第一题取自《大学》传之第三章前两节："诗云：'邦畿千里，惟民所止。'//诗云：'缗蛮黄鸟，止于丘隅。'子曰：'于止，知其所止，可以人而不如鸟乎！'"题目截去了"可以人而不如鸟乎"。第二题取自《论语·为政》第五章："孟懿子问孝。子曰：'无违。'//樊迟御，子告之曰：'孟孙问孝于我，我对曰无违。'//樊迟曰：'何谓也？'子曰：'生，事之以礼；死，葬之以礼，祭之以礼。'"但截去第三节的"子曰：'生，事之以礼；死，葬之以礼，祭之以礼。'"第三题取自《论语·子路》第二十章第一节："子贡问曰：'何如斯可谓之士矣？'子曰：'行己有耻，使于四方，不辱君命，可谓士矣。'"但截去"不辱君命，可谓士矣"。[①]王夫之称这类题目为"搭题"，应该指的就是这类题目因为截去原文中关键词句而导致语义不完整。可见，截题是以朱熹所分的"节"为单位的。当然，把一句话截去一部分，也属截题。

从王夫之所举的例子看，他所说的"搭题"包括截题（截上题和截下题）和搭题。截题是截去一节中的句子，搭题是节与半节之间的搭并。所谓搭题即是以节为单位的截搭，而巧搭题则往往是以章为单位的截搭。

随着制义写作实践的不断深入，制义理论家对截题的分类也越来越细，如截题可分为截上题、截下题，此外还有虚冒题（如万历三十一年四川乡试题《舜其大知也与》）、结上题（如万历三十四年浙江乡试题《此之谓絜矩之道》）等。这类题目的共同特点是，被截去的部分是本章、本节的

[①] （清）王夫之《夕堂永日绪论外编》，船山全书编辑委员会编《船山全书》第一五册，第868页。

关键词句。清代楼汎说:"截上题,不论语句多寡,总之有根在上者,皆谓之截上。"①"截下题,凡截去下文而单出上半者皆是。此等题意思俱在下文……"②"根"即题旨之所在。

如果按照王夫之对截搭题的界定,如果着眼于楼汎所说的"有根在上""意思俱在下文",则截题在明代科举史上的出现是很早的。

有一些题目(单句题或二句题),表面看起来语义完整自足,冠冕正大,但实际上,此类题在四书原文中本来是与另一句或另一段语意互相关动,这类题目汤宾尹称之为"关动题",唐彪称之为"半体题",也有人称之为"半面题"。如《女为君子儒》,题目与下句"无为小人儒"关动;《道善则得之》题,与下一句"不善则失之矣"关动;《未之能行》题与下句"唯恐有闻"关动;《善必先知之》题与下句"不善,必先知之"关动。洪武十八年乙丑会试题《天下有道则礼乐征伐自天子出》,与下二句"天下无道,则礼乐征伐自诸侯出"关动,洪武三十年丁丑会试题《君子不可小知而可大受也》,与下二句"小人不可大受,而可小知也"关动。嘉靖四十三年甲子四川乡试题《君子喻于义》与下一句"小人喻于利"关动,万历二十五年丁酉科顺天乡试题《古之学者为己》与下一句"今之学者为人"关动,万历三十一年贵州乡试题《居之无倦》与下句"行之以忠"关动,崇祯六年山东乡试题则以下一句《行之以忠》为题,天启四年江西乡试题《君子坦荡荡》与下一句"小人长戚戚"关动,崇祯三年江西乡试题《女为君子儒》与下一句"无为小人儒"关动。

汤宾尹说:"曰关动题者,两语原相关,两意原相印。命题者先出上句,若呆定发挥,便失下句之脉;倘笼头布置,又非两句之神。此处直用照顾,须句句是本题面目,又句句是下题张本。击东可应西,呼上可照下,活活生动,不得下了十成死语,以至转口之难也。转关留脉,俱有化工。"③清代高嵣对关动题的修辞法说得更加具体:"关动者本文两语相关,两意

---

① (清)楼汎《举业渊源》,陈维昭编校《稀见明清科举文献十五种》,第1286页。
② (清)楼汎《举业渊源》,陈维昭编校《稀见明清科举文献十五种》,第1287页。
③ (明)汤宾尹《汤睡庵太史论定一见能文》卷三,陈广宏、龚宗杰编校《稀见明人文话二十种》下册,第1063页。

相应,题只出得一半是也。……前人亦谓之半面题。此等题,前幅须用全冒侧落之法,中后须用对面写照之法,句句发挥本文,句句关会下句,所谓击东应西,呼此觑彼也。若只呆抒本句,不特无下文,本句先无神气矣。"①又引凌文起说:"题半面,文露全体,是失题面也。题半面而文不见全神,是失题意也。以全者运意,以半者运笔,如人之五官百骸,运一体而全神注之,斯极虚题之妙矣。按此等题,与截下不同,截下意全语半,此则语全意半,而作法相通。手挥五弦、目送飞鸿二语,深得此中三昧。"②

当然,这类题目虽然与上下文的关系十分密切,但由于其自身语义完整,故没有被视为截题。

明代乡、会试上也出现一些题义不能自足的截搭题,其章旨、节旨在题目的上文或下文。景泰七年丙子湖广乡试题《与我处畎　民也》,题目的末句"天之生此民也"是该章第五节的第一句话,是冒下之语,该节的下文"使先知觉后知,使先觉觉后觉也。予,天民之先觉者也。予将以斯道觉斯民也。非予觉之,而谁也"被截去,没有进入题目中,于是,题义便显得欠缺而不能自足。嘉靖三十一年顺天乡试,首题《一人定国尧舜帅天下以仁而民从之》,题出自《大学》第九章以下两节:"一家仁,一国兴仁;一家让,一国兴让;一人贪戾,一国作乱。其机如此。此谓一言偾事,一人定国。//尧舜帅天下以仁,而民从之;桀纣帅天下以暴,而民从之;其所令反其所好,而民不从。是故君子有诸己而后求诸人,无诸己而后非诸人。所藏乎身不恕,而能喻诸人者,未之有也。"截取上一节"一人定国"四字与下节第一分句搭并而成题。嘉靖三十七年湖广乡试次艺《及其至也察乎天地》,二句题,"其"的内容在题目的上文,即"君子之道"。万历三十年四川乡试题《舜其大知也与》,作为一句话来看,意思完整。但舜之大智表现在题目的下文:"舜好问而好察迩言,隐恶而扬善,执其两端,用其中于民,其斯以为舜乎!"故此题历来被称为虚冒题。我们所要关注的,是

---

① (清)高嵋《论文集钞》,黄秀文、吴平主编《华东师范大学图书馆藏稀见丛书汇刊》第二四册,第173—174页。

② (清)高嵋《论文集钞》,黄秀文、吴平主编《华东师范大学图书馆藏稀见丛书汇刊》第二四册,第174页。

命题所引起的修辞形态的变化。汤宾尹则称之为虚缩题,并说:"夫虚缩之题,章旨含于未露。"①张溥《初学文式》:"此等题,乃不了语。拖意犯下,题神便走;收煞太死,文气又滞。作如是题,须知空中布景法,擒定题目,虚虚含意,婉婉生情,结想局外,构词局内,另有一种光景。如镜花,如水月,毫无束缚拘挛之苦,乃称圣手。"②这种修辞形态可以追溯到《左传》,陈骙《文则》说:"载事之文,有先事而断以起事也,有后事而断以尽事也。"如《左传》欲载晋灵公厚敛雕墙,先言"晋灵公不君",这是一句断语。然后再叙事以佐证。"《中庸》欲言'舜好问而好察迩言',亦先曰'舜其大知也与',《孟子》欲言'梁惠王以其所不爱及其所爱',亦先曰'不仁哉梁惠王也',若此类,皆先断以起事也。"③

最为典型的截搭题是崇祯三年庚午科四川乡试题《礼下取于民有制》,取自《孟子·滕文公上》第三章第四节,全节原文仅两句"是故贤君必恭俭礼下,取于民有制",题目取其上一句末二字"礼下"及下一句搭并成题。崇祯六年广东乡试题《抑而强与》,取自《中庸》第十章第二节最后一句,子路问孔子:怎样才算是刚强?孔子说:"南方之强与?北方之强与?抑而强与?"(你问的是南方人的刚强,还是北方人的刚强,抑或是你这样的刚强?)题目截取孔子三项选择中的一项,就题目本身而言,则不知所云。写此答卷,必是要调动挑剔顾盼的修辞手段。

二、对待截搭题的两种立场

宋代以来,存在着两种截然相反的对待截搭题的态度,一种是出于"以道论艺"立场,一种是出于"以艺论艺"立场。以道论艺者是站在经学的立场,以经学为终身志业,反对变乱儒家经典。以艺论艺者是站在科举制度的立场,在科举的体制内部讨论经义文的命题方式,尊重四书文命题的科场规定性。

---

① (明)汤宾尹《汤睡庵太史论定一见能文》卷三,陈广宏、龚宗杰编校《稀见明人文话二十种》下册,第1072页。
② (明)张溥《新刻张太史手授初学文式》,陈广宏、龚宗杰编校《稀见明人文话二十种》下册,第1370页。
③ (宋)陈骙《文则》,王水照编《历代文话》第一册,第155页。

明代四书文命题中的截搭题与宋代的《春秋》合题的命题方式有渊源关系。据《明实录·英宗睿皇帝实录》，浙江温州府永嘉县教谕雍懋言："朝廷每三年开科取士，考官出题多摘裂牵缀，举人作文亦少纯实典雅。比者浙江乡试，《春秋》摘一十六股配作一题，头绪太多。及所镂程文，乃太简略而不纯实。且《春秋》为经，属词比事，变侧无穷，考官出题，往往弃经任传，甚至参以己意，名虽搭题，实则射覆，遂使素抱实学者，一时认题与考官相左，即被黜斥。乞敕自后考官出题，举子作文，一惟明文是遵，有弗悛者罪之。"上善其言，命礼部议行。① 雍懋对浙江乡试的不满有两点，一是因为其《春秋》科题目"摘一十六股配作一题"，头绪太多；二是考官命题"弃经任传，甚至参以己意"。摘经文配题，这是宋代以来《春秋》科一直有的惯例，其命题形式被称为"合题"。元代的经疑其实就是一种合题，也可以视之为搭题，它可以是诸经之间的互搭，也可以是本经的不同章节的互搭。如元代英宗至治元年明经书院经疑题的第一问为："《论语》尧曰：允执其中。《孟子》曰：汤执中。又曰：子莫执中。《中庸》谓舜执其两端，用其中于民。其同其异，原究言之。"② 这道题把《论语》《孟子》《中庸》中语意相近的句子汇在一起而发问，这种形式更能诱发考生在比较中更深入地领会经典。建文元年顺天乡试，其《春秋》经科四题均以合题的形式出现，比如其最后一题即由《春秋》定公九年的"得宝玉大弓"、定公十年的"齐人来归郓讙龟阴之田"和定公十二年的"公围成公至自围成"三部分合成。③ 雍懋把合题形式斥为"摘裂牵缀"，把合题（搭题）旨在激发考生思考的方法理念上升到对待经典的态度上，把制度推行的技术层面问题上升到意识形态问题的高度。这种"以道论艺"的做法其实是源自宋代的朱熹。宋宁宗庆元元年，朱熹作《学校贡举私议》。作为理学大儒，朱熹自然是持"以道论艺"的立场，即站在维护儒家经典严肃性和完整性的立场去看待科举中的命题现象。他提出"命题者

---

① 《英宗睿皇帝实录》卷三百七，天顺三年九月二十五日。
② （明）汪玄锡等编《明经书院录》，邓洪波主编《中国书院文献丛刊》第一辑第六七册，第433页。
③ 《建文元年京闱小录》，陈维昭编校《稀见明清科举文献十五种》，第10页。

必依章句"。① 其理由是:"今日治经者既无家法,其穿凿之弊已不可胜言矣,而主司命题又多为新奇以求出于举子之所不意,于所当断而反连之,于所当连而反断之。大抵务欲无理可解、无说可通,以观其仓卒之间趋附离合之巧。……主司既以此倡之,举子亦以此和之。平居讲习,专务裁剪经文,巧为饾饤,以求合乎主司之意。其为经学贼中之贼,文字妖中之妖,又不止于家法之不立而已也。……愿下诸路漕司,戒敕所差考试官,今后出题须依章句,不得妄有附益裁剪,如有故违,许应举人依经直答以驳其缪,仍经本州及漕司陈诉,将命题人重作行遣。其诸州申到目,亦令礼部国子监长贰看详,纠举谴罚,则主司不敢妄出怪题,而诸生得守家法,无复敢肆妖言矣。"②何澹也说:"为主司者,但见循习之文多,可命之题少,于是强裂句读,出其所不拟;专务断章,试其所难通。在我已先离绝旨意,破碎经文,何以责其尽合于大义?无怪乎举所得,类多新进,坐失老成之才也。乞及科诏之将颁,预下有司,命题不许断章,许出关题,惟意所择,不必尽拘每举句之多寡,求其字之对类,惟务明纲领而识体要,则学有本源,文不浮靡。至于诗赋命题,不拘经传子史,惟体要之当,先毋怪僻,以求异同。论策参考,理致兼通,以道义淑人心,器识取人才,则士习美而风俗厚矣。"③

朱熹并不从科举考试制度的实际操作层面看问题,对于考试事务中考官命题与考生拟题宿构的关系问题,他不感兴趣。所以他把考官的命题形式变革视为"务欲无理可解、无说可通",视为肆意践踏经典的神圣性,把考生相应的文章修辞视为"专务裁剪经文,巧为饾饤",以"贼""妖"称之,可见是一种意识形态立场。这种立场一直在后世的道学者那里得到继承。

在明代,这种维护经典神圣性的呼吁不时会出现。景泰间郑文康提到,张公济在教育学生时说:"摘裂题意,发挥万言,众方以弯胶续断为工,

---

① (宋)朱熹《学校贡举私议》,(宋)朱熹撰,朱杰人、严佐之、刘永翔主编《朱子全书》第二三册,第3356页。
② (宋)朱熹《学校贡举私议》,(宋)朱熹撰,朱杰人、严佐之、刘永翔主编《朱子全书》第二三册,第3361页。
③ (宋)何澹《论科举之弊奏》,曾枣庄、刘琳主编《全宋文》卷六九七八,第68页。

吾独不之是。巧立异论,居之不疑,彼直以发蒙指南为辞,吾独不之取。盖谓经以载道,道在人弘。援经以求道,奚事乎摘裂?以道而成身,奚取乎异论?苟曰文章而已矣,经何物也哉?"①认为经典是不允许摘裂题意、鸾胶续断的,这是宋儒"作文害道"观的翻版。成化间的丘濬认为割裂命题是存心作难学生,他说:

> 祖宗时其所试题目皆摘取经书中大道理、大制度、关系人伦治道者,然后出以为题,当时题目无甚多,故士子专用心于其大且要者,其用功有伦序,又得以余力旁及于他经及诸子史,主司亦易于考校,非三场匀称者不取。近年以来,典文者设心欲窘举子以所不知,用显己能,其初场出经书题往往深求隐僻、强截句读、破碎经文,于所不当连而连、不当断而断,遂使学者无所据依,施功于所不必施之地,顾其纲领体要处反忽略焉。以此科场题目数倍于前,学者竭精神、穷目力有所不能给,故于策场所谓古今制度、前代治迹、当世要务有不暇致力焉者,甚至登名前列者,亦或有不知史册名目、朝代前后、字书偏旁者,可叹也已。然以科额有定数,不得不取以足之,以此士子仿效成风,策学殆废,间有一二有策学者,又以前场不称,略不经目,人才所以不及前者,岂不以是哉?②

丘濬明明知道"破碎经文"的结果是"题目数倍于前",却没有理解考官截搭命题使"题目数倍于前"的目的是什么,因为他认为初场的经书考试不要太难,不要让学生因应付考试而占用太多时间,应该让士子有更多的时间去旁及他经及诸子、史。从以道论艺的立场看,这种教育观是合理的。但是,如果从科举的标准化考试制度来看,如果题目可以被考生预知,考试也就失去其意义。另外,丘濬明明意识到"科额有定数"的问题,但他却只注意到定数多于考生的情形(这种情形一般发生在以《礼记》或

---

① (明)郑文康《平桥稿·送张进士赴京序》,沈乃文主编《明别集丛刊》第一辑第四二册,第377页。
② (明)丘濬撰,金良年点校《大学衍义补》,第95页。

《春秋》为本经的考生身上），却没有注意到，当考生人数大大超过科额定数的时候，人为地强化淘汰机制有多么重要而迫切。

万历间礼部尚书兼翰林院学士范谦《申饬科场事宜疏》，即疏请把割截经典者予以惩处："《春秋》一经，圣人严褒贬、垂劝戒之书也，既以明经取士，自当以经文命题。合经而别为传题、合题，已非立言之意，但相沿已久，未可骤革，亦须明白正大。近时搜罗隐僻，杜撰新说，有单经无本传、又不见他传者，本非传意，但与传句影响相似，实不干涉者；有传本两语合辞，却摘一语搭两股，或四股者；有传本正说，却乃捏增反说一股配合者；本有论《春秋》前后事，却强引春秋时事当之者；有取两股传意相合为题，却隐下两股，暗出两传搭股，有两股俱无明传，特从左氏及他说合者。诸如此类，穿凿附会，不可理究，遂使士子不啻射覆，殊失明经本意。今后主司命题，一以圣经为主，以胡传为宗，单题必有传，即无传，必有明见他传；传题必有明股，即无明股，必其搭股与传旨吻合者。合题必两传大意确对，不然，则两传各有一股待整齐者，如不遵近日题准事例，仍前牵合者，定行参处。"①这里虽然说的是《春秋》合题的形式，但在把截搭命题视为叛圣侮经这一点上，则是如出一辙的。

从以艺论艺的立场看，截搭题的出现是有其积极意义的，它是应对科举制度推行过程中出现的难题而诞生的。南宋宁宗朝那位曾斥朱熹之学为伪学的礼部侍郎胡纮提出："惟经义一科，全用套类，积日穷年，搜括殆尽，溢箧盈箱，无非本领。主司题目，鲜有出其揣拟之外。欲令有司，今岁秋试所出六经，各于本经内摘出两段文意相类，不致牵强者，合为一题，庶使举子有实学者得尽己见，足以收一日之长，而挟策雠伪者或可退听矣。"②于是合题即出现于南宋科举中。如果不能防止考生拟题宿构，那么，再深邃宏大的经学命题也考不出考生的实际水平。胡纮考虑到了如何防止考生拟题宿构，故对合题、搭题持一种务实的态度，是一种从科举考试的自身规律出发的"以艺论艺"的立场。

---

① （明）范谦《范文恪先生双柏堂集》，沈乃文主编《明别集丛刊》第三辑第六一册，第352—353页。
② 刘琳、刁忠民、舒大刚、尹波等校点《宋会要辑稿·选举五》，第5351页。

从"以艺论艺"的立场看,明代四书文截搭题的出现,大体上不出两种原因,一是考官为了防止考生预拟宿构。万历间郭子章说:"近来主司恶士子专事记诵,每出题接上搭下,欲其题少旧文耳。此样题不能预构,须随题生意,自然成文,而于起处更要提拓数语。"①清代路德说得更具体:"国家取士,师儒训士,不能变而更之,岂崇尚时艺哉?正所以杜剿窃也。试之以策论,则怀挟者滥登;试之以表判,则宿构者易售;惟时艺限之以题,绳之以法,一部《四子书》,离之合之,参伍而错综之,其为题也,不知几万亿,虽有怀挟弗能贶也,虽有宿构未必遇也。"②所谓"离之",即是截题(包括截上题、截下题、截上下题、虚冒题、承上题),所谓"合之",即是搭题(即一般所说的截搭题),其结果则是"其为题也,不知几万亿"。这种命题方式在一定程度上扼制了拟题之风,而对于制义修辞及其美学形态则产生了革命性的变化。二是出于强化训练的目的。清代吴应箕说:"它如有司岁、月之试,多截断章句,谓可以见人仓卒之智。"③乡试、会试上的截搭题,同样是出于"见人仓卒之智"的目的。题目的摘裂截搭,目的正是考核士子对经典领悟的整体性与深刻性。道咸间高骧云说:"书有全章全节,题止数句或一句半句,命题者不过令发明此句之旨,并非断章取义。"④这才是八股文截搭命题的本意所在,它并非蔑视经典的完整性,而是以特殊的方式诱发士子对经典完整性的领悟。把摘裂之题写成摘裂之文者,显然缺乏对经典的完整理解。真正能深刻全面领悟经典的作者,面对截搭之题,也能把"题神"——题目的义旨准确传达出来。

朱熹以意识形态立场看待考官命题,胡纮以制度操作的务实立场看待考官命题。意识形态立场要强调的是对待儒家经典的神圣性和完整性应有的态度,务实立场所考虑的是如何考核出考生真实的经学水平。这两种态度和立场的争议一直延续到清末科举制度结束。

---

① (明)袁黄撰,黄强、徐姗姗校订《〈游艺塾文规〉正续编》,第199页。
② (清)路德《时艺辨序》,(清)路德《时艺辨》卷首,(清)路德《仁在堂全集》。
③ (明)吴应箕《四书小题文选序》,(明)吴应箕撰《楼山堂集》,第201页。
④ (清)高骧云《漱琴室存稿》"杂著"。

三、截搭题与制义文风

我们讨论截搭题的目的，一方面是梳理明代四书文命题形态的演变和发展历史，为明代考试史研究提供第一手文献，另一方面则借此以考察因科场命题形态的发展变化而引发的文章风尚、士林习气的变化，并进一步考察科场与社会、人才选拔制度与社会政治文化、哲学思潮、文学思潮之间的关联。截搭题是最能体现这些变化与关联的。

首先我们必须区分截搭题的三种情况：一是题意相对完整的截题，二是题意不自足的截题，三是巧搭题（即无情搭题）。

如果以节为单位来考察截搭题的话，有些截搭题虽然截去一节的一部分，但题目的语意仍是相对完整的。如洪武二十三年应天乡试首次出现截题《其为气也　勿助长也》，题目取自《孟子·公孙丑上》第二章第十四、十五节和第十六节的前三句，截去了后面揠苗助长的故事。但就题目本身来说，并不因截去下文而显得不完整。宣德八年会试首场首艺题为《君子去仁恶乎成名君子无终食之间违仁》，此题为截搭题。题取自《论语·里仁》第五章第二节"君子去仁，恶乎成名"和第三节的首句"君子无终食之间违仁"，而截去此后的"造次必于是，颠沛必于是"，此二句近乎补语，对前面完整的语意作进一步补充，截去这两句，题意仍是完整的。景泰七年丙子顺天乡试题《其为气也　生者》，取自《孟子·公孙丑上》第二章第十三、十四节和第十五节的第一句"是集义所生者"，"是集义所生者"是对上文的总结，截去下文，题义仍相对自足。又如嘉靖三十八年己未会试题《举贤才　舍诸》，取自《论语·子路》第二章。从该章的章旨看，仲弓向孔子请教如何治理政事，孔子说："先有司，赦小过，举贤才。"从"为政"的角度，必须并提三者。但仲弓接着问："怎样去识别贤才并选用贤才呢？"这道试题截取第一节最后一项"举贤才"，然后与第二节合并成题，其讨论的中心是如何识别和选用贤才的问题，题义相对自足。以上的截搭题虽然截去原文中前后的相关义项，但题目自身具有相对的自足性，研究者一般不会把这类语义相对完整的题目视为截搭题。

但在修辞策略上，题义相对完整的截搭题与完整的章、节题之间，仍有鲜明的不同。万历七年己卯科浙江乡试以《中庸》第二十九章第四节和第五节《质之鬼神 二节》为题,从题型上看,这个题目是一道"两头一脚题",第四节由"质诸鬼神"和"百世以俟"两扇构成,第五节则归结上文。"两头一脚题"有自己独特的修辞定格。陆陇其说:"先辈……于两头一脚之题,则必将两头作二股,一脚作四股。"①郑锡瀛在谈到试帖诗中的两头一脚题时说:"有两头一脚,须先将上两层平列顿住,然后再递入下一层,以后或总或分,随题布局。"②解元陈懿典之文的破题是:"君子通乎天人之故,而达之天下后世矣。"以"天""人"分指第四节的两扇,以"达之天下后世"总括第五节。然后以提比分别演第四节之两扇:

是故幽如鬼神,而君子之制作乃能质之而无疑者,是遵何道哉?盖天者理之原,而鬼神则效天之灵者也。君子心通乎天,而于动静通复之端、盈虚消息之故,为能穷其神而知其化焉,则所作者合于天之机也,而亦所以泄鬼神之机也,质之夫何疑哉?

远如后圣,君子之制作乃能俟之而不惑者,非曰亿之也,盖理不远于人,而后圣则立人之极者也。君子心通乎人,而于欲恶取舍之情、升降污隆之宜,为能探其微而推其变焉,则所作者合于人之心也,而亦所以符后圣之心也,俟之又何惑哉?

出题以"而况于民乎"将议论引向第五节。

截搭题中还有一种极端形式,即巧搭题。汤宾尹说:"题有曰巧搭云者,或二三节粘搭,或一二句截搭,或上句巧搭下节,或上节带答下句,题虽不一,总之上下判然两意,不得直接。须于过文处实发道理,则下面有着落,上面亦见旨趣。"③如《百姓有过至废官》《君子居之衽金革》等题俱

---

① (清)陆陇其《当湖先生评选先正制义一隅集》,陈维昭编校《稀见明清科举文献十五种》,第 943 页。
② (清)郑锡瀛辑评《分体利试试帖法程》,陈维昭编校《稀见明清科举文献十五种》,第 1703 页。
③ (明)汤宾尹《汤睡庵太史论定一见能文》,陈广宏、龚宗杰编校《稀见明人文话二十种》下册,第 1070 页。

是。由上节末二字"无违"与下节开头"樊迟御"三字搭并成《无违樊迟御》，由上节末二句"百姓有过，在予一人"与下节首三句"谨权量，审法度，修废官"搭并成《百姓有过在予一人谨权量审法度修废官》，由上节末句"君子居之"与下节首句"衽金革"搭并成《君子居之衽金革》，都属于"无情搭"，即搭并的两截在语义上往往是针对不同话题，风马牛不相及。

更多的无情搭是章与章之间的搭并。王夫之提到"巧搭题"时说："横截数语乃至数十语，不顾问答条理；甚则割裂上章，连下章极不相蒙之文，但取字迹相似者以命题，谓之'巧搭'。"①

我们可以在高嶟《国朝文钞》初编中选一个例子。此编为小题文选集，选入了沈遴《子曰譬如　五章》题文，题出自《论语》，这五章如下：

子曰："譬如为山，未成一篑，止，吾止也；譬如平地，虽覆一篑，进，吾往也。"

子曰："语之而不惰者，其回也与！"

子谓颜渊曰："惜乎！吾见其进也，未见其止也。"

子曰："苗而不秀者有矣夫，秀而不实者有矣夫！"

子曰："后生可畏，焉知来者之不如今也？四十、五十而无闻焉，斯亦不足畏也已。"

此题虽然由五章构成，但联章题并非都是大题，当各章意义没有直接关联时，联章题便成了搭题，它需要运用提挈穿插之法，才能控住题位。此题第一章与第三章有意义上的关联（进与止），第二章之"不惰"也有意义的交叉，但第四章、第五章便与前三章没有意义上的直接关联。沈镜涵评沈遴此文："妙将'不惰'镕入'吾'字，一气卸落，更不费手。以下竟将'进''止'分比，带起第四章作一停顿，然后补点颜子，走入'后生'，打叠

---

①　（清）王夫之《夕堂永日绪论外编》，船山全书编辑委员会编《船山全书》第一五册，第868页。

全题。"①因为全题实质等同于搭题,故在修辞方法上需要"镕入""卸落""带起""补点"等小题常用手法。

我们可以翻开清代史鉴(字子衡)所编《巧搭分品》,看看巧搭题的庐山真面目:《小人喻于利子曰见贤》,题目取自《论语·里仁》第十六章"子曰:君子喻于义,小人喻于利"的末句和第十七章"子曰:见贤思齐焉,见不贤而内自省也"的前四个字。毫无义理可言。《何有于我哉子在川上曰》,题目取自《论语·子罕》第十五章末句和第十六章首句,题目本身同样于义理上难通。王夫之认为,巧搭题出现于万历,是新学(阳明心学)影响的结果。巧搭命题实际上从未出现于明代、清代的乡试和会试上,它只是作为制义写作中一种技巧强化训练方式,频繁出现于岁试、科试等地方小试之中。

下面我们重点讨论题意不能自足的截搭题,考察其引发的修辞变异。

周汝砺说:"近来主师多出搭题,恐人记诵旧文也。此题不能预构,须看他题目主意,生发成文,须于起处先提下文字面,末后应转,谓之前呼后应。如常山之蛇,击首则尾应,击尾则首应,而其中机括,贵变幻圆朗,如珠之走盘,如海之蜃气,可玩而不可捉摸,方入妙境。"②"上下文章旨各殊,前后章血脉不贯,然命题者正于此有深心。成旨在焉,不融洽则无情,强凑泊愈可笑,要其间自有一段真关合处。辗转思索,心手自妙。"③清光绪间康有为在批评童试的四书文命题时说:"若夫童试,恶习尤奇,断剪经文,割截圣语,其小题有枯困缩脚之异,其搭题有截上截下之奇,其行文有勾伏渡挽之法。"④正因为"题有截上截下之奇",故"其行文有勾伏渡挽之法",被近代有识之士予以无情揶揄讽刺的"钓、渡、挽"之法,本来就是为了应对截搭命题的,目的是通过修辞技法的使用,使经典的义理完整地

---

① (清)高嶦《国朝文钞初编》,黄秀文、吴平主编《华东师范大学图书馆藏稀见丛书汇刊》第三一册,第679页。
② (明)汤宾尹《汤睡庵太史论定一见能文》卷三,陈广宏、龚宗杰《稀见明人文话二十种》,第1071页。
③ (明)汤宾尹《汤睡庵太史论定一见能文》卷三,陈广宏、龚宗杰《稀见明人文话二十种》,第1071页。
④ (清)康有为《请废八股试帖楷法试士改用策论折》,杨家骆主编《戊戌变法文献汇编》第二册,第210页。

呈现。

宣德七年壬子科应天乡试首题为《斯民也三代之所以直道而行也》，成化十年甲午科广东乡试又命此题，正德三年戊辰科会试三命此题，崇祯十五年壬午科广东乡试四命此题。此题较为特别，从题面看，此题冠冕正大，意思明晰，但它却不是章旨所在。题目截取自《论语·卫灵公》第二十四章：

> 子曰："吾之于人也，谁毁谁誉？如有所誉者，其有所试矣。//斯民也，三代之所以直道而行也。"

对于这一章，朱熹的解释是："吾之所以无所毁誉者，盖以此民，即三代之时所以善其善、恶其恶而无所私曲之民。故我今亦不得而枉其是非之实也。"①章旨在于"吾之于人也，谁毁谁誉"。题目自身的意思是明晰的：现在这些人正是三代之时无所私曲之人。但在语意上却不自足，它指向上文，指向"故我今亦不得而枉其是非之实也"。"斯民也，三代之所以直道而行也"实际上是在解释上文的"吾之于人也，谁毁谁誉"，是上文的原因。从文章修辞的角度看，这道题颇具截题的意味。

宣德七年应天乡试所出的这道题目，必然改变先正"顺题挨讲"的正道。茅坤说："题有两句而实是一句者，此题与《于季桓子 二句》是也。将题目揉作一团讲去，无端无始，无前无后，期于意尽而已，不必将题目逐字说。"②这是指题目本身意思浑然，不必逐字挨讲。钱禧引述论家的话说："题非逐字挨排之格。"③"谁毁谁誉"才是这道题目论述的中心。

成化十年甲午科广东乡试的考官纷纷指出这道题目之难，副主考官江西广信府铅山县儒学教谕刘玑说："此题极难作，盖欲发孤妍于既枯，求至味于不和，非老手笔不能也。此篇得之。"④主考试官江西吉安府万安

---

① （宋）朱熹撰《四书章句集注》，第166页。
② （明）杨廷枢、（明）钱禧辑评《皇明历朝四书程墨同文录》第十册。
③ （明）杨廷枢、（明）钱禧辑评《皇明历朝四书程墨同文录》第十册。
④ 《成化十年广东乡试录》，天一阁博物馆整理《天一阁藏明代科举录选刊》，宁波出版社2010年影印。

县儒学教谕吴孜说:"作《论语》题者直致则无华,强合则昧旨。此篇详赡当理,足破群疑。"①刘实(该科《诗经》魁)的墨卷即在古今、毁誉之间前瞻后顾,其破题是:"圣人言民心之公,无古今之异,明己之所以无毁誉也。"②全文即以古今人心天理同然故无所毁誉私曲而展开论述。全文不作八股之局,而以两长股表达:

> 我之称人之恶所以不敢损其真者,诚以今日之民即三代之时无有作恶之民,所以恶其恶而无所私曲也。今日之民心恶恶以直道,三代之民心恶恶亦直道,我岂得枉其恶恶之实而有所毁邪?
>
> 我之扬人之善所以不敢过其实者,亦以今此之民即三代之时无有作好之民,所以善其善而无所迁枉也。今此之民心好善以直道,三代之民心好善亦直道,我岂得枉其善善之实而有所誉邪?

两股都是先从"吾之于人无毁誉"起,接以今之民即三代直道之民,再结以"无所毁""无所誉"。这其实是一种"滚做"的修辞技巧,是隆庆、万历以来制义修辞的拿手好戏。命题方式导致修辞策略的变异。

正德九年会试第三题《于季桓子见行可之仕也》,取自《孟子·万章下》第四章最后一节:"孔子有见行可之什,有际可之仕,有公养之仕也。于季桓子,见行可之仕也;于卫灵公,际可之仕也;于卫孝公,公养之仕也。"孟子曾说:与伯夷之清高、伊尹之任责、柳下惠之随和不同,"孔子,圣之时者也"。是圣人中识时务者,因此孔子可接受这三种"仕"的状态:因可以行道而做官,因得到君王礼遇而做官,因君王养贤而做官。对于鲁国的季桓子,孔子是因为可以行道而做官。万章问孟子,孔子为什么要在鲁国做官而最终又离开鲁国。孟子回答说:"为之兆也。兆足以行矣,而不行,而后去。"孔子在鲁国做官,是为了尝试一下自己的主张。如果开头

---

① 《成化十年广东乡试录》,天一阁博物馆整理《天一阁藏明代科举录选刊》,宁波出版社2010年影印。
② 《成化十年广东乡试录》,天一阁博物馆整理《天一阁藏明代科举录选刊》,宁波出版社2010年影印。

证明可以行得通,但终因君主不愿施行,则终将离开。

从题面来看,此题与《斯民也三代之所以直道而行也》一样,都是题意清晰的。但"于季桓子,见行可之仕也"一句其实是在回答万章的"奚不去也"之问。故制义写作的中心,不是题目本身,而是上文的"为之兆也。兆足以行矣,而不行,而后去"。从写作的角度看,此题也具备了截题的特点。主考官梁储的程文正是这样展开的,全文不作八股之格,主体部分由四长股构成:

> 故始焉宰中都,历司寇,虽由定公能用之,亦由桓子能容之,吾道盖庶乎其可用也。孔子有见于此,故委质于君而不辞,其于桓子盖同升诸公矣。
>
> 终焉摄相事,闻国政,虽由定公能任之,亦由桓子能荐之,行道盖庶乎其有兆也。孔子有见于此,故抒诚于国而不去,其于桓子盖协恭体国矣。
>
> 故人见其宰中都而四方则之,历司寇而齐归侵地,以为孔子之道从此可行也,而不知孔子于筮仕之时,已预知其兆之若是矣,岂尝试而漫为之者哉?
>
> 人见其摄相事而正卯诛,闻国政而一国治,以为孔子之道由是大行也,而不知孔子于受命之时,已先见其几之如此矣,岂苟焉而偶获之者哉?

前二股演绎"为之兆也。兆足以行矣",后二股演绎"而不行,而后去"。全文不停留于题面的"见行可之仕",而是回溯题前的章旨。

弘治十一年戊午应天乡试题《然而无有乎尔则亦无有乎尔》,题目取自《孟子·尽心下》第三十八章第四节的最后两句,意思是:然则没有了,则也没有了。只是两句感叹,"没有"的内容在题目的上文,题目自身是令人莫知所云的,这显然是一道截题。此章言由尧舜至汤、由汤至文王、由文王至孔子的道统,五百年而圣人出,此乃天之常。但今天距孔子之世仅百余年,我们离圣人之世如此之近,但是却没有继承道统的人,也竟然没有继承道统的人！可见此题是一道截上题，不读上文，无以得章旨；不解章旨，无以解此题。题目的两句感叹大有深意，宋儒陈栎说："此申言'然而无有乎尔'之意，孟子隐然谓道统之传在己，但其辞婉，其意深，非详玩味之不能见耳。"①唐寅的墨卷即以此破题："道既失传于今，人必难传于后，此见大贤自任之意也。"其八股部分则据上文由尧舜至汤、由汤至文王，继统有其人，感叹为什么孔子至今则无其人，每股结尾以徘徊属望之语结束，委婉而准确地传达出题神：

> 世有尧舜，则必有见知其道如禹皋者生于其间，今孔子之道，固尧舜之道也，则夫生世近孔子、所居近孔子者，岂无如禹皋继出者乎？然求其默识心通、能见知孔子之道如禹皋在尧舜之世者，则既无其人矣，亦独何哉？
>
> 世有成汤，必有见知其道如伊虺者躬逢其盛，今孔子之道，固成汤之道也，则夫生孔子百年之后、近孔子洙泗之居者，岂无如伊虺复生者乎？然求其深造自得、能见知孔子之道如伊虺在成汤之世者，亦既无其人矣，谓之何哉？
>
> 夫尧舜之道惟禹皋见而知之，故成汤得闻而知之，今见知孔子之道既无有如禹皋于尧舜者矣，则五百余岁之后，岂复有心领神会闻知孔子之道如汤之于尧舜者乎？斯道之传盖有可深忧焉者矣。
>
> 成汤之道惟伊虺见而知之，故文王得闻而知之，今见知孔子之道既无有如伊虺于成汤者矣，则五百余岁之后，岂复有神会心得闻知孔子之道如文王之于汤者乎？斯道之传殆有可致虑焉者矣。

成化之所以被视为明文的转折点，一方面当然是因为成化前的文献多有散佚，另一方面，天顺之后，四书文的命题出现明显的变化。成化五年会试第二题《如此者不见而章不动而变无为而成》，这是承上题。王夫之在谈到明代制义命题时说："逆恶顽夫语，覆载不容，而为之引伸，心先

---

① （明）胡广、（明）杨荣、（明）金幼孜纂修，周群、王玉琴校注《四书大全校注》，第1080页。

丧矣。俗劣有司以命题试士,无行止措大因习为之,备极凶悖。"①并以"孰谓鄹人之子知礼乎"作为"逆恶顽夫语"的例子。但弘治十四年福建乡试题《知斯三者则知所以修身》,"斯三者"的内容在题目的上文。到了隆庆之后,截搭题的"割裂"程度越来越严重。万历四年云南乡试题《三者天下之达德也所以行之者一也》和崇祯三年庚午科四川乡试题《礼下取于民有制》,是明代四书文命题中最为"严重"的截搭题,因为它们截去的不是一节中的某几句,而是截去一句话中的几个字,这是典型的"割裂经典"。前一题把原句子"知、仁、勇三者"截去"知、仁、勇",留下"三者"与下面两句搭并成题。后一题把原句子"是故贤君必恭俭礼下"中"是故贤君必恭俭"截去,留下"礼下"二字与下一句搭并成题。其制义的写作不会因为被截去"知、仁、勇"或"是故贤君必恭俭"而不谈上文,而是必然要对被截去的中心词顾盼流连。

　　除了章旨在上文的截搭题之外,还有一种中心义旨在题目的下文,这种题,李叔元称之为"未尽题式",汤宾尹称之为"虚缩题式"。与此相应的,有些题目是对上文的概括、总结,称为"结上题"。不管是结上题还是虚缩题,由于中心义旨在题目的上文或下文,因而在写作修辞上,这类题目跟截上题、截下题有相似的修辞策略,它们将远离"顺题挨讲"的"正法"。

　　因截搭而导致题目语意严重残缺,这种命题现象更使得制义理论界开始考虑为制义修辞确立新的范式。这种理论总结开始于晚明时期,李叔元、汤宾尹、张溥是其中的代表人物。李叔元说:"题有意未尽露、其说话俱在下面者,此却难于发挥,须是弄假成真,无情做出有情。而至收束处,亦要稍含下意,方不落空,但不可太露耳。"②汤宾尹说:"夫虚缩之题,章旨含于未露,讲中易致穷促,难以充裕;惟能暗含下意,斯得其趣。……信口读去,精神全不紧关;斩脉困人,态度最难舒展。凡遇此等题,略可用

---

① （清）王夫之《夕堂永日绪论外编》,船山全书编辑委员会编《船山全书》第一五册,第867页。
② （明）李叔元《新锲诸名家前后场肄业精诀》卷二,陈广宏、龚宗杰编校《稀见明人文话二十种》下册,第645页。

断章取义法,然太甚则又失本来面目。半逗半含,先须掉起得力;欲驻不驻,乃于拖下留神。巧偷莺舌,正在是乎?大凡文章着着贵紧,步步贵煞,但令人有用不得紧、下不得煞时,便足观养也。"①万历三十一年四川乡试《舜其大知也与》即属于虚冒题。关于结上题式,张溥说:"结上题者,上文详详说过,此处用一语拦住是也。其实脱上意不得,若多扯了,又似作上文,须要于起讲后接题处紧将结上字面献出,方不走作。前顺铺,后面倒跌,方是探龙得珠手段。又有顺题逆做、逆题顺做、缓题急做、急题缓做者。至数句题,要审所重,步步回顾。"②万历四年浙江乡试题《此谓修身在正其心》、万历三十四年浙江乡试题《此之谓絜矩之道》等都是结上题。每一种题型都蕴含着特定的义理指向和文理指向,召唤着特定的写作修辞。

清代路德说:

> 窃闻前辈云:"凡业时艺者,必从虚小题入手。"余深信此语,用以课徒,不敢躐等:先以截上题,欲其知来脉也;次截下题,欲其知去路也。不知来脉,不知去路,则文理终于不通,虽苦心为文,至于白首,其人究为门外汉。知来脉去路,而能截清上下,无仰逼俯侵之失,其于文法也得半矣。明于截下法,复难之以冒下题。明于截上法,复难之以结上题。冒下、结上题较截下、截上题似觉稍易,而难实倍之。能为冒下、结上题文,其于文法也思过半矣。诸法既明,复熟以割截题法。凡割截题,上截多截上,下截多截下,其上全下偏者,上截多冒下;上偏下全者,下截多结上。其他者,或半面,或单扇,或两扇,或多至数扇。割截题之长者,中间或数句,或一节,或一章,或数节数章。总而言之,皆应截作。不得截上、截下、冒下、结上之法,必不能为割截题文。不能为割截题文,则一切单句、单扇、两扇、数扇、通节、通

---

① (明)汤宾尹《汤睡庵太史论定一见能文》卷三,陈广宏、龚宗杰编校《稀见明人文话二十种》下册,第1071页。
② (明)张溥《新刻张太史手授初学文式》,陈广宏、龚宗杰编校《稀见明人文话二十种》下册,第1374页。

章、数节、数章题，亦必不能如法。割截题者，永字之八法也。今之学者惮其难为，多不求甚解。教者惮其难为，亦往往不求甚解。余曩刻《仁在堂时艺》凡三编，辨论以次加详。今又叙成是编，诚不敢惮其难也。割截之法明，然后授以滚作法。凡能为割截题文者，一遇滚作题，不烦绳削而自合；若遇宽平正大之题，必能自出机杼，与众不同，无他，由难而易，其势顺也。是编所载截作最多，滚作次之。滚、截二法乃诸法之总汇，而滚法必出自截法，乃能融洽分明。学者静参而有得焉，则一切文法备于斯矣。①

截搭题还催生了一些制义修辞独有的范畴，如题界、侵上、犯下等。

所谓题界，即指题目的边界。全章题、全节题一般不存在题界问题，它们本身自有边界。但是截题是截取一节中的一部分，那么，题目与其上下文的关系应该如何处理，这个问题从晚明以来开始受到制义论家的重视，到了清代，更是成为制义写作中的核心范畴。比如对于"于季桓子，见行可之仕也；于卫灵公，际可之仕也；于卫孝公，公养之仕也"这三个分句，如果以"于卫灵公，际可之仕也"为题，那么，它只要求考生就"于卫灵公，际可之仕也"展开论述。如果制义中讨论"于季桓子，见行可之仕也"，则属于"侵上"；如果制义中讨论"于卫孝公，公养之仕也"，则属于"犯下"，都属于没有严守题界的不合格之作。但"为之兆也。兆足以行矣，而不行，而后去"虽是题目的更上面的上文，却是章旨所在，不管以这三个分句的哪一个为题目，都必须紧扣原题，必须回应这个章旨。

至清代，小题堂而皇之地进入乡、会试，并且是由皇帝亲自示范，则晚明以来关于不侵上、不犯下的成规就被空前严厉地对待。示范与厉禁，正是辩证地对应着的。严守题界，成为晚明至清代八股文修辞的第一要义，清代的一些制艺理论家把它视为评判八股文之优劣的一个标杆，考官则把它作为取舍的尺度。康熙间郑性说："余举业受自家君，以体认白文为主，一题入手，务必融会全神，认定本题面目，然后下笔。其题有上下文，

---

① （清）路德《时艺综序》，（清）路德评选《时艺综》卷首。

则墨守题界,不敢越一语。守此以往,自壬戌为诸生,迄今凡三十年矣。范我驰驱,终日而不获一禽,弗之有悔也。然自问亦鲜有踌躇满志时,故亦弗之有尤也。"可见,在清初,题界意识已经非常明确了。乾嘉之后,"犯下乃时文厉禁"。① 所谓厉禁者,即犯下"侵上""犯下"之戒者,不仅要受到选家的批评,而且要受到"黜落"的处罚。嘉庆间翰林编修聂铣敏称陈集堂"其为文初不敢苟作,每拈一题……必求得其题理、题脉、题神、题界,使丝毫不失,然后落笔"。② 光绪间叶维屏的八股文被誉为"不尚藻饰,而严守题界。界内一字不放松,界外一字不直犯"。③ 光绪二十八年进士黄居中,其墨卷也被誉为"题界一丝不溢"。④

侵上(或叫"连上")与犯下,本是由截搭题的命题方式衍生出来的制义修辞禁忌。清初梁素冶说:"凡作破题,最要扼题之旨,肖题之神,期于浑括清醒,精确不移。其法不可侵上,不可犯下,不可漏题,不可骂题。语涉上文谓之侵上,语犯下文谓之犯下。"但在明代以至清乾隆之前,避免"侵犯",只是一种修辞上的追求。道光间路德的《明文明》专门对明代制义名家的名文进行改写,认为这些名文存在着种种瑕疵,而"侵犯"便是其中较为严重的瑕疵。换言之,明人并不以"侵犯"为禁忌,只是能避则避,不避则也无关宏旨。汤宾尹在谈到如何认题时,已经明确提出"粘上""犯下"之禁忌:"认题者何?认题之关节脉理、字句窾郤也。虽极小题,有无限妙理;极枯题,有无穷生意;极板题,有一段活泼趣;极散题,有一脉联络处。后学题目到手,闭目定想,此题如何出,当如何做;如何方不粘上,如何方不犯下,何句是宽松,何句是钧两;如何为正旨,何处是客意。题中之肯綮,题外之神情,恍然心目,则意到笔随,自然一毫不走作。此是搦管首著工夫。"⑤张溥《初学文式》也说:"结上题者,上文详详说过,此处用一语拦住是也。其实脱上意不得,若多扯了,又似作上文,须要于起

---

① (清)路德《柽华馆杂录》,(清)路德《柽华馆全集》。
② (清)聂铣敏《送郴州孝廉陈集堂南归序》,(清)朱偓、(清)陈昭谋修纂《郴州总志》,第788页。
③ 余宝滋修,杨㭎田等纂《民国闻喜县志·名贤传下》,第585页。
④ 王士敏修,吕钟祥纂《民国新纂康县县志》卷二三,第426页。
⑤ (明)汤宾尹《汤睡庵太史论定一见能文》卷一,陈广宏、龚宗杰《稀见明人文话二十种》上册,第871页。

讲后接题处紧将结上字面献出，方不走作。前顺铺，后面倒跌，方是探龙得珠手段。"①

明人并不十分强调题界的问题，至崇祯间左培《书文式》，其"结上法"实是教人如何避免连上之法："此等题，脱上意不得。若多扯，又似作上文。须于起讲后接题处，紧将结上字面献出，方不走作。前面顺铺，后面倒跌，此其大略也。"②这里谈的就是"题界"的问题，"脱上意不得"指论述离不开上文。但是"若多扯，又似作上文"，也即如果越界而语涉上文，则"跑题"了，清代文论家把这种越上界称为"侵上"。

王夫之曾以《论语·子路》"卫君"章的第五至第七节为例，说明何为侵上、何为犯下。其第五至第七节为：

> 名不正，则言不顺；言不顺，则事不成；
> 事不成，则礼乐不兴；礼乐不兴，则刑罚不中；刑罚不中，则民无所措手足。
> 故君子名之必可言也，言之必可行也。君子于其言，无所苟而已矣。③

王夫之指出，前二节（即第五、第六节）是反（即否定式），后一节是正，"前二节不可正说'正名'以犯下，后一节不可反说名不可言、言不可行之弊以侵上。凡书有层次者仿此"。④ 王夫之的意思是：如果以前二句为题（即《名不正则　二节》），则不能从正面去阐述"正名"的重要性，否则就是犯下，因为下文正是正说"正名"。如果是以第七节为题，即《故君子名　一节》，则不能以"名不可言""言不可行"来展开，否则即是侵上。

相比之下，"犯下"比"侵上"是更为严重的犯戒，因为"犯下"与"入

---

① （明）张溥《新刻张太史手授初学文式》，陈广宏、龚宗杰《稀见明人文话二十种》上册，第1374页。
② （明）左培《书文式·文式》，王水照编《历代文话》第三册，第3177页。
③ （宋）朱熹《四书章句集注》，第142页。
④ （清）王夫之《四书笺解》，船山全书编辑委员会编《船山全书》第六册，第235页。

口气"的文体规定关系密切。张溥在谈到破题式时强调了"不犯下"的原则:"其上句破题意,而下句破题面者,多是半上落下题,拖意一句便易犯下,所以将题意冠于上,而下句却以题面足之耳。"①虚缩题性质上属于截下题,同样不能犯下:"虚缩题式。此等题,乃不了语。拖意犯下,题神便走。"②清乾隆初,汪鲤翔说:"宋儒之书,专主说理,其时不为帖括取用,故每以后意明讲在前,如'举直错枉'二句,注之'仁'字,'养吾浩然之气'句,注之'配道义'字,'生亦吾所欲'三节,注之'良心'字等类,今作文以口气为主,则上节断不预透下节,前问断不得即侵后问,界在故也。"《论语》"举直错诸枉"的下文有"不仁者远矣",宋儒朱熹通读四书,故可以用"使枉者直,则仁矣"来注释"举直错枉"。如果以《举直错诸枉》为题,入孔子之口气,则下文的"不仁者远矣"尚未出现,作八股文时便不能犯下文的"仁"字。故"犯下"尤为清人所慎对。

从乾隆朝开始,"犯下"成为厉禁,而"侵上"之禁忌则不出现于《科场条例》中,可见"犯下"之禁是由"引用后世事暨书名"推衍出来的,是考官、磨勘官揣摩乾隆之圣衷而作出的决定。因为以代言体理念推之,圣贤说话时,自是不可能预知下文。故于时文中涉及题目的下文,性质上等同于"引用后世事暨书名"。乾隆四十四年,"江西第八十名吴浩,第一场第二题《不息则久久则征》题,文内'厚'字犯下。据覆勘大臣奏准,长章题偶犯下文一字,而不犯意者,尚属可原,应请免议"。

对于侵上犯下的禁忌,清人提出了化解的办法。化解侵上的方法是"倒入上文""逆入",即先提题面文字,再延及题目之上文,如此写去,则不算"连上"。如成化二十年甲辰科会试,其第三艺题为《物皆然心为甚》,题目取自《孟子·梁惠王上》"权,然后知轻重;度,然后知长短。物皆然,心为甚。王请度之"中间的两句。虽然题目的两句都是主谓结构,意思相对自足,但它是承上文而来的,题目中的"然"即指"权,然后知轻

---

① (明)张溥《新刻张太史手授初学文式》,陈广宏、龚宗杰编校《稀见明人文话二十种》下册,第1365页。
② (明)张溥《新刻张太史手授初学文式》,陈广宏、龚宗杰编校《稀见明人文话二十种》下册,第1370页。

重;度,然后知长短"。通过截上而命题,故导致题目语意不全。"物"就是题目的上文边界。制义文若直提"权""度",则犯了"连上"之病。主考官彭华所作程文,其破题即由题面之"物"字倒入上文之"度"字:"物之不齐,固当度之以器;心之难齐,尤当度之以理。"从而化解了"连上"禁忌。而在八股的主体部分,每股都是从"物""心"说起,也为"截清题界"的常规手法:

> 况心为一身之主,其应物也,亦有轻重焉,有长短焉,使不以吾心本然之理为之权,则轻其所重,重其所轻,而不得其当矣。不以吾心本然之理为之度,则长其所短,短其所长而不合乎中矣。
>
> 物有形而度其轻重长短也易,若无权度,不过一物之失耳。心无形而度其轻重长短也难,心无权度,则差之毫厘而谬以千里,岂但一事之失而已哉? 心之当度又有甚于物者如此。

对于截下题,同样需要采取特定的修辞手段去规避"犯下"之禁。汪武曹曰:"截下题须于题前取势,逆笼下意,一入题之正位,急宜扣住。若顺添一语,即犯下文。不特此也,即题前虚笼下意,亦须用侧面、对面、反笔、衬笔,始无弊。若用一顺笔,便犯下矣。"①万历三十一年癸卯科四川乡试次艺题为《舜其大知也与》,取自《中庸》第六章:"子曰:'舜其大知也与!舜好问而好察迩言,隐恶而扬善,执其两端,用其中于民,其斯以为舜乎!'"这类题称为虚冒题,即其题意有下趋的趋势,"大知"的具体内容是被截去的下文"舜好问而好察迩言,隐恶而扬善,执其两端,用其中于民,其斯以为舜乎",唐彪说:"至于虚冒题,又与前项不同。全章全节之意已于本句冒起,盖必有下文之意在先,而后有此句也。作此等题,贵于虚能映下,实不犯下,方称高手。"②路德说得更加具体:"题面极平正,极阔大,作文却最难下手。难在不触下即背下耳,触则不虚,背则不冒,冒而能虚,虚而能冒,斯为解人。……此句是冒下题,题之实际尚在下文,须以想像

---

① (清)唐彪《读书作文谱》,王水照编《历代文话》第四册,第 3504 页。
② (清)唐彪《读书作文谱》,王水照编《历代文话》第四册,第 3503 页。

出之,不可填实,方合冒下语气。"①

面对由于截搭命题而引发的题界问题的严峻性,这些制义修辞手段表现出狮子戏球、狮子搏兔、前后映射、前挑后逗、左顾右盼的特点。这些特点,既可创造"灵光四映、手挥目送之妙",也会导致"穿插纤佻""排叠凌促"的芜靡文风。清乾隆间陈诗说:"今学者竞夸冠冕,罔识文家灵光四映、手挥目送之妙。"②所谓"灵光四映、手挥目送之妙"主要就是由截搭命题引发的修辞形态。但如果八股文写得内容空洞而徒事炫技,则是失败之作,四库馆臣说:"隆、万以机法为贵,渐趋佻巧,至于启、祯,警辟奇杰之气日胜,而驳杂不醇。猖狂自恣者,亦遂错出于其间。于是启横议之风,长倾诐之习,文体蘩而士习弥坏,士习坏而国运亦随之矣。"③"穿插纤佻""排叠凌促"的芜靡文风则被视为末世之文风,是世运衰败之表征。

明代中后期(成化之后)制义文风的变化,是多种原因交汇之后的结果。如防拟题、限科额定数、考官考试理念等,导致命题方式的变革,从而引发制义修辞形态的变异,引发制义文风的嬗变。当然,影响制义文风嬗变的,还有时代哲学思潮、文化思潮、文章风尚,这一点,我们放在下一章来讨论。

自晚明以至清代,题界意识、侵犯禁忌意识被逐渐强化,而修辞应对策略也相应地逐渐成熟。

---

① (清)路德《子曰舜其大知也与》题文后评,(清)路德《仁在堂全集·时艺话》。
② (清)陈诗《国朝名文约编详注》,道光二十七年大文堂刻本。
③ (清)永瑢等《四库全书总目》"钦定四书文四十一卷"条,第729页。

第七章　命题意向的延伸与变异

考官通过特定的四书文命题去甄别士子的理学素质,也表达了考官乃至朝廷的经学理念。四书文的题型特点激发了特定的修辞形态,由此引发特定的文风士习的形成与变化。正统朝以来,朝廷不时对考官提出警诫:"出题不许摘裂牵缀。"①万历三十九年十月戊辰,南京河道御史张邦俊上言:"学臣命题割裂破碎,或牵扯扭搭,其于圣贤立言大旨甚相悖戾,恐文体日纤,世风日巧。"②认为命题形态直接关系到经典义旨、文体世风。

但是,科举并不是一个封闭系统,朝廷的文治思想、经学理念、社会的文化思潮、经学思想、文章风尚等不仅会影响考官的命题,也会影响考官的文章趣味与衡文标准,影响士子的制义写作。题型固然会引发特定修辞形态的形成,而社会的文化思潮、经学思想、文章风尚也会反过来影响乃至改变对命题的诠释意向,重塑题型的修辞形态。

第一节　如何观察明代制义流变

一、如何观察明代制义流变

明代制义从文体格式的初创到定型、变异,从修辞手法的挪用、尝试到文章风尚的形成与流变,都经历过一个从草创到成熟的过程。对于这个过程,明代以来的学者往往喜欢以年号来划分,比如丘濬说:"统、泰以前,士大夫制行立言,以质直忠厚、明白正大为尚,而不为睢盱侧媚之态、

---

① （明）申时行等重修《明会典》卷七七,第1791页。
② 《神宗显皇帝实录》卷四八八,万历三十九年十月二日。

浮诞奇诡之词。"①钱禧认为明代制义以天顺以前为极盛,至成化、弘治而衰落,朱太复、陈素庵认为制义之坏始于王鏊,清代的王步青则认为正德之前为明代制义之盛。②

在以年号标示明文流变的描述模式中,以"初盛中晚"的四分法最为流行,这种分法应该是借鉴了明初高棅对唐诗的描述模式,即以初、盛、中、晚来描述明代制义的流变。

洪武间,高棅编《唐诗品汇》,标举盛唐诗,依据"世运升降关乎文章"的理念,他将唐诗分为初、盛、中、晚四个时期:"唐诗之变,渐矣!隋氏以还,一变而为初唐,贞观、垂拱之诗是也;再变而为盛唐,开元、天宝之诗是也;三变而为中唐,大历、贞元之诗是也;四变而为晚唐,元和以后之诗是也。"③这种唐诗分期法影响了制义论家。

万历间人已将明代制义分四期而论,陶望龄把明代制义分为弘正以前、弘正、嘉隆、万历四个时期:

> 我明制义,自弘、正以前,其文士名价甲乙,若肆中之帛,尺幅有度,皆先定格不越,其文要皆自为而可观。嘉、隆之季,声承响接,更相訛谬,混然一途,敝风穷而变化起,遂莫盛于万历之世,丙戌而大肆,壬辰而奇丽诙诡之观极矣。然其能者刻露舒泄,剡削之痕、组缀之迹亦间杂互见,此能自为矣,而不能出之莫为,其养未深而气涸故也。④

尽管陶望龄自己的制义开后来凌驾、斫削之风,但在理论上他是崇尚韩愈的文章观念的。他自己是万历十七年己丑科会试会元,视嘉靖、隆庆为"敝风穷而变化起",又视万历十一年丙戌、二十年壬辰两科会试为"奇丽诙诡"文风的极致,其分期与评价很难说是公允的。

---

① (明)杨廷枢、(明)钱禧辑评《皇明历朝四书程墨同文录》第九册。
② (清)王步青《题程墨所见集一》,王步青《己山先生别集》卷一,清乾隆敦复堂刻本。
③ (明)高棅编纂,汪宗尼校订,葛景春、胡永杰点校《唐诗品汇》第一册,第142页。
④ (明)陶望龄《罗澄溪制义序》,(明)陶望龄撰,李会富编校《陶望龄全集》,第192页。

清代方苞的分期法最有代表性。方苞选《四书文》，分为化治文、正嘉文、隆万文、启祯文，其"化治"实是指"自洪永至化治"，显然，方苞是把明文分为四个阶段：洪武至化治、正嘉、隆万、启祯。这种分期实包含着特定的价值评价。他说："明人制义，体凡屡变。自洪、永至化、治，百余年中，皆恪遵传注，体会语气，谨守绳墨，尺寸不逾。至正、嘉作者，始能以古文为时文，融液经史，使题之义蕴，隐显曲畅，为明文之极盛。隆、万间，兼讲机法，务为灵变。虽巧密有加，而气体苶然矣。至启、祯诸家，则穷思毕精，务为奇特，包络载籍，刻雕物情，凡胸中所欲言者，皆借题以发之。就其善者，可兴可观，光气自不可泯。"①这种四阶段论以及对于明代制义各时段的价值评价，在清代基本达成一种共识，也为当今学界所普遍认同。

对于这四个阶段，方苞还是注意到了其正反优劣的不同方面的，他在谈到《钦定四书文》的选文原则时说：

> 正、嘉则专取气息醇古、实有发挥者；其规模虽具、精义无存，及剿袭先儒语录、肤廓平衍者不与焉。隆、万为明文之衰，必气质端重、间架浑成、巧不伤雅，乃无流弊；其专事凌驾、轻剽促隘、虽有机巧而按之无实理真气者不与焉。至启、祯名家之杰特者，其思力所造，途径所开，或为前辈所不能到。其余杂家，则佪弃规矩以为新奇，剽剥经子以为古奥，雕琢字句以为工雅，书卷虽富，辞气虽丰，而圣经贤传本义，转为所蔽蚀。故别而去之，不使与卓然名家者相混也。②

每一时期的制义都有优劣正邪的作品存在，正、嘉之文既有气息醇古的一面，也有肤廓平衍的一面；隆、万之文既有凌驾促隘的一面，也有端重浑成的一面；启、祯之文既有剽剥雕琢的一面，也有杰特独造的一面。然而这种描述仍然未能体现明代制义文风反复多变的特点。

清乾隆间四库馆臣采用方苞的分期法，却表现出鲜明的倾向性："有

---

① （清）方苞《钦定四书文凡例》，（清）方苞编，王同舟、李澜校注《钦定四书文校注》，第1页。

② （清）方苞撰，王同舟、李澜校注《钦定四书文校注》，第446页。

明二百余年,自洪、永以迄化、治,风气初开,文多简朴。逮于正、嘉,号为极盛。隆、万以机法为贵,渐趋佻巧,至于启、祯,警辟奇杰之气日胜,而驳杂不醇。猖狂自恣者,亦遂错出于其间。于是启横议之风,长倾诐之习,文体蠡而士习弥坏,士习坏而国运亦随之矣。"①四库馆臣的态度显然更加意识形态化,他们把晚明制义中所出现的悖离程朱的倾向提高到"猖狂自恣""横议之风""倾诐之习"的高度,指出这样的文风危及了文化专制。

清康熙间苏翔凤的话让我们看到了制义四期分法与唐诗"初盛中晚"分期法之间的关联,他说:"文之在明,犹诗之在唐也。初唐浑穆,盛唐昌明,中唐名秀,至晚唐而忧时悯俗之意发而为言,感激淋漓,动人也易。洪、宣之文,初唐也;成、宏、正、嘉之文,盛唐也;隆、万之文,中唐也;启、祯则晚唐也。三百年元气发挥殆尽。"②乾嘉间阮元曾以"四书文源流考"为专题让他的学生们撰文讨论,其中以郑灏若的《四书文源流考》最为全面而深入,该文谓天启之文深入,而失于太苦;崇祯之文畅发,而失于太浮。此谓其境之广深,正与中、晚唐诗境相同也。郑氏显然把制义文风类比于唐诗。近代刘咸炘认为:"实则洪、宣、成、宏可拟初唐,正、嘉诸家以古文为时文,正如盛唐诗之复古。唐、归诸人乃可拟李、杜。隆、万、启、祯宜比中唐。金、陈诸人适如韩、白,其余亦孟、贾、王、张、卢仝、刘叉之伦也。然其小体者,拟之晚唐亦无不可。"③不仅将明代制义流变比拟于唐诗之"初盛中晚",而且把制义与古文、制义家与唐诗人关联起来。

然而明代历史发展轨迹并非唐代的复制,其盛衰有自己的特点和轨迹;明代制义也不同于唐诗,它本质上是一种科举文体、理学文章,科举考试的制度限定、理学和文章学的特性同时影响着它的形成与流变,其流变轨迹呈现出更加复杂多变的特点,远非"初、盛、中、晚"模式所能概括。

比如,人们常说隆庆、万历制义的特点是讲机局。但事实上,讲机局、讲技法并非始于成、弘或隆、万,早在永乐七年己丑科会试,杨慈的《武王

---

① (清)永瑢等《四库全书总目》"钦定四书文四十一卷"条,第1729页。
② 转引自刘咸炘《四书文论》,刘咸炘著《推十书》戊辑,第63页。
③ 刘咸炘《四书文论》,刘咸炘著《推十书》戊辑,第63—64页。

缵大　节》题文被誉为"明文之始基"。① 其文不仅已具八股的外部格式，而且在起法、接法、转法、收法方面均极讲究，各股之间也有呼吸应和之意。更有甚者，此文已不遵循"顺题挨讲"之法，而是提纲挈领，巧设文局。题目取自《中庸》第十八章第二节。其题全文为："武王缵大王、王季、文王之绪。壹戎衣而有天下，身不失天下之显名。尊为天子，富有四海之内。宗庙飨之，子孙保之。""缵绪"一句为主，统领以下四句。而"壹戎衣而有天下""身不失天下之显名""尊为天子，富有四海之内""宗庙飨之，子孙保之"，则为并列的关系。但是，杨慈之文以"惟圣人能继先业以成武功，故能得声誉之盛而备诸福之隆也"破题，以"不失显名"一句统领全文。对此，清代王己山评曰："题本无'重显名'义，文却拈此作中间关键，制胜出奇，前后为之一振，通体铿锵炳耀，亦无不缘此增长气势，动若有神，此制义最初体，故已教人自为，何后来谈先正者，必依文训诂，作茧自裹？"②当然，杨慈这种作法在当时属于罕见现象。但是，我们由此也可以看出，明代的制义文风或因某科考官的倡导，或因某科墨卷的入选，从而为天下所瞩目，成为标示该科、该时段的制义文风的范文。

　　明代制义的发展，并不是一个自洪、永至天、崇每况愈下的趋势，其间有发展、变化，也有反复、中兴。隆、万间李维桢说："今之程士者，必称说成、弘之际，此言不然。夫文，神物也，偶时变化，霞幻电骇，宁讵可以斤斤尺幅绳之？尺幅为佻言畔经者设耳。若夫由濂洛之筏，测洙泗之源，即竭其才情所至，不惊人不休，畴曰不可。籍令成、弘诸君子而在，亦安能蔑今才士伎俩，更饰羔雁以赘主司哉？"③汤宾尹更是直称："吾读嘉以前文，多见瑕，万以后，多见瑜。嘉以前如乌鹄也，白者自白，黑者自黑，于十数牍中得一牍而能举其名也，于乙牍中得一行两行而能举其语也，见瑕者多有真瑜者存也。万以来如鸟之雌雄，同命黑白之名而不能分其物也，欲举数十牍中谁氏夺目，则皆夺目也，欲别一牍中谁语为佳，则皆佳也。敌题面

---

①　（清）高嵣《明文钞三编》中庸，杨慈文后评。
②　（清）高嵣《明文钞三编》中庸，杨慈文后评。
③　转引自(明)汪时跃《举业要语》，陈广宏、龚宗杰编校《稀见明人文话二十种》上册，第409页。

视之未必是,掩题面视之未必非,是见瑜者多而不知所以瑜也,于乎此亦人心世道之概也。"① 在汤宾尹看来,嘉靖以前之文多见瑕,而万历以后之文多见瑜。晚明顾大韶也对厚古薄今的价值观提出异议,他说:"今之文人,或主于法成弘者,盖由于贵耳贱目,淡见甘闻,厌时刻之陋,而不知昔人之偏也,不知昔之与今,各有短长。今人所短者,因于文章法度多置焉不讲,故其体日至败坏;昔人则纵不得其妙,亦不失其体耳。至王辰玉《学艺初言》,必欲极贬今人而盛称昔人。其词非不烂然可听,然亦尝细细评论,惟王、唐诸大家,或足当之耳,其他名家而外多犯今时之弊,而今之名家反多得古人之妙者,未可以一概论也。大抵'古之人善用实,今之人善用虚'两言足以蔽之矣。若复舍今人之虚,而效古人之实,弃其所长,用其所短,譬之学邯郸之步,未有不两失之者也。"② 不管是制义的理学轨迹,还是制义的文章学轨迹,都不是一个"从……到……"的句式所能概括的,而是不断地反复、变异,在变异中不断有人企图力挽狂澜,希望让制义回到"先正"的矩矱中,在守正中又不断有人以异端思潮挑战先正的轨范。

二、道学——古文立场

与初、盛、中、晚的制义流变划分法相对应的,是一种道学立场。

在明清文人笔下,明代制义文风的发展呈现出鲜明的阶段性。虽然各家的描述各有异同,但大体都指向这样一个价值判定:明代前期的制义文风典正简朴,中期范式确立,后期文风日下,世风日颓。这种以世运论文风的描述模式蕴含着一种道学立场,它以程朱理学为正宗正轨,隆、万、天、崇,正是程朱理学的独尊地位受到严重挑战的时期。人们对这一时期制义文风的失望与贬斥,很大程度上是出于维护程朱理学的独尊性的立场。而古文,作为道统在文章史上的典范,成为"以道论艺"者的批评武器。

万历间朱长春立足于古文立场,提出明代制义文风流变有三大节点:

---

① (明)汤宾尹《选历科程墨漫书》,汤宾尹《睡庵稿》卷六。
② (明)袁黄撰,黄强、徐姗姗校订《〈游艺塾文规〉正续编》,第284页。

"(王鏊)简贵雄博,时艺中古文,变;而唐存其贵,失其雄,隐隐逗时局,又变;瞿局、调、词皆时矣,三变。古今升降一大关也。"①朱长春的意思是:王鏊文简贵雄博,乃时艺中之古文,为时文之一变;唐顺之文存王鏊之贵,而失其雄,已悄然引导着隆、万时局的到来,明代制义为之再变;至瞿景淳文,无论是机局、格调还是修辞,都是趋时的,是明文之三变。王鏊为成化十一年乙未科会试会元,唐顺之为嘉靖八年己丑科会试会元,瞿景淳为嘉靖二十三年甲辰科会试会元。这是以"古文"为主脉去描述明代制义文风的流变。其所谓"古文"不是泛指古代之文,而是载道之古文,是古代道学文章之典范。对明代制义流变的复杂性梳理得较为详尽的是清代郑灏若的《四书文源流考》,他也明显采用了道学和古文立场。他认为,从八股格式的定型历程看,洪永间始踵事增华,方孝孺、黄子澄倡之于前,胡俨、解缙继之于后,法律渐密,体制渐开。永乐间有于谦、薛瑄,正统间有商辂、陈献章、岳正、王恕,成化间有丘濬、王鏊、谢迁、李东阳、罗伦、章懋、林瀚、吴宽,弘治间有钱福、董玘,嘉靖间有唐顺之、瞿景淳、薛应旂。成化之后,文体大备,顾清、李梦阳、唐寅、王守仁、顾鼎臣、杨慎、汪应轸、彭本、罗洪先、诸燮、嵇世臣、海瑞、茅坤、王樵、周思廉、陶泽、王锡爵、许孚远、归有光、胡友信、黄洪宪、邓以赞等各具个人风格。与其说,郑灏在描述明代制义流变,不如说,他是在梳理明代制义中的道统。

在这个制义道统中,归有光是一个里程碑式的人物。张治于嘉靖十九年庚子科主试应天乡试,对归有光的卷子大加叹服。之后数科会试,归有光都落第。二十九年庚戌科,张治为主考官时怕再次漏取归有光,便提醒同考官章焕:文章古奥者即归有光文。最终取中的却是傅夏器。从制度的角度看,这则事例可以看出科举考试制度的公平性,即使考试之前归有光名声在外,但张治等考官仍是无法做到按图索骥、循声探物。但从文章的角度,我们可以看到,"以古文为时文"的呼吁并非始自归有光,在归有光之前即已出现了对正、嘉复古运动的呼应。嘉靖八年《会试录》,同考试官金璐批庄用宾《易》义:"以古文发时义,足称善作。"②嘉靖十六年

---

① (明)杨廷枢、(明)钱禧辑评《皇明历朝四书程墨同文录》第八册。
② 《嘉靖八年会试录》,龚延明主编《天一阁藏明代科举录选刊·会试录》下册,第123页。

福建《乡试录》，考官批何梦卜四书义："'为山''为学'镕成一片，不分段落，而意凡九转，读之令人惕然，当于古文中求之。"另一考官批此文"古雅浑成"。① 嘉靖二十二年浙江《乡试录》，同考试官郑批第二场邵漳之论："此作以内外物我推广题意，可尽圣人合一之学，且体制浑厚，笔力高古，盖出入秦汉六朝而归诸时制者，可占所蕴。"考官批此文："意深而不晦，词约而有章，盖自古文中变换出来者。"② 归有光春闱失意后，"益闭门修业，直欲以古文为时义。用心愈勤而去时调愈远"。③ 所谓"时调"，即科举文章的流行文风。从文风流变的角度看，归有光偏离科举时调而自行其是，他所掀起的这股"以古文为时文"的风气对当时及后世影响深远。归有光现象直接关联了古文与时文。当人们立足于道学——古文立场去描述明代制义流变史时，归有光便成为一个里程碑式的人物。

"古文"也指与骈文相对的散体，若以此视之，则汤显祖也属于善用古文于时文者。万历十一年，汤显祖参加癸未会试，其第三题为《孔子有见行可之仕有际可之仕有公养之仕也》，由三个平列的义项"有见行可之仕""有际可之仕""有公养之仕也"组成，故也被制义选家称为"三句题"。若以"顺题挨讲"的"先辈"作法应对这一题目，则其文中间排偶部分应写成三股，会魁邹德溥的墨卷正是如此，故方苞评其文曰："三股蝉联而下，清虚夷犹，婉转可味。"④ 汤显祖墨卷则对此三"有"独重首"有"，以散休出之："故孔子有见行可之仕焉，圣人蕴道久矣，见可以仕而又迟之以不仕，则是终不仕也。委曲以投其端，从容以竟其业，盖蚤见而薄施也，有所以行，非仕求可而已也。"⑤然后以似骈似散的两股写另外两"有"："夫见行可之于君也，自有晋接之礼，不在一交际矣。然天下卒未有能礼士者，而或有能礼际之君，观于其际，亦能敬圣人也。与周旋焉而待其后可也，是故际可之仕，孔子有之。夫见行可之于君也，自有鼎养之禄，不在一

---

① 《嘉靖十六年福建乡试录》，龚延明主编《天一阁藏明代科举录选刊·乡试录》第八册，第6898页。
② 《嘉靖二十二年浙江乡试录》，龚延明主编《天一阁藏明代科举录选刊·乡试录》第八册，第6300页。
③ （明）袁黄撰，黄强、徐姗姗校订《〈游艺塾文规〉正续编》，第210页。
④ （清）方苞编，王同舟、李澜校注《钦定四书文校注》，第359页。
⑤ （明）杨廷枢、（明）钱禧辑评《皇明历朝四书程墨同文录》第一三册。

馈养矣。然天下亦稀能养士者，或有一馈养之君，观于其养，亦能周圣人也。姑饮食之而观其后可也，是故公养之仕，孔子有之。"①朱长春评价此文说："古文两种，一练调，一散调，故难兼。此兼。"②散体是对骈偶的拒斥，是理学最好的表达方式。

在制义道统描述模式中，隆、万文风被视为制义道统的逆流，其时"文风一变而为凌驾，再变而为芜秽，狂澜既倒，是所望于大力"。③郑灏若认为，本来，万历间尚有孙鑛、赵南星、冯梦祯、邹德溥、万国钦、汤显祖、叶修等巨擘力挽狂澜，但"可惜已！王锡爵主试，深厌平易，力求峭刻之文"，钱士鳌高中，而陶望龄开凌驾、斫削之习。后虽有董其昌、郝敬等的出现，但"皆不足以驻峻陂之马"。④天崇之间，文体败坏已极，虽有陈际泰等人挽狂澜于既倒，但"天启之文深入而失于太苦，崇正之文畅发而失于太浮"。⑤

天启、崇祯间制义以子、史入时文，虽以先秦古文为典范，但因其所引的子书悖离道统而不被视为"以古文为时文"。明代官方功令一直强调制义以"雅正为宗，义理限于程、朱，体制尽于传注，史、子皆不得阑入"。⑥因而人们对天、崇以子、史入时文大加挞伐，清代郑献甫说："若项水心之徒流为尖巧，谭友夏之徒流为纤庂，陈眉公之徒流为游戏，此则断不可法者。何则？时文之魔生而古文之气尽也。"⑦这显然是道统的偏执。如果从拓展制义写作的文境看，子、史之入时文，显然加重了制义的文化底蕴。张溥等人以子书入制义，其最终目的仍在于尊经，只是取径于子书，以学为艺。钱禧说："时文盛而克之以子也，犹戡乱之必以干戈也。子书盛而正以经也，犹制治之必以礼乐也。其首功莫盛于金沙、娄东及郡中，而九一、受先、天如、维斗相继掇高第，天下以经明行修归之，惟介生尚未遇，而

---

① （明）杨廷枢、（明）钱禧辑评《皇明历朝四书程墨同文录》第一三册。
② （明）杨廷枢、（明）钱禧辑评《皇明历朝四书程墨同文录》第一三册。
③ （清）郑灏若《四书文源流考》，（清）阮元辑《学海堂集》卷八。
④ （清）郑灏若《四书文源流考》，（清）阮元辑《学海堂集》卷八。
⑤ （清）郑灏若《四书文源流考》，（清）阮元辑《学海堂集》卷八。
⑥ 刘咸炘著《推十书》戊辑，第64页。
⑦ （清）郑献甫《制艺杂话》，陈维昭编校《稀见明清科举文献十五种》，第1527—1528页。

功在后学,将来食报必大。嗟乎!文章中兴,实自此而始矣。"①金沙为周钟之号,娄东指张溥,云间指陈子龙,此三人分别创立应社、复社、几社。后周钟与杨廷枢、徐汧、张溥、张采等成立复社。九一即徐汧。张采字受先,张溥字天如,合称"娄东二张"。方苞也说:"制科之文,至隆、万之季真气索然矣,故金、陈诸家,聚经史之精英,穷事物之情变,而一于四书文发之。义皆心得,言必己出,乃八股中不可不开之洞壑也。迩年不学无识人,谬谓得化治规矩,极低金、陈。盖由贪常嗜琐,自忖必不能造此,而漫为狂言以掩饰其庸陋耳。夫程子《易传》切中经义者无几,张子《正蒙》与程朱之说即多不合,但以持之有故、言之成理,故并垂于世。金、陈之时文,岂有异于是乎?故于两家之文指事类情、悲时悯俗、可以感发人心、扶植世教者,苟大意得则略其小疵,并著所以存之故,使学者无迷于祈向焉。"②以此立场视之,天、崇之以子、史入制义,正是拓展了制义的文境。近代刘咸炘更是从诗的唐宋之变,说明"论诗不及中、晚,何足以穷诗之变,而专宗唐调,势必至于摹拟肤廓无生气"。③并由此进一步指出:"金、陈、黄诸人之文,盖明之诸子也。明世子家不竞,晚乃在制义,其可贵倍于诗赋。"④如果以道统描述明代制义,我们就难以对天、崇"以子史入制义"的文风做出这样合理的评价。

不管是以洪永、成弘、正嘉、隆万、天崇来划分明代制义的发展,还是以道学为立场去描述明代制义的盛衰,都会失去明代制义的丰富性。我们必须重新选择观察点来考察明代制义的发展变化。

三、以历科程墨为观察点

既然以道学为基点的"初盛中晚"分期法不能揭示明代制义文风的复杂性与丰富性,那么我们将以什么作为观察点呢?

明末陶汝鼐说:"此道三年一变,花样不同,陈人不如时人之工,后辈

---

① (明)杨廷枢、(明)钱禧辑评《皇明历朝四书程墨同文录》第一四册。
② (清)方苞编,王同舟、李澜校注《钦定四书文校注》,第446页。
③ 刘咸炘著《推十书》戊辑,第64页。
④ 刘咸炘著《推十书》戊辑,第64页。

尝嗤前辈之拙。"①虽不是每三年必定一变,但制义文风以乡、会试(尤其是会试)的命题、衡文、程文、墨卷为转移,却是一个最为基本的事实。以乡、会试为观察点,才能真正揭示明代制义真实而完整的面貌。

下面我们来看看,明代制义是如何"三年一变"的。

明代乡、会试三年一科,主考官每科一换,极少出现过一位官员连续两科担任会试主考者,像明代三典会试者有四人,其中,曾棨有连续两科(永乐甲辰、宣德丁未)典会试,王直连续三科(宣德癸丑、正统丙辰、己未)典会试。三典乡试者也有四人,其中,邹缉连续三科(永乐甲午、丁酉、庚子)典顺天乡试,王英连续三科(永乐丁酉、庚子、癸卯)典顺天乡试,这些都属于罕见现象。考官的三年一换所引起的制义文风的变化,虽不能说一定是三年一变,但每科乡、会试的导向作用则是最为直接的。

考官从命题到衡文标准、取舍标准都不一样,朝廷除了大方向(比如命题须冠冕正大、衡文须理明句顺等)上进行警诫之外,并没有具体的衡文细则之类的文件,故考官(包括第一阅卷人房考官)的个人标准在衡文取士过程中产生直接作用。

考官通过衡文、取舍对本科士子进行筛选,录取那些符合其文章理念的士子。考试结束时主考官即选编《会试录》或《乡试录》,选录程文,为天下士子示范,由此影响其后的文章风尚。有很长一段时期,程文由考官代为撰写,因而考官对其后制义文风的影响是深远的。而其选取的中式墨卷同样引导着天下文风。

明、清时期一些制义选家对各历史时段的评价也有采用以历科乡、会试(尤其是会试,因为它的影响是全国性的)的考试录为依据的。我们看袁黄、吕留良等人对明代制义文风的评论,基本上是以历科程墨为根据,其原因即在于此。吕留良说:"洪、永之文,质朴简重,气象阔远,有不欲求工之意,此大圭清瑟也。成、弘、正三朝,犹汉之建元、元封,唐之天宝、元和,宋之元祐、元丰,蔑以加矣。嘉靖当极盛之时,瑰奇浩演,气越出而不穷,然识者忧其难继。隆庆辛未,复见弘、正风规,至今称之。文体之坏,

---

① (明)陶汝鼐撰,梁颂成校点《陶汝鼐集》,第635页。

其在万历乎？丁丑以前，犹厉雅制；庚辰令始限字，而气格萎薾；癸未开软媚之端，变征已见；己丑得陶、董中流一砥，而江湖已下，不能留也；至于壬辰，格用断制，调用挑翻，凌驾攻劫，意见庞逞，矩矱先去矣；再变而乙未，则杜撰恶俗之调，影响之理，剔弄之法，曰圆熟，曰机锋，皆自古文章之所无，村竖学究喜其浅陋，不必读书稽古，遂传为时文正宗。自此至天启壬戌，咸以此得元魁，展转烂恶，势无复之。于是甲乙之间，继以伪子伪经，鬼怪百出，令人作恶。崇祯朝加意振刷，辛未、甲戌、丁丑，崇雅黜俗，始以秦汉唐宋之文，发明经术，理虽未醇，文实近古，名构甚多，此犹未备也；庚辰癸未，忽流为浮艳，而变乱不可为矣。此三百年升降之大略也。"①吕留良对明代制义三百年之升降的考察，隆庆以前，尚以年号为观察点，这或许是考试录文献不足的原因；而隆庆之后，尤其是万历朝，则以历科会试为观察点。清代叶梦珠、梁葆庆等在谈及本朝制义时同样是以乡、会试的程墨为观察点。②

从历科程墨去考察明代制义的特点与变化，更能够把握明代制义的复杂性与丰富性，也更贴近明代制义流变的历史真相，历科程墨是我们考察明代制义流变的参照点。

洪武十七年定科举成式，四书义主朱子《集注》，经义也以程朱为代表的宋儒为旨归，但与此官方定调不和谐的声音一直存在。不淳正的文风不必等到嘉靖、隆庆、万历时才出现。永乐十三年颁行《四书大全》之后，科举中的制义也并非都是遵从程、朱的。袁黄说，从董玘批选的程文选集来看，成化以前程文，其不依朱注者十常八九，有很多程文是遵从朱熹之外的其他宋儒。当然，从袁黄所举的例子来看，这些宋儒仍属程朱一派。

嘉靖初年，文风不淳，一些应试士子在答卷中使用《老子》《庄子》语言或引述野史，目的是逞博炫奇。这已经不是一般的怪词险语，而是以非儒思想写入制义的危险行为。嘉靖六年，张璁请正文体。世宗下诏：校

---

① （清）吕留良《东皋遗选前集论文》，（清）吕留良撰，俞国林编《吕留良全集》，第176—177页。
② 见（清）叶梦珠《阅世编》卷八、（清）梁葆庆《墨选观止》例言。

士务取平实。作为其正文体的直接成果的,是嘉靖七年乡试、八年会试的程文墨卷多走简质一路,略显国初之风。对于以二氏入制义者,副主考官霍韬都一律予以黜落。

嘉靖七年戊子科,张潮主试应天乡试,其四书首题是《殷因于夏 四句》,全题为:"殷因于夏礼,所损益,可知也;周因于殷礼,所损益,可知也。"取自《论语·为政》第二十三章。此章记子张问孔子:"今后十代的礼仪制度可得而知之吗?"孔子说:"殷因于夏礼,所损益,可知也;周因于殷礼,所损益,可知也;其或继周者,虽百世可知也。"意思是商朝因袭夏朝的礼仪制度,其所增减者都是可以知道的;周朝因袭商朝的礼仪制度,其所废除和增减也是可以知道的。如果将来有哪一朝能继承周代的话,即使在百年之后,其礼仪制度也可由此推而知之。子张之问,是要预知未来;而孔子之答,则是通过叙述往事来加以说明。朱熹《集注》引马融的解释:"所因,谓三纲五常。所损益,谓文质三统。"朱熹解释说,文质,指夏朝崇尚忠,商朝崇尚质,周朝崇尚文。三统,指夏朝历法把寅月做正月为人统,商朝历法把丑月做正月为地统,周朝历法把子月做正月为天统。唐顺之参加此科应天乡试,其墨卷的排偶部分由两长股组成:

> 彼夏之后有天下者,殷也。殷尝革夏之命矣,而礼则因乎夏焉,如三纲之正、五常之叙,虽曰肇修人纪,而实则缵禹旧服者也。乃若因其时异势殊而损益以合其宜者,不过易尚忠而尚质,易建寅而建丑耳。凡此皆著之简策,而昭乎其具在者,不亦可知也耶?

> 殷之后有天下者,周也。周又革殷之命矣,而礼则因乎殷焉,如三纲之立、五典之惇,虽曰皇建有极,而实则由商旧政者也。乃若因其世变风移而损益以酌其中者,不过易尚质而尚文,易建丑而建子耳。凡此皆布在方策,而炳乎其不昧者,不亦可知耶?

全文依朱注而立论。又因为题目内容为夏、商、周之沿革,唐顺之以《尚书·商书》《尚书·周书》的语句化入文中,营造简质文境,而"肇修人纪"引自《尚书·商书·伊训》,"缵禹旧服"引自《尚书·周书·君牙》,

"皇建有极"引自《尚书·周书·洪范》,"由商旧政"化用自《尚书·商书·太甲下》的"君罔以辩言乱旧政"。将《尚书》典实之句用于对仗工整的两大股中,正所谓镕铸经史之典范。

第二年会试,明世宗方励精求贤,亲文学之士,亲自批阅会试卷子。张璁、霍韬为会试主考官,唐顺之被取为会元,他的四书文、本经文、表文和两篇策文都入选该科《会试录》。可以说,嘉靖八年会试因张璁、霍韬、唐顺之的出现而一变时代之文风。

嘉靖十年辛卯科,各省程墨多有"古"文,如福建乡试《爱之能勿节》张北川所作程文,黄葵阳称其"奇思古调,劲骨苍词"。① 其《今之乐　乐也》题,韩求仲评陈让墨卷"古雅含酝"。② 此科应天乡试孙承恩所作《圣人之忧　夫也》题的程文排偶部分采用遥对的形式,杨廷枢评曰:"遥对有古意"。③ 钱禧评是科福建乡试郑普《尧舜帅天　从之》墨卷"有古意"。④ 这种追求古意的文风应是嘉靖七年张璁科举改革的直接成果。

但如何用古,仍有一个形神浅深的差异问题。对于此科江西乡试题《其事则齐　之矣》欧阳杲墨卷,王世贞对此文评价极高:"高奇辨博,体贴处却甚稳当。"⑤但钱禧说:"此文章连片用古之始也。前辈岂不多读书?其文简练含蓄,未尝以用古为奇识者。可以观时之上下、人之浅深矣。"⑥此题本为一节题,但欧阳杲以七百字之长篇(这样的篇幅在嘉靖时属于少见)演述全章的朱熹注文,如其中两长股:"盖位之所在,则以道为天下之公;位之所不在,则以道为天下之私。春秋之时,位不在夫子,而道在焉,故于桓文之当褒者从而褒之,当贬者从而贬之,非以位褒贬之也,以道褒贬之也。以位观之,其褒贬之义为私矣。有王者之位,道以有位而公;无王者之位,道以无位而私。春秋之末,夫子王以道,弗王以位焉,故于鲁史之不能笔者从而笔之,不能削者从而削之,非以位笔削之也,以道

---

① (明)杨廷枢、(明)钱禧辑评《皇明历朝四书程墨同文录》第一一册。
② (明)杨廷枢、(明)钱禧辑评《皇明历朝四书程墨同文录》第一一册。
③ (明)杨廷枢、(明)钱禧辑评《皇明历朝四书程墨同文录》第一一册。
④ (明)杨廷枢、(明)钱禧辑评《皇明历朝四书程墨同文录》第一一册。
⑤ (明)杨廷枢、(明)钱禧辑评《皇明历朝四书程墨同文录》第一一册。
⑥ (明)杨廷枢、(明)钱禧辑评《皇明历朝四书程墨同文录》第一一册。

笔削之也。以位言之,其笔削之义为私矣。"①钱禧认为,作为经义文,应是简练含蓄,简古质朴,像欧阳杲这种"连片用古"的写法其实是以古为奇识,这样的写法并不高明。

嘉靖十三年甲午科应天乡试题《古之学者　二句》题,主考官伦以训所作程文同样是"连片用古",全文的排偶部分仅两长股:

> 吾尝求乎古之人矣,于文而博焉,于辞而修焉,于前言往行而多识之焉,固尝敬逊时敏以从事乎学矣。然博文以致道也,修辞以立诚也;多识前言往行,又以蓄德也。其念虑所存,初无苟焉自欺之意,是何也?其心之所务者内也。盖曰,吾性分之所固有,与职分之所当为,有弗尽焉,则人之道缺矣,故孜孜焉惟日不足。凡所以求尽乎此者,无所不用其极也。由是而之焉,至于尽人物之性,以参天地赞化育,亦其已立而立人、己达而达人者尔,夫岂有所加哉?
>
> 今之人则不然,文非不博也,辞非不修也,前言往行非不多识也,亦尝呻吟占毕以从事乎学矣。然文之博以玩物也,辞之修以饰伪也,前言往行之多识又以夸多斗靡也。其念虑所存,初无暗然以自慊之实,是何也?其心之所务者外也。盖曰,吾善是,是亦足矣;吾能是,是亦足矣。有一闻,惟恐人不知其有也,故孜孜焉亦惟日不足。凡所以迁己徇人者,将无所不至矣。由是而之焉,至于违道以干百姓之誉,咈百姓以从己之欲,亦其计功谋利、欺世盗名者尔,夫岂有所得哉?

当今学人称伦以训此文"挹百家之言,融古汇今,为化工之文",②但明代郭子章认为,此文为"程文变体"。③ 钱禧说得更加具体:"遵岩谓眉山兄弟文豪而过于放。余谓论事之文贵反复详尽,眉山未可轻议也。若时文,代圣贤语,须简约含蓄,而作者辄欲以苏文体行之,且其所谓苏文

---

① （明）杨廷枢、（明）钱禧辑评《皇明历朝四书程墨同文录》第一一册。
② 田启霖《明清会元状元科举文墨集注》第一册,第394页。
③ （明）杨廷枢、（明）钱禧辑评《皇明历朝四书程墨同文录》第一一册。

者,非苏文也,乃腐烂之词、淹熟之调耳。墨卷作俑者,辛卯江西孟义;程文作俑者,则此义。二文未至腐烂淹熟,然流弊必至于此,不可无辨。"①钱禧对制义文体的基本认识是,这是经义文,是理学文章,其代言乃代圣贤语,故必须简约含蓄。如果以苏轼散文的豪放体来替圣贤立言,显然是不得其体。这也是他反对"连片用古"的原因所在。钱禧把嘉靖十年辛卯科江西乡试欧阳杲的《其事则齐 之矣》题墨卷和十三年甲午科应天乡试伦以训的《古之学者 二句》题程文分别视为墨卷和程文"连片用古"的始作俑者。名为用古,实则呈雄肆之文风。这种文风已悄然引领着隆、万、天、崇的风气。

就在唐顺之等典实崇古文风为官方所推崇的同时,另类的文风也在倔强地生长。

嘉靖十一年,夏言知贡举,请变文体,正士习,针对的是当时出现的"钩棘奇僻"的文风。② 但恰恰是夏言知贡举的壬辰会试,被视为明代科举中墨卷文风变化的分水岭。③ 钱禧说,明代考官程文变异的始作俑者是嘉靖二十年辛丑会试的考官温仁和与二十三年甲辰会试的主考官江汝璧,而墨卷的"古今分别之际"则是嘉靖十一年壬辰会试和十四年乙未会试。

不过,嘉靖十四年乙未科会试,仍有诸燮、薛应旂的出现。此科夏言知贡举,主考官为张璧、蔡昂,会元许谷,薛应旂为《诗》经经魁,诸燮为《易》经经魁。诸燮的《子曰赐也 贯之》题墨卷、薛应旂的《君子之志不达》题墨卷皆入选该科《会试录》,于是制义风气为之一变。薛应旂的《子曰赐也 贯之》题文写得平实,理学当行。钱禧说:"此等题入庆、历诸公手,一派机锋用事矣,安得如是科之切实乎?"④

此后,那种偏离程朱理学的离心力仍是顽强地衍生着,在嘉靖末年达到了一个小高潮。嘉靖四十四年乙丑科会试,这是嘉靖朝最后一科考试,

---

① (明)杨廷枢、(明)钱禧辑评《皇明历朝四书程墨同文录》第一一册。
② (明)杨廷枢、(明)钱禧辑评《皇明历朝四书程墨同文录》第一一册。
③ (明)杨廷枢、(明)钱禧辑评《皇明历朝四书程墨同文录》第一一册。
④ (明)杨廷枢、(明)钱禧辑评《皇明历朝四书程墨同文录》第一一册。

主考官是吏部侍郎兼学士高拱、侍读学士胡正蒙。朝廷"是科申严功令：代者罚，挟册者罚，群聚而通者罚，浮夸者黜，险僻者黜，曼衍而无当者黜"。① 浮夸、险僻、曼衍而无当，是嘉靖末年文风的鲜明特征。当然，这是站在程朱理学的经学立场和"作文害理"的文章学立场而言的。

隆庆元年丁卯科浙江乡试，黄洪宪被取为解元，隆庆五年会试，黄洪宪为会魁，隆庆因有黄洪宪的墨卷而被视为起衰归正的时代。而黄洪宪于万历十三年乙酉科典福建乡试，万历十六年典顺天乡试，其程文或改或拟，都是参准于弘治、正德的典实文风，从而使制义的道学统绪得以延续。

随着钱岱（钱惟演之孙、钱谦益之祖）于万历七年己卯科任山东乡试监临官和万历十年任壬午科湖广乡试监临官，一个刻意求新的时代宣告来临。万历七年山东《乡试录》上蒋奇镈的《民可使由之不可使知之》题文实为钱岱所作。此题正德八年山西乡试曾经出过，解元刘怀仁之文由两大股组成，分别阐明"可使由之""不可使知之"的理由，阐明"圣人论民，能导之以循夫理，难强之以悟"②的道理，写得正大切实。反而是主考官钱岱所作程文，虽在义理上也在阐明"民能循之以理，故可使由之；难强之以悟，故不可使知之"的道理，但它股法变换灵巧，或两股一转，或于一股之中即予一转："天下之正路而使天下均蹈之，迹耳，非所以迹也。究而极焉，则理之无方无体者，虽中人且弗悟也，将责之颛蒙之俗，而势愈难矣。天下之周行而使天下共履之，道耳，非所以道也。进而求焉，则民之不著不察者，虽日用且莫觉也，概谕以精微之论，而惑滋甚矣。"③万历十年壬午科湖广乡试，钱岱所作《天下有道则庶人不议》题程文，以"礼乐以劝，征伐以惩，莫不自大君之裁断而截然定命矣，上不僭滥，虽庶人将奚议之？诸侯以降，陪臣以上，莫不奉天王之明圣而喁然偯志矣，朝无异同，况庶人又谁议之"两股，已尽题意，但钱岱接下去又一步一转，愈转愈深："天子方采之闾巷之传，询之商旅之论，岂禁而不议哉？君之建立，惟道则

---

① （明）杨廷枢、（明）钱禧辑评《皇明历朝四书程墨同文录》第一一册。
② （明）杨廷枢、（明）钱禧辑评《皇明历朝四书程墨同文录》第十册。
③ （明）黄洪宪、（明）陶望龄等评《新镌翰林评选历科四书传世辉珍程文》上论卷三，陈维昭、侯荣川主编《日本所藏稀见明清科举文献汇刊》第一辑第四册。

公,亡可议耳。庶人则进无逢迎之意,退无忌讳之思,岂畏而不议哉!民之心志,惟道则服,亡容议耳。"①天子有采诗观民风之举,岂是禁而不议,而庶人本无畏忌,其不议乃亡容议也。钱岱这种"一意递降,衍出许多议论"的写法大有汪洋恣肆之风,王锡爵认为,这种写法令文章的局面劳攘,最大的问题是与圣人的语气不合。钱禧则更是从明代制义文风流变的角度对钱岱的写法提出批评:"己卯山东与是闱程,传为秀峰作。其文刻意求新,一时自应叹其工巧,习以成风,大雅恐将尽矣。己卯程,王阁老谓其句法近纤。而庚辰诸君有袭之者,主司、士子惟新是求,不暇忧其弊之将极也。"②

万历十年壬午科河南乡试题为《子曰为命裨谌草创之世叔讨论之行人子羽修饰之东里子产润色之》,取自《论语·宪问》第九章,意为郑国为辞命,必经裨谌等四贤之手而成,详审精密,各尽所长,是以应对诸侯,鲜有败事。孔子这么说,是在称许郑国之善政。但此科河南乡试考官的程文在演述题中的"讨论"时说:"凛凛乎若敌国之在前,而不容不讨也,不容不论也。"把世叔的探究讲论辞命比拟为如敌国之在前,必讨之论之,显然已偏离"为命"的论题。程文在演述题中的"润色"时又说:"以其润泽生民者,为敷文之具;以其正色立朝者,为华国之章。"把文章的润色牵扯到"润泽生民""正色立朝",同样是偏离论题。顾大韶认为这是一种"影作"法,是制艺中的恶趣,必须严加痛惩。③ 所谓"影"者,即"别把他物影见本题",④"假他事物,言外影见"。⑤ "不着本物,泛览旁观,而本物宛见于言外"。⑥ 顾大韶说:"至今人作比兴之题,多用此法,习为固然,不可究语。"⑦但制义毕竟是代圣贤立言,一旦拟之他物,极容易不伦不类。钱禧也称此文为鄙陋之甚,并称此时"程文渐入恶道"。万历七年陕西乡试首题《吾十有五 全章》,题目取自《论语·为政》第四章,全章如下:"子曰:

―――――――――
① (明)杨廷枢、(明)钱禧辑评《皇明历朝四书程墨同文录》第一三册。
② (明)杨廷枢、(明)钱禧辑评《皇明历朝四书程墨同文录》第一三册。
③ (明)袁撰,黄强、徐姗姗校订《〈游艺塾文规〉正续编》,第281页。
④ (元)陈绎曾《文章欧冶》,王水照编《历代文话》第二册,第1238页。
⑤ (元)陈绎曾《文章欧冶》,王水照编《历代文话》第二册,第1245页。
⑥ (元)陈绎曾《文章欧冶》,王水照编《历代文话》第二册,第1283页。
⑦ (明)袁撰,黄强、徐姗姗校订《〈游艺塾文规〉正续编》,第281页。

'吾十有五而志于学,三十而立,四十而不惑,五十而知天命,六十而耳顺,七十而从心所欲,不逾矩。'"该科程文于起讲中说:"盖曰学以理为矩,以不逾矩为能守,以从心不逾矩为能化。"①"不逾矩"为该章最后一句,程文不按该章各句顺序,先提"不逾矩",这便是所谓的"凌驾"。

在万历七年、十年钱岱等人的程墨被视为刻意求新之后,万历十一年癸未科会试即因李廷机等人的出现而重现简古文风,尤其是此科上榜的江西籍举子有万国钦、邹德溥、汤显祖、叶修,万国钦以简古著,邹德溥以冲夷著,汤显祖以名隽著,叶修以精醇著。后人有所谓"明文莫盛于江西,而江西莫盛于癸未"的说法。② 此科主考官为礼部尚书兼文渊阁大学士余有丁、吏部侍郎兼侍读学士许国,同考官则有沈一贯、黄洪宪、冯梦祯。此科的程文墨卷无疑对嘉靖末年以来的"文不遵轨"的文风是一种矫正。

万历十五年,礼部尚书兼翰林院学士沈鲤题参浙江提学佥事苏浚、江西提学副使沈九畴所取优等卷怪诡,指出当时制义文字渐趋奇诡。礼部的议覆也指出,嘉靖末年以来,士子制义有用六经语者,其后以六经为滥套,而引用《左传》《国语》。几年之后又以《左》《国》为常谈,而引用《史记》《汉书》。"《史》《汉》穷而用六子,六子穷而用百家,甚至取佛经道藏,摘其句法口语而用之。凿朴散淳,离经叛道,文章之流敝,至是极矣。乃文体则耻循矩矱,喜创新格,以清虚不实讲为妙,以艰涩不可读为工,用眼底不常见之字谓为博闻,道人间不必有之言谓为玄解。苟奇矣,理不必通,苟新矣,题不必合,断圣贤语脉以就己之铺叙,出自己意见以乱道之经常,及一一细与解明,则语语都无深识。白日青天之下,为杳冥魍魉之谈,此世间一怪异事也。"③曾几何时,万历十九年辛卯科乡试,就有多个直省的程墨被钱禧斥为"文体已大坏",④所谓文体大坏,指的是此科江西乡试《夫子何为 二句》程文,轻重失宜。这实际上与对题目的理解有关,程文的主要笔墨用在"欲寡过"上:"欲洗涤其衷,必无憾而后即安,犹惧几

---

① 《万历七年陕西乡试录》,龚延明主编《天一阁藏明代科举录选刊·乡试录》第五册,第4381页。
② (清)王统、王诏《试策便览》卷一一。
③ (明)王世贞撰,魏连科点校《弇山堂别集》卷八四,第1596页。
④ (明)杨廷枢、(明)钱禧辑评《皇明历朝四书程墨同文录》第一三册。

微难净,过且潜滋不及觉者,虽时加洗涤而若未能也,是其自盟于中也。欲祓濯其行,必无瑕而后为快,犹计粹白难完,过且萌起不及图者,虽时勤祓濯而若未能也,是其独廑于怀也。"①钱禧说它轻重失宜,大约是指它没在"省察克治"上展开论述。福建题《居则曰　五节》是一道长题,钱禧斥此科程墨都是凌驾无序,即没有按题目词序逐项展开论述,这表现了钱禧一贯的衡文标准。对于万历二十八年庚子科,钱禧称"是科文腐烂极矣"。②又说:"两畿文皆以腐调为工,一时名人亦多不免,文运之厄至此极矣!作俑于辛卯,贻祸于今日,非自好之士,有不为其所汩没者乎?"③对于一切新变之法,钱禧都予以非议。万历三十一年癸卯科乡试,钱禧说:"是科文皆以词胜,如王观涛、张宾王、张侗初最著名当时,其墨义亦觉词多于意,故舍墨取程。"④钱禧又说:"吾友杨子常、顾麟士论文好言'挨讲''断讲',此诚不易之法,然万历名手已不肯用。"⑤万历末年,制义"纯用时调,摘之不胜其摘,已相忘于无言矣"。⑥

但至天启四年甲子科乡试、五年乙丑科会试,"诸君一起而克之"。⑦甲子科乡试有江西的艾南英,乙丑有凌义渠,他们都以推崇古学为己任。但崇古有两种,一是以道学为时文,一是以子书入时文。黄宗羲说:天启"甲子、乙丑间,周介生倡言古学。因尚子书,《繁露》《法言》,家传户诵……"⑧子书入时文则可能对道学造成巨大冲击,故也为当时的道学者所猛烈抨击。崇祯间顾咸正曾通过比较"昔之作者"与"今之作者"之差异去批评今文(崇祯间八股文)在思想上的五花八门,他说:"昔之作者,微心静气,参对圣贤,以寻丝毫血脉之所在,而又外束于功令,不敢以奇想骇句入而跳诸格,当是时虽有绝才、绝学、绝识,冥然无所用,故其为道也

---

① (明)黄洪宪、(明)陶望龄等评《新镌翰林评选历科四书传世辉珍程文》下论卷四,陈维昭、侯荣川主编《日本所藏稀见明清科举文献汇刊》第一辑第四册。
② (明)杨廷枢、(明)钱禧辑评《皇明历朝四书程墨同文录》第一三册。
③ (明)杨廷枢、(明)钱禧辑评《皇明历朝四书程墨同文录》第一三册。
④ (明)杨廷枢、(明)钱禧辑评《皇明历朝四书程墨同文录》第一三册。
⑤ (明)杨廷枢、(明)钱禧辑评《皇明历朝四书程墨同文录》第一三册。
⑥ (明)杨廷枢、(明)钱禧辑评《皇明历朝四书程墨同文录》第一四册。
⑦ (明)杨廷枢、(明)钱禧辑评《皇明历朝四书程墨同文录》第一四册。
⑧ (清)黄宗羲《马虞卿制义序》,吴光主编《黄宗羲全集》第一九册,第64—65页。

难。今之作者,内倾膈臆,外穷法象,无端无崖,不首不尾,可子可史、可论策、可诗赋、可语录、可禅、可玄、可小说,人各因其性之所近,而纵谈其所自得。胆决而气悍,足蹈而手舞,内无传注束缚之患,而外无功令桎梏之忧,故其为道也似难而实易。且不宁惟是,昔之读书者,自六经而外,多读《左传》《国策》《史记》《汉书》,汉、唐、宋诸大家,及《通鉴纲目》《性理》诸书,累年莫能究,而其用之于文也,澹澹然无用古之迹,故用力多而见功迟。今之读书者,止读《阴符》《考工》《山海经》《越绝书》《春秋繁露》《关尹子》《鹖冠子》《太玄》《易林》等书,卷帙不繁,而用之于文也,斑斑驳驳、奇奇怪怪,故用力少而见功速,此今昔文难易之故也。"①《明史·选举志》称,万历十五年,礼部言:"唐文初尚靡丽而士趋浮薄,宋文初尚钩棘而人习险谲。国初举业有用六经语者,其后引《左传》《国语》矣,又引《史记》《汉书》矣。《史记》穷而用六子,六子穷而用百家,甚至佛经、《道藏》摘而用之,流弊安穷?弘治、正德、嘉靖初年,中式文字纯正典雅。宜选其尤者,刊布学宫,俾知趋向。"②又说,当时方崇尚新奇,厌薄先民矩矱,以士子所好为趋,不遵上指也。至启、祯之间,文体益变,以出入经史百氏为高,而恣轶者亦多矣。虽数申诡异险僻之禁,势重难返,卒不能从。③ 天启、崇祯间历科乡、会试,以子书入制义成为一个令人瞩目的现象。

总的来说,考官这一变数,使得朝廷所定的理学文章规范未能自始至终主导科场的制义文风,也使得"此道三年一变"成为可能。然而对"三年一变"的考察与评价也因人而异。比如对于万历文风,当着眼于凌驾、斫削文风有损于道学的时候,万历壬午、壬辰就被视为明文"文体大坏"的开端;当着眼于典实、简质文风有功于道学的时候,隆庆辛未、万历癸未就被视为崇雅黜浮的中兴。一方面,考官的程文足以改变一个时代的文风,如王锡爵之崇新;另一方面,被考官所取中的举子的墨卷,也足以带来文风的新变,如以万国钦、邹德溥、汤显祖、叶修等江西籍士子之简古冲夷、名隽精醇。以历科程墨为观察点,我们可以看到明代制义文风的嬗变

---

① (明)郑仲夔《玉麈新谈》,《续修四库全书》第一二六八册,第499页。
② 《明史》卷六九《选举一》,第1689页。
③ 《明史》卷六九《选举一》,第1689页。

历程,可以看到其反复、多元、非线性的特点。

第二节　导致命题边界延伸与变异的诸因素

　　一个时代的文风的形成与变化,会受到诸多因素的影响,比如政治、经济、文化思潮,等等。这些因素会通过考官的命题直接影响制义文风。四书文题目取自四书,由于《大学》《中庸》《论语》《孟子》这四部书在内容和论说的方式上有各自的特点,比如《大学》论"学",《中庸》论"性理",《论语》谈"仁""礼",《孟子》谈"心""性",《大学》《中庸》具思辨性,《论语》《孟子》为记述体,等等,所有这些特点都会给考官命题带来"原色",因而根据历代考官命题在四书中的分布情况,也可以见出考官的理学旨趣和文章审美的差异与变化。明代前期,四书文的命题范围并未形成平均分布于四书的常例,洪武二十年乡试,应天府三题全出自《论语》;建文元年应天乡试两道《论语》题,一道《孟子》题;福建乡试两道《论语》题,建文二年会试两道《论语》题,一道《孟子》题。可以看出明代前期科举较少以《大学》《中庸》命题,这种命题范围的特点形成了明代前期制义较少论述性理的特点,也与当时制义的平实文风之间有着内在的关联。永乐开始,考官开始较多地在以阐述抽象性理为内容的《大学》《中庸》里命题。三题中有两题出自《大学》《中庸》的有:永乐四年会试、永乐六年福建乡试、永乐十年会试、永乐十三年会试、永乐二十二年会试。从景泰元年开始,考官命题基本上形成了于四书中平均分布的常例,即《论语》《孟子》各一题,另一题在《大学》或《中庸》里出,而且《孟子》题一般都是在第三题。这种命题范围的变化虽然不能说直接形成制义文风,但题目究竟是相对集中于《论语》《孟子》还是相对集中于《大学》《中庸》,论题的性质与制义文风的形成显然具有内在关联。

　　四书文的题目出自四书,但其义理的标准答案则是程、朱理学,它既影响考官的命题衡文,也影响士子的制义写作。洪武十七年,命礼部颁行科举程式,四书义主朱熹《四书集注》,《诗》主朱熹《集传》,《易》主程、朱传义,《书》主蔡沈《蔡氏传》及古注疏,《春秋》主三传及胡安国、张洽传,

《礼记》主古注疏,以陈澔的《集说》为正统。张洽、蔡沈皆为朱熹门生,胡安国属二程学术谱系,陈澔为朱熹后学。永乐十二年,明成祖命胡广、杨荣、金幼孜等纂修《五经四书大全》和《性理大全》。永乐十三年,《四书大全》编成,颁行天下。于是,科举程式中所规定的古注疏至此废而不用,而以《四书大全》《五经大全》为旨归。《四书大全》所集宋儒,也多为二程或朱熹门人或后学,属于程、朱理学的学术谱系。可以说,程、朱理学奠定了明代制义的义理走向,虽然从嘉靖中后期开始,阳明心学已渗透到科举考试中,但不少心学追随者明确把科举文章与平时的理学文章分开。对待科举中的程朱注释,焦竑的态度是"时文且依他说",①袁黄的态度是:"今恐不便举业,姑依旧解。"②作为王学后学的欧阳德,一旦担任考官,所作程文仍是一遵朱注。在总体上来说,程、朱理学显然引导着四书题的论说方向。

明代每科乡、会试之后,都会形成《乡试录》《会试录》等官方文件。这些考试录除了阐明科举思想,记载考官群体、中式举人名单之外,还录入了三场程文,其目的一是作为向天子汇报本科"得人之盛",二是为天下士子立下为文程式。因为科举为天下士子所趋鹜,程文就如风向标直接引导着天下士子的文风,为四书题目的阐释提供范式。

同时,尽管考官大多恪守朱注,但不守朱注的考官同样大有人在,不同的理学观念导致考官对四书题目作出不同理解,从而使得相同的四书题目被作了不同的修辞处理,呈现出新的制义修辞理念。

科场之外的社会文化因素也影响着制义文风。尽管科举是一种由官方设立的官员选拔制度,尽管官方颁布科场条例对文章格式进行规定,尽管负责命题、衡文的考官由朝廷任命,但是,制义文风的形成和演变仍然充满着各种变数,既有政治的、经济的、经学的、文章学的影响,也有文稿刊行、文人结社的影响。

科举制度自身的求新求变意识也会改变命题的意向,而科场外面的整个文化生态将为这种新变提供思想上、审美上的武器。

---

① (明)焦竑《四书讲录》卷一,《续修四库全书》第一六二册,第5页。
② (明)袁黄《四书删正》下论。

时代的文章风尚影响着作者对四书题目的阐释方式。从万历间制义理论家的论著来看,他们提出各种各样的修辞方式,是为了适应相应的题型,但修辞方式的提出总是滞后于命题方式的出现。某种制义题型(如二句题、单句题、截搭题)刚出现时,作者们总是沿用之前的惯用作法,比如顺题挨讲,顺着题目各义项的顺序,按照朱注的解释,逐层展开论述。当传统作法显得陈旧的时候,当时代思潮产生影响的时候,人们对题型的理解也发生了变化,这种变化投射到写作修辞上,就是通过新的装饰性手段实现审美上的陌生化,从而产生新鲜感与新的美学形态。中后期的作者因各种文化思潮的迭起,从而以我驭题,改变传统的修辞方式。王国维说:"四言敝而有楚辞,楚辞敝而有五言,五言敝而有七言,古诗敝而有律绝,律绝敝而有词。盖文体通行既久,染指遂多,自成习套。豪杰之士,亦难于其中自出新意,故遁而作他体,以自解脱。一切文体所以始盛终衰者,皆由于此。故谓文学后不如前,余未敢信。但就一体论,则此说固无以易也。"①一种新文体之勃兴,自有其符合情感、思想表达的需要之处。而从变化的角度看,"通行既久,染指遂多,自成习套",文体的固化又与文学接受的陌生化特质相违背。制义也是如此,当顺题挨讲的修辞方式造成读者的审美疲劳之后,通过修辞方式的变革以实现审美上的陌生化,就成为势在必行的趋势。

　　明代中期开始,出现了制义文稿的刊刻现象,科举的成功者、名家将其平时所作制义集进行刊刻,传布海内。通过刊刻,中式者的现身说法影响了士子的作文。到了万历中后期,坊刻选本大为盛行,不仅有官方的程朱范式,也有以心学入制义或以老释入制义的时尚,形成了制义文风的多元格局。天启、崇祯间文人结社盛行,反而于官方科举之外,以社团的形式成为天下衡文的主宰者。

　　上一章我们分析了考官命题对制义文风的影响,这一章我们将会看到,在政治生态、经学流变、文章风尚面前,四书文命题将会产生怎样的变形,将会被导向怎样的"意义生成"。时代的文化思潮、经学立场和文章

---

① 王国维撰,彭玉平疏证《人间词话疏证》,第422页。

风尚会在一定程度上延伸或改变命题释义的指向,这使明代制义文风的形成与流变呈现出更加复杂的情形。

一、考官理学观念、阅卷的制度环境与四书题目的修辞策略

从制度设计的角度看,朝廷的人才选拔理念是通过考官的命题、衡文、录取等环节去实现的。

明代乡、会试的考官聘任制度一直处于变化调整之中。会试方面,洪武十八年定,会试主考官二人,由礼部奏行内阁,由内阁提名,由大学士、学士等官及詹事府、春坊、司经局官员担任。会试同考官方面,"洪武十八年,令会试主考官二员,并同考官三员,临期具奏,于翰林院官请用。其余同考官五员,于在外学官请用"。① 景泰四年开始,不用地方官和教官任同考试官。据《明英宗实录》,景泰四年九月,"礼部尚书胡濙言翰林及春坊以艺为职业,宜专其事"。② "以艺为职业",即由翰林及春坊官阅卷,能够更好地把握各科举文体的"艺"的特点。乡试方面,明初,主考官只有两京用翰林,洪武、建文间,应天府乡试具有特殊的地位,洪武三年首科乡试,应天主考官为御史中丞刘基、治书侍御史秦裕伯,同考官为翰林侍读学士詹同、国史编修宋濂等。永乐十二年起,两京乡试主考官均由钦命翰林、春坊官担任。各布政司则用教官或郡县京官之居乡者,亦有贡士儒士主考职官分考者。成化十五年,监察御史许进上言,乞各布政司亦如两京例,命翰林官主考。但成化帝以"布政司乡试自聘主司,乃祖宗旧制"为由否定了许进的提议。③ 嘉靖七年,世宗采纳大学士张璁意见,遣京官翰林部科等官,每省二人。万历十三年奏准,各省仍用京官主考,凡遇乡试之年,巡按御史奏请,礼部会同吏部,于在廷诸臣内访其学行兼优者,每省分遣二员④由京朝官主试各省乡试,至此成为定制。

当一批阁臣、翰林、詹事官成为考官的时候,他们不仅提升了人才选

---

① (明)申时行等重修《明会典》卷七七,第 1800 页。
② 《英宗睿皇帝实录》卷二三三,景泰四年九月二十二日。
③ 《宪宗纯皇帝实录》卷一九八,成化十五年十二月一日。
④ (明)申时行等重修《明会典》卷七七,第 1796 页。

拔的质量,同时也引导、塑造着天下的文风士习。宋濂(洪武四年,翰林学士)、董伦(建文二年,礼部左侍郎兼翰林学士)、杨溥(永乐四年,洗马兼翰林院编修;宣德二年,翰林学士)、杨士奇(永乐十年,左春坊左谕德兼翰林侍读;永乐十九年,左春坊大学士)、金幼孜(永乐十年,右春坊右谕德兼翰林侍讲)、黄淮(宣德八年,致仕少保兼武英殿大学士)等成为洪武至宣德间的主考官,他们同时也是明初的文章领袖,台阁体文学的创作主体。其台阁文风引导、塑造着景泰之前质朴忠厚的制义文风。龚笃清先生敏锐地捕捉到台阁体与八股文之间的深刻联系,认为台阁体之形成,是因为这些作家从小受八股文陶冶,即八股文理念影响台阁体文学创作理念。① 不过,我认为不妨倒过来理解,即理学旨趣影响着科举人物的制义观和诗文观,而科举人物日后的台阁身份不仅更直接地塑造着其台阁体诗文创作,而且随着其受命主试而将其理学旨趣和文章学旨趣向天下士子辐射。

不管是担任会试考官的阁臣,还是担任会试同考官或乡试主考官的京朝官,他们实际上都是操控明代文事话语权的人物,他们既是明代文学创作与文学理论建设的主体,也是明代制义的导航者,他们的导航机制便是命题、衡文与选编《考试录》,其结果既可以为四书题目确立写作范式,也能够改变相同命题的传统论说方式,改变相同题目下的修辞策略。

以制义修辞影响天下文风的转变和新风尚的形成,这方面最典型的例子是王锡爵。王锡爵,太仓人,嘉靖四十一年会试会元,殿试榜眼。万历五年,王锡爵以詹事掌翰林院,负责庶常馆馆课,自是馆阁文风的代表。何宗彦说:"嘉靖末季,操觚之士嘐嘐慕古,高视阔步,以词林为易与。然间读其著述,大都取西藏汲冢先秦两汉之唾余,句摹而字敩之,色泽虽肖,神理亡矣。……二十年来,前此标榜为词人者,率为后进窥破,词林中又多卓然自立,于是文章之价复归馆阁,而王文肃先生实其司南也。"② 以"操觚之士"与馆阁相对立,把王锡爵视为重建馆阁文章之价的司南。

---

① 龚笃清《中国八股文史·明代卷》,第257—260页。
② (明)何宗彦《王文肃公文章序》,(明)王锡爵《王文肃公文集》卷首,沈乃文主编《明别集丛刊》第三辑第六三册,第7—8页。

王锡爵被视为"以古文为时文"的倡导者，但在制义修辞上，他讨厌平庸而取斫削，并把这种修辞取向贯彻在会试衡文中。这种修辞取向在诗古文传统中有其存在的合理性，但在制义的特殊环境中却被视为导致"凌驾"文风的始作俑者。

王锡爵自己的文章却并非只有纡徐庄重一路。冯时可说："其为文章，穷变极化，削涤卑琐，振挈高华，有驾鸾凰捕虬豹之势，而天窍自发，神理自标，上不为古人束，下不为今人拘，所谓竖立三界，非与？"①万历元年癸酉科顺天乡试，王锡爵任主考官，他为《诗云不愆 节》题所作程文，在论述题面的遵先王之法而得保治之道之后，他在大结里说："然使三代以还，人必里居，地必井受，舞必《韶》《夏》，服必邹鲁，能以治乎？要之，谨任人，持大体，而王者躬明德于上，虽玄黄异饰，子丑殊建，不害为继述也。夫周官月令试之而不效者，岂法弊哉？故曰王道本于诚意。"②王锡爵认为，虽然守先王之法即无过，但假如三代以来，人必里居，必用井田制，舞必《韶》《夏》，服必邹鲁，则不是真正的守先王之法。关键在于谨任人，持大体，而人主能够躬明德于上，即使天下多样化，也不妨碍为三代之继述也。如果今天仍用《周官·月令》之法而无效果，则非法之弊，乃不知变通之弊也。

对于此文，后人多有不满，王世懋说此文"一味凌驾"，苏濬说此文乃是程文的变格，王衡则说："识见高，笔力高，故锋芒四出，不复可掩，而遂为后世疾行怒视者开一法门。"③所谓的"疾行怒视"，或许是指该程文的束股由于采用反问句式而呈现出来的咄咄逼人："故诗之言'不愆'也，则守法之一效也。何也？法立于先王而天理顺焉，人情宜焉。其在后世，但一润色间而画一之规模自有四达不悖者，何愆之有？诗之言'不忘'也，则守法之又一效也。何也？法立于先王而大纲举焉，万目张焉。其在后

――――――――――
① （明）冯时可《王文肃公传》，（明）王锡爵《王文肃公文集》卷五五，《明别集丛刊》第三辑第六三册，第534页。
② （明）黄洪宪、（明）陶望龄等选评《历科四书传世辉珍程文》下孟下卷，陈维昭、侯荣川主编《日本所藏稀见明清科举文献汇刊》第一辑第四册。
③ （明）杨廷枢、（明）钱禧辑评《皇明历朝四书程墨同文录》第一三册。

世,但一饰新间而精详之条理自有咸正无缺者,何忘之有?"①这种姿态与语气显然有别于先民的质直忠厚。清康熙间汪份的《庆历文读本新编》也收入此文,并对王世懋等人"一味凌驾"的论断表示异议,认为王锡爵此文写得"议论精实"。这是因为汪份所看到的王锡爵程文已经被删去了大结。

万历十四年,王锡爵以礼部尚书兼文渊阁大学士主试丙戌科会试,视陶望龄七篇制义平淡无奇而予以黜落,又以袁黄"七破七承,皆刻意求新"②而予以录取。这是明代制义史上一件标志性事件。俞长城说:"隆庆改元,去繁芜而归雅正。至于癸未,冲淡极矣。石簣乡试尚仍其旧。丙戌遇太仓,目为七作平常,有激而归,力求遒炼,己丑遂冠天下。……己丑后,尚凌驾者为俗法,尚斫削者为俗调,是皆石簣开之。然癸未之习不改,其弊亦同于此。"③太仓即王锡爵。己丑为万历十七年会试,主考官许国、王宏诲,会元陶望龄。据俞长城的说法,陶望龄本来是追随癸未的雅正冲淡文风,丙戌会试,其七作被王锡爵认为平庸而予以黜落。袁黄丙戌会试七艺求新而中式,盛称王锡爵"乃今日取士之指南,百世语文之标准也"。④ 这或许给了陶望龄以启发,陶于是力求遒炼,己丑遂冠天下。他掀起了凌驾、斫削两种制义新风尚,催生己丑之后制义风尚的新格局。

也许,陶望龄所引领的凌驾、斫削之风并非王锡爵所愿,但王锡爵的衡文和取舍,促成了陶望龄的制义转向。而陶望龄,这位心学后学的代表性人物,在此后的制义史上,遂以奇矫文风领一代之风骚。

面对四书题目,明代前期的作者大都只求"辞达而已",理明而止;但明代中后期的作者可能会认为有更合理的修辞方法,文质彬彬,辞、理相应,这才是最佳的释义方式。今人对明清八股文常有一种误解,以为八股文格律严苛、答案固定、千篇一律、一成不变。事实上,"求新"、追求理解和表达上的个性化、新奇性,这是明清制义最鲜明的特点之一。皮锡瑞

---

① (明)杨廷枢、(明)钱禧辑评《皇明历朝四书程墨同文录》第一三册。
② (明)袁黄著,黄强、徐姗姗校订《〈游艺塾文规〉正续编》,湖北第43页。
③ (清)俞长城《题陶石簣稿》,(明)陶望龄撰、李会富编校《陶望龄全集》,第1405页。
④ (明)袁黄著,黄强、徐姗姗校订《〈游艺塾文规〉正续编》,第170页。

说:"科举取士之文而用经义,则必务求新异,以歆动试官;用科举经义之法而成说经之书,则必创为新奇,以煽惑后学。经学宜述古而不宜标新;以经学文字取人,人必标新以别异于古。一代之风气成于一时之好尚,故立法不可不慎也。"①这是经学立场的表述,但也道出了制义因其制度特征而形成的"求新"本性。以举业中人的立场视之,制义求新的特性与其制度环境大有关系:

> 凡场中看文,庸庸万卷,惟求新样文章。所谓新样者,非必偏锋变格也。只词色新鲜,非千手雷同。便是文章中有习见语,如"致君泽民""遂生复性""性分所固有""职分所当为"等话,本是至精至粹语,但人人所共写,数见不鲜,拈来便少色泽。故同此意思,话头总宜新鲜。又场中所出题目,大约当行所拟,有名作在前者居多,如遇有名作,切不可蹈袭一句。凡主司出题,当下即未知有旧作,及头场开门,即着人往书店,尽取各文集,搬入内帘,逐一搜寻。如有旧作,即拈出送各房考传观。此闱中事例也。故滥写名作,主司、房官必知之,断无徼幸弋获之理。且不待抄写全篇也,即一股段内,夹写三两句,亦必摈斥矣。……又有一等至愚极拙之人,不偷其词而偷其意,通篇布局命意,步步规仿,却又不明写,自谓善于弥缝,不知既已为彼所缚,则断不能出其范围,究必至左支右绌,弊露而后已,其为不能幸售一耳。故场中遇有名作,宜力避之,须另出手眼,另立胎骨,以求驾乎其上。即不能驾其上,亦要自出机杼,我用我法。虽一二寻常词句,亦不肯蹈袭。总使彼走一路,我走一路,撒手游行,傲睨而不可羁系,此文人之能事也,有志者勉之。②

这是以传授科场秘技为能事的制义理论家的提醒,他道出了制义求新的制度环境,也说明守正循旧并非制义的本性,制义修辞追求的是话头

---

① (清)皮锡瑞撰,周予同注释《经学历史》,第200—201页。
② (清)司徒德进《举业度针》,陈维昭编校《稀见明清科举文献十五种》,第1472—1473页。

新鲜,布局命意乃至通篇立意要做到别出手眼、另立胎骨。

既然科场本性是忌雷同语,那么,求新求变就是制义文事的第一修辞原则。

二、文稿刊刻、文人结社与四书题目的修辞革命

当然,影响明代制义文风的不仅是科举制度本身,还有科举制度外围的文化生态。

明代出版业的发达为制义文稿的刊刻传播提供了条件。成、弘之际,王鏊(成化十一年乙未科会元)、钱福(弘治三年庚戌科会元)、董玘(弘治十八年己丑科会元)三人由于其在科举中的高中,其制义文稿已经广为流传。至嘉靖八年己丑科会试,唐顺之中会元,二十三年甲辰科会试,瞿景淳中会元,至此王、钱、唐、瞿并称四大家,其文稿遂为操觚家所推崇。

弘治初,坊间已有时文的板刻。弘治六年会试,同考官靳贵批李麟《易》义:"自板刻时文行,学者往往记诵,鲜以讲究为事,圣人赞易一字一辞,义各有当,岂容概以浮辞敷演成文?"①然其时之时文坊刻尚不多。至嘉靖间则有敖英、项乔评选的程墨集行于世。嘉靖末年有毘陵吴昆麓、吴江沈虹逵编选的《正脉》《玄览》刊刻行世。其后又有刘景龙的《原始》、范光父的《文记》,这些选本都是"轨范先民,本原正始"。②

《戒庵老人漫笔》的作者李诩说,他少时(约正德、嘉靖间)学举子业,坊间并未有刻时艺的风气。唐顺之于嘉靖八年己丑科会试中会元,薛应旂于嘉靖十四年中会魁,其窗稿墨卷,都仅有门人私刻,没有坊间版。制义之传播主要是以官方考试录为主流。

至万历中,时艺之传播有了巨大的空间,坊刻盛行。这使得制义写作的性质发生深刻的变化,即制义写作可以不是直接为科举而作,同样能进入社会的传播渠道。万历五年、八年两科会试,张居正许诺汤显祖以巍甲,配合其子应试,但汤显祖都拒不配合。从隆庆五年起,汤显祖连续五

---

① 《弘治六年会试录》,弘治间官刻。
② (清)钱谦益《家塾论举业杂说》,(清)钱谦益著,(清)钱曾笺注,钱仲联标校《钱牧斋全集》第六册,第1509页。

次参加会试,直到第五次(万历十一年癸未科)才以三甲第二百十一名中式。前四次均以落第告终,他在此四科上的三场文章也均未见,大概也是出于"败军之将不言勇",他自己也没有保留,他人更难得一见。隆庆四年至万历十年,十二年间他写的八股文不超过 10 篇。万历十年,为了准备十一年癸未科会试,他在此年冬天写了 60 多篇,后来结集为《汤若士稿》刊行。俞长城说:"《玉茗堂稿》以六朝之佳丽写五子之邃奥,自名一家,赠答诗文工雅秀整,可谓游于艺矣。登第以后,有所忤而出吏,忽黜忽陟,不竟其用。然而世高其节。"①汤显祖这种"六朝佳丽"的文风显然不适合于科场,他在科场上的屡次败北即是明证,但《玉茗堂稿》的印行使晚明制义有了"以六朝之佳丽写五子之邃奥"之一路,坊刻的社会传播方式为汤显祖制义写作的自由提供了空间。

启祯而后,制义家数尤多,稿本竞相刊行,也更具个人色彩。这些稿本往往是两家并称,如"章罗",指章世纯、罗文止;"金陈",指金正希、陈大士也;"钱黄",指钱禧、黄淳耀。这类稿本成为士子备考时的制义写作典范。

稿本之外,又有选本的出现。由于考生数量的猛增,按经阅卷的考官人数也相应增加,万历十四年,乃有十八房之制,十八位房考官的文章旨趣与衡文标准直接影响了举子的命运。于是,揣摩房考官的文章旨趣就成为应试士子必做的一道功课。书商捕捉到了这样的商机,于是便有万历二十年十八房考官制义集《钩玄录》一书的刊行。传统诗文批评中的评点形式也被王士骐用到了他所选辑的程墨集上。制义评点的出现,无疑是在考官标准之外确立新的标准。万历四十三年以后,坊刻时文的品类开始丰富起来,大致有四种:程墨(三场主司及士子之时文)、房稿(新科进士平日所作之时文)、行卷(举人之作)、社稿(诸生会课之作)。"至一科房稿之刻有数百部,皆出于苏、杭,而中原北方之贾人市买以去。天下之人惟知此物可以取科名,享富贵,此之谓学问,此之谓士人,而他书一切不观。"②尽管坊刻在尽力揣摩、捕捉、贴近考官的旨趣与衡文标准,但

---

① (清)俞长城《题汤若士稿》,俞长城《可仪堂百二十家制义》第二二册。
② (清)顾炎武撰,(清)黄汝成集释,栾保群校注《日知录集释》,第 949 页。

选家、评家毕竟不是考官,他们建构了一个与科场相呼应,但又毕竟外在于科场的坊间立场,这种坊间立场将或多或少导致考官命题边界的延伸与变异。

在坊刻的时文中,文稿类与程墨选本在文章理念上有不同的偏重。明清时期的制义论家曾提出制义文有"寿世"之文与"荣世"(或叫"名世")之文的不同。稿本为文士平时的制义之作,相对偏离于科举环境,其写作的目的是"寿世",是为了写出有永久生命力的理学文章。于是,镕铸经史、汇通百家、透析义理就成为制义写作的致力点。选本则不同,其编选的目的往往是为应试者立法程,目的是为了"荣世",历科考官的程文和中式者的墨卷成为典范。稿本主于寿世,而流于沽名。选本始于法程,而流于射利。嘉靖二十九年庚戌科会元傅夏器曾说:"文章不拘奇正,只要英发出色,圆满光亮,始能于千万人中夺人心目。否则庸庸腐腐未有不摈弃者也。"①强调的是制义写作要夺考官之心目。万历二十九年辛丑科会试榜眼王衡说:"应制科有利、钝二途:凡文之蓬蓬勃勃,如釜上气者,利之途也;掩掩抑抑,如窗隙风者,钝之途也。鲜鲜润润,如丛花带雨者,利之途也;孑孑直直,如孤干擎风者,钝之途也。活活泼泼,如游鱼飞鸟者,利之途也;悉悉率率如虫行蚁息者,钝之途也。如物在口,探之即得者,利之途也;结塞胸中,若呕若吐者,钝之途也。如鼎在世,古色驳荦者,利之途也;如铁在水,黯然沉碧者,钝之途也。"②清代的司徒德进说:"人所以学作高古文字,多因每科乡会墨中,必有一二卷,以高古简澹中元中魁。好高者遂据高古为可学,不知主司于此等止拔取一二,以示高识,无论效颦见丑,即使实有可观,而以高古获售者万得一二,以绚烂取中者十居八九。揣摩贵操券,切莫希冀于不可必得之数。"③这些说法显然是出于"荣世"的目的。

"荣世"的说法不免过于庸俗、功利,但它是出于对科场自身规律的重视。汤宾尹说:"制义以来,能创为奇者,义仍一人而已。吾尝箧义仍

---

① (清)朱锦《墨谱》,陈维昭编校《稀见明清科举文献十五种》,第1379页。
② (清)朱锦《墨谱》,陈维昭编校《稀见明清科举文献十五种》,第1382页。
③ (清)司徒德进《举业度针》,陈维昭编校《稀见明清科举文献十五种》,第1476页。

曰:'公制举文不可无一,古文词不能有二。'然闻义仍课子,但取天下之至平如我辈者,而转自讳其奇也。"①为什么汤显祖自创制义与课子的制义大异其趣,因为课子者意在荣世。清代康、雍间理学家陆陇其,其《松堂讲义》《四书讲义困勉录》都是理学的名著,但他仍为其子编选、评点了明代制义范文《一隅集》。明清制义家关于"寿世""荣世"之论,至少提醒我们,文章写作的本质,不仅仅是阐明义理,不仅仅是雅正典实,它还要重视制义的闭卷考试形式,重视考官阅卷的现场性。

由于家刻的出现、坊刻的盛行,制义写作可以有"寿世"与"荣世"的不同写作目的,它们都可以获得相应的社会传播渠道,这也使得相同的四书题目不局限于一种修辞形态。一些制义文可以不在科举规定的条件下写作,可以不受时间、字数的限制,在义理阐释与文章修辞上可以不受"有司"的掣肘,可以按作者对经义文的理解去写作。正因为如此,才有归有光的"以古文为时文",才有汤显祖制义的"以六朝之佳丽,写五子之邃奥,自名一家"。② 金声的《民到于今称之》题文共1 035字,正所谓"闲中走笔,不必为应试之文也"。③

坊刻之外,民间文社的风行,构建了制义的新型的、相对独立于科场的传播空间。

天、崇间文社风行,据陆世仪《复社纪略》卷一:"吴江令楚人熊鱼山先生讳开元,以文章经术为治,知人下士,慕天如名,迎至邑馆;巨室吴氏、沈氏诸弟子俱从之授学。天如于是为尹山大会,苕霅之间,诸名彦毕至。未几,臭味翕集,远自楚之蕲黄,豫之梁宋,上江之宣城、宁国,浙东之山阴、四明,轮蹄日至。比年而后,秦、晋、闽、广多有以文邮致者。是时,江北匡社、中州端社、松江几社、莱阳邑社、浙东超社、浙西庄社、黄州质社与江南应社,各分坛坫,莫相统一。天如乃合诸社为一,而为之立规条,定程课。曰:'自世教衰,士子不通经术,但剽耳绘目,几幸弋获于有司。登明堂不能致君,长郡邑不知泽民,人材日下,吏治日偷,皆由于此。溥不度

---

① (明)汤宾尹《睡庵稿》卷四,万历刻本。
② (清)俞长城《可仪堂一百二十名家制义·汤若士稿》卷首评语。
③ (清)钱振伦《制义卮言》,陈维昭编校《稀见明清科举文献十五种》,第1560页。

德,不量力,期与四方多士共兴复古学,将使异日者务为有用。'因名曰复社。"①集社较艺、以文会友,为时艺的传播提供了一个巨大的空间。虽然会课的目的是为了科举,但课艺的施展却可以相对游离于科场条例,比如字数,明初规定四书义每道二百字以上,经义每道三百字以上。化、治文不过四五百字,正嘉文至五六百字。隆庆元年,令场中经书义每篇止许五百字以上、六百字以下,过六百字者即系违式。天启、崇祯渐开巨制,像金正希的《民到于今称之》《象不得有为于其国》诸作,洋洋千余言,这显然只有在平时文社的会课环境才有可能。吴中同声社领袖孙承恩好以骈体为经义,同社多效其体为文,风气遂为之一变。入清后,所选顺治丁亥房书《了闲》,六朝丽语者皆入选,风行海内。如该集首篇《学而时习之　全章》,其起讲是:"且自芸吹缬古之香,杜陨求声之草,桂残招隐之花。"②把宋儒"作文害道"的遗训忘得一干二净。

由于社团形式的出现,制义流派也各具个性。郑灏若这样描述社稿刊刻与文风流变之间的关系:"天如(张溥)、介生(周钟)有复社《国表》之刻,彝仲(夏允彝)、卧子(陈子龙)有几社《会义》之刻。《国表》一编,意主广大,尽合海内名流,其书盛行,即戊辰房稿莫之与媲,因有二集之刻。《会义》则主简严,止于六子(杜麟征、夏允彝、周立勋、徐孚远、彭宾、陈子龙),故未能风行。先是,周、徐已有《古今业》书,因其利于小试,已为松江首推。及庚午榜发,彭、陈获隽,《会义》遂不胫而走,由二集以至七集,声应气求,竟与复社并峙。然其脍炙人口终不若金沙《名山业》也。……维时陈百史(名夏)有《五十大家》之刻,一时鸿文巨制,囊括无遗,不惟示后学以先型,亦足以传诸人于不朽。至如艾选(千子)、钱选(吉士),尤为风动一时。艾与徐方广(思旷)选《定待》一编,比户弦诵。钱与杨维斗(廷枢)选《同文》一录,海宇响风,则转移风气不诚赖此耶?"③社稿的刊行,不仅传播士子制义,而且由于文社领袖大都是会试或乡试的获隽者,而文社领袖的地位,使得文社衡定之文具有一定的权威

---

① (清)陆世仪《复社纪略》卷一,《续修四库全书》第四三八册,第485页。
② (清)王应奎撰,王彬、严英俊点校《柳南随笔·续笔》卷二,第34—35页。
③ (清)郑灏若《四书文源流考》,(清)阮元辑《学海堂集》卷八。

性,"非名下士,无过而问者"。天下士子,以入社为依归,而无形之中,使得文社成为乡、会试考官之外的另一个衡文机制。清初叶梦珠把明末文社盛行视为明代文风世运衰落的标志性现象。他说:

> 启、祯之际,社稿盛行,主持文社者:江右则有艾东乡南英……皆望隆海内,名冠词坛,公卿大夫为之折节缔交,后生一经品题,便作佳士。一时文章,大都骋才华,矜识见,议论以新辟为奇,文词以曲丽为美。当好尚之始,原本经传,发前人之所未发耳。逮其后,子史佛经,尽入圣贤口吻;稗官野乘,悉为制义新编。六经四子,任意论解,周、程、朱注,束之高阁。朝庭亦厌其习,严饬学臣厘正,故于试卷面页,必注恪遵明旨,引庄、列杂书,文体怪诞者不录。……迨甲申、乙酉之际,愈趋愈甚,儒生学问,必讲入帝王事功,以为冠裳佩玉也。理义精微,而必援引古今散事,以为宏词博洽也。集古文之事以成句,不以为生涩而以为新。取后世之事以实经,不以为粗陈而以为警。文体大坏,而国运亦随之矣。①

在文社大兴之前,引导天下文风的是乡、会试的程文墨卷。启、祯时期的文社大兴,社稿盛行,使得文社领袖们成为海内名望所归。"公卿大夫为之折节缔交,后生一经品题,便作佳士。"文社成为科举之外的另一个衡文机制。于是,社稿的风尚就成为天下文章的风尚。

把这个衡义机制视为晚明文坛的权力下移,显然过于简单化。文社与主流价值体系之间有着密切的关系,像张溥、艾南英等人的文章观更能体现官方的科举理念和文章理念。而另一方面,文社毕竟是民间文人社团,其论文较艺可以离开科场的规定条例之外,因而社稿在文章格式与价值取向上就可以不为科举条例所拘箝。因而出现了"子史佛经,尽入圣贤口吻;稗官野乘,悉为制义新编。六经四子,任意论解,周、程、朱注,束之高阁"的情形。正是在这样一种文社环境中,才会出现项煜、刘岩等人的

---

① (清)叶梦珠《阅世编》卷八,第183页。

以子书入制义,所谓"簸弄题字,其源出于项水心,而托于庄列;迭句连排,其源出于刘大山(岩),而托于韩非。"①在文体格式和修辞方式都有相对的自由度,这样的文风又会被带到乡、会试的考场中,由此引起制义文风的新变。天启五年乙丑科会试,房考官在凌义渠《尊先王之　有也》题墨卷后评曰:"近日文字多豪杰气,少圣贤气,此俱是圣贤中正之论,不落豪杰经济,故佳。"②当时的这种"多豪杰气,少圣贤气"正是以子书入制义之后所呈现出来的文风。

文社的盛行显然不利于中央集权,当然也不利于制义的"一学术""一道德",至清初便有文社之禁。清顺治十七年,给事中樇雍建言:"今之妄立社名纠集盟誓者,所在多有,而江南之苏州、松江,浙江之杭、嘉、湖为尤甚。其始由于好名,因之植党。请饬学臣严禁,不得妄立社名,投刺往来,亦不许用'同社''同盟'字样。"③得旨,严行禁止。

第三节　命题的现实意向与制义大结

作为一种经义文体,明代制义并非如方苞所说的仅仅要求士子"恪遵传注,体会语气,谨守绳墨,尺寸不逾",④它还要求士子在体认圣贤义理之后各抒己见,这个要求就体现在明代制义文体的一个独特的设计上:在小结之后设计一个大结,让士子独抒己见。中国传统诗学和文章学历来重视诗文的首尾呼应,有起必有结。其文本结构的观念是建立在一种生命化观念的基础上的,它把文本结构理解为一种有着内在有机关联的生命体,文本结构由首、身、尾组成,各部分处于有机关联之中,"文章要宛转回复,首尾俱应,如常山蛇势",⑤由此产生了诗学中的"起、承、转、合"结构观念和文章学中的"起结"结构观念。吕祖谦说:"作论要首尾相应,

---

① (清)钱振伦《制义卮言》,陈维昭编校《稀见明清科举文献十五种》,第1549页。
② (明)杨廷枢、(明)钱禧辑评《皇明历朝四书程墨同文录》第一四册。
③ (清)蒋良骐撰,林树惠、傅贵九校点《东华录》卷八,第131页。
④ (清)方苞《钦定四书文·凡例》,(清)方苞编,王同舟、李澜校注《钦定四书文校注》,第1页。
⑤ (宋)陈善《扪虱新话》卷二,第64页。

及过处有血脉。"①一篇文章就是一个生命,每个部分都处于有机生命之中,故首尾呼应是一个基本观念。结语,是任何文本不可或缺的结构组成部分。大结则是明代制义在结构上的一个特别的设计,它在全文基础上的别出峰峦,或断制史事,或直指时务。这个直抒己见的大结的篇幅也越来越长。李光地说:"洪、永、成、弘间,先辈大结,其长几与八股垺,于道理却合。述圣贤说话,不过数言可了,正须以我意论断耳。如今之描画口角以求拟肖,圣贤肯为之哉?我所以欲变经义,意正如此。"②顾炎武说:"篇末敷演圣人言毕,自摅所见,或数十字,或百余字,谓之大结。……至万历中,大结止三四句。"③顾炎武所说的"至万历中,大结止三四句",并非万历八股文大结的全部现实,事实上,万历、天启、崇祯间的很多八股文,比如冯梦祯的《子贡问曰 三节》题文、赵南星的《众恶之必察焉 二句》题文、陆庆衍的《问子西》题文等,其大结都不止三四句,仍是数十字、百余字。一定的文字长度给"自抒己见"留足了空间。而且,在表达形式上,大结拥有很大的自由度,可以说是形式多样自由。汤宾尹说:"凡文中讲语,皆体贴圣贤口气代讲。若大结,又于小结外重重关锁,发自己识见议论,评断一番,使有归结,固不可丢题浪说,亦不可在题中缠扰,只是凌空驾驭,转折变化方是。但结体不一,有题内生意结者,有题外生意结者,有就题感慨结者,有援引经传结者,有考据人物结者,有题外譬喻结者,有就题反振者,有褒而贬、贬而褒结者,大都皆进一步。词贵苍古,最忌嫩;意贵高卓,最忌庸。说者谓大结,如人家之水口,要有关阑险塞,信乎!嗟夫,虽然,大抵仍要看意下字,此文家第九关也。"④

即使考官命题不一定有明确的现实指向,考生也不妨在大结中自抒己见。可以说,大结是对考官命题的延伸、聚焦,甚至是提升、转移。比如唐顺之的《郑人使子 一节》题文,此题取自《孟子·离娄下》第二十四章第二节,此章首节说,逢蒙学射于羿,尽羿之射技,心想天下惟羿之射技胜

---

① (宋)魏天应编选《诸先辈论行文法》,王水照编《历代文话》第一册,第 1077 页。
② (清)李光地著,陈祖武点校《榕村语录·榕村续语录》,第 877 页。
③ (清)顾炎武撰,(清)黄汝成集释,栾保群校注《日知录集释》,第 964 页。
④ (明)汤宾尹《汤睡庵太史论定一见能文》卷三,陈广宏、龚宗杰编校《稀见明人文话二十种》,第 1049—1050 页。

于己,便把羿杀了。孟子说羿是有过错的,然后便讲了郑人使子濯孺子侵卫的事情。子濯孺子是郑国最善射者,庾公之斯是卫国最善射者,时子濯孺子有疾,不能执弓,以为必死无疑。但当他听说卫国派来追他的是庾公之斯时,他庆幸地说,我不会死了,因为庾公之斯的射箭老师尹公之他正是子濯孺子的学生,而尹公之他是个正人君子,他的学生必定也是正人君子。果然,庾公之斯最后是抽去箭头射了子濯孺子四箭。抽去箭头,是还师公之恩;射了四箭,是完成君主的使命。

这件事一直是存在争议的,为什么逢蒙杀羿会受到谴责,而庾公之斯不杀子濯孺子却受到肯定?朱熹说,羿本为篡弑之贼,不能相提并论。而庾斯虽全私恩,却是有废公义。朱熹强调,孟子讲这件事,是要表达取友择交的重要。东阳许氏说:"羿不能取友而杀身,孺子能择交而免祸。"① 程颐却说:"孺子事,孟子只取其不背师耳。"② 程颐、朱熹都在强调,孟子讲这个故事的目的只是要突显择友或尊师的重要性。但是,从庾公之斯的角度看,这件事却是一件私恩与公义难以两全的问题,程颐说:"若国之安危,在此一举,则杀之可也。舍之而无害于国,权轻重可也。"③ 这显然不是孟子的本意,也很可能不会是庾公之斯的选择。唐顺之在大结中直面这个问题,他说,庾斯之所以最终能在私恩与公义之间取得两全,是因为孺子有疾。他提出一个假设:倘若当时孺子无疾,那么,对于庾斯来说,要不要与师公生死一战?此时的庾公能这么说吗:因为他是我师公,我就应该让他在我们卫国的土地上横行而不与之对抗。倘若如此,卫国就危险了。庾斯只有一个选择:要么屈恩以伸义,要么屈义以伸恩。这样的大结,对于题目来说,显然是一种转移、提升和尖锐化。大结的结构设置,为题目的扩展、延伸乃至变异提供了空间。

与一般的文章结语相比,与论、表、判、策等科举文体的结语相比,明、

---

① (明)胡广、(明)杨荣、(明)金幼孜纂修,周群、王玉琴校注《四书大全校注》,第937页。
② (明)胡广、(明)杨荣、(明)金幼孜纂修,周群、王玉琴校注《四书大全校注》,第937页。
③ (明)胡广、(明)杨荣、(明)金幼孜纂修,周群、王玉琴校注《四书大全校注》,第937页。

清制义的大结具有特殊性,它被制度的设计者赋予了特殊的政治使命。在使用的过程中,又因为各种思想文化思潮的影响,制义大结散发着特定时期的政治文化、思想文化的气息。康熙十六年禁用大结,是专制主义政治文化的产物,清代中晚期八股文走向末路,成为僵死文体,这与禁用大结等官方功令有直接关系。

一、宋元经义文的结语

古代文论家对于各种文体的结语都会予以重视,文章虽已结束,但应给读者留下深刻印象。杜甫有诗句曰:"意惬关飞动,篇终接混茫。"①对"篇终"予以特别的用心。从宋代科举开始以论体考核士子的经学知识以来,结语就是科举文论家重点论述的对象。陈良傅论"结尾":"结尾正论关锁之地,尤要造语精密,遣文顺快。盖精密,则有文外之意,使人读之而愈不穷;顺快,则见才力不乏,使人读之而有余味。凡为论,未举笔之前,而一篇之规模已备于胸中;凡结尾,当如反复如何议论已寓深意于论首。故 论之意,首尾贯穿,无间断处,文有余而意不尽。若至讲后而始思量结尾,则意穷而复求意,必无是理。纵求得新意,亦必不复浑全矣。"②不管何种文体,结尾总是作者苦心经营之处。

至于首场的经义文,熙宁四年,宋神宗用王安石议:"罢明经及诸科,进士罢诗赋……中书撰大义式颁行。"③至此,"大义"之文体始定。元代倪士毅说,宋代经义,其文篇幅甚长,有固定格律:"首有破题,破题之下有接题(接题第一接或二三句,或四句。下反接,亦有正说而不反说者),有小讲(小讲后有引入题语,有小讲上段,上段毕,有过段语,然后有下段),有缴结,以上谓之冒子。然后入官题,官题之下有原题(原题有起语,应语,结语,然后有正段,或又有反段,次有结缴),有大讲(有上段,有过段,有下段),有余意(亦曰从讲),有原经,有结尾。"④这就是宋大义的基本

---

① (唐)杜甫《寄彭州高三十五使君适虢州岑二十七长史参三十韵》,萧涤非主编《杜甫全集校注》卷六,第 1630 页。
② (宋)魏天应编选《诸先辈论行文法》,王水照编《历代文话》第一册,第 1084 页。
③ 刘琳等校点《宋会要辑稿》第九册,第 5307 页。
④ (元)倪士毅《作义要诀自序》,王水照编《历代文话》第二册,第 1498 页。

定式。在这个定式中,结尾则是不可或缺的文体构件。

不论是宋代的论体,还是大义,都强调对于经义不能停留在记诵的水平,而应该做到对经典能融会贯通,能有个人见解。钱基博说:"……命中书撰大义式颁行,王安石奋笔为之,存文十篇;或谨严峭劲,附题诠释;或震荡排奡,独抒己见。一则时文之祖也,一则古文之遗也。眉山苏氏父子,亦出其古文之余,以与安石抗手。然皆独攄伟论,不沾沾于代古人语气;其代古人语气者,自南宋杨万里始。此则《四书》文所由昉也。"①钱基博指出,"独抒己见""独攄伟论"是宋大义这一文体的本质特征。大义"独抒己见"的文体特征正是宋代文人积极参政、议政的政治情怀的体现。

自汉武帝"五经取士"制度建立以来,通过选举的形式,促使士子领悟、认同儒家经典,以实现其治国目的,这样一种收编策略一直贯彻在后世的选举制度中。但是,由于时代和个体的不同,对儒家经典的理解、解释便存在着差异性,这种差异性有时会出现"以己意言经"的倾向,北宋刘敞著《七经小传》,陈振孙《直斋书录解题》在著录这部书时说:"前世经学大抵祖述注疏,其以己意言经,著书行世,自敞倡之。"②这种倾向不管是出于时代或个体特点的限定而下意识地表现出来,还是出于"六经注我"的异端思想的表达策略,对于儒家经典来说,都是一种延伸、扩容甚至是颠覆。因而自汉代的古文经学以来,注疏成为保证解经准确性的关键。唐代至宋初科举中的明经科采用帖经、墨义的形式,仅考核士子对经典的记诵能力。然而止步于注疏,则显然忽略了经学的主体能动性。如何既能摆脱帖经、墨义的"徒事记诵",又不会走向刘敞的"以己意言经"的师心自用,这对于科举制度的设计者来说,是一个首要而又棘手的问题。

王安石科举改革以来的经义科考试,旨在超越以往帖经、墨义那种"徒事记诵"的考试理念,通过问答题的形式,激发考生对经典的融会贯通、活学活用的能力,因而,从义理的角度,经义文包括两部分,一是准确理解经典,二是自攄己见。即合格的考生不仅要准确会通经典,而且能够

---

① 钱基博《明代文学》,第 106 页。
② (宋)陈振孙《直斋书录解题》,第 83 页。

对经典作出自己独到的感悟,写出自己独特的认知经验。王葆心说:"宋经义惟荆公文体有二:一谨严峭劲,附题诠释;一震荡排奡,独抒己见。"①可说是抓住了王安石经义文理念的关键。

元代科举中经义文体格式有别于前人之处在于,它把"独抒己见"的功能交给了四书文的结语。唐、宋两朝的取士科目众多,只不过进士科因占有十分突出的地位而给后世留下深刻印象。元代开始,取士科目只有进士一科,即所谓"有科无目",这一取士的独木桥设计与元代政治体制上的专制制度是相呼应的。不过在这个"有科无目"的独木桥制度下,元代科举还是给四书文留下了"独抒己见"的空间。在元代的贡举三场试士程序中,四书疑文体有一个特别的要求:"用朱氏章句集注,复以己意结之,限三百字以上。"②这是对王安石"独抒己见"的继承。当然,这种"独抒己见"不可能是随心所欲的自由表达,而是让考生在认同儒家义理的前提下写出对儒家经典的独特体会和认知。

在结语中陈述己意,这在传统的文章修辞中由来已久,通过陈述己意,将传统与当代相关联,使文章在一个新的高度中提升。唐代白居易在其《新乐府序》中说,其乐府"首句标其目,卒章显其志,《诗》三百之义也",③正是出于这样一种文章修辞学上的考虑。元代科举在经义文体中特别强调"以己意结之",这具有特殊的意义。王葆心说,元代经义文的文体有固定的规矩。"其法前有破题……末幅引申本题经文全旨,或证以他经及实事作结。"④所谓末幅或者引申本题经文全旨,或证以他经及实事作结,其宗旨仍然是以结题部分的主要功能为陈述己意或证以他经及实事。这种文体规定在明代更为精致化,即在结语(小结)的后面再加一个大结,专门承载起自抒己见的职能。

二、明代制义的入口气与大结

如何使每一个士子对儒家义理的认同不是出于外在压力的强制,而

---

① (清)王葆心《经义策论要法》,余祖坤编《历代文话续编》中册,第1128页。
② 《元史》卷八一《选举一》,第2019页。
③ (唐)白居易撰,朱金城笺注《白居易集笺校》,第136页。
④ (清)王葆心《经义策论要法》,余祖坤编《历代文话续编》中册,第1138页。

是发自内心,由里而外,使儒家义理成为士子固有的思想,这是明代科举制度设计者所忧心思虑的,于是便有了"入口气"的文体规定,其目的是使士子通过这一文体训练去达成与圣人精神的沟通。清代刘大櫆说:"立乎千百载之下,追古圣之心思于千百载之上而从之。圣人愉,则吾亦与之为愉焉;圣人戚,则吾亦与之为戚焉;圣人之所窈然而深怀、翛然而远志者,则吾亦与之窈然而深怀,翛然而远志焉。如闻其声,如见其形,来如风雨,动中规矩。"①在长期的"入口气"训练中,使士子对儒家经典的理解走向内化,走向深刻。于是在文体上,入口气与大结之间产生了一种特别的关系,这是它与传统诗文"卒章显其志"不同的地方。

经义文的设计本来就是为了防止士子对儒家经典只知死记硬背,激发士子深入理解经典的义理,故经义文在文体上必须有让考生抒发己见的部分。但明代制义自起讲至排偶部分要入圣贤口气,不能把己见安在圣贤口中,"自抒己见"的职能便由大结去承担,故大结与起讲、排偶两部分就各有自己的文体功能。入口气部分要准确体会、表达圣贤的意旨,大结部分则要表达自己的独特认知。这两部分相辅相成、相得益彰。左培说:"文至大结,时文中古文也。文已说尽,又自我评断一番,使有归结,须凌空驾驭,死中求活,有断制而调古,方是家数。"②清代陆陇其说得更加具体:"八股之体,中间皆代圣贤口气,而前之破承,后之大结,则作文自己口气。盖中间虽与论体不同,而两头则仍是论体。故先正之文,往往于大结中发出精论,以补圣贤口气所不及,此必不可少者也。后来渐失其初,口气之内即旁及他意。至于大结更无可发,只敷衍几句套语。阅者遂视为赘物,士子不复讲究。"③这些"渐失其初"的后学显然是混淆了口气之内与大结的不同功能。万历丁丑会试四书题《子贡问曰何如斯可谓之士矣 三节》,以孔子论士的三种境界为题。主考官张四维所作程文也相应地在入口气部分以"天下士""一节士""一乡士"分三节展开论述。虽然

---

① (清)刘大櫆著,吴孟复标点《刘大櫆集》,第94页。
② (明)左培《书文式·文式》卷下,王水照编《历代文话》第三册,第3173页。
③ (清)陆陇其《当湖陆先生评先正制义一隅集》,陈维昭编校《稀见明清科举文献十五种》,第927—928页。

三节之意也与孔子之意相合,但当时的论者认为,孔门弟子并未如此分类,把这层意思放在入口气部分,显然不合适,故张四维的程文被认为有斧凿痕迹。会元冯梦祯的墨卷也以自己的体会概括、升华圣人之意:"抑尝因士品而论之,其上焉者,通士也,次者,国士也,又其次者,亦不失为独行之士也,士有此三者,可以表于世,而立于士君子之林矣。"①意思上与张四维的程文相同,但因为冯梦祯把这段话作为全文的大结,便显得断制响朗而文体合理。清代钱振伦说大结中引用史事,是文章写作规律的自然延伸,他说:"前人词有未达,多于大结引史证之。天、崇以后,则文中暗用史事,又题有经无左证,必用史而始明者,此皆根柢既深,无心流露也。"②比起破、承、起讲、分股,大结拥有纵论古今的特权。

由主体部分的"入口气"与大结的"自抒己见"构成文章的主体构架,这是明代制义的首创。对于明代制义大结的格式要求,顾炎武说:"篇末敷演圣人言毕,自摅所见,或数十字,或百余字,谓之大结。明初之制,可及本朝时事。以后功令益密,恐有借以自炫者,但许言前代,不及本朝。"③顾炎武指出,大结的发议论并非泛泛而发,而是古今贯通,以史为鉴,于是大结便有一个纵论古今"以补圣贤口气所不及"的问题。既可能出现融通经典、透视古今的大结,也可能出现非议当朝、影射时事的大结(当然,后者已经不是文体设计者的初衷)。

明末陈龙正把大结的功能归结为两种:一是翻案,二是表微。文以题为案,文于大结处,别出新意,一反庸常之论,此为翻案。题有正解而众昧者,可于大结中彰而显之,此为表微。④ 实际上,明代制义大结的内容极其丰富,形态极其多样。明末吕五音、夏锡畴论及论体的大结时说:"论大结不一,要与文大结不远。有推广者,有引证者,有推高一层意者,有作勉人意者,有探本意者,有因此论彼者,有引经传证者,有影题说意者,有微抑而又扬者,有全褒而全贬者,有先褒后贬者,有前贬后褒者,有因事论

---

① (清)陆陇其《当湖陆先生评先正制义一隅集》,陈维昭编校《稀见明清科举文献十五种》,第956页。
② (清)钱振伦《制义卮言》,陈维昭编校《稀见明清科举文献十五种》,第1566页。
③ (清)顾炎武撰,(清)黄汝成集释,栾保群校注《日知录集释》,第964页。
④ (明)陈龙正《几亭外书》卷七,沈乃文主编《明别集丛刊》第五辑第四四册,第702页。

行者,有因古慨今者。又结止二三行者,亦有无大结者。惟百尺竿头、更进一步,始得。"①指出论体与制义大结一样,都是作法多样。

正是由于大结具有翻案、表微的功能,使用推广、引证之法,它在实质上已经延伸或改变了命题的意向。万历二年甲戌科会试题《用下敬上一节》,取自《孟子·万章下》第三章最后一节。这一章是孟子在回答万章关于交友原则的问题。题目虽是"用下敬上"与"用上敬下"并论,但其实重在君对臣应有的态度,即"用上敬下,谓之尊贤",故孟子一开始就说"不挟长,不挟贵,不挟兄弟而友"(不倚仗年纪大,不倚仗地位高,不倚仗兄弟的富贵而交友)。主考官吕调阳的程文将"用下敬上"与"用上敬下"并论,只于结语说上一句:"而君人者自处于可敬之地,毋亦慎所以敬人哉!"②王世懋指出:"此题偏重'敬下'。"③但他赞赏吕调阳这种行文方式:"只末后着一语周旋,何等大雅!"④

《传世辉珍》未选此文及孙鑛文,《程墨清商》则两文都选了,且都有大结。此文大结是:

> 噫!甚矣!交之不可挟也!挟则相胜之迹形,而相成之道乖。相成则贤者亦尊,贵者亦贤,而明良之道合;相胜则位与德各有所负,而上下卒至于不交。呜呼!道德之降污、治化之盛衰胥系之。友道可废而不讲与?

孙鑛的墨卷也是将"用下敬上"与"用上敬下"并论,王士骐认为此文"不轩轻上下,不挑剔'义'字,是最高处"。⑤但此文并论中已有所侧重:"人臣之显盛名者莫不有圣智之君为之主焉,其仰赖于君者固重也;人君之树嘉猷者莫不有贤明之臣为之友焉,其下求于臣者亦厚也。"⑥张鼐看

---

① (明)吕五音、(明)夏锡畴纂辑《举业瑶函》,陈维昭编校《稀见明清科举文献十五种》,第560—561页。
② (明)杨廷枢、(明)钱禧辑评《皇明历朝四书程墨同文录》第一三册。
③ (明)杨廷枢、(明)钱禧辑评《皇明历朝四书程墨同文录》第一三册。
④ (明)杨廷枢、(明)钱禧辑评《皇明历朝四书程墨同文录》第一三册。
⑤ (明)杨廷枢、(明)钱禧辑评《皇明历朝四书程墨同文录》第一三册。
⑥ (明)杨廷枢、(明)钱禧辑评《皇明历朝四书程墨同文录》第一三册。

得更加细致准确:"上下还他并对,而曰'固'曰'亦',只从虚字旋转,此等便是作轻重题法。"①题面上"用下敬上"与"用上敬下"并列,题意上是重"用上敬下",王世懋与张鼐的看法是一致的。孙鑛也如此,其文之大结充分表现了这一点(《皇明历朝四书程墨同文录》已删去吕调阳程文和孙鑛墨卷的大结):

> 嗟夫!世道一降,君日亢,臣日卑,求其能用谔谔之臣者鲜矣,况友士乎?然战国之时,士或頡頏而取世资,君或拥篲而为士重,欢然相接以礼,宁有间哉?及图政任权,谗疑遂生,何向者爱慕之诚,后致用之乖也?岂非相抗哉?名誉虽高,礼遇虽盛,所由殆与唐虞尧舜异矣。②

这个大结,以双起侧收的手法把一道两截题处理成"轻重题",把题目的君臣之道转移到"君道"上来。宋代"君臣共治天下"的政治体制在元、明两代已转变为"君日亢,臣日卑"的趋势,明朝甚至出现廷杖的侮辱性制度。在这种情况下,孙鑛的双起侧收、偏提君道是有其时代意义的。

三、明代制义大结的政治文化指向

"自抒己见"的大结功能设置使得明代制义文本呈现为一种开放式的结构状态。大结向着历史文化、现实政治乃至各种文化思潮敞开,制义作者的历史认知与现实政治意识有多深多远,大结的触角就可以有多深多远。从李廷机所选《科甲文式》来看,乡、会试中的会元、解元、经魁,其墨卷之所以优秀,不仅主体部分出类拔萃,其大结同样是力超庸肤,别出境界,"或引古证今,或写情描景,或翻题立说,或相题立论,难以指数。虽然,翻空易巧,按实难奇。若元之结,必竟无中生有,虚里现象,使看者捉摸不得,又使看者厌倦不得。魁之结,容有拾人残馥者,然一翻议论,必能

---

① (明)杨廷枢、(明)钱禧辑评《皇明历朝四书程墨同文录》第一三册。
② (明)张榜选《新刻张先生批选四书程墨清商》卷一,陈维昭、侯荣川主编《日本所藏稀见明清科举文献汇刊》第一辑第九册。

惊人"。①

　　大结的言外指向,既与题目相关,也与作者的现实关注有关。弘治壬子应天乡试有《邦有道危言危行》题,取自《论语·宪问》第四章,该章包括两分句:"子曰:'邦有道,危言危行;邦无道,危行言孙。'"②朱熹注引尹氏曰:"君子之持身不可变也,至于言则有时而不敢尽,以避祸也。然则为国者使士言孙,岂不殆哉?"③后一分句是指君子于无道之邦,则行为高峻但言语谦卑,意在避祸。题目仅取上一分句,故主考官王鏊所作程文仅就"邦有道危言危行"展开议论,然文意未足,于是在大结中把后一分句引进来作进一步论述:"虽然,君子之言行,非有意于危。自卑者视之,见其危也。然言有时而孙,何哉?盖行无时而变,持身之道也。言有时而孙,保身之道也。士而至于保身,岂盛世之所宜有哉?古人有言:'愿为良臣,无为忠臣。'人臣爱君之心,类如此矣。"④愿为盛世之良臣,不愿为乱世之忠臣;"有时而孙",这不是这个盛世所应有的。大结既补足题意,又推当世为盛世,这也正是科举文章应有的品格。

　　当题目涉及"君道"时,大结就成为一个极其敏感的区域。朱厚熜以武宗堂弟身份继承皇位,为世宗皇帝,在处理大礼议等一系列重大事件的过程中,世宗与大臣之间的关系处于极度紧张之中,对大臣的猜疑尤为严重。沈德符说:"世宗朝,章奏触忌者,例得重谴。全中年,而乡会试录尤多讳忌。"⑤这方面最典型的事件就是嘉靖二十二年的叶经事件:《山东乡试录》所收程文语涉讥讪,监临官按巡御史叶经被逮,死于杖下。此事的起因是诸朱氏争夺袭爵而重贿礼部尚书严嵩,叶经以此事弹劾严嵩。严嵩惧而疏辩,嘉靖帝置嵩而不问罪。严嵩由此衔恨叶经。世宗在严嵩的提示下审阅此科山东所进《乡试录》,手批其第五问防边御虏策目曰:

---

①　(明)李廷机选注《科甲文式真绎》卷八。
②　(宋)朱熹撰《四书章句集注》,第149页。
③　(宋)朱熹撰《四书章句集注》,第149页。
④　(清)陆陇其《当湖陆先生评先正制义一隅集》,陈维昭编校《稀见明清科举文献十五种》,第961页。
⑤　(明)沈德符《万历野获编》补遗卷二,第861页。

"此策内含讥讪。"①并特别挑明《乡试录》所选许邦才墨卷的大结:"此录不但策对含讥,即首篇《论语》义'继体之君不道',叶经职司监临,事皆专任,并周矿等,陈儒等,俱令锦衣卫差官校逮系至京治之。"②世宗痴迷于道教,嘉靖二十一年建大高玄殿,从此不再上朝,开始了他的"无为而治"。九月,员外郎刘魁谏营雷殿,予杖下狱。此科山东乡试主考官以此命题,是否意在讥讽,不得而知。但世宗则是杯弓蛇影,在严嵩的挑唆下,感到此题正是讥讽自己。嘉靖帝所指出的"继体之君不道"出自此科解元许邦才之四书文。此科四书文的首艺题目是《子曰无为而治者其舜也与夫何为哉恭己正南面而已矣》,许邦才此墨卷的大结是:

尝谓继体之君未尝无可承之法,天下亦未尝有无才之世,但德非至圣,未免作聪明以乱旧章,好自用而不能任人,其如有为何哉?此可以见舜之德矣。不然,上有作者,下有辅者,而吾但可以享其无为焉,则亦中人之德耳,而何以为重华协于帝也?噫!此舜之所以为大和而夫子亟称之也与!

这简直就是为嘉靖帝量身定做。叶经因四书文的命题、《乡试录》的录文而罹祸,既是严嵩的借题制敌,也是世宗的借题立威。

万历帝显然不如嘉靖帝乾纲独断,文官集团的强大使他干脆走向懒政。其敛财和长年不上朝,在万历十七年之后科举考试的题目也偶有出现。万历十七年己丑科会试,首艺题为《孟献子曰　节》,取自《大学》传之第十章第二十二节,孟献子的话包括三句话,"畜马乘不察于鸡豚,伐冰之家不畜牛羊,百乘之家不畜聚敛之臣",③前两句意为在上位者不与在下位者争利,食禄之家不得与民争利,第三句则专门指不畜聚敛之臣,其意在宁亡己之财,而不忍伤民之力。从题面来看,应该三句并重。但陶望龄将前二者一笔带过,然后集中议论"聚敛之臣",又以"盖人臣奉公守

---

① 《世宗肃皇帝实录》卷二七八,嘉靖二十二年九月十七日,1940年梁鸿志据传写本影印。
② 《世宗肃皇帝实录》卷二七八,嘉靖二十二年九月十七日,1940年梁鸿志据传写本影印。
③ (宋)朱熹撰《四书章句集注》,第12页。

职,即锱铢不得下侵,而欲保世承家,则封殖岂为完策? 又况于人君家四海以为富者哉",①将讨论的焦点引向聚敛之君。其意犹未尽,于是于大结中说:"弊有二:在侈大,在纤啬。侈大者,人主以天下之财,费之于天下而不足;而纤啬者,人主聚之而自有余。在天下则财犹递相流注,在一人则朽蠹而已。故吾以汉之武帝,犹贤于唐德宗也。"②侈大者,其财犹递相流注;人主聚敛者,则朽蠹而已。汉武帝以挥霍钱财著称,所谓"况汉武时万里征伐,军兴之费不訾,加以封禅、宫室帷帐之侈,河决岁侵,海内萧然,文景之所遗若扫矣"。③ 唐德宗则以贪财聚敛著称,而万历帝正是以聚敛而祸害天下者。在陶望龄看来,挥霍的武帝犹贤于聚敛的唐德宗。考官之命题,其用意或许在此,而陶望龄的墨卷正是观点鲜明地指向人君聚敛之害。或许正因此点为考官所赏识,陶望龄被取为此科会元。或者说,陶望龄的凌驾、斫削文风正体现于其大结中的这种凌厉笔锋。

  大结也可用来表达对政治操守的看法。刘元卿参加隆庆五年会试时,于五篇策文中对时政多有微词,且论及馆阁人选宜择贤而不宜循资取位,在其四书文的大结中说:"孔也无良,坐拥相位。"④大结成了刘元卿的政治檄文。当时张居正为吏部尚书兼建极殿大学士,又是此科会试主考,于是将刘元卿黜落。赵南星赋性刚介,常将恶佞嫉邪之旨发之于八股文。当权臣张居正生病时,朝士并走群望,谄媚唯恐不及,赵南星则撰八股文《非其鬼而祭之谄也》,其中间四比说:"世之可以富人、可以贵人者,亦已尊而奉之矣,而富贵之未至,意者其乏冥助耶? 是故为之祭以祈之,而逢迎之态何所不备。世之可以困人、可以苦人者,亦既柔而下之矣,而困苦之未祛,意者其有阴祸耶? 是故为之祭以禳之,而颠蹶之请岂所忍闻。自下而干上,是之谓僭,僭之所不敢避,乃足以明处,冀所祭者之亮之而据之

---

  ① (明)陶望龄《孟献子曰 节》,陈维昭、侯荣川主编《日本所藏稀见明清科举文献汇刊》第一辑第四册。
  ② (明)陶望龄《孟献子曰 节》,陈维昭、侯荣川主编《日本所藏稀见明清科举文献汇刊》第一辑第四册。
  ③ (明)陶望龄《读盐铁论题后》,(明)陶望龄撰,李会富编校《陶望龄全集》中册,第814—815页。
  ④ (明)彭惟成《为特聘真儒舆论允孚应即予谥事》,(明)董其昌辑《神庙留中奏疏汇要》礼部类第三卷,(明)董其昌著,严文儒、尹军主编《董其昌全集》第七册,第514页。

也;有废而私举,是之谓乱,乱之所不敢辞,乃足以效诚,冀所祭者之哀之而庇之也。"①而其大结更是旗帜鲜明地感叹其当下的世道:"借灵宠于有位,既以谄鬼者而谄人;求凭依于无形,又以谄人者而谄鬼。吾不意世道之竞谄,一至于此也。"②

把制义大结视为政治话语,这在明代已近乎共识。崇祯甲戌会试,温体仁为主考官,有考生在第一篇四书文的大结里直斥"不恭之臣""不敬之臣",其本房考官文震孟批其卷曰:"伸眉抗手,如见其人,敢不中,敢不中!"钦佩之情溢于言表。而温体仁也读懂其影射之用心,认为此卷大结是在骂他。③

对于儒者来说,学以致用,修身、齐家,最终要走向治国、平天下的现实政务目标,在经义文中自抒己见,其见解自然要向当代覆盖,倘遇经济题,则不防于大结表达自己经邦济世的方略。黄淳耀生当明朝末世,素有挽颓势于将倒的忧心,其忧患意识和治国方略每每在制义大结中表现出来,如他的《滕文公问为国　章》题文,其大结云:"昔者荀悦之论,以为井田不宜行于人众之时,以高祖初定天下,光武中兴之后,田广人寡,尚可为也。然此说独可行于汉耳。去古愈远,则虽开国之时亦不可行矣。若乃无轻赋之法,而徒欲摧兼并之徒,则破坏富室,其又昔人之所戒哉。"④《孟子·滕文公》第三章"滕文公问为国",阐述的是与井田制相关的赋税制度,故以此章为题者,讨论的焦点均与此相关。在《使毕战　至末》题文的大结中又说:"孟子之言,此殆欲以滕为试,以天下为推,以封建既废之时为井田大行之日与? 自是以后,西汉有轻税之名,文景有恭俭之实,而曾不一议井田,则过此无复可行矣。故生汉以后而言井田者,皆迂也。元魏始行限田,而盛于唐之口分世业。然自杨炎作两税,而兼并者不复追正,贫弱者不复田业矣。故生唐以后而言限田者亦迂也。井田迂则出于

---

① (明)赵南星《非其鬼而祭之谄也》,(明)陈名夏编《国朝大家制义》第二一册《赵侪鹤先生文》。
② (明)赵南星《非其鬼而祭之谄也》,(明)陈名夏编《国朝大家制义》第二一册《赵侪鹤先生文》。
③ (清)张潮辑《昭代丛书》癸集《梦关琐笔》卷三八,引自《丛书集成续编》第二三册,第692页。
④ (清)钱振伦《制义卮言》卷二,陈维昭编校《稀见明清科举文献十五种》,第1596页。

限田,限田又迁,必也轻税乎?并冗官,汰冗兵,使百姓之力得以稍舒,则亦今日之井田也。"①黄淳耀讨论的视野可以说是贯通古今,甚至对当下现实事务的关注更加迫切,钱振伦说:"陶庵作借题撼议,特目击明季时事,有激而言。于战国之滕,情势未合也。"②即使于史情势未合,也在所不惜,因为他关注的是现实政治。

如果以《大学》传之第十章"生财有大道"一节为题,则是一道"理财"题。隆庆辛未会试,主考官张居正以"生财有大道"一节命题,目的是考核士子关于理财治国的见识。钱禧说:"江陵操申、商之余习,以法劫持天下,器满而骄,没身之后名秽家灭,然迄今称救时相者每推江陵云。"③张居正的政治、经济改革对于"救时"具有积极意义。会元邓以赞的墨卷并不持申、商之见,其大结云:"抑《周礼》一书,理财居半。然大要理其出而已,初非忧其不足而或至于聚敛也。后世桑孔之徒,借以为口实,遂用一切苟且之计,至开利孔为民厉阶,是岂周制之弊也?故财一也,后世私之以酿祸,圣人公之以致太平,其心异也。故又曰仁者以财发身,谅矣。"④表达了"公之以致太平"的理财观。同考试官沈鲤批此文:"经国大计,具见此文。"同考试官许国批此文:"理财要务,不出此数言矣,佳士佳士。"同考试官王锡爵批此文:"务本节用,生财至计。此作发明亲切,盖尝留心治道者。"同考试官陈栋批此文:"大雅之文,可式多士。"副主考官吕调阳批此文:"理财大道,发挥透彻。"考试官大学士张居正对其大结尤为首肯:"篇末归重节俭,是识时务者。"⑤这应该是明代考官对考生的最高评价。

制义用大结来呼应时代思潮,也是最为名正言顺的。艾南英曾指出,嘉靖中姚江之学虽盛行于世,而士子举业尚谨守程朱。自李春芳、徐阶执政,尊王氏学,于是隆庆戊辰论义、程义首开宗门,此后浸淫,殆无底止。

---

① (清)钱振伦《制义卮言》卷二,陈维昭编校《稀见明清科举文献十五种》,第1596页。
② (清)钱振伦《制义卮言》卷二,陈维昭编校《稀见明清科举文献十五种》,第1597页。
③ (明)杨廷枢、(明)钱禧辑评《皇明历朝四书程墨同文录》第一二册。
④ (清)陆陇其《当湖陆先生评先正制义一隅集》,陈维昭编校《稀见明清科举文献十五种》,第982页。
⑤ 《隆庆五年会试录》,龚延明主编《天一阁藏明代科举录选刊·会试录》下册,第579页。

近代藏书家蒋汝藻传书堂藏有嘉靖三十一年《浙江乡试录》一卷,王国维为其藏书志加一按语:"是录程文,首柳汝劭四书义,大结中用'知行合一'语,知王氏之学之入举业,自嘉靖中叶而已然矣。"①指出王学之入举业,嘉靖间已然。事实上,嘉靖二十八年山东乡试,同考官曹栻已经用"知行合一"评杨正脉的策文。② 斥异端,也曾成为明代制义大结所抒发的见解。万历丁丑会试,四书题《我亦欲正人心 节》,取自《孟子·滕文公下》第九章,旨在斥杨、墨,冯梦祯则于大结中更推而广之:"嗟嗟! 孟氏辟杨墨之功,昔人称其不在禹下。盖详哉其言之矣! 愚未暇论,独窃叹夫杨墨之为异端也,易知也。乃吾儒之中,亦有异端焉,其害甚于杨墨而难知也,盖杨墨者特其学术之偏尔,而其意真,其行直,犹未甚诡于道,而孟氏力诋之。乃吾儒之异端,方且以孔孟之术,托其盗贼之身,而汲汲焉号于人曰儒,世亦遂从而儒之,噫! 此讵可令孟氏见也。"③当然,由倡言儒佛合一的冯梦祯声讨"吾儒之异端",则其所谓的异端自是不同于程朱学者所称之异端。

以历史人物、事件为题者,在展开分析之前后,自应有一番断制。朱荃宰说:"断,汉议郎蔡邕作《独断》。断者,义之证也,引其义而证其事也。……在史有断限,狱有断识,文有断制。刚肠百炼,片言立剖,其斯断之义乎。"④既然制义的科举文体要求考生在大结中表达自己的认知,断制便成为大结的一大特点。这在论古、观人、政事之类的题型中最为常见。如《问子西》题,取自《论语·宪问》第10章。有人问孔子对子西的看法,孔子回答说:"彼哉! 彼哉!"(他呀! 他呀!)据朱熹注,公子申(子西)能让掉楚国王位,并改革楚国政治,为楚之贤大夫。但他不能改掉楚国僭称的王号,昭王想重用孔,子西又加以阻止,后来终于召来白公,以致楚国发生内乱,可见是功过参半之人,孔子说的"彼哉",实含瞧不起的意

---

① 王国维撰,王亮整理,吴格审定《传书堂藏书志》,第303页。
② 《嘉靖二十八年山东乡试录》,龚延明主编《天一阁藏明代科举录选刊·乡试录》第三册,第2176页。
③ (清)陆陇其《当湖陆先生评正制义一隅集》,陈维昭编校《稀见明清科举文献十五种》,第1004页。
④ (明)朱荃宰《文通》卷一六,王水照编《历代文话》第三册,第2884页。

思。① 陆庆衍的《问子西》题文,用八股渲染子西之贤,显然并不认同朱注。其大结曰:"然而后之论者,以为子西有二失:其一在沮孔子之封也,此与晏子同矣。而孔子数称晏子,则知不以此贬子西也。其一在召白公也。夫白公之父,无罪而废于楚。收恤其后,岂非盛德之事哉! 且其时孔子已先卒矣。然其曰'彼哉'云者,外其国,非外其人也。盖《春秋》之旨也。"引入"后之论者",从而为子西翻案。清代陆陇其对陆庆衍在大结中的这一翻案不以为然,他说:"沮孔子、召白公二事不足以贬子西,此意不是。子西之沮孔子,与晏子不同。晏子之沮,不过是意见不合。若子西则纯是私意,观《史记》所载二人之言可见。若白公之父,无罪而废,收恤其后可也。举而任之,则可谓不知人矣。'彼哉'之言,岂独外其国哉? 子文亦楚人也,夫子未尝外之,而独外子西耶? 大抵子西为人,天资甚好,却不学无术。遇昭王可以有为之主,但能改囊瓦之政,而不能改荆楚之旧习。所以夫子不恶楚而恶子西,楚之不能不终外于春秋者,子西之罪也。"②大结成了学者之间对历史人物进行论断的对话空间。

但是,一旦把结语的断制权力给予考生,倘若考生把握不好分寸,或者接受异端思想,其断制就有可能悖离朱熹注释,甚至悖离儒家原典,这时,断制便成了凌驾。

吕留良说:"至于壬辰,格用断制,调用挑翻,凌驾攻劫,意见庞逞,矩矱先去矣。"③壬辰指万历二十年,此科会试主考官为礼部侍郎兼侍读学士陈于陛、詹事兼侍读学士盛讷,会元为吴默,他的三篇四书文传诵一时,但也备受争议。其《宪章文武》题文破题、承题为:"圣人之守法也,守之以心而已。盖文武之心寄之于法矣,宪章之者,岂徒为从周而已哉?"宪章文武者,以周文王、武王为宪章,为法,吴默却说,圣人之守法,守之以心而已,而不徒从周。其大结又曰:"大抵有《关雎》《麟趾》之意,然后可以行周官之法度。他日夫子以天自任,而曰文王既没,文不在兹,语道统之绝

---

① (宋)朱熹撰《四书章句集注》,第 150 页。
② (清)陆陇其著《当湖陆先生评先正制义一隅集》,陈维昭编校《稀见明清科举文献十五种》,第 1040—1041 页。
③ (清)吕留良著《吕晚邨先生论文汇钞》,王水照编《历代文话》第四册,第 3325 页。

续而归之文,盖以圣人之心求之,则文即道也,道即法也,《周礼》一书,而阴谋者动以借口,乃知宪章之不易云。"①程颢说:"必有《关雎》《麟趾》之意,然后可行周公法度。"②意为本于正心诚意以行王者之教化。吴默说,当年孔子将道统归之文王,实是其文不在、以心求之的结果。冯梦祯称此文"绝去蹊径,自是雄伟不羁之谈",③陶望龄称其《知及之 全章》文"超寻常之见而不离平正,若麟角凤毛,随地可珍",④都是指其"意见庞逞"的特点。

清代尽管在康熙十六年起禁用大结,但作制义而用大结者,仍不乏其人。⑤戴名世《外人皆称 一章》题文,题目选自《孟子·滕文公下》第九章。此章大意为:孟子认为,禹抑洪水而天下平,周公兼夷狄、驱猛兽而百姓宁,孔子成《春秋》而乱臣贼子惧,杨墨之道不息,孔子之道不著,故要正人心,息邪说,距诐行,放淫辞,以承三圣。戴名世的大结说:"或曰:'老近杨,佛近墨。'则是杨、墨至今尚存,而天下卒以大乱而不治,而为圣人之徒者且为彼辨之,以显叛孔子、孟子之道,何怪乎禽兽食人,而人且相食也。"⑥戴名世此大结可以说是与冯梦祯的大结相呼应。汪紫沧指出:"大结似有慨于良知家言而发。"⑦指出戴名世以阳明心学为异端。

由于大结被赋予借古鉴今、借题发意的功能,因而附会、影射的现象也在所难免。制义之题虽然出自《四书》《五经》,但每一题出,士子往往会揣摩其是否有现实之深意,晚明尤其如此,"今之所谓借者,则以揣摩为主,以迎合为工,每一题出,不论其意之深浅,义之当否,辄举君道相体、宫闱训储、国是文体、御房治河诸意以冠之。如《柔远人》,而以为夷狄;《才

---

① (明)吴默《宪章文武》,陈维昭、侯荣川主编《日本所藏稀见明清科举文献汇刊》第一辑第四册。
② (宋)程颢、(宋)程颐著,王孝鱼点校《二程集》,第428页。
③ (明)吴默《宪章文武》文后评,陈维昭、侯荣川主编《日本所藏稀见明清科举文献汇刊》第一辑第四册。
④ (明)吴默《知及之 全章》文后评,陈维昭、侯荣川主编《日本所藏稀见明清科举文献汇刊》第一辑第四册,第147页。
⑤ 如咸丰、同治间犹有用大结者,如钱振伦《燕人畔 一章》题文。
⑥ (清)戴名世《戴田有自定时文全集》,陈维昭编《稀见清代科举文集选刊》第二册,第643—644页。
⑦ (清)戴名世《戴田有自定时文全集》,陈维昭编《稀见清代科举文集选刊》第二册,第644页。

难 一节》,而以为宫闱;《君子胡不慥慥》,而以为正文体;《道不同》,而以为定国是。且曰:'不如是,不足以当主司之意。'嗟乎! 无论其文品何如,即如此等心术,后日且为窥伺逢迎,毁方瓦合之小人矣。士君子诚有有怀欲吐者,宜更作他诗文以自见,若经义之中,决不可假借也。"① 这种揣摩的情形也往往易于在大结中得到表达。

虽然晚明科举功令渐密,但并未禁用大结。清康熙之后,清政府对大结如临大敌,于科场条例中明确规定,不许作大结,即取消制义文体的大结部分。既然制义禁用大结,一些选家在选明代制义时也把其原有的大结删去,"后学之士不复知有所谓大结矣。不知文无大结,与不完篇无异"。② 如清代的黄淳耀制义选本都删去其大结,"是犹剔蚌胎而去蝠珠,斩太行之龙脉,令蕴生之经济实学埋没于荒烟也"。③ 方苞的《钦定四书文》所选明文也删去大结。当然,删大结并非始于清康熙间,明崇祯间杨廷枢、钱禧的《皇明历朝四书程墨同文录》即多有阙大结者。但明末的删大结并非普遍现象,也非出于官方禁令。

那么,康熙十六年为什么要禁用大结呢? 清人提出的理由是防止作弊。以大结作弊之事起于明末,钱谦益主考浙江时,考生钱千秋科考作弊,将"一朝平步上青云"七字分置首场七艺的七个大结里作为暗号,与考场官员金保元、徐时敏勾结,事发后钱谦益受牵连被罚俸,保元、时敏、千秋俱下刑部狱。

陆陇其认为,废大结以防关节,这种说法并不成立:"若以防关节言,则关节无处不可藏,岂必大结然后能生弊耶?"④ 康熙十六年的禁用大结显然有它更潜在的政治目的。清初顺、康、雍三帝对八股文多多少少持不以为然的态度。康熙二年废八股文,而以策、论、表、判试士,但在两科之

---

① (明) 顾大韶《顾仲恭论文》,(明) 袁黄撰,黄强、徐姗姗校订《〈游艺塾文规〉正续编》,第 277 页。
② (清) 陆陇其《当湖陆先生评选先正制义一隅集》,陈维昭编校《稀见明清科举文献十五种》,第 928 页。
③ (清) 黄中《黄蕴生稿题辞》,(清) 黄中《黄雪瀑集》,《四库未收书辑刊》第七辑第二三册,第 503 页。
④ (清) 陆陇其《当湖陆先生评选先正制义一隅集》,陈维昭编校《稀见明清科举文献十五种》,第 928 页。

后即恢复八股文体，这是黄机的进言使康熙帝意识到八股文对思想收编的重要作用。既然是出于收编思想的目的，因而把八股文体改造成圣贤之学的传声筒，弱化其"自抒己见"的话语空间，于是，"概不许作大结"的禁令便水到渠成地出现了。四书文的大结于明代以来已经形成了写作传统，即不仅引史证经，而且以古鉴今，借古讽今，这与清代官方的专制主义意识形态可谓背道而驰，于是"概不许作大结"的禁令便在"防关节"的名义下公布了。启功先生把清代的删大结视为意在"钳制议论之口"，①视为出自专制主义政治文化意图，这是有道理的。

第四节　题目的凌驾与异端的解构

科举是选拔人才的制度，也是引导文风士习的机制。通过命题、衡文、录取等机制，官方把礼治教化思想、人才理念、人格理想、文章理念等向全社会灌输。命题形式对修辞形态产生直接影响，特定的题型诱发相应的修辞形态，由此引起文风士习的形成与变化。同时，命题与文风士习的关系并非单向度的。在整个社会的文化生态中，文化思潮、社会风尚、文章风尚又对各科举文体产生影响。面对同一题型，不同的作者或理论家会采用不同的态度。面对同一题目，不同历史时期的作者可能会采用不同的修辞形态。

本来，朝廷通过考官这一环节实现对文风导向的掌控，但由于在命题制度上把科举的命题权交给了主考官，因而考官成了文风导向过程中的最大变数。当负责命题、衡文的考官的思想偏离程朱理学时，当他们接受佛道思想、心学思想并把这些思想作为命题、衡文的依据时，经学与文风的导向就会偏离官方科举制度的原初设计。这一点，在四书文方面，表现得尤为尖锐，尤为突出。此时，文化思潮、社会风尚、文章风尚与四书文命题之间的关系产生了奇特的变化。

前文我们提到，明代官方功令要求考官命题要冠冕正大，考生答题立

---

① 启功《说八股》，第37页。

义要"本朱子语",按四书原文"虚实本末之序,层次推究",①但在后来科举考试制度推行的过程中,出现了一些特殊的题型,如截搭题,导致制义文在修辞上不得不改变"顺题挨讲"的原则,变换题目的词序。这种不按题序展开论述的写法被视为是对"语意浑然"的原典的凌驾。此外,在心学盛行的中晚明时期,主体性的强化引发作者产生强烈的"驭题"意识,一些原本属于冠冕顺畅的题目也被施以倒叙逆提,这也被视为凌驾,是有悖"先正"文风的异类。同时,二氏(佛、道)、心学入制义更是一种凌躐。这三种情况都对考官命题产生一种延伸、变异乃至颠覆的作用。考察这三类现象,是我们考察明代乡、会试四书文命题的一个延伸性环节。

一、语意浑然与变序凌驾

先秦诗文修辞已为后世诗文写作提供雏形,但由于唐、宋道学的兴起,某些修辞形态被赋予了负面的价值。比如诗文写作中的骈偶丽辞,本为文事之必有。刘勰说:"造化赋形,支体必双,神理为用,事不孤立。"②《尚书》《周易》已然多有偶对,而诗人抒怀,大夫联辞,奇偶适变,自然妥贴。至于后来扬、马的崇盛丽辞,魏晋的析句弥密,则有"契机者入巧,浮假者无功"③之别。但是,唐、宋道学家持"文以载道"的价值观,宋代理学家尤其强调"作文害道"。孔子说:"辞达而已矣。"④朱熹把"辞达而已"注为:"辞,取达意而止,不以富丽为工。"⑤富丽是道学的天敌。有人问:"作文害道否?"程颐说:"害也。凡为文,不专意则不工,若专意则志局于此,又安能与天地同其大也?《书》曰'玩物丧志',为文亦玩物也……古之学者,惟务养情性,其佗则不学。今为文者,专务章句,悦人耳目。既务悦人,非俳优而何?"⑥他的"文"指的是"词章之文"。⑦ 富丽词采成了

---

① (清)方苞编,王同舟、李澜校注《钦定四书文校注》,第289页。
② (南朝梁)刘勰撰,杨明照校注拾遗《增订文心雕龙校注》卷七,第443页。
③ (南朝梁)刘勰撰,杨明照校注拾遗《增订文心雕龙校注》卷七,第443页。
④ (宋)朱熹《四书章句集注》,第169页。
⑤ (宋)朱熹《四书章句集注》,第169页。
⑥ (宋)程颢、(宋)程颐撰,王孝鱼点校《二程集》卷一八,第239页。
⑦ (宋)程颢、(宋)程颐撰,王孝鱼点校《二程集》卷一八,第239页。

"道"的对立物。当骈偶丽辞出现于制义中时,它只能受到普遍的摒斥,因为制义毕竟是阐释儒家经典的理学文章,它只有黜浮崇雅之一途。

在叙事中改变事件的时间顺序与空间位置,这在史传中是常见的叙事法。《左传》被视为叙事法之祖,后世很多叙事技巧,在《左传》中已被广泛使用。比如打乱时间顺序、空间长短的变化,如预叙、倒叙、详写、略写,等等。学界在这方面已有大量研究,兹不赘述。在此仅举与明代制义"凌驾"相关的"倒叙"一例。《春秋》为编年体史书,时间顺序是其记事的大框架。在这个大框架中,《左传》仍以预叙、插叙、补叙、倒叙等修辞手法去加强文章的变化。比如《左传》常以"初"字带起倒叙,在隐公元年"郑伯克段于鄢",记郑庄公在鄢地打败他的弟弟大叔段。《春秋》隐公元年记"夏五月,郑伯克段于鄢",①《左传》承此,在"夏四月,费伯帅师城郎"②之后说"初,郑武公娶于申,曰武姜",③这是追叙前事,是一种倒叙。《左传》大量使用倒叙等修辞手法并没有被视为破坏《春秋》的编年史体例,而是被后人视为成功的叙事典范。

《左传》成功的倒叙也被广泛使用于唐宋古文中,韩愈《送幽州李端公序》说:"国家失太平,于今计年矣。夫十日十二子相配,数穷六十,其将复平,平必自幽州始,乱之所出也。今天子大圣……"④这是倒提安禄山幽州起兵反唐之乱。欧阳修的《真州东园记》写道:"芙蕖芰荷之的历,幽兰白芷之芬芳,与夫佳花美木列植而交阴,此前日之苍烟白露而荆棘也。高甍巨桷,水光日景动摇而上下,其宽闲深靓可以答远响而生清风,此前日之颓垣断堑而荒墟也。"⑤此为倒提前日之景象,明代李腾芳说:"如此一倒,无限情景。"⑥李腾芳的"文字法三十五则"中即有"倒"之一法,对诗古文中的倒法进行归纳,他指出:"一部《左传》,绝是用倒法。"⑦

---

① 杨伯峻编《春秋左传注》,第7页。
② 杨伯峻编《春秋左传注》,第10页。
③ 杨伯峻编《春秋左传注》,第10页。
④ (唐)韩愈《送幽州李端公序》,(唐)韩愈著,刘真伦、岳珍校注《韩愈文集汇校笺注》卷十,第1128页。
⑤ (宋)欧阳修著,李逸安点校《欧阳修全集》卷四十,第582页。
⑥ (明)李腾芳撰《李文庄公全集》卷九。
⑦ (明)李腾芳撰《李文庄公全集》卷九。

如"至《左传》文字尤多,开卷郑庄公传'毋使滋蔓,蔓难图也',是倒句法。'毋生民心',是倒字法。石碏传'贱防贵,少陵长,远间亲,新间旧,小加大,淫破义,所谓六逆也。君义,臣忠,父慈,子孝,兄友,弟敬,所谓六顺也。去顺效逆,所以速乱也',是倒章法。"①

古文传统中这类打乱时序和空间关系的写法,在明代中后期的制义中被继承下来了,但却被视为"凌驾"。它与明代前期的制义作法形成鲜明的对比。钱谦益分时文为三类,并指出每一类的真体与伪体,其中第一类是举子之时文,其伪体以汤宾尹、顾天埈为代表:"汤霍林开串合之门,顾升伯谈倒插之法,因风接响,奉为金科玉条。莠苗稗谷,似是而非。而先民之矩度与其神理澌灭不可复问矣。此举子之文之伪体也。"②不管是串合,还是倒插,都是没有顺题挨讲,都属于凌驾,钱谦益视之为伪体。

戴名世曾这样概括制义修辞的两大家数:"今之论经义者有二家,曰铺叙,曰凌驾。铺叙者,循题位置,自首及尾,不敢有一言之倒置,以为此成化、弘治诸家之法也。凌驾者,相题之要而提挈之,参伍错综,千变万化而不离其宗,以为此《史》、《汉》、欧、曾之法也。"③制义中的凌驾不止倒叙一种,凡是变换经典原文顺序与详略的"以我驭题",都属于凌驾。但戴名世显然已经不视之为伪体。

对于变换顺序详略、以我驭题的凌驾,历来存在着两种态度、两种立场,一是以道论艺的立场,一是以艺论艺的立场。

以道论艺者认为,四书五经,语义完整浑然,不容割裂。驭题凌驾,尤其是变换词序,这种修辞法冒犯了儒家经典的浑然一体性,在义理上也破坏了程、朱理学的正统性与纯粹性。方苞说,在四书中,"圣人于虚实本末之序,层次推究,语意浑然"。④ 这是明代、清代正统派制义论家讨论制义理论的前提。在这个前提中,四书中圣贤的话语以及对圣贤言行的记述,

---

① (明)李腾芳撰《李文庄公全集》卷九。
② (清)钱谦益《家塾论举业杂说》,(清)钱谦益著,(清)钱曾注,钱仲联标校《钱牧斋全集》第六册,第1508页。
③ (清)戴名世《丁丑房书序》,(清)戴名世著,王树民编校《戴名世集》卷四,第93页。
④ (清)吕留良《东皋遗选前集论文》,(清)吕留良撰,俞国林编《吕留良全集》第一册,第176页。

都是有其铁的秩序,其虚实本末的秩序、行文层次的推究,形成了浑然一体的语意。那么,阐述四书的经义文,其最合理的修辞方式就是顺题挨讲,技巧的运用只能有损于经典的"语意浑然"。正因此,正统的制义文论家坚决反对机法、机局、凌驾等。

从作法修辞的角度看,制义是一种论体文,论体文即有一种恃才使气、力压众说的个性。所以凌驾本来就符合论体文的禀性。但是,制义毕竟又是一种理学文体,变乱题文顺序或挑剔题中个别字眼去大做文章,都是一种对经典神圣性的凌驾。

更有甚者,有人把凌驾险怪的文风视为亡国的征兆。元末明初的戴良说:"世道有升降,风气有盛衰,而文运随之。……后七十余年,庐陵欧阳氏又起而麾之,而天下文章复侔于汉、唐之盛。未几,欧志弗克遂伸,而学者又习于当时之所谓经义者,分裂牵缀,气日以卑。而南渡之末,卒至经学、文艺判为专门,士气颓敝于科举之业,而宋遂亡矣。文运随时而高下,概可见焉。"①经义文章的"分裂牵缀"实际是指修辞形态对儒家经典的侵凌,即凌驾。

明初制义文法尚未定型,庄禅等异端思想尚未演成文化洪潮,一些偏重机法的文章还没有被视为凌驾。洪武三十年会试主考官刘三吾所作程文出现了"呼上照下"的修辞形态,永乐甲申会试解缙所作程文被晚明论家视为开后世割裂凌驾之端,宣德庚戌会试陈诏所作程文已尽脱卸连贯之能事。这些都与人们对明初制义"元气浑沦""文多简朴"的一般印象大不相同。比如永乐甲申会试有四书题《禹吾无间　节》,题目出自《论语·泰伯》:

> 子曰:"禹,吾无间然矣。菲饮食,而致孝乎鬼神;恶衣服,而致美乎黻冕;卑宫室,而尽力乎沟洫。禹,吾无间然矣。"

孔子赞美夏禹,自己吃喝的都很俭省,却把孝敬鬼神的祭品办得极为

---

① (清)张金吾撰,柳向春整理《爱日精庐藏书志》卷三四,第695页。

丰盛;平时穿的衣服破旧,而祭祀时的礼服却极为华美;居住的宫室很矮小,却竭尽全力兴修农田水利。所以孔子赞美夏禹是一个无可挑剔的人。对于这一章,朱熹说:"圣人自是薄于奉己,而重于宗庙朝廷之事。若只恁地说,则较狭了。"①

此科主考官为解缙,其所作程文的破题是:"前圣丰俭之制,各适其宜,故后圣赞美之辞两致其极。"正是就丰俭论丰俭,眼界狭小了。故杨廷枢评解缙此文"欲见其巧,已开后来割裂凌驾之端"。

后来万历间冯梦祯的同题文的破题是:"前圣之无可议,惟其用财之当也。"从用财之当的角度论禹之丰俭,尽量地避免就事论事。王衡的同题文,其破承题曰:"圣人尚论王道而发其君天下之心焉。夫惟不有天下者,可以托天下也,非禹乌足以当此?"更是从王道的高度纵论禹之丰俭,以"惟不有天下者可以托天下"论禹,可谓高屋建瓴。相比之下,解缙之文反而显得纤巧。杨廷枢说解缙此文开后来割裂凌驾之端,是指此文未能按照宋儒对儒家经典的完整理解,而一凭己意作解,只据题面作解。杨廷枢是把解缙此文当作反面例子的。但解缙并非有意凌驾,只是未能以宋儒的理解去构思此文。

嘉靖以来,文尚凌驾,则是一种有意为之的变化。凌驾者,其义甚广,有以颠倒题目词序为凌驾,有以离题腾挪为凌驾,有以凌空发论为凌驾,有以异端为凌驾。而这些凌驾的共同特点则是"不粘滞",不粘滞于题目字面。

嘉靖元年壬午科广西乡试题《考诸三王而不缪建诸天地而不悖质诸鬼神而无疑百世以俟圣人而不惑》为四句题,四个义项并列。其考官程文比较特别,先讲三王、天地、鬼神、后圣:"三王、天地,拟之皆合;鬼神、后圣,推之皆验。"②然后才讲考、建、质、俟:"故以其制作质之……以其制作俟之……"③敖英称这种文法是倒提文法。④ 嘉靖十一年壬辰科会试前

---

① (宋)朱熹撰,(宋)黎靖德编,王星贤点校《朱子语类》卷三五,第 946 页。
② (明)杨廷枢、(明)钱禧辑评《皇明历朝四书程墨同文录》第一一册。
③ (明)杨廷枢、(明)钱禧辑评《皇明历朝四书程墨同文录》第一一册。
④ (明)杨廷枢、(明)钱禧辑评《皇明历朝四书程墨同文录》第一一册。

夕,夏言上疏,请变文体以正士习,责主司以定程序,简考官以重文衡。嘉靖帝也说:"文运有关国运,士子大坏文体,诚为害治,宜明禁谕,务醇正典雅,明白通畅。仍前勾棘奇僻,痛加黜落,甚则主考具奏处治。"①但是,就在该科的墨卷中,桑惟乔的《大哉尧之 全章》题文墨卷被视为"开凌驾之端"。② 罗念庵说:"此科之后,大变厥初,风藻如许、弘丽如薛,岂不斐然,终伤大雅。"③

钱禧认为,明代由考官所撰程文而用凌驾法者,其始作俑者两人:嘉靖二十年辛丑科会试主考官温仁和、嘉靖二十三年甲辰科会试主考官江汝璧。嘉靖二十年辛丑会试题《何事于仁 二句》取自《论语·雍也》。原文中,子贡问孔子:博施济众可以叫做仁吗?孔子回答:能做到博施济众的话,何止是仁,简直是圣了。尧舜都做不到。但是,仁者是由己及人,所谓的博施济众,实际上是徒事高远。孔子的话实际上是一个让步从句:虽然博施济众是圣,但高远难至,不如以己推之,近而可入于仁。

主考官温仁和为《何事于仁 二句》题所作程文则反其意而用之,集中诠释:博施济众,必也圣乎。于是,他以一句"仁道至大,有自其一端而言者,有自其全体而言者"发端,"空中打势争奇",然后由一端之仁滚向全体之仁:"如一念之善,仁也。推而言之,裁成天地之道,辅相天地之宜,亦仁之极功耳。如一事之善,仁也。极而言之,范围天地而不过,曲成万物而不遗,亦仁之大用耳。"一端之仁推向极致即为全体之仁,全体之仁即是圣。又从全体之仁滚向一端之仁:"盖圣人全体此仁而造其极者也,生知安行,天理浑具,过化存神,妙用莫测。于一视同仁之中,有笃近举远之道。"最后推向结论:博施济众,不仅可以为仁而圣,而且功用至大。正因为温仁和持论指向博施济众之为圣,已违背孔子原意,所以董其昌说他的修辞手法是"翻"。

倒提之法盛行于万历时期。万历十一年癸未科会试,吕留良称其"开

---

① (明)杨廷枢、(明)钱禧辑评《皇明历朝四书程墨同文录》第一一册。
② (明)杨廷枢、(明)钱禧辑评《皇明历朝四书程墨同文录》第一一册。
③ (明)杨廷枢、(明)钱禧辑评《皇明历朝四书程墨同文录》第一一册。

软媚之端,变征已见"。① 该科会试题《子曰吾之󠄀行也》,其全文是:"子曰:'吾之于人也,谁毁谁誉? 如有所誉者,其有所试矣。斯民也,三代之所以直道而行也。'"钱禧指出五种不正确的作文法,其前三种是:"首题起处即喝'直'字及'谁毁谁誉'中预插'直'字,一非也;多发明'毁誉'二字,方入'吾之于人',二非也;'如有所誉'二句补出'毁'来,三非也。"②这三种不正确的作文法,前两种是预法,后一种是补法,皆非顺题挨讲。万国钦的同题墨卷,其起讲曰:"天下之直道,固不废于至愚至贱之民,而实培植于有德有位之主。"③钱禧指出:"起处倒提下节,非体。"④此科主考官礼部尚书兼文渊阁大学士余有丁为《吾之于人󠄀全》题作程文,其题为《论语·卫灵公》第二十四章:"子曰:'吾之于人也,谁毁谁誉? 如有所誉者,其有所试矣。斯民也,三代之所以直道而行也。'"程文于承题处即曰:"甚矣,直无毁誉也,古今同此民耳,圣人乌得而枉之哉?"⑤将题目的末句中"直"字先喝起,其提比先讲毁誉:"毁者,恶之甚而有余贬,失其真非者也;誉者,好之甚而有余褒,眩其是者也。"⑥然后接以过文"吾之于人也,奚有是哉",⑦完全是逆题目各句之顺序而倒提。其下段以题目的后两句为过文,但仍以逆提为之"盖毁誉不行直道也,三代之所以为烈也",⑧先提"直道",再提"三代"。冯梦祯称此文为"自有经义以来,当是第一篇文字"。⑨ 未免溢美之甚,而钱禧将此文的倒提视为瑕疵,则也是过于执着"顺题挨讲"的浑然境界。万国钦的同题墨卷,其起讲曰:"天下之直道,固不废于至愚至贱之民,而实培植于有德有位之主。"⑩钱禧指

---

① (清)吕留良《东皋遗选前集论文》,(清)吕留良撰,俞国林编《吕留良全集》卷五,第176页。
② (明)杨廷枢、(明)钱禧辑评《皇明历朝四书程墨同文录》第一三册。
③ (明)杨廷枢、(明)钱禧辑评《皇明历朝四书程墨同文录》第一三册。
④ (明)杨廷枢、(明)钱禧辑评《皇明历朝四书程墨同文录》第一三册。
⑤ (明)杨廷枢、(明)钱禧辑评《皇明历朝四书程墨同文录》第一三册。
⑥ (明)杨廷枢、(明)钱禧辑评《皇明历朝四书程墨同文录》第一三册。
⑦ (明)杨廷枢、(明)钱禧辑评《皇明历朝四书程墨同文录》第一三册。
⑧ (明)杨廷枢、(明)钱禧辑评《皇明历朝四书程墨同文录》第一三册。
⑨ (明)黄洪宪、(明)陶望龄等评《新镌翰林评选历科四书传世辉珍文程文》下论卷四,陈维昭、侯荣川主编《日本所藏稀见明清科举文献汇刊》第一辑第四册。
⑩ (明)杨廷枢、(明)钱禧辑评《皇明历朝四书程墨同文录》第一三册。

出:"起处倒提下节,非体。"①此科万国钦名列三甲,可见,其"倒提下节"并不妨碍他的中式。杨廷枢、钱禧只是代表明末选家立场。

万历壬辰科会试被吕留良斥为"格用断制,调用挑翻,凌驾攻劫,意见庞逞",其依据即是该科的程墨,此科首艺题为《知及之 章》,选自《论语·卫灵公》第三十二章:"子曰:'知及之,仁不能守之,虽得之,必失之。知及之,仁能守之,不庄以莅之,则民不敬。知及之,仁能守之,庄以莅之,动之不以礼,未善也。'"孔子这里谈及为官的三层境界:第一层是智能及之,但不能以仁守之,则虽得必失;第二层是智能及之,仁能守之,但以不庄莅之,则民不敬;第三层是智能及之,仁能守之,以庄莅之,但不能动之以礼,则仍未尽善。朱熹指出,"此一章,当以仁为主","大抵发明内外本末之序,极为完备,而其要以仁为重……"②该章有智、仁、庄、礼四个义项,在作法上应该自智开始,然后是仁、庄、礼,顺题挨讲。该科会元吴默作此文时即依朱注,以"仁"字统摄智、庄、礼。其中两股曰:"人之心非必独知之境,所当操持,即一威仪,一振作,皆吾心出入存亡之会。人之学非必本原之失,乃为人欲,即失之威仪,失之振作,亦此心理消欲长之时。"③把该章第二节的"庄以莅之"和第三节的"礼以动之"俱摄入"仁"字之中。这一修辞法为万历制艺家所击节称赏,但方苞却对此提出了批评意见:"立义虽本朱子语,但圣人于虚实本末之序,层次推究,语意浑然。独括'仁'字,联贯前后,乃时文家小数,机法虽熟,体卑而气薄矣。"④机法的圆熟反而使八股文的文体卑下,凌驾题序,其体已卑。

如果不死守尊经与循题序之间的关系,从以艺论艺的立场看,制义作为一种"艺",对于科举考试中出现的各种题型应该提出相应的、优选的修辞策略。"相题之要而提挈之",不仅凌驾法可用,一切文之修辞法均可用,关键是看是否切题。乾隆间倪承茂的一段话最具代表性:"论文者宗化、治则主挨讲,宗隆、万则主逆提,各分途径,二者交讥。不知行文次

---

① (明)杨廷枢、(明)钱禧辑评《皇明历朝四书程墨同文录》第一三册。
② (明)胡广、(明)杨荣、(明)金幼孜纂修,周群、王玉琴校注《四书大全校注》,第681页。
③ (清)高嵣《明文钞》第五编,乾隆五十一年广郡永邑培元堂刻本。
④ (清)方苞编,王同舟、李澜校注《钦定四书文校注》,第289页。

第,当视义理何如;篇法顺逆,当视语气何若。挨讲、逆提,岂容胶执?如'天命之谓性','性'字宜提;'喜怒哀乐之未发谓之中','中'字何缘先见?此逆提不可概用者也。况化、治合作,挨讲中题义实亦贯通;隆、万名篇,串插中语气未尝倒置。文当以理为准,初无偏主,昌黎云:'惟其是尔。'①这是以艺论艺的立场。隆、万时期即是以艺论艺的制艺观大为盛行的时期。

二、认题差异与驭题凌驾

在制义中改变题义的顺序,其本意往往并非要亵渎经典,而是本着"驭题"的意识,即根据自己的独到感悟去强调题目中的某一部分。有时,这种驭题不是对题义的顺序进行改变,而是对题义的轻重作出自己的强调,或者对题义作出自己的延伸,这些都会被视为另类,视为凌驾。万历元年,王锡爵典顺天乡试,为孟题《不愆不忘 节》所写程文表现出王锡爵一贯的为人、为官、为文的风格,其文如下:

> **诗云:"不愆不忘,率由旧章。"遵先王之法而过者,未之有也。**
> **王锡爵**
> 即诗人之论治,而得保治之道焉。
> 夫法者,治之具也。法立而能守,则于保治之道得矣,何过哉?
> 且夫治天下以仁,行仁以法,法之裕于治也,盖自古记之矣。假乐之诗曰:"不愆不忘,率由旧章。"夫所谓旧章者,先王之法也。
> 仁心由此行,仁泽由此溥,是万世无弊之道也。
> 聪明乱之,则有过而愆焉;
> 积习隳之,则有过而忘焉。
> 夫惟善保治之主,为能守法,亦惟善守法之主,为能无过。
> 六官之典,即方册而具存也。吾之议法于朝廷者,循是而经纶之,则朝廷正矣。

---

① (清)高嶪《论文集钞》,黄秀文、吴平主编《华东师范大学图书馆藏稀见丛书汇刊》第二四册,第137—138页。

九牧之政，继治世而道同也。吾之布法于邦国者，循是而张弛之，则邦国安矣。

故诗之言"不愆"也，则守法之一效也。何也？法立于先王而天理顺焉，人情宜焉。其在后世，但一润色间而画一之规模自有四达不悖者，何愆之有？

诗之言"不忘"也，则守法之又一效也。何也？法立于先王而大纲举焉，万目张焉。其在后世，但一饰新间而精详之条理自有咸正无缺者，何忘之有？

信乎心法合而成治，作述合而保治，自尧舜以来，所以置天下于寡过之域者，皆是物也，而诗人岂欺我哉！吁！后之有仁心仁闻者，可以得师矣。

然使三代以还，人必里居，地必井受，舞必《韶》《夏》，服必邹鲁，能以治乎？要之，谨任人，持大体，而王者躬明德于上，虽玄黄异饰，子丑殊建，不害为继述也。夫周官月令试之而不效者，岂法弊哉？故曰王道本于诚意。

题目取自《孟子·离娄上》，孟子引《诗经》的"不愆不忘，率由旧章"来说明行圣王之仁政的重要性，指出当时诸侯有仁心仁闻而民不被其泽，原因在于他们不行先王之道。王锡爵此文即以"仁心由此行，仁泽由此溥，是万世无弊之道也"入题，其中比以"六官之典，即方册而具存也。吾之议法于朝廷者，循是而经纶之，则朝廷正矣。九牧之政，继治世而道同也。吾之布法于邦国者，循是而张弛之，则邦国安矣。"演绎"率由旧章"，引入"六官之典""九牧之政"，这是明代制义演绎先王旧章、《周官》法度常用的典故，钱禧认为此文乃"老成经国之言，不当作举子业看过"。在演绎完"遵先王之法而过者，未之有也"之后，王锡爵于大结中异峰突起："然使三代以还，人必里居，地必井受，舞必《韶》《夏》，服必邹鲁，能以治乎？要之，谨任人，持大体，而王者躬明德于上，虽玄黄异饰，子丑殊建，不害为继述也。夫周官月令试之而不效者，岂法弊哉？故曰王道本于诚意。"其意为，虽然守先王之法即无过，但假如三代以来，人必里居，必用井田制,舞必《韶》《夏》,服必邹鲁,则不是真正的守先王之法。关键在于谨任人,持大体,而人主能够躬明德于上,即使天下多样化,也不妨碍为三代之继述也。如果今天仍用《周官·月令》之法而无效果,则非法之弊,乃不知变通之弊也。这是对孟子原话的进一步延伸,把"率由旧章"提高到一个新的层面。王世懋称此文一味凌驾,苏濬称此文为程文变格,王衡则说:"识见高,笔力高,故锋芒四出,不复可掩,而遂为后世疾行怒视者开一法门。"①这种充盈的主体性将为万历制义带来一代新风。清代汪份的《庆历文读本新编》也选入此文,并批其文曰:"至其议论精实,笔力雄健,直与江陵《先进》篇匹敌。而议者或讥其一味凌驾,又以为程文变格,又以为开后世疾行怒视者法门,愚未敢谓为允也。"清人的明文选本基本上都删去了其原有的大结,汪份此书也一样。汪份未见及此文大结,故认为王世懋、苏濬、王衡的意见并不公允。

万历四年丙子科应天乡试题《举舜而敷　夫也》,这是一道长题,题目选自《孟子·滕文公上》第四章第九节后半部分和第十节、第十一节,全题如下:

举舜而敷治焉。舜使益掌火,益烈山泽而焚之,禽兽逃匿。禹疏九河,瀹济漯,而注诸海;决汝汉,排淮泗,而注之江,然后中国可得而食也。当是时也,禹八年于外,三过其门而不入,虽欲耕,得乎?//后稷教民稼穑。树艺五谷,五谷熟而民人育。人之有道也,饱食、暖衣、逸居而无教,则近于禽兽。圣人有忧之,使契为司徒,教以人伦:父子有亲,君臣有义,夫妇有别,长幼有序,朋友有信。放勋曰:'劳之来之,匡之直之,辅之翼之,使自得之,又从而振德之。'圣人之忧民如此,而暇耕乎?//尧以不得舜为己忧,舜以不得禹、皋陶为己忧。夫以百亩之不易为己忧者,农夫也。

这一章是孟子回答陈相的话。许行以自食其耕为得意,陈相以之为

---

① (明)杨廷枢、(明)钱禧辑评《皇明历朝四书程墨同文录》第一三册。

师。滕文公学圣人施仁政,但陈相认为他没有"与民并耕而食,饔飧而治",所以不能算是贤君。孟子告诉他,天下有大人之事,有小人之事,治天下者不应该做小人之事。"以百亩之不易为己忧者,农夫也",而圣人则是忧天下。

面对如此长题,制义家必有所剪裁,剪裁即凌驾,而这正是万历人的拿手好戏。该科解元顾宪成的墨卷被称为名篇,其文在演绎完题目的前两节之说,不循题序论说"尧以不得舜为己忧",而是接以下四股:

> 尧一日无舜,则孰与命禹、益?
> 舜一日无禹、益,则孰与拯昏垫之患而登天下于平成?
> 尧一日无舜,则孰与命稷、契?
> 舜一日无稷、契,则孰与粒阻饥之民而跻天下于揖让?

然后再接着演绎"尧以不得舜为己忧"一节,这种不粘滞于题目的修辞策略被庄元臣视为"题外发意,空中弄丸",乃"文家凌驾处"。① 这里的"凌驾"指的是文家以我驭题的主体状态,是褒扬之词。

挑、剔的文法为"以道论艺"者所诟病,但它是一种"以我驭题"的方式,它基于作者对题目中各字词的不同重要性的认识。

早在成化年间,挑剔文法已让士子在乡、会试上尽领风骚。成化二十年甲辰科会试第二题《君子戒慎乎其所不睹恐惧乎其所不闻》,题意为:君子在别人看不到的地方也警惕谨慎,在别人听不到的地方也畏惧小心。结论是"君子慎其独也"。"不睹""不闻",正对应于该章第四节所说的"未发之中","戒慎""恐惧",即朱熹所说的"敬以直内"。会元储巏的墨卷以两大股层层挑剔"不睹""不闻"四字:

> 时乎不睹,宜若无事于戒慎矣。君子曰:睹而后敬,则能敬于睹之所及,而不能敬于睹之所不及,而真睹忘矣。故视于无形,常若有

---

① (明)庄元臣《行文须知》,王水照编《历代文话》第三册,第 2235 页。

所谓睹者，非睹之以目也，而实睹之以心。是其目虽未睹也，而吾心之真睹者，无不明矣。不睹而敬，则凡睹之之时可知也已。君子之戒慎有如此者。

时乎不闻，宜若无事于恐惧矣。君子曰：闻而后畏，则能畏于闻之所加，而不能畏于闻之所不加，而真闻丧矣。故听于无声，常若有所谓闻者，非闻之以耳也，而实闻之以心。是其耳虽未闻也，而吾心之真闻者，无不聪矣。不闻而畏，则凡闻之之时可知也已。君子之恐惧有如此者。

主体性的充分张扬、能动性的积极发挥，都会被视为凌驾，当然，不同的批评家对"凌驾"二字有着不同的赋值。

三、老释、心学思潮与义理凌驾

明代科举定四书五经为经义科的考试内容，表明尊儒是明代的官方意识形态。于是，一切非儒的思想都会被视为异端，而违背理学文风、张扬个性的文字则会被视为险怪文字。

成化间，一种所谓的险怪文风出现于乡、会试上。成化二十二年，礼部奏："天下乡试录文多乖谬，乞将考官训导黄奎等追夺聘礼，付御史究问。"①我们已经可以看到官方对乖谬文风的警诫。成化二十三年会试，同考试官赵宽在批蒋冕墨卷时说："初场之制，本以明经取士。近日作者竞以险怪奇崛相高，而于经义顾无所发明，甚者或离而去之。"②同考官郑纪也说，蒋冕之墨卷"词顺理明，不事新巧，盖欲矫科场之近习也"。③ 都在指出成化间的制义文风已变。究竟什么是"乖谬""险怪奇崛"的文风？我们可以来看看桑悦的例子。成化十一年乙未科会试，桑悦于第二场《学以至乎圣人之道论》中有"我去而夫子来也"等句，考官为之缩舌曰："岂

---

① （清）黄崇兰《贡举考略》卷一。
② 《成化二十三年会试录》，龚延明主编《天一阁藏明代科举录选刊·会试录》上册，第542页。
③ 《成化二十三年会试录》，龚延明主编《天一阁藏明代科举录选刊·会试录》上册，第542页。

江南桑生耶？狂士！狂士！"①结果桑悦为丘濬所黜落。后再次参加会试，其第三场策文中又"腹中有长剑，日日几回磨"之句，为检讨吴希贤所黜。桑悦为吴中才子，"时以孟轲自况，原、迁而下弗论"。② 廖可斌在谈到成化间反台阁体而倡复古的吴中作家时提到了桑悦，认为桑悦的诗文创作"可视为明中叶复古派诗文创作之先声"。③ 反台阁体而倡个性，其怪词险语即是这类张扬个性、显露才情而不顾科场环境的句子，这类表达方式显然有悖于理学文章的写作环境。昆山人吴大有（字元亨）于弘治五年参加乡试，九年参加会试，两次考试第三场的五篇策文，其第一、第三、第五道策的冒头都用"三问而三不知，君子以为深知；三问而三不答，君子以为深答"，这显然属于"怪词险语"，但结果皆列高等。有人说："弘治中风气淳庞，若此者，人不以为诽，使在嘉靖中，必以是为关节矣。"④认为吴大有的高中是因为弘治时期风气淳庞。鉴于成化间桑悦的遭遇，笔者认为吴大有之高中，更有可能是他幸运，没有碰上丘濬之类的考官。

　　成、弘之后，正文体的警诫一直不断。嘉靖六年奏准："科场文字，务要平实典雅，不许浮华险怪，以坏文体。"⑤嘉靖十一年壬辰科会试前夕，夏言上疏请变文体以正士习，责主司以定程序，简考官以重文衡。嘉靖帝也说："文运有关国运，士子大坏文体，诚为害治，宜明禁谕，务醇正典雅，明白通畅。仍前勾棘奇僻，痛加黜落，甚则主考具奏处治。"⑥但是，就在该科的墨卷中，桑惟乔的《大哉尧之　全章》题文墨卷即被视为"开凌驾之端"。⑦ 罗念庵说："此科之后，大变厥初，风藻如许、弘丽如薛，岂不斐然，终伤大雅。"⑧

　　这类险怪奇崛的文风毕竟还不是道、佛思想。嘉靖之后，官方所警诫的更多的是道、佛。嘉靖十二年，御史闻人诠上言："今时文体诡异已极，

---

① （明）蒋一葵《尧山堂外纪》卷九一。
② （明）蒋一葵《尧山堂外纪》卷九一。
③ 廖可斌《明代文学复古运动研究》，第52页。
④ （明）顾起元撰，谭棣华、陈稼禾点校《客座赘语》卷六，第175页。
⑤ （明）申时行等重修《明会典》卷七七，第1792页。
⑥ （明）杨廷枢、（明）钱禧辑评《皇明历朝四书程墨同文录》第一一册。
⑦ （明）杨廷枢、（明）钱禧辑评《皇明历朝四书程墨同文录》第一一册。
⑧ （明）杨廷枢、（明）钱禧辑评《皇明历朝四书程墨同文录》第一一册。

乞申饬天下,力崇古朴,其要在先责督学宪臣,次责场屋考校等官。"世宗报曰:"自后遇乡试,礼部必详阅试录与各生公据,有仍前离经叛道、诡辞邪说者,则治监临考校官之罪,黜其中式者为民。"①这里所反对的已经不只是浮华险怪的文风,而且是"离经叛道、诡辞邪说",显然是指儒家思想、程朱理学之外的异端。嘉靖十六年丁酉科广东乡试《固天纵之将圣二句》题,已出现考官所撰"词义荒谬"的"诡怪"程文。言官弹劾,布政、按察司官及考试官所在即讯巡按官下诏狱。于是,嘉靖十七年题准,会试文字务必醇正典雅:"其有似前驾虚翼伪、钩棘轧茁之文,必加黜落。……引用《庄》《列》背道不经之言,悖谬尤甚者,将试卷送出,以凭本部指实奏请除名,不许再试。"②十六年广东程文是如何诡怪,因其文"已掷",其内容不可得而知。但从"禁庄列语"来看,其文应该是把《庄子》《列子》引入程文中,故被视为大坏文体。

万历三年,朝廷再次强调学风,不许别创书院,群聚徒党。对于生徒文风,"其有剽窃异端邪说,炫奇立异者,文虽工弗录。所出试题,亦要明白正大,不得割裂文义,以伤雅道"。③ 明确反对异端邪说,同时也特别指出截割命题是有伤雅道的。

王世贞指出,万历初年,文不遵轨,"剽剥《南华》落字,《史记》剩语,人人自负漆园、子长,文不师心而师迹,可笑也","当事诸公,思振起之",④主考官余有丁所作程文,质直无丽,试图以此去扭转当时的科场文风。王世贞这里所批评的,不是士子制义引入庄子思想,而是批评他们"不师心而师迹",没有学习《庄子》《史记》的内在精神,而只是致力于套用其文字。但从这里也可以看出《庄子》对当时科场文字的影响。万历十九年辛卯,福建乡试题《居则曰不吾 点也》以孔子的"吾与点也"为讨论中心,考官的程文说曾点"以为有意当世乎,而抱此之志,一是非、齐得丧矣。以为无意当世乎,而扩此之志,通物我、忘形骸矣",以庄子的《齐

---

① (明)余继登《典故纪闻》卷一七,第312页。
② (明)申时行等重修《明会典》卷七七,第1792页。
③ (明)申时行等重修《明会典》卷七八,第1816页。
④ (明)杨廷枢、(明)钱禧辑评《皇明历朝四书程墨同文录》第一三册。

物论》解说曾点之志。虽然程文作者也感觉到以庄解孔的不合适,他说曾点的"浴乎沂,风乎舞雩,咏而归"之志,"非谓抗迹山林,泊然清夷以为修也""非谓游心澹寂、荡然天民以为徒也",不然的话,"所问者方出于经纶康济之计,而所嘉许者乃在乎逍遥闲旷之行。吾夫子之旨何至先后背谬,而人人如点,天下国家之责又谁任之"。① 这样的解释其实消除不了文中的庄子痕迹。

文字是思想的载体,当士子套用《庄子》文字时,道家思想就会潜入制义之中。万历十五年,礼部在议覆沈鲤的题参时指出,嘉靖末年以来,士子制义有用六经语者,其后以六经为滥套,而引用《左传》《国语》。几年之后又以《左传》《国语》为常谈,而引用《史记》《汉书》,之后又因《史》《汉》穷而用六子,六子穷而用百家,甚至取佛经道藏,摘其句法口语而用之。礼部希望这一改革能够贯彻到地方的小试中,指出提学责任尤为重大:

> 其各省直提学官,各持一方文衡,手所高下,人皆向风,转移士习,尤为紧切。如使胶庠之所作养者,皆务为险僻奇怪之文,而开科取士之时,欲合乎平正通达之式,臣等窃知其无是理也。乃往时止于科举年分稍一申饬,其各省直小考,则任其变乱程序,置之不问,是谓浊以源而求其流之清也,不可得己。……如复有前项险僻奇怪决裂绳尺,及于经义之中引用《庄》《列》《释》《老》等书句语者,即使文采可观,亦不得甄录,且摘其甚者,痛加惩抑,以示法程。②

万历二十六年,礼部复议科场事宜五款,其一曰:"议文体。大略务根朱注,本经传,禁佛老之谈及影入时事。……"③万历三十年,礼部条陈取士十五款,其一曰:"作文必依经傍注,参佛书者罚出。……各省直解朱墨

---

① (明)黄洪宪、(明)陶望龄等评《新镌翰林评选历科四书传世辉珍程文》下论卷四,陈维昭、侯荣川主编《日本所藏稀见明清科举文献汇刊》第一辑第四册。
② (明)王世贞撰,魏连科点校《弇山堂别集》卷八四,第1597页。
③ 《神宗显皇帝实录》卷三一八,万历二十六年正月二十一日。

卷,听本部司官秉公简阅,送礼科详核,用佛老者停科,多者革黜,主司、房考并治。"①看看此后礼部一次次的"正文体"之议,可知官方的禁佛、道并不能阻止佛、道思想在科场的风行。

正德以来,心学盛行,官方所警诫的异端就不仅仅是佛、道了。

嘉靖之后,官方关于文风的警诫开始密集起来,大臣关于"崇正学""正文体"的奏疏开始多起来。嘉靖元年十月,礼科给事中章侨上言:"近世以来,有等倡为异学之徒,大率取陆九渊之简便,惮朱熹为支离。甚者以朱熹为好名,文章为腐烂。"②监察御史梁世骠奏称:"近年以来以陆九渊为尊德性,以朱熹为未离,概多可丑。"③礼部议覆,指出:"近年以来,士习多有诡异,文辞务为艰险,不无有伤治化。"④并说:"毋惑怪异之说,毋习简便之私,毋作矫伪之行,毋尚艰险之文,但有诋訾先儒,厌弃经史,拂古圣之遗规,求真知于一蹴,著书立论,与程朱相背戾者,即是心术不正,官府察知,亟为禁治。"⑤指出当时陆九渊心学的盛行,并表明官方崇朱抑陆的态度。嘉靖二十一年,吏部主事李恺说:

> 孝庙以前,士人一意本领之学,科目人才皆敦厚正直,宁执滞而少浮华,服习其艺,因以约束其身。《书》云"归其有极"是矣。后来倡为一切道学之名,动欲体验"未发之中",而不及于明审笃慎之教。其流几以六经为庞赘,传注为刍狗,排新安为支离,取鹅湖为超卓。肆其奇变,纷然杂出其下,饰以雕绘,构以轧茁,畔经失传,不识《注》中何解,《或问》何辨。主者且眩惑,无以劝沮,风俗下矣。⑥

弘治之前,士人一意本领之学,即士人一心学习实践修身养性之儒学(理学),而科目人才都是敦厚正直,宁可执滞,也要拒绝浮华,从学风到

---

① 《神宗显皇帝实录》卷三七三,万历三十年六月二日。
② (明)俞汝楫《礼部志稿》卷九四,《文渊阁四库全书》本。
③ (明)俞汝楫《礼部志稿》卷九四,《文渊阁四库全书》本。
④ (明)俞汝楫《礼部志稿》卷九四,《文渊阁四库全书》本。
⑤ (明)俞汝楫《礼部志稿》卷九四,《文渊阁四库全书》本。
⑥ (清)李恺《赠徐履素分教遂昌序》,(清)李清馥撰,徐公喜等点校《闽中理学渊源考》,第693页。

人品，都追求朴实无华、推重修身之本。后来倡为一切道学之名，动欲体验"未发之中"，而不及于明审笃慎之教。这应该是指王阳明心学的兴起。其流几以六经为庞赘，传注为刍狗，排新安（朱熹）为支离，取鹅湖（陆九渊）为超卓。肆其奇变，纷然杂出其下，饰以雕绘，构以轧茁，畔经失传，不识《注》中何解，《或问》何辨。

在朝廷的三令五申之下，一些心学追随者，一旦身为考官，毕竟悍于主流舆论，其所作程文仍是遵传注而阐义理，像欧阳德典嘉靖二十九年庚戌科会试，所作《洋洋乎 于天》题程文，徐阶典嘉靖三十二年癸丑科会试所作《大哉尧之 节》题的程文，都是能体贴朱传成文的，徐阶的程文，甚至是"只求如题，不参一毫己见"。①

我们无法推知欧阳德、徐阶是否有意区分科场内外，不过焦竑的《四书讲录》倒是让我们了解了他的真实想法。该书首先抬出"高皇帝讲义"，称朱元璋"每以宋儒为迂，而曰'经之不明，传注害之'"。② 全书以推崇王阳明对四书的诠释为宗旨，其体例是：先引四书原文，每节之下，先引"晦庵子"（朱熹）的注释，然后说："时文且依他说。"然后给出自己反对的理由，再引"阳明子"（王守仁）的观点，正面展开王阳明四书学。如"知止而后"一节：

> 晦庵子以此条为止至善之由。时文且依他说。明德、新民，固在"止至善"，而"至善"之"止"必以知止为知，"知止"于"能德"已不甚相远了，定、静、安、虑亦只是从中细分，其妙处有此四者，非终身经历之次第也。③

于《孟子》"尽其心者"章说：

> 此章晦庵子分作知、行。时文且依他说。一条是知以造其理，二

---

① （明）杨廷枢、（明）钱禧辑评《皇明历朝四书程墨同文录》第一一册。
② （明）焦竑《四书讲录》卷首。
③ （明）焦竑《四书讲录》卷首。

条是行以复其事,三条是知、行各造其极。①

焦竑这里作了一个区分:从义理上来说,他是不同意朱熹的一些解释的,但朱注毕竟是科举考试的义理依据,苟且尊重科场制度,"时文且依他说"。焦竑应试时和为考官时,其墨卷、程文也是遵朱注的。他应万历十七年会试时,所作《孟献子曰　节》题文"板朴殊有古风"。②

但是,还是有一些考官甘冒弹劾,敢于在乡、会试上倡言心学,对契合心学诠释的墨卷乐于取中。嘉靖八年会试,同考试官廖道南批唐顺之的《颜渊曰请　语矣》题墨卷:"是可与言心学者。"③也可见廖道南对心学的热衷,引唐顺之为同调。嘉靖二十九年会试,同考试官王维桢批何宽《既竭心思　下矣》题文:"说'竭''继'二字甚精,是明心学之要者。"此科徐阶为知贡举,张治为主考官,欧阳德为副主考。同考官有王维桢、李春芳等,大都是心学的追随者。嘉靖三十二年会试,同考官孙世芳批张书绅《诗》义:"说文王敬德处,最明尽,是可与言心学者。"④此科徐阶为主考官,同考官有瞿景淳、张居正等。万历二年会试,同考官陈评孙鑛《学如不及犹恐失之》题文:"体圣人讲心学,语庄洁而理明彻。"⑤由心学的追随者担任考官,其所录程文墨卷以心学解经,也就是顺理成章的事情了。

在通过主考官的衡文、录取环节而以心学、二氏之学影响天下文章方面,徐阶、李春芳、焦竑、杨起元等人最具代表性。艾南英说:"自兴化、华亭两执政尊王氏学,于是隆庆戊辰《论语》程义首开宗门。"⑥这里的"华亭"执政,指嘉靖末首辅徐阶,他推崇阳明学,有姚江弟子之称,嘉靖三十二年任会试主考官;"兴化"执政,指隆庆间首辅李春芳,曾是阳明后学王畿的学生,于隆庆二年继徐阶为首辅,隆庆二年任会试主考官。李春芳将

---

① (明)焦竑《四书讲录》卷一四。
② (明)杨廷枢、(明)钱禧辑评《皇明历朝四书程墨同文录》第一三册。
③ 《嘉靖八年会试录》,龚延明主编《天一阁藏明代科举录选刊·会试录》下册,第103页。
④ 《嘉靖三十二年会试录》,龚延明主编《天一阁藏明代科举录选刊·会试录》下册,第354页。
⑤ 《万历二年会试录》,龚延明主编《天一阁藏明代科举录选刊·会试录》下册,第644页。
⑥ (明)艾南英《历科四书程墨选序》,(明)艾南英《天佣子集》卷一。

自己所写的程文作为该科《会试录》的第一篇,这对当时以及其后数十年的举业界产生深远的影响。李春芳的破题是"圣人教贤者以真知,在不昧其心而已矣"。顾炎武明确指出,这个"真知"是典型的道家用语。这篇八股文以程文的形式出现于该科《会试录》之首篇,无疑是一个信号,向天下应试士子宣布,于制义中引入道家,将会得到鼓励。"自此五十年间,举业所用,无非释老之书。彗星扫北斗、文昌,而御河之水变为赤血矣。"①艾南英认为,以隆庆戊辰会试为标志,晚明的文风士习迅速走向衰颓。

事实上,早在嘉靖二十六年,李春芳作为考生参加会试,其墨卷即以阳明心学诠释《中庸》。该科的《中庸》题是《中也者天下之大本也和也者天下之达道也致中和天地位焉万物育焉》取自《中庸》第一章第四节后四句和第五节。同考试官瞿景淳批李春芳《中也者 育焉》题墨卷:"典雅渊深,可与语心学矣。"同考试官严讷批:"中和位育,皆不外乎此心。此作以'心'字立说,发出圣人精蕴,必邃于心学者。"副主考官张治批:"是知心学者之语。"②

《中庸》首章首节曰:"天命之谓性,率性之谓道,修道之谓教。"朱熹认为,修,即品节之,即对人依品类而节制之,即是教,而礼、乐、刑、政即是教之属也。人的性道虽同,但气禀各异,故不免有"过"或"不及"的差异,因此需要教化。王阳明则认为,把教解释为对人的礼、乐、刑、政之教,这不是子思的意思。因为接下去第二节即说:"是故君子戒慎乎其所不睹,恐惧乎其所不闻。"这个"戒慎恐惧"与个人的内心有关,"礼乐刑政"与"戒慎恐惧"在语意上是接不上的。修道即是复性命之本然,而"戒慎恐惧"正是修道的工夫。李春芳此文正是以"吾心自足"为基点展开论述的,其文如下:

《中庸》言道具于人之心,尽其心则尽道矣。

---

① (清)顾炎武著,(清)黄汝成集释,栾保群校注《日知录集释》,第1070页。
② 《嘉靖二十六年会试录》,龚延明主编《天一阁藏明代科举录选刊·会试录》下册,第247页。

盖心统乎道,合天地万物而一者也。能尽其心,则位育之功至矣,夫岂待于外哉?子思之意曰:天下无心外之道,君子有尽心之学。

今夫人之一心,以其体之本然,而无所偏倚者之谓中。是中也,即天所命于人以为性。寂然不动,而喜怒哀乐之机已根于此,所以涵天地万物之理于静虚者也。盖无一理之不具,故不待于外而无所不备矣,非天下之大本乎?

以其用之自然,而无所乖戾者之谓和。是和也,即人所率于性而为道。随感而应,通天下古今之人而无或不同,所以循天地万物之情而顺动者也。盖无一物之不□,故不假于人而无所不周矣,非天下之达道乎?

夫道之具于人心,其体用如此。

君子于此,诚能存戒惧于不睹不闻之时,约而至于至静之中,不使有一毫之偏倚,则极其中而大本立矣;

辨善恶于隐微幽独之地,精而至于应物之处,不使有一毫之差谬,则极其和而大用行矣。

由是,吾心之中,即天地之中。吾心既不违于中,则天地亦不能违吾心,而有所不位矣。阴阳动静,各止其所,殆与心而同其神乎?

万物之和,即吾心之和。和既极于吾心,则万物亦不能违吾心,而有所不育矣:欢忻交通,充塞无间,殆与心而一其化乎?

盖至是而体道之功无以加矣,然皆始于心焉。

向使须臾之不敬,一念之未纯,则与天地不相似,而万物且违之矣,况得而位育之哉。此君子所以贵有尽心之学也。虽然,尧舜之道,亦不过此。危微精一之训,万世治天下之法也。后世心学不明,去道益远,而唐虞之化不复见者,岂不可深慨哉!此子思所以忧天下而作《中庸》也。

嘉靖二十年辛丑科会试,随着礼部尚书温仁和的主试衡文,制义中的凌驾文风由此盛行。该科首题《何事于仁必也圣乎》,子贡问:人能做到博施济众,能否算得上是仁人? 孔子说:何止是仁人,一定是圣人了。博施济众,这恐怕尧舜也难以做到。所谓仁,就是由己及人,立己而立人,达己而达人。子贡以博施济众求仁,孔子欲其反求诸近。温仁和的程文前半部分即借用《易经》的"财成天地之道,辅相天地之宜"①"范围天地之化而不过,曲成万物而不遗"②而凌空发论:"不知仁道至大,有自其一端而言者,有自其全体而言者。如一念之善,仁也。推而言之,裁成天地之道,辅相天地之宜,亦仁之极功耳。如一事之善,仁也,极而言之,范围天地而不过,曲成万物而不遗,亦仁之大用耳。"③对此凌空发论,杨廷枢觉得"颇快人意",④钱禧却认为是"凌驾法",⑤"民怀(温仁和字——引者注)弘治间人,何破坏古法也"。⑥ 这种凌空发论已有一种挣脱约束、放飞文思的倾向。

那位为文"能以韩、欧之气达程、朱之理"⑦的归有光,也追随着心学的步履。归有光曾写过三篇《物格而后　一节》题文,题中有物格、知至、意诚、心正、修、齐、治、平八个义项。吕留良指出,对于此题,若顺题挨讲,则空衍无奇。于是嘉靖间的作者"但于局阵求异。好新者为凌驾破碎"。⑧归有光此题文的第二篇并不在修辞上"凌驾破碎",而是在义理上以王阳明的"致良知"阐释这个题目。其提比曰:"诚能于典学之始,而启之以格物之功,于天下之理无不穷,而于天下之物无不格矣,则物者,吾之知之所资也。外缘无穷之象,而内识自然之心,理明义精而可以扩其天聪明之尽(此句原文可能有误),良知自此以不蔽也。知既至矣,则知者,吾之意之所因也。内极昭旷之原,则几分善恶之介,机融神朗而可以致其纤毫之必察,独知自此以不欺也。"⑨吕留良批评归有光此文为阳明学说所

---

① (魏)王弼注,(唐)孔颖达疏,李申、卢光明整理《周易正义》卷二,第66页。
② (魏)王弼注,(唐)孔颖达疏,李申、卢光明整理《周易正义》卷七,第267页。
③ (明)杨廷枢(明)钱禧辑评《皇明历朝四书程墨同文录》第一一册。
④ (明)杨廷枢(明)钱禧辑评《皇明历朝四书程墨同文录》第一一册。
⑤ (明)杨廷枢(明)钱禧辑评《皇明历朝四书程墨同文录》第一一册。
⑥ (明)杨廷枢(明)钱禧辑评《皇明历朝四书程墨同文录》第一一册。
⑦ (清)方苞编,王同舟、李澜校注《钦定四书文校注》,第113页。
⑧ (明)归有光撰,吕留良选评《归震川先生全稿》,第17A页。
⑨ (明)归有光撰,吕留良选评《归震川先生全稿》,第16A—16B页。

"惑乱",比如:"'外缘无穷之象,内识自然之心',都似是而非。圣贤所谓格至,只是事物之理请求体会,到贯通彻尽处,便是格至,不分内外。若谓缘解外物,以求试内心,正是分内外,圣贤只要明理以行道耳。要识心则甚,识自然之心,尤属邪异之旨,如此说,则'外缘无穷之象'一句已早契阳明痛棒了也。既见得万象属外,要内识自然之心,又要缘象以识,那得不吃他痛棒?"①

隆庆元年丁卯科广东乡试题《诗云鸢飞 二节》,考官的程文于起讲里说:"道其性之所率乎,物其道之所寓乎,性外无物,观物则知道矣。"②这正合乎南宋理学家张栻所说的"有太极则有物,故性外无物;有物必有则,故物外无性"。③但杨起元墨卷则别开生面,以心学、佛语入制义。这篇墨卷的主体部分,尤讲述宋儒之理:"语其始之所发端,道其肇基于夫妇矣乎,非近也。夫妇亦天地之小者也,一阴一阳立,而道行乎其间矣。此小之所以莫破也。否则,鸢鱼之飞跃也,孰为之根柢耶? 要其终之所极致,道其察于天地矣乎,非远也。天地特夫妇之大者也。一乾一坤立,而道塞乎其间矣。此大之所以莫载也。否则上下之昭著者,孰为之枢纽耶?"④正如李廷机所评,此卷"苍古简练,段段奇警,字字精彻,是弘正以上风味"。⑤ 但它的大结却别出峰峦:"抑斯道也,吾心之道也。万物皆备,吾心有鸢鱼也;阴阳动静,吾心有夫妇也;健顺相承,吾心有天地也。道本自然,心亦活泼,而过求者之失之也,故徇生寂灭者纷如,而道之费隐,始为天下裂矣,然后知子思子之善立言也。"⑥俞长城说:"以禅入儒自龙溪诸公始也,以禅入制义自贞复先生始也。贞复受业罗近溪,次《近溪会语》,故其文率多二氏之言。"⑦朱长春说此文"是宋儒之理,却非宋儒语

---

① (明)归有光撰,吕留良选评《归震川先生全稿》,第17B页。
② (明)杨廷枢(明)钱禧辑评《皇明历朝四书程墨同文录》第一二册。
③ (宋)张栻著,杨世文点校《张栻集》,第546页。
④ (明)黄洪宪(明)陶望龄等评《新镌翰林评选历科四书传世辉珍程文》中庸卷二,陈维昭、侯荣川主编《日本所藏稀见明清科举文献汇刊》第一辑第四册。
⑤ (明)黄洪宪(明)陶望龄等评《新镌翰林评选历科四书传世辉珍程文》中庸卷二,陈维昭、侯荣川主编《日本所藏稀见明清科举文献汇刊》第一辑第四册。
⑥ (明)黄洪宪(明)陶望龄等评《新镌翰林评选历科四书传世辉珍程文》中庸卷二,陈维昭、侯荣川主编《日本所藏稀见明清科举文献汇刊》第一辑第四册。
⑦ (清)俞长城《题杨贞复稿》,(清)俞长城《百二十家制义》第二〇册。

录,有庄生之神,又非庄生口谈"。① 事实上,这篇墨卷的大结不仅"非宋儒语录",而且是王阳明的"吾性自足""心即理"的具体展开。而且,"寂灭"为佛家语,"道之费隐,始为天下裂"之语显然来自《庄子》的"道术将为天下裂"。

万历十年壬午应天乡试副主考沈懋孝所作程文的大结说:"盖闻太上,知有之,次亲之、誉之。人亲誉我者,我投以迹也,无意则忘,忘则人亦忘我焉,而天下化。斯治古之极,而养之至乎? 然在所自养矣。"②这实际上是引述了老子的《道德经》第十七章:"太上,下知有之。其次,亲而誉之。其次,畏之。其次,侮之。信不足,焉有不信焉。悠兮其贵言。功成事遂,百姓皆谓我自然。"③帝王之治天下,最高的境界是百姓相忘于无为而不知其有上;其次则百姓亲之、誉之,其下者则是畏之、侮之。万历十三年乙酉科浙江乡试《夫妇之愚　所憾》题,题意为,平民男女虽然愚昧,但日常道理可以使他们知道。但冯烶的墨卷却以心学的"良知""良能"诠题中的"知"字:"今以知观道,夫妇之愚而良知在也,可以与知焉,及其至,虽生知之圣,亦有所不知矣。是何愚者率之以为知,而圣人顾无全知也? 以行观道,夫妇之不肖而良能在也,可以能行焉,及其至,虽安行之圣,亦有所不能矣。是何不肖者率之以为能,而圣人顾无全能也?"④冯烶成为此科解元,此文也被选入《乡试录》成为程文,可见考官对这种心学诠释的推崇。

王锡爵主试万历十四年会试,声称制义"不必避二氏百家"。⑤ 而常常非议程、朱而专事凌驾的考生袁黄也在王锡爵的主试下中式。

万历二十年壬辰科会试,被后人视为明代文风士习走向衰颓的转折点,吕留良说:"至于壬辰,格用断制,调用挑翻,凌驾攻劫,意见庞逞,矩矱

---

① (明)杨廷枢、(明)钱禧辑评《皇明历朝四书程墨同文录》第一二册。
② (明)黄洪宪、(明)陶望龄等评《新镌翰林评选历科四书传世辉珍程文》下孟下卷,陈维昭、侯荣川主编《日本所藏稀见明清科举文献汇刊》第一辑第四册。
③ (魏)王弼注,楼宇烈校释《老子道德经注校释》,第40页。
④ (明)杨廷枢、(明)钱禧辑评《皇明历朝四书程墨同文录》第一三册。
⑤ (明)袁黄著,黄强、徐姗姗校订《〈游艺塾文规〉正续编》,第230页。

先去矣。"①高嵣也说:"万历自壬辰而降,宣城以穿插纤佻为巧,同安以排叠凌促为工,一时靡然从风,真气销亡。"②(宣城指汤宾尹,同安指许獬)这是晚明时代风尚对制义文风影响的结果。"意见庞逖""猖狂自恣""启横议之风,长倾诐之习",这些都属于义理上的凌驾,以异端凌驾于程、朱之上。

隆、万间理学家杨时乔说,自汉武帝表章六经以来,儒学独尊,唐、宋虽崇信不纯,权术虚无杂用,但仍然是首孔子,次佛老,"未始凌驾独宗"。③ 至明嘉靖以来,心学盛行,阳宗孔子,而实阴用佛老,而又凌驾独宗,这就危及儒学的统序。凡是在制义中杂入二氏、凡是在制义中高谈"人各有知,知本自良",都是在凌驾以程、朱为正宗的儒学。而这样的制义,在隆、万时期已经是比比皆是,如万历"二十八年,礼科摘湖广举人董以修四书义有'无去无住,出世住世'语,罚停五科"。④ 这显然是以佛家语入制义。

凌驾,作为明代制义写作与批评的高频范畴,包含着多层的涵义。它所指涉的不仅是思想史领域,也包括制义修辞。它的形成既有题型变化的原因,也有考官出于义理或修辞上的旨趣,更有时代文化思潮的感召。也正因此,通过对凌驾范畴的历史、制度、文章、文化等层面的分析,可以让我们从一个独特的角度审视明代文化思潮与科举命题的交汇。

---

① (清)吕留良《东皋遗选前集论文》,(清)吕留良撰,俞国林编《吕留良全集》第一册,第176页。
② (清)高嵣《明文钞》第五编编前按语,乾隆五十一年广郡永邑培元堂刻本。
③ (清)黄宗羲撰,沈芝盈点校《明儒学案》卷四二,第1031页。
④ 转引自《日知录集释》卷一八,第1071页。

结　语

宋代以来，很多士人毫不客气地表达了对"举业""时文"的鄙夷，相对于"经国之大业，不朽之盛事"的文章定位，"举业""时文"只能处于鄙视链的末端。明代制义至明末被称为"八股文"，这一俗称多少含有"不敬"之意，明末清初那些饱受举业之苦者，则往往骂之为"八股头"，清代小说，凡是写到科举考试、八股文写作的，基本上都是痛苦经验的描述，其笔调往往是略带辛酸，略带讽刺，略带诅咒，略带自嘲。

举业乃入仕之初阶，故举业被视为"利途"。在几千年来的义利之辨的框架下，举业自然与卑陋鄙俗相关联。经术乃学问之高阶，诗情乃文学之佳境，在经术与诗情的光芒之下，举业显得既卑又陋，卑陋得令有志经术或诗情的举子常怀无地自容之羞愧，常以"弃举子业"宣示自己之弃暗投明、改过自新。但是，这一类对待举业、时文的态度因缺乏历史的洞见与辩证的思维而显得不堪一驳。嘉靖间俞姓教谕以"岩穴贤士"形"甲科"之陋俗，责唐顺之未能搜罗野之遗贤。唐顺之辩曰："夫业无定习，而心有转移，苟真有万物一体之心，则虽从事于举业以进身，未尝不为义途也；若使有独为君子之心，则虽从事于饬躬励行以退处，未尝不为利途也。经义策试之陋，稍有志者莫不深病之矣。虽然，春诵夏弦秋礼冬书，固古之举业也，固未尝去诵与书也。苟无为己之心，则弦诵礼书亦只为干禄之具；苟真有为己之心，则经义策试亦自可正学以言。昔人妨功夺志之辩，此定论也。"[①] 所谓"为己"，即宋儒所说的"为己之学"，也即儒者的自我修养。陈栎说："君子为己，不求人知，虽暗然若暗昧，而美实在中，自日著

---

① （明）唐顺之《答俞教谕》，（明）唐顺之著，马美信、黄毅点校《唐顺之集》，第194页。

而不可掩,如尚䌹而锦美在中,自不容掩于外也。小人为人,惟求人知,虽的然分明表暴于外,而无实以继之,日见其亡失泯没而已。君子小人之分,为己为人之不同耳。"①苟无"为己"之心,即使身处岩穴荒野,则弦诵礼书亦只为干禄之具。苟能克己为己,即使以举业为职业,也可引人一二于义途。唐顺之的申辩犹是采用经学立场,如果从教育制度的立场看,举业是以科举为目标的教育体制,是入仕之前的知识准备,是入仕为官之前的临时性阶段,戴名世所说的"自少而壮而老,终身钻研于其中"者②只是指那些屡败屡战的科场失败者。以举业为终生志业,这并不是科举制度的初衷。戴名世也寄望于有志君子:"由举业而上之为古文辞,由古文辞而上之至于圣人之大经大法,凡礼乐制度、农桑学校、明刑讲武之属,悉以举业之心思才力,纵横驰骋于其间,而不以四子之书徒为进取之资"③倘能如此,则举业何鄙陋之有! 如果立足于教育制度、选举制度、任官制度去考察明人举业,我们或许会更执着于冷峻的历史意识,而不纠缠于一般化的道德判断。

有人问钱谦益:"时文可传乎?"时文能像诗文一样,有永恒、不朽的价值吗? 钱谦益斩钉截铁地回答:"必不传!"他认为时文不具有永恒、不朽的价值。制义为王安石所首创,但王安石的制义,"今无只字"。刘基《覆瓿集》中所传《春秋》义是留传下来了,但这样的文章,兔园村夫子都能写得出来,庸俗之作,岂能不朽!

但是,如果有人问:"时文可废乎?"钱谦益又回答:"何可废也!"必不传之文又不可废,为什么? 因为明代"三百年之举子,精神心术,著见于是。天启乙丑而后,文妖迭兴,辛有百年之叹,于尺幅中见之。识微之君子,慎思之可也"。④周平王之东迁也,辛有适伊川,见披发而祭于野者,曰:"不及百年,此其戎乎? 其礼先亡矣!"所谓"辛有百年之叹",也即亡

---

① (明)胡广、(明)杨荣、(明)金幼孜纂修,周群、王玉琴校注《四书大全校注》,第243页。
② (清)戴名世《己卯科乡试墨卷序》,(清)戴名世著,王树民编校《戴名世集》,第94页。
③ (清)戴名世《己卯科乡试墨卷序》,(清)戴名世著,王树民编校《戴名世集》,第96页。
④ (清)钱谦益《家塾论举业杂说》,(清)钱谦益《有学集》卷四五,(清)钱谦益著,(清)钱曾笺注,钱仲联标校《钱牧斋全集》第六册,第1505—1506页。

国之叹。钱谦益的意思是,时文为明代三百年举子精神心术的历史记录;天启乙丑而后,文体大坏,而国运随之败亡,正如后来乾隆间四库馆臣所说的"文体鳌而士习弥坏,士习坏而国运亦随之矣"。① 也即是说,从文的角度看,时文必不传;但从记录三百年士子精神心术、王朝之兴盛衰亡的角度看,时文是一份历史的记录,则时文必不可废。作为历史文献,时文不可废。

当然,不管是"必不传"还是"何可废",钱谦益都是站在文章、文学的角度来论时文的价值。他既未从理学的角度,也未从制度的层面去评估时文的价值。1901年废除八股文体,1905年废除科举制度,明、清时期的制义名家已被人淡忘,的确是"必不传"。但是,在清末废除八股试士制度之前,明代那些制义名篇一直在广泛流传,被叹为神品、奉为圭臬。如果把"传"理解为屈宋文章、李杜诗歌般之永恒,时文自然是必不传。但在应试教育体系里,不管是制义八大家,还是江西四隽,其制义名文都将传之永远。

骚文体,今天已不使用(除极少数爱好者之外),其文除了《离骚》因屈原的人格力量而"可与日月争光"之外,又有多少骚体文流传于今人的吟诵之间?《离骚》煌煌两千余言,除了"路漫漫其修远兮,吾将上下而求索"寥寥几句之外,又有哪几句可以流传于今天的众人之口?表体文今天已不使用,除了诸葛亮的前后《出师表》、李密的《陈情表》之外,又有多少表文为今人所熟知?当一种文体不再被使用时,其传与不传便只有文献遗存的意义了。在科举制度仍在延续的时候,称时文必不传,充其量只是一种价值观表达,而不是真实的历史描述。

我们不应该把"可传"与"可废"绝对对立起来,我们应该有历史的观点。如果一种文体能著见三百年举子之精神心术,则必有可传之文。明代二百多年的科举史上,优秀的制义数不胜数,且不说王(鏊)、唐(顺之)、瞿(景淳)、薛(应旂)、归(有光)、胡(友信)、杨(起元)、汤(显祖)八大家,且不说邹(泗山)、万(国钦)、汤(显祖)、叶(修)"江西四隽",崇祯

---

① (清)永瑢等《四库全书总目》卷一九〇,第1729页。

间那位因为后来投顺李自成而被唾骂的项煜,其所作制义命意新,出笔锐,用法紧,制局灵,炼字老,以其法来指导当今高考作文,必为利器。其翻案之作(如《仁者先难而后获》题文),不仅灵机独运,别成花色,于理解四书真义,也可谓一助。

　　王思任说:"一代之言,皆一代之精神所出。其精神不专,则言不传。汉之策,晋之玄,唐之诗,宋之学,元之曲,明之小题,皆必传之言也。"①此言洵非溢美。

　　"不传"与"必传",并非凭个人志趣可以独断的。本书无意于断言"传"与"不传",只致力于梳理明代科举的真实面貌,以四书文命题作为聚焦点,勾勒其文化生态中的种种关联,种种面相。

---

① (明)王思任《唐诗纪事序》,(明)王思任著,任远点校《王季重十种》,第78页。

附录 明代乡试、会试四书题总汇

说明：

1. 本表所引题目，采用明、清制义选家通用的简写形式，即取题目的前四字与末二字，中间以一空格隔开，表示省略。题目仅七字或少于七字者，则全题录出。题末保留原文标点，以表明其属于完整句子，还是未完句子。若以逗号、分号、冒号结束，表明语意未完，以见考官的截取之意。其标点按中华书局1983年版《四书章句集注》。

2. 题目出处中的阿拉伯数字，表明题目所在的章，如"大学·传3"，表示取自《大学》的传之第三章。

3. 标明"截节题"者，表示该题目由两节或两节以上构成，其中有一节或两节被截去部分文字：或首节截去上部，或末节截去下部，或首节、末节同时截节题，然后搭并成题。截节题具备截搭题的题型特点。

4. 四书疑保留完整题目，不予省略。

▲太祖朱元璋洪武三年庚戌（1370年）

| 应天 | 《大学》曰："古之欲明明德于天下者，先治其国；欲治其国者，先齐其家；欲齐其家者，先修其身；欲修其身者，先正其心；欲正其心者，先诚其意；欲诚其意者，先致其知；致知在格物。物格而后知至，知至而后意诚，意诚而后心正，心正而后身修，身修而后家齐，家齐而后国治，国治而后天下平。"《孟子》曰："道在尔而求诸远，事在易而求之难。人人亲其亲、长其长而天下平。"问二书所言平天下大指同异。 | 大学·经
孟子·离娄上11 | 四书疑 |

| 江西 | 《大学》曰:"国治而后天下平。"《中庸》曰:"君子笃恭而天下平。"《孟子》曰:"人人亲其亲、长其长而天下平。"又曰:"修其身而天下平。"天下平一也,所以致天下平有四者之不同,何欤? | 大学·经
中庸 33
孟子·离娄上 11
孟子·尽心下 32 | 四书疑 |

● 明太祖洪武四年辛亥（1371 年）

| 会试 | 《孟子》曰:"由尧、舜至于汤,五百有余岁,若禹、皋陶,则见而知之。若汤,则闻而知之。"夫禹、皋陶、汤,于尧、舜之道,其所以见知闻知者,可得而论与?《孟子》又言:"伊尹……乐尧、舜之道。"《中庸》言:"仲尼祖述尧、舜。"夫伊尹之乐,孔子之祖述,其与见知、闻知者,抑有同异欤?请究其说。 | 孟子·尽心下 38
孟子·万章上 7
中庸 30 | 四书疑 |

▲ 明太祖洪武四年辛亥（1371 年）八月复行乡试①

| 应天 | 自天子以　为本。 | 大学·经 | 一节题 |
| 福建 | 有子曰礼　由之。 | 论语·学而 12 | 一节题 |

▲ 明太祖洪武五年壬子（1372 年）

| 应天 | 为政以德　共之。 | 论语·为政 1 | 全章题 |

▲ 明太祖洪武十七年甲子（1384 年）

应天	事父母能　其身,	论语·学而 7	二句题
	缺		
	缺		

---

① 洪武四年八月乡试、五年乡试,其四书题仍采用"四书疑"形式。黄崇兰《贡举考略》列有三题,但从题型看,非四书疑形式,可能有误。

● 明太祖洪武十八年乙丑（1385 年）

会试	天下有道　子出；	论语·季氏 2	二句题
	缺		
	见其礼而　其德。	孟子·公孙丑上 2	二句题

▲ 明太祖洪武二十年丁卯（1387 年）

应天	老者安之　怀之。	论语·公冶长 25	三句题
	兴于诗立　于乐。	论语·泰伯 8	全章题
	克己复礼　仁焉。	论语·颜渊 1	三句题
河南	孝弟也者　本与！	论语·学而 2	二句题
	缺		
	缺		

● 明太祖洪武二十一年戊辰（1388 年）

会试	君使臣以　以忠。	论语·八佾 19	二句题
	缺		
	缺		

▲ 明太祖洪武二十三年庚午（1390 年）

应天	缺		
	凡为天下　侯也。	中庸 20	一节题
	其为气也　长也。	孟子·公孙丑上 2	截节题

●明太祖洪武二十四年辛未(1391年)

会试	尧舜帅天　从之；	大学·传9	二句题
	缺		
	及其闻一　御也。	孟子·尽心上16	四句题

▲明太祖洪武二十六年癸酉(1393年)

河南	贤贤易色　学矣。	论语·学而7	全章题
	缺		
	缺		

●明太祖洪武二十七年甲戌(1394年)

会试	颜渊问为　人殆。	论语·卫灵公10	全章题
	缺		
	缺		

▲明太祖洪武二十九年丙子(1396年)

应天	为政以德　共之。	论语·为政1	全章题
	缺		
	缺		

●明太祖洪武三十年丁丑(1397年)

会试	物有本末　道矣。	大学·经	一节题
	君子不可　受也；	论语·卫灵公33	二句题
	知者无不　为务。	孟子·尽心上46	四句题

▲明惠帝建文元年己卯(1399年)

应天	行夏之时　韶舞。	论语·卫灵公 10	四节题
	亲亲而仁　爱物。	孟子·尽心上 45	二句题
	可以托六　人也。	论语·泰伯 6	全章题
福建	君子博学　矣夫!	论语·雍也 25	全章题
	天何言哉　言哉?	论语·阳货 19	一节题
	缺		

●明惠帝建文二年庚辰(1400年)

会试	事君敬其　其食。	论语·卫灵公 37	全章题
	孔子之谓　之也。	孟子·万章下 1	三句题
	子谓子产　也义。	论语·公冶长 15	全章题

▲明成祖永乐元年癸未(1403年)

应天	周监于二　从周。	论语·八佾 14	全章题
	缺		
	尽其心者　命也。	孟子·尽心上 1	全章题

●明成祖永乐二年甲申(1404年)

会试	是故君子　足矣。	大学·传 10	二节题
	禹吾无间　然矣。	论语·泰伯 21	全章题
	缺		

▲明成祖永乐三年乙酉(1405年)

应天	殷因于夏　知也；	论语·为政23	四句题
	大哉圣人　于天。	中庸27	二节题
	缺		

●明成祖永乐四年丙戌(1406年)

会试	大学之道　至善。	大学·经	一节题
	克己复礼　仁焉。	论语·颜渊1	三句题
	致中和天　育焉。	中庸1	一节题

▲明成祖永乐六年戊子(1408年)

应天	道之以德　且格。	论语·为政3	一节题
	唯天下至　参矣。	中庸22	一节题
	缺		
江西	仰之弥高　以礼。	论语·子罕10	二节题
	缺		
	缺		
福建	古之欲明　格物。	大学·经	一节题
	莫见乎隐　独也。	中庸1	一节题
	缺		

●明成祖永乐七年己丑(1409年)

会试	缺		
	武王缵大　保之。	中庸18	一节题
	缺		

▲明成祖永乐九年辛卯(1411年)

应天	见贤思齐　省也。	论语·里仁 17	全章题
	唯天下至　参矣。	中庸 22	一节题
	缺		
浙江	回也其心　已矣。	论语·雍也 5	全章题
	非礼勿视　勿动。	论语·颜渊 1	四句题
	缺		
福建	君子博学　矣夫!	论语·雍也 15	全章题
	天何言哉　言哉?	论语·阳货 19	一节题
	缺		

●明成祖永乐十年壬辰(1412年)

会试	诗云邦畿　所止。	大学·传 3	一节题
	天下之达　一也。	中庸 20	一节题
	故君子不　知天。	中庸 20	一节题

▲明成祖永乐十二年甲午(1414年)

顺天	吾十有五　逾矩。	论语·为政 4	全章题
	缺		
	缺		
应天	大哉尧之　则之,	孟子·滕文公上 4	三句题
	诚者非自　知也。	中庸 25	四句题
	缺		

			续　表
福建	夫子之得　斯和。	论语·子张25	五句题
	故为政在　以仁。	中庸20	一节题
	人之所不　知也。	孟子·尽心上15	一节题

● 明成祖永乐十三年乙未（1415年）

会试	老者安之　怀之。	论语·公冶长25	三句题
	中也者天　育焉。	中庸1	截节题
	故君子不　知天。①	中庸20	一节题

▲ 明成祖永乐十五年丁酉（1417年）

顺天	缺		
	舜其大孝　保之。	中庸17	一节题
	缺		
应天	古者言之　逮也。	论语·里仁22	全章题
	缺		
	缺		

● 明成祖永乐十六年戊戌（1418年）

会试	定公问君　以忠。	论语·八佾19	全章题
	缺		
	缺		

---

①　此题据黄崇兰《贡举考略》，但据张朝瑞《皇明贡举考》，永乐十年会试已命此题。连续两科会试出同一题目，可能性不大，或许黄崇兰此处所载有误。

▲明成祖永乐十八年庚子(1420年)

顺天	颜渊问为 韶舞。	论语·卫灵公10	五节题
	缺		
	缺		
应天	可以托六 人也。	论语·泰伯6	全章题
	缺		
	缺		

●明成祖永乐十九年辛丑(1421年)

会试	子路问政 无倦。	论语·子路1	全章题
	博厚所以 无疆。	中庸26	二节题
	缺		

▲明成祖永乐二十一年癸卯(1423年)

顺天	子以四教 忠信。	论语·述而24	全章题
	故大德必 其寿。	中庸17	一节题
	缺		
应天	出门如见 于人。	论语·颜渊2	四句题
	诚者物之 为贵。	中庸25	一节题
	缺		

●明成祖永乐二十二年甲辰(1424年)

会试	质胜文则 君子。	论语·雍也16	全章题
	中也者天 道也。	中庸1	二段题
	仲尼祖述 水土。	中庸30	一节题

▲明宣宗宣德元年丙午(1426年)

顺天	夫子之不　升也。	论语·子张 25	一节题
	缺		
	缺		
应天	人能弘道　弘人。	论语·卫灵公 28	全章题
	缺		
	缺		
福建	唐虞之际　为盛。	论语·泰伯 20	二句题
	辟如天地　大也。	中庸 30	二节题
	至诚而不　者也。	孟子·离娄上 12	一节题

●明宣宗宣德二年丁未(1427年)

会试	子路问成　人矣。	论语·宪问 13	一节题
	齐明盛服　身也；	中庸 20	三句题
	天之高也　致也。	孟子·离娄下 26	一节题

▲明宣宗宣德四年己酉(1429年)

顺天	宽则得众　则说。	论语·尧曰 1	一节题
	博学之审　行之。	中庸 20	一节题
	缺		
应天	无为而治　已矣。	论语·卫灵公 4	全章题
	肫肫其仁　知之？	中庸 32	二节题
	缺		

续　表

浙江	子贡曰我　及也。	论语·公冶长 11	全章题
	诚者自成　为贵。	中庸 25	二节题
	缺		
江西	子曰予欲　言哉？	论语·阳货 19	全章题
	君子之所　见乎。	中庸 33	二句题
	缺		

● 明宣宗宣德五年庚戌（1430 年）

会试	孔子于乡　谨尔。	论语·乡党 1	全章题
	立则见其　后行。	论语·卫灵公 5	一节题
	洋洋乎发　后行。	中庸 27	三节题

▲ 明宣宗宣德七年壬子（1432 年）

顺天	夫子温良　之与？	论语·学而 10	一节题
	缺		
	缺		
应天	斯民也三　行也。	论语·卫灵公 24	二句题
	人一能之　必强。	中庸 20	截节题
	君子深造　之也。	孟子·离娄下 14	二句题

● 明宣宗宣德八年癸丑（1433 年）

会试	君子去仁　违仁，	论语·里仁 5	截节题
	庸德之行　慥尔！	中庸 13	多句题
	禹之行水　大矣。	孟子·离娄下 26	四句题

▲明宣宗宣德十年乙卯(1435年)

顺天	君子贤其　其利，	大学·传3	二句题
	唯天下至　出之。	中庸31	二节题
	德之流行　传命。	孟子·公孙丑上1	一节题
应天	人能弘道　弘人。	论语·卫灵公28	全章题
	缺		
	原泉混混　如是，	孟子·离娄下18	五句题
浙江	不如乡人　恶之。	论语·子路24	二句题
	其次致曲　能化。	中庸23	全章题
	人有不为　有为。	孟子·离娄下8	全章题
江西	好仁者无　见也。	论语·里仁6	截节题
	君子遵道　能之。	中庸11	二节题
	君子所性　故也。	孟子·尽心上21	一节题

●明英宗正统元年丙辰(1436年)

会试	尧舜帅天　从之；	大学·传9	二句题
	克己复礼　乎哉？	论语·颜渊1	一节题
	凡事豫则　则废。	中庸20	二句题

▲明英宗正统三年戊午(1438年)

顺天	他人之贤　逾也；	论语·子张24	三句题
	缺		
	心之所同　然耳。	孟子·告子上7	四句题

续　表

应天	子贡问曰　恶之。	论语·子路24	全章题
	缺		
	缺		
浙江	视其所以　廋哉？	论语·为政10	全章题
	使天下之　左右。	中庸16	一节题
	缺		
广东	他人之贤　逾也；	论语·子张24	三句题
	缺		
	缺		

● 明英宗正统四年己未（1439年）

会试	学如不及　失之。	论语·泰伯17	全章题
	故为政在　以仁。	中庸20	一节题
	无为其所　已矣。	孟子·尽心上17	全章题

▲ 明英宗正统六年辛酉（1441年）

顺天	夫子之得　斯和。	论语·子张25	五句题
	缺		
	缺		
应天	缺		
	是以声名　配天。	中庸31	一节题
	一乡之善　友也。	孟子·万章下8	全章题

			续表
浙江	知者乐水　者寿。	论语·雍也 21	全章题
	唯天下至　不说。	中庸 31	三节题
	缺		

● 明英宗正统七年壬戌(1442 年)

会试	隐居以求　其道。	论语·季氏 11	二句题
	自诚明谓　之教。	中庸 21	二段题
	易其田畴　用也。	孟子·尽心上 23	二节题

▲ 明英宗正统九年甲子(1444 年)

顺天	为政以德　共之。	论语·为政 1	全章题
	缺		
	心之官则　得也。	孟子·告子上 15	三句题
应天	居敬而行　简乎？	论语·雍也 1	一节题
	缺		
	夫仁天之　宅也。	孟子·公孙丑上 7	三句题
广东	子张问仁　使人。	论语·阳货 6	全章题
	知斯三者　家矣。	中庸 20	一节题
	江汉以濯　尚已。	孟子·滕文公上 4	三句题

● 明英宗正统十年乙丑(1445 年)

会试	有斐君子　忘也。	大学·传 3	四句题
	德为圣人　其寿。	中庸 17	截节题
	伯夷圣之　之也。	孟子·万章下 1	截节题

▲明英宗正统十二年丁卯(1447年)

顺天	君子耻其　其行。	论语·宪问29	全章题
	缺		
	道在尔而　下平。	孟子·离娄上11	全章题
应天	缺		
	诚者自成　道也。	中庸25	一节题
	仁义礼智　失之。	孟子·告子上6	多句题
福建	畜马乘不　之臣，	大学·传10	三句题
	缺		
	缺		
山东	子曰衣敝　以臧？	论语·子罕26	全章题
	君子之中　时中；	中庸2	二句题
	缺		

●明英宗正统十三年戊辰(1448年)

会试	才难不其　为盛。	论语·泰伯20	四句题
	耕也馁在　中矣。	论语·卫灵公31	二句题
	今夫天斯　殖焉。	中庸26	一节题

▲明代宗景泰元年庚午(1450年)

顺天	故君子不　众也。	大学·传9	多句题
	如有所立　也已。	论语·子罕10	三句题
	耳目之官　已矣。	孟子·告子上15	四句题

应天	贤者识其 之有？	论语·子张22	五句题
	诗云潜虽 而信。	中庸33	二节题
	使契为司 德之。	孟子·滕文公上4	多句题
浙江	子夏之门 人也？	论语·子张3	全章题
	缺		
	居下位而 者也。	孟子·离娄上12	全章题

● 明代宗景泰二年辛未（1451年）

会试	麻冕礼也 从下。	论语·子罕3	全章题
	百世以俟 不厌。	中庸29	截节题
	夫徐行者 已矣。	孟子·告子下2	五句题

▲ 明代宗景泰四年癸酉（1453年）

顺天	周有八士 季䯄。	论语·微子11	全章题
	故君子语 察也。	中庸12	截节题
	人能充无 义也。	孟子·尽心下31	一节题
应天	夫子之道 已矣。	论语·里仁15	二句题
	周公成文 庶人。	中庸18	多句题
	缺		
福建	子张问士 必闻。	论语·颜渊20	全章题
	柔远人则 畏之。	中庸20	二句题
	使之主祭 之也。	孟子·万章上5	五句题

●明代宗景泰五年甲戌(1454年)

会试	子在川上　昼夜。	论语·子罕16	全章题
	忠恕违道　于人。	中庸13	一节题
	请野九一　五亩。	孟子·滕文公上3	三节题

▲明代宗景泰七年丙子(1456年)

顺天	君子惠而　不猛。	论语·尧曰2	五句题
	致广大而　不倍，	中庸27	截节题
	其为气也　生者，	孟子·公孙丑上2	截节题
应天	子曰君子不器。	论语·为政12	全章题
	道也者不　道也。	中庸1	二句题
	缺		
湖广	摄齐升堂　息者。	论语·乡党4	一节题
	修身以道　为大；	中庸20	截节题
	与我处畎　民也，	孟子·万章上7	截节题

●明英宗天顺元年丁丑(1457年)

会试	大学之道　能得。	大学·经	二节题
	一日克己　勿动。	论语·颜渊1	截节题
	仁义礼智　者也。	孟子·告子上6	多句题

▲明英宗天顺三年己卯(1459年)

顺天	祭于公不　如也。	论语·乡党8	三节题
	中也者天　育焉。	中庸1	截节题
	亲亲而仁　爱物。	孟子·尽心上45	二句题

应天	颜渊问为　佞人。	论语·卫灵公 10	截节题
	天下之达　一也。	中庸 20	二节题
	不得于心　其气。	孟子·公孙丑上 2	多句题
江西	曰夫子何　之大？	论语·先进 25	四节题
	者不勉而　千之。	中庸 20	截节题
	鸡鸣而起　徒也。	孟子·尽心上 25	一节题

● 明英宗天顺四年庚辰（1460 年）

会试	君子之于　与比。	论语·里仁 10	全章题
	知远之近　之显，	中庸 33	三句题
	或劳心或　于人：	孟子·滕文公上 4	六句题

▲ 明英宗天顺六年壬午（1462 年）

顺天	为人君止　如磋，	大学·传 3	截节题
	子张学干　中矣。	论语·为政 18	全章题
	缺		
应天	子之燕居　如也。	论语·述而 4	全章题
	天地之道　载焉。	中庸 26	截节题
	圣人既竭　智乎？	孟子·离娄上 1	二节题
浙江	子使漆雕　子说。	论语·公冶长 5	全章题
	夫焉有所　其天！	中庸 32	截节题
	达不离道　于民；	孟子·尽心上 9	截节题

续 表

江西	孟武伯问　之忧。	论语·为政 6	全章题
	见而民莫　尊亲，	中庸 31	截节题
	不得于言　不可。	孟子·公孙丑上 2	三句题
福建	子曰因民　有司。	论语·尧曰 2	多句题
	诗云潜虽　下平。	中庸 33	四节题
	天子之卿　子男。	孟子·万章下 2	一节题
山东	公叔文子　诸公。	论语·宪问 19	一节题
	合外内之　宜也。	中庸 25	二句题
	我善养吾　与道；	孟子·公孙丑上 2	截节题
山西	礼云礼云　乎哉？	论语·阳货 11	全章题
	诚者自成　宜也。	中庸 25	全章题
	今曰性善　善也。	孟子·告子上 6	二节题

● 明英宗天顺七年癸未（1463 年）

会试	仁者先难　仁矣。	论语·雍也 20	二句题
	诚身有道　道也。	孟子·离娄上 12	截节题
	何谓善何　下也。	孟子·尽心下 25	八节题

▲ 明宪宗成化元年乙酉（1465 年）

顺天	天下有道　子出；	论语·季氏 2	二句题
	天之历数　其中。	论语·尧曰 1	二句题
	君仁莫不　定矣。	孟子·离娄上 20	四句题

续　表

应天	学如不及　失之。	论语·泰伯 17	全章题
	于乎不显　文也，	中庸 26	三句题
	父子有亲　有信。	孟子·滕文公上 4	五句题
浙江	天之历数　其中。	论语·尧曰 1	二句题
	缺		
	民日迁善　同流，	孟子·尽心上 13	截节题
江西	食不厌精　如也。	论语·乡党 8	全章题
	诚者非自　物也。	中庸 25	二句题
	以为无益　者也。	孟子·公孙丑上 2	四句题
河南	秦誓曰若　利哉。	大学·传 10	多句题
	缺		
	缺		
山东	为仁由己　勿动。	论语·颜渊 1	截节题
	不诚无物　物也。	中庸 25	截节题
	诗云雨我　伦也。	孟子·滕文公上 3	截节题
四川	居之无倦　以忠。	论语·颜渊 14	二句题
	物格而后　下平。	大学·经	一节题
	诗云鸢飞　察也。	中庸 12	一节题

● 明宪宗成化二年丙戌（1466 年）

会试	诗云邦畿　于信。	大学·传 3	三节题
	为之难言　讱乎?	论语·颜渊 3	二句题
	禹恶旨酒　待旦。	孟子·离娄下 20	全章题

▲明宪宗成化四年戊子(1468年)

顺天	欲修其身　身修，	大学·经	截节题
	举尔所知　舍诸？	论语·子路2	三句题
	古之人与　乐也。	孟子·梁惠王上2	二句题
应天	中人以上　上也。	论语·雍也19	全章题
	博学之审　措也；	中庸20	截节题
	人之于身　大人。	孟子·告子上14	二节题
浙江	古之欲明　下平。	大学·经	二节题
	君子贞而不谅。	论语·卫灵公36	全章题
	君子之事　而已。	孟子·告子下8	一节题
江西	孝者所以　兴让；	大学·传9	截节题
	故君子之　不惑。	中庸29	一节题
	天下之言　致也。	孟子·离娄下26	全章题
山东	可与共学　与立；	论语·子罕29	二段题
	天命之谓　谓教。	中庸1	一节题
	舜人也我　已矣。	孟子·离娄下28	多句题
广东	大宰问于　能也。	论语·子罕6	二节题
	子庶民则　畏之。	中庸20	四句题
	孔子登东　为言。	孟子·尽心上24	一节题

●明宪宗成化五年己丑(1469年)

会试	老者安之　怀之。	论语·公冶长25	三句题
	如此者不　而成。	中庸26	一节题
	仁之实事　舞之。	孟子·离娄上27	全章题

▲明宪宗成化七年辛卯(1471年)

顺天	居处恭执　人忠。	论语·子路19	三句题
	人莫不饮　味也。	中庸4	一节题
	孝子之至　谓也。	孟子·万章上4	一节题
应天	所谓诚其　独也！	大学·传6	一节题
	舜有天下　远矣。	论语·颜渊22	一节题
	人人亲其　下平。	孟子·离娄上11	二句题
浙江	居处恭执　人忠。	论语·子路19	三句题
	今天下车　从周。	中庸28	三节题
	乐正子强　以善。	孟子·告子下13	六节题
江西	入太庙每事问。	论语·乡党14	全章题
	人莫不饮　味也。	中庸4	一节题
	非天之降　类者。	孟子·告子上7	截节题
湖广	知者不惑　不惧。	论语·子罕28	全章题
	上天之载　至矣！	中庸33	三句题
	大舜有大　为善。	孟子·公孙丑上8	三节题
陕西	曰伯夷叔　何怨。	论语·述而14	多句题
	道前定则　身矣。	中庸20	截节题
	孟子曰尊　泯矣。	孟子·公孙丑上5	五节题
广东	子曰听讼　知本。	大学·传4	全章题
	子入大庙　礼也。	论语·雍也15	全章题
	曾子子思　皆然。	孟子·离娄下31	一节题

续表

广西	其心休休　容之，	大学·传10	多句题
	夫子之不　斯和。	论语·子张25	截节题
	仁义忠信　爵也；	孟子·告子上16	三句题

● 明宪宗成化八年壬辰（1472年）

会试	百工居肆　其道。	论语·子张7	全章题
	夫孝者善　所亲，	中庸19	截节题
	文王以民　乐也。	孟子·梁惠王上2	多句题

▲ 明宪宗成化十年甲午（1474年）

顺天	子曰参乎　曰唯。	论语·里仁15	一节题
	修身则道　畏之。	中庸20	一节题
	尊贤育才　有德。	孟子·告子下7	二句题
应天	畏天命畏　之言。	论语·季氏8	三句题
	武王缵大　之礼。	中庸18	多句题
	文王我师　我哉？	孟子·滕文公上1	二句题
浙江	大哉尧之　文章！	论语·泰伯19	全章题
	知仁勇三　乎勇。	中庸20	截节题
	夫物则亦　外与？	孟子·告子上4	二句题
江西	然非与曰　贯之。	论语·卫灵公2	二节题
	小德川流　敦化，	中庸30	二句题
	五谷者种　已矣。	孟子·告子上19	全章题

续 表

山东	谁能出不　道也？	论语·雍也 15	全章题
	修道以仁　为大；	中庸 20	截节题
	见其礼而　子也。	孟子·公孙丑上 2	一节题
陕西	知及之仁　善也。	论语·卫灵公 32	全章题
	如此者不　不已。	中庸 26	五节题
	舜明于庶　义也。	孟子·离娄下 19	一节题
广东	斯民也三　行也。	论语·卫灵公 24	二句题
	衣锦尚絅　日章；	中庸 33	四句题
	观水有术　照焉。	孟子·尽心上 24	一节题

● 明宪宗成化十一年乙未（1475 年）

会试	无为而治　已矣。	论语·卫灵公 4	全章题
	思事亲不　知天。	中庸 20	四句题
	周公兼夷　姓宁，	孟子·滕文公下 9	单句题

▲ 明宪宗成化十三年丁酉（1477 年）

顺天	立则见其　衡也。	论语·卫灵公 5	二句题
	夫微之显　此夫。	中庸 16	一节题
	尧以不得　之仁。	孟子·滕文公上 4	截节题
应天	古之学者　为人。	论语·宪问 25	全章题
	忠恕违道　于人。	中庸 13	一节题
	君子深造　之也。	孟子·离娄下 14	全章题

续　表

浙江	颜渊喟然　也已。	论语·子罕 10	全章题
	悠远则博　物也。	中庸 26	截节题
	孔子圣之　力也。	孟子·万章下 1	截节题
江西	礼之用和　行也。	论语·学而 12	全章题
	悠久所以成物也。	中庸 26	二句题
	我善养吾　长也。	孟子·公孙丑上 2	截节题
福建	天何言哉　言哉？	论语·阳货 19	一节题
	天命之谓　育焉。	中庸 1	全章题
	孔子之谓　力也。	孟子·万章下 1	二节题
广西	能行五者　仁矣。	论语·阳货 6	二句题
	缺		
	乐天者保天下，①	孟子·梁惠王下 3	单句题

● 明宪宗成化十四年戊戌（1478 年）

会试	子温而厉　而安。	论语·述而 37	全章题
	道也者不　道也。	中庸 1	三句题
	善政不如　民心。	孟子·尽心上 14	二节题

▲ 明宪宗成化十六年庚子（1480 年）

顺天	先事后得　德与？	论语·颜渊 21	二句题
	辟如四时　代明。	中庸 30	二句题
	心之所同　我口。	孟子·告子上 7	多句题

① 《贡举考略》作"乐天下者　句"，误。

			续　表
应天	孝者所以　众也。	大学·传9	三句题
	仁以为己　重乎？	论语·泰伯7	二句题
	由尧舜至　知之。	孟子·尽心下38	三节题
浙江	己欲立而　达人。	论语·雍也28	二句题
	故君子不　修身；	中庸20	截节题
	乡田同井　公田。	孟子·滕文公上3	截节题
江西	中庸之为　矣乎！	论语·雍也27	二句题
	宽裕温柔　别也。	中庸31	四段题
	缺		
湖广	瑟兮僩兮　仪也；	大学·传3	四句题
	师冕见及　道也。	论语·卫灵公41	全章题
	陈良楚产　士也。	孟子·滕文公上4	多句题
山东	恭则不侮　使人。	论语·阳货6	五句题
	故君子之　不惑。	中庸29	一节题
	我非尧舜　王也。	孟子·公孙丑下2	三句题

●明宪宗成化十七年辛丑(1481年)

会试	出门如见　大祭。	论语·颜渊2	二句题
	执其两端　于民，	中庸6	二句题
	君子之所　识也。	孟子·告子下6	二句题

▲明宪宗成化十九年癸卯(1483年)

顺天	富与贵是　于是。	论语·里仁5	全章题
	悠远则博　高明。	中庸26	二句题
	皆古圣人　子也。	孟子·公孙丑上2	四句题
应天	巍巍乎其　文章！	论语·泰伯19	一节题
	诗云伐柯　而止。	中庸13	一节题
	水由地中　是也。	孟子·滕文公下9	二句题
浙江	君在踧踖　如也。	论语·乡党2	一节题
	是故君子　下平。	中庸33	单句题
	以德服人　谓也。	孟子·公孙丑上3	多句题
江西	夫子之言　闻也。	论语·公冶长12	二句题
	唯天下至　大本，	中庸32	三句题
	徒善不足　高位。	孟子·离娄上1	截节题
山东	仰之弥高　在后。	论语·子罕10	四句题
	德为圣人　之内。	中庸17	三句题
	可欲之谓　谓神。	孟子·尽心下25	六节题

●明宪宗成化二十年甲辰(1484年)

会试	人能弘道　弘人。	论语·卫灵公28	全章题
	君子戒慎　不闻。	中庸1	二句题
	物皆然心为甚。	孟子·梁惠王上7	二句题

▲明宪宗成化二十二年丙午（1486年）

顺天	舜有天下　远矣。	论语·颜渊22	四句题
	致中和天　育焉。	中庸1	一节题
	缺		
应天	君子无众　猛乎？	论语·尧曰2	二段题
	万物并育　相悖，	中庸30	二句题
	利之而不　之者。	孟子·尽心上13	二句题
浙江	自天子以　为本。	大学·经	一节题
	莫春者春　点也！	论语·先进25	多句题
	仰不愧于　于人，	孟子·尽心上20	二句题
江西	缺		
	缺		
	养心莫善　寡矣。	孟子·尽心下35	全章题
河南	康诰曰克　明也。	大学·传1	全章题
	巍巍乎舜　与焉。	论语·泰伯18	全章题
	君子之言　下平。	孟子·尽心下32	截节题
山东	曰如斯而　病诸！	论语·宪问45	四句题
	致广大而　中庸。	中庸27	二句题
	尊德乐义　天下。	孟子·尽心上9	多句题
山西	故君子不　于国：	大学·传9	单句题
	不知命无　人也。	论语·尧曰3	全章题
	为人臣者　其君，	孟子·告子下4	单句题

广东	主忠信徙　德也。	论语·颜渊 10	三句题
	中也者天　育焉。	中庸 1	截节题
	夫义路也　门也。	孟子·万章下 7	多句题

● 明宪宗成化二十三年丁未(1487 年)

会试	先有司赦　贤才。	论语·子路 2	三句题
	考诸三王　人也。	中庸 29	多句题
	乐天者保天下，	孟子·梁惠王下 3	单句题

▲ 明孝宗弘治二年己酉(1489 年)

顺天	夫子之不　升也。	论语·子张 25	一节题
	故大德必　其寿。	中庸 17	一节题
	尧舜之仁　贤也。	孟子·尽心上 46	二句题
应天	我非生而　者也。	论语·述而 19	全章题
	天命之谓　育焉。	中庸 1	全章题
	天子适诸　职也。	孟子·梁惠王下 4	二段题
浙江	夫子之言　闻也。	论语·公冶长 12	二句题
	缺		
	天下有道　大贤；	孟子·离娄上 7	三句题
江西	非礼勿视　勿动。	论语·颜渊 1	四句题
	博学之审　千之。	中庸 20	二节题
	王者之民　如也。	孟子·尽心上 13	二句题

续 表

湖广	后生可畏　今也？	论语·子罕 22	二句题
	是故居上　不倍，	中庸 27	二句题
	仕非为贫　耻也。	孟子·万章下 5	全章题
山东	君子正其　畏之，	论语·尧曰 2	三句题
	知所以修　家矣。	中庸 20	四句题
	闻君行圣　人也，	孟子·滕文公上 4	二句题
广东	君子上达，	论语·宪问 24	单句题
	仲尼祖述　代明。	中庸 30	二节题
	诸侯朝于　职也。	孟子·梁惠王下 4	二句题
云南	唯仁者能　恶人。	论语·里仁 3	全章题
	缺		
	缺		

● 明孝宗弘治三年庚戌（1490 年）

会试	好仁者无　其身。	论语·里仁 6	五句题
	诚则形形　则化，	中庸 23	六句题
	经正则庶　慝矣。	孟子·尽心下 37	四句题

▲ 明孝宗弘治五年壬子（1492 年）

顺天	所谓平天　道也。	大学·传 10	一节题
	巍巍乎唯　则之。	论语·泰伯 19	三句题
	圣人之于　其萃，	孟子·公孙丑上 2	四句题

续　表

应天	邦有道危言危行；	论语·宪问 4	二句题
	郊社之礼　掌乎。	中庸 19	一节题
	恭敬者币　者也。	孟子·尽心上 37	一节题
浙江	荡荡乎民　名焉。	论语·泰伯 19	单句题
	唯天下至　参矣。	中庸 22	一节题
	强恕而行　近焉。	孟子·尽心上 4	一节题
江西	举直错诸　者直。	论语·颜渊 22	一节题
	所求乎子　能也。	中庸 13	四段题
	君子所性　而喻。	孟子·尽心上 21	一节题
福建	为君难为臣不易。	论语·子路 15	二句题
	舜好问而　迩言，	中庸 6	单句题
	故沛然德　四海。	孟子·离娄上 6	单句题
湖广	知之为知　不知，	论语·为政 17	二句题
	以王季为　为子，	中庸 18	二句题
	之行水也　事也。	孟子·离娄下 26	二句题
山西	为人臣止于敬；	大学·传 3	二句题
	礼以行之　成之。	论语·卫灵公 17	三句题
	吾岂若使　君哉？	孟子·万章上 7	单句题
陕西	二三子以　丘也。	论语·述而 23	全章题
	仲尼祖述　文武；	中庸 30	二句题
	缺		

续表

广西	发愤忘食　忘忧，	论语·述而 18	二句题
	溥博如天　不说。	中庸 31	一节题
	文王视民　忘远。	孟子·离娄下 20	二节题

● 明孝宗弘治六年癸丑（1493 年）

会试	有德此有　有用。	大学·传 10	四句题
	譬诸草木　诬也？	论语·子张 12	四句题
	夫苟好善　以善。	孟子·告子下 13	一节题

▲ 明孝宗弘治八年乙卯（1495 年）

顺天	夫达也者　必达。	论语·颜渊 20	一节题
	故大德必　其寿。	中庸 17	一节题
	舜明于庶　人伦，	孟子·离娄下 19	二句题
应天	心正而后　下平。	大学·经	四句题
	故君子尊　崇礼。	中庸 27	一节题
	予天民之　民也。	孟子·万章上 7	二句题
浙江	说之不以　器之。	论语·子路 25	四句题
	溥博渊泉　不说。	中庸 31	二节题
	乐民之乐　天下，	孟子·梁惠王下 4	六句题
江西	子曰辞达而已矣。	论语·卫灵公 40	全章题
	致广大而　不倍，	中庸 27	截节题
	缺		

续 表

福建	其在宗庙 谨尔。	论语·乡党 1	全章题
	君子之道 德矣。	中庸 33	多句题
	君子亦仁 必同?	孟子·告子下 6	二句题
湖广	君子贤其 其亲,	大学·传 3	单句题
	君子之德 德草。	论语·颜渊 19	二句题
	缺		
河南	道之以德 以礼,	论语·为政 3	二句题
	诚者天之道也;	中庸 20	单句题
	求则得之 者也。	孟子·尽心上 3	一节题
山东	天下有道 不议。	论语·季氏 2	二句题
	庸德之行 敢尽;	中庸 13	五句题
	多助之至 顺之。	孟子·公孙丑下 1	二句题
陕西	行夏之时 韶舞。	论语·卫灵公 10	四节题
	唯天下至 知之?	中庸 32	全章题
	人有鸡犬 已矣。	孟子·告子上 11	二节题
广东	四时行焉 生焉,	论语·阳货 19	二句题
	远之则有 不厌。	中庸 29	二句题
	禹八年于 不入,	孟子·滕文公上 4	二句题

● 明孝宗弘治九年丙辰(1496 年)

会试	百姓足君 不足?	论语·颜渊 9	二句题
	诗曰衣锦 日章;	中庸 33	四句题
	责难于君谓之恭,	孟子·离娄上 1	单句题

▲明孝宗弘治十一年戊午(1498年)

顺天	卑宫室而　沟洫。	论语·泰伯21	单句题
	喜怒哀乐　之和。	中庸1	二段题
	仁也者人　道也。	孟子·尽心下16	全章题
应天	古之欲明　有也!	大学·经	三节题
	礼之用和　由之。	论语·学而12	一节题
	然而无有　乎尔。	孟子·尽心下38	二句题
浙江	有能一日　见也。	论语·里仁6	二节题
	诚者天之　者也。	中庸20	一节题
	吾闻观近　所主。	孟子·万章上8	二句题
江西	民之所好　恶之,	大学·传10	二句题
	子语鲁大　以成。	论语·八佾23	全章题
	资之深则　其原,	孟子·离娄下14	二句题
福建	子语鲁大　以成。	论语·八佾23	全章题
	诚者自成　宜也。	中庸25	全章题
	取诸人以　为善。	孟子·公孙丑上8	一节题
湖广	周监于二　文哉!	论语·八佾14	二句题
	和也者天　道也。	中庸1	二句题
	仁者无不　为务。	孟子·尽心上46	二句题
河南	孔子于乡　谨尔。	论语·乡党1	全章题
	君子之中　时中;	中庸2	二句题
	以君命将　将之。	孟子·万章下6	五句题

续　表

陕西	君子不以　废言。	论语·卫灵公 22	全章题
	追王大王　之礼。	中庸 18	二句题
	居天下之　大道。	孟子·滕文公下 2	三句题

●明孝宗弘治十二年己未（1499 年）

会试	欲罢不能　也已。	论语·子罕 10	一节题
	知所以修　侯也。	中庸 20	截节题
	恻隐之心　智也。	孟子·告子上 6	四段题

▲明孝宗弘治十四年辛酉（1501 年）

顺天	物有本末　道矣。	大学·经	一节题
	欲仁而得　焉贪？	论语·尧曰 2	二句题
	其为气也　馁也。	孟子·公孙丑上 2	一节题
应天	法语之言　为贵。	论语·子罕 23	三句题
	者自成也　为贵。	中庸 25	二节题
	以直养而　之间。	孟子·公孙丑上 2	二句题
江西	上好义则　不服；	论语·子路 4	二句题
	故君子内　于志。	中庸 33	二句题
	亲亲仁也　义也。	孟子·尽心上 15	二句题
福建	君子学道则爱人，	论语·阳货 4	单句题
	知斯三者　修身；	中庸 20	二句题
	人皆有所　用也。	孟子·尽心下 31	二节题

河南	当仁不让于师。	论语·卫灵公35	全章题
	道也者不　道也。	中庸1	三节题
	易其田畴　用也。	孟子·尽心上23	二节题
云贵	事其大夫　仁者。	论语·卫灵公9	二句题
	故君子不　而信。	中庸33	二句题
	其为气也　长也。	孟子·公孙丑上2	截节题

● 明孝宗弘治十五年壬戌（1502年）

会试	子在齐闻　斯也！	论语·述而13	全章题
	凡有血气　配天。	中庸31	三句题
	方里而井　人也。	孟子·滕文公上3	一节题

▲ 明孝宗弘治十七年甲子（1504年）

顺天	知者乐水　者寿。	论语·雍也21	全章题
	故君子尊　问学，	中庸27	单句题
	其君用之　忠信。	孟子·尽心上32	四句题
应天	十目所视　严乎！	大学·传6	一节题
	君子不重　不固。	论语·学而8	全章题
	以善养人　天下。	孟子·离娄下16	二句题
浙江	唐虞之际　为盛。	论语·泰伯20	二句题
	自诚明谓　诚矣。	中庸21	全章题
	告子曰不　其气。	孟子·公孙丑上2	多句题

续　表

江西	朝与下大　如也。	论语·乡党2	全章题
	诚则明矣　诚矣。	中庸21	二句题
	为人臣者　其兄。	孟子·告子下4	三句题
山东	所谓大臣　则止。	论语·先进23	一节题
	齐明盛服　身也；	中庸20	三句题
	禹思天下　急也。[①]	孟子·离娄下29	一节题
陕西	夫如是故　来之。	论语·季氏1	三句题
	故君子语　载焉；	中庸12	二句题
	且一人之　路也。	孟子·滕文公上4	四句题
广东	吾尝终日　学也。	论语·卫灵公30	全章题
	缺		
	缺		

● 明孝宗弘治十八年乙丑（1505年）

会试	博学而笃　中矣。	论语·子张6	全章题
	仁者人也　为大；	中庸20	四句题
	故将大有　而王。	孟子·公孙丑下2	截节题

▲ 明武宗正德二年丁卯（1507年）

顺天	过位色勃　息者。	论语·乡党4	二节题
	诗云潜虽　见乎。	中庸33	一节题
	师旷之聪　五音；	孟子·离娄上1	三句题

[①]《举业正式》无最后一句"是以如是其急也"。

续　表

应天	子谓韶尽　善也。	论语·八佾 25	二句题
	思知人不　知天。	中庸 20	二句题
	未有仁而　者也。	孟子·梁惠王上 1	一节题
浙江	子路有闻　有闻。	论语·公冶长 13	全章题
	使天下之　左右。	中庸 16	一节题
	动容周旋　至也。	孟子·尽心下 33	二句题
江西	子谓韶尽　善也。	论语·八佾 25	二句题
	能尽其性　之性；	中庸 22	四句题
	贤者在位　在职。	孟子·公孙丑上 4	二句题
福建	视思明听思聪，	论语·季氏 10	二句题
	天下之达　乎勇。	中庸 20	三节题
	夫志至焉气次焉。	孟子·公孙丑上 2	二句题
河南	克己复礼为仁。	论语·颜渊 1	单句题
	博厚所以　物也；	中庸 26	二段题
	智之实知　是也；	孟子·离娄上 27	二句题
山西	吾与回言　不愚。	论语·为政 9	全章题
	国有道不　哉矫！	中庸 10	三句题
	人之所不　知也。	孟子·尽心上 15	一节题
广东	居其所而　共之。	论语·为政 1	单句题
	载华岳而　不泄，	中庸 26	二句题
	知者无不　为务。	孟子·尽心上 46	四句题

续　表

广西	有德者必　有仁。	论语·宪问 5	全章题
	成己仁也　知也。	中庸 25	二句题
	君子行法　已矣。	孟子·尽心下 33	一节题
云贵	今吾于人　其行。	论语·公冶长 9	二句题
	德者本也　末也。	大学·传 10	一节题
	集大成也　之也。	孟子·万章下 1	二句题

●明武宗正德三年戊辰(1508 年)

会试	斯民也三　行也。	论语·卫灵公 24	一节题
	百世以俟　人也。	中庸 29	二句题
	夏后氏五　一也。	孟子·滕文公上 3	四句题

▲明武宗正德五年庚午(1510 年)

顺天	生财有大　足矣。	大学·传 10	一节题
	仕而优则　则仕。	论语·子张 13	全章题
	尊贤使能　朝矣。	孟子·公孙丑上 5	一节题
应天	上好礼则　使也。	论语·宪问 44	全章题
	诚之者择　者也。	中庸 20	二句题
	舜发于畎　于市。	孟子·告子下 15	一节题
浙江	敬事而信　以时。	论语·学而 5	三句题
	中立而不　哉矫！	中庸 10	二句题
	孔子登东　天下。	孟子·尽心上 24	二句题

续　表

江西	子贡曰贫　来者。	论语·学而 15	全章题
	溥博如天　如渊。	中庸 31	二句题
	智譬则巧　力也。	孟子·万章下 1	一节题
福建	盖有之矣　见也。	论语·里仁 6	一节题
	诗云潜虽　下平。	中庸 33	四节题
	若孔子则　知之。	孟子·尽心下 38	二句题
广东	生财有大　发身。	大学·传 10	截节题
	君子喻于义，	论语·里仁 16	单句题
	夏曰校殷　于下。	孟子·滕文公上 3	多句题

● 明武宗正德六年辛未(1511 年)

会试	如切如磋　修也；	大学·传 3	四句题
	德行颜渊　子夏。	论语·先进 2	一节题
	是集义所　馁矣。	孟子·公孙丑上 2	四句题

▲ 明武宗正德八年癸酉(1513 年)

顺天	十室之邑　学也。	论语·公冶长 27	全章题
	可以赞天　参矣。	中庸 22	二句题
	夫君子所　之哉？	孟子·尽心上 13	一节题
应天	道盛德至　忘也。	大学·传 3	二句题
	学而时习　子乎？	论语·学而 1	全章题
	我知言我　之气。	孟子·公孙丑上 2	二句题

续　表

浙江	出门如见　无怨。	论语·颜渊2	六句题
	子回之为　之矣。	中庸8	全章题
	仁人心也　路也。	孟子·告子上11	一节题
江西	舜有天下　远矣。	论语·颜渊22	一节题
	诗云予怀　至矣！	中庸33	一节题
	上下与天　之哉？	孟子·尽心上13	二句题
福建	赫兮喧兮　仪也；	大学·传3	二句题
	多闻择其　识之，	论语·述而27	二句题
	孟子曰仁　舞之。	孟子·离娄上27	全章题
河南	富与贵是　去也。	论语·里仁5	一节题
	苟不固聪　知之？	中庸32	一节题
	圣人治天　者乎？	孟子·尽心上23	四句题
山东	古者言之　逮也。	论语·里仁22	全章题
	洋洋乎发　后行。	中庸27	三节题
	夫君子所　之哉？	孟子·尽心上13	一节题
山西	民可使由　知之。	论语·泰伯9	全章题
	官盛任使　臣也；	中庸20	二句题
	知皆扩而　始达。	孟子·公孙丑上6	三句题
陕西	众恶之必　察焉。	论语·卫灵公27	全章题
	缺		
	缺		

四川	立不中门　履阈。	论语·乡党 4	一节题
	君子之道　慥尔!	中庸 13	一节题
	仁人之安　路也。	孟子·离娄上 10	一节题
广东	缺		
	缺		
	既竭心思　下矣。	孟子·离娄上 1	三句题
广西	道盛德至　忘也。	大学·传 3	二句题
	知者动仁者静；	论语·雍也 21	二句题
	圣人治天　者乎？	孟子·尽心上 23	四句题

● 明武宗正德九年甲戌(1514 年)

会试	欲诚其意　意诚，	大学·经	截节题
	夫子之文　闻也。	论语·公冶长 12	全章题
	于季桓子　仕也；	孟子·万章下 4	二句题

▲ 明武宗正德十一年丙子(1516 年)

顺天	举直错诸　者直。	论语·颜渊 22	一节题
	成己仁也　宜也。	中庸 25	五句题
	行有不慊　之也。	孟子·公孙丑上 2	多句题
应天	述而不作　老彭。	论语·述而 1	全章题
	故至诚无　高明。	中庸 26	三节题
	布帛长短　情也；	孟子·滕文公上 4	截节题

续　表

浙江	仁者先难而后获，	论语·雍也20	单句题
	喜怒哀乐　道也。	中庸1	一节题
	非其义也　诸人，	孟子·万章上7	多句题
江西	知止而后　能得。	大学·经	一节题
	士不可以　道远。	论语·泰伯7	一节题
	无为其所　已矣。	孟子·尽心上17	全章题
福建	瞻之在前　在后。	论语·子罕10	二句题
	夫微之显　此夫。	中庸16	二句题
	日月有明　照焉。	孟子·尽心上24	二句题
湖广	述而不作　好古，	论语·述而1	二句题
	凡事豫则　不穷。	中庸20	一节题
	有布缕之　其二。	孟子·尽心下27	五句题
河南	缺		
	缺		
	汤三使往　之哉？	孟子·万章上7	一节题
山东	见善如不　探汤。	论语·季氏11	二句题
	正己而不　无怨。	中庸14	单句题
	君子之于　爱物。	孟子·尽心上45	全章题
山西	所谓诚其　独也！	大学·传6	一节题
	子在川上　昼夜。	论语·子罕16	全章题
	流水之为　不达。	孟子·尽心上24	一节题

续　表

陕西	文莫吾犹　有得。	论语·述而 32	全章题
	时使薄敛　姓也；	中庸 20	二句题
	居恶在仁　备矣。	孟子·尽心上 33	六句题
四川	君子不可　受也；	论语·卫灵公 33	二句题
	缺		
	缺		
广东	瞻之在前　在后。	论语·子罕 10	二句题
	缺		
	去圣人之　甚也，	孟子·尽心下 38	四句题

●明武宗正德十二年丁丑(1517 年)

会试	夫仁者己　达人。	论语·雍也 28	一节题
	敬大臣则　畏之。	中庸 20	六句题
	老者衣帛　有也。	孟子·梁惠王上 3	四句题

▲明武宗正德十四年己卯(1519 年)

顺天	夫子之墙　之富。	论语·子张 23	一节题
	故天之生　笃焉。	中庸 17	二句题
	文王我师　我哉？	孟子·滕文公上 1	二句题
应天	可与言而　失言。	论语·卫灵公 7	全章题
	践其位行　所亲，	中庸 19	五句题
	人皆有所　义也。	孟子·尽心下 31	一节题

续　表

浙江	学如不及　失之。	论语·泰伯 17	全章题
	齐庄中正　敬也；	中庸 31	二句题
	困于心衡　后喻。	孟子·告子下 15	二段题
福建	康诰曰如　者也！	大学·传 9	一节题
	夫微之显　此夫。	中庸 16	一节题
	圣人之行　已矣。	孟子·万章上 7	四句题
湖广	未有上好　者也。	大学·传 10	一节题
	君子以文　辅仁。	论语·颜渊 24	全章题
	君子之言　存焉。	孟子·尽心下 32	二句题
河南	为人君止　于信。	中庸 3	五段题
	仁者安仁　利仁。	论语·里仁 2	二句题
	地之相去　一也。	孟子·离娄下 1	二节题
山东	君子义以为上。	论语·阳货 23	单句题
	故为政在　以仁。	中庸 20	一节题
	宰我曰以　子也。	孟子·公孙丑上 2	三节题
山西	因民之所　费乎？	论语·尧曰 2	二句题
	故君子尊　崇礼。	中庸 27	一节题
	许子必种　易之。	孟子·滕文公上 4	一节题
广东	吾十有五　逾矩。	论语·为政 4	全章题
	王天下有　矣乎！	中庸 29	一节题
	自得之则　其原，	孟子·离娄下 14	三段题

续 表

广西	三十而立　不惑，	论语·为政 4	二节题
	人莫不饮　味也。	中庸 4	一节题
	天子讨而　不讨。	孟子·告子下 7	二句题

● 明武宗正德十五年庚辰（1520 年）

会试	子贡曰我　及也。	论语·公冶长 11	全章题
	凡为天下　一也。	中庸 20	一节题
	观水有术　照焉。	孟子·尽心上 24	一节题

▲ 明世宗嘉靖元年壬午（1522 年）

顺天	康诰曰克　明也。	大学·传 1	全章题
	可与共学　与权。	论语·子罕 29	全章题
	天子不能　与之。	孟子·万章上 5	截节题
应天	知之者不　之者。	论语·雍也 18	全章题
	天地之道　不测。	中庸 26	一节题
	大人者不　者也。	孟子·离娄下 12	全章题
浙江	天何言哉　言哉？	论语·阳货 19	一节题
	人道敏政　卢也。	中庸 20	一节题
	以为无益　者也。	孟子·公孙丑上 2	四句题
江西	子贡问曰　琏也。	论语·公冶长 3	全章题
	夫孝者善　者也。	中庸 19	一节题
	孔子圣之时者也。	孟子·万章下 1	单句题

续　表

福建	故君子名　行也。	论语·子路 3	二句题
	君臣也父　交也：	中庸 20	五句题
	此天之所　已矣。	孟子·告子上 15	四句题
河南	天何言哉　言哉？	论语·阳货 19	一节题
	唯天下至　别也。	中庸 31	一节题
	以友天下　友也。	孟子·万章下 8	一节题
山东	大哉尧之　名焉。	论语·泰伯 19	一节题
	诗云鸢飞　察也。	中庸 12	一节题
	君仁莫不　定矣。	孟子·离娄上 20	四句题
广西	缺		
	考诸三王　不惑。	中庸 29	四句题
	夫明堂者　堂也。	孟子·梁惠王下 5	二句题
云贵	国治而后天下平。	大学·经	单句题
	夫子喟然　点也！	论语·先进 25	二句题
	学问之道　已矣。	孟子·告子上 11	一节题

● 明世宗嘉靖二年癸未（1523 年）

会试	君子博学　矣夫！	论语·雍也 25	全章题
	上律天时　水土。	中庸 30	二句题
	尧舜之道　天下。	孟子·离娄上 1	三句题

▲明世宗嘉靖四年乙酉(1525年)

顺天	如知为君　邦乎？	论语·子路15	一节题
	舜其大孝　保之。	中庸17	一节题
	吾岂若使　之哉？	孟子·万章上7	三句题
应天	君子和而不同，	论语·子路23	单句题
	能尽其性　之性；	中庸22	四句题
	充实之谓　谓神。	孟子·尽心下25	四节题
浙江	中人以上　上也；	论语·雍也19	二句题
	君臣也父　一也。	中庸20	多句题
	其日夜之　几希，	孟子·告子上8	三句题
江西	无欲速无　不成。	论语·子路17	全章题
	肫肫其仁　其天！	中庸32	一节题
	沧浪之水　之也。	孟子·离娄上8	二节题
福建	君子谋道　忧贫。	论语·卫灵公31	全章题
	辟如天地　代明。	中庸30	一节题
	尽其心者　天矣。	孟子·尽心上1	一节题
山东	君子务本　本与！	论语·学而2	一节题
	莫见乎隐　独也。	中庸1	一节题
	谏行言听　于民；	孟子·离娄下3	二句题
陕西	回也非助　不说。	论语·先进3	全章题
	征则悠远　高明。	中庸26	一节题
	老吾老以　四海，	孟子·梁惠王上7	多句题

续　表

四川	缺		
	所谓治国　众也。	大学·传9	一节题
	缺		
云贵	子贡问曰　恶之。	论语·子路24	全章题
	莫见乎隐　独也。	中庸1	一节题
	君正莫不　定矣。	孟子·离娄上20	二句题

● 明世宗嘉靖五年丙戌（1526年）

会试	诗云如切　谓与？	论语·学而15	一节题
	凡为天下　侯也。	中庸20	一节题
	五谷者种　已矣。	孟子·告子上19	全章题

▲ 明世宗嘉靖七年戊子（1528年）

顺天	在明明德　能得。	大学·经	截节题
	君子哉若　若人！	论语·宪问6	二句题
	富贵不能　能屈。	孟子·滕文公下2	三句题
应天	殷因于夏　知也；	论语·为政23	四句题
	柔远人则　畏之。	中庸20	二句题
	成覸谓齐　我哉？	孟子·滕文公上1	一节题
浙江	礼云礼云　乎哉？	论语·阳货11	全章题
	唯天下至　其天！	中庸32	二节题
	夫道一而　我哉？	孟子·滕文公上1	截节题

续　表

江西	临之以庄　则劝。	论语·为政 20	三句题
	舜好问而　于民，	中庸 6	四句题
	万物皆备　近焉。	孟子·尽心上 4	全章题
福建	信近于义　宗也。	论语·学而 13	全章题
	博厚所以　物也。	中庸 26	一节题
	曰国君进　慎与？	孟子·梁惠王下 7	一节题
湖广	无为而治　也与？	论语·卫灵公 4	二句题
	溥博渊泉　出之。	中庸 31	一节题
	人性之善　不下。	孟子·告子上 2	四句题
河南	子曰参乎　曰唯。	论语·里仁 15	一节题
	君子之所　见乎。	中庸 33	二句题
	大人者言　所在。	孟子·离娄下 11	全章题
山东	正颜色斯近信矣；	论语·泰伯 4	二句题
	君子之所　见乎。	中庸 33	二句题
	必有事焉　长也。	孟子·公孙丑上 2	三句题
陕西	诗三百一　无邪。	论语·为政 2	全章题
	郊社之礼　先也。	中庸 19	四句题
	原泉混混　四海，	孟子·离娄下 18	四句题
广东	缺		
	缺		
	待文王而　犹兴。	孟子·尽心上 10	全章题

续　表

云贵	缺		
	缺		
	睟然见于　而喻。	孟子·尽心上 21	四句题

● 明世宗嘉靖八年己丑(1529 年)

会试	颜渊曰请　语矣。	论语·颜渊 1	一节题
	唯天下至　所倚？	中庸 32	一节题
	孔子圣之时者也。	孟子·万章下 1	单句题

▲ 明世宗嘉靖十年辛卯(1531 年)

顺天	能以礼让　何有？	论语·里仁 13	二句题
	莫见乎隐　独也。	中庸 1	一节题
	禹之行水　大矣。	孟子·离娄下 26	四句题
应天	所谓修身　其正。	大学·传 7	一节题
	君子周而　不周。	论语·为政 14	一节题
	圣人之忧　夫也。	孟子·滕文公上 4	截节题
浙江	吾之于人　试矣。	论语·卫灵公 24	一节题
	诚者物之　为贵。	中庸 25	一节题
	志壹则动　其心。	孟子·公孙丑上 2	五句题
江西	自天子以　为本。	大学·经	一节题
	知其说者　斯乎！	论语·八佾 11	二句题
	其事则齐　之矣。	孟子·离娄下 21	一节题

续　表

福建	尧舜帅天　从之；	大学·传9	二句题
	爱之能勿　诲乎？	论语·宪问8	全章题
	今之乐犹　乐也。	孟子·梁惠王下1	单句题
湖广	志于道据　于艺。	论语·述而6	全章题
	郊社之礼　先也。	中庸19	四句题
	使天下仕　之涂，	孟子·梁惠王上7	四句题
河南	缺		
	缺		
	人有恒言　在身。	孟子·离娄上5	全章题
山东	巍巍乎舜　与焉。	论语·泰伯18	全章题
	缺		
	缺		
山西	二三子以　丘也。	论语·述而23	一节题
	诚者非自　宜也。	中庸25	一节题
	孔子登东　为言。	孟子·尽心上24	一节题
陕西	缺		
	天下有道　不议。	论语·季氏2	二句题
	民非水火　者乎？	孟子·尽心上23	一节题
广东	不得中行　为也。	论语·子路21	全章题
	明乎郊社　掌乎。	中庸19	三句题
	知者无不　贤也。	孟子·尽心上46	一节题

续　表

云贵	汤之盘铭　其极。	大学·传2	全章题
	夫子温良　之与？	论语·学而10	一节题
	圣人人伦之至也。	孟子·离娄上2	二句题

● 明世宗嘉靖十一年壬辰（1532年）

会试	大哉尧之　文章！	论语·泰伯19	全章题
	行而世为　下则。	中庸29	二句题
	谨庠序之　之义，	孟子·梁惠王上7	二句题

▲ 明世宗嘉靖十三年甲午（1534年）

顺天	宽则得众　则说。	论语·尧曰1	一节题
	夫孝者善　所亲，	中庸19	截节题
	天之高也　致也。	孟子·离娄下26	一节题
应天	古之学者　为人。	论语·宪问25	全章题
	故君子之　不惑。	中庸29	一节题
	五亩之宅　谓也。	孟子·尽心上22	二节题
浙江	贤哉回也　回也！	论语·雍也9	全章题
	溥博如天　不说。	中庸31	一节题
	是集义所　之也。	孟子·公孙丑上2	二句题
江西	子之燕居　如也。	论语·述而4	全章题
	中也者天　道也。	中庸1	四句题
	是故君子　患矣。	孟子·离娄下28	一节题

续　表

福建	子路问君　百姓。	论语·宪问 45	多句题
	辟如天地　代明。	中庸 30	一节题
	君子深造　之也。	孟子·离娄下 14	全章题
湖广	是故君子　其极。	大学·传 2	一节题
	禹吾无间　然矣。	论语·泰伯 21	全章题
	所谓西伯　谓也。	孟子·尽心上 22	一节题
河南	知者不惑　不惧。	论语·子罕 28	全章题
	诗曰在彼　者也。	中庸 29	一节题
	其为气也　之间。	孟子·公孙丑上 2	一节题
山东	颜渊季路　怀之。	论语·公冶长 25	全章题
	不息则久久则征，	中庸 26	一节题
	百亩之田　饥矣；	孟子·梁惠王上 3	三句题
广东	夫仁者己　也已。	论语·雍也 28	二节题
	诚者自成　道也。	中庸 25	一节题
	存其心养　天也。	孟子·尽心上 1	一节题
广西	君子信而　己也。	论语·子张 10	全章题
	缺		
	缺		
云贵	子曰君子　道也。	论语·宪问 30	全章题
	尊贤则不惑，	中庸 20	单句题
	友也者友　挟也。	孟子·万章下 3	三句题

●明世宗嘉靖十四年乙未(1535年)

会试	子曰赐也　贯之。	论语·卫灵公 2	全章题
	吾说夏礼　从周。	中庸 28	一节题
	君子之志　不达。	孟子·尽心上 24	二句题

▲明世宗嘉靖十六年丁酉(1537年)

顺天	君子矜而　不党。	论语·卫灵公 21	全章题
	天地之道　久也。	中庸 26	一节题
	仁之实事　是也。	孟子·离娄上 27	一节题
应天	诗云乐只　父母。	大学·传 10	一节题
	回也其心　已矣。	论语·雍也 5	全章题
	必有事焉　长也。	孟子·公孙丑上 2	三句题
浙江	知及之仁　善也。	论语·卫灵公 32	全章题
	人莫不饮　味也。	中庸 4	一节题
	羿之教人　规矩。	孟子·告子上 20	全章题
江西	尝独立鲤　学礼。	论语·季氏 13	二节题
	知斯三者　家矣。	中庸 20	一节题
	孟施舍之　约也。	孟子·公孙丑上 2	一节题
福建	譬如为山　往也。	论语·子罕 18	全章题
	致中和天　育焉。	中庸 1	一节题
	思天下之　如此,	孟子·万章上 7	三句题
河南	宗庙之事　相焉。	论语·先进 25	四句题
	诚者不勉　人也。	中庸 20	四句题
	始条理者　力也。	孟子·万章下 1	截节题

续　表

山西	能近取譬　也已。	论语·雍也 28	一节题
	夫妇之愚　破焉。	中庸 12	一节题
	人有不为　有为。	孟子·离娄下 8	全章题
陕西	君子之道　倦焉？	论语·子张 12	三句题
	致广大而　中庸。	中庸 27	二句题
	心之所同　我口。	孟子·告子上 7	多句题
四川	所谓立之　斯和。	论语·子张 25	四句题
	是故君子　不闻。	中庸 1	二句题
	欲贵者人　思耳。	孟子·告子上 17	一节题
广东	固天纵之　能也。	论语·子罕 6	一节题
	致中和天　育焉。	中庸 1	一节题
	智譬则巧　力也。	孟子·万章下 1	一节题
广西	行夏之时　人殆。	论语·卫灵公 10	五节题
	郊社之礼　掌乎。	中庸 19	一节题
	思诚者人之道也。	孟子·离娄上 12	二句题
云贵	视其所以　廋哉？	论语·为政 10	全章题
	天地之道　久也。	中庸 26	一节题
	以德服人　子也。	孟子·公孙丑上 3	三句题
贵州	事君敬其　其食。	论语·卫灵公 37	二句题
	舜其大孝　保之。	中庸 17	一节题
	乃若其情　善也。	孟子·告子上 6	一节题

●明世宗嘉靖十七年戊戌(1538年)

会试	质胜文则　君子。	论语·雍也 16	全章题
	博厚所以　物也。	中庸 26	一节题
	孟子道性　尧舜。	孟子·滕文公上 1	一节题

▲明世宗嘉靖十九年庚子(1540年)

顺天	季康子问　何有？	论语·雍也 6	全章题
	故大德必　其寿。	中庸 17	一节题
	圣人治天　者乎？	孟子·尽心上 23	四句题
应天	颜渊问仁　乎哉？	论语·颜渊 1	一节题
	武王周公　者也。	中庸 19	二节题
	尧以不得　夫也。	孟子·滕文公上 4	一节题
浙江	女奚不曰　云尔。	论语·述而 18	一节题
	诗云维天　不已。	中庸 26	一节题
	周公思兼　待旦。	孟子·离娄下 20	一节题
江西	子贡问曰　于人。	论语·卫灵公 23	全章题
	诚者天之　者也。	中庸 20	一节题
	言近而指　道也。	孟子·尽心下 32	四句题
福建	缺		
	故至诚无　无疆。	中庸 26	五节题
	缺		
湖广	谁能出不　道也？	论语·雍也 15	全章题
	诗云维天　不已。	中庸 26	一节题
	舜明于庶　义也。	孟子·离娄下 19	一节题

河南	克己复礼　乎哉？	论语·颜渊1	一节题
	修身以道　以仁。	中庸20	二句题
	见其礼而　子也。	孟子·公孙丑上2	一节题
山东	子曰参乎　已矣。	论语·里仁15	全章题
	质诸鬼神　人也。	中庸29	一节题
	言近而指　下平。	孟子·尽心下32	二节题
陕西	子贡问政　之矣。	论语·颜渊7	一节题
	温故而知　崇礼。	中庸27	二句题
	周公之封　百里。	孟子·告子下8	一节题
四川	蘧伯玉使　使乎！	论语·宪问26	全章题
	其次致曲　能化。	中庸23	全章题
	诗云迨天　侮之？	孟子·公孙丑上4	一节题
广东	君子无终　于是。	论语·里仁5	一节题
	温故而知　崇礼。	中庸27	二句题
	圣人既竭　下矣。	孟子·离娄上1	一节题

● 明世宗嘉靖二十年辛丑(1541年)

会试	何事于仁　圣乎！	论语·雍也28	二句题
	故君子语　载焉；	中庸12	二句题
	始条理者　力也。	孟子·万章下1	多句题

▲明世宗嘉靖二十二年癸卯(1543年)

顺天	无为而治　已矣。	论语·卫灵公4	全章题
	诗云伐柯　而止。	中庸13	一节题
	夫义路也　所视。	孟子·万章下7	多句题
应天	仁者先难　仁矣。	论语·雍也20	二句题
	今夫天斯　载焉。	中庸26	二段题
	武王不泄　忘远。	孟子·离娄下20	一节题
浙江	若圣与仁　学也。	论语·述而33	全章题
	诚者天之道也；	中庸20	单句题
	乃若其情　懿德。	孟子·告子上6	四节题
江西	若圣与仁　学也。	论语·述而33	全章题
	诗曰不显　下平。	中庸33	一节题
	予天民之　谁也？	孟子·万章上7	多句题
福建	孔子于乡　言者。	论语·乡党1	全章题
	郊社之礼　先也。	中庸19	四句题
	吾闻其以　烹也。	孟子·万章上7	一节题
湖广	吾十有五　逾矩。	论语·为政4	全章题
	小德川流　大也。	中庸30	三句题
	夫义路也　所视。	孟子·万章下7	多句题
河南	有德者必　有仁。	论语·宪问5	全章题
	性之德也　宜也。	中庸25	三句题
	予未得为　人也。	孟子·离娄下22	一节题

山东	无为而治　已矣。	论语·卫灵公 4	全章题
	上天之载　至矣！	中庸 33	三句题
	人之所不　下也。	孟子·尽心上 15	全章题
山西	缺		
	缺		
	曰恶是何　言也？	孟子·公孙丑上 2	一节题
四川	樊迟问仁　弃也。	论语·子路 19	全章题
	视之而弗　可遗。	中庸 16	一节题
	三子者不　必同？	孟子·告子下 6	多句题
广东	立则见其　后行。	论语·卫灵公 5	一节题
	忠恕违道　于人。	中庸 13	一节题
	夏曰校殷　于下。	孟子·滕文公上 3	多句题
广西	仲弓为季　舍诸？	论语·子路 2	全章题
	缺		
	缺		

● 明世宗嘉靖二十三年甲辰(1544 年)

会试	事君敬其　其食。	论语·卫灵公 37	全章题
	诗曰不显　至矣！	中庸 33	二节题
	使禹治之　居之。	孟子·滕文公下 9	一节题

▲明世宗嘉靖二十五年丙午(1546年)

顺天	天下有道　子出；	论语·季氏2	二句题
	辟如天地　代明。	中庸30	一节题
	孔子尝为　已矣。	孟子·万章下5	一节题
应天	孝者所以事君也；	大学·传9	单句题
	周监于二　从周。	论语·八佾14	全章题
	学问之道　已矣。	孟子·告子上11	一节题
浙江	巍巍乎其　文章！	论语·泰伯19	一节题
	性之德也　道也，	中庸25	二句题
	孟子谓万　友也。	孟子·万章下8	全章题
江西	子曰参乎　已矣。	论语·里仁15	全章题
	优优大哉　三千。	中庸27	一节题
	君子所性　而喻。	孟子·尽心上21	一节题
福建	子曰参乎　已矣。	论语·里仁15	全章题
	极高明而道中庸。	中庸27	单句题
	以友天下　友也。	孟子·万章下8	一节题
湖广	立则见其　后行。	论语·卫灵公5	一节题
	唯天下至　参矣。	中庸22	全章题
河南	仰之弥高　在后。	论语·子罕10	一节题
	诚之者择　者也。	中庸20	二句题
	得天下英　乐也。	孟子·尽心上20	一节题

续 表

山东	缺		
	上天之载　至矣！	中庸33	三句题
	缺		
	人人亲其　下平。	孟子·离娄上11	二句题
山西	夫子循循　以礼。	论语·子罕10	一节题
	万物并育　敦化，	中庸30	四句题
	资之深则　其原，	孟子·离娄下14	二句题
四川	唯天为大　则之。	论语·泰伯19	二句题
	大哉圣人　凝焉。	中庸27	五节题
	诗曰天生　懿德。	孟子·告子上6	一节题
广东	士不可以　道远。	论语·泰伯7	一节题
	洋洋乎发　三千。	中庸27	二节题
	集大成也　之也。	孟子·万章下1	二句题
云南	君子有九　思义。	论语·季氏10	全章题
	可以赞天　参矣。	中庸22	二句题
	夫世禄滕　于下。	孟子·滕文公上3	三节题
贵州	行夏之时　韶舞。	论语·卫灵公10	五节题
	送往迎来　人也；	中庸20	三句题
	居天下之　丈夫。	孟子·滕文公下2	一节题

● 明世宗嘉靖二十六年丁未（1547年）

会试	固天纵之　能也。	论语·子罕6	一节题
	中也者天　育焉。	中庸1	截节题
	禹思天下　急也。	孟子·离娄下29	一节题

▲明世宗嘉靖二十八年己酉(1549年)

顺天	舜有天下 远矣。	论语·颜渊22	一节题
	君子之所 见乎。	中庸33	二句题
	颂其诗读 世也。	孟子·万章下8	多句题
应天	樊迟问仁 者直。	论语·颜渊22	三节题
	文武之政 政举;	中庸20	四句题
	贤者在位 政刑。	孟子·公孙丑上4	四句题
浙江	君子有九 思义。	论语·季氏10	全章题
	博厚配地 无疆。	中庸26	一节题
	君子深造 之也。	孟子·离娄下14	二句题
江西	兴于诗立 于乐。	论语·泰伯8	全章题
	诚者非自 宜也。	中庸25	一节题
	君子引而 从之。	孟子·尽心上41	一节题
福建	吾与回言 不愚。	论语·为政9	全章题
	郊社之礼 掌乎。	中庸19	一节题
	未有义而 者也。	孟子·梁惠王上1	单句题
湖广	或问禘之 其掌。	论语·八佾11	全章题
	德为圣人 天子,	中庸17	二句题
	王者之民 如也。	孟子·尽心上13	二句题
河南	子适卫冉 教之。	论语·子路9	全章题
	致广大而 中庸。	中庸27	二句题
	大舜有大 为善。	孟子·公孙丑上8	一节题

			续 表
山东	子所雅言　言也。	论语·述而 17	全章题
	诚则形形　则明。	中庸 23	三句题
	亲亲仁也　下也。	孟子·尽心上 15	一节题
山西	能行五者　敏惠。	论语·阳货 6	多句题
	自诚明谓　诚矣。	中庸 21	全章题
	江汉以濯　尚已。	孟子·滕文公上 4	截上题
陕西	多闻择其　次也。	论语·述而 27	三句题
	诚身有道　身矣。	孟子·离娄上 12	三句题
	夫志气之　其气。	孟子·公孙丑上 2	多句题
广东	君子学道则爱人。	论语·阳货 4	单句题
	或生而知　一也。	中庸 20	一节题
	其为气也　馁也。	孟子·公孙丑上 2	二节题
广西	颜渊季路　怀之。	论语·公冶长 25	全章题
	上天之载　至矣！	中庸 33	三句题
	至于心独　然耳。	孟子·告子上 7	多句题
贵州	缺		
	缺		
	一介不以　诸人。	孟子·万章上 7	二句题

●明世宗嘉靖二十九年庚戌(1550 年)

会试	子贡问君　从之。	论语·为政 13	全章题
	洋洋乎发　于天。	中庸 27	一节题
	既竭心思　下矣。	孟子·离娄上 1	三句题

▲明世宗嘉靖三十一年壬子(1552年)

顺天	巍巍乎其 文章!	论语·泰伯19	一节题
	溥博渊泉 不说。	中庸31	二节题
	夏曰校殷 伦也。	孟子·滕文公上3	多句题
应天	君子不可 受也;	论语·卫灵公33	二句题
	道也者不 独也。	中庸1	二节题
	奋乎百世 者乎?	孟子·尽心下15	五句题
浙江	民可使由 知之。	论语·泰伯9	全章题
	君子之道 德矣。	中庸33	多句题
	夫仁天之 宅也。	孟子·公孙丑上7	二句题
江西	生财有大 足矣。	大学·传10	一节题
	君赐食必 畜之。	论语·乡党13	一节题
	君子之言 存焉。	孟子·尽心下32	二句题
福建	夫子循循 以礼。	论语·子罕10	一节题
	自诚明谓 诚矣。	中庸21	全章题
	尧舜之道 已矣。	孟子·告子下2	二句题
湖广	大哉尧之 名焉。	论语·泰伯19	一节题
	溥博渊泉 不说。	中庸31	二节题
	圣人人伦之至也。	孟子·离娄上2	二句题
河南	切切偲偲 怡怡。	论语·子路28	多句题
	君子之道 德矣。	中庸33	多句题
	仁也者人 道也。	孟子·尽心下16	全章题

续　表

山东	子路问君　百姓。	论语·宪问 45	多句题
	诗云鸢飞　察也。	中庸 12	一节题
	仁也者人　道也。	孟子·尽心下 16	全章题
山西	知者乐水　者寿。	论语·雍也 21	全章题
	诚之者人之道也。	中庸 20	二句题
	孔子圣之　事也。	孟子·万章下 1	截节题
陕西	好仁者无以尚之；	论语·里仁 6	二句题
	博学之审　行之。	中庸 20	一节题
	其为气也　之也。	孟子·公孙丑上 2	截节题
广东	莫春者春　点也！	论语·先进 25	多句题
	及其至也　天地。	中庸 12	二句题
	居仁由义　备矣。	孟子·尽心上 33	二句题
贵州	予欲无言　言哉？	论语·阳货 19	全章题
	诚者不勉　者也。	中庸 20	多句题
	夫志至焉气次焉。	孟子·公孙丑上 2	二句题

●明世宗嘉靖三十二年癸丑（1553 年）

会试	大哉尧之　名焉。	论语·泰伯 19	一节题
	诚者非自　宜也。	中庸 25	一节题
	由尧舜至　知之。	孟子·尽心下 38	三节题

▲明世宗嘉靖三十四年乙卯(1555年)

顺天	仁以为己　重乎?	论语·泰伯7	二句题
	必得其名　其寿。	中庸17	二句题
	以德服人　谓也。	孟子·公孙丑上3	多句题
应天	唐虞之际　为盛。	论语·泰伯20	二句题
	诚者不勉　人也。	中庸20	四句题
	以善养人　天下。	孟子·离娄下16	二句题
浙江	夫子之道　已矣。	论语·里仁15	二句题
	溥博如天　配天。	中庸31	二节题
	诗云雨我　助也。	孟子·滕文公上3	一节题
江西	知者乐仁者寿。	论语·雍也21	二句题
	诚者不勉　人也。	中庸20	四句题
	上下与天地同流,	孟子·尽心上13	单句题
河南	志于道据　于艺。	论语·述而6	全章题
	溥博如天　如渊。	中庸32	二句题
	礼之实节　舞之。	孟子·离娄上27	多句题
山东	夫子循循　以礼。	论语·子罕10	一节题
	君子之道　矣乎!	中庸15	全章题
	形色天性　践形。	孟子·尽心上38	全章题
山西	回也闻一　知二。	论语·公冶长8	二句题
	今天下车　同伦。	中庸28	一节题
	皆古圣人　子也。	孟子·公孙丑上2	四句题

续　表

陕西	君子之于　与比。	论语·里仁 10	一节题
	诚者不勉　人也。	中庸 20	四句题
	居天下之　大道。	孟子·滕文公下 2	三句题
云南	仁者安仁　利仁。	论语·里仁 2	二句题
	中也者天　本也；	中庸 1	二句题
	尽其心者　天也。	孟子·尽心上 1	二节题
贵州	子语鲁大　以成。	论语·八佾 23	全章题
	君子之道　自卑。	中庸 15	一节题
	尽其心者　天矣。	孟子·尽心上 1	一节题

● 明世宗嘉靖三十五年丙辰（1556 年）

会试	臣事君以忠。	论语·八佾 19	单句题
	诗云维天　天也。	中庸 26	四句题
	大而化之　谓神。	孟子·尽心下 25	二节题

▲ 明世宗嘉靖三十七年戊午（1558 年）

顺天	一人定国　从之；	大学·传 9	截节题
	君子贞而不谅。	论语·卫灵公 36	全章题
	为我作君　之乐！	孟子·梁惠王下 4	单句题
应天	君子贞而不谅。	论语·卫灵公 36	全章题
	上天之载　至矣！	中庸 33	三句题
	为人臣者　其君，	孟子·告子下 4	单句题

续　表

浙江	仁远乎哉　至矣。	论语·述而29	全章题
	小德川流　大也。	中庸30	三句题
	孔子之谓　力也。	孟子·万章下1	二节题
江西	有德者必　有仁。	论语·宪问5	全章题
	自诚明谓　之教。	中庸21	四句题
	为人臣者　其君，	孟子·告子下4	单句题
福建	能行五者　敏惠。	论语·阳货6	多句题
	大哉圣人　三千。	中庸27	三节题
	上下与天地同流，	孟子·尽心上13	单句题
湖广	舜有臣五　下治。	论语·泰伯20	一节题
	及其至也　天地。	中庸12	二句题
	心之所同　我口。	孟子·告子上7	多句题
河南	子张问仁　使人。	论语·阳货6	全章题
	见而民莫　不说。	中庸31	三句题
	君子引而　从之。	孟子·尽心上41	一节题
山东	生而知之者上也；	论语·季氏9	二句题
	唯天下至　参矣。	中庸22	全章题
	心之所同　义也。	孟子·告子上7	三句题
陕西	君子以文　辅仁。	论语·颜渊24	全章题
	唯天下至　其天！	中庸32	二节题
	为人臣者　其君，	孟子·告子下4	单句题

续　表

四川	缺		
	自诚明谓之性；	中庸 21	二句题
	缺		
广东	君子贞而不谅。	论语·卫灵公 36	一节题
	博厚配地　无疆。	中庸 26	一节题
	为人臣者　其君，	孟子·告子下 4	单句题
广西	缺		
	缺		
	诗云既醉　绣也。	孟子·告子上 17	一节题

● 明世宗嘉靖三十八年己未(1559 年)

会试	举贤才曰　舍诸？	论语·子路 2	截节题
	德为圣人　天子，	中庸 17	二句题
	禹稷当平　贤之。	孟子·离娄下 29	一节题

▲ 明世宗嘉靖四十年辛酉(1561 年)

顺天	言思忠事思敬，	论语·季氏 10	二句题
	久则征征　高明。	中庸 26	截节题
	闻君行圣　人也，	孟子·滕文公上 4	二句题
应天	周有大赉　是富。	论语·尧曰 1	一节题
	天命之谓　道也。	中庸 1	截节题
	经德不回　行也。	孟子·尽心下 33	四句题

续　表

浙江	君子欲讷　于行。	论语·里仁 24	全章题
	是以声名　配天。	中庸 31	一节题
	乃若其情　善也。	孟子·告子上 6	一节题
江西	所求乎臣　能也；	中庸 13	二句题
	畏天命畏　之言。	论语·季氏 8	三句题
	奋乎百世　起也。	孟子·尽心下 15	三句题
福建	绥之斯来　斯和。	论语·子张 25	二句题
	缺		
	诸侯朝于　职也。	孟子·梁惠王下 4	二句题
河南	缺		
	载华岳而　不泄，	中庸 26	二句题
	缺		
四川	缺		
	缺		
	自得之则　其原，	孟子·离娄下 14	六句题
广东	子贡问曰　琏也。	论语·公冶长 3	全章题
	仲尼祖述　文武；	中庸 30	二句题
	仁之于父　道也，	孟子·尽心下 24	五句题
广西	言思忠事思敬，	论语·季氏 10	二句题
	舟车所至　尊亲，	中庸 31	多句题
	若禹皋陶　知之；	孟子·尽心下 38	二句题

续 表

贵州	知者乐仁者寿。	论语·雍也 21	二句题
	辟如天地　覆帱,	中庸 30	二句题
	禹疏九河　之江,	孟子·滕文公上 4	六句题

● 明世宗嘉靖四十一年壬戌（1562 年）

会试	事君能致其身,	论语·学而 7	单句题
	悠久无疆。	中庸 26	单句题
	文王以民　灵沼,	孟子·梁惠王上 2	四句题

▲ 明世宗嘉靖四十三年甲子（1564 年）

顺天	舜有臣五　下治。	论语·泰伯 20	一节题
	此天地之　大也。	中庸 30	单句题
	以德服人　子也。	孟子·公孙丑上 3	三句题
应天	子曰参乎　曰唯。	论语·里仁 15	一节题
	肫肫其仁　其天!	中庸 32	一节题
	我非尧舜　王前,	孟子·公孙丑下 2	二句题
浙江	其事上也敬,	论语·公冶长 15	单句题
	德为圣人　其寿。	中庸 17	多句题
	诗云自西　谓也。	孟子·公孙丑上 3	四句题
江西	荡荡乎民　名焉。	论语·泰伯 19	二句题
	诚者非自　物也。	中庸 25	二句题
	诗云雨我　教之：	孟子·滕文公上 3	截节题

续　表

福建	中庸之为　矣乎！	论语·雍也 27	二句题
	言而民莫　不说。	中庸 31	二句题
	可欲之谓　谓神。	孟子·尽心下 25	六节题
河南	克己复礼　勿动。	论语·颜渊 1	截节题
	唯天下至　其性；	中庸 22	二句题
	始条理者　事也；	孟子·万章下 1	二句题
山东	巍巍乎唯　则之。	论语·泰伯 19	三句题
	唯天下至　其性；	中庸 22	二句题
	近圣人之　甚也，	孟子·尽心下 38	二句题
山西	知者乐仁者寿。	论语·雍也 21	二句题
	天地之道　载焉。	中庸 26	截节题
	存其心养　天也。	孟子·尽心上 1	一节题
陕西	其事上也敬，	论语·公冶长 15	单句题
	肫肫其仁　其天！	中庸 32	一节题
	尧舜之知　贤也。	孟子·尽心上 46	四句题
四川	君子喻于义，	论语·里仁 16	单句题
	日月星辰　覆焉。	中庸 26	二句题
	形色天性　践形。	孟子·尽心上 38	全章题
广东	为仁由己　乎哉？	论语·颜渊 1	二句题
	久则征征　无疆。	中庸 26	截节题
	其自任以　如此，	孟子·万章上 7	单句题

广西	如或知尔 以哉？	论语·先进 25	二句题
	可以赞天 参矣。	中庸 22	二句题
	欲为臣尽臣道，	孟子·离娄上 2	单句题
云南	立则见其 后行。	论语·卫灵公 5	一节题
	天地之道 殖焉。	中庸 26	二节题
	公事毕然 私事，	孟子·滕文公上 3	二句题
贵州	缺		
	缺		
	守约而施 道也。	孟子·尽心下 32	二句题

● 明世宗嘉靖四十四年乙丑（1565 年）

会试	绥之斯来 斯和。	论语·子张 25	二句题
	人道敏政 卢也。	中庸 20	一节题
	诗曰天生 懿德。	孟子·告子上 6	一节题

▲ 明穆宗隆庆元年丁卯（1567 年）

顺天	颜渊问为 人殆。	论语·卫灵公 10	全章题
	知斯三者 家矣。	中庸 20	一节题
	是集义所 之也。	孟子·公孙丑上 2	一节题
应天	子贡问政 之矣。	论语·颜渊 7	一节题
	知所以修 身也，	中庸 20	截节题
	人性之善 不下。	孟子·告子上 2	四句题

续 表

浙江	忠焉能勿诲乎？	论语·宪问 8	单句题
	今夫天斯　覆焉。	中庸 26	五句题
	民事不可　恒心。	孟子·滕文公上 3	多句题
江西	十室之邑　学也。	论语·公冶长 27	全章题
	君子素其　其外。	中庸 14	一节题
	是故诚者　有也；	孟子·离娄上 12	截节题
福建	法语之言　为贵。	论语·子罕 23	六句题
	齐明盛服　身也；	中庸 20	三句题
	原泉混混　取尔。	孟子·离娄下 18	一节题
河南	人之言曰　不易。	论语·子路 15	一节题
	修身也尊　亲也，	中庸 20	三句题
	尽其心者　天矣。	孟子·尽心上 1	一节题
山东	夫仁者己　也已。	论语·雍也 28	二节题
	是故君子　不闻。	中庸 1	二句题
	易其田畴　富也。	孟子·尽心上 23	一节题
山西	为政以德　共之。	论语·为政 1	全章题
	敬大臣也　臣也，	中庸 20	二句题
	及其闻一　御也。	孟子·尽心上 16	四句题
陕西	夫仁者己　也已。	论语·雍也 28	二节题
	发而皆中　之和。	中庸 1	二句题
	及其闻一　御也。	孟子·尽心上 16	四句题

续 表

广东	君使臣臣 以忠。	论语·八佾 19	全章题
	诗云鸢飞 天地。	中庸 12	二节题
	缺		
贵州	缺		
	缺		
	左右皆曰 去之。	孟子·梁惠王下 7	四段题

● 明穆宗隆庆二年戊辰（1568 年）

会试	由海女知 知也。	论语·为政 17	全章题
	舜其大知 舜乎！	中庸 6	全章题
	吾岂若使 谁也？	孟子·万章上 7	截节题

▲ 明穆宗隆庆四年庚午（1570 年）

顺天	颜渊问仁 语矣。	论语·颜渊 1	全章题
	诗曰在彼 者也。	中庸 29	一节题
	敢问何谓 与道；	孟子·公孙丑上 2	截节题
应天	君子谋道 忧贫。	论语·卫灵公 31	全章题
	道也者不 不闻。	中庸 1	一节题
	责难于君 之敬，	孟子·离娄上 1	二句题
浙江	禹吾无间 然矣。	论语·泰伯 21	全章题
	中庸不可能也。	中庸 9	单句题
	思天下之 如此，	孟子·万章上 7	三句题

续 表

江西	我未见好 见也。	论语·里仁6	全章题
	天地之道 尽也；	中庸26	二句题
	曹交问曰 曰然。	孟子·万章上2	一节题
福建	君子学以致其道。	论语·子张7	单句题
	知远之近 之显，	中庸33	三句题
	言近而指 下平。	孟子·尽心下32	二节题
河南	定公问君 以忠。	论语·八佾19	全章题
	故君子之 庶民，	中庸29	三句题
	是求有益 者也。	孟子·尽心上3	二句题
山东	举直错诸 言乎！	论语·颜渊22	三节题
	敦厚以崇礼。	中庸27	单句题
	以不忍人 掌上。	孟子·公孙丑上6	三句题
山西	好仁者无以尚之；	论语·里仁6	单句题
	时使薄敛 姓也；	中庸20	二句题
	子路人告 为善。	孟子·公孙丑上8	三节题
陕西	樊迟问仁 知人。	论语·颜渊22	一节题
	唯天下至 临也；	中庸31	三句题
	其为气也 长也。	孟子·公孙丑上2	截节题
四川	子所雅言 言也。	论语·述而17	全章题
	莫见乎隐 乎微，	中庸1	二句题
	尊贤使能 氓矣。	孟子·公孙丑上5	五节题

广东	性相近也 远也。	论语·阳货 2	全章题
	所求乎子 能也；	中庸 13	四句题
	中天下而 之民，	孟子·尽心上 21	二句题
广西	举直错诸 言乎！	论语·颜渊 22	三节题
	诚则明矣 诚矣。	中庸 21	二句题
	思天下之 如此，	孟子·万章上 7	三句题
贵州	君子易事 器之。	论语·子路 25	多句题
	好学近乎 修身；	中庸 20	截节题
	子路人告 为善。	孟子·公孙丑上 8	三节题

● 明穆宗隆庆五年辛未（1571 年）

会试	生财有大 足矣。	大学·传 10	一节题
	先进于礼 先进。	论语·先进 1	全章题
	有安社稷 者也。	孟子·尽心上 19	三节题

▲ 明神宗万历元年癸酉（1573 年）

顺天	文莫吾犹 有得。	论语·述而 32	全章题
	天下之达 一也。	中庸 20	一节题
	诗云不愆 有也。	孟子·离娄上 1	一节题
应天	子张问政 以忠。	论语·颜渊 14	一节题
	修身则道 不惑，	中庸 20	二句题
	君仁莫不 定矣。	孟子·离娄上 20	四句题

续　表

浙江	林放问礼　哉问！	论语·八佾4	二节题
	凡为天下　畏之。	中庸20	二节题
	智譬则巧　力也。	孟子·万章下1	二句题
江西	子之武城　使也。	论语·阳货4	三节题
	故君子内　于志。	中庸33	二句题
	诗云不愆　有也。	孟子·离娄上1	一节题
福建	子张问士　必达。	论语·颜渊20	五节题
	大哉圣人之道！	中庸27	一节题
	尧舜之知　务也；	孟子·尽心上46	二句题
湖广	生而知之者上也；	论语·季氏9	单句题
	待其人而　凝焉。	中庸26	二节题
	天下大悦　无缺。	孟子·滕文公下9	多句题
河南	君赐食必　尝之；	论语·乡党13	二句题
	齐明盛服　身也；	中庸20	三句题
	民事不可　百谷。	孟子·滕文公上3	一节题
山西	达巷党人　御矣。	论语·子罕2	全章题
	天下之达　者三：	中庸20	二句题
	诗云迨天　道乎！	孟子·公孙丑上4	多句题
陕西	夫子焉不　之有？	论语·子张22	二句题
	见而民莫　蛮貊；	中庸31	截节题
	孟子曰仁　民心。	孟子·尽心上14	全章题

续 表

四川	林放问礼　宁俭；	论语·八佾 4	截节题
	体物而不　射思！	中庸 16	截节题
	其为气也　至刚，	孟子·公孙丑上 2	二句题
广东	居敬而行　可乎？	论语·雍也 1	三句题
	诚之者择　千之。	中庸 20	截节题
	陈善闭邪谓之敬，	孟子·离娄上 1	单句题
广西	志于道据　于艺。	论语·述而 6	全章题
	修身则道　不惑，	中庸 20	二句题
	禹恶旨酒　待旦。	孟子·离娄下 20	全章题
云南	三年学不　得也。	论语·泰伯 12	全章题
	唯天下至　蛮貊；	中庸 31	截节题
	居天下之　大道。	孟子·滕文公下 2	三句题
贵州	子贡曰如　圣乎！	论语·雍也 28	多句题
	悠远则博　物也。	中庸 26	截节题
	士何事孟　已矣。	孟子·尽心上 33	多句题

● 明神宗万历二年甲戌（1574 年）

会试	学如不及　失之。	论语·泰伯 17	全章题
	唯天下至　出之。	中庸 31	二节题
	用下敬上　一也。	孟子·万章下 3	一节题

▲明神宗万历四年丙子(1576年)

顺天	颜渊喟然　也已。	论语·子罕10	二节题
	诚者自成　为贵。	中庸25	二节题
	孔子曰操　谓与?	孟子·告子上8	一节题
应天	子曰道千　以时。	论语·学而5	全章题
	诚者自成　宜也。	中庸25	全章题
	举舜而敷　夫也。	孟子·滕文公上4	截节题
浙江	此谓修身　其心。	大学·传7	单句题
	吾十有五　于学,	论语·为政4	一节题
	尊贤使能　氓矣。	孟子·公孙丑上5	五节题
江西	夫子循循　卓尔。	论语·子罕10	多句题
	唯天下至　能化。	中庸23	单句题
	尧以不得　之仁。	孟子·滕文公上4	截节题
福建	君子易事　器之。	论语·子路25	多句题
	诚身有道　行之。	中庸20	三节题
	仰而思之　待旦。	孟子·离娄下20	四句题
湖广	樊迟问仁　知人。	论语·颜渊22	一节题
	诗云潜虽　下平。	中庸33	四节题
	吾岂若使　君哉?	孟子·万章上7	单句题
河南	我非生而　者也。	论语·述而19	全章题
	君子之道　憯尔!	中庸13	一节题
	有布缕之　其二。	孟子·尽心下27	五句题

续 表

山东	主忠信徙 德也。	论语·颜渊 10	三句题
	知远之近 之显,	中庸 33	三句题
	原泉混混 取尔。	孟子·离娄下 18	一节题
山西	子路有闻 有闻。	论语·公冶长 13	全章题
	天地位焉 育焉。	中庸 1	二句题
	使契为司 德之。	孟子·滕文公上 4	多句题
陕西	康诰曰克 明也。	大学·传 1	全章题
	君子不以 废言。	论语·卫灵公 22	全章题
	有布缕之 其二。	孟子·尽心下 27	五句题
四川	愿无伐善 施劳。	论语·公冶长 25	一节题
	唯天下至 参矣。	中庸 22	一节题
	缺		
广东	赐也达于 何有?	论语·雍也 6	二句题
	义者宜也 为大;	中庸 20	二句题
	君子所以 存心。	孟子·离娄下 28	一节题
广西	大宰问于 多也。	论语·子罕 6	三节题
	郊社之礼 帝也,	中庸 19	二句题
	圣人人伦 已矣。	孟子·离娄上 2	截节题
云南	学而时习 说乎?	论语·学而 1	一节题
	三者天下 一也。	中庸 20	三句题
	尧以不得 之仁。	孟子·滕文公上 4	截节题

续　表

贵州	君子义以　子哉！	论语·卫灵公 17	全章题
	天之所覆　尊亲，	中庸 31	六句题
	取诸人以　者也。	孟子·公孙丑上 8	二句题

● 明神宗万历五年丁丑（1577 年）

会试	子贡问曰　次矣。	论语·子路 20	三节题
	回之为人　之矣。	中庸 8	全章题
	我亦欲正　已也。	孟子·滕文公下 9	一节题

▲ 明神宗万历七年己卯（1579 年）

顺天	哀公问于　与足？	论语·颜渊 9	全章题
	诚身有道　道也。	孟子·离娄上 12	多句题
	待文王而　犹兴。	孟子·尽心上 10	全章题
应天	舜亦以命禹。	论语·尧曰 1	一节题
	凡事豫则　身矣。	中庸 20	二节题
	恻隐之心　体也。	孟子·公孙丑上 6	截节题
浙江	士不可以　道远。	论语·泰伯 7	一节题
	质诸鬼神　不厌。	中庸 29	二节题
	贤者在位　侮之？	孟子·公孙丑上 4	截节题
江西	子谓子夏　人儒。	论语·雍也 11	全章题
	诗云予怀　至矣！	中庸 33	一节题
	无为其所　已矣。	孟子·尽心上 17	全章题

续 表

福建	素以为绚　已矣。	论语·八佾 8	截节题
	浩浩其天！	中庸 32	单句题
	鸡鸣而起　徒也。	孟子·尽心上 25	一节题
湖广	唯仁者能　恶人。	论语·里仁 3	全章题
	诗曰衣锦　曰章；	中庸 33	四句题
	禹疏九河　食也。	孟子·滕文公上 4	七句题
河南	子贡问曰　恕乎！	论语·卫灵公 23	二句题
	故为政在　以仁。	中庸 20	一节题
	欲贵者人　思耳。	孟子·告子上 17	一节题
山东	民可使由　知之。	论语·泰伯 9	全章题
	敬大臣则不眩，	中庸 20	单句题
	遵先王之　智乎？	孟子·离娄上 1	截节题
山西	子曰予欲　言哉？	论语·阳货 19	全章题
	好学近乎　家矣。	中庸 20	二节题
	乃若其情　罪也。	孟子·告子上 6	二节题
陕西	吾十有五　逾矩。	论语·为政 4	全章题
	苟不固聪　知之？	中庸 32	一节题
	禹恶旨酒　待旦。	孟子·离娄下 20	全章题
四川	子路问政　无倦。	论语·子路 1	全章题
	缺		
	缺		

续　表

广东	卫公孙朝　之有？	论语·子张 22	全章题
	诗曰妻子　矣乎！	中庸 15	二节题
	士之仕也　耜哉？	孟子·滕文公下 3	一节题
广西	仲弓曰居　言然。	论语·雍也 1	二节题
	唯天下至　所倚？	中庸 32	二句题
	日月有明　照焉。	孟子·尽心上 24	二句题
云南	子贡问为　仁者。	论语·卫灵公 9	全章题
	唯天下至　临也；	中庸 31	三句题
	以德服人　服也，	孟子·公孙丑上 3	二句题
贵州	缺		
	敬大臣则不眩，	中庸 20	单句题
	缺		

● 明神宗万历八年庚辰（1580 年）

会试	如有王者　后仁。	论语·子路 12	全章题
	素隐行怪　能之。	中庸 11	全章题
	智譬则巧　力也。	孟子·万章下 1	一节题

▲ 明神宗万历十年壬午（1582 年）

顺天	中庸之为　久矣。	论语·雍也 27	全章题
	去谗远色　贤也；	中庸 20	三句题
	尧舜之治　心哉？	孟子·滕文公上 4	二句题

续　表

应天	贤贤易色　学矣。	论语·学而 7	全章题
	道之不行　味也。	中庸 4	全章题
	以善服人　有也。	孟子·离娄下 16	全章题
浙江	康诰曰如　者也！	大学·传 9	一节题
	不得中行　为也。	论语·子路 21	全章题
	徐子曰仲　耻之。	孟子·离娄下 18	全章题
江西	哀公问曰　不服。	论语·为政 19	全章题
	是故君子　者也。	中庸 29	二节题
	经界既正　定也。	孟子·滕文公上 3	二句题
福建	以约失之者鲜矣。	论语·里仁 23	全章题
	今天下车　从周。	中庸 28	三节题
	公孙丑曰　从之。	孟子·尽心上 41	全章题
湖广	曾子曰十　其意。	大学·传 6	二节题
	天下有道　不议。	论语·季氏 2	二句题
	惠而不知　足矣。	孟子·离娄下 2	四节题
河南	为命裨谌　色之。	论语·宪问 9	全章题
	缺		
	缺		
山东	定公问一　邦乎？	论语·子路 15	三节题
	道不远人　为道。	中庸 13	一节题
	养心莫善　寡矣。	孟子·尽心下 35	全章题

续　表

山西	君子学道则爱人，	论语·阳货4	单句题
	天下国家　能也。	中庸9	全章题
	尧以不得　己忧。	孟子·滕文公上4	二句题
陕西	述而不作　老彭。	论语·述而1	全章题
	诗曰衣锦　德矣。	中庸33	一节题
	人有不为　有为。	孟子·离娄下8	全章题
四川	所谓诚其　欺也，	大学·传6	二句题
	定公问一　邦乎？	论语·子路15	三节题
	人有不为　有为。	孟子·离娄下8	全章题
广东	益者三乐　损矣。	论语·季氏5	全章题
	或生而知　乎勇。	中庸20	二节题
	稷思天下　之也，	孟子·离娄下29	二句题
广西	辞达而已矣。	论语·卫灵公40	全章题
	修道之谓　离也，	中庸1	截节题
	舜何人也　若是。	孟子·滕文公上1	三句题
云南	所谓诚其　欺也，	大学·传6	二句题
	子闻之曰　多也。	论语·子罕6	一节题
	大人者言　所在。	孟子·离娄下11	一节题
贵州	子曰莫我　天乎！	论语·宪问37	全章题
	道不远人　为道。	中庸13	一节题
	君子之守　下平。	孟子·尽心下32	一节题

● 明神宗万历十一年癸未(1583年)

会试	吾之于人　行也。	论语·卫灵公 24	全章题
	修身则道　畏之。	中庸 20	一节题
	孔子有见　仕也。	孟子·万章下 4	三句题

▲ 明神宗万历十三年乙酉(1585年)

顺天	论笃是与　者乎？	论语·先进 20	全章题
	人道敏政　为大；	中庸 20	截节题
	可欲之谓　下也。	孟子·尽心下 25	七节题
应天	吾有知乎　竭焉。	论语·子罕 7	全章题
	诗云伐柯　于人。	中庸 13	二节题
	大戒于国　是也。	孟子·梁惠王下 4	多句题
浙江	君子无所　君子。	论语·八佾 7	全章题
	夫妇之愚　所憾。	中庸 12	多句题
	故曰为高　智乎？	孟子·离娄上 1	一节题
江西	知者不失　失言。	论语·卫灵公 7	二句题
	诗云相在　而信。	中庸 33	一节题
	权然后知　为甚。	孟子·梁惠王上 7	多句题
福建	见善如不　人也。	论语·季氏 11	全章题
	君子之中　惮也。	中庸 2	一节题
	孔子尝为　耻也。	孟子·万章下 5	二节题
湖广	未之思也　之有？	论语·子罕 30	一节题
	人道敏政　为大；	中庸 20	截节题
	君子不亮恶乎执？	孟子·告子下 12	全章题

续　表

河南	能以礼让　礼何？	论语·里仁 13	全章题
	或生而知　一也。	中庸 20	一节题
	为人臣者　接也。	孟子·告子下 4	五句题
山东	能以礼让　礼何？	论语·里仁 13	全章题
	中立而不　哉矫！	中庸 10	二句题
	易其田畴　者乎？	孟子·尽心上 23	全章题
山西	夫达也者　必闻。	论语·颜渊 20	二节题
	有弗学学　千之。	中庸 20	一节题
	何谓知言　言矣。	孟子·公孙丑上 2	一节题
陕西	论笃是与　者乎？	论语·先进 20	全章题
	缺		
	人皆有所　义也。	孟子·尽心下 31	一节题
四川	古之欲明　为本。	大学·经	三节题
	菲饮食而　沟洫。	论语·泰伯 21	三段题
	何谓知言　言矣。	孟子·公孙丑上 2	一节题
广东	因民之所　猛乎？	论语·尧曰 2	五段题
	道也者不　道也。	中庸 1	三句题
	夫人幼而　行之。	孟子·梁惠王下 9	二句题
广西	生而知之　下矣。	论语·季氏 9	全章题
	诗云潜虽　而信。	中庸 33	二节题
	食之以时　用也。	孟子·尽心上 23	一节题

云南	仕而优则　则仕。	论语·子张 13	全章题
	致中和天　育焉。	中庸 1	一节题
	入其疆土　以地。	孟子·梁惠王下 4	七句题
贵州	有能一日　足者。	论语·里仁 6	一节题
	诗云相在　下平。	中庸 33	三节题
	圣人之忧　己忧，	孟子·滕文公上 4	截节题

● 明神宗万历十四年丙戌(1586 年)

会试	故君子名　已矣。	论语·子路 3	一节题
	执其两端　于民，	中庸 6	二句题
	事孰为大　为大；	孟子·离娄上 19	二句题

▲ 明神宗万历十六年戊子(1588 年)

顺天	季文子三　可矣。	论语·公冶长 19	全章题
	君子之道费而隐。	中庸 12	一节题
	圣人人伦　已矣。	孟子·离娄上 2	截节题
应天	子贡曰如　病诸！	论语·雍也 28	一节题
	君子之道　下平。	中庸 33	截节题
	吾为此惧　言矣。	孟子·滕文公下 9	一节题
浙江	夫人不言　有中。	论语·先进 13	一节题
	齐明盛服　亲也；	中庸 20	三段题
	故凡同类　类者。	孟子·告子上 7	一节题

续　表

江西	下学而上达。	论语·宪问 37	单句题
	知远之近　见乎。	中庸 33	多句题
	人能充无　义也。	孟子·尽心下 31	一节题
福建	孝者所以　者也！	大学·传 9	截节题
	人之言曰　不易。	论语·子路 15	一节题
	后稷教民　德之。	孟子·滕文公上 4	多句题
湖广	楚国无以　为宝。	大学·传 10	一节题
	君子不可　知也。	论语·卫灵公 33	全章题
	逃墨必归　已矣。	孟子·尽心下 26	一节题
河南	务民之义　知矣。	论语·雍也 20	三句题
	知远之近　见乎。	中庸 33	多句题
	国君进贤　慎与？	孟子·梁惠王下 7	一节题
山东	奢则不孙　宁固。	论语·述而 35	全章题
	缺		
	陈善闭邪谓之敬，	孟子·离娄上 1	单句题
山西	子贡问曰　恶之。	论语·子路 24	全章题
	忠恕违道　于人。	中庸 13	一节题
	文王发政　四者。	孟子·梁惠王下 5	二句题
陕西	君子无所　君子。	论语·八佾 7	全章题
	诗云潜虽　见乎。	中庸 33	一节题
	缺		

续　表

四川	文武之道　之有？	论语·子张 22	一节题
	诗云予怀　末也。	中庸 33	多句题
	梓匠轮舆　人巧。	孟子·尽心下 5	全章题
广东	子贡问曰　恶之。	论语·子路 24	全章题
	唯天下至　知之？	中庸 32	全章题
	是集义所　之也。	孟子·公孙丑上 2	二句题
广西	吾尝终日　学也。	论语·卫灵公 30	全章题
	在上位不　徼幸。	中庸 14	二节题
	由是观之　已矣。	孟子·滕文公下 6	二句题
云南	古者言之　逮也。	论语·里仁 22	全章题
	故君子不　而信。	中庸 33	二句题
	所恶于智　大矣。	孟子·离娄下 26	一节题
贵州	礼之用和　由之。	论语·学而 12	全章题
	知仁勇三　一也。	中庸 20	三句题
	缺		

● 明神宗万历十七年己丑（1589 年）

会试	孟献子曰　利也。	大学·传 10	一节题
	出门如见　于人。	论语·颜渊 2	四句题
	圣人之行　烹也。	孟子·万章上 7	截节题

▲明神宗万历十九年辛卯(1591年)

顺天	民之所好　恶之,	大学·传10	二句题
	问知子曰知人。	论语·颜渊22	二句题
	东面而征　霓也。	孟子·梁惠王下11	多句题
应天	君子成人　反是。	论语·颜渊16	全章题
	事前定则不困,	中庸20	单句题
	所以动心　不能。	孟子·告子下15	二句题
浙江	才难不其　而已。	论语·泰伯20	一节题
	正己而不　尤人。	中庸14	三句题
	何以谓之　凉凉?	孟子·尽心下37	五节题
江西	曰夫子何　能也。	论语·宪问26	二句题
	君子之道　自卑。	中庸15	一节题
	圣人百世　夫宽。	孟子·尽心下15	多句题
福建	居则曰不　点也!	论语·先进25	五节题
	去谗远色　贵德,	中庸20	二句题
	沧浪之水　足矣,	孟子·离娄上8	多句题
湖广	丘也幸苟　知之。	论语·述而30	三句题
	去谗远色　贵德,	中庸20	二句题
	曰国君进　去之。	孟子·梁惠王下7	二节题
河南	司马牛问　何惧?	论语·颜渊4	全章题
	道之不明　及也。	中庸4	四句题
	先王无流　之行。	孟子·梁惠王下4	一节题

续 表

山东	君子去仁　成名？	论语·里仁 5	一节题
	凡事豫则　不穷。	中庸 20	一节题
	缺		
山西	富与贵是　去也。	论语·里仁 5	一节题
	君子遵道　已矣。	中庸 11	一节题
	鸡鸣而起　闲也。	孟子·尽心上 25	全章题
陕西	诗云穆穆　于信。	大学·传 3	一节题
	近者说远者来。	论语·子路 16	一节题
	夏后氏五　母也？	孟子·滕文公上 3	二节题
四川	君子易事　器之。	论语·子路 25	一段题
	凡事豫则立，	中庸 20	单句题
	尧舜性之　有也。	孟子·尽心上 30	全章题
广东	一日克己　仁焉。	论语·颜渊 1	二句题
	在下位不　治矣！	均在中庸 20	一节题
	劳之来之　德之。	孟子·滕文公上 4	多句题
广西	孔子对曰　子子。	论语·颜渊 11	一节题
	大哉圣人　后行。	中庸 27	四节题
	附之以韩　远矣。	孟子·尽心上 11	全章题
云南	宪问耻子　耻也。	论语·宪问 1	全章题
	缺		
	虽有天下　何哉？	孟子·告子上 9	一节题

续 表

贵州	仁者安仁　利仁。	论语·里仁2	二句题
	君子戒慎　之和。	中庸1	截节题
	孟子曰人　大人。	孟子·告子上14	二节题

● 明神宗万历二十年壬辰（1592年）

会试	子曰知及　善也。	论语·卫灵公32	全章题
	宪章文武；	中庸30	单句题
	舍己从人　为善。	孟子·公孙丑上8	二句题

▲ 明神宗万历二十二年甲午（1594年）

顺天	子贡问师　不及。	论语·先进15	全章题
	善必先知　知之。	中庸24	二句题
	礼之实节　是也；	孟子·离娄上27	二句题
应天	子曰管仲　知礼？	论语·八佾22	全章题
	君子胡不慥慥尔！	中庸13	单句题
	恶佞恐其乱义也；	孟子·尽心下37	二句题
浙江	语之而不　也与！	论语·子罕19	全章题
	诚则形形　则明，	中庸23	三句题
	夫人幼而　玉哉？	孟子·梁惠王下9	截节题
江西	子贡方人　不暇。	论语·宪问31	全章题
	故君子居　俟命，	中庸14	单句题
	乐天者保　保之。	孟子·梁惠王下3	截节题

续　表

福建	人之生也　而免。	论语·雍也 17	全章题
	有所不足　不勉，	中庸 13	二句题
	体有贵贱　害贵。	孟子·告子上 14	四句题
湖广	鄙夫可与　至矣。	论语·阳货 15	全章题
	诗曰衣锦　著也。	中庸 33	二句题
	有楚大夫　为善？	孟子·滕文公下 6	多句题
河南	或曰雍也　用佞？	论语·公冶长 4	全章题
	故至诚无息。	中庸 26	一节题
	人之有是　体也。	孟子·公孙丑上 6	二句题
山东	礼以行之　成之。	论语·卫灵公 17	三句题
	及其至也　能焉。	中庸 12	多句题
	人之于身　肤哉？	孟子·告子上 14	全章题
山西	或曰雍也　用佞？	论语·公冶长 4	全章题
	宽裕温柔　容也；	中庸 31	二句题
	天下之言　致也。	孟子·离娄下 26	全章题
陕西	立则见其　后行。	论语·卫灵公 5	一节题
	故天之生　笃焉。	中庸 17	二句题
	凡有四端　四海；	孟子·公孙丑上 6	六句题
四川	天下之民归心焉。	论语·尧曰 1	单句题
	君子中庸，	中庸 2	单句题
	孔子惧作　秋乎！	孟子·滕文公下 9	一节题

续　表

广东	其知可及　及也。	论语·公冶长 20	二句题
	发而皆中　之和。	中庸 1	二句题
	此四者天　四者。	孟子·梁惠王下 5	四句题
广西	诗云其仪　之也。	大学·传 9	一节题
	如其善而　善乎?	论语·子路 15	二句题
	孟子见齐　慎与?	孟子·梁惠王下 7	三节题
云南	如不可求　所好。	论语·述而 11	二句题
	有弗思思　措也;	中庸 20	二句题
	不得而非　其忧。	孟子·梁惠王下 4	截节题
贵州	尝独立鲤　学礼。	论语·季氏 13	二节题
	缺		
	古之人得　于民;	孟子·尽心上 9	三句题

● 明神宗万历二十三年乙未(1595 年)

会试	仁者其言也讱。	论语·颜渊 3	一节题
	国有道不　哉矫!	中庸 10	三句题
	好善优于天下,	孟子·告子下 13	单句题

▲ 明神宗万历二十五年丁酉(1597 年)

顺天	古之学者为己,	论语·宪问 25	单句题
	故君子以　而止。	中庸 13	二句题
	舜之居深　御也。	孟子·尽心上 16	全章题

续　表

应天	居敬而行　简乎？	论语·雍也 1	一节题
	言而民莫不信，	中庸 31	单句题
	故苟得其　不消。	孟子·告子上 8	一节题
浙江	丘也闻有　安之。	论语·季氏 1	二节题
	素隐行怪　之矣。	中庸 11	一节题
	为天下得人难。	孟子·滕文公上 4	单句题
江西	礼乐不兴　不中；	论语·子路 3	二句题
	素隐行怪　已矣。	中庸 11	二节题
	大孝终身慕父母。	孟子·万章上 1	单句题
福建	宽则得众　则说。	论语·尧曰 1	一节题
	忠恕违道不远，	中庸 13	单句题
	圣人治天　水火。	孟子·尽心上 23	二句题
湖广	择可劳而　焉贪？	论语·尧曰 2	二段题
	知耻近乎勇。	中庸 20	单句题
	有事君人　者也。	孟子·尽心上 19	二节题
河南	子路问事　犯之。	论语·宪问 23	全章题
	隐恶而扬善，	中庸 6	单句题
	于不可已　不已；	孟子·尽心上 44	二句题
山东	见志不从　不违，	论语·里仁 18	二句题
	见而民莫　尊亲，	中庸 31	截节题
	诗曰天之　之敬，	孟子·离娄上 1	截节题

续表

山西	德者本也　民聚。	大学·传10	三节题
	君子惠而　不猛。	论语·尧曰2	五句题
	思天下之　沟中。	孟子·万章上7	二句题
陕西	孝慈则忠，	论语·为政20	单句题
	君子之道　夫妇；	中庸12	二句题
	虽存乎人　几希，	孟子·告子上8	多句题
四川	其机如此　定国。	大学·传9	三句题
	天下之民归心焉。	论语·尧曰1	单句题
	如知其非　来年。	孟子·滕文公下8	一节题
广东	不曰坚乎　不缁。	论语·阳货7	四句题
	知所以修　人；	中庸20	二句题
	孟子见齐　何如？	孟子·梁惠王下9	一节题
广西	周任有言　者止。	论语·季氏1	三句题
	践其位,行其礼,	中庸19	二句题
	孟子见齐　慎与？	孟子·梁惠王下7	三节题
云南	财散则民　之矣。	大学·传10	截节题
	过则勿惮改。	论语·子罕24	单句题
	得其民有　民矣；	孟子·离娄上9	三句题
贵州	畏天命畏　之言。	论语·季氏8	三句题
	唯天下至　大经，	中庸32	二句题
	孟子曰耻　人有？	孟子·尽心上7	全章题

● 明神宗万历二十六年戊戌（1598 年）

会试	诗云穆穆　于信。	大学·传 3	一节题
	子贡曰我　及也。	论语·公冶长 11	全章题
	且夫枉尺　为与？	孟子·滕文公下 1	一节题

▲ 明神宗万历二十八年庚子（1600 年）

顺天	大宰问于　故艺。	论语·子罕 6	全章题
	在上位不　援上，	中庸 14	二句题
	吾为此惧　之道，	孟子·滕文公下 9	二句题
应天	君子博学　矣夫！	论语·雍也 25	全章题
	能尽其性　之性；	中庸 22	二句题
	欲为君尽　臣道，	孟子·离娄上 2	二句题
浙江	十目所视　严乎！	大学·传 6	一节题
	古之狂也　已矣。	论语·阳货 16	一节题
	饥者易为　悬也。	孟子·公孙丑上 1	截节题
江西	此谓唯仁　过也。	大学·传 10	截节题
	本立而道生。	论语·学而 2	单句题
	文王视民如伤，	孟子·离娄下 20	单句题
福建	三年学不　得也。	论语·泰伯 12	全章题
	人皆曰予　守也。	中庸 7	全章题
	所以考其　已矣。	孟子·告子上 14	三句题
湖广	君子不忧不惧。	论语·颜渊 4	单句题
	非天子不　制度，	中庸 28	三句题
	徐行后长　已矣。	孟子·告子下 2	一节题

续　表

河南	不恒其德　已矣。	论语·子路22	二节题
	人道敏政，	中庸20	单句题
	恭俭岂可　为哉?	孟子·离娄上16	单句题
山东	德之不修　忧也。	论语·述而3	全章题
	正己而不　无怨。	中庸14	单句题
	太誓曰天　谓也。	孟子·万章上5	一节题
山西	哀公问曰　不服。	论语·为政19	全章题
	博厚所以载物也；	中庸26	单句题
	曰可得闻　与众。	孟子·梁惠王下1	一节题
陕西	仁者以财发身，	大学·传10	单句题
	子曰南人　已矣。	论语·子路22	全章题
	吾见亦罕　然也。	孟子·告子上9	截节题
四川	子曰君子　道也。	论语·宪问30	全章题
	故为政在　以身，	中庸20	二句题
	地利不如人和。	孟子·公孙丑下1	单句题
广东	吾无隐乎尔。	论语·述而23	单句题
	父母其顺矣乎!	中庸15	一节题
	民之为道　为也?	孟子·滕文公上3	一节题
广西	不忮不求　以臧?	论语·子罕26	二节题
	立天下之大本，	中庸32	单句题
	市廛而不　路矣。	孟子·公孙丑上5	二节题

续　表

云南	浸润之谮　已矣。	论语·颜渊6	一段题
	子庶民则　用足，	中庸20	二句题
	莫如贵德　政刑。	孟子·公孙丑上4	五句题
贵州	有所好乐　其正；	大学·传7	二句题
	百姓不足　与足？	论语·颜渊9	二句题
	市廛而不　路矣。	孟子·公孙丑上5	二节题

● 明神宗万历二十九年辛丑（1601 年）

会试	畏圣人之言。	论语·季氏8	单句题
	庸德之行　敢尽；	中庸13	五句题
	是心足以王矣。	孟子·梁惠王上7	单句题

▲ 明神宗万历三十一年癸卯（1603 年）

顺天	邦畿千里　所止。	大学·传3	一节题
	居则曰不　以哉？	论语·先进25	一节题
	使天下仕　之涂，	孟子·梁惠王上7	四句题
应天	康诰曰克　峻德。	大学·传1	三节题
	仕而优则　则仕。	论语·子张13	全章题
	知者无不　为急；	孟子·尽心上46	二句题
浙江	樊迟问仁　远矣。	论语·颜渊22	全章题
	尊贤为大；	中庸20	单句题
	至诚而不　者也。	孟子·离娄上12	一节题

续　表

江西	子曰可也　谓与？	论语·学而 15	二节题
	中立而不倚，	中庸 10	单句题
	是君臣父　接也。	孟子·告子下 4	二句题
福建	举善而教　则劝。	论语·为政 20	单句题
	郊社之礼　先也。	中庸 19	四句题
	人皆有不　之心。	孟子·公孙丑上 6	一节题
湖广	文质彬彬，	论语·雍也 16	单句题
	今夫天斯　载焉。	中庸 26	二段题
	大匠诲人　规矩。	孟子·告子上 20	一节题
河南	上好礼则　用情。	论语·子路 4	三段题
	待其人而后行。	中庸 27	一节题
	君子平其　可也。	孟子·离娄下 2	二句题
山东	仁以为己任，	论语·泰伯 7	单句题
	施诸己而　能也。	中庸 13	截节题
	如智者若　大矣。	孟子·离娄下 26	六句题
山西	诗三百一　无邪。	论语·为政 2	全章题
	君子素其位而行，	中庸 14	单句题
	犹可以为　不瘳。	孟子·滕文公上 1	三句题
陕西	尊五美屏四恶，	论语·尧曰 2	单句题
	莫显乎微，	中庸 1	单句题
	夏后氏五　借也。	孟子·滕文公上 3	一节题

四川	仁者先难而后获，	论语·雍也 20	单句题
	舜其大知也与！	中庸 6	单句题
	当今之时　然。	孟子·公孙丑上 1	一节题
广东	不患寡而　不安。	论语·季氏 1	二句题
	万物并育　相害，	中庸 30	单句题
	我亦欲正人心，	孟子·滕文公下 9	单句题
广西	说之不以　器之。	论语·子路 25	四句题
	时使薄敛　姓也；	中庸 20	二句题
	天下溺援之以道；	孟子·离娄上 17	二句题
云南	孝者所以事君也；	大学·传 9	单句题
	忠告而善道之，	论语·颜渊 23	单句题
	夏后氏五　一也。	孟子·滕文公上 3	四句题
贵州	居之无倦，	论语·颜渊 14	单句题
	国有道其　以兴，	中庸 27	单句题
	民之为道　恒心。	孟子·滕文公上 3	三句题

● 明神宗万历三十二年甲辰（1604 年）

会试	不知命无　人也。	论语·尧曰 3	全章题
	极高明而道中庸。	中庸 27	单句题
	老吾老以　之幼。	孟子·梁惠王上 7	四句题

▲明神宗万历三十四年丙午(1606年)

顺天	先有司赦　贤才。	论语·子路2	三句题
	人莫不饮　味也。	中庸4	一节题
	责难于君谓之恭，	孟子·离娄上1	单句题
应天	有能一日　足者。	论语·里仁6	一节题
	是故居上　不倍，	中庸27	二句题
	圣人与我同类者。	孟子·告子上7	单句题
浙江	此之谓絜矩之道。	大学·传10	单句题
	子路问成　人矣。	论语·宪问13	全章题
	仁之胜不　胜火。	孟子·告子上18	二句题
江西	文之以礼乐，	论语·宪问13	单句题
	官盛任使　姓也；	中庸20	三段题
	所以谓人　之心。	孟子·公孙丑上6	三句题
福建	子路问成　人矣。	论语·宪问13	一节题
	是故君子　不闻。	中庸1	二句题
	守身守之本也。	孟子·离娄上19	单句题
湖广	故君子必　严乎！	大学·传6	截节题
	周公谓鲁　一人。	论语·微子10	全章题
	人性之善　下也。	孟子·告子上2	二句题
河南	子谓子产　也义。	论语·公冶长15	全章题
	贱货而贵德，	中庸20	单句题
	舜为法于　后世，	孟子·离娄下28	二句题

续　表

山东	文之以礼乐，	论语·宪问 13	单句题
	思事亲不　知人；	中庸 20	二句题
	去圣人之　甚也，	孟子·尽心下 38	四句题
山西	行义以达其道。	论语·季氏 11	单句题
	溥博如天，	中庸 31	单句题
	以友天下　之人。	孟子·万章下 8	二句题
陕西	蘧伯玉使　使乎！	论语·宪问 26	全章题
	射有似乎　其身。	中庸 14	一节题
	辅世长民莫如德。	孟子·公孙丑下 2	单句题
四川	过也人皆　仰之。	论语·子张 21	四句题
	虽圣人亦　能焉。	中庸 12	单句题
	见其礼而知其政，	孟子·公孙丑上 2	单句题
广东	诗可以兴　事君。	论语·阳货 9	五节题
	君子而时中；	中庸 2	单句题
	人皆有所　义也。	孟子·尽心下 31	二句题
广西	得见有恒　可矣。	论语·述而 25	单句题
	思事亲不　知人；	中庸 20	二句题
	若火之始　四海；	孟子·公孙丑上 6	四句题
云南	言忠信行　后行。	论语·卫灵公 5	二节题
	知微之显　之昭！	中庸 33	截节题
	善教民爱之；	孟子·尽心上 14	单句题

续　表

贵州	帝臣不蔽　帝心。	论语·尧曰 1	二句题
	言而世为天下则。	中庸 29	单句题
	平旦之气，	孟子·告子上 8	单句题

● 明神宗万历三十五年丁未（1607 年）

会试	君子之仕　义也。	论语·微子 7	二句题
	君子依乎中庸，	中庸 11	单句题
	一乡之善　友也。	孟子·万章下 8	全章题

▲ 明神宗万历三十七年己酉（1609 年）

顺天	如切如磋　仪也；	大学·传 3	四段题
	视其所以　所安。	论语·为政 10	三节题
	王曰善哉　不行？	孟子·梁惠王下 5	三句题
应天	民之于仁　水火。	论语·卫灵公 34	二句题
	君子无入　得焉。	中庸 14	单句题
	于是始兴　之乐！	孟子·梁惠王下 4	三句题
浙江	谁能出不　道也？	论语·雍也 15	全章题
	果能此道　必强。	中庸 20	一节题
	物皆然心　度之！	孟子·梁惠王上 7	三句题
江西	是故君子　诸人。	大学·传 9	二句题
	子曰衣敝　以臧？	论语·子罕 26	全章题
	仁则荣不　政刑。	孟子·公孙丑上 4	截节题

续 表

福建	秦誓曰若　过也。	大学·传10	三节题
	子闻之曰　不答。	论语·八佾21	一节题
	故有物必有则,	孟子·告子上6	单句题
湖广	盖有之矣　见也。	论语·里仁6	一节题
	喜怒哀乐　之和。	中庸1	二段题
	孙叔敖举于海,	孟子·告子下15	单句题
河南	足食足兵。	论语·颜渊7	单句题
	凡为天下　则废。	中庸20	截节题
	物皆然心为甚。	孟子·梁惠王上7	二句题
山东	审法度修废官,	论语·尧曰1	二句题
	德为圣人,	中庸17	单句题
	仰不愧于　乐也。	孟子·尽心上20	一节题
山西	孝乎惟孝　兄弟,	论语·为政21	二句题
	凡为天下　一也。	中庸20	一节题
	至于心独　义也。	孟子·告子上7	五句题
陕西	事父母几谏。	论语·里仁18	单句题
	以王季为　为子,	中庸18	二句题
	君正莫不正。	孟子·离娄上20	单句题
四川	夫子之道　已矣。	论语·里仁15	二句题
	或学而知之,	中庸20	单句题
	诗云迨天　道乎!	孟子·公孙丑上4	多句题

广东	君子之德风，	论语·颜渊19	单句题
	取人以身　以仁。	中庸20	三句题
	行有不得　多福。	孟子·离娄上4	二节题
广西	举尔所知　舍诸？	论语·子路2	三句题
	好学近乎知，	中庸20	单句题
	能言距杨　徒也。	孟子·滕文公下9	一节题
云南	信而后谏，	论语·子张10	单句题
	舜其大孝也与！	中庸17	单句题
	原泉混混　如是，	孟子·离娄下18	五句题
贵州	君子正其　瞻视，	论语·尧曰2	二句题
	日月星辰系焉，	中庸26	单句题
	仁义忠信　不倦，	孟子·告子上16	二句题

● 明神宗万历三十八年庚戌(1610年)

会试	所谓诚其　独也！	大学·传6	一节题
	子贡曰有　者也。	论语·子罕12	全章题
	有大人之事，	孟子·滕文公上4	单句题

▲ 明神宗万历四十年壬子(1612年)

顺天	为国以礼，	论语·先进25	单句题
	知者过之　及也；	中庸4	二句题
	为其多闻　贤也。	孟子·万章下7	二句题

应天	居之无倦，	论语·颜渊14	单句题
	盖曰天之　文也，	中庸26	四句题
	始条理者　事也。	孟子·万章下1	四句题
浙江	恶不仁者　其身。	论语·里仁6	三句题
	序事所以辨贤也；	中庸19	单句题
	学不厌智　仁也。	孟子·公孙丑上2	二段题
江西	正唯弟子　学也。	论语·述而33	单句题
	君子之所　见乎。	中庸33	二句题
	否不然伊　诸人，	孟子·万章上7	一节题
福建	君子不重　不固。	论语·学而8	全章题
	礼所生也。	中庸20	单句题
	枉己者未　者也。	孟子·滕文公下1	单句题
湖广	多闻阙疑　中矣。	论语·为政18	一节题
	王天下有三重焉，	中庸29	单句题
	在我者皆　制也，	孟子·尽心下34	单句题
河南	舜有天下　远矣。	论语·颜渊22	一节题
	至诚之道　前知。	中庸24	二句题
	由君子观　希矣。	孟子·离娄下33	一节题
山东	子以四教　忠信。	论语·述而24	全章题
	敬大臣也　民也，	中庸20	三句题
	王如用予　望之。	孟子·公孙丑下12	五句题

续　表

山西	天下有道则见，	论语·泰伯13	单句题
	故大德必　覆之，	中庸17	二节题
	晋平公之　贤也。	孟子·万章下3	多句题
陕西	有人此有　有用。	大学·传10	三句题
	齐之以礼，	论语·为政3	单句题
	人人有贵　思耳。	孟子·告子上17	二句题
四川	能以礼让　何有？	论语·里仁13	二句题
	所求乎臣　能也；	中庸13	二句题
	五十而慕　之矣。	孟子·万章下1	二句题
广东	言之必可行也。	论语·子路3	单句题
	所求乎臣　能也；	中庸13	二句题
	以直养而无害，	孟子·公孙丑上2	单句题
广西	子击磬于卫。	论语·宪问42	单句题
	天之所覆　所队；	中庸31	四句题
	予将以斯　民也。	孟子·万章上7	单句题
云南	君子不可　受也；	论语·卫灵公33	二句题
	有余不敢尽；	中庸13	单句题
	夫道若大路然，	孟子·告子下2	单句题
贵州	雍之言然。	论语·雍也1	一节题
	辟如天地　代明。	中庸30	一节题
	其为气也　与道；	孟子·公孙丑上2	二句题

● 明神宗万历四十一年癸丑（1613年）

会试	我未见好　见也。	论语·里仁6	全章题
	舜好问而　迩言，	中庸6	单句题
	得志与民　其道。	孟子·滕文公下2	二句题

▲ 明神宗万历四十三年乙卯（1615年）

顺天	刚毅木讷近仁。	论语·子路27	全章题
	则可以赞　化育；	中庸22	单句题
	存乎人者　廋哉？	孟子·离娄上15	全章题
应天	可与共学　与权。	论语·子罕29	全章题
	官盛任使，	中庸20	单句题
	夫志气之　次焉。	孟子·公孙丑上2	六句题
浙江	为人君止于仁；	大学·传3	二句题
	知者乐水　者寿。	论语·雍也21	全章题
	古之人与民偕乐，	孟子·梁惠王上2	单句题
江西	敏于事而　正焉，	论语·学而14	二句题
	远之则有　不厌。	中庸29	二句题
	尧以不得　己忧，	孟子·滕文公上4	单句题
福建	子谓子贱　取斯？	论语·公冶长2	全章题
	言而民莫不信，	中庸31	单句题
	恭者不侮人，	孟子·离娄上16	单句题
湖广	唯仁人放　恶人。	大学·传10	一节题
	贤者识其　道焉。	论语·子张22	三句题
	禹疏九河　食也。	孟子·滕文公上4	多句题

续　表

河南	二三子以　乎尔。	论语·述而 23	二句题
	子曰道不　而止。	中庸 13	二节题
	尧以不得　己忧，	孟子·滕文公上 4	单句题
山东	恭宽信敏惠。	论语·阳货 6	单句题
	是故君子　下道，	中庸 29	单句题
	所欲与之聚之，	孟子·离娄上 9	单句题
山西	子谓伯鱼　矣乎？	论语·阳货 10	二句题
	敬其所尊　所亲，	中庸 19	二句题
	求则得之　者也。	孟子·尽心上 3	一节题
陕西	躬自厚而　怨矣。	论语·卫灵公 14	全章题
	缺		
	今有璞玉　玉哉？	孟子·梁惠王下 9	一节题
四川	务民之义，	论语·雍也 20	单句题
	善继人之志，	中庸 19	单句题
	有本者如　取尔。	孟子·离娄下 18	二句题
广东	动之斯和。	论语·子张 25	单句题
	好学近乎知，	中庸 20	单句题
	孟子道性　尧舜。	孟子·滕文公上 1	一节题
广西	子贡问君　从之。	论语·为政 13	全章题
	舜其大孝　保之。	中庸 17	一节题
	王孙贾问　祷也。	论语·八佾 13	全章题

续 表

云南	颜渊季路　怀之。	论语·公冶长 25	全章题
	缺		
	缺		
贵州	其严乎富　体胖，	大学·传 6	截节题
	孟懿子问　谓也？	论语·为政 5	截节题
	子路人告　则喜。	孟子·公孙丑上 8	一节题

● 明神宗万历四十四年丙辰（1616 年）

会试	君子惠而　不猛。	论语·尧曰 2	五句题
	人道敏政　敏树。	中庸 20	二句题
	为人臣者　接也。	孟子·告子下 4	多句题

▲ 明神宗万历四十六年戊午（1618 年）

顺天	我则异于　不可。	论语·微子 8	一节题
	发强刚毅　执也；	中庸 31	二句题
	文王一怒　之民。	孟子·梁惠王下 3	单句题
应天	子路问君　以敬。	论语·宪问 45	二句题
	远之则有　者也。	中庸 29	截节题
	心之官则思，	孟子·告子上 15	单句题
浙江	一人定国。	大学·传 9	单句题
	敏而好学　下问，	论语·公冶长 14	二句题
	壮而欲行之。	孟子·梁惠王下 9	单句题

续　表

江西	尧舜帅天下以仁，	大学·传9	单句题
	子之武城　之耳。	论语·阳货4	全章题
	然则一羽　恩焉。	孟子·梁惠王上7	六句题
福建	曰乡也吾　言乎！	论语·颜渊22	二节题
	或利而行　行之，	中庸20	二句题
	以笃周祜　勇也。	孟子·梁惠王下3	三句题
湖广	是故君子　得之，	大学·传10	二句题
	多闻择其　从之，	论语·述而27	单句题
	乐以天下，	孟子·梁惠王下4	单句题
河南	一匡天下，	论语·宪问18	单句题
	或勉强而行之，	中庸20	单句题
	陶以寡且　子乎？	孟子·告子下10	一节题
山东	言忠信行　乎哉？	论语·卫灵公5	一节题
	悠久所以成物也。	中庸26	单句题
	诗云畏天　言矣！	孟子·梁惠王下3	多句题
山西	敏则有功　使人。	论语·阳货6	二句题
	见而民莫　蛮貊；	中庸31	截节题
	生则恶可已也，	孟子·离娄上27	单句题
陕西	是故君子　得之，	大学·传10	二句题
	缺		
	诗云王赫　之民。	孟子·梁惠王下3	一节题

续 表

四川	季康子问　正也。	论语·颜渊 17	多句题
	远之则有望，	中庸 29	单句题
	如此则无　天下。	孟子·公孙丑上 5	单句题
广东	躬行君子，	论语·述而 32	单句题
	辟如行远　自卑。	中庸 15	二句题
	长幼卑尊　不善？	孟子·滕文公下 6	三句题
广西	舜有天下　远矣。	论语·颜渊 22	一节题
	今夫山一　殖焉。	中庸 26	二段题
	令闻广誉施于身，	孟子·告子上 17	单句题
云南	文莫吾犹　有得。	论语·雍也 32	全章题
	故君子居　君子；	中庸 14	截节题
	如此然后　父母。	孟子·梁惠王下 7	一节题
贵州	天下归仁焉。	论语·颜渊 1	单句题
	知所以修　家矣。	中庸 20	四句题
	陶以寡且　子乎？	孟子·告子下 10	一节题

● 明神宗万历四十七年己未（1619 年）

会试	子贡问曰　于人。	论语·卫灵公 23	全章题
	天地位焉　育焉。	中庸 1	二句题
	伊尹圣之任者也；	孟子·万章下 1	单句题

▲明熹宗天启元年辛酉(1621年)

顺天	大哉尧之为君也!	论语·泰伯19	单句题
	率性之谓道,	中庸1	单句题
	乐民之乐　其忧。	孟子·梁惠王下4	四句题
应天	信以成之。	论语·卫灵公17	单句题
	凡有血气　配天。	中庸31	三句题
	天下大悦　王烈!	孟子·滕文公下9	多句题
浙江	子贡问曰　恶之。	论语·子路24	全章题
	中庸其至矣乎!	中庸3	单句题
	君子之事　而已。	孟子·告子下8	一节题
江西	君子道者　不惧。	论语·宪问28	一节题
	修身则道立,	中庸20	单句题
	义之于君臣也,	孟子·尽心下24	单句题
福建	汤之盘铭　惟新。	大学·传2	三节题
	士不可以不弘毅,	论语·泰伯7	单句题
	能治其国　侮之?	孟子·公孙丑上4	二句题
湖广	士不可以不弘毅,	论语·泰伯7	单句题
	尊贤则不惑,	中庸20	单句题
	天下大悦　无缺。	孟子·滕文公下9	多句题
河南	今吾于人　其行。	论语·公冶长9	二句题
	凡为天下　九经,	中庸20	单句题
	言举斯心　而已。	孟子·梁惠王上7	单句题

续 表

山东	君子求诸己，	论语·卫灵公 20	单句题
	和也者天　道也。	中庸 1	二句题
	是非之心　端也。	孟子·公孙丑上 6	二句题
山西	君子信而　其民，	论语·子张 10	单句题
	唯天下至　睿知，	中庸 31	二句题
	吾岂若使　君哉？	孟子·万章上 7	单句题
陕西	吾之于人　谁誉？	论语·卫灵公 24	二句题
	博学之审问之，	中庸 20	二句题
	以善养人　天下。	孟子·离娄下 16	二句题
四川	民可使由　知之。	论语·泰伯 9	全章题
	唯天下至　临也；	中庸 31	三句题
	又尚论古　其书，	孟子·万章下 8	三句题
广东	君子成人之美，	论语·颜渊 16	单句题
	故君子以　不远，	中庸 13	截节题
	是以如是　可也。	孟子·离娄下 29	截节题
广西	缺		
	获乎上有　上矣；	中庸 20	三句题
	子夏子游　而微。	孟子·公孙丑上 2	二句题
云南	道善则得之，	大学·传 10	单句题
	武王曰予　为盛。	论语·泰伯 20	截节题
	是求有益　者也。	孟子·尽心上 3	二句题

续　表

贵州	知者不惑，	论语·子罕 28	单句题
	唯天下至　临也；	中庸 31	三句题
	东征绥厥士女，	孟子·滕文公下 5	单句题

● 明熹宗天启二年壬戌（1622 年）

会试	定公问一　邦乎？	论语·子路 15	三节题
	思知人不　知天。	中庸 20	二句题
	古之人所　已矣。	孟子·梁惠王上 7	二句题

▲ 明熹宗天启四年甲子（1624 年）

顺天	自天子以　为本。	大学·经	一节题
	樊迟问仁　知人。	论语·颜渊 22	一节题
	诗云周虽　谓也。	孟子·滕文公上 3	三句题
应天	大学之道　明德，	大学·经	二句题
	非礼勿动。	论语·颜渊 1	单句题
	今夫弈之　然也。	孟子·告子上 9	一节题
浙江	子曰吾未　得刚？	论语·公冶长 10	全章题
	不言而信。	中庸 33	单句题
	君之视臣　腹心；	孟子·离娄下 3	二句题
江西	君子坦荡荡，	论语·述而 36	单句题
	其斯以为舜乎！	中庸 6	单句题
	欲有谋焉则就之。	孟子·公孙丑下 2	单句题

续　表

福建	子所雅言　言也。	论语·述而 17	全章题
	高明所以覆物也；	中庸 26	二句题
	杨墨之道　不著，	孟子·滕文公下 9	二句题
湖广	浸润之谮　已矣。	论语·颜渊 6	一段题
	今天下车　同伦。	中庸 28	一节题
	长幼卑尊　州也，	孟子·滕文公下 6	二句题
河南	君子上达，	论语·宪问 24	单句题
	齐明盛服　身也；	中庸 20	一段题
	居天下之　大道。	孟子·滕文公下 2	三句题
山东	君子尊贤　不能。	论语·子张 3	二句题
	天下国家可均也，	中庸 9	单句题
	守身为大。	孟子·离娄上 19	单句题
山西	君子贤其　其利，	大学·传 3	二句题
	未若贫而　如磨。	论语·学而 15	截节题
	乐天者保天下，	孟子·梁惠王下 3	单句题
陕西	在止于至善。	大学·经	单句题
	君子务本，	论语·学而 2	单句题
	从其大体为大人，	孟子·告子上 15	单句题
四川	必也临事　者也。	论语·述而 10	二句题
	中庸不可能也。	中庸 9	单句题
	惟君子能　如矢；	孟子·万章下 7	四句题

广东	进吾往也。	论语·子罕 18	单句题
	故君子以 不远，	中庸 13	截节题
	人皆有不 政矣。	孟子·公孙丑上 6	截节题
广西	有财此有用。	大学·传 10	单句题
	可谓远也已矣。	论语·颜渊 6	单句题
	谏行言听 于民；	孟子·离娄下 3	二句题
云南	于止知其所止，	大学·传 3	二句题
	好古敏以 者也。	论语·述而 19	二句题
	人伦明于 于下。	孟子·滕文公上 3	二句题

● 明熹宗天启五年乙丑（1625 年）

会试	居敬而行 其民，	论语·雍也 1	二句题
	高明配天，	中庸 26	单句题
	遵先王之 有也。	孟子·离娄上 1	二句题

▲ 明熹宗天启七年丁卯（1627 年）

顺天	人能弘道，	论语·卫灵公 28	单句题
	行而民莫 尊亲，	中庸 31	截节题
	容光必照焉。	孟子·尽心上 24	单句题
应天	老者安之 怀之。	论语·公冶长 25	三句题
	见而民莫 蛮貊；	中庸 31	截节题
	仁者无敌。	孟子·梁惠王上 5	单句题

续 表

浙江	巍巍乎唯　则之。	论语·泰伯19	三句题
	溥博渊泉　出之。	中庸31	一节题
	文王以民　为沼。	孟子·梁惠王上2	单句题
江西	临之以庄　则忠，	论语·为政20	二句题
	从容中道圣人也。	中庸20	二句题
	皜皜乎不可尚已。	孟子·滕文公上4	单句题
福建	先之劳之。	论语·子路1	二句题
	诚之者人之道也。	中庸20	单句题
	大舜有大焉，	孟子·公孙丑上8	单句题
湖广	为人臣止于敬；	大学·传3	单句题
	仁远乎哉　至矣。	论语·述而29	全章题
	言必称尧舜。	孟子·滕文公上1	单句题
河南	仁者必有勇，	论语·宪问5	单句题
	行而民莫不说。	中庸31	单句题
	既竭心思　之政，	孟子·离娄上1	二句题
山东	人能弘道，	论语·卫灵公28	单句题
	子庶民也　工也，	中庸20	二句题
	上下与天地同流，	孟子·尽心上13	单句题
山西	女器也曰　珑也。	论语·公冶长3	三句题
	诚者不勉　而得，	中庸20	二句题
	救民于水　惟扬，	孟子·滕文公下5	截节题

续 表

陕西	己欲立而立人，	论语·雍也28	单句题
	是以声名　中国，	中庸31	单句题
	诗云经始　灵沼，	孟子·梁惠王上2	多句题
四川	夫子之言　天道，	论语·公冶长12	单句题
	用其中于民，	中庸6	单句题
	入则孝出　学者，	孟子·滕文公下4	四句题
广东	四时行焉　生焉，	论语·阳货19	二句题
	是以声名　配天。	中庸31	一节题
	孟子谓万　善士。	孟子·万章下8	一节题
广西	是故君子　其极。	大学·传2	一节题
	子贡问政　之矣。	论语·颜渊7	一节题
	大舜有大　人同。	孟子·公孙丑上8	二句题
云南	夫子之道　已矣。	论语·里仁15	二句题
	缺		
	缺		
贵州	大畏民志，	大学·传4	单句题
	缺		
	如七十子　谓也。	孟子·公孙丑上3	多句题

● 明思宗崇祯元年戊辰（1628年）

会试	身修而后　下平。	大学·经	三句题
	唐虞之际　为盛。	论语·泰伯20	二句题
	国人皆曰　用之。	孟子·梁惠王下7	二段题

▲明思宗崇祯三年庚午（1630年）

顺天	天下有道　子出；	论语·季氏 2	二句题
	发而皆中　之和。	中庸 1	二句题
	为巨室则　任也。	孟子·梁惠王下 9	多句题
应天	举直错诸　者直。	论语·颜渊 22	一节题
	则可以赞　化育；	中庸 22	单句题
	谨庠序之　之养，	孟子·梁惠王上 3	二句题
浙江	子张问仁　使人。	论语·阳货 6	全章题
	博厚则高明。	中庸 26	单句题
	言近而指　言也；	孟子·尽心下 32	二句题
江西	女为君子儒，	论语·雍也 11	单句题
	体群臣则　姓劝，	中庸 20	二句题
	子路人告　为善。	孟子·公孙丑上 8	三节题
福建	心诚求之，	大学·传 9	单句题
	行己有耻　君命，	论语·子路 20	三句题
	武王不泄　忘远。	孟子·离娄下 20	一节题
湖广	静而后能安，	大学·经	单句题
	菲饮食而　沟洫。	论语·泰伯 21	三段题
	乐善不倦，	孟子·告子上 16	单句题
河南	吾之于人　试矣。	论语·卫灵公 24	一节题
	发而皆中节，	中庸 1	单句题
	王如施仁　兵矣。	孟子·梁惠王上 5	一节题

续　表

山东	居其所而　共之。	论语·为政 1	单句题
	嘉乐君子　申之!	中庸 17	一节题
	定四海之民，	孟子·尽心上 21	单句题
山西	能近取譬　也已。	论语·雍也 28	一节题
	取人以身，	中庸 20	单句题
	守先王之道，	孟子·滕文公下 4	单句题
陕西	好仁者无以尚之；	论语·里仁 6	单句题
	知斯三者　修身；	中庸 20	二句题
	壮者以暇　长上，	孟子·梁惠王上 5	三句题
四川	缺		
	仲尼祖述尧舜，	中庸 30	单句题
	礼下取于民有制。	孟子·滕文公上 3	二句题
广东	上好礼则　使也。	论语·宪问 44	一节题
	征则悠远，	中庸 26	单句题
	曰德何如　御也。	孟子·梁惠王上 7	一节题
广西	为政以德　共之。	论语·为政 1	全章题
	故天之生　笃焉。	中庸 17	二句题
	得其心有　尔也。	孟子·离娄上 9	三句题
云南	缺		
	缺		
	子路人告　人同。	孟子·公孙丑上 8	截节题

续表

贵州	仲尼日月也，	论语·子张 24	单句题
	缺		
	缺		

● 明思宗崇祯四年辛未（1631 年）

会试	君子易事　器之。	论语·子路 25	五句题
	德为圣人　之内。	中庸 17	三句题
	心之官则　得之，	孟子·告子上 15	二句题

▲ 明思宗崇祯六年癸酉（1633 年）

顺天	是以君子　道也。	大学·传 10	单句题
	约之以礼，	论语·雍也 25	单句题
	禹稷当平　贤之。	孟子·离娄下 29	一节题
应天	生而知之　上也；	论语·季氏 9	单句题
	序爵所以　贤也；	中庸 19	二段题
	中心悦而　不服。	孟子·公孙丑上 3	多句题
浙江	君子义以　子哉！	论语·卫灵公 17	全章题
	质诸鬼神　人也。	中庸 29	一节题
	经正则庶民兴；	孟子·尽心下 37	单句题
江西	敏则有功公则说。	论语·尧曰 1	二句题
	峻极于天。	中庸 27	单句题
	至大至刚，	孟子·公孙丑上 2	单句题

续 表

福建	生而知之者上也；	论语·季氏 9	单句题
	礼仪三百　三千。	中庸 27	二句题
	夫道一而　若是。	孟子·滕文公上 1	截节题
湖广	君子思不出其位。	论语·宪问 28	全章题
	修道之谓教。	中庸 1	单句题
	尧舜之知　务也；	孟子·尽心上 46	二句题
河南	道之以德　且格。	论语·为政 3	一节题
	文武之政　方策。	中庸 20	二句题
	为天下得　之仁。	孟子·滕文公上 4	单句题
山东	行之以忠。	论语·颜渊 14	单句题
	察乎天地。	中庸 12	单句题
	德之流行　传命。	孟子·公孙丑上 1	一节题
山西	林放问礼　哉问！	论语·八佾 4	二节题
	文武之政　方策。	中庸 20	二句题
	民事不可　百谷。	孟子·滕文公上 3	一节题
陕西	选于众举皋陶，	论语·颜渊 22	二句题
	缺		
	入其疆土　有庆，	孟子·告子下 7	六句题
四川	君子学以致其道。	论语·子张 7	单句题
	足以有容也；	中庸 31	单句题
	有安社稷　者也。	孟子·尽心上 19	一节题

广东	夫仁者己　达人。	论语·雍也 28	二句题
	抑而强与？	中庸 10	单句题
	不动心有　曰有。	孟子·公孙丑上 2	一节题
广西	民之所好好之，	大学·传 10	单句题
	友直友谅友多闻，	论语·季氏 4	三句题
	圣人治天　者乎？	孟子·尽心上 23	四句题
云南	近者说远者来。	论语·子路 16	一节题
	好学近乎知，	中庸 20	单句题
	夫以百亩　夫也。	孟子·滕文公上 4	二句题
贵州	生而知之　上也；	论语·季氏 9	单句题
	缺		
	诗云迨天　悔之？	孟子·公孙丑上 4	一节题

● 明思宗崇祯七年甲戌（1634 年）

会试	其行己也　也义。	论语·公冶长 15	四句题
	国有道其　以兴，	中庸 27	单句题
	救民于水　已矣。	孟子·滕文公下 5	二句题

▲ 明思宗崇祯九年丙子（1636 年）

顺天	我非生而　者也。	论语·述而 19	全章题
	仁者人也　为大；	中庸 20	四句题
	达不离道　于民；	孟子·尽心上 9	截节题

续 表

应天	畏天命畏　之言。	论语·季氏 8	三句题
	辟如天地　覆帱，	中庸 30	二句题
	王请大之　之民。	孟子·梁惠王下 3	截节题
浙江	如切如磋　修也；	大学·传 3	四句题
	足食足兵　之矣。	论语·颜渊 7	三句题
	民事不可　百谷。	孟子·滕文公上 3	一节题
江西	仲弓为季　舍诸？	论语·子路 2	全章题
	舜其大知也与！	中庸 6	单句题
	夫志气之帅也；	孟子·公孙丑上 2	单句题
福建	修己以敬　百姓。	论语·宪问 45	多句题
	溥博如天，	中庸 31	单句题
	取诸人以　者也。	孟子·公孙丑上 8	二句题
湖广	焕乎其有文章！	论语·泰伯 19	单句题
	天之所覆　所载，	中庸 31	二句题
	易其田畴　富也。	孟子·尽心上 23	一节题
河南	就有道而正焉，	论语·学而 14	单句题
	庸德之行，	中庸 13	单句题
	劳心者治人，	孟子·滕文公上 4	单句题
山东	君子无众　敢慢，	论语·尧曰 2	三句题
	言顾行行　慥尔！	中庸 13	三句题
	先先立乎其大者，	孟子·告子上 15	单句题

续　表

山西	固天纵之将圣，	论语·子罕 6	单句题
	所求乎臣　能也；	中庸 13	二句题
	缺		
陕西	举善而教　则劝。	论语·为政 20	单句题
	缺		
	缺		
四川	有德此有人，	大学·传 10	单句题
	抑亦先觉　贤乎！	论语·宪问 33	二句题
	缺		
广东	节用而爱人，	论语·学而 5	单句题
	此天地之　大也。	中庸 30	单句题
	成覸谓齐　若是。	孟子·滕文公上 1	多句题
广西	君子周而不比，	论语·为政 14	单句题
	缺		
	缺		
云南	民之所好　恶之，	大学·传 10	二句题
	孝慈则忠，	论语·为政 20	单句题
	缺		
贵州	生财有大道，	大学·传 10	单句题
	缺		
	天下之民举安。	孟子·公孙丑下 12	单句题

● 明思宗崇祯十年丁丑（1637 年）

会试	民之所好　恶之，	大学·传 10	二句题
	君子欲讷　于行。	论语·里仁 24	全章题
	贤者在位　政刑。	孟子·公孙丑上 4	四句题

▲ 明思宗崇祯十二年己卯（1639 年）

顺天	生之者众　者舒，	大学·传 10	四句题
	抑为之不　不倦，	论语·述而 33	二句题
	圣人之忧民如此，	孟子·滕文公上 4	单句题
应天	宽则得众　则说。	论语·尧曰 1	一节题
	唯天下至　大经，	中庸 32	二句题
	汤执中立　忘远。	孟子·离娄下 20	三节题
浙江	默而识之　不倦，	论语·述而 2	三句题
	立天下之大本，	中庸 32	单句题
	如此则无　天下。	孟子·公孙丑上 5	单句题
江西	行己有耻　弟焉。	论语·子路 20	截节题
	凡为天下　一也。	中庸 20	一节题
	人无有不　不下。	孟子·告子上 2	二句题
福建	行义以达其道。	论语·季氏 11	单句题
	为能经纶　大经，	中庸 32	单句题
	人有不为　有为。	孟子·离娄下 8	全章题
湖广	为臣不易。	论语·子路 15	单句题
	中立而不　哉矫！	中庸 10	一段题
	君子所以　心也。	孟子·离娄下 28	二句题

续 表

河南	言思忠事思敬，	论语·季氏 10	二句题
	君子之所　屋漏。	中庸 33	四句题
	我知言我　之气。	孟子·公孙丑上 2	二句题
山东	君子不器。	论语·为政 12	全章题
	忠信重禄　姓也；	中庸 20	二段题
	夫仁天之尊爵也，	孟子·公孙丑上 7	单句题
山西	好仁者无以尚之；	论语·里仁 6	单句题
	万物覆焉。	中庸 26	单句题
	孝子之至　尊亲；	孟子·万章上 4	二句题
陕西	行义以达其道。	论语·季氏 11	单句题
	子庶民则百姓劝，	中庸 20	单句题
	吾岂若于　之哉？	孟子·万章上 7	单句题
四川	天下归仁焉。	论语·颜渊 1	单句题
	舜其大孝也与！	中庸 17	单句题
	急亲贤之为务。	孟子·尽心上 46	单句题
广东	若臧武仲　之艺，	论语·宪问 13	四句题
	子庶民则百姓劝，	中庸 20	单句题
	孝子之至　尊亲；	孟子·万章上 4	二句题
广西	缺		
	凡事豫则立，	中庸 20	单句题
	莫大乎尊亲；	孟子·万章上 4	单句题

云南	其养民也惠，	论语·公冶长 15	单句题
	博也厚也，	中庸 26	二句题
	无非取于 者也。	孟子·公孙丑上 8	截节题
贵州	康诰曰作新民。	大学·传 2	一节题
	立则见其 后行。	论语·卫灵公 5	一节题
	使天下仕 之朝，	孟子·梁惠王上 7	单句题

● 明思宗崇祯十三年庚辰（1640 年）

会试	博学而笃 近思，	论语·子张 6	二句题
	知斯三者 家矣。	中庸 20	一节题
	有安社稷 者也。	孟子·尽心上 19	一节题

▲ 明思宗崇祯十五年壬午（1642 年）

顺天	文质彬彬 君子。	论语·雍也 16	二句题
	力行近乎仁，	中庸 20	单句题
	圣人治天 水火。	孟子·尽心上 23	二句题
应天	定而后能 能虑，	大学·经	三句题
	臣事君以忠。	论语·八佾 19	单句题
	圣人治天 者乎？	孟子·尽心上 23	四句题
浙江	君子务本 道生。	论语·学而 2	二句题
	用其中于民，	中庸 6	单句题
	权然后知 长短。	孟子·梁惠王上 7	二句题

江西	夫仁者己　达人。	论语·雍也 28	一节题
	洋洋乎发育万物，	中庸 27	二句题
	以不忍人之政，	孟子·公孙丑上 6	二句题
福建	子贡问曰　瑚也。	论语·公冶长 3	全章题
	君子中庸，	中庸 2	单句题
	为我作君之乐！	孟子·梁惠王下 4	单句题
湖广	请益曰无倦。	论语·子路 1	一节题
	义者宜也，	中庸 20	单句题
	其为人也　天下，	孟子·告子下 13	截节题
河南	君子学道则爱人，	论语·阳货 4	单句题
	回之为人　中庸，	中庸 8	二句题
	膏泽下于民；	孟子·离娄下 3	单句题
山东	任重而道远。	论语·泰伯 7	单句题
	上律天时，	中庸 30	单句题
	居之安则之深；	孟子·离娄下 14	单句题
山西	绥之斯来，	论语·子张 25	单句题
	所以事上帝也，	中庸 19	单句题
	有为者亦若是。	孟子·滕文公上 1	单句题
陕西	因民之所利之，	论语·尧曰 2	单句题
	君子而时中；	中庸 2	单句题
	欲为臣尽臣道，	孟子·离娄上 2	单句题

			续 表
四川	行己有耻 君命，	论语·子路 20	三句题
	凡事豫则立，	中庸 20	单句题
	则四海之 以善。	孟子·告子下 13	二句题
广东	斯民也三 行也。	论语·卫灵公 24	一节题
	尊贤之等，	中庸 20	单句题
	君子用其 其二。	孟子·尽心下 27	二句题
广西	绥之斯来，	论语·子张 25	单句题
	万物覆焉。	中庸 26	单句题
	善政得民 民心。	孟子·尽心上 14	二句题
云南	其如有容焉。	大学·传 10	单句题
	巍巍乎其 功也；	论语·泰伯 19	二句题
	君子平其 可也。	孟子·离娄下 2	二句题
贵州	义之与比。	论语·里仁 10	单句题
	修身也尊贤也，	中庸 20	二句题
	省刑罚薄 易耨。	孟子·梁惠王上 5	三句题

● 明思宗崇祯十六年癸未（1643 年）

会试	有德者必 有仁。	论语·宪问 5	全章题
	中也者天 本也；	中庸 1	单句题
	大舜有大 人同。	孟子·公孙丑上 8	二句题

参考文献

一、古籍

1. 经部

（汉）郑玄注，（唐）孔颖达疏《礼记注疏》，乾隆四年广东书局重刊本。

（魏）王弼注，（唐）孔颖达疏，李申、卢光明整理《周易正义》，北京大学出版社 1999 年版。

（宋）朱熹撰《四书章句集注》，中华书局 1983 年版。

（元）袁俊翁《四书疑节》，《文渊阁四库全书》本。

（明）刘三吾《孟子节文》，孟子文献集成编纂委员会编《孟子文献集成》第一五册，山东人民出版社 2017 年版。

（明）胡广、杨荣、金幼孜纂修，周群、王玉琴校注《四书大全校注》，武汉大学出版社 2009 年版。

（明）蔡清选，（明）敖鲲校订《四书蒙引》，嘉靖六年刊本。

（明）林希元《连理堂重订四书存疑》，日本鹈饲石斋训点本。

（明）陈琛《重刊补订四书浅说》，《四库未收书辑刊》第一辑第七册。

（明）张居正、（明）顾梦麟著《四书集注合参说约直解阐微》，清康熙间金阊养正堂藏板。

（明）张居正选，（明）焦竑校订《重刻内府原板张阁老经筵四书直解指南》，万历长庚馆刊本。

（明）袁黄《四书删正》，明刊本，袁衎藏板。

（明）申时行《书经讲义会编》，万历戊戌书林杨春荣刊本。

（明）焦竑《四书讲录》，《续修四库全书》第一六二册。

(明) 李廷机《新镌翰林九我李先生家传四书文林贯旨》，万历二十八年刻本。

(明) 缪昌期纂要，(明) 杨文奎编次《四书九鼎》，明末长庚馆刊本。

(明) 汤宾尹《睡庵四书脉》，明万历刊本。

(明) 钱肃乐《二刻钱希声先生手著四书从信》，崇祯间友花居刻本。

(明) 钱肃乐《新锲钱太史四书尊古》，崇祯十三年刊本。

(明) 吴当《合参四书蒙引存疑定解》，崇祯十七年刊本。

(清) 王夫之《四书笺解》，船山全书编辑委员会编《船山全书》第六册，岳麓书社2011年版。

(清) 金瓯《春秋正业传删本》，《四库全书存目丛书》经部第一三二册，齐鲁书社1997年版。

2. 史部

正史

(汉) 司马迁《史记》，中华书局2013年版。

(汉) 班固《汉书》，中华书局2013年版。

(唐) 魏征等撰《隋书》，中华书局2011—2012年版。

(后晋) 刘昫等撰《旧唐书》，中华书局2013年版。

(宋) 欧阳修、(宋) 宋祁撰《新唐书》，中华书局2013年版。

(宋) 欧阳修撰《新五代史》，中华书局2013年版。

(元) 脱脱等撰《宋史》，中华书局2013年版。

(明) 宋濂等撰《元史》，中华书局2011年版。

(清) 张廷玉等撰《明史》，中华书局2013年版。

编年史类

(宋) 李焘撰，上海师范大学古籍整理研究所、华东师范大学古籍整理研究所点校《续资治通鉴长编》，中华书局2004年版。

《明太祖实录》，(明) 胡广等纂，"中研院史语所"1962年校印本。

《明太宗实录》，(明) 杨士奇等纂，"中研院史语所"1962年校印本。

《明仁宗实录》，(明) 杨士奇等纂，"中研院史语所"1962年校印本。

《明宣宗实录》,(明)杨士奇等纂,"中研院史语所"1962年校印本。
《明英宗实录》,(明)陈文等纂,"中研院史语所"1962年校印本。
《明宪宗实录》,(明)刘吉等纂,"中研院史语所"1962年校印本。
《明孝宗实录》,(明)李东阳等纂,"中研院史语所"1962年校印本。
《明武宗实录》,(明)费宏等纂,"中研院史语所"1962年校印本。
《明世宗实录》,(明)张居正等纂,"中研院史语所"1962年校印本。
《世宗嘉靖实录》,1940年影印江苏国学图书馆传写本。
《明穆宗实录》,(明)张居正等纂,"中研院史语所"1962年校印本。
《明神宗实录》,(明)叶向高等纂,"中研院史语所"1962年校印本。
《神宗显皇帝实录》,1940年影印江苏国学图书馆传写本。
《明光宗实录》,(明)叶向高等纂,"中研院史语所"1962年校印本。
《明熹宗实录》,(明)温体仁等纂,"中研院史语所"1962年校印本。
史语所藏钞本《崇祯长编》,史语所1967年据该所旧藏抄本影印。
(清)蒋良骐撰,林树惠、傅贵九校点《东华录》,中华书局1980年版。
中国第一历史档案馆整理《康熙起居注》,中华书局1984年版。

职官类

(明)黄佐《翰林记》,商务印书馆1936年版。
(明)俞汝楫《礼部志稿》,《景印文渊阁四库全书》史部第五九七—五九八册,台湾商务印书馆2008年版。

方志类

(明)陈道、(明)黄仲昭纂修(弘治)《八闽通志》,《四库全书存目丛书》史部第一七八册。
(明)彭泽、(明)汪舜民纂修(弘治)《徽州府志》,《四库全书存目丛书》史部第一八〇册。
(明)陈威、(明)顾清纂修(正德)《松江府志》,《四库全书存目丛书》史部第一八一册。
(明)戴廷明、(明)程尚宽撰,朱万曙等点校《新安名族志》,黄山书社2004年版。
(清)唐执玉、(清)李卫监修,(清)田易编纂《畿辅通志》,《景印文渊阁四库全书》史部第五〇五册。

（清）赵弘恩监修，（清）黄之隽编纂《江南通志》，《景印文渊阁四库全书》史部第五一〇册。

（清）谢旻监修，（清）陶成编纂《江西通志》，《景印文渊阁四库全书》史部第五一四册。

（清）嵇曾筠监修，（清）沈翼机编纂《浙江通志》，《景印文渊阁四库全书》史部第五二二册。

（清）岳濬监修，（清）杜诏编纂《山东通志》，《景印文渊阁四库全书》史部第五四〇册。

（清）黄廷桂监修，（清）张晋生编纂《四川通志》，《景印文渊阁四库全书》史部第五六一册。

（清）许应鑅、（清）朱澄澜重修《抚州府志》，光绪二年重修，府署藏板。

（清）朱偓、（清）陈昭谋修纂《郴州总志》，岳麓书社2010年版。

余宝滋修，杨竝田等纂《民国闻喜县志》，成文出版社有限公司1968年版。

王士敏修，吕钟祥纂《民国新纂康县县志》，成文出版社有限公司1976年版。

政书类

刘琳、刁忠民、舒大刚、尹波等校点《宋会要辑稿》，上海古籍出版社2014年版。

（明）李东阳等重订《正德大明会典》，明刻本，日本汲古书院1989年影印。

（明）申时行等重修《明会典》，万历重修本，商务印书馆1936年版。

（明）张朝瑞《皇明贡举考》，《续修四库全书》第八二八册。

（明）冯梦祯《历代贡举志》，商务印书馆1937年版。

（清）伊桑何等纂修《大清会典》（康熙朝），台北文海出版社1992年版。

（清）礼部《钦定科场条例》，乾隆四十四年增订本，日本内阁文库藏本。

（清）礼部《钦定科场条例》，咸丰二年修纂本，《故宫珍本丛刊》本，海南出版社2000年版。

（清）昆冈等修《钦定大清会典事例》，光绪二十五年石印本。

（清）黄崇兰《贡举考略》，嘉庆九年泾县学署藏板。

目录类

（宋）陈振孙《直斋书录解题》，上海古籍出版社1987年版。

（清）永瑢等《四库全书总目》，中华书局1965年版。

杂史、笔记及其他

（宋）邵伯温撰，李剑雄、刘德权点校《邵氏闻见录》，中华书局1983年版。

（元）刘祁《归潜志》，中华书局1983年版。

（明）叶盛《水东日记》，中华书局1980年版。

（明）黄瑜撰，魏连科注解《双槐岁钞》，中华书局1999年版。

（明）陈洪谟《治世余闻》，商务印书馆1937年版。

（明）何良俊《四友斋丛说》，中华书局1959年版。

（明）李诩《戒庵老人漫笔》，中华书局1982年版。

（明）汪玄锡等编《明经书院录》，邓洪波主编《中国书院文献丛刊》第一辑第六七册，国家图书馆出版社、上海科学技术文献出版社2018年版。

（明）叶权撰，凌毅点校《贤博编》，中华书局1987年版。

（明）王世贞《觚不觚录》，商务印书馆1937年版。

（明）王世贞著，魏连科点校《弇山堂别集》，中华书局1985年版。

（明）王世贞撰，吕浩校点，郑利华审订《弇山堂别集》，上海古籍出版社2017年版。

（明）余继登《典故纪闻》，中华书局1981年版。

（明）张位、（明）于慎行《词林典故》，《四库全书存目丛书》史部第二五八册。

（明）顾起元撰，谭棣华、陈稼禾点校《客座赘语》，中华书局1987年版。

（明）蒋一葵《尧山堂外纪》，万历三十四年刊本。

（明）沈德符《万历野获编》，中华书局1959年版。

（明）吴应箕《东林本末》，《四库禁毁书丛刊补编》第一六册。

（明）文秉《烈皇小识》，台湾大通书局1987年版。

（明）郑仲夔《玉麈新谈》，《续修四库全书》第一二六八册。

（明）高宇泰著，沈建国点校《敬止录》，宁波出版社2019年版。

（明）杨士聪《玉堂荟记》，商务印书馆1939年版。

（清）钱谦益《列朝诗集小传》，上海古籍出版社2008年版。

（清）查继佐《罪惟录》，浙江古籍出版社2012年版。

（清）顾炎武撰，（清）黄汝成集释，栾保群校注《日知录集释》，浙江古籍出版社2013年版。

（清）陆世仪《复社纪略》，《续修四库全书》第四三八册。

（清）叶梦珠《阅世编》，江苏广陵古籍刻印社1983年版。

（清）董含撰，致之点校《三冈识略》，辽宁教育出版社2000年版。

（清）徐乾学等撰《徐本明史列传》，周骏富辑《明代传记丛刊》第一册卷一四，明文书局1991年版。

（清）赵翼《陔余丛考》，河北人民出版社1990年版。

（清）李调元《制义科琐记·常谈》，商务印书馆1936年版。

（清）王应奎撰，王彬、严英俊点校《柳南随笔·续笔》，中华书局1983年版。

（清）凌扬藻《蠡勺编》，商务印书馆1936年版。

（清）张金吾撰，柳向春整理《爱日精庐藏书志》，上海古籍出版社2014年版。

（清）高骧云《漱琴室存稿》，道光二十七年漱琴仙馆刻本。

（清）福格《听雨丛谈》，中华书局1959年版。

（清）冯桂芬《校邠庐抗议》，朝华出版社2017年影印本。

（清）平步青《霞外攟屑》，中华书局1982年版。

（清）朱一新著，吕鸿儒、张长法点校《无邪堂答问》，中华书局2000年版。

（清）陶福履《常谈》，商务印书馆1936年版。

科举录类

《建文元年京闱小录》，陈维昭编校《稀见明清科举文献十五种》，复旦大学出版社2019年版。

《弘治六年会试录》，弘治刻本，美国国会图书馆藏本。

《嘉靖四年浙江乡试录》，嘉靖刻本，中国国家图书馆藏本。

《嘉靖二十二年山东乡试录》，嘉靖刻本，美国加州大学图书馆藏本。
《嘉靖三十四年陕西乡试录》，嘉靖刻本，美国国会图书馆藏本。
《嘉靖三十四年云南乡试录》，嘉靖刻本，美国国会图书馆藏本。
《嘉靖四十三年浙江乡试录》，嘉靖刻本，美国国会图书馆藏本。
《万历二十二年陕西乡试录》，万历刻本，美国国会图书馆藏本。
《万历二十五年应天府乡试录》，万历刻本，美国加利福尼亚大学图书馆藏本。
《万历三十四年河南乡试录》，万历刻本，日本内阁文库藏本。
《万历四十六年河南乡试录》，万历刻本，中国国家图书馆藏本。
清抄本《前明山东历科乡试录》，全国图书馆文献缩微复制中心编印《中国科举录续编》第一八册。
台湾学生书局编《明代登科录汇编》，台湾学生书局1969年版。
宁波市天一阁博物馆编《天一阁藏明代科举录选刊·登科录》，宁波出版社2006年影印天一阁藏本。
宁波市天一阁博物馆编《天一阁藏明代科举录选刊·会试录》，宁波出版社2007年影印天一阁藏本。
宁波市天一阁博物馆编《天一阁藏明代科举录选刊·乡试录》，宁波出版社2010年影印天一阁藏本。
全国图书馆文献缩微复制中心《中国科举录汇编》，2010年版。
龚延明主编《天一阁藏明代科举录选刊·会试录》，宁波出版社2016年版。
龚延明主编《天一阁藏明代科举录选刊·乡试录》，宁波出版社2016年版。

3. 子部

儒家类

（宋）程颢、（宋）程颐著，王孝鱼点校《二程集》，中华书局1981年版。
（宋）程颢、（宋）程颐撰，潘富恩导读《二程遗书》，上海古籍出版社2000年版。

（宋）朱熹撰，朱杰人、严佐之、刘永翔主编《朱子全书》，上海古籍出版社、安徽教育出版社 2010 年版。

（宋）朱熹撰，（宋）黎靖德编，王星贤点校《朱子语类》，中华书局 1986 年版。

（宋）张栻著，杨世文点校《张栻集》，中华书局 2015 年版。

（宋）黄士毅编，徐时仪、杨艳汇校《朱子语类汇校》，上海古籍出版社 2014 年版。

（明）丘濬撰，金良年点校《大学衍义补》，上海书店出版社 2012 年版。

（清）黄宗羲撰，沈芝盈点校《明儒学案》，中华书局 1985 年版。

（清）陆世仪《陆桴亭思辨录辑要》，商务印书馆 1936 年版。

（清）李光地著，陈祖武点校《榕村语录·榕村续语录》，中华书局 1995 年版。

（清）何焯《义门读书记》，中华书局 1987 年版。

（清）李清馥撰，徐公喜等点校《闽中理学渊源考》，凤凰出版社 2011 年版。

（清）皮锡瑞撰，周予同注释《经学历史》，中华书局 2004 年版。

道家类、小说家类、杂家类

（魏）王弼注，楼宇烈校释《老子道德经注校释》，中华书局 2008 年版。

（五代）王定保撰，姜汉椿校注《唐摭言校注》，上海社会科学院出版社 2003 年版。

（清）褚人获辑撰《坚瓠集》，上海古籍出版社 2012 年版。

（清）焦循《里堂家训》，楼含松主编《中国历代家训集成·清代编》第十册，浙江古籍出版社 2017 年版。

（清）梁章钜著，王释非、许振轩点校《称谓录》，福建人民出版社 2003 年版。

4. 集部

总集类

（明）高棅编纂，汪宗尼校订，葛景春、胡永杰点校《唐诗品汇》，中华书局

2015 年版。

曾枣庄、刘琳主编《全宋文》,上海辞书出版社、安徽教育出版社 2006 年版。

李修生主编《全元文》,江苏古籍出版社 1999 年版。

别集类

(唐)杜甫著,萧涤非主编《杜甫全集校注》,人民文学出版社 2014 年版。

(唐)韩愈著,刘真伦、岳珍校注《韩愈文集汇校笺注》,中华书局 2010 年版。

(唐)白居易撰,朱金城笺注《白居易集笺校》,上海古籍出版社 1988 年版。

(宋)欧阳修著,李逸安点校《欧阳修全集》,中华书局 2001 年版。

(宋)曾巩撰,陈杏珍、晁继周点校《曾巩集》,中华书局 1984 年版。

(宋)苏轼著,张志烈等主编《苏轼全集校注》,河北人民出版社 2010 年版。

(宋)毕仲游撰,陈斌校点《西台集》,中州古籍出版社 2005 年版。

(元)吴澄《吴文正集》,《文渊阁四库全书》本。

(明)梁寅《石门集》,《文渊阁四库全书》本。

(明)吴伯宗《荣进集》,沈乃文主编《明别集丛刊》第一辑第六九册,黄山书社 2013 年版。

(明)高启著,(清)金檀辑注,徐澄宇、沈北宗校点《高青丘集》,上海古籍出版社 1985 年版。

(明)王叔英《王静学先生文集》,沈乃文主编《明别集丛刊》第一辑第二〇册,黄山书社 2013 年版。

(明)梁潜《泊庵先生文集》,沈乃文主编《明别集丛刊》第一辑第二〇册,黄山书社 2013 年版。

(明)杨士奇《东里集》,沈乃文主编《明别集丛刊》第一辑第二五册,黄山书社 2013 年版。

(明)陈琏《琴轩集》,沈乃文主编《明别集丛刊》第一辑第二九册,黄山书社 2013 年版。

（明）王直《王抑庵集》，沈乃文主编《明别集丛刊》第一辑第三三册，黄山书社 2013 年版。

（明）萧镃《尚约文钞》，沈乃文主编《明别集丛刊》第一辑第三九册，黄山书社 2013 年版。

（明）郑文康《平桥稿》，沈乃文主编《明别集丛刊》第一辑第四二册，黄山书社 2013 年版。

（明）彭时《文宪公文集》，沈乃文主编《明别集丛刊》第一辑第四三册，黄山书社 2013 年版。

（明）丘濬《重编琼台会稿诗文集》，沈乃文主编《明别集丛刊》第一辑第四五册，黄山书社 2013 年版。

（明）杨守陈《杨文懿公文集》，沈乃文主编《明别集丛刊》第一辑第四九册，黄山书社 2013 年版。

（明）彭韶《彭惠安集》卷七，《文渊阁四库全书》本。

（明）谢铎《桃溪净稿》，《四库全书存目丛书》集部第三八册。

（明）谢铎撰，林家骊点校《谢铎集》，浙江古籍出版社 2012 年版。

（明）吴宽《家藏集》，《文渊阁四库全书》本。

（明）文林《文温洲集》，沈乃文主编《明别集丛刊》第一辑第六二册，黄山书社 2013 年版。

（明）梁储《郁洲遗稿》，沈乃文主编《明别集丛刊》第一辑第六九册，黄山书社 2013 年版。

（明）祝允明《怀星堂集》，《文渊阁四库全书》本。

（明）顾潜《静观堂集》，沈乃文主编《明别集丛刊》第一辑第八四册，黄山书社 2013 年版。

（明）严嵩《钤山堂集》，《故宫珍本丛刊》第五二六册，海南出版社 2000 年版。

（明）林希元撰，何丙仲校注《林次崖先生文集》，厦门大学出版社 2015 年版。

（明）聂豹撰，吴可为编校《双江聂先生文集》，凤凰出版社 2007 年版。

（明）项乔撰，方长山、魏得良点校《项乔集》，上海社会科学院出版社

2006年版。

（明）王畿撰，吴震编校《王畿集》，凤凰出版社2007年版。

（明）薛应旂《方山薛先生全集》，沈乃文主编《明别集丛刊》第二辑第五五册，黄山书社2016年版。

（明）何良俊《四友斋丛说》，中华书局1959年版。

（明）唐顺之著，马美信、黄毅点校《唐顺之集》，浙江古籍出版社2014年版。

（明）归有光撰，严佐之、谭帆、彭国忠主编《归有光全集》，上海人民出版社2015年版。

（明）李贽《李温陵集》，《续修四库全书》本。

（明）林景旸《玉恩堂集》卷二，沈乃文主编《明别集丛刊》第三辑第五〇册，黄山书社2016年版。

（明）袁黄《袁了凡文集》，线装书局2006年版。

（明）范谦《范文恪先生双栢堂集》，沈乃文主编《明别集丛刊》第三辑第六一册，黄山书社2016年版。

（明）王锡爵《王文肃公文集》，沈乃文主编《明别集丛刊》第三辑第六三册，黄山书社2016年版。

（明）李舜臣《愚谷集》，《文渊阁四库全书》本。

（明）何出光《中寰集》，万历丙午扶沟何氏家刊本。

（明）黄洪宪《碧山学士集》，万历二十六年刻本。

（明）李廷机著，沈云龙选辑《李文节集》，文海出版社1970年版。

（明）吴道南《吴文恪公文集》，《四库禁毁书丛刊》集部第三一册。

（明）臧懋循撰，赵红娟点校《臧懋循集》，浙江古籍出版社2012年版。

（明）董其昌著，严文儒、尹军主编《董其昌全集》，上海书画出版社2013年版。

（明）冯从吾撰，陈俊民、徐兴海点校《关学编》，中华书局1987年版。

（明）冯琦《冯用韫先生北海集》，万历末云间林氏刊本。

（明）方应祥《青来阁初集》卷三，万历四十五年刻本。

（明）陶望龄撰，李会富编校《陶望龄全集》，上海古籍出版社2019年版。

（明）李腾芳撰《李文庄公全集》，光绪二年湘潭高塘李氏祠板。

（明）袁宏道《钟名伯增定袁中郎全集》，《明代论著丛刊》，台北伟文图书出版社1976年版。

（明）汤宾尹《睡庵稿》，明万历刻本。

（明）王思任著，任远点校《王季重十种》，浙江古籍出版社2010年版。

（明）顾大韶《炳烛斋稿》，《四库禁毁书丛刊》集部第一〇四册。

（明）凌濛初撰，魏同贤、安平秋主编《凌濛初全集》，凤凰出版社2010年版。

（明）陈仁锡《无梦园遗集》卷三，崇祯八年刻本。

（明）艾南英《天傭子集》，光绪五年梯云书屋藏板。

（明）陈龙正《几亭外书》，沈乃文主编《明别集丛刊》第五辑第四四册，黄山书社2016年版。

（明）吕维祺《明德先生文集》，本衙藏板。

（明）吴应箕撰《楼山堂集》，商务印书馆1935年版。

（明）黄淳耀《陶庵文集》，道光甲辰嘉定学尊经阁藏板。

（明）钱肃乐《钱忠介公集》，沈乃文主编《明别集丛刊》第五辑第八一册，黄山书社2016年版。

（清）钱谦益著，（清）钱曾笺注，钱仲联标校《钱牧斋全集》，上海古籍出版社2003年版。

（清）陶汝鼐撰，梁颂成校点《陶汝鼐集》，岳麓书社2008年版。

（清）金圣叹著，陆林辑校《金圣叹全集》，凤凰出版社2008年版。

（清）黄宗羲著，吴光主编《黄宗羲全集》，浙江古籍出版社2012年版。

（清）黄宗羲《明儒学案》，中华书局1985年版。

（清）顾炎武撰，黄珅、严佐之、刘永翔主编《顾炎武全集》，上海古籍出版社2011年版。

（清）魏禧撰，胡守仁等校点《魏叔子文集》，中华书局2003年版。

（清）朱彝尊《曝书亭集》，国学整理社1937年版。

（清）吕留良撰，俞国林编《吕留良全集》，中华书局2015年版。

（清）陆陇其《三鱼堂文集》，日本内阁文库藏清刊本。

（清）崔学古《少学》，《檀几丛书》二集第七册，康熙三十六年新安张氏霞举堂刻本。

（清）廖燕著，林子雄点校《廖燕全集》，上海古籍出版社2005年版。

（清）戴名世著，王树民编校《戴名世集》，中华书局1986年版。

（清）王步青著《己山先生别集》，清乾隆敦复堂刻本。

（清）刘大櫆著，吴孟复标点《刘大櫆集》，上海古籍出版社1990年版。

（清）全祖望《鲒埼亭集》，台湾文海出版社1988年版。

（清）阮元撰，邓经元点校《揅经室集》，中华书局1993年版。

（清）阮元辑《学海堂集》，光绪间启秀山房刻本。

（清）贺长龄、（清）贺熙龄撰，雷树德校点《贺长龄集·贺熙龄集》，岳麓书社2010年版。

（清）路德《柽华馆全集》，光绪七年解梁刊本。

（清）魏源《魏源全集》，岳麓书社2004年版。

（清）张之洞撰，赵德馨主编，吴剑杰等点校《张之洞全集》，武汉出版社2008年版。

（清）宋恕著，胡珠生编《宋恕集》，中华书局1993年版。

诗文评类

（南朝梁）刘勰撰，杨明照校注拾遗《增订文心雕龙校注》，中华书局2012年版。

（宋）陈骙《文则》，王水照编《历代文话》第一册，复旦大学出版社2007年版。

（宋）陈善《扪虱新话》，商务印书馆1939年版。

（元）陈绎曾《文章欧冶》，王水照编《历代文话》第二册，复旦大学出版社2007年版。

（明）胡应麟《少室山房集》，《文渊阁四库全书》本。

（明）刘元珍辑《从先文诀内篇》，陈广宏、龚宗杰编校《稀见明人文话二十种》，上海古籍出版社2017年版。

（清）吕留良《吕晚邨先生论文汇钞》，王水照编《历代文话》第四册，复旦大学出版社2007年版。

（清）黄中《黄雪瀑集》，《四库未收书辑刊》第七辑第二三册，北京出版社1997年影印。

（清）刘熙载撰，袁津琥校注《艺概注稿》，中华书局2009年版。

唐文治《国文经纬贯通大义》，王水照编《历代文话》第九册，复旦大学出版社2007年版。

科举文集类

（元）刘仁初编《新刊类编历举三场文选》，元统至正间，务本书堂、勤德书堂刊本。

（元）周敷编《皇元大科三场文选》，元至正刊本，日本内阁文库藏本。

（明）陈垲《名家表选》，《四库全书存目丛书·补编》第一三册，影印明嘉靖二十六年刻本。

（明）归有光撰，吕留良选评《归震川先生全稿》，康熙十八年天盖楼藏板。

（明）黄洪宪、（明）陶望龄等评《新镌翰林评选历科四书传世辉珍程文》，陈维昭、侯荣川主编《日本所藏稀见明清科举文献汇刊》第一辑第四册至第五册，广西师范大学出版社2020年版。

（明）李廷机编《刻九我李先生评选丙丁二三场群芳一览》，陈维昭编校《稀见明清科举文献十五种》，复旦大学出版社2019年版。

（明）李廷机选注《科甲文式真铨》，明刊本，日本内阁文库藏本。

（明）王思任《王思任会试墨卷》，中国国家图书馆藏本。

（明）王思任《王思任乡试墨卷》，中国国家图书馆藏本。

（明）茅维编《皇明策衡》，万历三十三年序本。

（明）张榜编选《新刻张先生批选四书程墨清商》，陈维昭、侯荣川主编《日本所藏稀见明清科举文献汇刊》第一辑第九册至第一一册，广西师范大学出版社2020年版。

（明）陈仁锡《皇明乡会试二三场程文选》，崇祯六年白松堂藏板。

（明）杨廷枢、（明）钱禧辑评《皇明历朝四书程墨同文录》，崇祯间金阊叶聚甫、张叔籁刻本。

（明）陈名夏编《国朝大家制义》，陈氏石云居刻本。

（明）佚名《举业正式》，明末刻本，日本内阁文库藏本。

（清）吕留良《晚村天盖楼偶评》，康熙戊午曹度序本。

（清）陆陇其《当湖陆先生评先正制义一隅集》，陈维昭编校《稀见明清科举文献十五种》，复旦大学出版社 2019 年版。

（清）俞长城《可仪堂百二十家制义》，康熙间可仪堂刻本。

（清）方苞等编《钦定四书文》，道光四年江苏提督学院刻本。

（清）方苞编，王同舟、李澜校注《钦定四书文校注》，武汉大学出版社 2009 年版。

（清）陈兆仑撰《紫竹山房制艺全稿》，光绪三年长沙重刻本。

（清）吴懋政《八铭塾钞二集》，渔古山房藏板，道光间刻本。

（清）纪昀《馆课我法诗笺》，陈维昭编校《稀见明清科举文献十五种》，复旦大学出版社 2019 年版。

（清）陈诗《国朝名文约编详注》，道光二十七年大文堂刻本。

（清）姚文田《夜雨轩小题文》，嘉庆八年宝文堂藏板。

（清）阮元《诂经精舍文集》，商务印书馆 1936 年版。

（清）高嶒《国朝文钞初编》，黄秀文、吴平主编《华东师范大学图书馆藏稀见丛书汇刊》第三一册，北京图书馆出版社 2006 年版。

（清）高嶒《明文钞》，乾隆五十一年广郡永邑培元堂刻本。

（清）潘之轩选评《时文止宗》，道光二十三年刻本。

（清）郑锡瀛辑评《分体利试试帖法程》，陈维昭编校《稀见明清科举文献十五种》，复旦大学出版社 2019 年版。

科举文论类

（宋）魏天应编选《诸先辈论行文法》，王水照《历代文话》第一册，复旦大学出版社 2007 年版。

（元）倪士毅《作义要诀》，王水照《历代文话》第二册，复旦大学出版社 2007 年版。

（明）袁黄《举业彀率》，陈广宏、龚宗杰编校《稀见明人文话二十种》上册，上海古籍出版社 2016 年版。

（明）袁黄撰，黄强、徐姗姗校订《〈游艺塾文规〉正续编》，武汉大学出版社2009年版。

（明）庄元臣《行文须知》，王水照编《历代文话》第三册，复旦大学出版社2007年版。

（明）庄元臣《论学须知》，王水照编《历代文话》第三册，复旦大学出版社2007年版。

（明）张鼐著，（明）陈仁锡批评《新拟科场急出题旨元脉》，天启三年潭阳世庆堂刻本。

（明）李叔元《新锲诸名家前后场肄业精诀》，陈广宏、龚宗杰编校《稀见明人文话二十种》，上海古籍出版社2017年版。

（明）汤宾尹《汤霍林先生衷选大方家谈文》，陈广宏、龚宗杰编校《稀见明人文话二十种》下册，上海古籍出版社2016年版。

（明）汤宾尹《汤睡庵太史论定一见能文》，陈广宏、龚宗杰编校《稀见明人文话二十种》下册，上海古籍出版社2017年版。

（明）张溥《新刻张太史手授初学文式》，陈广宏、龚宗杰编校《稀见明人文话二十种》下册，上海古籍出版社2017年版。

（明）汪应鼎《流翠山房辑选八大家论文要诀》，陈广宏、龚宗杰编校《稀见明人文话二十种》，上海古籍出版社2017年版。

（明）朱荃宰《文通》，王水照编《历代文话》第三册，复旦大学出版社2007年版。

（明）左培《书文式·文式》，王水照编《历代文话》第三册，复旦大学出版社2007年版。

（清）王夫之《夕堂永日绪论外编》，船山全书编辑委员会编《船山全书》第一五册，岳麓书社2011年版。

（清）唐彪《读书作文谱》，王水照编《历代文话》第四册，复旦大学出版社2007年版。

（清）高嵣《高梅亭读书丛钞·论文集钞》，黄秀文、吴平主编《华东师范大学图书馆藏稀见丛书汇刊》第二四册，北京图书馆出版社2006年版。

（清）吴兰《吴苏亭论文百法》，陈维昭编校《稀见明清科举文献十五种》，复旦大学出版社 2019 年版。

（清）楼涢《举业渊源》，陈维昭编校《稀见明清科举文献十五种》，复旦大学出版社 2019 年版。

（清）薛鼎铭《墨谱》，陈维昭编校《稀见明清科举文献十五种》，复旦大学出版社 2019 年版。

（清）梁章钜《制义丛话》，上海书店出版社 2001 年版。

（清）路德《仁在堂全集》，道光十八年经元堂藏板。

（清）郑献甫《制艺杂话》，陈维昭编校《稀见明清科举文献十五种》，复旦大学出版社 2019 年版。

（清）司徒德进《举业度针》，陈维昭编校《稀见明清科举文献十五种》，复旦大学出版社 2019 年版。

（清）钱振伦《制义卮言》，陈维昭编校《稀见明清科举文献十五种》，复旦大学出版社 2019 年版。

（清）朱景昭《论文荛说》，王水照编《历代文话》第六册，复旦大学出版社 2007 年版。

（清）谢若潮《帖括枕中秘》，陈维昭编校《稀见明清科举文献十五种》，复旦大学出版社 2019 年版。

（清）王统、王诏《试策便览》，同治七年戊辰世顺堂藏板。

（清）王葆心《经义策论要法》，余祖坤编《历代文话续编》中册，凤凰出版社 2013 年版。

二、今人著作

1. 专著

中国

陈东原《中国科举时代之教育》，商务印书馆 1934 年版。

陈广宏《竟陵派研究》，商务印书馆 2021 年版。

陈国球《明代复古派唐诗论研究》，北京大学出版社 2007 年版。

陈水云、孙达时、江丹《清代八股文批评研究》，花木兰文化事业有限公司

2021年版。

陈文新、何坤翁、赵伯陶《历代制举史料汇编》,武汉大学出版社2009年版。

陈文新、江俊伟主编《科举文化与明清知识体系》,武汉大学出版社2019年版。

陈长文《明代科举文献研究》,山东大学出版社2008年版。

邓洪波主编《中国书院文献丛刊》,国家图书馆出版社、上海科学技术文献出版社2018年版。

邓洪波主编《中国书院学规集成》,中西书局2011年版。

邓云乡《清代八股文》,中国人民大学出版社1994年版。

丁易《明代特务政治》,群众出版社1949年版。

杜桂萍《文体形态、文人心态与文学生态——明清文学研究行思录》,商务印书馆2020年版。

冯友兰《三松堂全集》,河南人民出版社2000年版。

傅璇琮《唐代科举与文学》,陕西人民出版社1986年版。

高明扬《文体学视野下的科举八股文研究》,云南人民出版社2012版。

葛兆光《侧看成峰》,中华书局2020年版。

龚笃清《明代八股文史探》,湖南人民出版社2006年版。

龚笃清《中国八股文史·明代卷》,岳麓书社2017年版。

郭培贵《明史选举志考论》,中华书局2006年版。

郭培贵《明代科举史事编年考证》,科学出版社2008年版。

郭培贵《中国科举制度通史·明代卷》,上海人民出版社2015年版。

何怀宏《选举社会及其终结——秦汉至晚清历史的一种社会学阐释》,三联书店1998年版。

侯美珍《明代乡会试〈诗经〉义出题研究》,台湾学生书局2014年版。

胡平《清代科举考试的考务管理制度研究》,中国社会科学出版社2012年版。

黄霖《原人论》,复旦大学出版社2000年版。

黄霖主编《归有光与嘉定四先生研究》,上海古籍出版社2007年版。

黄强《八股文与明清文学论稿》,上海古籍出版社 2005 年版。
黄卓越《明永乐至嘉靖初诗文观研究》,北京师范大学 2001 年版。
蒋寅《中国诗学的思路与实践》,广西师范大学出版社 2001 年版。
金滢坤《中国科举制度通史·隋唐五代卷》,上海人民出版社 2015 年版。
孔庆茂《八股文史》,凤凰出版社 2008 年版。
李兵《书院与科举关系研究》,华中师范大学出版社 2005 年版。
李建军主编《屯堡文化研究》2012 卷,社会科学文献出版社 2014 年版。
李世愉《清代科举制度考辨》,中央广播电视大学出版社 1999 年版。
廖可斌《明代文学复古运动研究》,上海古籍出版社 1994 年版。
林岩《北宋科举考试与文学》,上海古籍出版社 2006 年版。
刘海峰、李兵《中国科举史》,东方出版中心 2006 年版。
刘海峰《科举学导论》,华中师范大学出版社 2005 年版。
刘海峰《科举制与"科举学"》,贵州教育出版社 2004 年版。
刘海峰主编《中国科举通史》,人民出版社 2020 年版。
刘咸炘著《推十书》,上海科学技术文献出版社 2009 年版。
刘勇《变动不居的经典:明代改本研究》,生活·读书·新知三联书店 2016 年版。
卢前《八股文小史》,商务印书馆 1937 年版。
罗宗强《明代文学思想史》,中华书局 2013 年版。
马宗霍《中国经学史》,商务印书馆 1937 年版。
漆永祥《清学札记》,北京联合出版公司 2017 年版。
齐如山《中国的科名》,浙江古籍出版社 2020 年版。
启功、张中行、金克木《说八股》,中华书局 2000 年版。
钱基博《明代文学》,商务印书馆 1933 年版。
钱茂伟《国家、科举与社会——以明代为中心的考察》,北京图书馆出版社 2004 年版。
钱穆《中国历代政治得失》,九州出版社 2012 年版。
钱锺书《管锥编》,三联书店 2000 年版。
商衍鎏《清代科举考试述录》,故宫出版社 2014 年版。

申畅等编《中国目录学家辞典》，河南人民出版社1988年版。

王国维撰,彭玉平疏证《人间词话疏证》，中华书局2011年版。

汪小洋、孔庆茂《科举文体研究》，天津古籍出版社2005年版。

汪涌豪《范畴论》，复旦大学出版社1999年版。

王玉超《明清科举与小说》，商务印书馆2013年版。

吴承学《中国古代文体学研究》，中华书局2022年版。

吴宣德《中国教育制度通史·明代卷》，山东教育出版社2000年版。

武东生、徐曼、安祥仁编著《中国古代思想政治教育史》，南开大学出版社2013年版。

夏征农主编《辞海·历史分册·中国古代史》，上海辞书出版社1988年版。

杨家骆主编《戊戌变法文献汇编》，台湾鼎文书局1973年版。

杨学为主编《中国考试通史》，首都师范大学出版社2004年版。

杨学为总主编，陆震主编《中国考试史文献集成》第八卷，高等教育出版社2003年版。

翟国璋主编《中国科举辞典》，江西教育出版社2006年版。

张剑《清代科举文人官年与实年考论》，北京大学出版社2022年版。

张希清、毛佩琦、李世愉主编《中国科举制度通史》，上海人民出版社2015年版。

张希清《中国科举考试制度》，新华出版社1993年版。

张亚群《中国科举通史·科举前史卷》，人民出版社2020年版。

章中如《清代科举制度》，黎明书局1931年版。

郑利华《明代诗学思想史》，上海古籍出版社2022年版。

中国戏曲研究院《中国古典戏曲论著集成》，中国戏剧出版社1959年版。

钟毓龙《科场回忆录》，浙江古籍出版社1987年版。

朱光潜《诗论》，北京出版社2005年版。

朱万曙《徽商与明清文学》，人民文学出版社2014年版。

宗廷虎、陈光磊主编，吴礼权、赵毅副主编《中国修辞史》，吉林教育出版社2007年版。

左东岭《王学与中晚明士人心态》,人民文学出版社 2000 年版。

其他国家

[美] 本杰明·艾尔曼著,复旦大学文史研究所译《经学·科举·文化史：艾尔曼自选集》,中华书局 2010 年版。

[日] 高津孝著,潘世圣等译《科举与诗艺——宋代文学与士人社会》,上海古籍出版社 2005 年版。

[日] 宫崎市定著,宋宇航译《科举》,浙江大学出版社 2018 年版。

2. 论文

陈广宏《王慎中与闽学传统》,《文学遗产》2009 年第 4 期。

陈维昭《东洋文库藏本〈举业瑶函〉与"二三场"》,《中山大学学报》2017 年第 6 期。

陈维昭《隆庆戊辰会试与晚明文风士习》,《文艺研究》2019 年第 11 期。

陈维昭《戊戌变法运动与八股文的近代命运》,《文艺理论研究》2022 年第 4 期。

陈维昭《小题究竟何时始入乡会试——兼论"侵犯"厉禁的形成》,《复旦学报》2021 年第 2 期。

陈维昭《一位日本人空前绝后的八股文写作》,《文汇报》2019 年 11 月 15 日 10 版。

陈维昭《越南八股文及其科举诸文体》,《中外论坛》2021 年第 2 期。

陈维昭《制义小题新辨》,《中山大学学报》2021 年第 4 期。

陈长文《明代乡试录、武举乡试录的版本及庋藏》,《大学图书馆学报》2010 年第 6 期。

杜桂萍《明清戏曲"宗元"观念及相关问题》,《中国社会科学》2018 年第 3 期。

黄霖《论震川文章的清人评点》,《上海师范大学学报》2007 年第 1 期。

黄明光《明代科举鼎甲研究》,《南京理工大学学报》2004 年第 4 期。

金滢坤《论唐五代科举考试与文字的关系》,《首都师范大学学报》2007 年第 3 期。

李光摩《论截搭题》,《学术研究》2006年第4期。
刘海峰《科举文献与"科举学"》,《台大历史学报》2003年第32期。
刘海峰《科举文学与"科举学"》,《武汉大学学报》2009年第2期。
刘海峰《为科举制平反》,《书屋》2005年第1期。
李文韬《论清代时文"江西五家"说的典范性意义》,《中国文学研究》2020年第3期。
容肇祖《明太祖的〈孟子节文〉》,《读书与出版》1947年第2年第4期。
汪维真《明清会试十八房制源流考》,《史学月刊》2011年第12期。
王同舟《八股文体式辨微》,《长江学术》2011年第1期。
吴承学、李光摩《八股四题》,《文学评论》2004年第2期。
吴宣德、王红春《明代会试试经考略》,《教育学报》2011年第1期。
玄修《刘融斋诗概诠说》,《同声月刊》1942年第2卷第1期。
杨明《"兴象"释义》,《中山大学学报》2009年第2期。
叶楚炎《"前后场"与"分经取士"——明代通俗小说对于科举因素的细部吸纳》,《云梦学刊》2009年第5期。
张希清《科举制度的定义与起源申论》,《河南大学学报》2007年第5期。
张希清《宋代科举省试制度述论》,《宋史研究论文集》第十辑,兰州大学出版社2004年版。
张献忠《明中后期科举考试用书的出版》,《社会科学辑刊》2010年第1期。
张亚群《科举考试与汉字文化——兼析进士科一支独秀的原因》,《中国地质大学学报》2009年第6期。
郑利华《"嘉靖八才子"与明代正、嘉之际文坛的复古取向》,《深圳大学学报》2007年第2期。
祖慧、龚延明《科举制定义再商榷》,《历史研究》2003年第6期。

后 记

1986年在中山大学读研二时,《论历史剧创作中作家心理定势》一文发表于《戏剧艺术》(《上海戏剧学院学报》),开始了我的学术之路。从80年代至90年代,中国学术出现了一次转向,我也追随着时代的步履,由思想的浪漫时代转向学术的严谨时代。

2000年,拙著《红学与20世纪学术思想》由人民文学出版社出版,此书洋溢着80年代的浪漫气质,是我在80年代的读书心得的结晶,体现80年代的文风,心得多于文献。

2001年初,我开始着手准备撰写《红学通史》,决定以解释学作为全书的理论支撑点,基本思路是不止步于对各种红学现象的优劣评判,更要分析各种观点得以形成的文化依据、学术依据,即使对于背负骂名的索隐派,也予以学理上的分析。此书又执意于"断制",我对自己提出一个要求,无论是哪一位名家(包括胡适、俞平伯、周汝昌、余英时),我都要对其学术成就进行断言评估,尤其对其保守的、不足的、不合理的,甚至是负面的方面,一定予以冷静的学理分析。文献的充分占有,是该书"断制"的基础,我把文献梳理的视野扩展到海外,这是该书有别于其他红学史著的地方。

2005年《红学通史》由上海人民出版社出版,此时,我在网络浏览的过程中发现了"国学数典"这个网站,从此开始了我的构建个人数据库之旅。大规模地搜集、处理、使用文献数据,占据了我大量的时间,但我相信这种科技化、智能化的学术方式应是学术研究范式的未来。2020年我写过《5G时代的书房》一文,提出一个设想:让智能计算机帮我把繁杂的文献自动生成为学术论文。当阿法狗把人类所有围棋高手统统打败的时候,当我们了解到计算机可以有自学能力的时候,我相信上面的这个设想从理论上来说是可以做到的。随着海量文献的搜集、整理、出版,尤其是随着古籍文献数字化的迅猛发展,文献已把我压得喘不过气来。当一个学术灵感出现之后,拟下一个题目,几个小时以内我就会让题目关联起成千上百种直接相关的文献。如何在繁杂的古籍文献中建立关联、形成对学术史的新认识,在目前这个古籍文献大爆炸的数字化时代,尤为迫切。

2014年,我开始追溯金圣叹文学评点模式与明清程墨评点的关系。当我在中国科学院文献情报中心查阅到《二三场秘宝全书》等一批明代科举文献之后,一方面我被书套书脊上的尘垢所提醒,这是一个少人问津的领域,另一方面我被书中的科举文论所吸引,科举文论与文学文论的关联,应该是一个值得深入讨论的课题,讨论的前提则是对明清科举文献进行全面的了解。2015年10月起,我到日本新潟大学作了为期一年的交流,我开始有计划地搜集科举文献,奔走于东京大学东洋文化研究所、东洋文库、国立国会图书馆、内阁文库、静嘉堂文库、尊经阁文库。2016年离开日本时,我复制了几十种珍稀文献,后来选取了其中部分文献进行点校或影印,是为《稀见明清科举文献十五种》(2019年)、《日本所藏稀见明清科举文献汇刊》(第一辑,2020年)两套书。2017年,我获得了教育部哲学社会科学研究重大课题攻关项目《清代稀见科举文献整理与研究》,并收到科举文化专业委员会主席刘海峰教授的邀请,让我参加第二年在天津召开的科举学年会,我有机会认识了很多历史学、教育学的学者。从此,科举文献的整理与研究就成了我的工作重心,接着点校出版《稀见清代科举文集选刊》(2022年),主编出版《张文达藏稀见清代科举文献汇编》(2022年)、《日本所藏稀见明清科举文献汇刊》(第二辑,2023年)。此后,我计划对海外所藏科举文献的保存情况进行全面的摸底,于2023年5月向全国哲学社会科学工作办公室推荐该年度国家社科基金重大项目选题《海外藏中国科举文献整理和数据库建设》,并申报成功,成为该重大课题的首席专家。

我本来的专业是中国古代文学史和批评史研究,当我在2014年开始进入科举学领域时,我一直在不断地问自己:我所做的事情与中国古代文学研究有关系吗？把背负数百年骂名的八股文重新整理出版，这对于今天的文学史和文学理论研究来说有积极的意义吗？

当我大量接触古代科举文献之后，我开始调整我的立场，不再囿于文学立场。文学、史学、教育学，这是现当代学科分类的结果。在明清时期，八股文是整个科举文化生态的一部分。真实还原八股文所处的科举文化生态，这本身就是一个有学术价值的研究课题。自民国时期至今，有不少文学史著作列有八股文的专章专节，但严格说来，八股文并非文学体裁，它本质上是一种理学文章，而且是科举制度下的理学文章。或者说，八股文是科举文化生态中的一个部件。因此，本书把官制、选举、教育、经学、文章写作理念、美学等作为观察点，以"四书文命题"作为聚焦点，在经学、历史学、教育学、文学和美学所关联而成的文化生态中呈现明代科举的一种面相，既试图厘清、还原历史真相，又以问题意识关联其间。

今天我们来讨论明代乡、会试的四书文，当然不是从"立功、立德、立言"的"三不朽"境界去苛求四书文，也不是从思想创造、诗学超越去衡量四书文，甚至也不是要求应试士子达到理学家、经学家的高度。本书讨论的起点是，从标准化考试制度的层面去认识四书文。只有这样，我们才能一方面不至于溢美，把优秀的制义说成是"商彝周鼎""煌煌盛世典型"，①另一方面则不至于把"辛有百年之叹"归责于制义。这个制度的起点包括明代科举的人才观、政治生态，科举的考官制度、命题制度、阅卷制度、录取制度、文体格式，等等。以制度研究为起点，我们再来追溯制义与明代政治、理学、经学、文章学、文学的相互关系，由此考察制义与其生存于其中的整个文化生态之间的双向互动，形成我们对科举文化相对完整而真实的认识。

本书在写作的过程中，充分利用前人与时贤所搜集整理出版的一大批科举文献。同时，本书所使用的科举文献，有相当一部分是未经人使用过的，其中有一些就是我在这几年所收集到的。对这些文献的综合利用，为我的一些个人心得奠定基础。第一，充分占有明代科举四书文题目文

---

① 李洛《制艺说》，《民国郑县志》下册，第611页。

献,共搜集到2 418道题目,在此基础上做出一系列论断:《孟子节文》对明代科举四书文命题的影响仅数年,从而说明,明代科举并不存在"题库危机";大量重复题、交叠题的存在说明考官命题主要出于义理的考虑;奇股文(如三股文、九股文)的大量存在有力地支撑起本书的一个基本观点,即四书题型催生相应的修辞形态。第二,论证"有科无目"与"一学术""一道德"之间的内在关联。第三,辨析四书文与五经文在科举中的不同功用,尤其是对"以某经中式"的记述方式的多重内涵进行澄清。第四,梳理四书文命题与明代政治生态的关系。第五,我在日本所找到的《传世辉珍》《程墨清商》等文献所辑入的明代四书文,都保留了大结,这让我们可以重新认识明代制义的"自摅己见"的文体特性,而方苞所编《钦定四书文》基本上删去了明文的大结。第六,通过《科甲文式真绎》《题旨元脉》《四书从信》等文献的引入,本书对历来备受责难的讲章进行分类,客观分析讲章与标准化考试之间的关系。第七,以科为单位去考察明代制义文风的流变,更能贴近历史真相,而这种考察得以进行,有赖于程墨文献的充分占有。

感谢复旦大学中国古代文学研究中心主任陈尚君老师一直以来的支持和鼓励,使此书得以忝列本书系。感谢国家教育咨询委员会委员、浙江大学文科资深教授刘海峰先生在科举学研究方面对我的鼎力支持与帮助。

二〇二四年八月
于复旦大学光华楼

图书在版编目(CIP)数据

考官·命题·文风：明代乡会试四书文命题研究／陈维昭著. -- 上海：上海古籍出版社，2024.11.（复旦大学古代文学研究书系）. -- ISBN 978-7-5732-1368-6

Ⅰ.D691.348

中国国家版本馆 CIP 数据核字第 2024VT8300 号

复旦大学古代文学研究书系
考官·命题·文风
——明代乡会试四书文命题研究

陈维昭　著

上海古籍出版社出版发行

（上海市闵行区号景路 159 弄 1-5 号 A 座 5F　邮政编码 201101）

（1）网址：www.guji.com.cn
（2）E-mail：guji1@guji.com.cn
（3）易文网网址：www.ewen.co

苏州市越洋印刷有限公司印刷

开本 635×965　1/16　印张 36.75　插页 5　字数 529,000
2024 年 11 月第 1 版　2024 年 11 月第 1 次印刷
印数：1—1,300

ISBN 978-7-5732-1368-6
Ⅰ·3869　定价：178.00 元

如有质量问题，请与承印公司联系